처음이지만 프로처럼 쓰는 캔바 Canva

[일러두기]
본 도서는 2026년 2월을 기준으로 편집되어 가장 최신의 캔바를 독자님께 전하고자 하였습니다. 다만 집필과 편집에서 시점 차이가 있고, 수시로 기능이 업데이트되는 캔바의 특성상 미처 반영하지 못한 부분들이 있을 수 있으니 이 부분에 대해서는 너른 맘으로 양해해 주시기를 부탁드립니다. 추후 업데이트로 인해 발생되는 수정사항은 디지털북스의 홈페이지나 본 도서의 실습 사이트(https://sijae.my.canva.site/creator-lab)를 통해 확인하실 수 있습니다. 감사합니다.

처음이지만 프로처럼 쓰는 캔바

| 만든 사람들 |
기획 IT · CG기획부 | **진행** 정은진, 박소연 | **집필** 정다은(시재)
표지 디자인 원은영 | **편집 디자인** 이기숙

| 책 내용 문의 |
도서 내용에 대해 궁금한 사항이 있으시면
저자의 홈페이지나 디지털북스 홈페이지를 통해서 해결하실 수 있습니다.
디지털북스 홈페이지 digitalbooks.co.kr
디지털북스 페이스북 facebook.com/ithinkbook
디지털북스 인스타그램 instagram.com/digitalbooks1999
디지털북스 유튜브 유튜브에서 [디지털북스] 검색
저자 이메일 houseofsijae@naver.com

| 각종 문의 |
영업관련 digital1999@naver.com
기획관련 djibooks@naver.com
전화번호 (02) 447-3157~8

처음이지만 프로처럼 쓰는 캔바

| 정다은(시재) 저 |

DIGITAL BOOKS
디지털북스

프롤로그

나만의 일을 만드는 힘, 디자인이라는 새로운 언어

대학 시절, '광고 커뮤니케이션 디자인'이라는 긴 전공 이름을 들을 때마다 동기들과 "이름이 뭐 이렇게까지 길어?"라며 웃곤 했습니다. 솔직히 그때는 디자인이 커뮤니케이션과 무슨 관계인지, 그 긴 전공 이름 뒤에 어떤 의미가 숨어 있는지 잘 몰랐습니다. 그저 눈에 보이는 결과물을 멋지게 만드는 것에만 집중했으니까요. 하지만 실무에서 글로벌 뷰티 브랜드부터 1인 기업, 작은 가게의 프로젝트를 두루 거치며 깨달은 것이 있어요. 바로 디자인은 단순히 꾸며 주는 포장이 아니라, 비주얼로 세상과 소통하게 해주는 강력한 '언어'라는 사실입니다.

그리고 AI의 발전으로 창작의 장벽이 낮아지고, 소셜 미디어를 통해 이미지로 빠르게 소통할 수 있게 되면서 우리는 새로운 전환점 위에 서게 됐지요. 바로 누군가가 만들어 둔 일의 틀 속에 들어가기보다, 스스로 원하는 일을 만들어가는 '창직(創職)의 시대'가 활짝 열린 것이죠. 이제는 단순히 지식과 기술을 많이 가진 사람보다 자기만의 생각과 구조를 가진 사람이 더 오래, 더 멀리 갈 수 있게 되었습니다.

이러한 시대의 흐름 속에서 디자인을 시작한다는 것은 결국 '무엇을 이야기하고 싶은가?', '어떤 방식으로 세상과 연결되고 싶은가?'라는 질문을 스스로에게 던지는 일입니다. 동시에 이 질문에 답하려면 자신의 철학과 자기다움을 마주할 용기가 필요합니다.

하지만 안타깝게도 많은 분들이 자기다움을 세상에 꺼내 놓기도 전에 포기하게 됩니다. 직접 디자인을 하고 싶어도 높은 숙련도가 필요한 그래픽 프로그램을 익히기엔 시간이 없고, 복잡한 기능들 앞에서 엄두조차 내지 못하는 현실적인 벽에 부딪히기 때문이죠. 저는 그런 분들께 망설임 없이 캔바를 추천합니다. 캔바는 복잡한 툴을 익히는 수고를 덜어 주고, '어떻게 만들지'라는 기술적인 고민에 에너지를 쏟는 대신, '나만의 세계를 어떤 방향으로 만들 것인가'라는 본질에 더 집중할 수 있기 때문입니다. 또한 캔바의 직관적이고 혁신적인 AI 기능을 활용해 전문가가 아니더라도 얼마든지 자신의 브랜드를 전략적으로 알리고 수익화의 흐름을 만들 수 있습니다.

이 책 『처음이지만 프로처럼 쓰는 캔바』는 단순한 캔바 기능 설명서가 아닙니다. 디자인을 수익화의 흐름과 연결하며, 나만의 브랜드를 세우고, AI로 일의 시스템을 완성하도록 돕는 '예비 크리에이터를 위한 디자인 비즈니스 온보딩 가이드'라고 할 수 있습니다.

자신의 세계를 콘텐츠로 만들어 전하고 싶은 1인 창작자와 강사는 물론, 작은 가게와 브랜드를 직접 운영하며 '디자인까지 챙기기 벅차다'고 느끼는 소상공인, 전문 디자이너가 아님에도 마케팅과 홍보 콘텐츠를

책임져야 하는 실무자들, 그리고 언젠가 나만의 일을, 나만의 속도로 만들고 싶은 모든 분들을 생각하며 써내려 갔습니다.

첫걸음을 떼기 전에는 결코 앞으로 나아갈 수 없지요. 완벽해진 뒤에 움직이는 것이 아니라, 움직이기 시작할 때 비로소 길이 열립니다. 이 책은 바로 용기 내어 그 첫걸음을 내딛는 분들을 위한 것입니다. 이 책이 여러분의 일과 브랜드가 시작되는 첫걸음에 든든한 응원이자 밑거름이 되어 드리길 바랍니다.

마지막으로, 이 책이 세상에 나오기까지 마음을 다해 도와주신 분들께 감사의 인사를 전하고 싶습니다. 거친 원고를 멋진 책으로 빚어 주신 디지털 북스의 정은진 실장님과 기획편집팀 식구들, 그리고 곁에서 긴 시 간을 묵묵히 기다리며 도와준 사랑하는 가족들에게 깊은 고마움을 전합니다. 무엇보다 저에게 아름다움으로 사람들의 삶을 풍성하게 하라는 소명을 주시고 단단한 북극성이 되어 주신 하나님께 감사를 드립니다.

2026년 2월, 제주의 숲속 마을에서,

시재 정다은 드림

시재 캔바 프로필 www.canva.com/p/studiosijae
시재 인스타그램 www.instagram.com/studiosijae
시재 블로그 blog.naver.com/houseofsijae
캔바 한국 크리에이터 웹사이트 https://public.canva.site/canvacreators-korea

시재 블로그

시재

추천사

AI 신기능과 새로운 도구가 끊임없이 등장하는 요즘, 도구를 어떻게 정리해 써야 할지 고민하는 사람이 많아졌습니다. 캔바를 처음 시작하는 사람에게 가장 필요한 것 역시 기능보다 전체 흐름을 이해하는 일일지도 모릅니다. 이 책은 캔바를 단순한 디자인 툴이 아닌, 작업과 운영을 함께 이해할 수 있는 하나의 시스템으로 설명합니다. 실무에서 캔바를 활용해 온 사람의 시선으로 기능과 흐름, 활용 맥락이 잘 정리되어 있어 읽는 내내 지금까지의 작업 기준을 점검해 볼 수 있었습니다. 캔바 입문자부터 최신 흐름과 활용 방식을 정리하고 싶은 기존 사용자까지 모두에게 이 책을 추천합니다.

캔바 앰버서더 **그린제이**
https://www.instagram.com/greenj_703

디자인을 해보고 싶었지만 어디서부터 시작해야 할지 몰라 망설였다면, 시재님의 이 책을 읽고 그대로 실행해 보세요. 한 발자국씩 분명하게 나아가고 있다는 감각을 느끼게 될 것입니다. 디자인이 처음인 사람에게도, 이미 시작했지만 방향이 필요한 사람에게도 든든한 길잡이가 되어 줄 책입니다.

캔바 앰버서더 **리몬**
https://www.instagram.com/limonsparkk

이 책은 나만의 브랜드를 꿈꾸지만 디자인이라는 벽 앞에서 망설였던 분들께 길잡이가 되어 줄 것입니다. 캔바의 직관적인 기능에 시재 작가님만의 감성적인 디자인 노하우를 더해 브랜드 디자인 템플릿 세트를 완성하면서 나만의 브랜드로 완성될 거예요. 디자인 기초 원리부터 수익화 실전까지 차근차근 배우며 나만의 브랜드 시스템을 구축해 갈 수 있는 책입니다.

캔바 앰버서더 **마인드마인즈**
https://www.canva.com/p/mindminds

이걸 정말 캔바로 만든 걸까? 눈이 휘둥그레지는 시재님만의 감도 높은 예제가 가득합니다. 단순 템플릿을 수정하는 방법을 넘어, 감각적인 디자인을 배우고 싶은 분들에게 추천드립니다.

캔바 앰버서더 **민아몬드**
http://canva.com/p/minamond

"기획부터 수익화까지, 이 책 한 권이면 충분합니다."
디자인 툴 앞에서 밤을 새워 본 적 있으신가요? 이제는 그런 고통의 시간이 아니라, 내 사업을 키우는 든든한 무기가 필요한 시대입니다. 시재 작가님의 『처음이지만 프로처럼 쓰는 캔바』는 그저 캔바 사용법을 알려 주는 매뉴얼이 아닙니다.
저작권처럼 꼭 알아야 하는 기초부터, AI로 작업 시간을 확 줄이는 방법, 그리고 실제로 돈을 버는 디지털 파일 셀러가 되기까지의 과정을 현장 경험을 바탕으로 풀어 냈습니다. 책을 읽다 보면 '아, 이건 바로 내일 써먹을 수 있겠는데?'라는 생각이 계속 들겁니다. 특히 마음에 드는 내용은 업종별 실습 사례입니다. 초보자도 프로의

감각을 자연스럽게 익힐 수 있도록 설계되어 있어서, 따라 하다 보면 어느새 내 손에서 멋진 결과물이 나오는 경험을 하게 됩니다.
캔바로 새로운 기회를 만들고 싶은 예비 디자이너, 혼자서도 퀄리티 있는 콘텐츠를 만들어야 하는 소상공인이라면, 이 책이 여러분의 가장 현실적이고 든든한 동반자가 되어 줄 거라 확신합니다.

캔바 앰버서더 **보라비**
https://www.canva.com/p/borabi-design

디자인 전공자이자 강의 경험이 풍부한 시재님의 성격이 고스란히 담겨, 차분하고 꼼꼼한 시선으로 캔바를 하나하나 짚어 주는 책입니다. 단순한 툴 설명에 그치지 않고, 디자인을 어떤 방향으로 해야 하는지 큰 틀을 함께 제시해 주어 브랜드의 통일성을 갖출 수 있도록 세심하게 안내하는 점이 인상적입니다. '1인'이라는 역할이 일상이 된 요즘, 혼자서 많은 것을 감당해야 하는 분들에게 다정하면서도 든든한 가이드가 되어 줄 책입니다.

캔바 앰버서더 **어니언**
https://www.canva.com/p/byonion

평소 시재님의 따뜻한 감성과 차분한 설명 방식이 이 책에 그대로 녹아 있어 정말 반가웠습니다. 마치 옆에서 하나하나 짚어 주듯 다정하게 알려 주니까 초보자라도 누구나 쉽고 편하게 배울 수 있을 것 같아요. 캔버서더 시재님의 캔바 디자인 노하우가 가득 담긴 이 책을, 처음 시작하는 모든 분께 진심으로 추천합니다.

캔바 앰버서더 **이우연**
https://www.youtube.com/@lee-wooyeon

캔바를 기초부터 수익화까지 초보자분들도 쉽게 배울 수 있는 책입니다. 모든 디자인을 쉽게 만들고 브랜딩을 할 수 있는 올인원 툴인 캔바를 배우고 싶다면 이 책을 강력하게 추천합니다!

캔바 앰버서더 **이지쌤**
https://www.youtube.com/@easyssam

책은 캔바의 단순한 기능 설명을 넘어 디자인의 원리부터 브랜딩, 수익화 전략까지 한 권에 완벽히 담아낸 실무 지침서입니다. 저자의 디자인 작업 플로우를 그대로 녹여 내어, 디자인 초보자도 기초 원칙을 다지며 전문가의 노하우를 자연스럽게 습득할 수 있도록 돕습니다. 특히 독자의 사소한 궁금증까지 짚어 주는 친절한 설명과 챕터별 체크리스트는 마치 옆에서 1:1 코칭을 받는 듯한 든든한 가이드를 제공합니다. N잡러와 1인 크리에이터를 꿈꾸는 분들에게 이 책은 캔바라는 도구를 통해 수익 창출의 기회를 열어 주는 가장 완벽한 '디자인 선생님'이 되어 줄 것입니다.

캔바 앰버서더 **츄니즈**
https://www.canva.com/p/chuneeds

이 책의 구성과 학습 로드맵

이 책은 캔바를 처음 접하는 독자부터, 디자인 실전·수익화·브랜딩·AI 자동화까지 배우고 싶은 예비 크리에이터와 소상공인을 위한 실전형 가이드입니다. 이 책은 독자가 도구 이해→기초→실전→수익화→브랜딩→자동화 순서로 자연스럽게 성장하도록 구성했습니다.

챕터별 역할 요약

해당 챕터	난이도	핵심 역할
CHAPTER 01 CHAPTER 02	입문·초급	**도구 사용법과 디자인 기초 다지기** 캔바 환경을 이해하고 디자인 기본 조작법을 익히는 단계로, 캔바의 철학, 크리에이티브 운영 체제의 개념, 저작권·라이선스·요금제·계정 설정 등에 대해 살펴봅니다.
CHAPTER 03	초중급	**창작용 AI 기능 이해하기** Visual Suite작업 환경을 둘러보고, Magic Studio(Magic Write, Magic Switch, Magic Media, AI 기반 사진 편집 등)를 활용해 아이디어를 현실로 바꾸는 창작 중심 AI 활용법을 다룹니다.
CHAPTER 04	중고급	**고객 업종별 실전 디자인 패키지 만들기** 가상의 페르소나 기반 실전 프로젝트를 통해 SNS·인쇄물·명함·상세페이지·웹사이트·프레젠테이션 등 브랜드 디자인 템플릿 세트를 완성합니다.
CHAPTER 05 CHAPTER 06	고급	**수익화&브랜딩 설계** 캔바 환경을 이해하고 디자인 기본 조작법을 익히는 단계로, 캔바의 철학, 크리에이티브 운영 체제의 개념, 저작권·라이선스·요금제·계정 설정 등에 대해 살펴봅니다.
CHAPTER 07	고급	**AI 기반 운영·자동화 시스템 구축** 콘텐츠 플래너(예약 게시), Sheets 데이터베이스 구축, Bulk Create 자동 생성, 매직 차트·매직 인사이트 분석, 이메일 뉴스레터 발송 시스템 등을 활용해 콘텐츠가 스스로 돌아가는 자동화 구조를 완성합니다.

※ 이 책에서는 학습 흐름에 따라 캔바의 AI 기능을 두 챕터에 나누어 소개합니다.
CHAPTER 03 → 디자인 창작 AI, CHAPTER 07 → 업무·운영 자동화 AI

이 책을 완독하면 얻게 되는 것들

- 캔바 인터페이스 및 디자인 기초 조작 능력
- AI 기반 생성·편집 기능을 활용한 창작 감각
- 업종별 실전 프로젝트 기반의 브랜드 디자인 감각
- 템플릿·외주·굿즈·강의 등 다양한 수익화 전략
- 브랜드 선언문, 무드보드, 비주얼 시스템, 웹 포트폴리오
- 콘텐츠 플래너·Sheets·Bulk Create·매직 인사이트·뉴스레터 루틴 등 자동화 시스템

독자의 이해를 돕는 팁 섹션

체크포인트 주의해야 할 핵심 개념과 실수 예방 노하우

실전 TIP 실무 경험에서 나온 요령

더 알아보기 심화 학습이나 배경 이해를 돕는 추가 정보

실습 자료 및 저작권 안내

① **실습 자료 웹 페이지:** 이 책에서 사용되는 실습 자료는 아래 웹사이트에서 확인할 수 있습니다.

https://sijae.my.canva.site/creator-lab

* 모든 자료는 독자분들의 원활한 실습을 위해 무료 요소와 무료 폰트를 우선적으로 사용하여 제작되었습니다. 단, 캔바의 강력한 기능을 100% 경험할 수 있도록 Pro(유료) 기능을 포함하고 있으며, 이런 경우 Pro 아이콘으로 표기해 두었습니다.
* 캔바는 웹 기반 플랫폼으로, 기능 및 UI가 수시로 업데이트됩니다. 이 책은 2026년 2월 캔바 업데이트 기준 버전을 바탕으로 집필되었으며, 출간 이후에도 캔바의 UI나 용어가 일부 변경될 수 있습니다. 그러나 캔바의 기본적인 작동 원리나 사용법은 크게 달라지지 않으므로 학습에는 문제가 없을 거예요.
* 캔바의 최신 업데이트 내용은 실습 페이지와 저자 블로그에 안내할 예정입니다.

② **실습 자료의 활용 및 저작권 안내:** 이 책의 텍스트, 이미지, 디자인, 템플릿 등 모든 콘텐츠의 저작권은 저자와 출판사에 있습니다. 실습 템플릿은 개인 및 상업적 프로젝트에 활용 가능하지만, 반드시 원본과 구별되는 독창적인 형태로 재구성해야 합니다.

금지되는 행위는 다음과 같습니다.

- 템플릿 원본을 그대로 재판매하는 행위
- 원본과 유사한 형태로 업로드해 수익을 창출하는 행위
- 책의 텍스트 · 이미지 · 실습을 무단 복제 · 배포하는 행위
- 책의 콘텐츠를 AI 학습 데이터로 활용하는 행위

저작권과 사용권(라이선스)에 대한 더 정확한 내용은 다음의 캔바 라이선스 정책 페이지를 반드시 확인하세요.

- **캔바 디자인 상업적 사용 가이드**
  www.canva.com/ko_kr/learn/copyright
- **캔바 콘텐츠 라이선스 가이드**
  www.canva.com/policies/content-license-agreement
- **캔바 디자인 제작·판매 라이선스 가이드**
  www.canva.com/help/using-canva-to-create-products-for-sale

디자인 상업적 사용

콘텐츠 라이선스

제작·판매 라이선스

목차

CHAPTER 01

캔바와 첫만남

AI 기반 창작 시대의 필수 도구, 캔바 이해하기

AI 시대의 창작은 구조를 이해하는 데서 시작됩니다.
이번 챕터에서는 캔바의 최신 흐름을 살펴보며, 혼자서도 지속 가능한
디자인 · 창작 시스템의 첫 기반을 마련해 봅니다.

이 책의 시작인 챕터 01에서는 캔바라는 도구를 '어떻게 쓰는가'보다, '왜 이 도구가 필요한가'를 먼저 살펴봅니다. 이번 챕터는 결과물을 만드는 장이 아니라, 앞으로의 모든 작업을 지탱해 줄 기반을 다지는 장입니다.

캔바가 단순한 디자인 툴을 넘어 어떻게 진화해 왔고, 1인 크리에이터에게 왜 특히 중요한 도구가 되었는지를 차근차근 정리합니다. 또한 캔바 화면의 구조, 저작권과 요금제, 기본 작업 환경까지 이후 학습의 토대가 되는 핵심 요소들을 함께 살펴볼 거예요.

이 챕터를 마치고 나면, 캔바를 막연한 '디자인 앱'이 아니라 앞으로의 창작 · 운영 · 수익화 여정을 함께할 작업 공간으로 바라볼 수 있게 될 거예요.

배울 내용

LESSON 01 AI 기반 크리에이티브 운영 체제, 캔바 알아보기 캔바의 철학과 구조, 그리고 Creative OS로서의 전체 그림을 이해합니다.

LESSON 02 캔바 저작권과 사용권 알아보기 상업적 활용을 위한 저작권 · 라이선스의 핵심 기준을 정리합니다.

LESSON 03 캔바 요금제 살펴보기 Free · Pro · Business 요금제를 비교하고, 1인 크리에이터에게 적합한 선택 기준을 세웁니다.

LESSON 04 회원 가입 및 계정 설정하기 언어 · 지역 · 계정 연결 등 작업 흐름의 기본 환경을 안정적으로 준비합니다.

LESSON 05 캔바 홈 화면 둘러보기 검색, 템플릿, AI, 프로젝트 관리까지 홈 화면의 전체 구조를 이해합니다.

LESSON 06 에디터 화면 둘러보기 실제 디자인이 이루어지는 에디터 화면의 구성과 주요 도구를 익힙니다.

왜 이런 구성인가요?

캔바는 기능을 하나씩 외워서 쓰는 도구가 아니라, 전체 흐름을 이해할수록 훨씬 편해지는 도구입니다. 그래서 이번 챕터는 개념 이해 → 안전한 사용 기준 → 환경 세팅 → 화면 구조 파악이라는 순서로 구성했습니다.

이 흐름을 먼저 익혀 두면, 이후 챕터에서 디자인 실습과 수익화, 브랜딩, 자동화로 넘어갈 때 이 기능이 왜 필요한지, 어디에 쓰이는지가 자연스럽게 연결될 거예요. 천천히, 하지만 탄탄하게 시작해 봅시다.

AI 기반 크리에이티브 운영 체제, 캔바 알아보기

캔바(Canva)는 디자인 도구를 넘어, 창작 · 운영 · 자동화를 모두 아우르는 크리에이티브 운영 체제(Creative OS)로 진화했습니다. 이번 레슨에서는 1인 크리에이터에게 캔바가 왜 필요한가는 물론 캔바의 전체 구조와 핵심 개념을 차근차근 살펴봅니다.

✨ 혼자서도 만들고 운영하는 시대, 캔바(Canva)가 필요한 이유

1인 크리에이터가 할 수 있는 영역이 넓어지면서 해야 하는 작업은 점점 더 복잡해지고 있습니다. SNS 콘텐츠, 카드뉴스, 템플릿, 전자책, 웹사이트, 강의 자료까지 - 브랜딩과 콘텐츠 운영을 모두 혼자서 감당해야 하는 시대이기 때문이죠.

이때 가장 큰 어려움은 단순히 '디자인을 잘하지 못해서'가 아니라 여러 도구와 파일을 넘나들어야 하는 비효율적 작업 흐름입니다. 하나의 디자인을 채널별로 다시 만들고, 크기를 맞추고, 톤을 통일하는 과정에서 많은 시간이 소모되죠.

캔바(Canva)는 이러한 문제를 해결하도록 설계된 플랫폼입니다. 하나의 작업을 여러 형식으로 쉽게 확장하고, 브랜드 일관성을 유지하며, AI 기능이 생성 · 편집 · 확장으로 작업 흐름을 자연스럽게 도와주는 구조를 갖추고 있어 **1인 크리에이터에게 효율적인 창작 기반**이 되어 줍니다.

캔바의 구조를 이해하면 이후의 기능 학습과 실전 작업이 훨씬 수월해집니다. 따라서 이번 레슨에서는 캔바가 어떻게 시작되고 발전해 왔는지, 그리고 지금 어떤 시스템으로 작동하는지 먼저 살펴보겠습니다.

✨ 캔바, 누구나 디자인할 수 있는 시대를 열다

캔바는 2013년, '**Empower the World to Design**(전 세계 누구나 디자인할 수 있도록 돕는다)'라는 철학을 바탕으로 시작되었습니다.

▲ 이미지 출처: Canva*

당시의 디자인 도구는 전문가 중심으로 설계되어 있었습니다. 설치 과정이 복잡하고, 기능이 어렵고, 비용도 높아 일반 사용자가 쉽게 접근하기 어려운 환경이었죠. 캔바는 **웹 기반의 디자인 편집기와 드래그 앤 드롭 방식, 수많은 템플릿과 직관적인 인터페이스**를 통해 디자인 작업의 문턱을 낮추고 누구나 창작을 시작할 수 있는 길을 열었습니다.

✨ 캔바, 디자인 도구를 넘어 크리에이티브 운영 체제(Creative OS)로 진화하다

캔바는 처음엔 SNS 이미지를 만들기 위한 간단한 온라인 디자인 도구처럼 보였습니다. 하지만 사용자들은 문서 · 영상 · 웹사이트 · 강의 자료 · 템플릿 등 더 다양한 작업을 하나의 흐름 안에서 해결하길 원했지요.

이러한 필요들이 자연스럽게 누적되면서 캔바는 여러 작업 형식을 하나의 플랫폼 안에서 연결하고, 창작 · 운영 · 협업 과정을 통합하는 방향으로 발전했습니다. 그 결과, 캔바는 디자인 툴을 넘어, 창작과 운영을 아우르는 '크리에이티브 운영 체제(Creative OS)'로 성장했습니다.

이 변화는 여러 프로그램을 오갈 필요 없이 캔바라는 **하나의 환경에서 기획-디자인-브랜딩 및 마케팅까지 모든 작업이 가능**해졌고, 이는 1인 크리에이터의 작업 방식에 혁신을 불러왔습니다.

* 이미지 출처: Canva

✨ 크리에이티브 운영 체제(Creative OS)의 구조

캔바의 크리에이티브 운영 체제(Creative OS)는 비주얼 스위트(Visual Suite), 캔바 AI(Canva AI), 플랫폼(Platform)으로 이루어집니다. 이 구조는 캔바가 앞으로 어떤 방향으로 확장될지를 이해하는 중요한 기준이 됩니다.

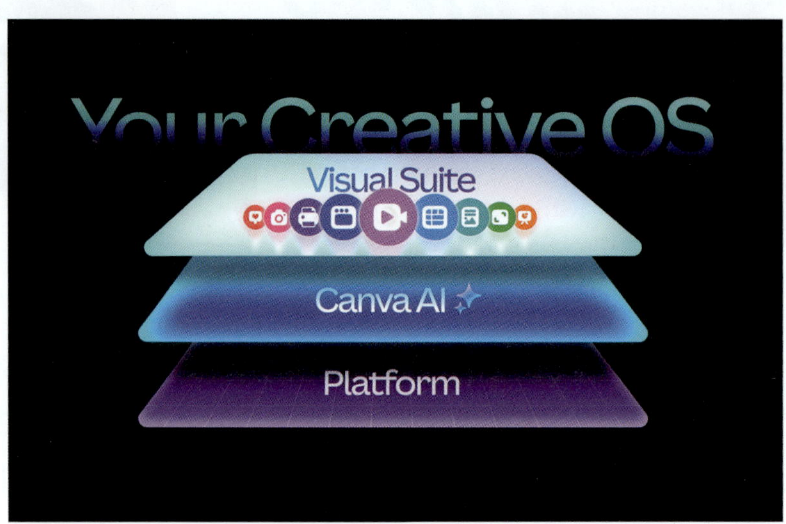

▲ 캔바의 크리에이티브 운영 체제(Creative OS)의 구조 *

1. 비주얼 스위트(Visual Suite) – 다양한 디자인 포맷을 통합한 올인원 창작 환경

비주얼 스위트(Visual Suite)는 캔바의 중심 작업 환경으로, 시트(Sheets)·문서(Doc)·화이트보드·프레젠테이션·SNS 콘텐츠·사진·이미지·동영상·인쇄물·웹사이트·이메일 등 다양한 디자인 형식을 하나의 에디터 내에서 자연스럽게 생성하고 관리할 수 있도록 고도화된 시스템입니다.

이러한 멀티 포맷 및 통합 작업 흐름을 통해 작업 속도가 빨라지고 디자인 일관성이 유지되어, 템플릿 제작·브랜딩 작업을 훨씬 효율적으로 할 수 있게 해줍니다.

2. 캔바 AI(Canva AI) – 내가 일하는 순간에 함께하는 AI

캔바 AI(Canva AI)는 '작업의 순간에 함께하는 AI(AI Where You Work)'로 설계되었습니다. 더이상 AI를 별도의 메뉴가 아닌, 사용자가 디자인 작업 중인 그 자리에서 바로 활용할 수 있도록 통합한 것입니다.

에디터 내 각 도구 탭에 있는 **[생성하기]** 버튼을 통해 즉각적으로 AI 기능을 사용할 수 있고, 작업 메뉴에 Magic Write, Magic Media, Magic Switch, 자동 보정·배경 제거·큐레이팅 기능 등이 자연스럽

* 이미지 출처: Canva

* 출처 https://www.canva.com/newsroom/news/creative-operating-system/

게 접목되었습니다. 또한 작업 중에 언제든 쉽게 'Canva AI에게 물어보기'(Ask@Canva, 대화형 디자인 조언)와 AI 기반 도움말 어시스턴트를 활용할 수 있어요. AI가 작업 흐름을 방해하지 않고 창작자의 의도를 빠르게 실현하도록 보조하는 구조가 캔바 화면 안에 구현된 것이죠.

3. 플랫폼(Platform) – 외부 도구와 연결하는 열린 생태계

플랫폼(Platform)은 캔바가 다양한 외부 도구 · 클라우드 · AI 서비스와 자유롭게 연결되는 개방형 구조로 진화했다는 점을 뜻합니다. 또한 구글 드라이브(Google Drive), 드롭박스(Dropbox) 등 파일 관리뿐 아니라, 챗지피티(ChatGPT), 클로드(Claude), 제미나이(Gemini) 등 생성형 AI와의 연동, 그리고 어피니티(Affinity, 전문 디자인 툴)의 통합까지 확대되었어요. 이는 캔바가 외부 도구와의 단순 연동을 넘어서서 시각적인 창작 생태계의 중심 허브가 되어 가는 흐름을 볼 수 있습니다.

✨ 캔바로 할 수 있는 작업, 어디까지 가능할까?

캔바에서는 시트(Sheets), 문서(Doc), 화이트보드, 프레젠테이션, SNS 콘텐츠, 인쇄물, 웹사이트, 동영상 등 다양한 디자인 형식을 지원합니다.

▲ 캔바의 대표적인 디자인 형식

다음은 캔바에서 실제로 자주 활용되는 작업 흐름들로 캔바에서 가능한 작업은 계속해서 확장되고 있습니다.

① **템플릿 제작**: SNS · 문서 · 프레젠테이션 등 다양한 형식의 템플릿을 제작하고 온라인 마켓에서 판매할 수 있습니다.

② **전자책(eBook)**: 브랜딩북, 가이드북, 미니 전자책 등 PDF 기반 디지털 콘텐츠를 디자인하고 배포할 수 있습니다.

③ **워크북 · 학습지(Worksheets)**: 교육 자료, 실습지, 홈스쿨링 자료 등 반복 활용 가능한 콘텐츠를 쉽게 제작할 수 있습니다.

④ **광고 소재(Ad Creatives)**: SNS 광고 이미지, 배너 디자인, 프로모션용 비주얼 등 마케팅에 필요한 시각 요소를 만들 수 있습니다.

⑤ **이메일 뉴스레터(Newsletter)**: 정기 뉴스레터 · 브랜드 공지 · 고객 소통용 이메일을 디자인하고 이메일 서비스와 연동해 발행할 수 있습니다.

⑥ **데이터 시각화(Charts & Graphs)**: 간단한 차트 · 막대그래프 · 도넛차트 등 데이터를 이해하기 쉬운 형태로 시각화 할 수 있습니다.

⑦ **자동화 기반 대량 제작(Bulk Create)**: 시트(Sheets)와 데이터 연결을 통해 여러 디자인을 한 번에 자동 생성하여 콘텐츠 생산 시간을 크게 줄일 수 있습니다.

이렇게 캔바는 단순한 이미지 · 디자인 편집 도구를 넘어 다양한 창작 흐름을 하나의 플랫폼에서 완성할 수 있도록 도와줍니다. 이를 통해 1인 크리에이터는 아이디어부터 실행, 운영, 수익화까지 하나의 흐름으로 이어지는 창작 시스템을 구축할 수 있습니다.

✨ 1인 크리에이터에게 캔바가 강력한 도구가 되는 이유

자, 그럼 우리 1인 크리에이터들에게 캔바가 어떻게 든든한 업무 파트너가 되어 줄지 함께 살펴볼까요?

① **아이디어에서 완성까지, 하나의 흐름으로 이어지는 작업 환경**: 캔바는 한 화면에서 문서, 프레젠테이션, SNS 콘텐츠, 영상, 템플릿, 웹사이트까지 만들 수 있는 통합 작업 환경을 제공합니다. 여러 프로그램을 이동할 필요 없이 하나의 흐름으로 이어지기 때문에 작업 속도가 빠르고, 디자인의 일관성도 자연스럽게 유지됩니다.

② **필요한 순간에 바로 AI가 도와주는 구조**: Magic Write, 이미지 자동 보정, 배경 교체, 콘텐츠 변환 등 AI 기능을 작업 과정 한가운데에서 바로 활용할 수 있어 창작 흐름이 끊기지 않습니다. 덕분에 반복 작업에 시간을 쓰기보다, 콘텐츠의 핵심 메시지와 기획에 집중할 수 있습니다.

③ **디지털 자산을 만들어 판매할 수 있는 창작 기반**: 캔바는 템플릿, 전자책, 워크북, 학습지, 강의 자료 등 디지털 상품을 제작하기에 최적화된 구조를 갖추고 있습니다. 템플릿 판매, 온라인 클래스 준비, POD 굿즈 제작까지 하나의 플랫폼에서 자연스럽게 이어져 수익화까지 연결할 수 있습니다.

④ **브랜드 일관성을 유지하는 디자인 시스템 구축**: 브랜드 키트(Brand Kit)에 로고, 색상 팔레트, 폰트를

등록해 두면 모든 디자인에 자동으로 적용됩니다. 콘텐츠가 많아질수록 일관된 톤앤매너를 유지하는 것이 중요한데, 캔바는 초보자도 쉽게 브랜드 일관성을 유지할 수 있도록 돕습니다.

⑤ **여러 도구를 오갈 필요 없는 올인원(All-in-One) 플랫폼**: 구글 드라이브(Google Drive), 챗지피티(ChatGPT), 클로드(Claude), 어피니티(Affinity) 등 외부 서비스가 캔바와 연결되어 있어 파일 관리나 글·이미지 생성은 물론, 전문 디자인 편집 도구 활용까지 하나의 흐름에서 이어집니다. 콘텐츠 제작과 운영에 필요한 대부분의 기능을 한 곳에서 해결할 수 있다는 점은 1인 크리에이터에게 큰 장점입니다.

⑥ **어디서든 만들고, 바로 공유하고, 즉시 협업할 수 있는 유연성**: 웹·모바일·태블릿 어디에서나 동일한 환경으로 작업할 수 있고, 링크 하나만으로 실시간 피드백과 협업이 가능합니다. 장소에 구애받지 않는 이 유연성은 바쁜 1인 창작자의 작업 효율을 크게 높여 줍니다.

정리하자면, 캔바는 '혼자서도 콘텐츠를 만들고 운영할 수 있는 기반'을 만들어 주는 플랫폼입니다. 학습 체계가 단순하고, 기능과 구조가 자연스럽게 연결되어 있어 혼자서도 브랜드·콘텐츠·디지털 자산을 꾸준히 만들어 갈 수 있게 해줍니다.

여기까지 캔바의 철학과 구조, 최신 흐름을 살펴보았습니다. 이제 다음 레슨에서는 창작과 수익화 과정에서 가장 중요한 저작권과 사용권에 대해 살펴보겠습니다.

캔바 저작권과 사용권 알아보기

상업적 활용을 위해서는 저작권과 사용권을 명확히 이해해야 합니다. 이번 레슨에서는 캔바의 요소 자산과 AI 생성물의 사용 기준을 정리하고, 안전하게 창작하는 데 필요한 핵심 원칙을 알아봅니다.

캔바는 누구나 쉽게 디자인을 만들 수 있는 플랫폼이지만, 템플릿 판매 · 디지털 자산 제작 · SNS 운영 등 수익화 단계에 들어서면 가장 먼저 확인해야 할 것이 바로 저작권과 사용권(라이선스)입니다. 이미지 · 요소 · 폰트 하나만 잘못 사용해도 작업물을 쓰지 못하게 되거나 비용을 지불해야 하는 상황이 생길 수 있습니다. 이번 레슨에서는 캔바에서 할 수 있는 것과 할 수 없는 것을 명확하게 정리해 창작자가 실수하기 쉬운 부분을 짚어 볼게요.

✨ 캔바 콘텐츠와 요소, 누구의 소유인가?

캔바 안의 모든 템플릿 · 사진 · 그래픽 · 일러스트 · 동영상 · 오디오 등은 캔바 또는 캔바 크리에이터(Canva Creators) 등 원본 제작자가 저작권을 갖습니다. 사용자인 우리는 이 콘텐츠를 '사용할 수 있는 권한(라이선스)'만 가지며 저작권이나 소유권을 주장할 수 없습니다.

핵심만 정리한 저작권 기본 원칙

- 내가 직접 만든 디자인 = 내 소유
- 캔바 제공 요소 = 사용권만 있음 (재배포 · 재판매 불가)
- 상업적 사용은 가능하지만, 요소 자체만 단독으로 판매하거나 배포하는 행위는 금지

✨ Free · Pro 사용자의 라이선스 차이

캔바는 구독 등급에 따라 사용할 수 있는 요소와 권한이 다릅니다. 저작권 문제는 특히 여기서 많이 발생하므로 꼭 정확히 알아 두어야 합니다.

구분	Free	Pro
사용 가능 요소	무료 템플릿, 무료 사진 · 일러스트 · 아이콘, 무료 폰트	Free 요소 전체 + Pro 사진 · 일러스트 · 폰트 · 템플릿
상업적 사용	가능	가능(범위 확대)
Pro 요소 사용	워터마크 표시 → 다운로드 불가	자유 사용 가능
템플릿 판매	무료 요소만 포함된 템플릿 → 링크 방식 판매 가능	Pro 요소 포함 가능(단, 템플릿 링크 방식만 허용)
재판매/재배포	요소 · 소스 단독 판매 불가	동일
주의사항	무료 요소라도 소스처럼 추출 가능하면 금지	Pro 요소 포함 파일 다운로드 제공 금지

핵심 요약

- Free는 무료 요소 기반 상업적 사용까지 가능한 기본 플랜
- Pro는 프리미엄 요소를 활용해 템플릿 · 디지털 상품 제작까지 가능한 확장 플랜
- 템플릿 판매자는 Pro가 사실상 필수이며, 모든 판매는 '템플릿 링크 방식'으로 진행해야 함

✨ 디자인 유형별 저작권 · 사용권 가이드

2026년 1월 AI 기본법 시행으로 AI가 생성한 이미지·영상·음성에는 'AI 생성물'임을 알리는 워터마크나 텍스트, 메타데이터 표기가 의무화되었습니다. AI로 생성한 이미지·영상·오디오를 서비스 제공자·기업이 대중에게 노출하는 경우 적용됩니다. AI 생성물을 상업적으로 사용할 시에는 법안과 과학기술정보통신부의 가이드를 확인하는 것이 좋습니다.

1. 템플릿 판매

종류	설명
가능한 것	• 템플릿을 불러와 색상 · 배치 · 폰트를 수정하고 결과물을 상업적으로 사용 • 템플릿을 기반으로 새로운 템플릿 제작 후 판매
불가한 것	• 템플릿을 거의 수정하지 않고 템플릿 형태로 재판매 • 템플릿에서 아이콘 · 일러스트만 추출해 소스팩처럼 판매 • Pro 요소 포함 디자인을 '파일 다운로드' 형태로 제공
판매 팁	• 템플릿 안내문에 꼭 넣기 예시 문구: '캔바 리소스는 재배포할 수 없습니다.' • Pro 요소 포함 시 템플릿 링크 방식으로만 판매

2. 요소(사진 · 일러스트 · 아이콘 · 비디오 등)

종류	설명
가능한 것	• 내 디자인 안에서 조합해 상업적으로 활용 • 색상 · 효과 · 배치 수정 • 콘텐츠 · 문서 · SNS · 광고 등 결과물에 포함
불가한 것	• PNG/아이콘 묶음 형태로 요소 자체를 재판매 • 요소를 모아 라이브러리처럼 배포 • 초상권 · 상표권 · 재산권 위험이 있는 요소 사용

요소의 라이선스 이용 약관 확인하는 방법

사용할 이미지나 요소의 [더보기]를 클릭한 후, 도구 모음의 [정보] 아이콘(i)을 선택하면 간편 라이선스 이용 약관을 확인할 수 있어요.

3. POD · 디지털 상품 판매

종류	설명
POD(티셔츠 · 머그 · 포스터 등)	• 캔바 디자인으로 제작해 판매 가능 • 단, 요소를 거의 그대로 인쇄하는 것은 금지 • 텍스트 · 색감 · 레이아웃 등 창작적 변형 필수
디지털 상품(전자책 · 워크북 · 학습지 등)	• PDF 결과물 판매 가능 • 패턴 · 배경 등 요소가 '소스처럼 추출될 수 있는 구조'는 금지 • 반드시 창작물이 되도록 재구성 필요

4. 로고와 브랜딩 요소 제작

종류	설명
가능한 것	• 캔바에서 제작한 로고를 브랜드 · 비즈니스 · 온라인 채널에 사용하는 것은 가능 • 상업적 사용 가능한 무료 폰트로 제작한 타이포그래피 로고는 사용 가능
불가한 것	• 독점권 부여 불가하므로 캔바 요소로 제작한 로고는 상표권 등록이 불가능 • 동일 요소를 다른 사용자도 활용할 수 있어 브랜드 고유성 · 식별력이 확보되지 않음

5. AI 생성물(이미지 · 텍스트 · 번역 등)

종류	설명
상업적 사용 가능하지만 주의할 것	• 유명 인물 · 브랜드 · 캐릭터를 닮은 생성물 • 특정 작가의 스타일을 모방하는 생성 이미지 • 저작권이 있는 이미지를 기반으로 변형 생성한 이미지

6. 오디오(Audio)

종류	설명
유튜브에 업로드할 때 주의할 것	• 콘텐츠 ID 시스템으로 저작권 주장 가능 → 캔바 계정과 유튜브 계정 연결 시 해결
인기 음악(Popular Music) 규정	• 계약상 사용 범위가 매우 제한적 • 재가공 · 샘플링 · 업로드 금지 • 단순 길이 조절 정도만 가능
직접 녹음한 오디오도 주의	• 주의! 배경에 저작권 음악이 섞여 있으면 업로드 불가

체크포인트 **캔바의 라이선스 정책 웹페이지**

저작권과 사용권(라이선스)에 대한 더 정확한 내용은 다음의 캔바 라이선스 정책 페이지를 반드시 확인하세요. 캔바의 정책은 언제든 업데이트될 수 있으니, 항상 최신 기준을 참고하는 습관을 들이는 것이 안전합니다.

- **캔바 디자인 상업적 사용 가이드** https://www.canva.com/ko_kr/learn/copyright/
- **캔바 콘텐츠 라이선스** https://www.canva.com/policies/content-license-agreement/
- **캔바 디자인 제작 판매 라이선스 가이드** https://www.canva.com/help/using-canva-to-create-products-for-sale/

캔바 디자인 상업적 사용 가이드

캔바 콘텐츠 라이선스 가이드

캔바 디자인 제작 · 판매 라이선스 가이드

✨ 무료 저작권 디자인 리소스 사이트 추천

아래는 저작권 걱정 없이 사용할 수 있는 대표적인 무료 디자인 리소스 사이트입니다. 사진·아이콘·폰트 등 작업 목적에 따라 알맞은 사이트를 활용해 보세요.

사진

사이트	주요 특징/장점
Unsplash	고품질 · 감성 스타일 중심의 무료 사진. 브랜드 이미지 · 배너 등 퀄리티가 필요한 작업에 적합
Pexels	다양한 테마 · 인물 사진 강점. 영상 콘텐츠도 풍부해서 SNS · 유튜브 섬네일 제작에 유용
Pixabay	사진뿐 아니라 일러스트 · 벡터 · 비디오까지 제공하는 종합 리소스 사이트

아이콘 및 일러스트

사이트	주요 특징/장점
Flaticon	다양한 스타일의 아이콘을 무료 제공. 일부 리소스는 출처 표기 필요
Freepik	일러스트 · 벡터 디자인 강력. PPT, 전자책 등 레이아웃용 그래픽 검색에 유용
Icons8	아이콘 · 일러스트 · UI 요소 제공. 통일된 스타일의 아이콘 세트를 찾을 때 유용

폰트

사이트	주요 특징/장점
Google Fonts	웹폰트 중심의 완전 무료 폰트. 상업적 사용 안정적. 다양한 언어 지원
Adobe Fonts	Creative Cloud 구독 시 고급 폰트를 무제한 사용 가능. 인쇄 · 브랜딩용으로 강력
Font Squirrel	상업용 무료 폰트만 선별 제공. 라이선스 필터링이 잘 되어 안전함
눈누(Noonnu)	한국어 무료 폰트 플랫폼. 다양한 개인 · 기업 폰트를 무료로 상업적 사용 가능

> Pexels와 Pixabay는 캔바 앱(Apps)에서 바로 연결해 사용할 수 있어, 파일을 따로 다운로드하지 않아도 사진을 바로 디자인에 삽입해 사용할 수 있습니다.

이번 레슨에서는 캔바 저작권 · 사용권의 핵심 원칙을 정리했습니다. 캔바는 리소스가 풍부한 플랫폼이지만, 모든 요소는 저작권의 보호를 받는 자산입니다. 사용 범위를 명확히 이해하면 템플릿 판매, 디지털 상품 제작, 브랜딩, SNS 운영 등 1인 크리에이터의 모든 작업을 안전하고 안정적으로 지속할 수 있습니다.

다음 레슨에서는 캔바의 요금제를 비교하고 어떤 플랜이 크리에이터에게 적합한지 살펴봅니다.

캔바 요금제 살펴보기

캔바의 대표적인 세 가지 요금제인 Free · Pro · Business 중 어떤 요금제가 나에게 맞는지 판단할 수 있도록 핵심 기능과 혜택을 비교합니다. 크리에이터와 템플릿 판매자에게 중요한 기준을 중심으로 요금제를 정확하게 이해해 봅니다.

가벼운 SNS 콘텐츠부터 템플릿 판매, 광고 · 데이터 기반 비즈니스까지. 캔바의 활용 폭이 넓어질수록 자신의 작업 방식에 맞는 요금제를 선택하는 것이 중요합니다. 이번 레슨에서는 Free · Pro · Business 요금제를 비교하고, 1인 크리에이터에게 어떤 플랜이 적합한지 살펴볼게요.

✨ 무료 vs 유료, 어떤 플랜을 선택해야 할까?

캔바는 사용 목적과 규모에 따라 다양한 요금제를 제공합니다. 특히 1인 크리에이터라면 요금제 선택이 콘텐츠 생산 속도와 수익화 가능성을 크게 좌우합니다.

- **Free(무료)**: 가벼운 디자인 · 입문 단계에 적합
- **Pro(유료)**: 템플릿 판매 · 브랜드 운영 · 전자책 제작 등 본격적 창작자에게 필수
- **Business(유료)**: 광고 · 데이터 · AI · 팀 협업 중심의 비즈니스 운영용 플랜

✨ 캔바 요금제 비교해 보기(Free · Pro · Business)

2026년 2월 기준 캔바에서 제공하는 1인 사용자 중심의 주요 플랜을 비교해 볼게요.

항목	Free	Pro	Business
가격(1인 기준)	무료	연 99,000원	연 129,000원
사용자 수	1명	1명	1명 + 팀 협업
템플릿 수	160만 개+	360만 개+	360만 개+

사진 · 그래픽 · 미디어	470만 개+	1억 4,100만 개+	1억 4,100만 개+
브랜드 키트	1개	5개	100개
AI 기능	기본 AI	Magic 기능 전체	Pro AI + 고급 AI 제어
광고 소재 기능	광고 아이디어	아이디어 + 인사이트 + 생성	아이디어 + 인사이트 + 생성
저장 공간	5GB	100GB	500GB
협업 기능	기본 공유	일정 예약	승인 · 권한 제어 · 팀 관리
인쇄 할인	-	-	10%
신규 기능	Affinity 일부 기능	Affinity + 광고 인사이트	Affinity + Leonardo.ai + Flourish Presenter
추천 사용자	디자인 입문	템플릿 · 전자책 제작자	팀 · 광고 · 데이터 기반 비즈니스

- 각 요금제에서는 하위 요금제의 모든 기능을 포함해 더 많은 기능을 사용할 수 있어요.
- 사용 한도 및 AI 디자인 도구 제공 사항은 요금제마다 다릅니다.
- 캔바의 기능과 서비스는 변동될 수 있으므로 캔바의 요금제 안내 페이지를 꼭 확인하세요.
- 캔바 요금제 안내: https://www.canva.com/ko_kr/pricing/

요금제 선택 핵심 기준

1. Free가 적합한 경우

- 디자인을 처음 배우는 단계인 경우
- SNS용 간단한 이미지 제작 위주인 경우
- 템플릿 판매 계획이 아직 없는 경우
- 브랜드 키트가 1개면 충분한 경우

2. Pro가 적합한 경우(1인 크리에이터 추천 플랜)

- 템플릿 판매를 준비 중 또는 이미 판매 중인 경우
- 전자책·워크북·학습지처럼 디지털 제품 제작이 많은 경우
- Magic Switch, 배경 제거, 자동 번역 등 시간 절약 기능이 필수인 경우
- 브랜드 키트를 2개 이상 운영해야 하는 경우
- 고급 사진·폰트·일러스트가 필요한 경우

3. Business가 적합한 경우

- 광고 소재(Ad Creatives) 제작 · 캠페인을 운영하는 경우
- 팀과 협업하거나 승인/권한 관리가 필요한 경우
- 데이터 시각화(Flourish Presenter)를 사용하기 원하는 경우
- AI 기반 자동화 · 이미지 생성(Leonardo.ai)을 적극 활용하는 경우
- 브랜드 키트를 대량(50~100개)으로 운영하는 경우

템플릿 판매 기준으로 본 추천 플랜은 다음과 같아요.

목적	추천 플랜	추천 이유
SNS 템플릿 제작 · 판매	Pro	Pro 요소 사용 + Magic 기능 필수
전자책 · 워크북 제작	Pro	PDF 기반 디지털 상품 제작에 최적
POD(굿즈) 판매	Pro	고해상도 · 개성있는 그래픽 필요
광고 콘텐츠 운영	Business	광고 인사이트 + 생성 기능 포함
팀 기반 템플릿 운영	Business	승인 · 권한 제어 등 협업 기능 제공

더 알아보기 **캔바의 Pro 요소, 그래픽, 기능**

캔바의 Pro 요소와 템플릿 기능에는 왕관(♛) 표시가 되어 있으며, Pro 요금제 이상의 사용자만 사용할 수 있습니다.

왕관 표시가 있는 Pro 요소나 템플릿 기능은 Pro(유료) 버전에서만 사용할 수 있어요. 무료 사용자가 Pro 요소를 선택하면 디자인에 워터마크가 생기게 됩니다. 워터마크가 없는 최종 결과물을 다운로드하려면, 해당 디자인에 사용된 모든 Pro 요소를 개별적으로 구매하거나 캔바 Pro 요금제를 구독해야 합니다.

✨ 그밖에 다양한 요금제 간단히 짚어 보기

캔바는 개인용 요금제 외에도 여러 사용자 그룹을 위한 특별한 플랜을 제공하고 있습니다. 다음 플랜들은 별도의 자격 확인(인증/심사)이나 기관 단위 확인 과정을 거친 뒤 이용할 수 있어요.

- **기업용 캔바(Canva Enterprise)**: 보안과 관리 · 통제 체계 기준이 높은 조직을 위한 선택지로, SSO(통합 인증), 세밀한 권한 관리, 감사 로그 같은 관리 기능이 기본으로 포함됩니다. 조직 전체에 표준 템플릿과 브랜드 가이드를 배포해 대규모 인원이 통일된 결과물을 빠르게 제작할 수 있다는 점이 강점입니다. 개인 단계에서 사용하기에는 과하지만, 에이전시화 되거나 팀이 커질 때 안정적인 운영을 위해 고려할 수 있는 플랜입니다.

- **교육용 캔바(Canva for Education)**: 인증된 초중고등학교 교사와 학생들에게 무료로 제공되며, 수업 자료를 쉽고 빠르게 만들고 공유하도록 설계된 플랜입니다. 프로 수준의 디자인 기능에 더해 수업용 클래스 관리, 과제 배포, 템플릿 공유가 가능해 학습지와 발표 자료, 프로젝트 포스터까지 한 흐름으로 완성할 수 있습니다. 정규 교육 활동을 진행한다면 비용 부담을 낮추면서 수업 퀄리티를 끌어올리기 좋습니다.
- **대학용 캔바(Canva for Campus/University)**: 학교 단위로 라이선스를 제공해 보안과 권한을 중앙에서 관리하고, 학내 표준 템플릿과 브랜드 가이드를 캠퍼스 전반에 배포할 수 있게 해줍니다. 학과 · 행정 · 동아리까지 하나의 비주얼 아이덴티티로 행사 홍보물, 강의 자료, 연구 포스터를 빠르게 제작할 수 있어, 대학 차원의 커뮤니케이션 품질을 높이는 데 최적화된 플랜입니다.
- **비영리단체용 캔바(Canva for Nonprofits)**: 공인 비영리 조직이 캠페인, 모금, 보고서 제작을 효율적으로 진행하도록 프로급 기능을 혜택 형태로 제공합니다. 팀 단위 협업과 브랜드 관리 기능이 함께 제공되어 다양한 봉사자나 파트너와 작업하더라도 통일된 결과물을 유지할 수 있습니다. 단체가 자격요건을 충족한다면 운영 비용을 아끼면서 임팩트를 키우는 데 큰 도움이 됩니다.

이번 레슨에서는 캔바의 Free · Pro · Business 요금제를 비교하고 1인 크리에이터에게 어떤 플랜이 적합한지 기준을 정리했습니다. 요금제는 단순히 기능 차이가 아니라, 작업 속도 · 수익화 가능성 · 운영 구조에 직접적인 영향을 줍니다.

다음 레슨에서는 캔바를 더 안정적으로 활용할 수 있도록 작업 환경 세팅 방법과 저장·관리 전략을 함께 살펴보겠습니다.

회원 가입 및 계정 설정하기

캔바를 처음 시작할 때 필요한 기본 환경을 알아봅니다. 회원 가입부터 언어와 지역 설정, 계정 연결까지 작업 흐름의 기반을 안정적으로 준비해 두면 이후 작업이 훨씬 수월해집니다.

무료 계정 만들기 - 빠르게 캔바 시작하기

캔바는 복잡한 절차 없이 아주 간단하게 회원 가입을 할 수 있습니다. 캔바를 처음 시작한다면 컴퓨터 웹 브라우저에서 www.canva.com/ko_kr에 접속하거나 캔바 앱을 다운로드해 보세요.

01 웹사이트 접속하기 첫 화면에서 **[지금 시작하기] 또는 [가입]** 버튼을 클릭하면 [이용 약관] 화면이 나타납니다.

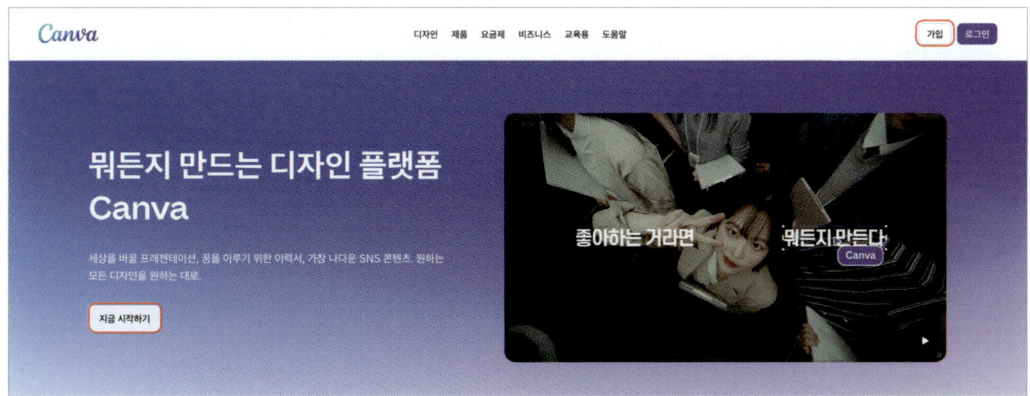

02 이용 약관 동의하기 [Canva 이용 약관] 창에서 각 항목에 체크한 후, **[동의 및 계속하기]** 버튼을 클릭하여 계속 진행합니다.

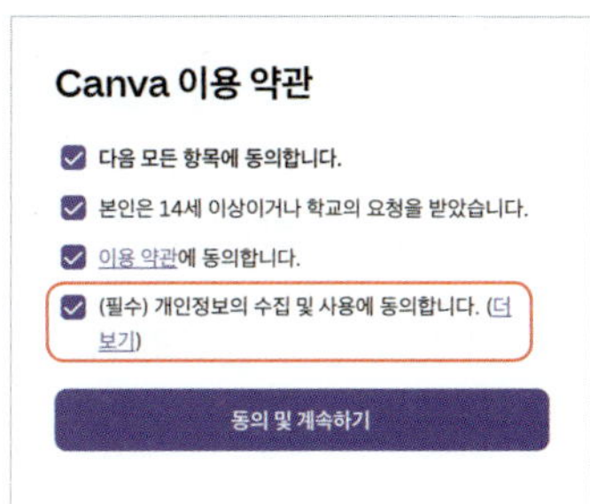

03 **로그인 방식 선택하기** [간편 로그인 또는 회원가입] 화면에서 카카오, 애플 ID, 구글 또는 이메일 등 **원하는 로그인 방식**을 선택하여 가입을 완료하면 됩니다. 이때, [다른 방법으로 계속하기] 버튼을 클릭하면 더 다양한 로그인 방식 목록이 나타납니다. 원하는 방식을 선택해 진행하면 캔바 계정이 생성되고 홈 화면으로 이동합니다.

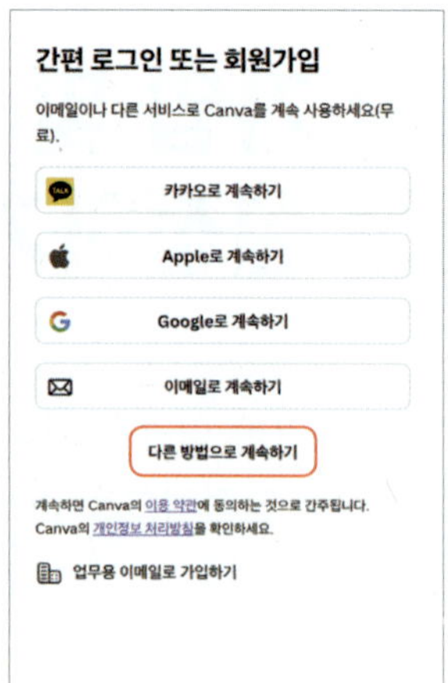

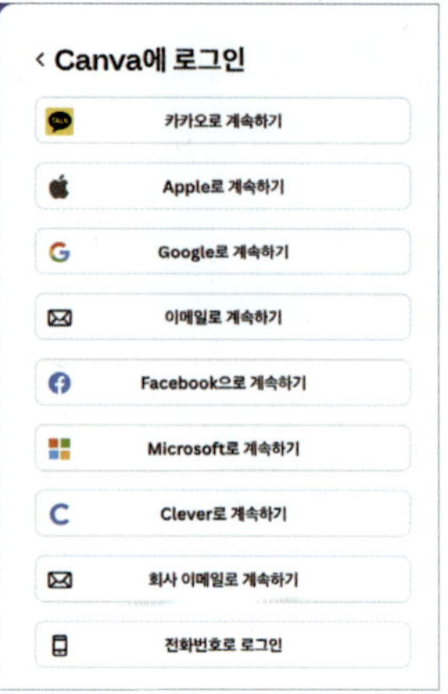

> 이때 [이메일로 계속하기]를 선택하면, 로그인할때마다 이메일로 본인 인증 코드를 받아야 합니다.

04 **가입 직후 나타나는 사용 목적 선택 창** 회원 가입 후 다음과 같은 화면이 표시될 수 있습니다. 나의 사용 목적에 맞는 옵션을 선택하면 되고, 이 선택이 요금제 결제로 이어지는 것은 아니므로 걱정하지 않아도 됩니다.

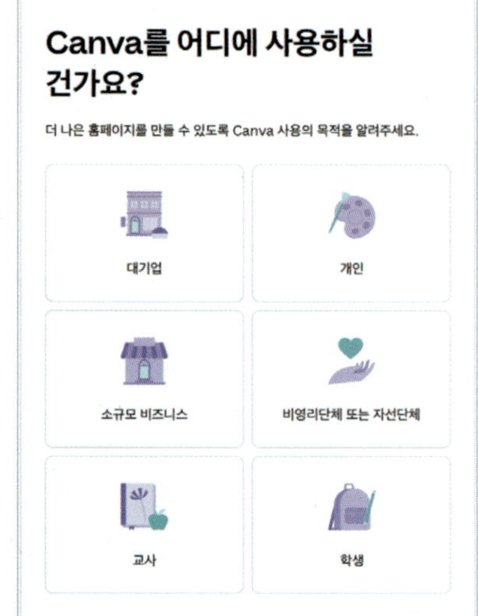

가입 후 설정 확인하기

1. 언어 설정 확인하기

캔바는 브라우저 언어와 App Store 지역을 기준으로 초기 언어·지역 설정을 자동 적용합니다. 이 설정은 기본 템플릿 추천, AI 기능, 언어, 날짜/시간 형식에 영향을 줍니다. 필요하면 다음 경로에서 언제든 변경할 수 있어요.

홈 화면 좌측 하단의 프로필 – [설정] – [언어]

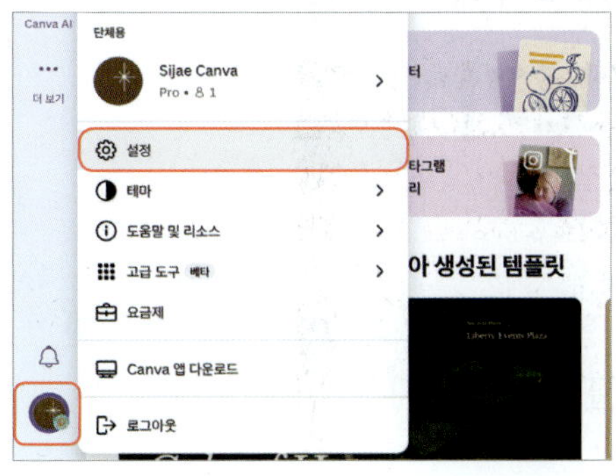

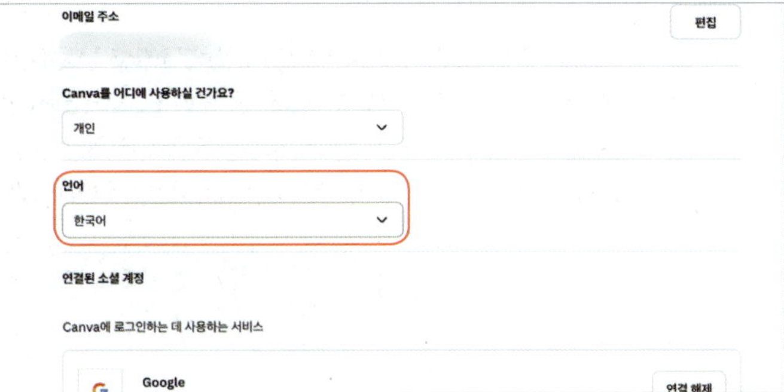

2. 계정 연결로 작업을 더 편리하게

캔바는 외부 서비스와의 연결을 통해 파일 관리와 콘텐츠 생산을 더 빠르게 할 수 있습니다.

- **Google Drive/Dropbox/OneDrive**: 계정을 연결해 디자인에 바로 불러오기(Import) 및 파일 접근
- **YouTube 계정**: 영상 업로드 및 오디오 라이선스 연동
- **SNS 계정**: 게시물 발행 및 콘텐츠 플래너로 게시물 예약 발행
- **연결 경로**

① 설정-프로필-연결된 앱에서 Google Drive, Dropbox, OneDrive 등 파일 관련 서비스 연결

② 공유/다운로드 또는 콘텐츠 플래너 화면에서 SNS·YouTube 계정 연결

이제 기본 준비가 모두 끝났어요! 캔바에 가입만 하면 수많은 템플릿과 디자인 요소를 무료로 사용할 수 있으니, 망설이지 말고 지금 바로 시작해 보세요. 다음 레슨에서는 캔바의 홈 화면을 둘러볼게요.

- 이어지는 화면은 캔바 PC앱으로 작업한 모습입니다. PC앱은 웹 버전보다 빠른 속도와 안정성, 단축키 활용 등 작업 효율이 높다는 장점이 있습니다.
- 캔바 앱은 캔바에 가입한 후 홈 화면에서 [프로필]-[앱다운로드]를 선택한 후 다운로드 페이지에서 다운로드 가능합니다. https://www.canva.com/ko_kr/download에 접속한 후 자신의 피씨 환경에 알맞은 버전을 선택해 다운로드해 주세요.

캔바 홈 화면 둘러보기

홈 화면은 모든 디자인 작업이 시작되는 자리입니다. 검색, 템플릿 탐색, AI 활용, 프로젝트 관리, 브랜드 운영까지—주요 기능을 한눈에 살피며 창작 흐름을 빠르게 시작할 수 있어요.

캔바에 로그인하면 가장 먼저 마주하는 공간이 바로 홈 화면입니다. 템플릿 탐색, 프로젝트 관리, 브랜드 설정, 앱 연결 등 앞으로 자주 활용할 기능들이 모두 이곳에 모여 있어요. 홈 화면의 구조를 이해하면 원하는 작업을 빠르게 찾고 자연스럽게 흐름을 이어갈 수 있습니다. 이제 홈 화면이 어떻게 구성되어 있는지 하나씩 함께 살펴볼게요. 캔바 홈 화면은 크게 다음 네 가지 영역으로 이루어져 있습니다.

1 검색 및 AI 바 2 빠른 만들기 3 콘텐츠 영역 4 탐색 패널

각 영역은 디자인을 '검색하거나 생성하고 - 디자인하고 - 관리하는' 흐름을 자연스럽게 이어 주는 구조입니다. 각 영역의 역할을 차례대로 살펴볼게요.

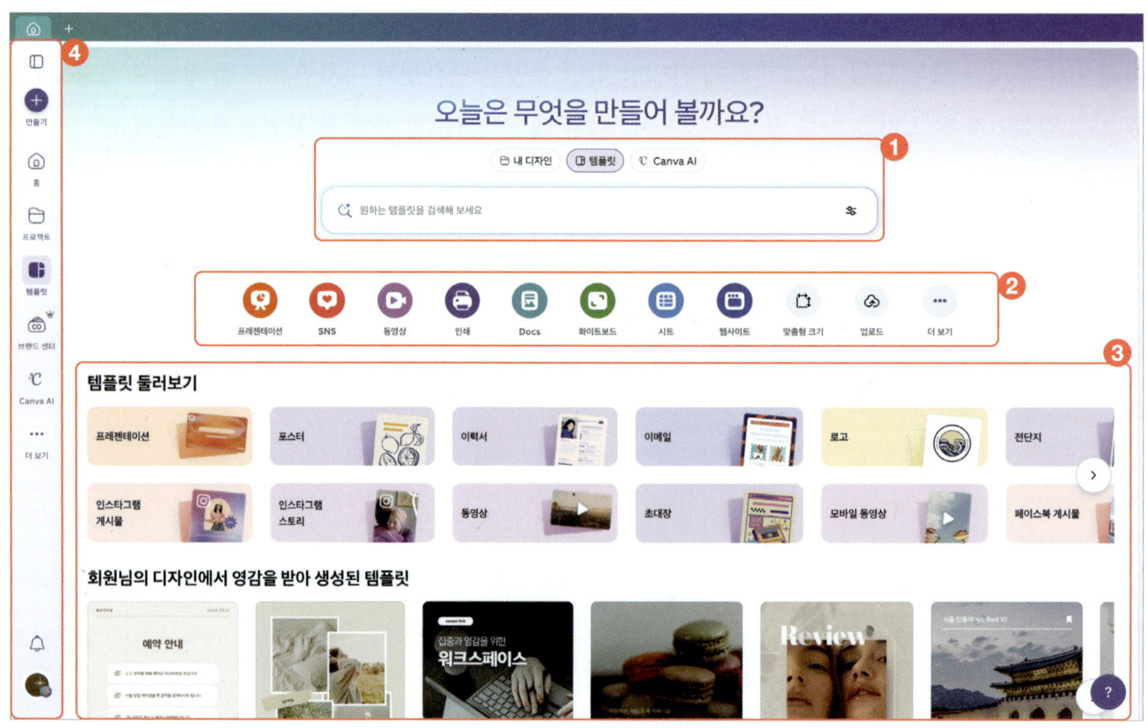

❶ 검색 및 AI 바

홈 화면 상단에 위치한 검색 및 AI 바는 디자인을 시작하거나 원하는 자료를 찾는 데 핵심 역할을 합니다. 검색만 하는 것이 아니라, 작업 목적에 따라 내 디자인, 템플릿, Canva AI 세 가지 모드로 전환하여 사용할 수 있어요.

① **내 디자인**: 내가 만든 작업을 빠르게 찾을 때 사용하는 모드입니다.

- 이전에 작업한 문서 · SNS 이미지 · 템플릿 등을 빠르게 찾을 수 있어요.
- 옵션 기능으로 검색 조건 필터(파일 유형 · 날짜 · 폴더 등)를 활용하면 더 세밀한 검색도 가능합니다.

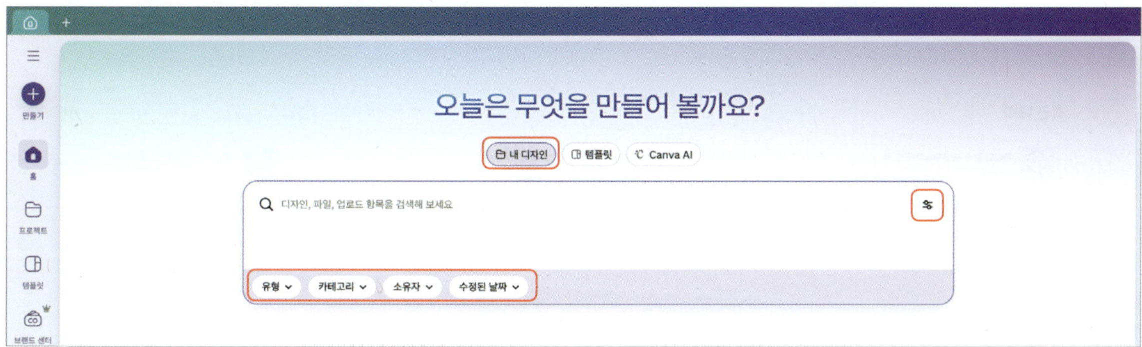

▲ 내 디자인 모드일 때 검색 및 AI 바

② **템플릿**: 캔바의 다양한 템플릿 라이브러리를 탐색할 때 활용하는 모드입니다.

- '인스타그램 게시물', '명함', '포스터'처럼 원하는 형식이나 디자인 스타일을 입력해 검색할 수 있어요.
- 옵션 기능으로 카테고리, 색상, 스타일 등 필터링 검색도 가능합니다.

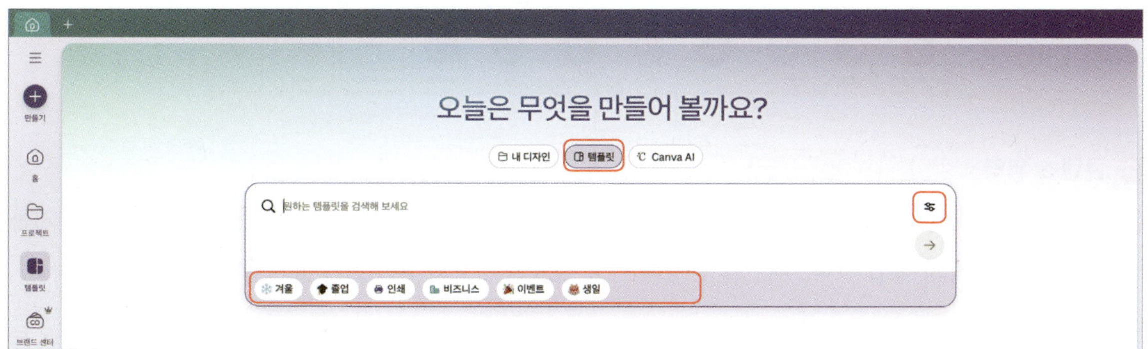

▲ 템플릿 모드일 때 검색 및 AI 바

캔바 홈 화면의 메뉴 열기/닫기 버튼이 2026년 2월에 p34 이미지의 상단과 같이 변경되었습니다. 도서 편집 작업이 한창일 때에 변경되었던 터라 모든 '메뉴 열기/닫기' 버튼을 변경된 모양으로 반영하지 못했습니다. 이 부분에 대한 독자님의 너른 양해 부탁드립니다.

③ **Canva AI**: AI 기반 작업을 시작하는 통로입니다. 프롬프트를 입력하면 AI가 디자인 · 이미지 · 문서 · 코드 · 동영상 클립👑을 생성해 줍니다.

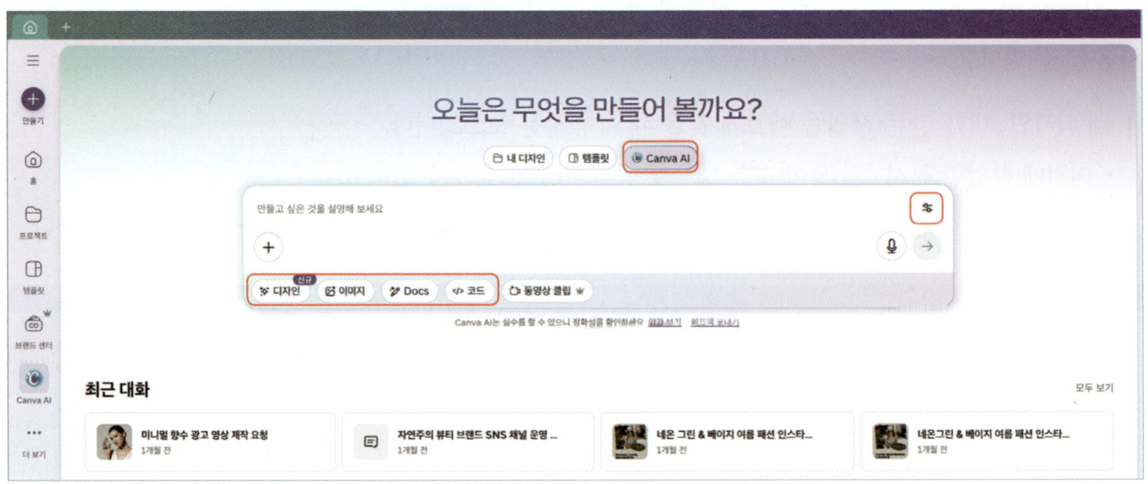

▲ Canva AI 모드일 때 검색 및 AI 바

❷ 빠른 만들기

홈 화면에서 바로 새 프로젝트를 시작할 수 있는 영역입니다.

- 인스타그램 게시물, 로고, 포스터 등 주요 디자인 형식을 클릭해 즉시 작업을 시작할 수 있어요.
- **맞춤형 크기**: 원하는 캔버스 사이즈를 직접 설정해 작업할 수 있어요.
- **업로드**: 내 컴퓨터의 이미지 · 영상 파일을 바로 불러와 보정하거나 편집할 수 있어요.
- **더보기**: 캔바가 지원하는 다양한 작업 형식 전체를 확인할 수 있습니다.

❸ 콘텐츠 영역

홈 화면 가운데에 위치하며, 검색 및 AI 바에서 어떤 모드를 선택하느냐에 따라 자동으로 구성이 달라지는 영역입니다. 사용자의 작업 방식 · 패턴을 반영해 가장 필요한 정보와 콘텐츠가 표시됩니다.

① **내 디자인 모드 – 최근 작업 빠르게 이어가기 & 하이라이트**: 내가 만든 최근 작업 파일들이 자동으로 표시되는 모드입니다. 원하는 디자인을 클릭하면 즉시 이어서 편집할 수 있어요. 또한 하이라이트는 캔바에서 인기 있는 디자인, 추천 템플릿, 새로운 기능 또는 계정에 맞춘 맞춤형 제안을 한눈에 보여주는 공간입니다. 트렌디한 디자인 아이디어를 얻거나, 빠르게 원하는 템플릿을 찾아 바로 작업을 시작할 수 있어요. 새로운 영감이 필요할 때 '하이라이트' 영역을 꼭 확인해 보세요!

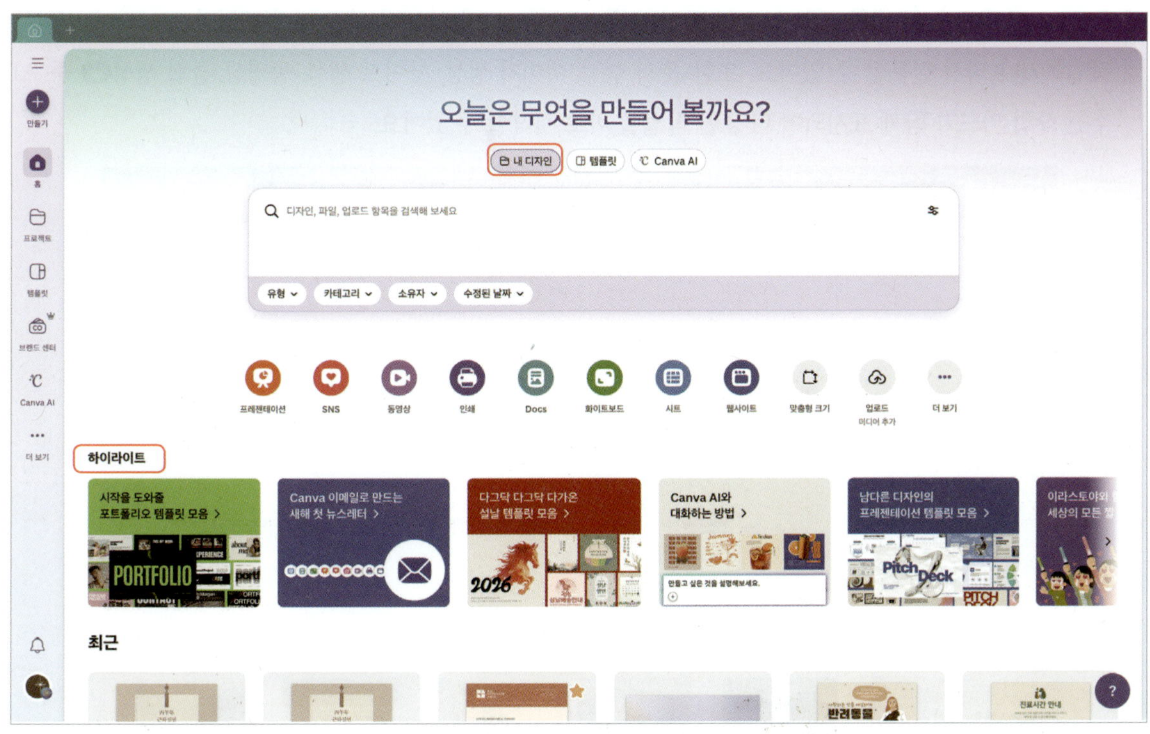

▲ 내 디자인 모드일 때 콘텐츠 영역

② **템플릿 모드 – 템플릿 둘러보기 & 맞춤 추천 템플릿:** 캔바 템플릿 라이브러리를 탐색하는 화면입니다. 카테고리별 템플릿과 함께, 나의 작업 스타일을 분석해 캔바가 추천하는 '맞춤 템플릿'도 함께 표시됩니다.

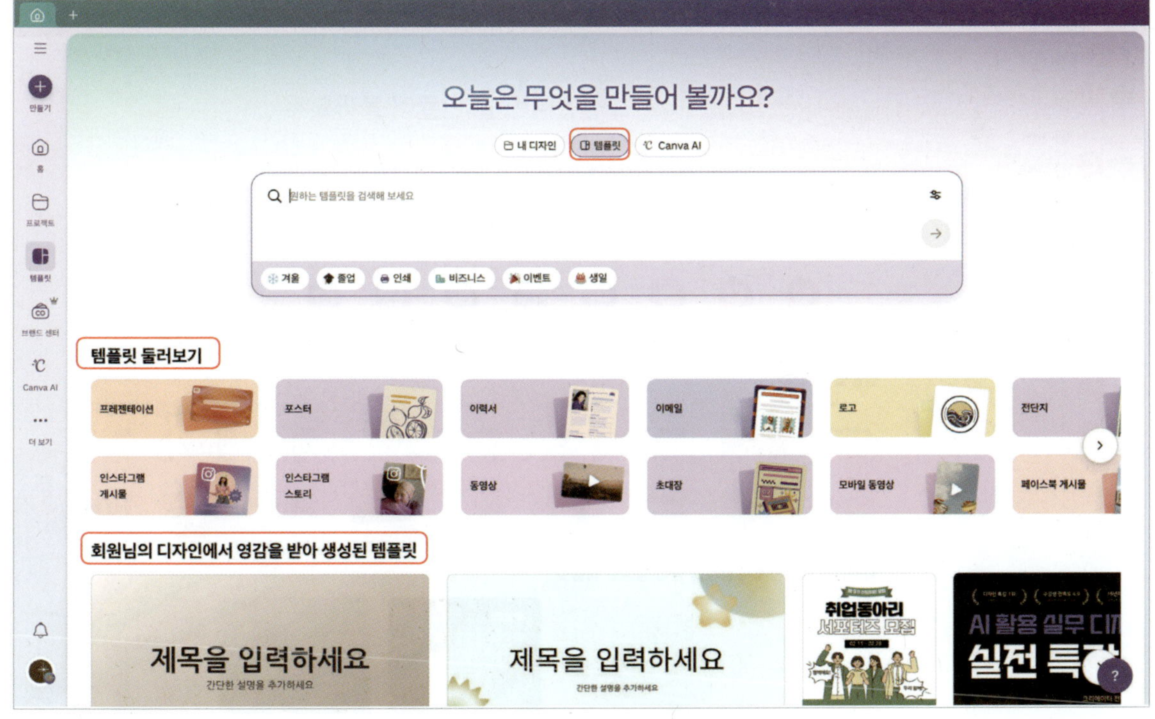

▲ 템플릿 모드일 때 콘텐츠 영역

③ **Canva AI 모드 – AI 대화 내역 & 추천 작업 흐름:** Canva AI와 나눴던 최근 대화 내역이 표시되며, 이어서 작업하거나 다시 질문할 수 있어요. 또한 문서 생성, 이미지 생성, 사이트 생성, 동영상 클립 생성👑 등 AI 추천 작업 카드가 함께 표시되어 다양한 작업을 바로 시작할 수 있어요.

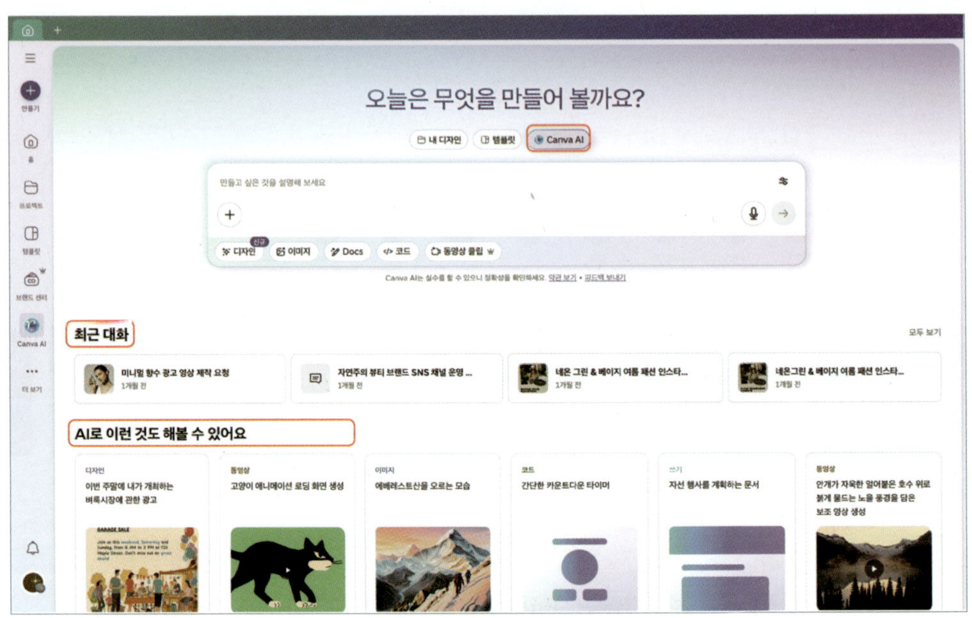

▲ Canva AI 모드일 때 메인 콘텐츠 영역

④ 탐색 패널

홈 화면 왼쪽에 세로로 위치한 패널로, 필요한 모든 기능을 한눈에 찾을 수 있는 공간입니다.

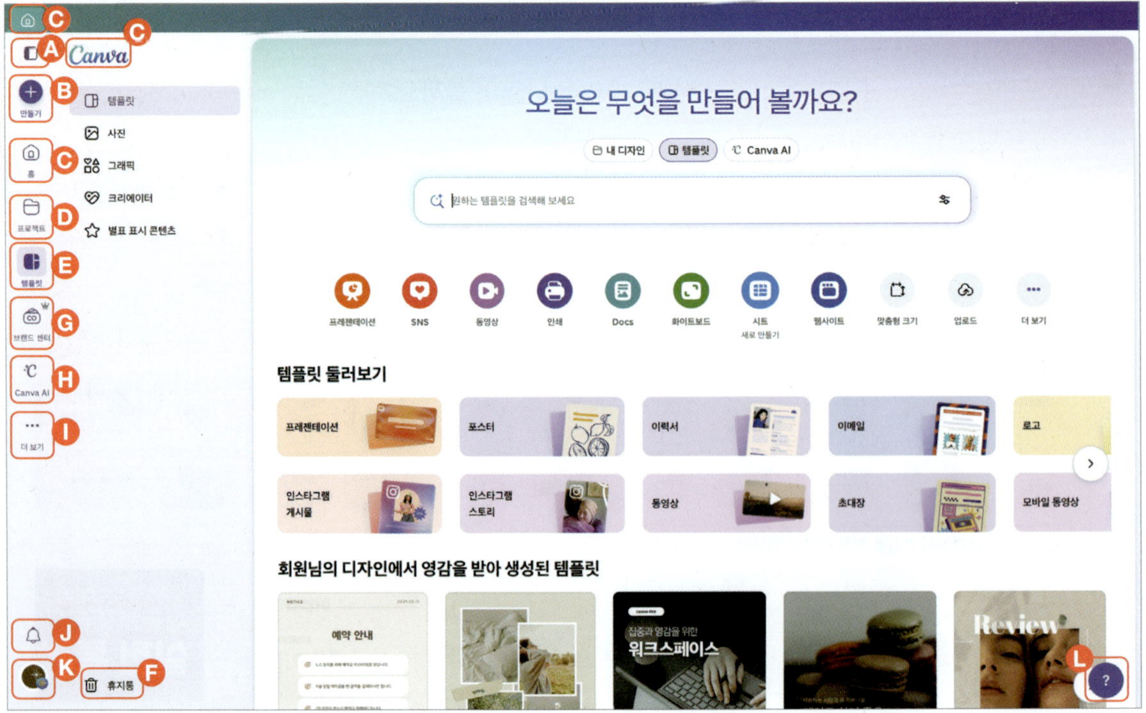

▲ 템플릿 메뉴를 열었을 때의 홈 화면

Ⓐ **메뉴 열기/닫기**: 메뉴 열기를 클릭한 후 '템플릿', '프로젝트' 등 원하는 메뉴를 선택하면, 해당 메뉴의 패널이 열리면서 더 자세한 내용을 확인할 수 있습니다. 왼쪽의 이미지는 템플릿 메뉴의 패널이 열린 상태입니다.

Ⓑ **만들기**: 원하는 디자인 크기를 선택 또는 직접 입력하거나, 추천 템플릿을 선택해 바로 새 작업을 시작할 수 있습니다.

Ⓒ **홈 또는 캔바 로고**: 다시 출발점으로! 언제든지 캔바 홈 화면으로 돌아올 수 있는 버튼이에요.

Ⓓ **프로젝트**: 내가 만든 모든 디자인과 업로드한 리소스를 폴더로 정리하고 관리할 수 있는 곳이에요. 폴더로 정리하고 필터를 이용해 원하는 폴더, 디자인, 이미지와 비디오 같은 항목을 찾을 수 있어 편리합니다.

Ⓔ **템플릿**: 캔바가 제공하는 모든 템플릿, 사진, 그래픽을 종류별로 찾아볼 수 있는 메뉴입니다. 내가 팔로우하는 캔바 크리에이터와 추천 크리에이터, 내가 저장한 별표 표시 콘텐츠도 볼 수 있어요.

Ⓕ **휴지통**: 삭제한 디자인 작업이나 요소들이 잠시 저장되는 곳으로 자료를 영구적으로 삭제하거나 복원할 수 있습니다. 휴지통에 넣은 항목은 30일 이내에 복원할 수 있고, 그 이후엔 자동으로 삭제됩니다.

Ⓖ **브랜드 센터**👑: 로고, 색상, 폰트 등 나만의 브랜드 자산을 미리 설정해 두고 싶다면 이 곳을 활용하세요. 브랜드의 일관성을 유지하는 데 큰 도움을 주고, 특히 팀원들과 함께 협업할 때 편리한 기능이에요.

Ⓗ **Canva AI**: 검색 및 AI 바의 Canva AI 모드로 바로 이동할 수 있는 메뉴입니다.

Ⓘ **더보기**: 캔바의 확장 기능과 교육 리소스를 한곳에서 확인할 수 있습니다. 기본 메뉴에서 찾기 어려운 고급 기능과 부가 서비스가 모여 있어, 작업 규모가 커질수록 더욱 유용하게 활용할 수 있는 영역입니다.

- **앱**: 캔바의 기능을 확장해 주는 다양한 도구 모음입니다. 배경 제거, AI 이미지 생성, 사진 편집, 번역 도구, 협업·생산성 앱, 외부 서비스 연동(Google Drive, Dropbox 등)까지 필요에 따라 추가 기능을 불러올 수 있습니다.
- **Grow**: 광고·마케팅을 운영하는 창작자를 위한 분석 및 제작 도구입니다. 광고 소재 아이디어 생성, 광고 제작, 광고 인사이트 분석까지 한 흐름으로 연결되어 있어, 스몰 브랜드나 1인 크리에이터도 쉽게 활용할 수 있습니다.
- **동적QR 코드**: QR 코드의 패턴과 색상을 자유롭게 만들어 원하는 링크로 바로 연결할 수 있습니다. 특히 동적 QR 코드는 생성 후에도 연결 링크를 언제든 수정할 수 있고, 인사이트👑를 통해 스캔 횟수와 지역 등 상세한 통계 데이터도 확인할 수 있어요.
- **콘텐츠 플래너**: SNS 채널을 연결하고 콘텐츠를 예약 발행할 수 있는 운영 도구입니다. 캘린더 기반으로 콘텐츠를 관리하고, 발행된 게시물·예약된 게시물·초안을 한눈에 확인할 수 있어 스몰 브랜드나 1인 브랜드의 콘텐츠 운영을 체계적으로 돕습니다.

• **Design School**: 캔바가 제공하는 공식 튜토리얼 · 강의 자료 모음입니다. 초급부터 브랜드 디자인, 영상 제작, AI 활용까지 다양한 주제를 다루며, 스스로 학습하며 실력을 키우는 데 도움이 됩니다.

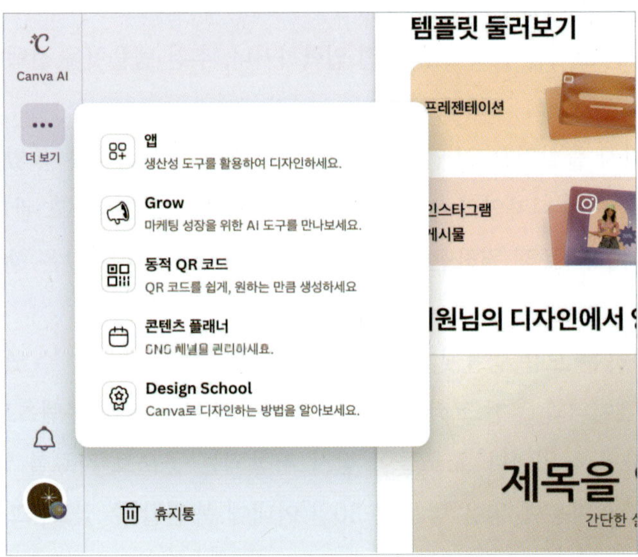

▲ [더보기] 메뉴를 클릭한 화면

J 알림: 캔바에서 제공하는 업데이트 소식이나 초대 · 프로젝트 관련 알림을 확인할 수 있습니다.

K 계정: 내 계정과 프로필 정보를 변경하거나, 개인 정보 설정, 결제 정보, 사용 언어, 웹 도메인 등을 관리할 수 있습니다.

L 도움말 어시스턴트: 캔바에 대해 무엇이든 질문하면 AI 지원 도우미가 빠른 답변을 해주는 메뉴예요.

> **캔바 도움말 센터(https://www.canva.com/help/)**
> 캔바를 사용하는 데 도움이 되는 다양한 가이드, 자주 묻는 질문, 문제 해결 방법 등을 제공하는 곳이에요. 사용 가이드, 자주 묻는 질문, 문제 해결 안내 등이 문서 형태로 정리되어 있고 검색해서 하나씩 읽어 보는 방식이라, 설명을 차근차근 찾아보고 싶을 때 이용하기 좋아요.

홈 화면은 단순한 출발점이 아니라, 캔바의 전체 워크플로우를 자연스럽게 안내하는 내비게이션 역할을 합니다. 검색, 템플릿 탐색, AI 활용, 프로젝트 관리, 브랜드 운영까지—모든 기능이 이 한 화면에서 연결됩니다. 다음 레슨에서는 본격적으로 에디터 화면의 구조와 도구 활용법을 살펴보며, 실제 디자인 과정에서 필요한 기능들을 하나씩 익혀 보겠습니다.

에디터 화면 둘러보기

에디터는 실제 디자인이 이루어지는 공간입니다. 패널 구성, 검색창의 활용, 요소 · 텍스트 · 이미지 선택 시 등장하는 AI 기능을 이해하면 앞으로의 디자인 과정이 한층 더 자연스럽고 효율적으로 이어집니다.

캔바 디자인의 심장부인 에디터 화면에 오신 것을 환영합니다! 에디터는 여러분의 아이디어를 현실로 만들어 주는 작업 공간이에요. 처음에는 낯설어서 자칫 복잡해 보일 수 있지만, 핵심적인 구조만 기억하면 누구나 쉽게 익숙해져서 능숙하게 작업할 수 있습니다.

캔바 에디터는 다음과 같은 다섯 가지 영역으로 구성됩니다.

❶ 작업 탭 ❷ 상단 메뉴 ❸ 사이드 패널 ❹ 작업 영역 ❺ 하단 메뉴

각 영역이 어떤 역할을 하는지 차례로 살펴볼게요. 이제부터는 캔바 앱 화면 기준으로 설명하겠습니다.

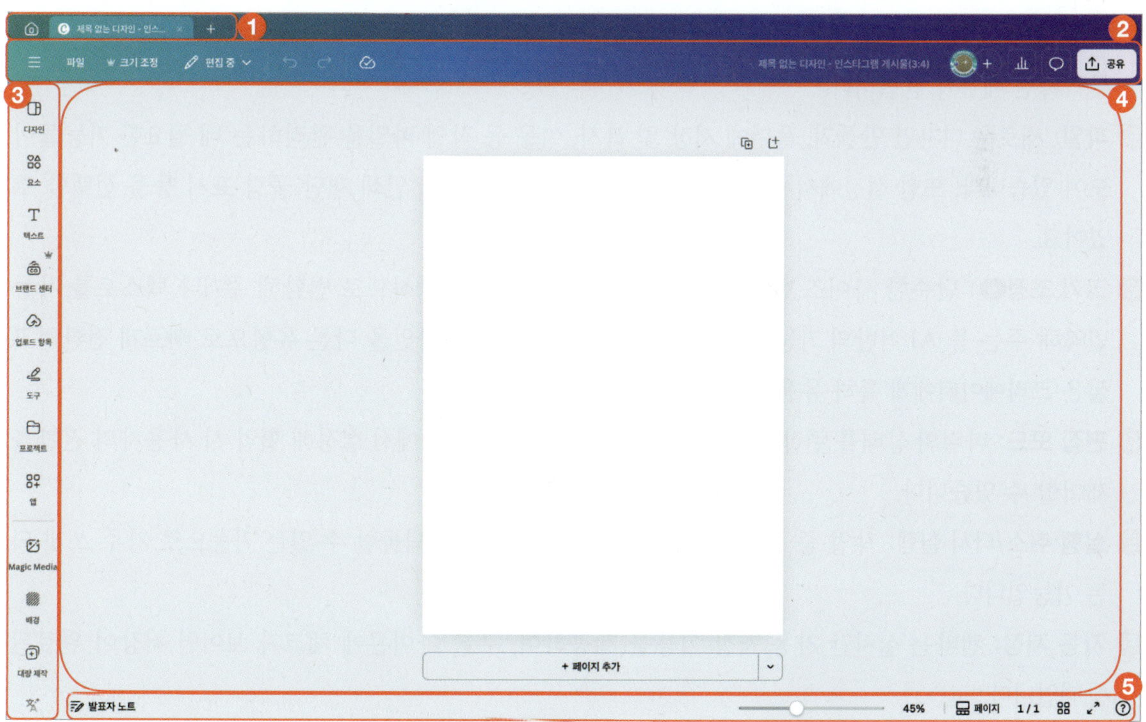

❶ **작업 탭**: 작업 중인 디자인이 표시되는 탭이에요. 또한 여러 디자인을 탭 형태로 동시에 열어 둘 수 있고, 필요할 때 원하는 탭으로 전환하면서 작업할 수 있습니다.

▲ 마우스 포인터에 손가락 아이콘 있는 이미지

Ⓐ **홈**: 클릭하면 캔바 홈 화면으로 빠르게 이동할 수 있는 탭입니다.

Ⓑ **작업 파일 탭**: 작업 중인 파일이 표시되는 곳이에요. 파일 탭을 여러 개 열어 둘 수도 있고, 현재 작업 중인 파일 탭 외에 다른 탭 위에 마우스 포인터를 가져가면 해당 탭의 전체 디자인을 미리보기로 작게 보여 줍니다. 2025년 11월 업데이트 이후, 탭 미리보기 속도가 더 빨라지고 가독성이 높아져 멀티 프로젝트 작업이 더욱 편리해졌습니다.

❷ **상단 메뉴**: 상단 메뉴는 파일 관리, 보기 설정, 작업 권한, 공유 및 내보내기 등 디자인의 상위 기능을 제어하는 핵심 영역입니다.

Ⓐ **메뉴 열기/닫기**: 메뉴를 열면 별표 표시 항목과 최근 디자인으로 빠르게 접근할 수 있어요. 다시 한번 클릭하면 메뉴가 닫힙니다.

Ⓑ **파일**: 새로운 디자인 만들기, 폴더에 저장 및 복사, 이동 등 작업 파일을 관리하는 데 필요한 기능들이 모여 있습니다. 또한 설정에서 눈금자나 가이드 표시, 여백 표시, 인쇄 재단 물림 표시 등을 선택할 수 있어요.

Ⓒ **크기 조정**♛: 단순한 사이즈 변경뿐만 아니라, 디자인을 다른 형식으로 변환해 주거나 텍스트를 자동 번역해 주는 등 AI 기반의 기능을 가진 도구입니다. 하나의 디자인을 다른 유형으로 빠르게 전환하고 싶은 크리에이터에게 특히 유용합니다.

Ⓓ **편집 모드**: 파일의 상태를 편집 중/댓글 달기/보드 보기 모드 중에서 설정해 협업 시 사용자의 권한을 제어할 수 있습니다.

Ⓔ **실행 취소/다시 실행**: 작업 중 실수해도 걱정 없이 이전 단계로 되돌릴 수 있는 기능으로 자주 쓰게 되는 기능입니다.

Ⓕ **자동 저장**: 캔바는 실시간 자동 저장 기능을 제공하며, 구름 아이콘에 체크가 보이면 저장이 완료된 상태입니다.

Ⓖ **파일명**: 작업 중인 디자인의 제목을 정해 저장할 수 있습니다. 이름을 지정하지 않으면 '제목 없는 디

자인+사이즈'가 기본으로 표시됩니다.

Ⓗ **접근 권한**: 현재 파일에 접근하거나 함께 편집 중인 사람의 프로필이 표시됩니다.

Ⓘ **분석**: 공개 링크 기반으로 현재 디자인의 방문 수, 트래픽, 투표·퀴즈 응답 등 콘텐츠 인사이트를 확인할 수 있습니다.

Ⓙ **댓글**: 디자인에 서로 의견을 남기고 해결 상태로 변경할 수 있어 피드백 및 협업할 때 효율적입니다.

Ⓚ **Canva에서 인쇄**: 인쇄 템플릿(포스터, 엽서, 명함 등)일 경우 표시되는 메뉴입니다. 종이·마감·수량 등을 선택해 캔바 인쇄 서비스를 이용할 수 있습니다. 선택한 사양과 수량에 따라 결제할 가격을 미리 확인할 수 있고, 무료 배송으로 제공됩니다.

Ⓛ **공유**: 링크 공유(보기·댓글·편집 권한), 팀 초대, 승인 요청, PNG·JPG·PDF·MP4 등 다양한 파일 형태로 저장하거나 SNS·웹사이트로 직접 게시할 수 있습니다.

③ **사이드 패널**: 캔바의 디자인에 넣을 재료와 도구들을 찾아 추가할 수 있는 곳입니다. 템플릿과 요소, 텍스트 등 기본적인 도구들부터 파일 업로드까지 디자인 편집에 필요한 모든 작업을 할 수 있게 도와줍니다. 사이드 패널에 있는 각 메뉴에 마우스 포인터를 올리면 패널이 임시로 열리고, 메뉴를 클릭하면 패널이 고정됩니다. 고정된 패널을 닫으려면 [접기] 아이콘을 클릭하면 됩니다.

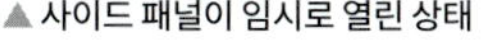
▲ 사이드 패널이 임시로 열린 상태

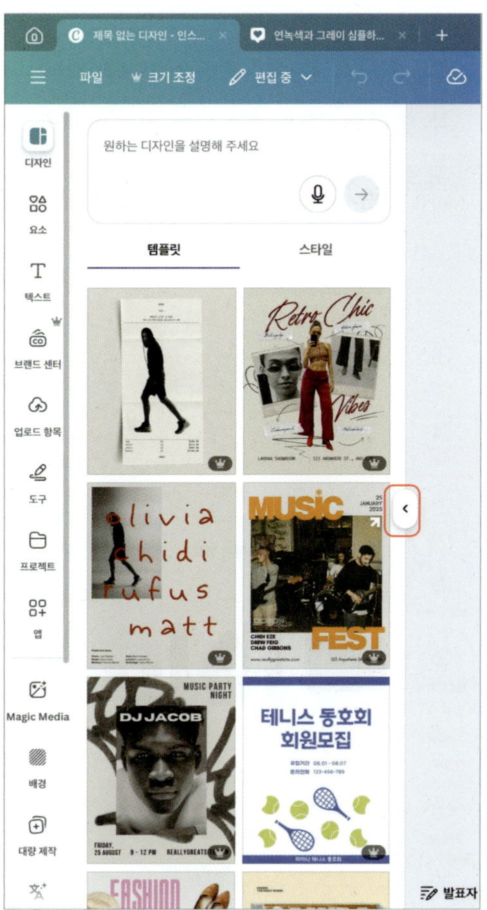

▲ 사이드 패널이 고정된 상태

A 디자인: [템플릿] 탭에서는 현재 작업 중인 디자인 형식에 맞는 템플릿을 찾아 적용할 수 있고, [스타일] 탭에서는 폰트와 컬러 조합 등의 디자인 스타일을 바꿀 수 있어요. 검색 기능을 활용해서 원하는 템플릿이나 스타일을 찾을 수 있습니다.

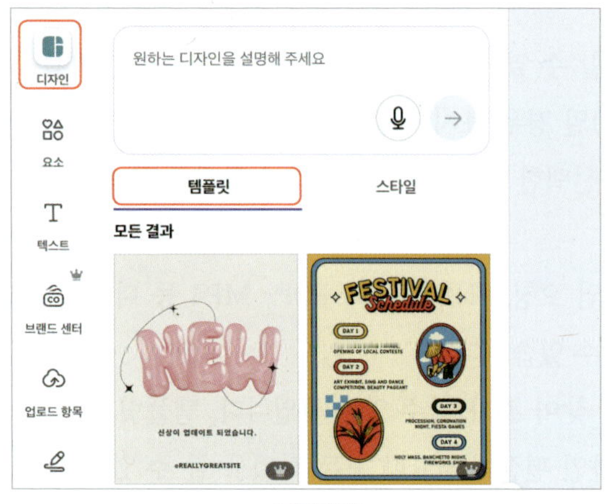

▲ [템플릿] 탭

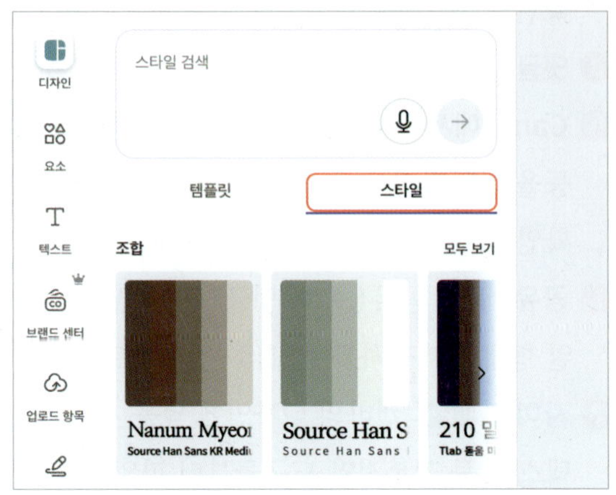

▲ [스타일] 탭

B 요소: 다양한 디자인 요소(사진, 아이콘, 일러스트, 도형, 선, 오디오, 차트, 표, 프레임, 그리드, 스티커 등)를 골라 작업 페이지에 추가할 수 있어요. 검색 창과 필터 옵션을 통해 원하는 요소를 찾아 선택할 수 있습니다.

C 텍스트: 제목, 부제목, 본문 등 다양한 폰트과 서식으로 텍스트를 추가하고 편집할 수 있습니다. 글꼴 및 조합 검색 바에서 원하는 서체 이름을 검색해 찾을 수 있고, Magic Write 기능을 사용할 수 있어요. 또한 하단의 글꼴 조합에서 다양한 폰트 조합 템플릿도 선택할 수 있습니다.

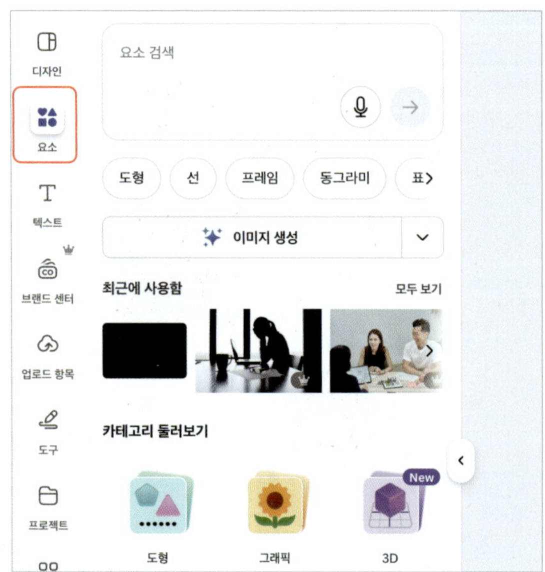

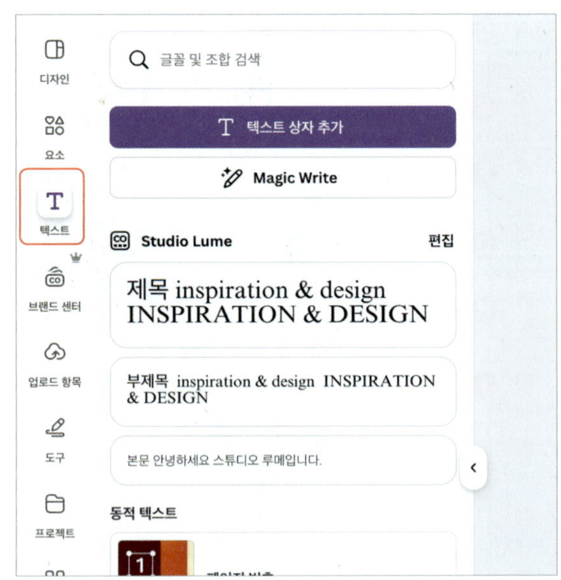

D 브랜드 센터: 로고, 색상, 글꼴 등 브랜드 정체성을 미리 설정해 두고, 에디터에서 불러와 모든 디자인에 일관성 있게 적용하도록 돕는 기능입니다. 브랜드 센터에서 브랜드별로 로고, 색상, 글꼴 등을 모은 브랜드 키트와 자주 사용하는 브랜드 템플릿을 관리할 수 있어요. 또한 Pro 이상에서는 브랜드 센터에 서체 파일을 업로드해 사용할 수 있어요.

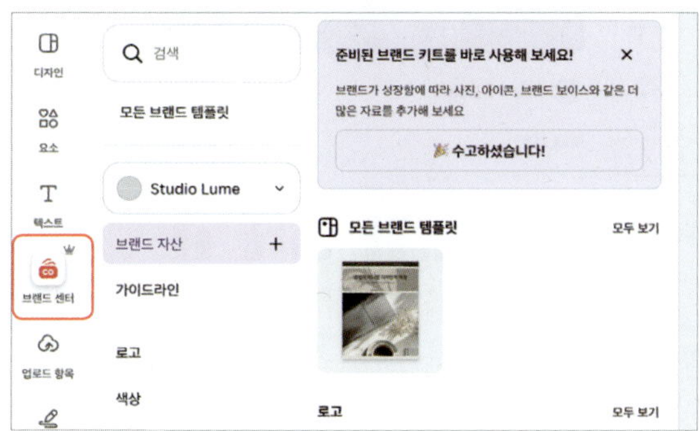

E 업로드 항목: 사용자가 직접 이미지, 동영상, 오디오, GIF 파일 등을 업로드해 디자인에 사용할 수 있습니다.

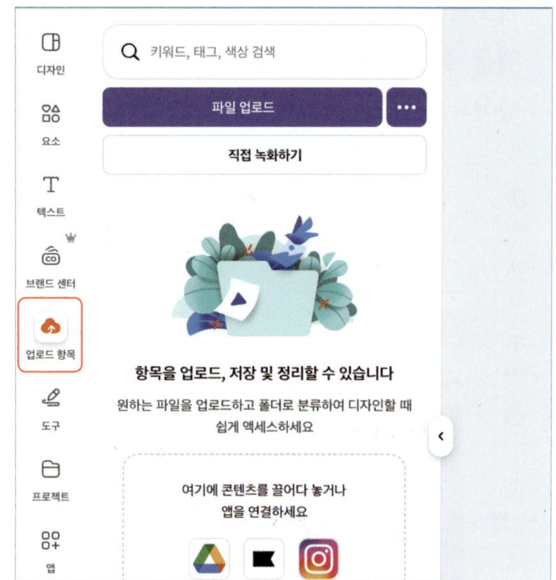

F 도구: 작업에 자주 쓰는 도형, 선, 메모지, 텍스트, 표, Draw(그리기) 등을 한 번에 모아 둔 메뉴예요. 원하는 도구를 선택해 작업 페이지에 요소를 빠르게 추가할 수 있습니다. Draw 기능을 사용하면 펜, 마커, 형광펜 등으로 자유롭게 그림을 그리거나 강조 표시를 할 수 있어요. 또한 객체 선택, 도형, 선, 텍스트, 표, 메모지 추가 등 다양한 기능을 빠르게 선택해 수행할 수 있답니다.

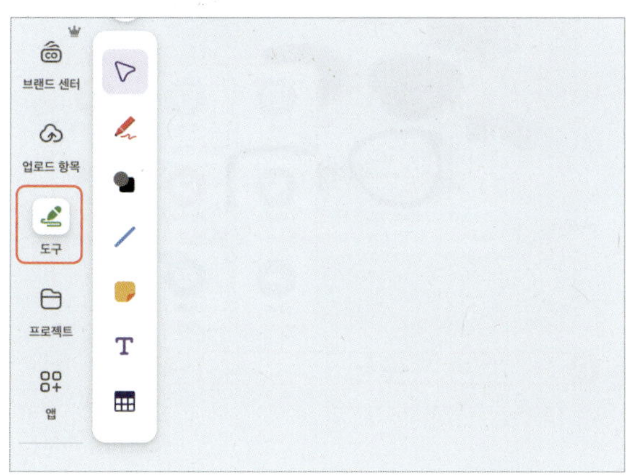

G 프로젝트: 사용자가 만든 모든 디자인과 업로드한 파일, 공유된 파일, 별표 표시(즐겨찾기)한 항목 등을 바로 찾아 불러올 수 있는 파일 허브입니다. 폴더 분류, 공유, 검색 등으로 원하는 자료를 빠르게 찾아 작업을 이어갈 수 있습니다.

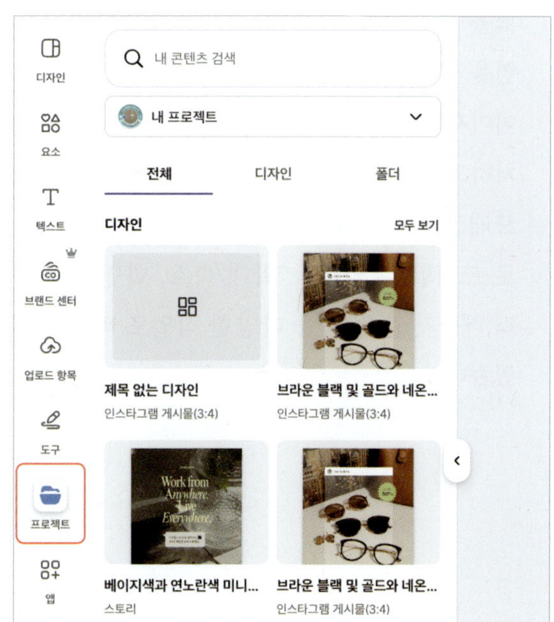

H 앱: 캔바의 기본 기능 외에 다양한 앱과 외부 서비스를 연동해 디자인 작업을 더욱 확장할 수 있는 메뉴입니다. 사진·동영상·오디오 라이브러리, AI 도구, 외부 저장소 연동 등 여러 앱을 추가해 작업 흐름을 더 편리하게 만들 수 있어요.

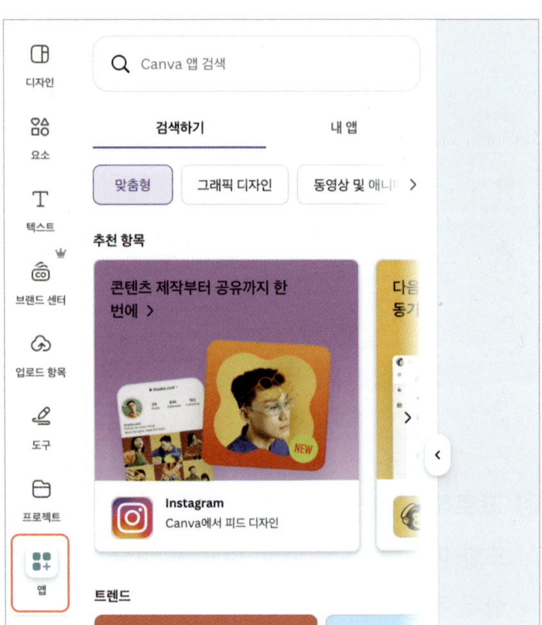

I 최근 사용한 앱: 사이드 패널에서 실선 밑에 위치하며, 에디터에서 최근에 사용한 앱이 아이콘으로 표시되는 영역입니다. 자주 쓰지 않는 앱은 아이콘에 마우스 포인터를 올렸을 때 보이는 옵션인 [x] 표시를 눌러 숨길 수 있습니다.

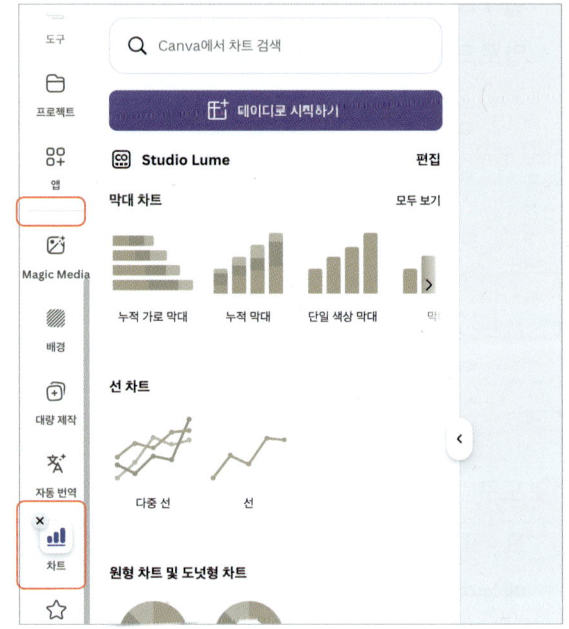

4 작업 영역: 작업 영역(캔버스)은 캔바에서 창의력을 마음껏 펼칠 수 있는 핵심 공간이자, 디자인을 실제로 만드는 곳이에요. 여기에서 텍스트, 이미지, 도형, 표 등 다양한 요소를 자유롭게 배치하고 편집할 수 있습니다. 작업 영역에 요소를 드래그해서 추가하거나, 크기와 위치를 마음대로 조정할 수 있어요. 확대/축소, 화면 이동, 여러 페이지 간 전환 등 다양한 작업도 바로 할 수 있습니다.

Ⓐ **페이지**: 직접 디자인을 만들고 편집하는 주 작업 공간이에요. 텍스트, 이미지, 요소를 클릭 또는 드래그 앤 드롭으로 페이지에 불러와 자유롭게 조합하여 작업할 수 있습니다.

Ⓑ **페이지 잠금**: 페이지 내용을 실수로 움직이거나 수정하지 않도록 현재 페이지를 잠그는 기능입니다.

Ⓒ **페이지 복제**: 현재 페이지를 그대로 복제하여 새로운 페이지로 추가할 수 있습니다. 반복되는 레이아웃이나 템플릿 작업 시 시간을 절약할 수 있습니다.

Ⓓ **페이지 추가**: 새로운 빈 페이지를 추가하여 디자인 작업을 이어갈 수 있습니다.

Ⓔ **페이지 유형 추가**: 하나의 디자인 파일 안에 프레젠테이션, 문서, 동영상 등 서로 다른 유형의 페이지를 함께 추가해 멀티 페이지로 작업할 수 있습니다.

다음은 2페이지 이상일 때부터 작업 영역에 나타나는 기능들입니다.

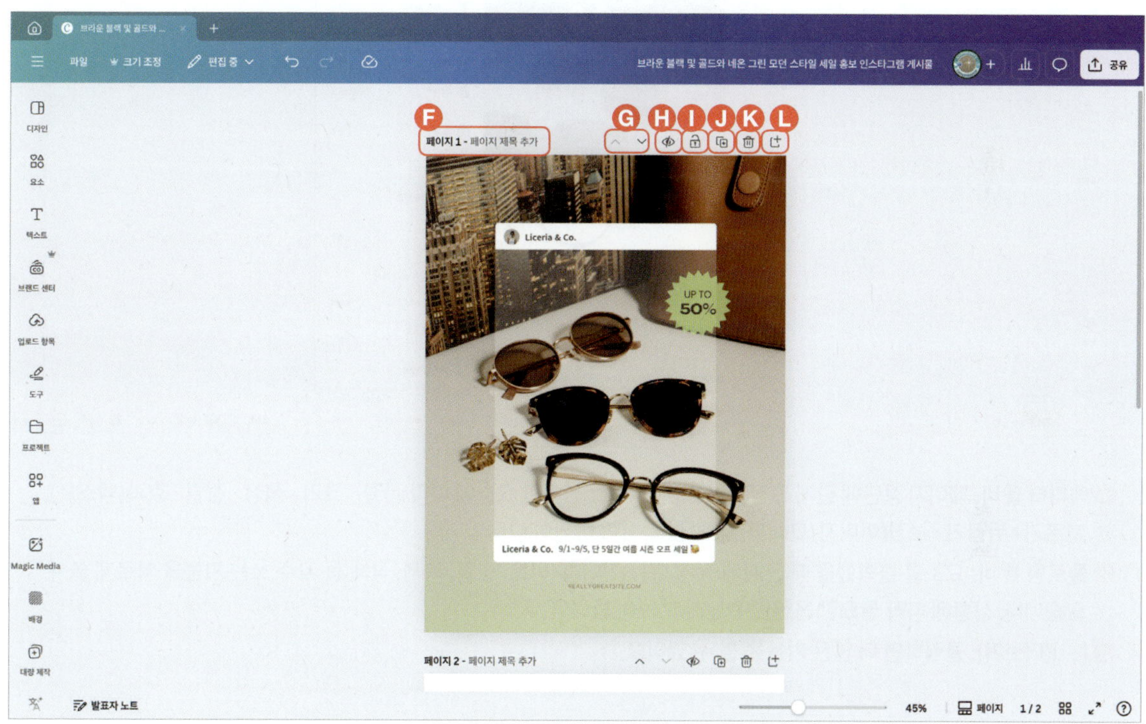

Ⓕ **페이지 제목**: 페이지에 제목을 넣을 수 있습니다. 덕분에 좀 더 쉽게 페이지를 구별할 수 있겠죠?

Ⓖ **페이지 이동**: 아이콘을 클릭해 페이지의 순서를 쉽게 바꿀 수 있게 해줍니다.

Ⓗ **페이지 숨기기**: 특정 페이지를 결과물에서 안 보이게 숨길 수 있습니다.

Ⓘ **페이지 잠금**: 페이지 내용을 실수로 움직이거나 수정하지 않도록 현재 페이지를 잠그는 기능입니다.

Ⓙ **페이지 복제**: 현재 페이지를 그대로 복제하여 새로운 페이지로 추가할 수 있습니다. 반복되는 레이아웃이나 템플릿 작업 시 시간을 절약할 수 있습니다.

Ⓚ **페이지 삭제**: 필요 없는 페이지를 삭제할 수 있습니다.

Ⓛ **페이지 추가**: 새로운 빈 페이지를 추가하여 디자인 작업을 이어갈 수 있습니다.

더 알아보기 에디터 툴 바와 플로팅 툴 바

에디터 툴 바와 플로팅 툴 바는 디자인을 쉽고 빠르게 편집할 수 있게 도와주는 도구입니다. 페이지에서 텍스트나 이미지 같은 요소를 선택하면, 상단의 에디터 툴 바에 해당 요소에 맞는 편집 옵션이 나타나고, 요소 바로 근처에는 자주 쓰는 기능만 모아 둔 플로팅 툴 바가 나타납니다. 두 툴 바 모두 캔바에서 디자인을 더 쉽고 효율적으로 만들 수 있게 도와주는 핵심 기능이에요. 자세한 기능은 실습에서 다룰 예정이니, 여기서는 간단히 구조만 짚고 넘어가겠습니다.

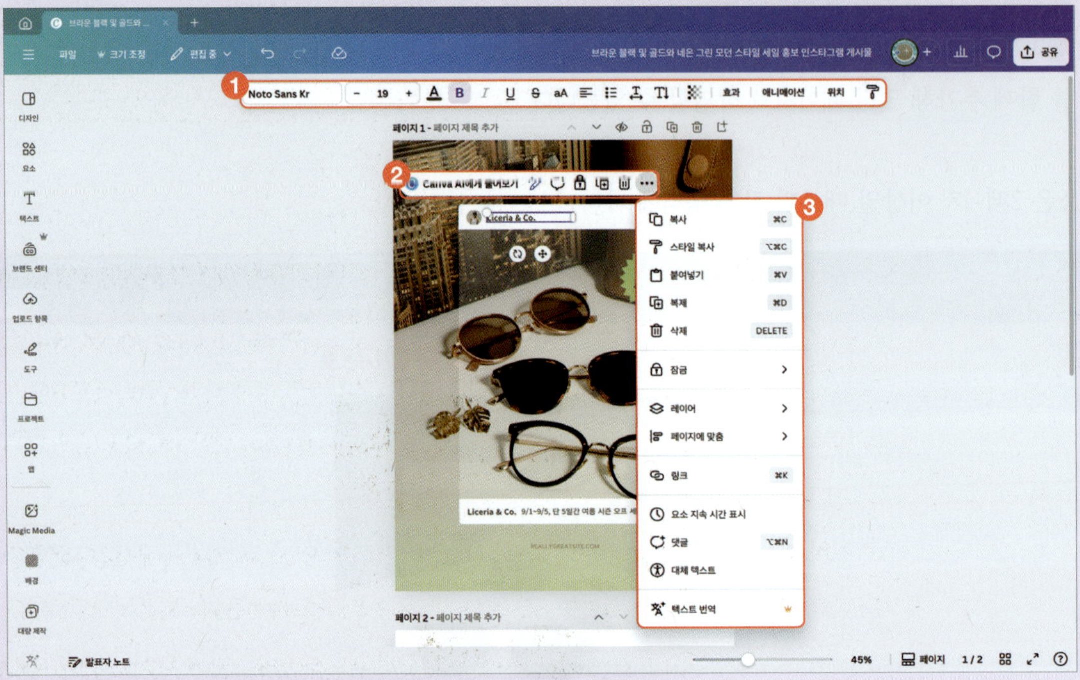

❶ **에디터 툴 바:** 페이지 상단에 길게 고정되어 있는 막대로, 선택한 요소에 따라 글꼴 · 크기 · 색상 · 정렬 · 효과(텍스트), 자르기 · 뒤집기 · 보정(이미지/그래픽) 등 편집 옵션이 바뀌어 나타납니다.

❷ **플로팅 툴 바:** 요소를 클릭했을 때 근처에 작게 뜨는 미니 툴 바로, 정렬, 복제, 삭제 등 자주 쓰는 기능을 빠르게 쓸 수 있습니다. 상황에 따라 필요한 옵션만 간단하게 보여 줍니다.

❸ [⋯](**더보기**): 클릭하면 더 많은 기능을 볼 수 있어요.

❺ **하단 메뉴:** 에디터 하단 메뉴는 작업 중인 디자인 유형(프레젠테이션, 화이트보드, 동영상 등)에 따라 구성이 조금씩 달라집니다. 여기서는 프레젠테이션 기준으로 설명할게요.

Ⓐ **발표자 노트:** 각 페이지에 발표용 메모를 남겨 발표할 때 참고할 수 있는 영역입니다. 청중에게 보이는 화면에는 표시되지 않고 발표자 화면에만 보이기 때문에, 전달해야 할 메시지를 안정적으로 관리할 수 있습니다.

B 타이머: 카운트다운 타이머를 설정해 발표 시간, 워크숍·화이트보드 협업 시간 등을 관리할 수 있는 기능입니다.

C 확대/축소 슬라이더: 작업 영역의 표시 배율을 키우거나 줄여서 세부를 확대해 보거나 전체 레이아웃을 한눈에 확인할 수 있습니다.

D 섬네일 뷰: 각 페이지가 작은 섬네일로 표시되어, 여러 페이지를 미리 보면서 쉽게 이동할 수 있는 기능입니다. 필요할 때는 섬네일 바를 숨기고, 작업 페이지 영역을 세로로 스크롤하며 집중해서 작업할 수도 있습니다.

섬네일 뷰에서 작업 페이지를 관리할 수 있는 기능은 다음과 같습니다.

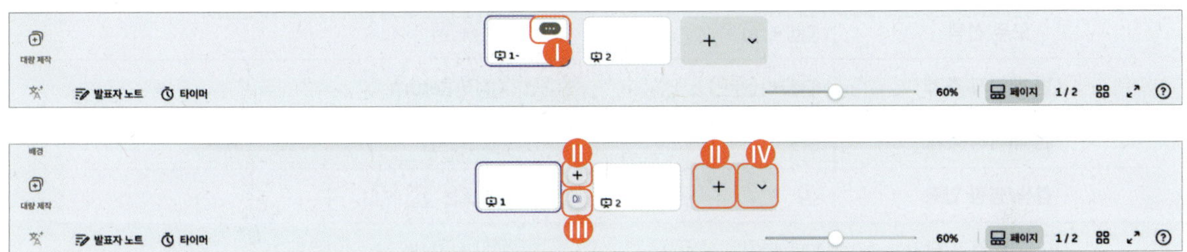

- **I 페이지 관리**: [섬네일]을 클릭 후 [···](더보기)를 클릭해 옵션 메뉴를 열어 페이지 이름 추가, 복사, 삭제, 전환 효과 추가, 페이지 숨기기, 페이지 크기 조정, 페이지 스타일 복사, 등 여러 작업을 한 곳에서 처리할 수 있습니다.
- **II 페이지 추가**: 빠르게 새 페이지를 추가할 수 있습니다.
- **III 전환 추가**: 다음 페이지로 넘어갈 때 적용할 전환 효과를 설정할 수 있습니다.
- **IV 페이지 유형 추가**: 하나의 디자인 파일 안에 프레젠테이션·문서·동영상 등 서로 다른 형식의 페이지를 추가해 멀티 페이지 구성으로 작업할 수 있습니다.

E 페이지로 이동: 현재 페이지 번호와 전체 페이지 수가 표시되는 영역입니다. 이 번호를 클릭해 원하는 페이지 번호를 입력하면 바로 해당 페이지로 이동할 수 있습니다.

F 그리드 뷰: 작업 중인 모든 페이지를 격자(그리드) 형태로 한 화면에 보여 주는 기능입니다. 이 뷰에서 페이지를 한눈에 보면서 추가, 복제, 삭제, 순서 변경을 쉽게 할 수 있습니다.

G 전체 화면: 작업한 디자인을 전체 화면으로 미리 볼 수 있습니다. 전체 화면을 종료할 때에는 화면의 [종료] 아이콘을 클릭하거나 키보드의 Esc 키를 누르면 됩니다.

H 도움말 어시스턴트: AI 기반의 지원 기능으로 캔바 사용법에 대한 즉각적인 안내는 물론 문서 요약, 텍스트 제안, 디자인 설명 생성, 추천 템플릿 제시 등 다양한 도움을 받을 수 있어요. 어려운 작업 중 막힐 때 바로 도움을 받을 수 있는 빠른 지원 창구입니다.

실전 TIP 자주 사용하는 캔바 단축키

아래 표는 Windows와 Mac에서 자주 사용하는 캔바 단축키를 비교해 정리한 내용입니다. 디자인 과정에서 자주 사용하는 기능 위주로 확인해 보세요.

기본 편집

기능	Windows	Mac
실행 취소	Ctrl + Z	⌘ + Z
다시 실행	Ctrl + Y	⌘ + Shift + Z 또는 ⌘ + Y
저장	Ctrl + S	⌘ + S
모두 선택	Ctrl + A	⌘ + A
빈 페이지 추가	Ctrl + Enter	⌘ + Return
빈 페이지 삭제	Delete	⌘ + Delete
검색/명령 입력	/	/ 또는 ⌘ + E
사이드바 열기/닫기	Ctrl + /	⌘ + /

요소 · 도형 추가

기능	Windows	Mac
텍스트 추가	T	T
사각형 추가	R	R
선 추가	L	L
원 추가	C	C
스티키 노트	S	S (특정 형식에서만)

요소(오브젝트) 편집

기능	Windows	Mac
삭제	Delete	Delete / Back Space
그룹화	Ctrl + G	⌘ + G
그룹 해제	Ctrl + Shift + G	⌘ + Shift + G
요소 잠금	Ctrl + L	⌥ + Shift + L
앞으로/뒤로	Ctrl +] / Ctrl + [	⌘ +] / ⌘ + [
맨 앞으로 보내기	Ctrl + Alt +]	⌥ + ⌘ +]

기능	Windows	Mac
맨 뒤로 보내기	Ctrl + Alt + [	⌥ + ⌘ + [
자동 정렬(Tidy Up)	Ctrl + Shift + T	⌘ + Shift + T
다음/이전 요소 선택	Tab / Shift + Tab	Tab / Shift + Tab

이동 · 회전 · 크기 조절

기능	Windows	Mac
조금씩 이동	방향키	방향키
많이 이동	Shift + 방향키	Shift + 방향키
회전(소폭)	, / .	, / .
회전(대폭)	Shift + , / Shift + .	Shift + , / Shift + .
크기 조절(소폭)	Ctrl + 방향키	⌘ + 방향키
크기 조절(대폭)	Ctrl + Shift + 방향키	⌘ + Shift + 방향키

페이지 · 뷰

기능	Windows	Mac
스크롤 뷰	Ctrl + Alt + 1	⌥ + ⌘ + 1
섬네일 뷰	Ctrl + Alt + 2	⌥ + ⌘ + 2
그리드 뷰	Ctrl + Alt + 3	⌥ + ⌘ + 3
눈금자 보기	Ctrl + Alt + Y	⌥ + ⌘ + Y (또는 Shift + R)
프레젠테이션	Ctrl + Alt + P	⌥ + ⌘ + P

확대/축소

기능	Windows	Mac
확대	Ctrl + +	⌘ + +
축소	Ctrl + –	⌘ + –
실제 크기	Ctrl + 0	⌘ + 0
화면에 맞게	Ctrl + Alt + 0	⌥ + ⌘ + 0
꽉 채우기	Ctrl + Shift + 0	⌘ + Shift + 0

비디오(영상 편집) 비교

기능	Windows	Mac
재생/일시정지	Space Bar	Space Bar
음소거 ON/OFF	M	M
루프 재생	Ctrl + Alt + L	⌥ + ⌘ + L

CHAPTER 01 완주를 축하합니다!

정말 수고 많으셨어요. 이제 여러분은 캔바라는 새로운 도구의 문을 열고, 첫 번째 여정을 무사히 마친 상태예요. 캔바가 무엇인지, 왜 지금 시작해야 하는지, 홈 화면과 에디터는 어떻게 구성되어 있는지 천천히 살펴보며 탄탄한 기반을 다진 시간이었습니다.

이제는 빈 캔버스 앞에서도 주저하지 않을 준비가 되었습니다. 다음 챕터부터는 이 도구를 실제로 다루며, 하나씩 디자인을 만들어 볼 거예요.

CHAPTER 01 완주 체크리스트

- ☐ 캔바가 무엇이고, 왜 지금 시작해야 하는지 이해했어요.
- ☐ 홈 화면과 에디터 화면의 주요 메뉴와 기능을 살펴보았어요.
- ☐ 시간 절약 · AI 기능 · 브랜딩 · 유연한 작업 환경 등 1인 크리에이터에게 중요한 장점을 익혔어요.
- ☐ 계정 가입, 요금제 선택, 저작권 · 템플릿 활용 규정을 명확히 이해했어요.
- ☐ 자주 사용하는 단축키를 익혀 작업 속도를 높일 기본기를 갖추었어요.

✨ CHAPTER 02 예고 | 캔바 디자인 기초 다지기

이제 캔바라는 운영 체제를 둘러보며 익숙해졌으니, 다음 단계는 캔바로 '어떻게 디자인을 만드는지' 배워 볼 시간입니다. 다음 챕터에서는 작업 영역인 페이지에 이미지를 배치하고, 마음에 드는 폰트로 내용을 작성하고, 도형을 추가하는 등 캔바의 기본적인 편집 방법을 단계별로 연습하게 됩니다.

이 기반만 탄탄히 익혀도 이후의 프로젝트–템플릿 제작, 전자책, SNS 디자인, 브랜딩–모두 훨씬 수월하게 진행할 수 있어요.

그럼, **CHAPTER 02 캔바 디자인 기초 다지기**에서 만나요!

LESSON 01 디자인 시작하기

LESSON 02 작업 영역의 기본 조작법 익히기

LESSON 03 에디터의 도구 구조 둘러보기

LESSON 04 디자인의 재료 다루기: 텍스트

LESSON 05 디자인의 재료 둘러보기: 요소

LESSON 06 배경과 색상으로 스타일링하기

LESSON 07 디자인 정돈하기: 레이어와 정렬, 그룹화

LESSON 08 페이지 관리하기: 페이지 추가 및 삭제, 이동

LESSON 09 디자인 저장과 공유하기: 다운로드 및 공유 옵션

CHAPTER 02

캔바 디자인 기초 다지기

Canva

기초 기능으로 완성하는 디자인 작업의 첫걸음

캔바의 핵심 조작법과 기본 기능을 익혀 어떤 디자인도
스스로 만들어 낼 수 있는 기초 체력을 다져 봅니다.
실전 작업 흐름에 맞춰 단계별로 따라가며 손에 익혀 보세요.

캔바로 수익을 내고 싶은 1인 크리에이터에게 가장 먼저 필요한 것은 단순히 예쁜 디자인보다 '작업을 끝까지 밀어붙이는 기초 체력'입니다. 이번 챕터에서는 캔바의 핵심 조작법과 기본 기능을 실제 작업 순서에 맞춰 익히면서, 어떤 디자인이든 스스로 완성할 수 있는 기반을 만들어 봅니다.

챕터 01에서 캔바의 인터페이스 구조와 기본 환경을 훑어봤다면, 이제는 실제로 디자인을 만드는 흐름을 따라가 볼 차례입니다. 새 디자인을 열고→텍스트와 요소를 배치하고→색상과 배경으로 분위기를 잡고→정렬과 레이어로 정돈한 뒤→여러 페이지를 구성하고→파일을 저장·공유해 작업을 마치는 흐름을 직접 손으로 익혀 보게 됩니다.

이 과정은 앞으로 이어질 실전 디자인(챕터 04), 템플릿 제작과 판매, 브랜드 키트 운영(챕터 05, 06)의 바탕이 됩니다. 여기서 배우는 작업 흐름과 각 기능들은 나중에 효율적이고 안정적으로 디자인을 만들어 수익으로 연결할 수 있는지를 좌우하는 기본 근육이 되어 줄 거예요.

배울 내용

LESSON 01 디자인 시작하기 홈과 에디터에서 새 디자인을 여는 방법, 템플릿 검색, 페이지 크기 설정, 프로젝트 · 폴더 관리를 통해 '작업의 출발점'을 정확히 잡는 방법을 알아봅니다.

LESSON 02 작업 영역의 기본 조작법 익히기 드래그 앤 드롭, 크기 조절, 회전, 이동 등 캔바에서 가장 자주 사용하는 기본 동작을 익힙니다.

LESSON 03 에디터 도구 구조 둘러보기 에디터 툴 바, 플로팅 툴 바, 빠른 작업 창, 편집 및 옵션 패널 등 캔바의 주요 편집 도구 구조를 이해합니다.

LESSON 04 디자인의 재료 다루기: 텍스트 텍스트 추가 · 서체 선택 · 자간 · 행간 · 정렬 등 글자 스타일을 조정하는 기본기를 배웁니다.

LESSON 05 디자인의 재료 둘러보기: 요소 사진 · 그래픽 · 도형 · 아이콘 · 스티커 · 차트 등 다양한 요소를 불러오고, 색감 · 밝기 · 필터 · AI 보정 기능으로 원하는 분위기에 맞게 조정하는 방법을 배웁니다.

LESSON 06 배경과 색상으로 스타일링하기 단색 · 그라데이션 · 이미지 배경, 사진 색상 추출, 컬러 팔레트를 활용해 전체 디자인의 톤을 맞추고 전체 분위기를 완성하는 방법을 익힙니다.

LESSON 07 디자인 정돈하기: 레이어와 정렬, 그룹화 레이어, 정렬, 그룹, 위치 도구로 복잡해 보이는 작업 페이지를 깔끔하게 정리해 사용성을 높이는 방법을 배웁니다.

LESSON 08 페이지 관리하기: 페이지 추가 및 삭제, 이동 페이지 추가 · 복제 · 삭제, 스크롤 · 섬네일 · 그리드 뷰 활용으로 여러 페이지를 효율적으로 구성합니다.

LESSON 09 디자인 저장과 공유하기: 다운로드 및 공유 옵션 완성한 디자인을 용도에 맞는 파일 형식으로 저장하고, 공유 링크 · 협업 기능을 사용해 파일을 관리하는 방법을 익힙니다.

왜 이런 구성인가요?

디자인 작업은 텍스트나 작은 요소 하나를 배치하는 것에서 시작해 디자인 전체의 구조로 확장됩니다. 그래서 이번 챕터는 디자인의 실제 작업 흐름인 '텍스트→요소→스타일링→정돈→페이지→저장' 순서 그대로 기능과 도구 설명을 배치했습니다.

처음부터 각 기능을 깊게 파고들기보다, 디자인 작업의 흐름과 각 타이밍에 필요한 기능이 무엇인지 이해하는 것이 이번 챕터의 핵심입니다. 이 흐름을 익히면 실전 디자인에서도 훨씬 빠르게 감을 잡을 수 있습니다.

처음부터 모든 기능을 다 외우려고 하기보다 레슨 순서대로 따라가며 전체 흐름을 한 번 몸에 익히는 것이 중요합니다. 이후에는 작업 중 헷갈릴 때마다 필요한 내용을 '도구 사전'처럼 찾아보세요.

실습 자료는 아래 웹사이트에서 확인할 수 있어요.
https://sijae.my.canva.site/creator-lab

디자인 시작하기

디자인을 어떻게 시작할지 결정하는 순간부터 작업 흐름이 달라집니다. 빈 페이지와 템플릿 활용, 시작 위치와 검색 방식까지 디자인의 출발점을 정확히 익혀 보세요.

디자인 시작하는 방법 둘러보기

새로운 디자인을 만들 때 가장 먼저 결정해야 하는 것은 어디에서, 어떤 방식으로 시작할지입니다. 홈 화면에서 새 작업을 열 수도 있고, 이미 작업 중인 에디터 화면에서 이어서 새로운 디자인을 만들 수도 있어요. 그리고 새 페이지를 열었다면 빈 페이지로 시작할지, 템플릿을 활용할지 선택하게 됩니다.

이번 레슨에서는 디자인 시작 위치(홈 vs 에디터)와 시작 방식(빈 페이지 vs 템플릿), 그리고 템플릿 검색·파일 관리까지 차근차근 익혀 봅니다. 이 단계에서 '시작 습관'을 잘 만들어 두면, 나중에 템플릿 제작·클라이언트 작업·콘텐츠 제작을 병행할 때도 훨씬 덜 헤매게 됩니다.

챕터 01에서 캔바의 인터페이스를 전체적으로 훑어봤다면, 여기서는 실제로 손을 움직이며 기능을 익혀 봅니다.

디자인 시작점: 홈 vs 에디터

캔바에서 새 디자인을 만드는 위치는 크게 두 가지입니다. 바로 **홈**과 **에디터**입니다.

- **홈**: 캔바를 처음 열었을 때 보이는 기본 화면입니다. 새 디자인을 만들 때 가장 일반적으로 사용하는 공간이에요. 템플릿 검색, 맞춤 크기 설정, 최근 작업 열기 등 새 작업의 출발점이 모여 있습니다.
- **에디터**: 이미 디자인 중인 상태에서 새 디자인을 하나 더 열거나 빠르게 파일 구조를 이동하기 좋아요. 예를 들어, 여러 버전의 디자인을 동시에 열거나 한 프로젝트에서 여러 디자인 유형을 만들 때 유용합니다.

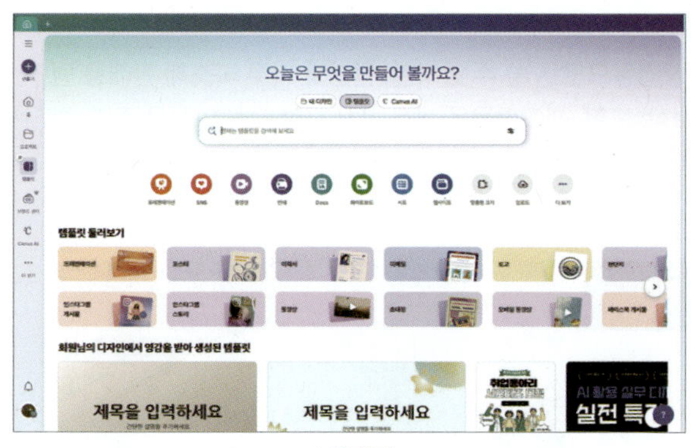

▲ 홈 화면

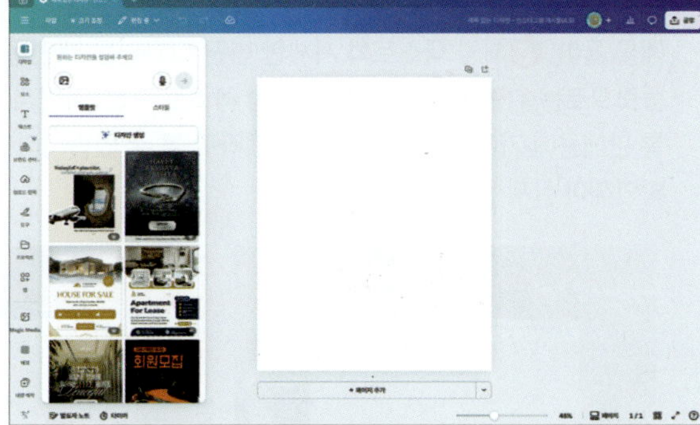

▲ 에디터 화면

디자인의 첫 선택: 빈 페이지 vs 템플릿

디자인의 시작 위치를 정했다면, 이제 실제 작업을 시작할 방법을 선택해야 해요. 빈 페이지로 완전히 새롭게 시작할지, 아니면 기존 템플릿을 활용할지 말이죠. 어느 쪽을 선택하느냐에 따라 디자인 과정과 결과물의 접근 방식이 달라집니다. 두 방법 모두 상황에 따라 유용하니 하나만 고집할 필요 없이 목적에 맞게 선택하면 됩니다.

- **빈 페이지**: 완전한 오리지널 디자인으로 아이디어를 자유롭게 구성하고 싶은 경우에 적합해요. 배치, 색상, 구성 등을 직접 만들어야 하지만 그만큼 독창적인 결과물을 만들기 좋습니다.
- **템플릿**: 빠르게 완성도 있는 결과물을 내야 할 때 자주 쓰는 방식입니다. 템플릿은 기본 구조가 잡혀 있어서 텍스트 · 색상 · 이미지만 바꿔도 일정 수준 이상의 완성도를 내는 디자인을 만들 수 있어요.

체크포인트 템플릿 판매 전, 꼭 확인해야 하는 저작권과 독창성

캔바에서 제공되는 템플릿은 '아이디어와 구조를 빌리는 출발점'이지, 그대로 복제해 재판매하는 도구가 아닙니다. 특히 판매용 템플릿은 색상, 폰트, 이미지, 레이아웃 등을 충분히 바꿔 원본과 명확히 구분될 수 있도록 제작해야 합니다.

캔바의 템플릿과 요소는 개인용·상업용 디자인에 활용할 수 있도록 라이선스가 제공되지만, 원본 템플릿을 거의 그대로 재판매·재배포하는 행위는 허용되지 않습니다. 특히 스마트스토어·크몽·글로벌 마켓(Etsy 등)에 템플릿을 올릴 계획이 있다면, 이 부분을 정확히 이해하는 것이 필수입니다.

저작권·라이선스 관점에서 사용 용도는 보통 다음과 같이 나눌 수 있어요.

- **개인용(For Personal Use)**: 수익 창출과 직접 관련 없는 순수 개인 목적의 사용입니다. 예를 들면 친구 생일 카드, 가족 앨범, 개인 연습용 디자인 등이 이에 해당합니다.
- **상업용(Commercial Use)**: 비즈니스 · 홍보 · 마케팅 등 수익과 연결된 모든 사용입니다. 예를 들어 카페 포스터, 명함, 회사 SNS 광고 이미지, 전자책 표지 등입니다. 대부분의 템플릿과 요소는 조건을 지키는 범위에서 이런 상업적 사용이 허용되지만, 사용한 폰트·이미지·영상 등 각 콘텐츠의 라이선스 조건은 반드시 따로 확인해야 해요.
- **판매용(For Resale)**: 디자인 파일이나 템플릿 자체를 상품으로 만들어 판매하는 경우입니다. 예를 들어 템플릿을 제작해 스마트스토어·크몽 등에 올리거나, PDF·JPG 파일 자체를 유료로 제공하는 행위 등입니다. 템플릿·요소를 거의 수정 없이 재판매하는 것은 금지되며, 충분한 창작적 수정과 함께 사용하는 모든 콘텐츠의 라이선스와 재판매 관련 규정을 충족할 때에만 판매가 허용될 수 있습니다.

예를 들어, ❷처럼 텍스트와 서체만 바꾼 디자인은 개인용·상업용으로는 쓸 수 있지만, 원본과 너무 비슷해 판매용 템플릿으로는 위험합니다. 반면 ❸처럼 텍스트 구성, 이미지, 색상, 도형, 레이아웃을 새로 짜서 전혀 다른 인상을 주면, 보통 판매용에 가까운 독창성을 갖춘 예라고 볼 수 있습니다. 이때도 사용한 모든 요소의 라이선스와 캔바의 최신 정책을 확인해야 실제 판매가 안전합니다.

▲ ❶ 원본 템플릿

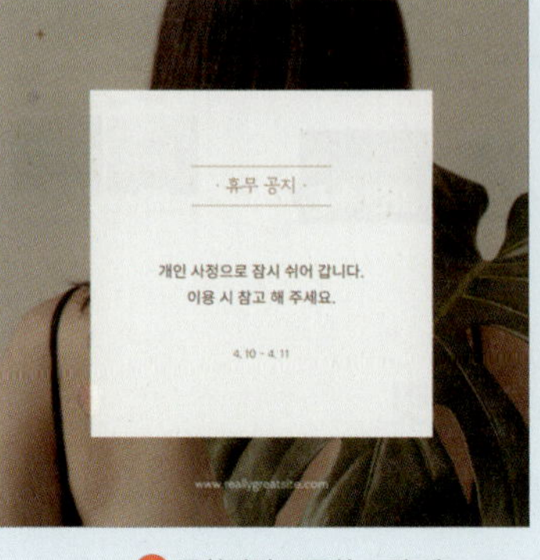

▲ ❷ 독창성이 부족한 수정 예

▲ ❸ 독창성을 갖춘 수정 예

디자인에 익숙해질수록 템플릿 의존도를 줄이고 나만의 디자인 언어를 만들어 가는 것이 좋습니다. 캔바는 창작을 돕는 도구이지, 다른 사람의 디자인을 복제하는 도구가 아니라는 점을 기억하세요. 구체적인 허용 범위는 사용하는 개별 콘텐츠의 라이선스와 최신 정책에 따라 달라질 수 있으므로, 실제 사용·판매 전에 항상 캔바 웹사이트의 최신 콘텐츠 라이선스와 지식재산권 관련 안내를 다시 확인하는 습관을 들이는 것이 안전합니다.

해당 내용의 전문은 25쪽의 링크와 QR 코드를 참고해 주세요!

홈에서 디자인 시작하기

홈에서 빈 페이지 열어 시작하기

01 **홈** 화면의 ❶ **[빠른 만들기]**에서 원하는 컨텐츠 유형(예: SNS)을 선택하거나 **탐색 패널**의 ❷ **[만들기]** 메뉴를 클릭하면, 세부 디자인 유형을 고를 수 있는 ❹ **[디자인 만들기] 창**이 나타납니다. 이때 ❺ **콘텐츠 유형**에서 ❻ **원하는 옵션**(예: 인스타그램 게시물 4:5)을 선택하거나 ❼ 검색하면 됩니다.

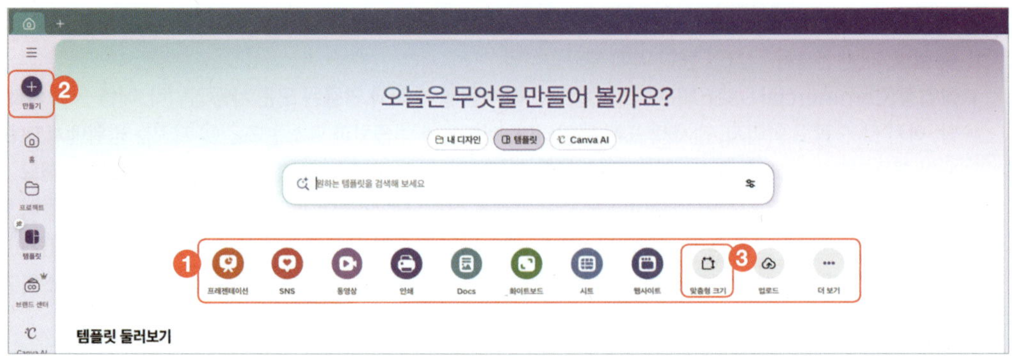

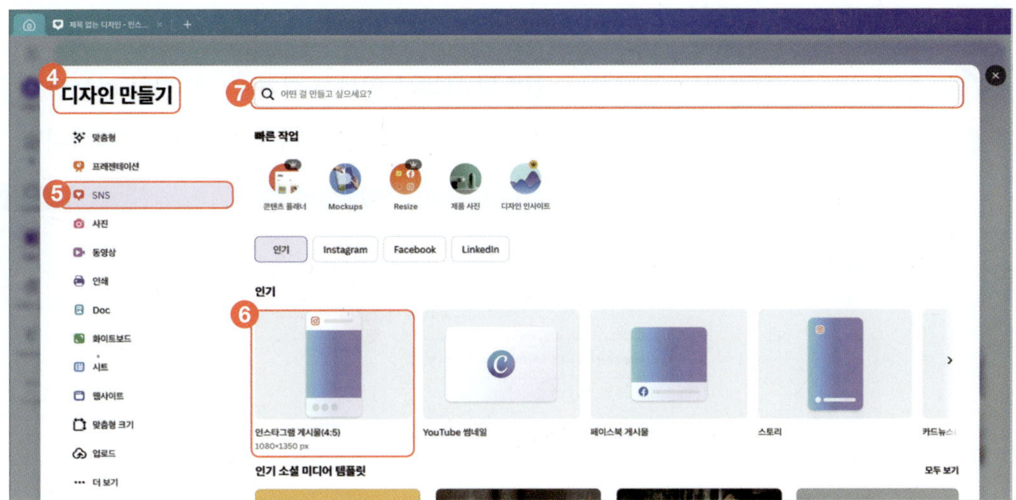

▲ [SNS] 디자인 유형을 선택했을 때의 [디자인 만들기] 화면

02 만약 따로 원하는 사이즈가 있다면, **홈** 화면 **❶ [빠른 만들기]** 메뉴에서 **❸ [맞춤형 크기]**를 선택하거나 탐색 패널의 **❷ [만들기]** 메뉴를 클릭하면 **❹ [디자인 만들기]** 창이 나타납니다. 이때 **❽ [맞춤형 크기]**가 선택되었는지 확인하고 **❾ 사이즈 입력 란**에 원하는 크기와 단위(예: 1080×1350px)를 입력하고 빈 페이지를 열 수 있습니다.

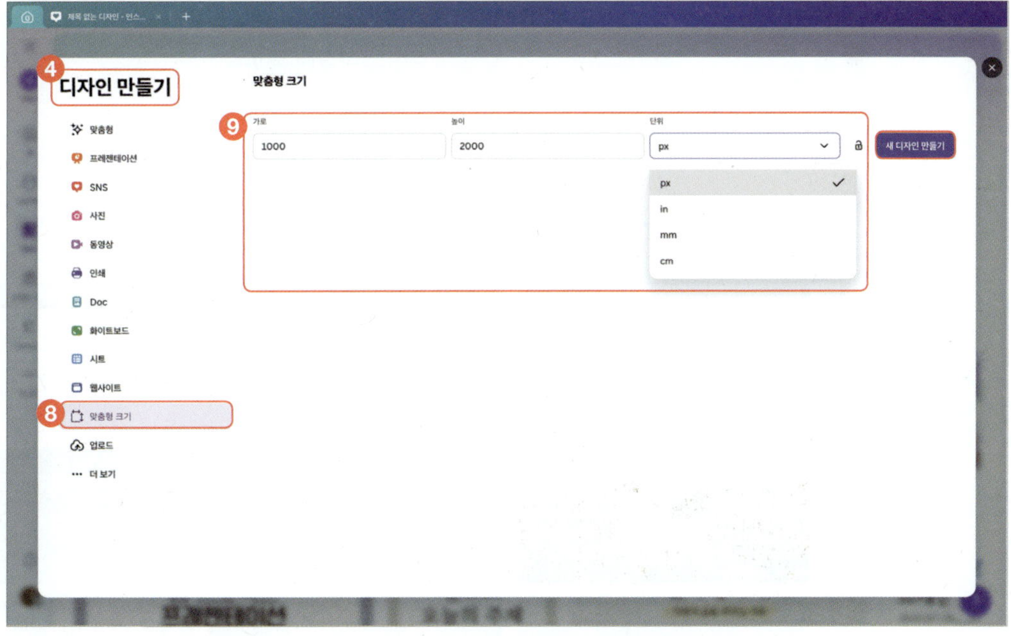

▲ [맞춤형 크기]를 선택했을 때의 [디자인 만들기] 화면

홈에서 템플릿으로 시작하기

01 홈 화면의 ❶ **[템플릿]** 모드에서 ❷ **검색 및 AI 바**에 원하는 디자인(예: 연한 하늘색 여름 느낌 음악 추천 리스트 앨범 커버 유튜브 섬네일)로 입력하고 ❸ [제출하기] 버튼을 클릭해 검색합니다.

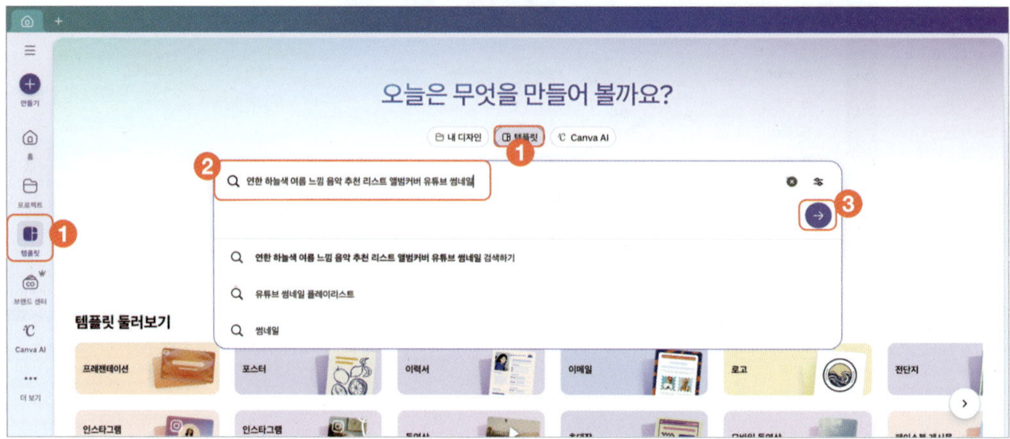

02 검색 후, **검색 및 AI 바**의 하단에서 원하는 옵션(카테고리나 스타일 등)으로 검색 결과를 필터링할 수 있습니다.

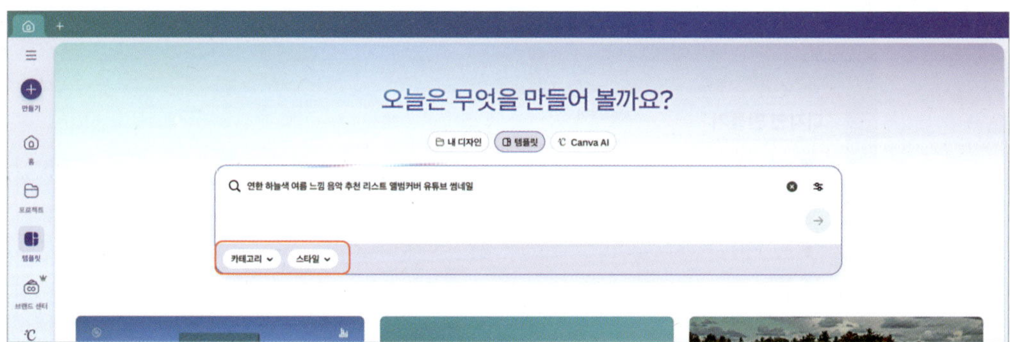

03 검색 결과 중에서 **마음에 드는 템플릿**을 골라 클릭합니다.

04 팝업으로 나타나는 ❶ **[템플릿 미리 보기]** 창에서 ❷ **[이 템플릿 맞춤 편집하기]**를 클릭하면 선택한 템플릿이 ❸ **에디터** 작업 페이지에 열립니다.

▲ [템플릿 미리 보기] 창 화면

▲ [에디터] 작업 영역에 선택한 템플릿이 열린 모습

템플릿을 선택할 때는 카테고리, 키워드, 색상/스타일, 용도 등을 기준으로 좁혀 가면 훨씬 빠르게 원하는 구조를 찾을 수 있어요.

더 알아보기 템플릿 섬네일부터 미리 보기까지 200% 활용하기

템플릿 검색 결과는 단순히 여러 가지 디자인의 템플릿들이 나열된 목록이 아닙니다. 캔바에서는 다양한 정보를 제공해, 원하는 스타일을 빠르게 찾고 더 효율적으로 디자인을 시작할 수 있도록 돕습니다.

템플릿 섬네일에서 확인할 수 있는 기능

01 마음에 드는 템플릿을 발견했다면, ❶ **템플릿 섬네일**에 마우스 포인터를 올려 보세요. 이때 작은 아이콘이 나타나는데 여기에서 간단하고 빠르게 템플릿의 정보를 확인할 수 있습니다.

02 별 모양의 ❷ **[별표 표시]**를 클릭하면 선택한 템플릿을 즐겨찾기 해 둘 수 있습니다. 별표 표시한 항목들은 홈의 ❸ **[템플릿]-[별표 표시 콘텐츠]**를 클릭하거나, **에디터**의 ❹ **사이드 패널-[별표 표시]** 메뉴에서 한 번에 확인할 수 있습니다. 이 기능을 활용하면 복잡한 검색 과정 없이, 나만의 스타일과 분위기에 맞는 요소를 언제든 쉽게 꺼내 쓸 수 있어 작업 효율을 크게 높일 수 있습니다. 같은 방법으로 그래픽이나 사진 등의 요소들도 별표로 표시해 둘 수 있어요.

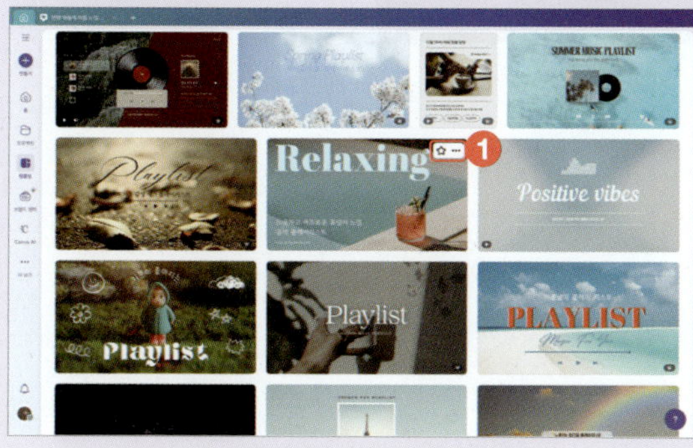

▲ 섬네일에 마우스 포인터를 올린 후

▲ 별표 아이콘 클릭

▲ 홈 [템플릿] 메뉴의 [별표 표시 콘텐츠] 클릭

▲ 에디터 화면의 [별표 표시] 메뉴 탭이 열린 모습

▲ 홈 [템플릿] 메뉴의 [별표 표시 콘텐츠]를 클릭하면 표시되는 [별표 표시] 화면

03 템플릿 섬네일의 ❶ **[···](더보기)** 버튼을 클릭하면 ❷ **옵션 창**에서 템플릿의 제목을 확인하거나 바로 작업을 시작할 수 있고, 미리 보기 창을 열거나 템플릿의 언어를 **자동 번역**👑할 수 있습니다.

템플릿 미리 보기 창에서 더 살펴보기

템플릿의 섬네일을 클릭하면 큰 화면의 **템플릿 미리 보기** 창이 열립니다. 여기서는 더 많은 기능과 정보를 확인할 수 있습니다.

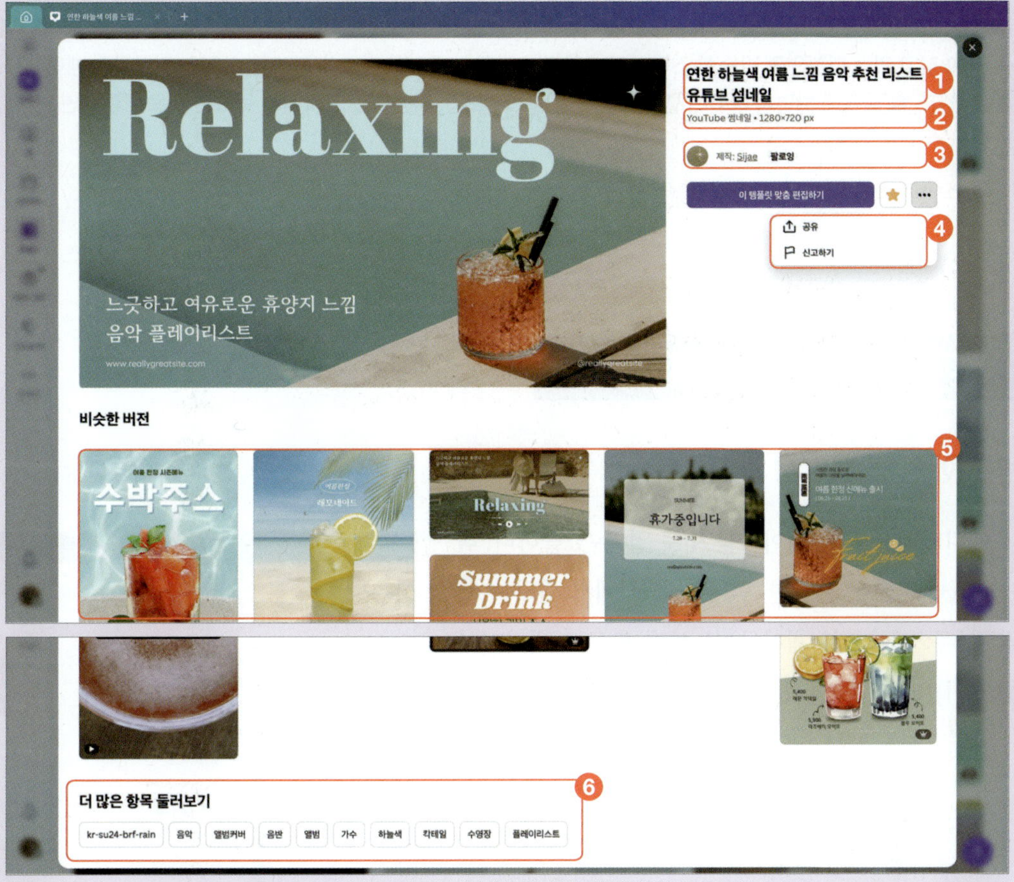

1. **템플릿 제목**: 선택한 템플릿의 제목이 표시되는 영역입니다. 템플릿을 제작한 크리에이터가 설정해 둔 템플릿 제목을 잘 살펴보면 그 템플릿의 핵심 키워드가 담겨 있습니다. 어떤 단어들로 조합되어 있는지 살펴보면, 앞으로 템플릿을 검색할 때 어떤 키워드를 입력하면 좋을지 아이디어를 얻을 수 있습니다. 습관처럼 템플릿 제목을 눈여겨보는 것만으로도 키워드 검색 실력이 훨씬 빨라지고 정확해질 거예요.
2. **템플릿 유형과 크기**: 선택한 템플릿의 유형(예: 유튜브 섬네일)과 크기(예: 1280×720px) 정보가 표시되는 영역입니다.
3. **크리에이터 정보**: 이 템플릿을 만든 캔바 크리에이터(디자이너)의 닉네임과 프로필이 표시됩니다. 마음에 드는 스타일이라면 **[팔로우]**를 선택해 홈-[템플릿]-[크리에이터]-[팔로우하는 크리에이터]에서 해당 크리에이터의 최신 템플릿·요소 업데이트 현황을 꾸준히 받아볼 수 있습니다. 크리에이터 팔로우 기능은 단순히 '좋아요' 개념을 넘어, 특정 분야(예: 모던한 프레젠테이션, 감각적인 SNS 카드)에 강한 디자이너의 작품을 꾸준히 구독하는 개념이라 생각하면 이해가 쉽습니다. 크리에이터의 닉네임을 클릭하면, **크리에이터의 캔바 프로필 페이지**로 이동해서 크리에이터의 더 많은 디자인들을 확인할 수 있습니다.
4. **별표 표시와 [···](더보기)**: 이 템플릿을 공유할 수 있습니다.

⑤ **비슷한 버전:** 화면 하단에는 지금 보고 있는 템플릿과 비슷한 분위기의 템플릿들이 자동으로 추천되어 원하는 템플릿을 비교하며 고를 수 있습니다. 마찬가지로 각 템플릿 섬네일에 마우스 포인터를 올리면 별표 표시와 더보기 기능을 이용할 수 있습니다.

⑥ **더 많은 항목 둘러보기:** 미리 보기 화면의 가장 아래쪽에는 크리에이터가 직접 설정한 키워드가 함께 표시되는데, 일종의 태그 역할을 합니다. 원하는 키워드를 클릭하면 같은 키워드가 적용된 다양한 템플릿들이 한눈에 펼쳐집니다. 즉, 내가 찾고 있는 디자인과 비슷한 스타일이나 용도를 가진 템플릿을 빠르게 탐색할 수 있는 지름길인 셈이에요. 원하는 키워드를 클릭해 보면서 관련된 템플릿들을 살펴보다 보면, 처음에는 생각하지 못했던 새로운 디자인 아이디어도 얻을 수 있을 거예요.

에디터에서 디자인 시작하기

1. 에디터에서 빈 페이지 열기

01 에디터에서도 빈 페이지를 새로 열 수 있습니다. **작업 탭** - ❶ **[+] 버튼**을 선택한 후, ❷ **[옵션]**에서 원하는 컨텐츠 유형(예: 페이스북 게시물)을 선택 또는 검색하거나 **[맞춤형 크기]**를 설정하면 새 탭에 빈 페이지가 열립니다.

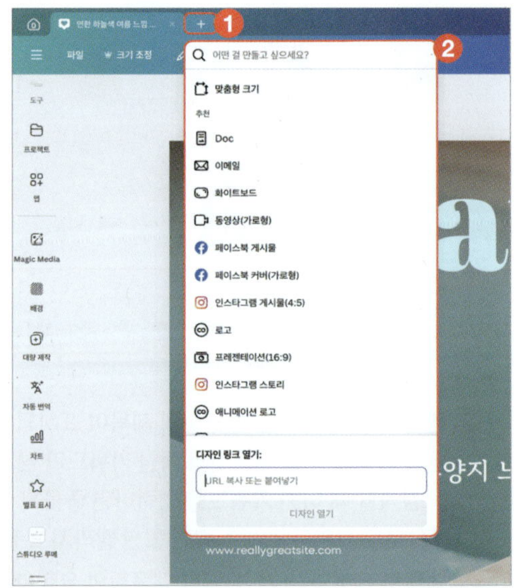

02 ❶ 작업 중이던 **탭**은 그대로 유지된 채, 선택한 디자인 유형(예: 페이스북 게시물 가로형)의 새로운 페이지가 ❷ **옆 탭**에 열립니다.

체크포인트 **캔바 앱의 에디터에서 빈 페이지 열 때 주의할 점**

에디터의 상단 메뉴 ❶ **[파일]**에서 ❷ **[새로운 디자인 만들기]**로 빈 페이지를 만들 수도 있어요. 하지만 이 방법으로 하면 현재 작업 탭에 빈 페이지가 열리기 때문에, 기존에 진행하던 작업 탭은 닫힙니다. (작업하던 파일이 사라지는 것이 아니니 안심하세요!) 따라서 기존 탭을 계속 열어 두고 싶다면 반드시 **작업 탭**의 ❸ **[+] 버튼**을 클릭해서 빈 페이지를 만드세요.

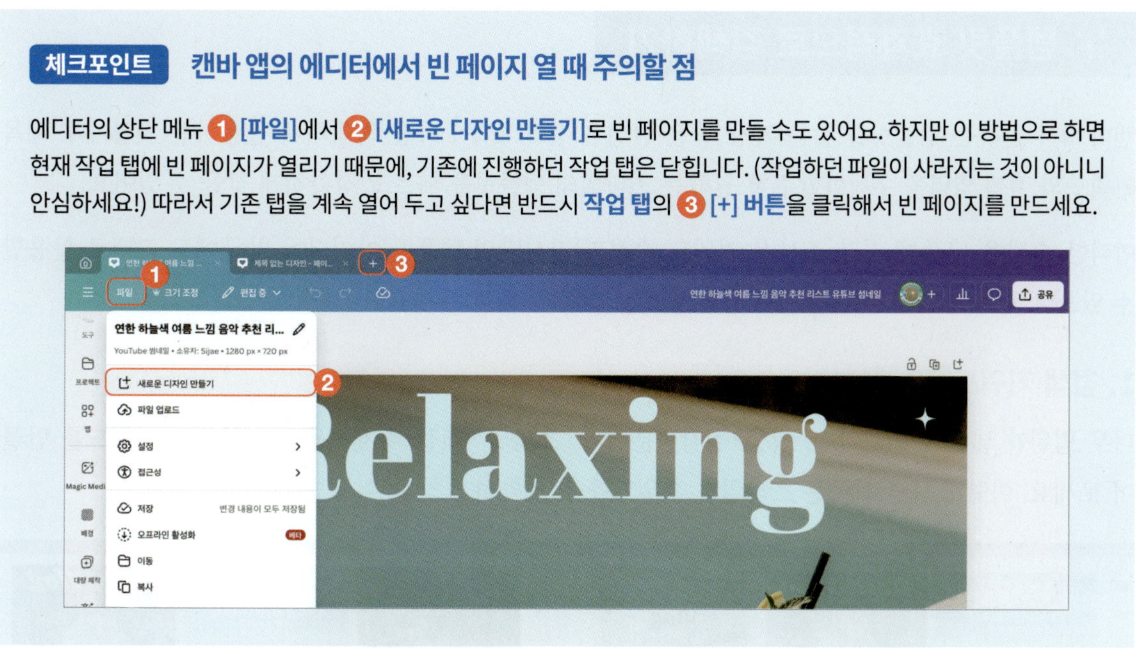

2. 에디터에서 템플릿 선택하기

에디터 화면의 ❶ **[디자인]**에서 새로운 템플릿을 ❷ **검색하거나 선택**해서 추가할 수 있습니다. 이때 ❶ 현재 내가 작업하고 있는 페이지와 같은 형식(예: YouTube 섬네일)의 템플릿들만 표시됩니다. 또한 ❸ **[스타일] 탭**에서 원하는 컬러 조합과 서체 조합을 선택하여 현재 디자인에 적용해 빠르게 디자인을 수정할 수 있습니다.

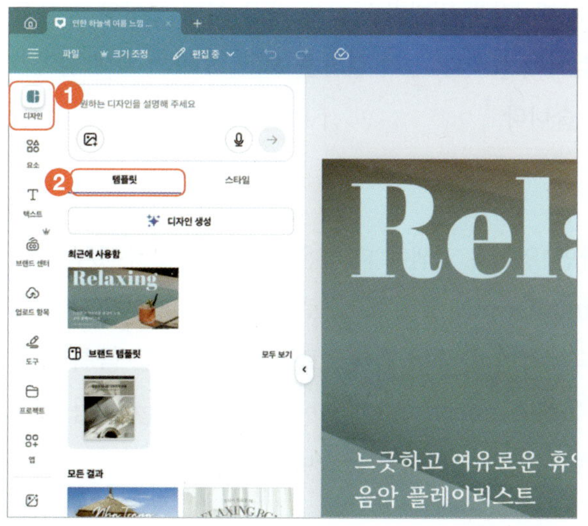

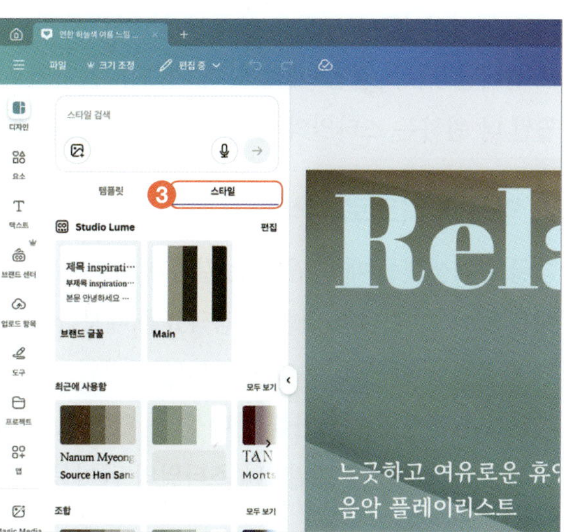

✨ 템플릿 효과적으로 검색하기

캔바에서 원하는 템플릿을 찾는 가장 좋은 방법은 검색 및 AI 바를 똑똑하게 활용하는 것입니다. 제목 키워드와 검색 영역을 구체화할수록 원하는 스타일의 템플릿을 빠르고 정확하게 찾을 수 있어요.

이러한 습관은 나중에 시장 조사용 키워드 수집과 자신만의 템플릿 아이디어 발굴에도 그대로 활용할 수 있으니, 평소에 다양한 문장으로 검색해 보는 습관을 들여 두세요.

1. 검색 키워드 구체화하기

너무 범위가 넓은 단어보다는, 색상+질감 · 분위기 · 스타일 · 계절+주제 · 용도 조합으로 키워드를 만들어 보세요. 이렇게 하면 원하는 스타일과 분위기를 더 정확하게 찾을 수 있습니다.

▲ '여행 브이로그 유튜브 섬네일' 검색 결과

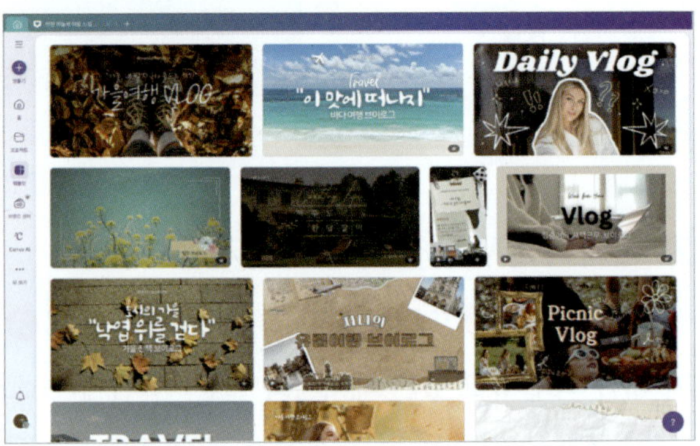

▲ '갈색 빈티지 질감의 가을 여행 브이로그 유튜브 섬네일' 검색 결과

예를 들어, '여행 브이로그 유튜브 섬네일'(주제+용도)과 '갈색 빈티지 질감의 가을 여행 브이로그 유튜브 섬네일'(색상+질감+계절+주제+용도) 두 가지로 검색해 봅시다. 검색 결과를 보면, 후자의 검색 결과가 훨씬 더 원하는 스타일의 템플릿인 것을 확인할 수 있습니다.

2. 영문 키워드로 검색하기

한글로 검색했을 때 딱 원하는 결과가 나오지 않는다면, 영어로 검색해 더 넓은 결과를 얻을 수 있습니다. 예를 들어, '미니멀한 명함'을 검색했을 때보다 'minimalist business card'로 검색했을 때 훨씬 더 다양한 템플릿을 발견할 수 있습니다. 영어 키워드에 익숙해지면 한국어 검색으로는 찾기 어려운 독특한 스타일이나 구성의 디자인을 만나볼 수 있어요. 특히 'boho', 'aesthetic', 'elegant', 'vintage'처럼 한글로 번역하기 애매한 분위기나 스타일의 단어를 그대로 사용해 검색하기 좋습니다.

▲ '미니멀한 명함' 검색 결과

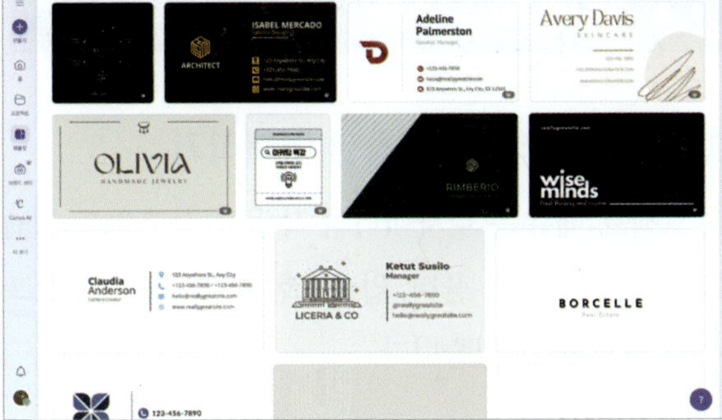

▲ 'minimalist business card' 검색 결과

3. 검색 필터 활용하기

검색 결과가 너무 많다면, **검색 및 AI 바** 하단의 ❶ **카테고리**와 ❷ **스타일** 필터를 활용해 보세요. 필터 항목에서 원하는 옵션을 선택하면 보다 정확한 검색 결과를 볼 수 있습니다. 적용한 필터를 취소하고 싶다면, ❸ 적용된 필터 좌측의 [X] 아이콘을 클릭하면 됩니다.

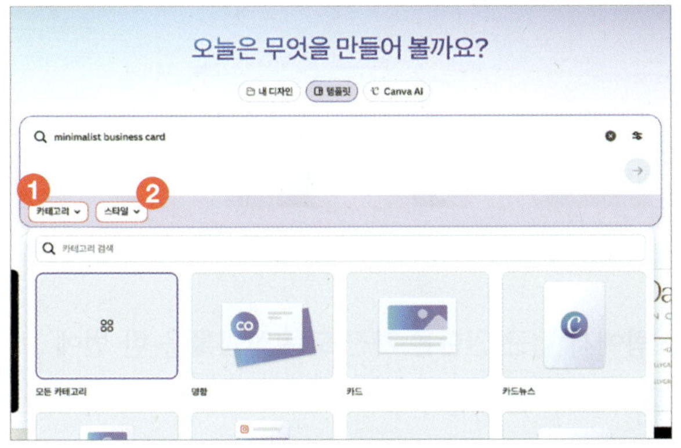

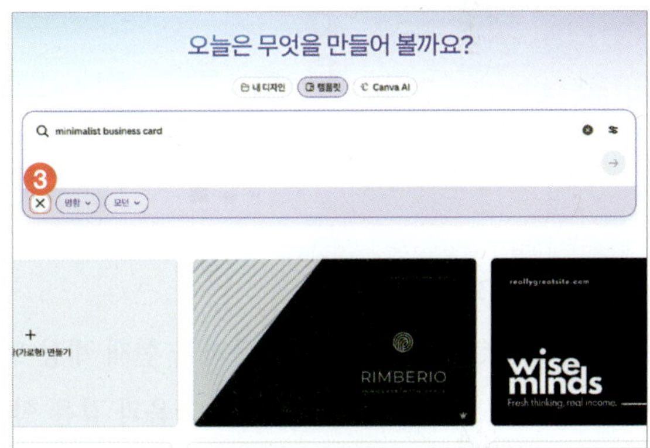

▲ 'minimalist business card' 검색 후 필터 항목 [카테고리- 명함 섬네일], [스타일-모던] 선택

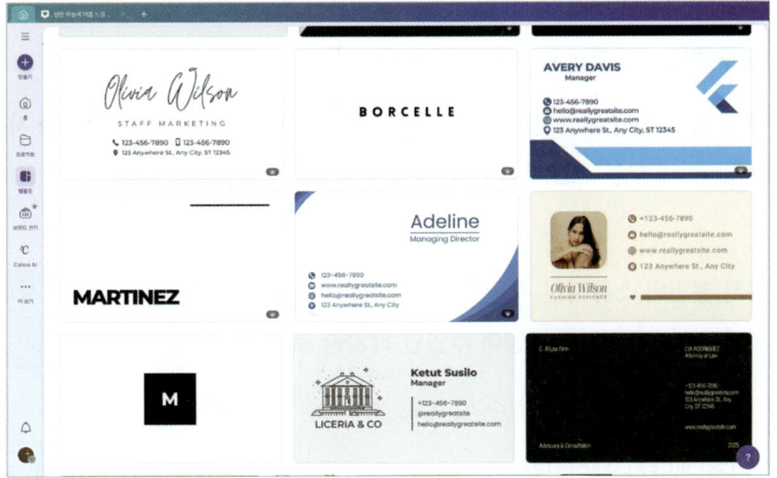

▲ 필터 항목 [카테고리-명함], [스타일-모던]을 적용한 검색 결과

✨ 홈에서 디자인 작업 관리하기

1. 프로젝트의 보기 옵션 이해하기

프로젝트 메뉴는 디자이너의 작업실 창고와도 같습니다. 홈-탐색 패널-**[프로젝트]** 메뉴를 선택하면, 내가 만든 디자인과 폴더, 업로드한 이미지와 영상, 그리고 다른 사람과 주고받은 다양한 작업물을 한자리에서 관리할 수 있습니다.

이때 프로젝트 패널에는 ❶ **모든 프로젝트** ❷ **내 프로젝트** ❸ **나와 공유됨** ❹ **오프라인에서 사용 가능** ❺ **별표 표시 항목**과 같은 보기 옵션이 표시됩니다. 이 옵션들을 상황에 맞게 선택하면, 많은 작업물 속에서도 원하는 것만 골라서 효율적으로 관리할 수 있습니다.

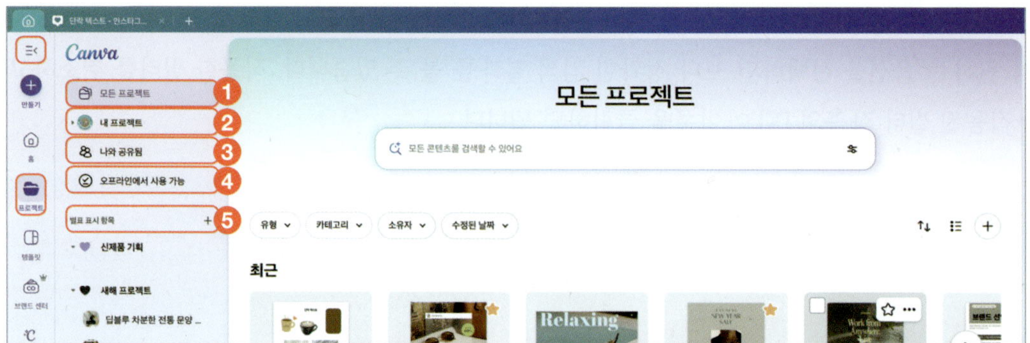

❶ 모든 프로젝트

모든 프로젝트는 말 그대로, 사용자가 현재 계정 또는 팀에서 **접근 권한을 가진 모든 작업물**을 한 번에 보여 주는 보기 방식입니다. 여기에는 다음과 같은 항목들이 모두 포함됩니다.

- 내가 직접 만든 디자인과 폴더
- 다른 사람이 나와 공유한 디자인과 폴더
- 팀에서 함께 사용하는 프로젝트와 업로드한 미디어 등

새로 만든 디자인이나 팀에서 공유한 파일을 한 번에 훑어보고 싶을 때, 또는 어디에 저장해 두었는지 기억나지 않는 작업을 찾을 때 모든 프로젝트 보기를 사용하면 가장 편리합니다.

❷ 내 프로젝트

내 프로젝트는 **사용자 본인이 소유자**인 작업물만 따로 모아서 보여 줍니다. 즉, 다른 사람이 나와 공유한 디자인과 폴더는 제외하고, **정말로 내 계정이 주인인 파일만** 보고 싶을 때 유용합니다.

예를 들어 다음과 같은 상황에서 활용할 수 있어요.

- 클라이언트와 직접 계약한 작업처럼, 책임이 온전히 나에게 있는 디자인만 다시 보고 싶을 때

- 팀 작업물이 많이 섞여 있어서, 내가 만든 것만 따로 정리하고 싶을 때

이 보기 옵션을 사용하면, 외부에서 공유된 수많은 파일에 가려지지 않고 나만의 작업 목록을 깔끔하게 관리할 수 있습니다.

③ 나와 공유됨

나와 공유됨은 다른 사람이 사용자의 계정과 **공유한 작업물만 따로 모아서 보여 주는 보기**입니다. 내가 만든 디자인과는 구분해서, **동료나 클라이언트가 보내 준 디자인과 폴더만 집중해서 보고 싶을 때** 이 옵션이 특히 유용합니다.

예를 들어 다음과 같이 활용할 수 있습니다.

- 동료가 보낸 레퍼런스 디자인이나 시안만 모아서 검토하고 싶을 때
- 팀에서 공유해 준 브랜드 가이드, 템플릿 폴더 등을 한 번에 찾아보고 싶을 때

이렇게 구분해서 보면, 내가 맡은 작업과 남이 나에게 전달한 작업을 더 명확하게 나누어 관리할 수 있습니다.

④ 오프라인에서 사용 가능

오프라인에서 사용 가능 옵션은 말 그대로 인터넷 연결이 원활하지 않은 환경에서도 일부 작업물을 활용할 수 있도록 돕는 보기 옵션입니다. 각 작업 파일 섬네일의 [···](더보기)에서 [오프라인 활성화] 옵션을 선택해 설정할 수 있습니다. 다만, 이미지 업로드나 저장 등은 온라인에서만 가능하며, 인터넷 복구 시 자동 동기화됩니다. 또한 어떤 항목이 어떤 기준으로 오프라인에서 사용 가능 목록에 포함되는지는 서비스 정책과 캔바 버전에 따라 달라질 수 있으므로, 캔바 도움말 센터에서 최신 업데이트 내용을 확인하세요.

⑤ 별표 표시 항목

별표 표시 항목은 자주 사용하는 작업물을 눈에 잘 띄는 위치에 따로 모아 두는, 일종의 **즐겨찾기 기능**입니다. 디자인, 폴더, 일부 콘텐츠에 별표를 표시해 두면, 나중에 다시 열어 볼 때 복잡한 폴더 구조를 거치지 않고도 쉽게 찾아 쓸 수 있습니다.

별표 기능은 다음과 같이 활용할 수 있습니다.

- 정기적으로 사용하는 뉴스레터 템플릿이나 유튜브 섬네일 디자인을 빠르게 열기
- 자주 열어 보는 클라이언트별 폴더에 빠르게 접근하기
- 팀에서 공동으로 사용하는 공용 템플릿을 언제든 쉽게 찾아 활용할 수 있도록 하기

별표 표시 항목은 새로운 저장 위치를 만드는 개념이 아니라, 기존 프로젝트 위에 자주 쓰는 것만 따로 표시를 더하는 기능으로 이해하면 됩니다. 프로젝트가 많아질수록, 별표 기능을 잘 활용하는 것만으로도 작업 속도와 편의성이 눈에 띄게 높아집니다.

2. 보기 옵션을 조합해 프로젝트 관리하기

마지막으로, 이 다섯 가지 보기를 어떻게 구분해서 쓰면 좋을지 한 번에 정리해 보겠습니다.

- **전체 작업 상황을 한눈에 보고 싶을 때** → ❶ **[모든 프로젝트 보기]**를 사용합니다.
- **내가 책임지는 작업만 따로 보고 싶을 때** → ❷ **[내 프로젝트 보기]**를 사용합니다.
- **다른 사람이 공유해 준 작업에만 집중하고 싶을 때** → ❸ **나와 공유됨 보기**를 사용합니다.
- **자주 쓰는 템플릿 · 폴더를 빠르게 열고 싶을 때** → ❹ **별표 표시 항목**을 즐겨찾기처럼 활용합니다.

이처럼 프로젝트 패널의 보기 옵션을 적절히 조합하면, 캔바를 단순히 디자인 도구로 사용하는 수준을 넘어, **작업 흐름 전체를 관리하는 파일 허브**로 활용할 수 있습니다.

3. 프로젝트에서 파일과 폴더 관리하기

프로젝트가 쌓일수록 폴더 관리가 중요해요. 캔바에서는 폴더를 만들어 디자인 파일을 깔끔하게 정리하고, 필요한 파일을 바로 찾을 수 있습니다. 정리는 곧 시간을 아끼고 효율을 높이는 비결이니, 그때그때 바로 정리하는 습관이 중요해요. 이번에는 프로젝트에서 폴더 만들기와 파일 정리하는 방법을 배워 효율적인 작업 환경을 만들어 볼까요?

01 새 폴더 만들기 홈- ❶ **[메뉴 열기]**한 상태에서 **탐색 패널** - ❷ **[프로젝트]**를 클릭합니다. 오른쪽 상단 탭에서 ❸ **[새 항목 추가]**- ❹ **[새 폴더]**를 클릭하면 새 폴더를 만들 수 있습니다. 같은 방법으로 ❺ **[디자인]**을 클릭하면 새로운 빈 페이지를 만들 수 있으니 기억해 두세요.

02 폴더 관리하기 폴더 섬네일에 마우스 포인터를 올리면 나타나는 ❶ **[별표 표시]**와 ❷ **[…](더보기)**에서 다양한 폴더 관리 기능(복사, 이동, 다운로드, 공유, 삭제 등)을 사용할 수 있어요. 다만 따라하기 할 때는 기존 프로젝트가 없는 상태이기에 [다운로드] 항목이 안 보일 수도 있어요. ❶ **[별표 표시]를 체크한 폴더**는 좌측 패널 ❸ **[별표 표시 항목]**에 표시되어 빠르게 찾을 수 있어요.

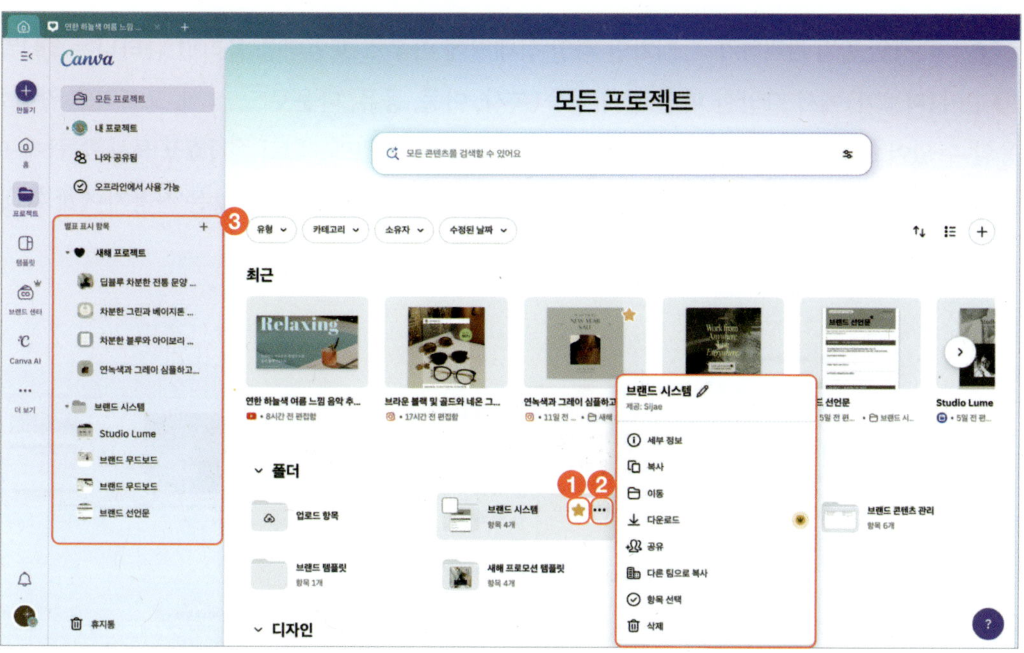

여러 브랜드나 클라이언트를 동시에 관리한다면, 홈-[프로젝트] 메뉴에서 수행 중인 프로젝트 별로 폴더 구조를 먼저 잡아 둔 뒤 각 프로젝트 안에서 디자인 파일을 여는 습관을 들이는 게 좋습니다. 에디터에서는 지금 작업 중인 디자인과 직접 관련되는 디자인 위주로 작업 탭을 열어 두면, 나중에 템플릿 묶음(번들) 상품으로 정리할 때 훨씬 수월합니다.

03 디자인 파일을 폴더로 이동하기 이번에는 디자인을 이동해 폴더에 정리해 볼까요? 이동하려는 디자인 파일을 ❶ **마우스로 드래그**해서 ❷ **원하는 폴더**에 **드롭**하여 간단하게 이동시킬 수 있어요.

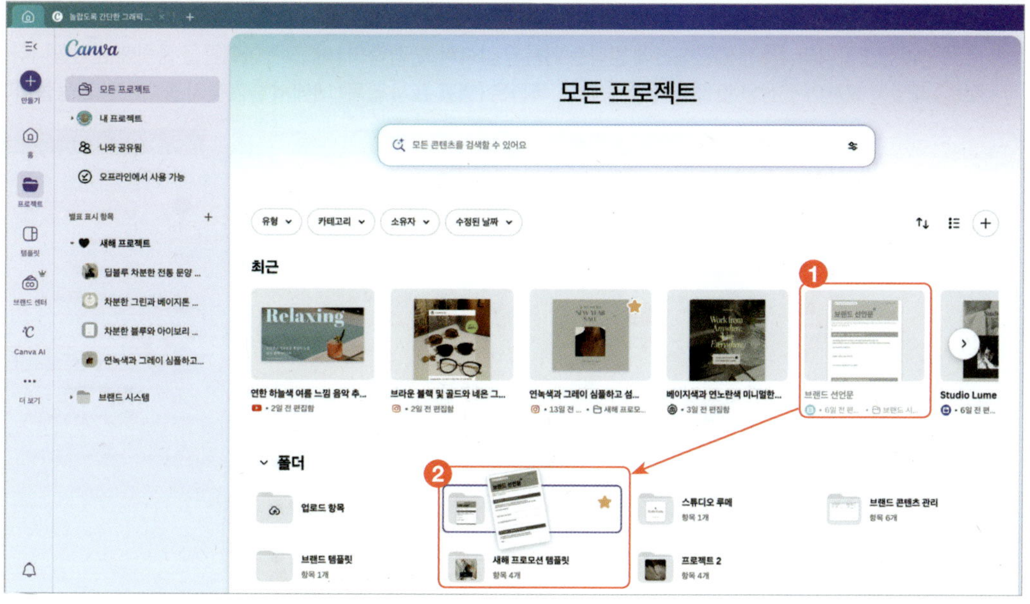

04 디자인 파일 관리하기 디자인 파일 섬네일에 마우스 포인터를 올리면 나타나는 ① [별표 표시]와 ② […](더보기)에서 다양한 파일 관리 기능(복사, 이동, 공유, 다운로드, 삭제, 오프라인 활성화 등)을 사용할 수 있어요. ① [별표 표시]를 체크한 항목은 탐색 패널 - [프로젝트] ③ [별표 표시 항목]에 표시되어 빠르게 찾을 수 있어요. [오프라인 활성화] 기능은 '베타' 기능으로 점차 더 많은 사용자에게 확대 적용될 예정으로 사용자에 따라 표시되지 않을 수 있습니다.

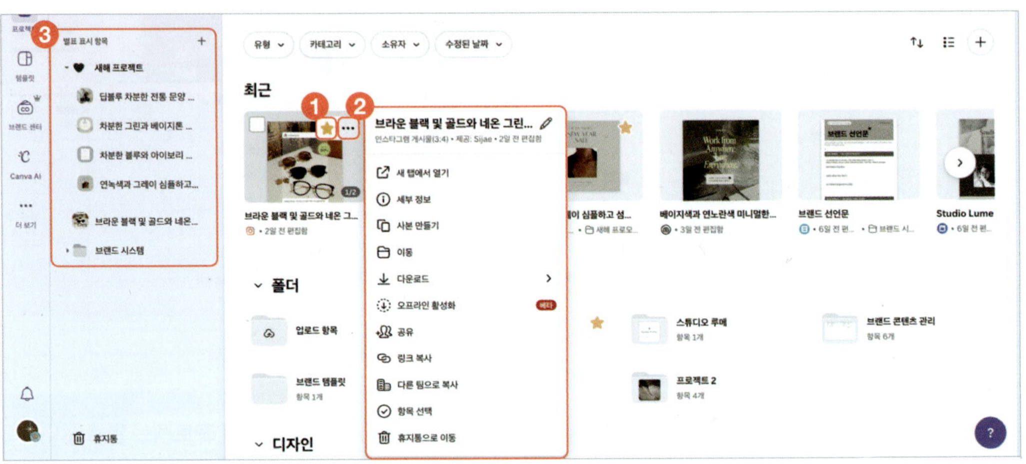

실전 TIP 탐색 패널에서 별표 표시 항목 활용하기

[프로젝트]의 [별표 표시 항목]을 활용하면 자주 사용하거나 중요한 디자인 파일 및 폴더를 패널에 모아 두고 빠르게 찾을 수 있어요. 그리고 패널에 모아 둔 별표 항목들은 섹션 만들기, 섹션 및 폴더에 넣기, 순서 바꾸기 기능으로 더 깔끔하게 정리할 수 있답니다.

01 섹션 만들기 메뉴 열기 된 상태에서 탐색 패널-[프로젝트]-[별표 표시 항목] 우측에 있는 ① [+]를 클릭하면 새로운 섹션이 생성됩니다. ② 생성된 섹션에 원하는 이름을 입력하고, 좌측의 [이모지] 아이콘을 클릭해 변경합니다. 설정한대로 ③ 새로운 섹션이 생성된 것을 볼 수 있습니다. 섹션은 [별표 표시 항목] 내에서 즐겨찾기 폴더처럼 기능합니다.

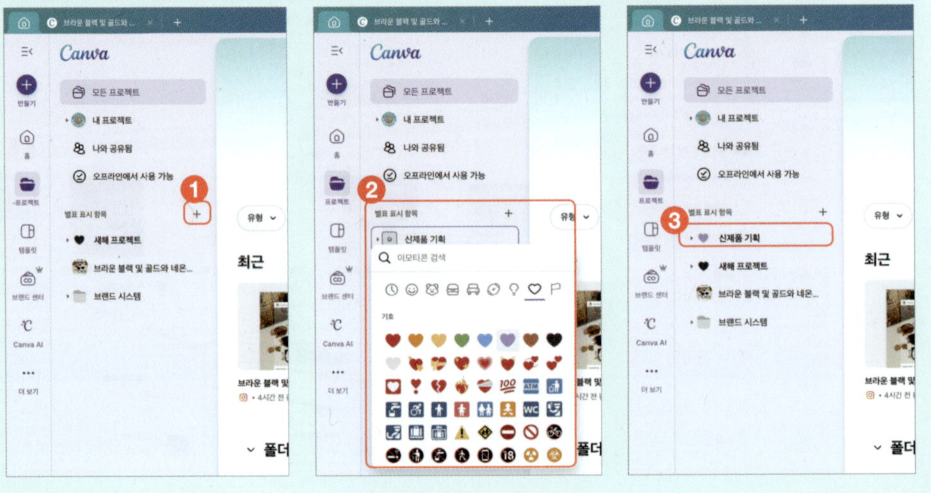

02 섹션에 넣기 [별표 표시 항목]에 있는 모든 항목은 ❶ 드래그해서 섹션 안에 넣을 수 있습니다. 이동한 항목은 섹션 왼쪽에 있는 ❷ 화살표를 누르면 볼 수 있습니다. 또한 드래그 앤 드롭으로 섹션뿐만 아니라 폴더 영역으로 움직일 수도 있습니다.

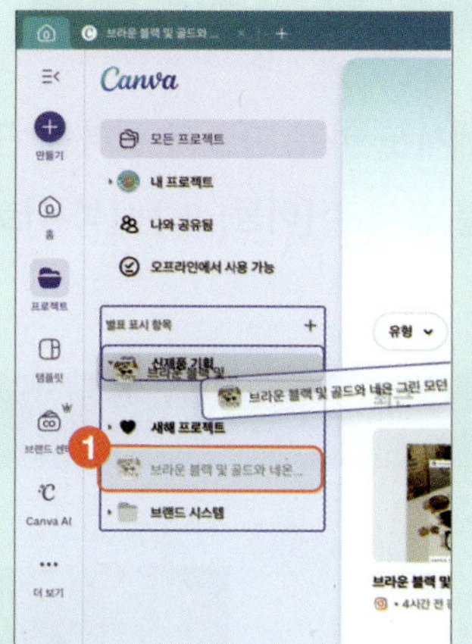

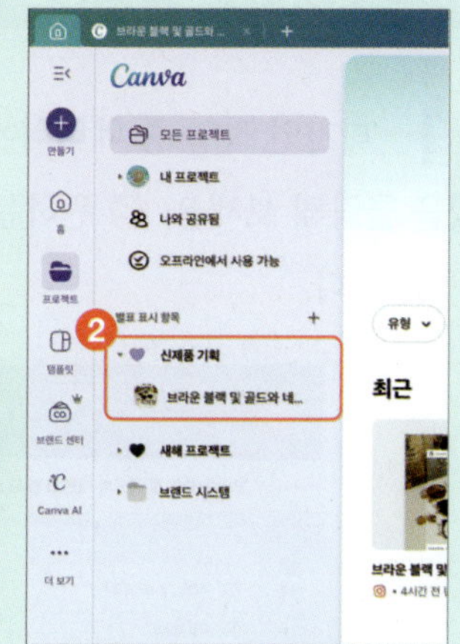

03 순서 바꾸기 [별표 표시 항목]에 있는 모든 항목은 ❶ 드래그해서 순서를 바꿀 수 있습니다. 원하는 항목을 드래그해서 이동하면 ❷ 보라색 실선으로 이동할 위치가 표시됩니다.

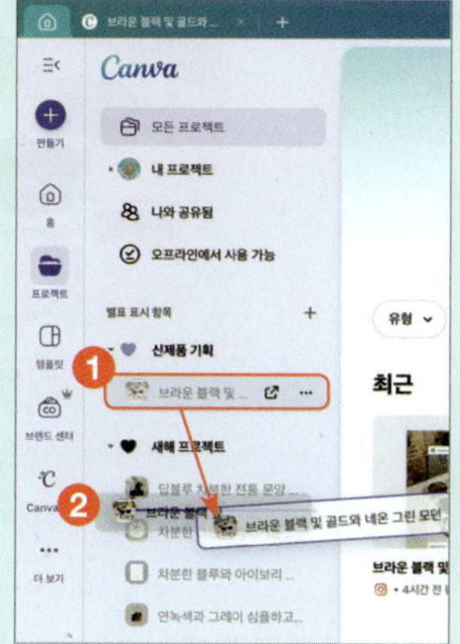

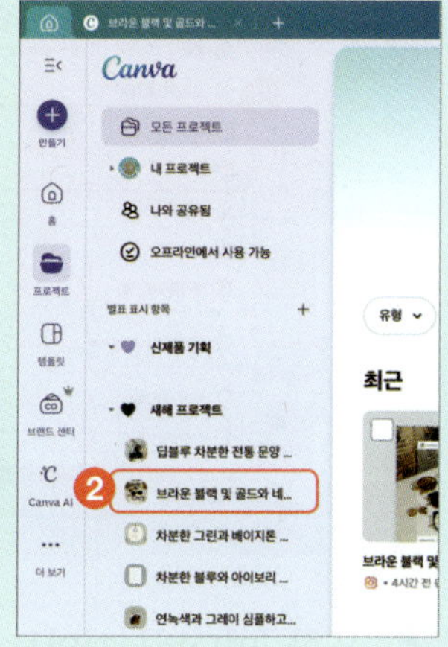

✨ 에디터에서 파일과 폴더 관리하기

01 디자인 작업 중 **에디터**에서도 바로 파일과 폴더를 관리할 수 있어요. 에디터에서 상단 메뉴 ❶ **[파일]**을 클릭해 보세요. ❷ 원하는 폴더로 **[이동]** 또는 **[복사]**로 이동하거나 복사본 만들기 등을 바로 수행할 수 있습니다.

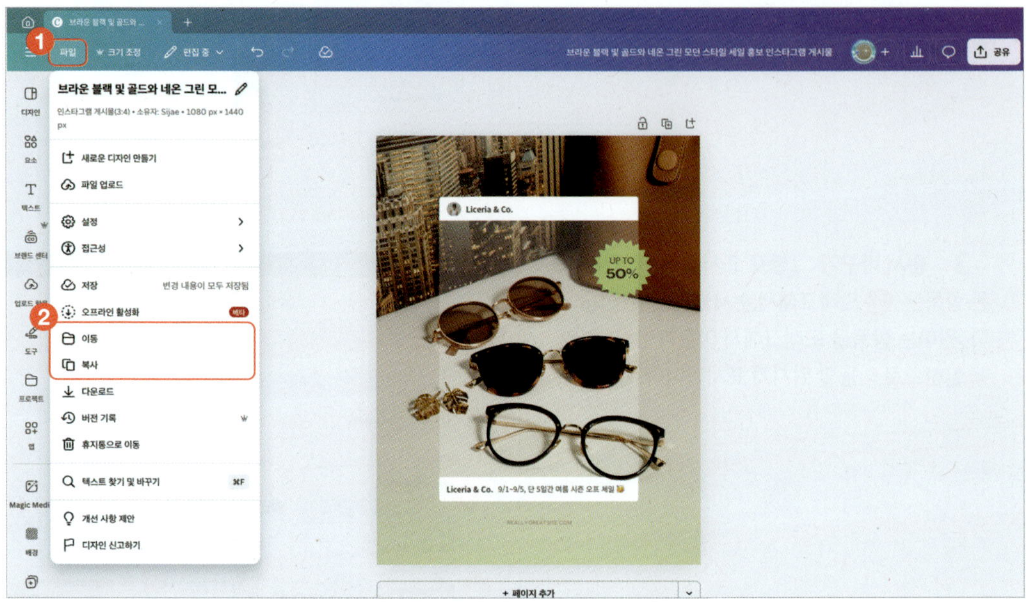

02 또한 [에디터]-사이드 패널 ❶ **[프로젝트]** 메뉴를 열어 폴더와 파일을 관리할 수 있어요.

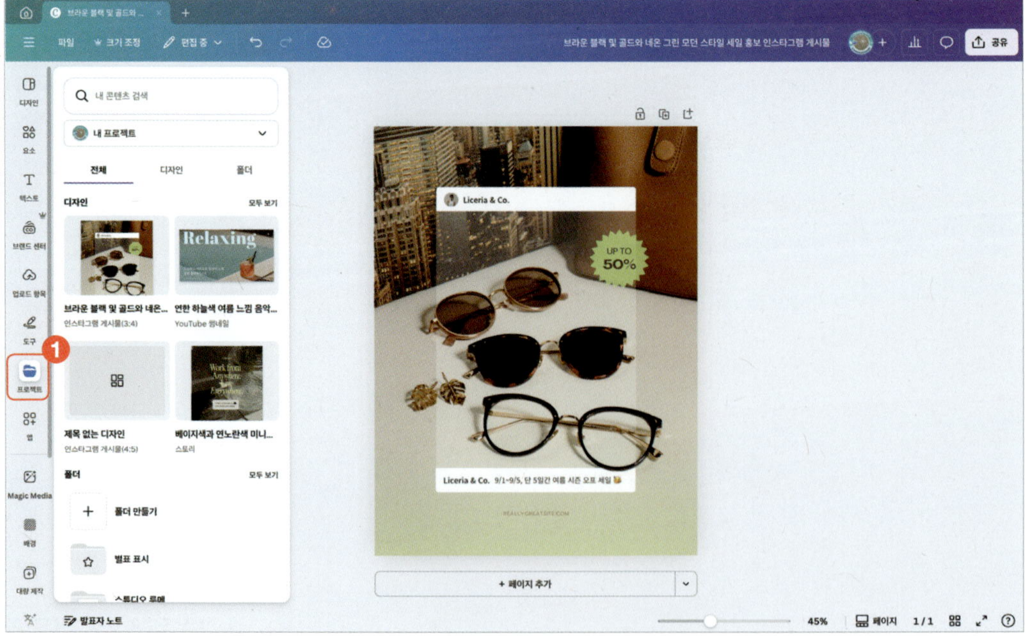

작업 영역의 기본 조작법 익히기

디자인 과정에서 반복되는 드래그, 조절, 회전, 정렬 같은 핵심 동작을 손에 익혀 봅니다. 요소를 배치하고 움직이는 기본 조작법만 익혀도 디자인 속도가 크게 빨라집니다.

폴더와 파일을 정리하는 방법을 익혔으니 이번에는 에디터에서 디자인을 열어 작업을 하는 데 필요한 핵심 동작을 익혀 볼까요?

캔바에서 어떤 디자인을 만들든, 화면에서 가장 많이 반복하는 동작은 크게 다르지 않습니다. 요소를 드래그해서 옮기고, 크기를 조절하고, 회전하고, 복제하고, 필요 없어진 것은 정리해 주는 기본 조작이죠.

이번 레슨에서는 이러한 기본 조작법을 익혀 작업 영역에서 자연스럽게 작업을 이어 갈 수 있게 하는 것을 목표로 합니다. 이 감각이 몸에 익으면, 나중에 템플릿을 한꺼번에 여러 개 만들거나, 클라이언트 피드백에 맞춰 디자인을 빠르게 수정할 때 작업 시간이 크게 줄어듭니다.

✨ 드래그 앤 드롭으로 배치하기

요소 · 사진 · 텍스트를 작업 영역에 배치하는 기본 동작입니다. 사이드 패널 ❶ [요소] 메뉴를 클릭해 패널을 열고 검색어를 입력한 후 ❷ 원하는 요소를 클릭하거나 ❸ 마우스로 드래그해서 페이지에 끌어와 배치해 보세요. 저는 '세잎 클로버'를 입력해 보았습니다.

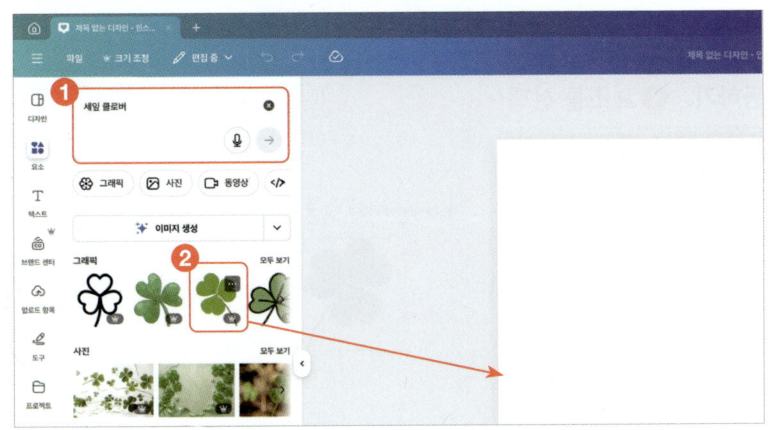

▲ 선택한 도형이 작업 영역 페이지에 배치된 모습

✨ 요소 선택과 이동하기

캔바에서 화면 위의 모든 것은 '요소'입니다. 텍스트, 사진, 도형, 아이콘, 스티커, 차트 등은 모두 같은 방식으로 선택하고 이동할 수 있습니다.

01 요소 선택하기 페이지에 있는 요소를 클릭해 선택하면, ❶ 요소 주변에 보라색 바운딩 박스가 표시됩니다. 빈 공간을 클릭하면 선택이 해제됩니다.

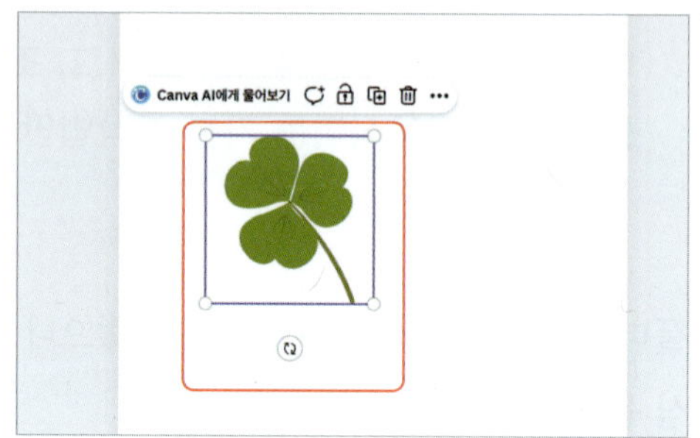

02 드래그해서 옮기기 ❶ 선택된 요소를 클릭한 채로 드래그해서 ❷ 원하는 위치로 옮길 수 있습니다. 요소를 이동할 때는 여러 번 조금씩 옮기는 대신, 이렇게 한 번에 넉넉하게 이동시키고 나중에 정렬 도구로 미세 조정하는 것이 더 효율적입니다.

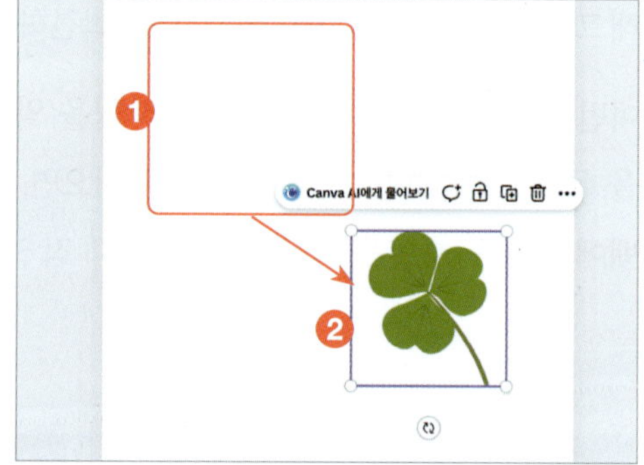

요소를 선택한 상태에서 키보드로 요소를 미세 이동할 수 있습니다.
자주 쓰는 배치에는 마우스 드래그보다 키보드 이동이 훨씬 빠르게 느껴질 거예요.

- **방향키**: 한 칸씩 미세하게 이동하기
- Shift **+방향키**: 조금 더 크게 이동하기

03 Shift 키로 수평/수직으로 이동하기 ❶ 요소를 선택한 상태에서 Shift **키**를 누른 채로 드래그하면 ❷ 요소가 **수평 또는 수직 방향**으로 움직입니다.

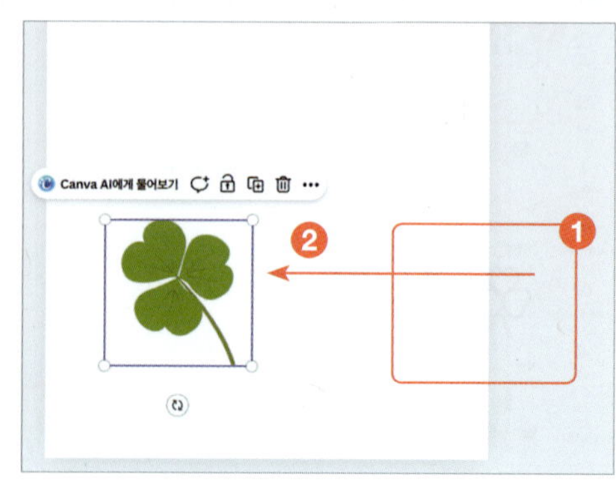

04 스냅과 가이드로 간단하게 정렬하기 요소가 여러 개일 때 요소를 이동하면, 작업 화면에 자동으로 **정렬 가이드 라인**이 나타나 레이아웃을 쉽게 정돈할 수 있습니다. 요소를 이동할 때 ❶ 가운데, 좌우, 상하 등 정렬 위치에 맞으면 자주색 선형 가이드가 표시됩니다. ❷ 또한 요소들 사이에 **간격 맞춤** 가이드가 표시되어 일정한 여백을 유지하는 데 도움이 됩니다.

▲ ❶이 적용된 모습

▲ ❷가 적용된 모습

✨ 크기 조절과 자르기 효과

디자인 작업에서 가장 자주 하는 동작 중 하나는 요소의 크기를 바꾸는 것입니다. 이미지, 도형, 텍스트 상자 모두 기본 원리는 같습니다.

01 조절 핸들 확인하기 요소를 선택하면 바운딩 박스에 나타나는 ❶ [모서리 조절] 핸들과 ❷ [변 조절]핸들로 크기와 길이를 조절할 수 있습니다. 이때, [변 조절] 핸들이 나타나지 않는 요소는 [모서리 조절] 핸들로 크기 조정만 가능해요.

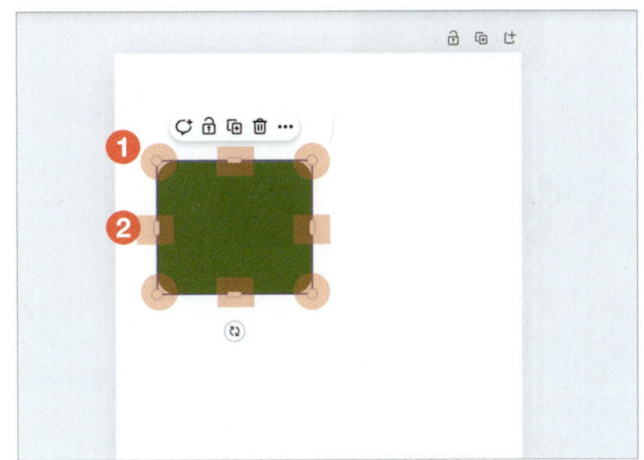

02 크기와 길이 조절하기

❶ [모서리 조절] 핸들을 드래그하면 크기를 키우거나 줄일 수 있고, ❷ [변 조절] 핸들을 드래그하면 한 방향으로 길이가 조정됩니다.

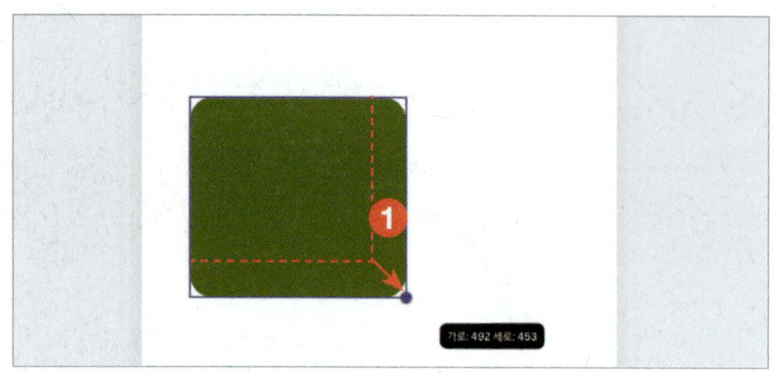

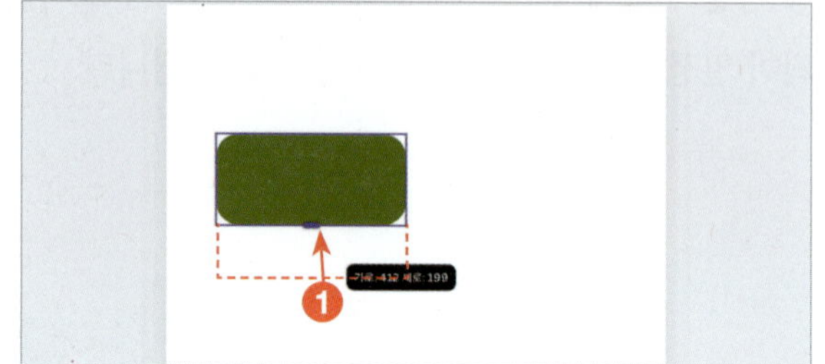

03 비율 고정/해제하여 크기 조절하기

대부분의 사진 · 아이콘은 기본적으로 비율이 유지되지만, 도형이나 일부 그래픽 요소는 ❶ [모서리 조절] 핸들을 드래그하는 대로 가로 · 세로 비율이 자유롭게 변형됩니다. 이때 비율을 유지하며 크기만 조절하려면 ❷ Shift 키를 누른 채로 [모서리 조절] 핸들을 드래그하면 됩니다.

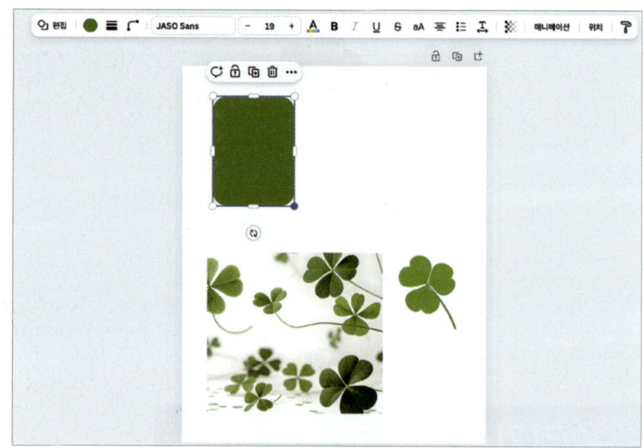

▲ 도형을 선택한 상태

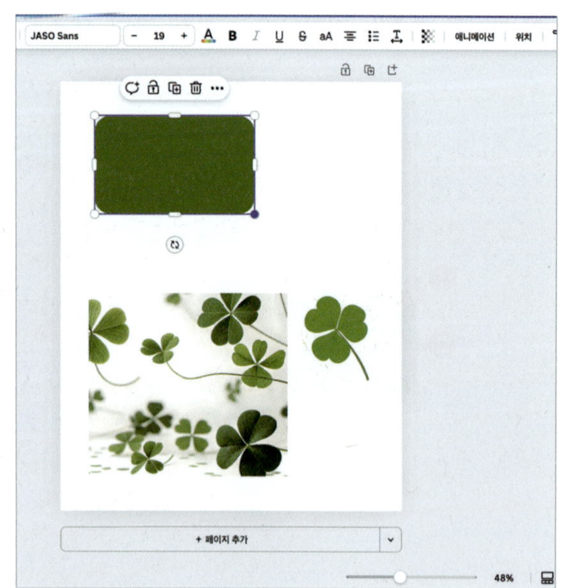

▲ ❶ 도형의 [모서리 조절] 핸들을 드래그하자 비율과 크기 모두 조절된 상태

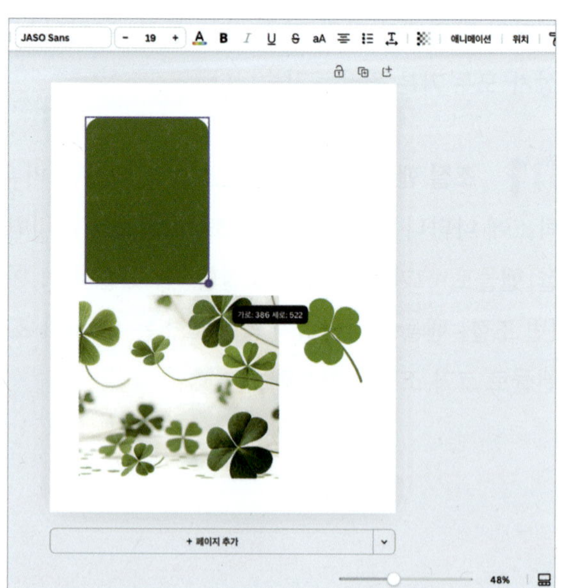

▲ ❷ Shift 키를 누른 채로 [모서리 조절] 핸들을 드래그하자 비율을 유지한 채 크기만 조절된 상태

04 [변 조절] 핸들로 자르기 ❶ 사진이나 일부 그래픽 요소의 [변 조절] 핸들을 드래그하면 ❷ 이미지가 잘린 효과가 나타납니다. 원본 이미지는 그대로 보존되고 프레임을 씌운 것처럼 보이는 모습만 조정되는 방식으로, 불필요한 여백 제거나 특정 부분을 강조할 때 즉시 활용할 수 있습니다.

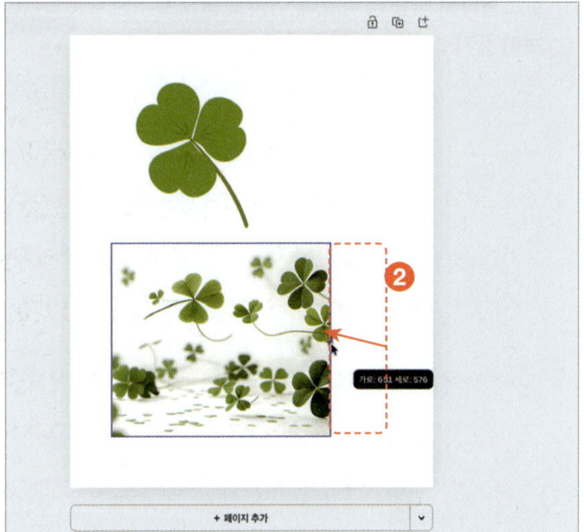

더 정밀한 자르기는 요소를 더블 클릭하거나 에디터 툴 바의 [자르기] 도구로 편집할 수 있어요.

회전과 뒤집기

요소의 방향을 바꾸는 기능은 레이아웃에 변화를 주거나, 화살표 · 아이콘 방향을 맞출 때 유용합니다.

01 [회전] 핸들로 회전하기 선택한 요소 주변에 나타나는 ❶ [회전] 핸들을 드래그하면 ❷ 요소를 원하는 각도로 돌릴 수 있습니다.

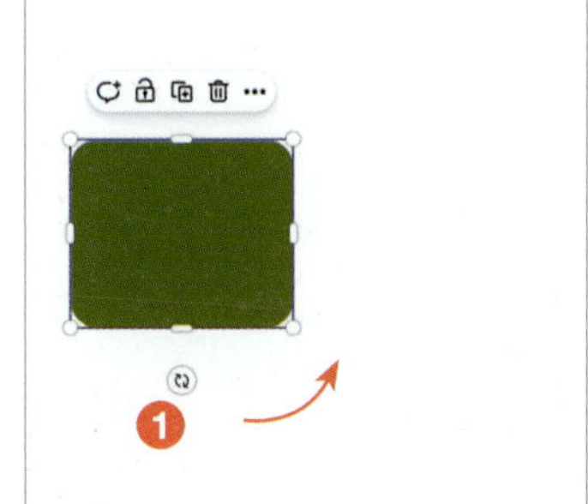

이때 대략적인 각도는 [회전] 핸들을 드래그해 맞추고, 정확한 각도로 회전해야 할 때는 에디터 툴 바 - [위치] 메뉴의 각도 입력 창(예: 15°, 90° 등)에 수치를 입력해 조정할 수 있습니다. 또한 에디터 툴 바의 [뒤집기] 메뉴를 사용하면, 요소를 좌우 또는 상하로 한 번에 반전할 수 있습니다.

실전 TIP **자유자재로 요소 조절하기**

요소를 더블 클릭하면 자르기 패널이 나타나고 요소의 크기나 위치를 자유자재로조절하여 바운딩 박스에 어떤 모습으로 보여 줄지 조절할 수 있습니다.

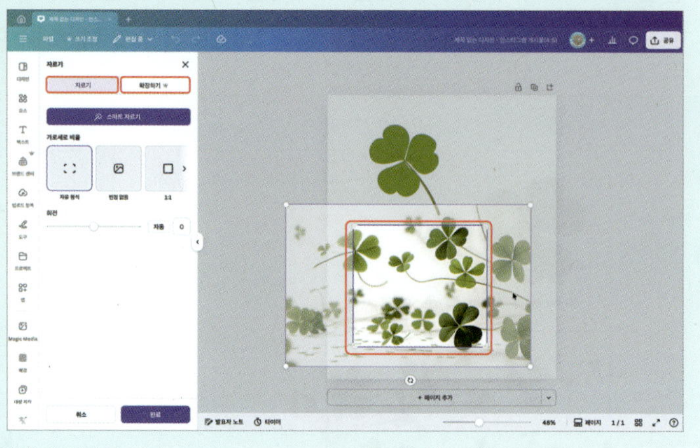

✨ 여러 요소를 한꺼번에 다루기

페이지 위에 요소가 많아질수록, 하나씩 움직이는 것보다 여러 개를 한 번에 선택해서 다루는 기술이 필요합니다.

01 여러 요소 선택하기 ❶ 마우스로 빈 공간을 클릭한 뒤, 그대로 드래그하여 선택 상자를 그리면 ❷ 그 안에 들어간 요소들이 함께 선택됩니다. 또는 먼저 한 요소를 클릭하고, Shift 키를 누른 상태에서 선택을 추가할 요소를 차례로 클릭할 수도 있습니다.

02 일괄 이동/크기 조절하기 여러 요소가 함께 선택된 상태에서도, ❶ 한꺼번에 크기를 조절하거나 ❷ 회전 및 이동할 수 있습니다. 이때 각 요소의 상대적인 위치·크기 비율은 유지된 채로 함께 조정됩니다.

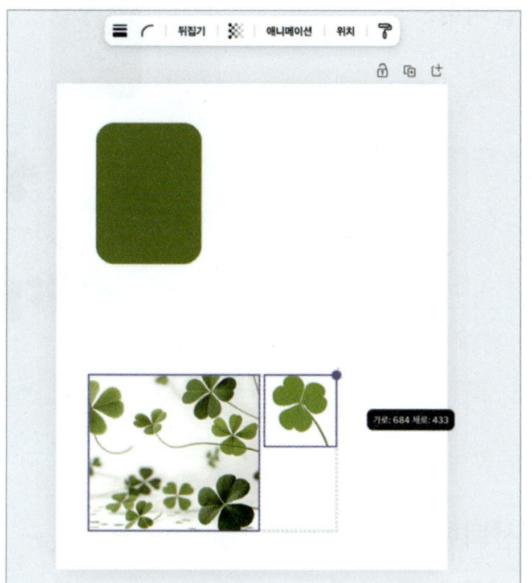

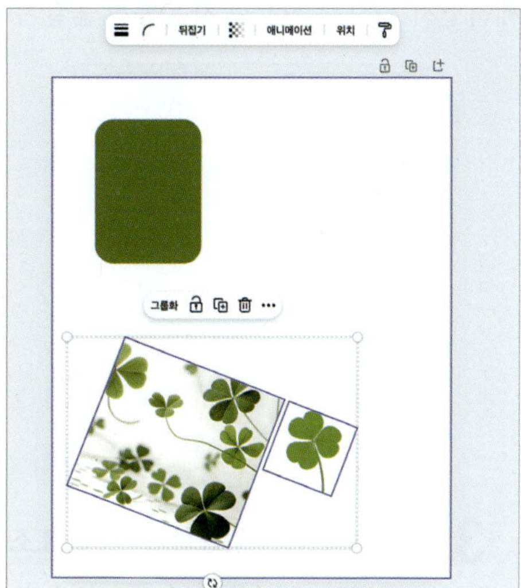

✨ 복제와 삭제하기

같은 스타일의 요소를 여러 번 반복해서 배치하는 작업은 템플릿 제작에서 특히 많이 합니다. 이때 복제 기능을 활용하면 한 번 만들어 둔 구성을 여러 장으로 확장하기가 쉽습니다.

01 복제하기 ❶ 요소를 선택한 뒤 ❷ Ctrl+D(윈도우)/⌘+D(맥) 단축키를 사용하면 같은 요소가 바로 옆에 복제되어 생깁니다.

02 복제하며 자유 이동하기

❶ 요소를 선택한 뒤 ❷ [Alt] + [Ctrl](윈도우) / [Option] + [⌘] (맥) 키를 누른 채 드래그하면, 요소를 복제하면서 원하는 위치로 자유롭게 옮길 수 있습니다.

03 복제하며 직선 이동하기

❶ 요소를 선택한 뒤 ❷ [Shift] + [Alt] + [Ctrl](윈도우) / [Shift] + [Option] + [⌘](맥) 키를 누른 상태로 드래그하면, 요소를 복제하면서 가로나 세로 한 방향으로 직선 이동할 수 있습니다.

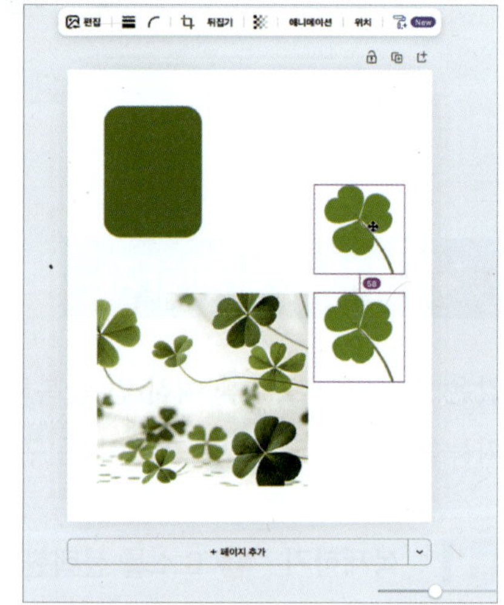

04 삭제하기

❶ 요소를 선택한 뒤 [Delete] / [Back Space] 키를 누르면 삭제됩니다. ❷ 실수로 삭제했다면 [Ctrl] + [Z](윈도우) / [⌘] + [Z](맥) 단축키로 언제든지 되돌릴 수 있습니다.

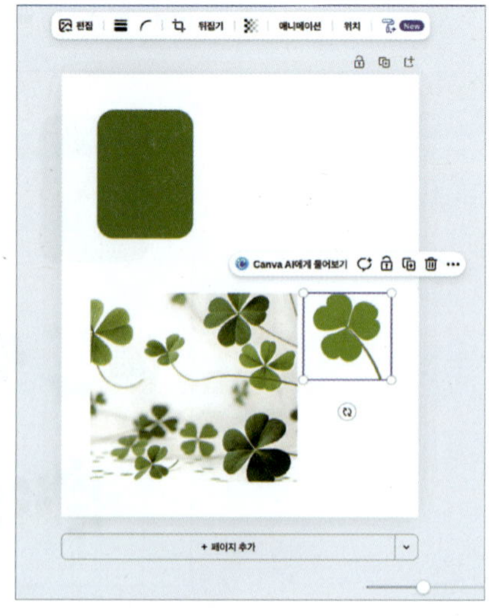

✨ 두개의 요소를 빠르게 위치 교체하기

01 요소 두 개 선택하기 클릭 앤 드래그 또는 Shift 키를 누른 채 ❶ 두 개의 요소를 함께 선택합니다.

02 위치 교체하기 ❷ 요소 중앙에 보이는 **[위치 교체]** 아이콘을 클릭한 채 위치를 뒤바꾸고 싶은 요소 쪽으로 드래그해 보세요. 일일이 위치를 조정할 필요 없이 ❸ **선택한 요소의 위치**를 빠르게 뒤바꿔 줍니다.

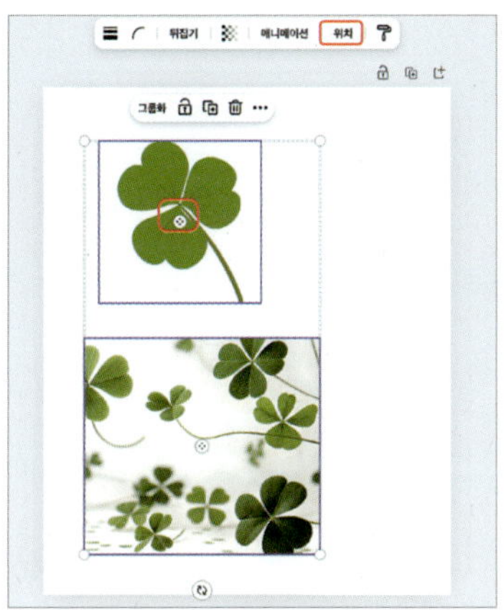

✨ 실행 취소와 다시 실행하기

실수를 두려워하지 않고 여러 시도를 해볼 수 있게 해주는 기능이 바로 실행 취소와 다시 실행입니다.

01 실행 취소 ❶ 상단 메뉴의 '뒤로 화살표' 아이콘을 클릭하거나, Ctrl + Z(윈도우) / ⌘ + Z(맥) 단축키를 사용해 바로 이전 작업을 되돌릴 수 있습니다. 여러 번 누르면, 작업 기록을 몇 단계 전까지 연속해서 돌아갈 수 있습니다.

02 다시 실행 잘못 되돌렸을 때는 ❷ 상단 메뉴의 '앞으로 화살표' 아이콘 또는 Ctrl + Shift + Z(윈도우) / ⌘ + Shift + Z(맥)로 방금 취소한 작업을 다시 실행할 수 있습니다.

이번 레슨에서 다룬 내용은 단순한 동작처럼 보이지만, 실제 작업 시간의 대부분을 차지하는 핵심 동작입니다. 드래그 · 이동 · 크기 조절 · 복제만 자연스럽게 다뤄도, 템플릿 제작이나 클라이언트 작업의 체감 속도가 크게 달라집니다.

이제 기본 조작 방법을 마스터했으니 다음 레슨에서는 에디터의 핵심 편집 도구들로 더 자세하게 편집하는 방법을 배워 볼게요.

에디터의 도구 구조 둘러보기

캔바에서 디자인 작업은 단순히 요소를 넣고 빼는 것을 넘어, 여러 도구와 패널들을 어떻게 사용하여 빠르게 완성도를 높이는지가 관건입니다. 이번 레슨에서는 캔바 에디터의 주요 편집 도구를 차근차근 살펴봅니다.

챕터 01에서 캔바의 화면 구조를 전체적으로 살펴봤다면, 이번 레슨에서는 실제 디자인 작업에 사용되는 에디터의 도구와 패널 구조를 살펴볼게요. 지금은 각 도구들이 언제, 어디에, 어떤 식으로 나타나는지만 가볍게 익혀 두면 됩니다.

에디터의 핵심 편집 도구는 크게 ❶ **에디터 툴 바** ❷ **편집 패널** ❸ **플로팅 툴 바** ❹ **빠른 작업**으로 이루어져 있습니다.

에디터의 ❺ **상단 메뉴**는 파일, 공유, 되돌리기, 리사이즈 등 디자인 전체에 대한 관리를 하는 영역이고, ❻ **사이드 패널**은 무엇을 넣을지를 고르는 영역이라면, ❶ ~ ❹의 편집 도구들은 작업 영역에 올려 둔 객체들을 어떻게 편집할지를 다루는 요소 중심 · 상황 중심 툴입니다.

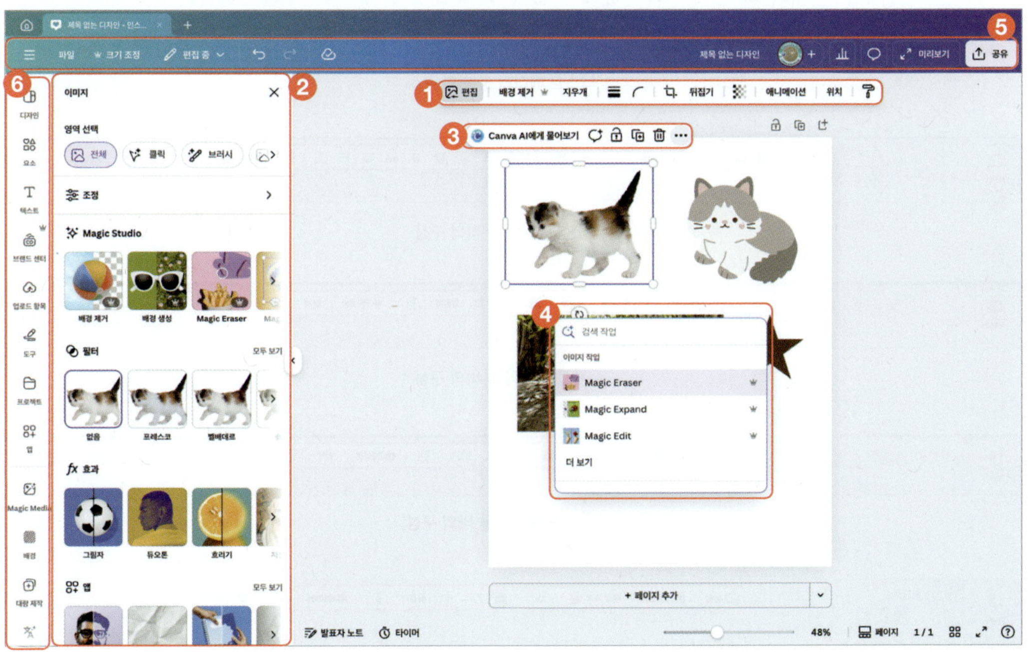

페이지에 추가한 요소들은 ① **에디터 툴 바**와 ② **편집 패널** ③ **플로팅 툴 바** ④ **빠른 작업**을 활용해 빠르고 편리하게 편집할 수 있습니다. 이 편집 도구들은 선택한 객체(텍스트 · 사진 · 그래픽 · 동영상)에 맞춰 메뉴 구성이 달라지는 스마트 툴입니다. 각 도구의 메뉴 구성은 매우 직관적이며, 바로 활용할 수 있는 AI 기능을 자동 추천해 주는 기능도 있습니다. 덕분에 지금 선택한 객체에 꼭 맞는 편집 도구만 골라 보여줘, 모든 메뉴를 일일이 찾지 않고도 필요한 편집 작업을 바로 실행할 수 있어요.

✨ 에디터 툴 바 – 편집의 핵심 도구 모음

에디터 툴 바는 **작업 영역 상단에 보이는 핵심 편집 도구**로 요소 편집의 베이스 캠프처럼 다루게 될 거예요. 선택한 요소에 따라 메뉴 구성이 바뀌는 스마트한 구조이며, 각 메뉴를 선택해서 요소의 설정을 바꾸거나 속성을 편집할 수 있어요.

작업 영역에 있는 이미지를 선택하면 자르기, 필터, 투명도 등 이미지 관련 메뉴가 나타나고, 배경이 있는 이미지의 경우에는 배경 제거👑 같은 AI 기반 메뉴도 자동으로 표시됩니다. 이런 식으로 에디터 툴 바는 선택한 요소에 맞게 메뉴 구성이 바뀌고, 이 메뉴들을 눌러서 각 요소의 속성을 쉽게 바꿀 수 있어요.

공통적으로 표시되는 메뉴는 투명도, 애니메이션, 위치, 스타일 복사 등이 있습니다. 또한 글꼴, 편집, 효과, 애니메이션, 위치 등의 메뉴를 선택하면 별도의 설정 창이 나타나는데 다음의 편집 패널 내용에서 설명하겠습니다.

▲ 텍스트 에디터 툴 바의 구성

▲ 도형 에디터 툴 바의 구성

▲ 사진 에디터 툴 바의 구성

▲ 그래픽 에디터 툴 바의 구성

▲ 동영상 에디터 툴 바의 구성

에디터 툴 바에서 어떤 기능을 써야 할지 모르겠다면, 먼저 편집하고 싶은 요소를 클릭해 보세요. 에디터 툴 바가 그 상황에 맞는 옵션을 보여 줍니다. 예를 들어, 텍스트를 더 세밀하게 편집하고 싶다면, [고급 설정]과 [효과] 메뉴만 익혀도 디자인 완성도가 크게 높아집니다.

✨ 편집 패널 - 디테일한 편집과 설정 도구

작업 영역에 있는 텍스트나 요소를 선택하고, 에디터 툴 바의 특정 메뉴(글꼴, 편집, 색상, 위치, 애니메이션 등)를 클릭하면 에디터 화면 왼쪽에 패널이 서랍처럼 열리면서, 선택한 도구에 맞는 옵션들이 나타납니다. 이 영역이 바로 **편집 패널**, 즉 **요소 또는 폰트를 세밀하게 편집하거나 조정할 수 있는 세부 설정 창입니다.**

중요한 점은, 항상 같은 자리에 있지만 내용만 바뀐다는 점입니다. 에디터 툴 바에서 색상, 글꼴, 위치, 애니메이션 등 원하는 메뉴를 클릭하면, 그때그때 필요한 설정들이 편집 패널에 나타납니다. 덕분에 캔버스를 벗어나지 않고도, 디자인을 보면서 세부 설정을 바로 조정할 수 있습니다.

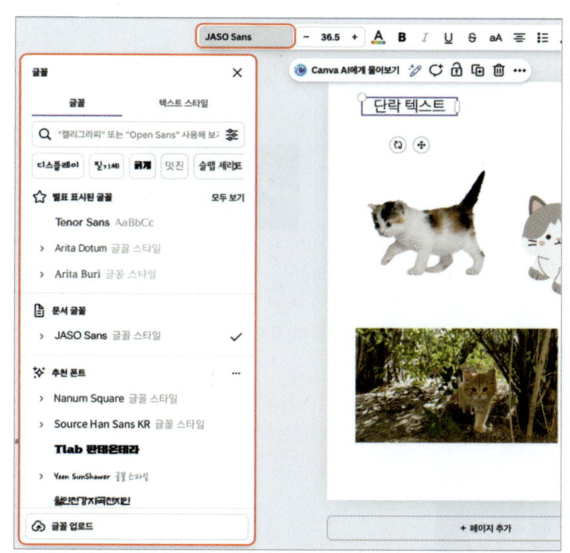

▲ 텍스트 선택-에디터 툴 바-글꼴-글꼴 패널의 구성

▲ 이미지 요소 선택-에디터 툴 바-편집-이미지 패널의 구성

▲ 동영상 요소 선택-에디터 툴 바-편집-동영상 패널의 구성

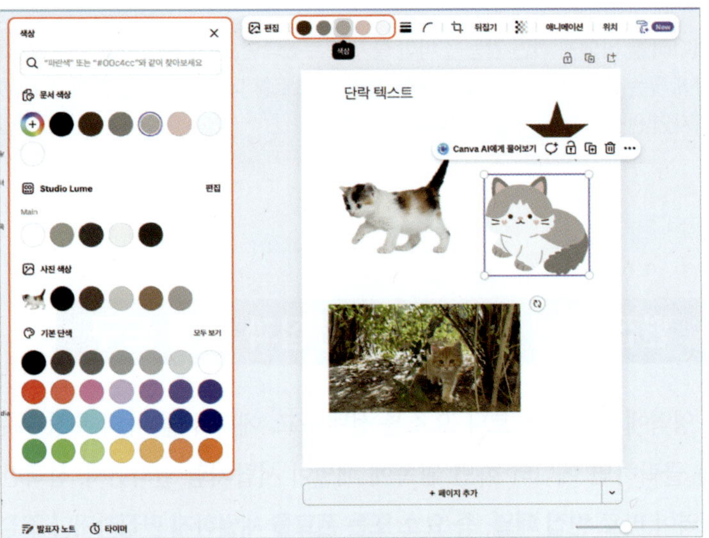

▲ 그래픽 요소 선택-에디터 툴 바-색상-색상 패널의 구성

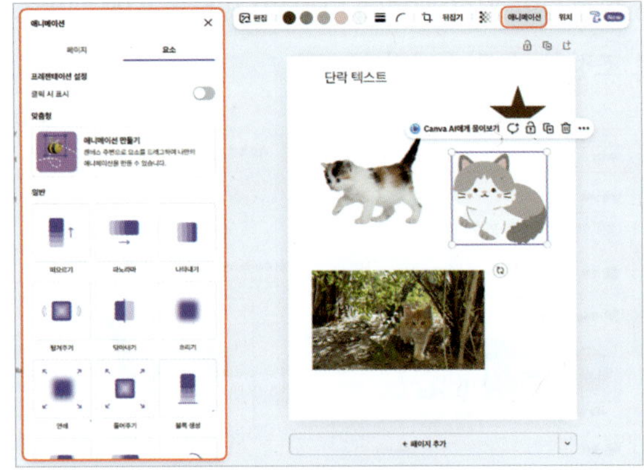

▲ 그래픽 요소 선택-에디터 툴 바-애니메이션-애니메이션 패널의 구성

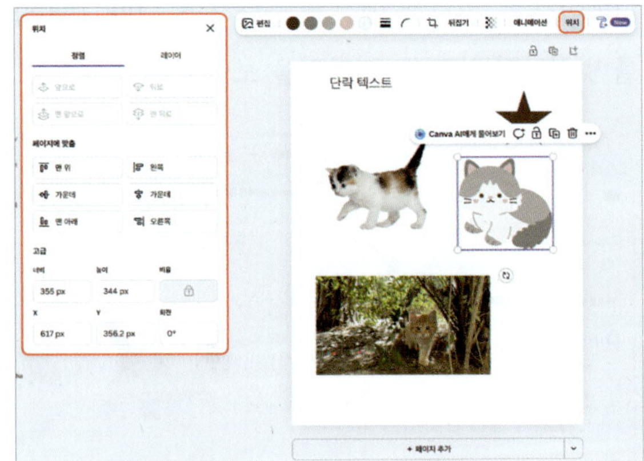

▲ 요소 선택-에디터 툴 바-위치-위치 패널의 구성

✨ 플로팅 툴 바 - 요소 곁의 빠른 도구 모음

플로팅 툴바는 선택하면 요소 바로 위에 나타나는데, **자주 쓰는 기능만 모아 둔 빠른 편집용 메뉴**라고 생각하면 됩니다. 에디터 툴 바와 함께 핵심 편집 도구이며 에디터 툴 바가 메인 편집 도구라면, 플로팅 툴 바는 손이 잘 닿는 작은 도구 세트 같은 느낌이죠. 자주 쓰는 기능들(복제 및 삭제, 잠금, 페이지에 맞춤 또는 정렬, 링크 추가 등)이 표시되고, 요소 바로 곁에 나타나 빠르게 사용할 수 있어 마우스를 크게 움직이지 않고도 작업할 수 있어 편리합니다.

예를 들어 텍스트를 선택했을 때에는 **대체 텍스트**나 **텍스트 번역** 메뉴가 나타나고, 이미지/그래픽을 선택했을 때에는 [이미지를 배경으로 설정] 요소의 **[정보]** 메뉴가 표시됩니다. 또한 도형을 선택했을 때에는 빠른 연결 켜기로 다음 도형을 계속 톡톡 찍어내듯 연결해 만들 수 있어요.

공통적으로 나타나는 메뉴는 **[복제], [삭제], [페이지에 맞춤]** 등이 있습니다. 또한 여러 요소를 선택하면 요소 **[정렬]**이나 **[그룹화]** 등 레이아웃 정리에 유용한 추가 옵션이 나타납니다. 요소나 텍스트가 1개만 선택 됐을 경우에는 **[페이지에 맞춤]**만 나오고, 요소를 2개 이상 선택했을 때에는 **[정렬]**이 나타납니다.

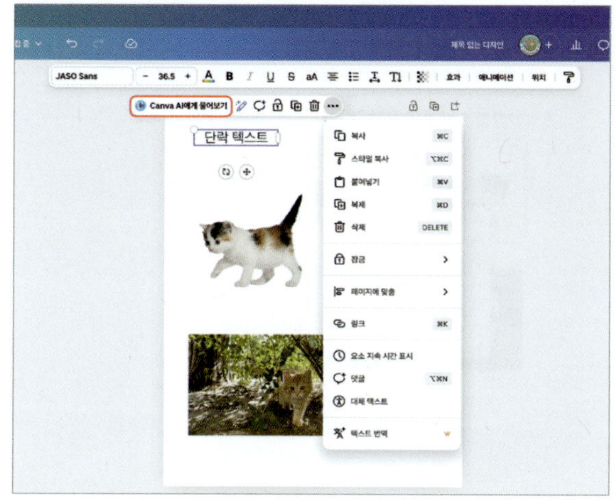

▲ 텍스트의 플로팅 툴 바 구성

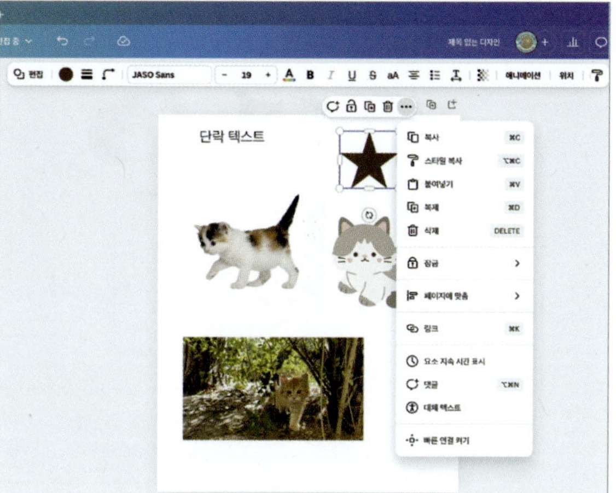

▲ 도형의 플로팅 툴 바 구성

Canva AI에게 물어보기(@Ask Canva)

작업 중 필요한 편집 작업을 자연어 명령 한 줄로 처리할 수 있게 해주는 AI 보조 기능입니다. 선택한 객체(배경 · 요소 · 텍스트)에 따라 버튼이 에디터 툴 바, 플로팅 툴 바에 자동으로 나타납니다. 버튼을 누르면 대화 창이 열리고, AI와 대화하듯 프롬프트를 입력하면 바로 필요한 작업을 찾아 주어서 정말 요긴해요.

✨ 빠른 작업 – 바로 열어 사용하는 명령형 도구 상자

요소를 선택한 상태에서 / 키를 누르면 **빠른 작업**이 열립니다. 빠른 작업은 디자인을 하면서 필요한 기능을 찾기 위해 메뉴를 일일이 찾지 않고, **키워드만 입력해 바로 기능을 실행할 수 있는 도구**입니다.

예를 들어 추천되는 **빠른 작업** 목록에서 골라 클릭해 바로 실행하거나, 빠른 작업의 검색 바에 '이미지 생성', '텍스트 추가', '음악 추가'처럼 원하는 작업을 직접 입력해 검색할 수 있습니다. 원하는 기능의 메뉴를 찾기 힘들거나 메뉴 구조에 익숙하지 않아도 무엇을 하고 싶은지를 자연어로 검색해 기능을 찾아 바로 실행할 수 있다는 점이 큰 장점입니다.

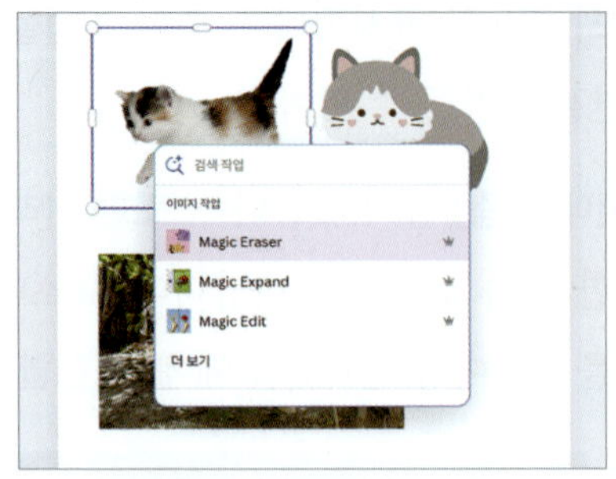

▲ 사진 요소의 빠른 작업 창 구성

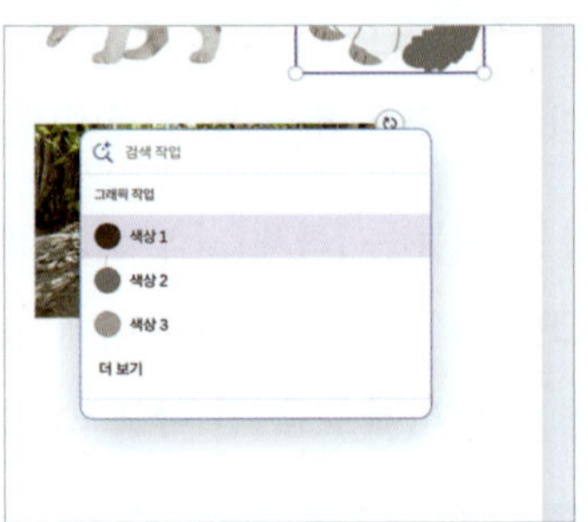

▲ 그래픽 요소의 빠른 작업 창 구성

▲ 동영상 요소의 빠른 작업 창 구성

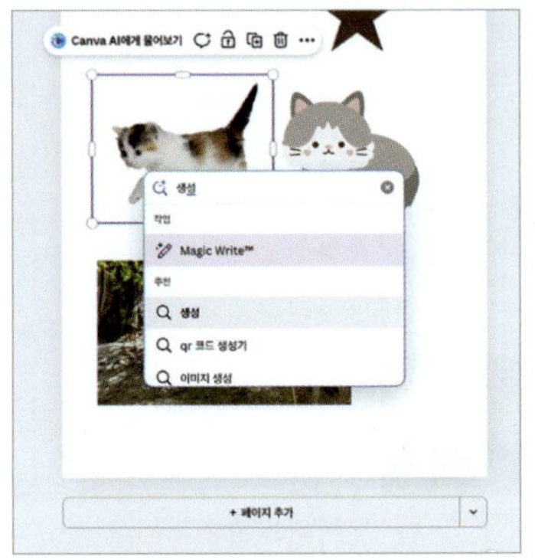

▲ 빠른 작업 검색 바에 '생성' 검색 결과

이번 레슨에서는 이 과정에서 필수적인 핵심 편집 도구들의 구조를 둘러봤습니다. 지금까지 살펴본 에디터의 핵심 도구들을 유기적으로 연결해 활용하면 보다 효율적이고 완성도 있는 디자인 작업을 할 수 있습니다. 전체 디자인 작업 과정은 디자인 페이지를 열고(홈 또는 에디터) → 객체(요소나 텍스트)를 골라 작업 영역에 배치하고(사이드 패널) → 객체를 세부 편집하고(에디터 툴 바, 편집 패널) → 객체를 정렬하거나 Canva AI에게 조언을 구하며 정돈하고(플로팅 툴 바, 빠른 작업) → 파일과 폴더를 정리, 저장하고 공유(상단 메뉴, 하단 메뉴)하여 완성하는 흐름입니다.

다음 레슨에서는 이러한 흐름으로 도구들을 활용해 실제로 요소를 편집하는 방법을 배워 보겠습니다.

디자인의 재료 다루기: 텍스트

텍스트는 디자인의 구조와 메시지를 결정하는 핵심 요소입니다. 텍스트 메뉴와 글꼴 패널을 활용해 글꼴 선택, 간격 조절, 스타일링까지 텍스트 편집의 기본기를 익힙니다.

이미지와 요소가 디자인의 분위기를 만든다면, 텍스트는 메시지 그 자체를 전달하는 재료입니다. 같은 문장을 쓰더라도, 글꼴 · 크기 · 정렬 · 간격을 어떻게 조합하느냐에 따라 전혀 다른 인상을 주게 됩니다. 또한 텍스트는 전체 디자인의 내용 흐름을 잡아 주는 뼈대와 같은 역할을 하므로, 이미지보다 텍스트를 배치하는 것이 바람직한 순서입니다.

텍스트는 디자인의 문장과 글자 스타일을 담당하며 제목, 설명, 캡션, 버튼 문구까지 모두 해당됩니다. 텍스트의 분위기를 전달해 주는 폰트를 선택할 때에도 너무 많은 종류의 폰트를 사용하면 디자인이 산만해지므로, 필요한만큼만 사용해 조화롭게 디자인하는 것이 중요합니다.

이번 레슨에서는 캔바에서 텍스트를 다룰 때 거치게 되는 흐름, 즉 텍스트를 추가하고(사이드 패널/빠른 작업) →스타일을 정하고(에디터 툴 바 · 편집 패널) →레이아웃을 정리하는(플로팅 툴 바, 에디터 툴 바의 정렬 기능) 과정을 따라가며 살펴봅니다.

✨ 텍스트 추가하기: 사이드 패널과 빠른 작업

텍스트 메뉴 둘러보기

우선 사이드 패널의 텍스트 메뉴부터 살펴볼게요. 텍스트 작업의 출발점이 되는 곳으로, 미리 구성된 다양한 텍스트 스타일을 제공하여 디자인의 기본 구조를 잡는 데 유용합니다. 텍스트 메뉴는 프레젠테이션과 같이 처음부터 텍스트의 위계와 구조를 잡아야 하는 디자인 작업에 특히 유리합니다.

▲ 텍스트 메뉴 상단 구성

▲ 텍스트 메뉴 하단 구성

텍스트 메뉴에서 할 수 있는 주요 기능은 다음과 같습니다.

1. **글꼴 조합 및 검색**: 텍스트 패널 상단에 있는 검색창을 통해 원하는 글꼴의 이름이나 특정 스타일(예: '손글씨', '고딕' 등)을 검색하여 빠르게 찾을 수 있는 기능입니다.
2. **텍스트 상자 추가**: 스타일이 반영되지 않은 기본 텍스트입니다.
3. **Magic Write**: 캔바의 AI 기반 글쓰기 도구입니다. 간단한 키워드나 문장을 입력하면 AI가 내용을 이어 쓰거나, 요약하고, 새로운 아이디어를 제안해 줍니다.
4. **브랜드 글꼴 추가**: 브랜드 키트에 미리 정해 둔 제목, 부제, 본문 구조를 클릭으로 바로 페이지에 추가해 디자인의 일관성을 유지할 수 있습니다.
5. **기본 텍스트 스타일**: 다음의 세 가지 기본 구조의 스타일 중에 원하는 형식을 선택하여 페이지에 추가할 수 있습니다.
   - **제목 추가**: 가장 큰 크기로, 눈에 확 들어오는 한 줄 텍스트입니다.
   - **부제목 추가**: 제목을 보완하는 짧은 설명에 적합합니다.
   - **약간의 본문 텍스트 추가**: 상세 설명이나 문장 중심의 텍스트에 사용합니다.
6. **동적 텍스트**: 콘텐츠에 맞춰 자동으로 생성되는 텍스트를 넣는 기능입니다. 대표적으로 현재 디자인의 각 페이지에 번호를 자동으로 매겨 주는 **페이지 번호** 기능이 있습니다. 페이지 순서가 바뀌거나 페이지가 추가/삭제되면 번호도 자동으로 업데이트되어 편리합니다.
7. **앱**: 텍스트와 관련된 다양한 캔바 내부 기능이나 외부 서비스를 사용할 수 있는 메뉴입니다. 무료 앱과 유료 앱이 있으며 기본 텍스트 도구 외에 추가적인 기능이 필요할 때 활용하면 디자인의 표현력을 크게 확장할 수 있습니다.

❽ **최근에 사용함**: 사용자가 최근에 선택했던 폰트나 텍스트 스타일이 기록되어 있어 이전에 썼던 스타일을 다시 찾을 필요 없이 바로 꺼내 쓸 수 있습니다.

❾ **글꼴 조합**: 미리 짝지어 놓은 '제목+본문' 등의 폰트 세트입니다. 어떤 폰트끼리 어울릴지 고민할 필요 없이, 클릭 한 번으로 감각적인 타이포그래피를 적용할 수 있습니다.

텍스트 넣기: 어떤 텍스트 구조로 시작할까?

텍스트 작업의 출발점은 두 가지입니다. 하나는 **기본 텍스트 스타일**을 활용하는 것이고, 다른 하나는 **[텍스트 상자 추가]**를 활용하는 것입니다. 구조부터 잡을 것인지 아니면 바로 써 내려갈 것인지에 따라 선택하면 됩니다.

소셜 미디어 디자인처럼 짧은 카피 위주인 경우라면, 바로 텍스트 상자를 추가해 디자인을 시작해도 됩니다. 하지만, 프레젠테이션 디자인처럼 처음부터 기본 구조가 필요한 경우라면, 각 내용에 맞는 크기의 텍스트 스타일(제목 · 부제 · 본문)을 불러와 배치하는 편이 더 유리합니다.

사이드 패널에서 텍스트 스타일 고르기

에디터 - 사이드 패널 - ❶ **[텍스트]** 메뉴를 열면, 미리 구성된 텍스트 스타일들을 볼 수 있습니다. ❷ **[텍스트 상자 추가]** 또는 ❸ **[기본 텍스트 스타일]** 중에 원하는 스타일을 클릭해 페이지에 추가하면, 크기와 두께, 기본 정렬이 이미 세팅된 상태에서 작업을 시작할 수 있습니다. 특히 시리즈로 만드는 카드뉴스나 피드라면, ❹ **[브랜드 글꼴 추가]**👑를 클릭해 제목/부제/본문 구조를 한 번 정해 두고 계속 재사용하는 것이 디자인 일관성을 지키는 데 큰 도움이 됩니다.

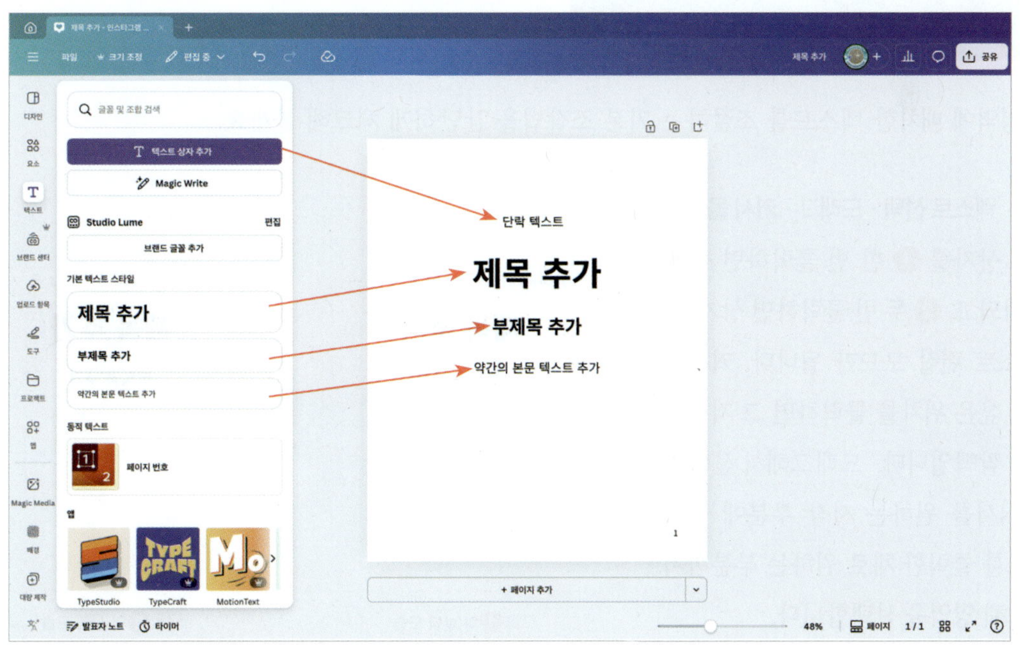

텍스트의 폰트 종류와 크기, 굵기로 정보의 구조를 나누는 것이 중요합니다. 예를 들어, 제목은 굵고 크게, 부제목은 살짝 작고 가볍게, 본문은 읽기 편한 크기와 간격으로 맞추는 식이죠. 이렇게 텍스트에 위계 구조를 넣어 시선의 흐름을 설계해 두면, 보는 사람이 한 번에 어디를 먼저 읽어야 하는지를 직관적으로 알 수 있게 됩니다. 또한 디자인도 한결 깔끔하고 정돈되어 보이고 신뢰감을 줄 수 있습니다.

빠른 작업이나 단축키로 텍스트 상자 추가하기

텍스트 상자를 더 빠르게 추가할 수 있는 방법도 있습니다. 페이지를 선택한 상태에서 [/] 키를 누르면, 나타나는 빠른 작업 추천 동작 목록에서 텍스트를 선택하면 됩니다. 또한 페이지를 선택한 상태에서 [T]를 누르면 바로 텍스트 상자가 생깁니다.

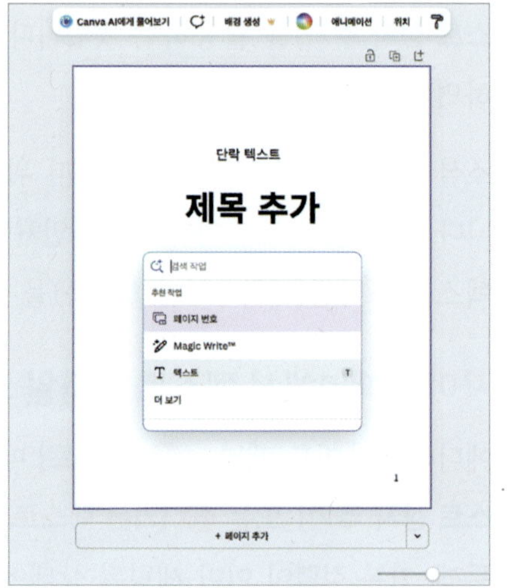

이 방법을 사용하면, 굳이 사이드 패널로 마우스를 옮기지 않고도 현재 위치에 바로 텍스트 상자를 추가할 수 있어, 작업 리듬이 끊기지 않습니다. 특히 글을 많이 다루는 디자인에서 키보드 위주로 작업할 때 유용합니다.

✨ 텍스트 기본 조작법 익히기

작업 영역에 배치한 텍스트를 조절하는 기본 조작법을 간단하게 체크해 볼게요.

01 텍스트 선택 · 드래그 · 커서 옮기기

텍스트 상자를 ❶ 한 번 클릭하면 상자가 선택되고, ❷ 두 번 클릭하면 상자 안의 텍스트 편집 모드가 됩니다. 커서를 옮기고 싶은 위치를 클릭하면 그 지점에 커서가 깜빡입니다. 드래그해서 선택하려면 커서를 원하는 시작 부분에 놓고 마우스를 클릭한 채로 원하는 부분까지 드래그해 영역을 선택합니다.

▲ ❶의 실행 모습

▲ ❷의 실행 모습

02 텍스트 내용 수정하기 수정할 텍스트 상자를 더블 클릭합니다. 기존에 입력된 내용은 Delete/Back Space 키로 지우고, 새 텍스트를 입력합니다.

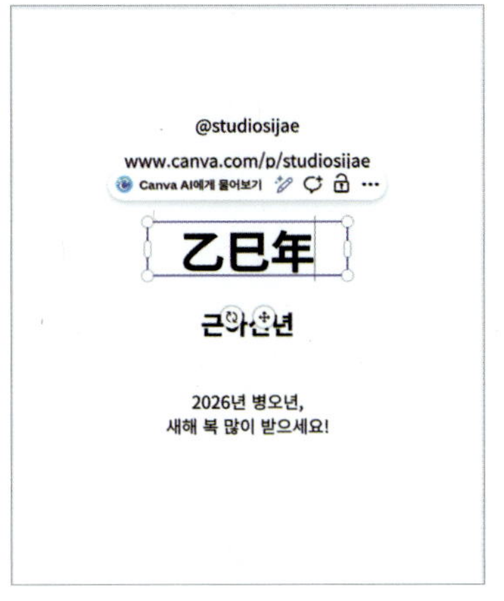

03 텍스트 상자 크기 조절하기 네 모서리와 변에 조절 핸들이 나타납니다. [모서리] 핸들을 드래그하면 텍스트 상자의 크기 및 텍스트 크기를 조절할 수 있습니다.

04 텍스트 상자 이동하기 텍스트 상자 안(조절 핸들이 아닌 부분)을 클릭한 채로 원하는 위치로 드래그하면 텍스트 상자가 이동합니다. 이때, 텍스트 상자 안에 커서가 있는 상태로는 이동이 되지 않으니, 텍스트 상자 바깥을 한 번 클릭한 후에 다시 텍스트 상자 안을 클릭해서 드래그하세요. 텍스트 상자를 이동하면서 전체적인 디자인 레이아웃을 만들어 보세요.

05 텍스트 상자 회전하기 ❶ [회전] 핸들을 드래그해 회전하거나, 더 정확한 각도로 회전하기 원한다면 ❷ 에디터 툴 바-[위치]-고급-회전에 원하는 각도(예: -90)를 입력하고 Enter↵ 키를 누르면 됩니다.

06 텍스트 상자 편집 끝내기 편집을 마쳤다면, 작업 영역의 빈 공간을 한 번 클릭하면 편집 모드가 해제됩니다. 다른 요소를 바로 선택해서 계속 작업할 수 있어요.

✨ 텍스트 스타일 잡기: 에디터 툴 바와 편집 패널

에디터 툴 바 둘러보기

텍스트 상자를 선택하면, 작업 영역 상단에 텍스트를 위한 메뉴 구성의 에디터 툴 바가 나타납니다. 각 메뉴를 선택해 텍스트에 대한 세부 설정을 할 수 있어요.

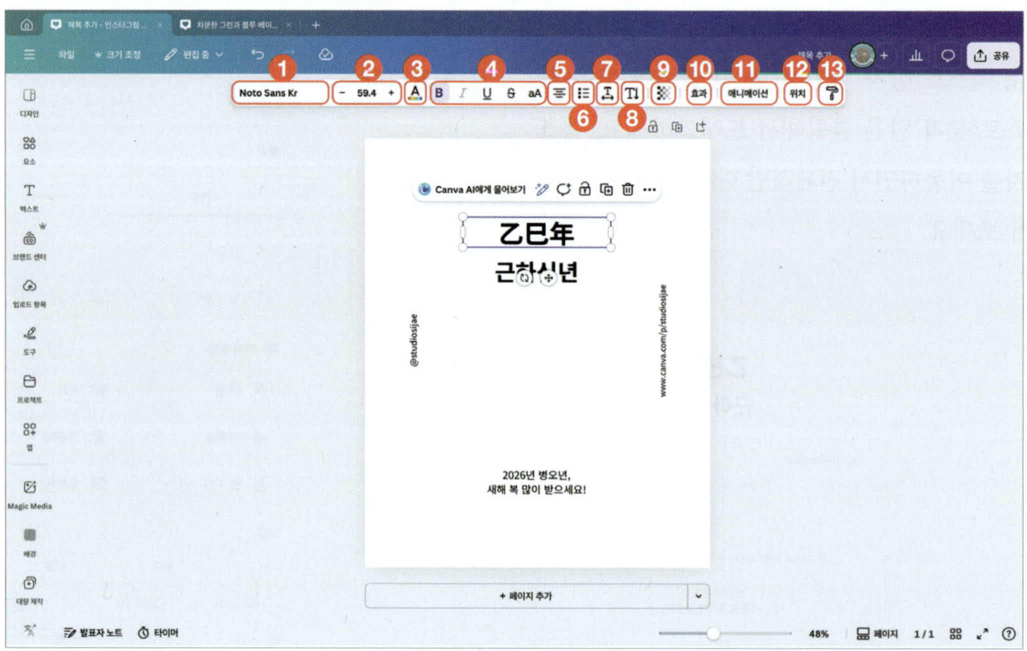

여기서 조정할 수 있는 대표적인 항목은 다음과 같습니다.

1. **글꼴**: 현재 선택한 텍스트 박스에 사용할 폰트(서체)를 고르는 메뉴예요. 목록에서 폰트를 바꾸면, 선택된 텍스트 전체가 그 폰트 스타일로 바뀝니다.
2. **글꼴 크기**: 텍스트의 사이즈(크기)를 조절하는 메뉴예요. 숫자를 직접 입력하거나, 드롭다운에서 크기를 선택해서 제목은 크게, 본문은 작게 등 위계를 줄 수 있어요.
3. **텍스트 색상**: 텍스트의 색을 바꾸는 기능입니다. 브랜드 컬러, 최근 사용 색, 기본 색, 그리고 그라데이션까지 골라서 강조하고 싶은 텍스트를 더 눈에 띄게 만들 수 있어요.
4. **굵게/기울임꼴/밑줄/취소선/대문자**: 모두 강조용 서식이에요. 키워드, 중요한 문장, 수정되었음을 보여줘야 하는 문장 등에 적용해서 정보의 중요도와 의미를 쉽게 나타낼 수 있어요.
5. **정렬**: 왼쪽 · 가운데 · 오른쪽 · 양쪽 정렬 버튼으로 텍스트가 텍스트 박스 안에서 어떤 방향으로 정렬될지를 정하는 메뉴예요. 예를 들어, 제목은 가운데 정렬, 본문은 왼쪽 정렬처럼 디자인 레이아웃에 맞게 정렬을 조정할 수 있어요.
6. **목록**: 글을 리스트 형태(불릿, 번호)로 설정하는 메뉴입니다. 정보나 단계, 특징 등을 한눈에 보기 좋게 정리할 때 사용해요.
7. **고급 설정**: 메뉴를 클릭하면 나타나는 옵션 창에서 행간(줄 간격)과 자간(글자 간격)을 조절할 수 있습니다. 텍스트가 답답해 보일 때는 간격을 넓히고, 한 줄에 내용을 많이 담고 싶을 땐 줄이거나 해서 가독성과 분위기를 동시에 조정할 수 있어요.
8. **세로 텍스트**: 텍스트를 가로가 아닌 세로 방향으로 배치해 주는 기능입니다. 특히 한국어나 일본어처럼 세로 레이아웃이 어울리는 디자인, 또는 포스터 · 배너에서 한쪽에 포인트를 줄 때 활용하면 좋아요.
9. **투명도**: 텍스트에 투명도를 주는 메뉴예요. 슬라이더를 움직여 값을 낮출수록 배경이 더 많이 비쳐 보이기 때문에, 부드러운 워터마크 느낌이나 배경과 자연스럽게 어우러지는 텍스트를 만들 때 활용할 수 있어요.
10. **효과**: 텍스트에 그림자, 네온, 배경, 아웃라인 등 비주얼 효과를 넣는 메뉴입니다. 스타일 슬라이더로 강도, 색상, 방향, 투명도 등을 조절해서 텍스트를 더 입체적이거나 화려하게 만들 수 있어요.
11. **애니메이션**: 텍스트에 움직임(애니메이션)을 넣어 주는 메뉴입니다. 프레젠테이션이나 동영상, 소셜 미디어용 영상에서 텍스트가 슬라이드 인, 페이드 인, 타이핑 효과 등으로 등장하게 만들 수 있어요.
12. **위치**: 작업 영역 안에서 텍스트 박스의 위치를 정렬하고 레이어 순서를 조정하는 메뉴예요. 작업 페이지 기준으로 가운데 정렬, 상단/하단 정렬 등으로 자동 정렬하거나 요소가 여러 개일 때는 요소 간의 정렬도 가능해요. 또한 선택한 요소의 레이어 순서를 맨 앞이나 맨 뒤 등 다른 요소와의 위 · 아래 순서를 조정할 수 있습니다. 레이아웃을 정확하게 맞추고, 텍스트가 이미지나 도형 뒤에 가려지지 않도록 조정할 때 사용합니다.

⑬ **스타일 복사**: 복사하고 싶은 스타일의 텍스트 상자를 선택한 후, 스타일 복사 메뉴를 클릭하고 다른 텍스트에 클릭하면 똑같이 적용할 수 있어요.

편집 패널 둘러보기

텍스트 에디터 툴 바의 일부 메뉴를 선택하면 작업 영역 왼쪽에 편집 패널이 열립니다. 이 패널에서는 글자의 모양, 색, 효과 등을 보다 세밀하게 조정해 텍스트의 스타일을 자유롭게 연출할 수 있습니다.

1. 글꼴 패널: 에디터 툴 바에서 [글꼴]을 선택하면 열리는 패널로, 목록에서 원하는 폰트(예: KoPub 바탕체)를 선택해 폰트를 바꿀 수 있습니다.

▲ 글꼴 패널 상단 ▲ 글꼴 패널 하단

❶ **글꼴 검색 바 및 필터**: 폰트를 이름이나 스타일 키워드로 검색할 수 있고, 검색 바 오른쪽의 필터 아이콘을 선택하면 언어/가격 등으로 검색 결과를 선택해서 볼 수 있습니다.

❷ **빠른 추천**: 스타일 별로 폰트를 정리해 둔 영역으로 원하는 키워드를 클릭하면 선택한 스타일의 폰트 목록을 볼 수 있습니다.

❸ **별표 표시된 글꼴**: 별표로 즐겨찾기 해둔 폰트들이 모여 있는 영역입니다. 마음에 드는 폰트가 있다면 폰트에 마우스 포인터를 올리면 나타나는 […](더보기)를 클릭해 별표 표시를 할 수 있습니다.

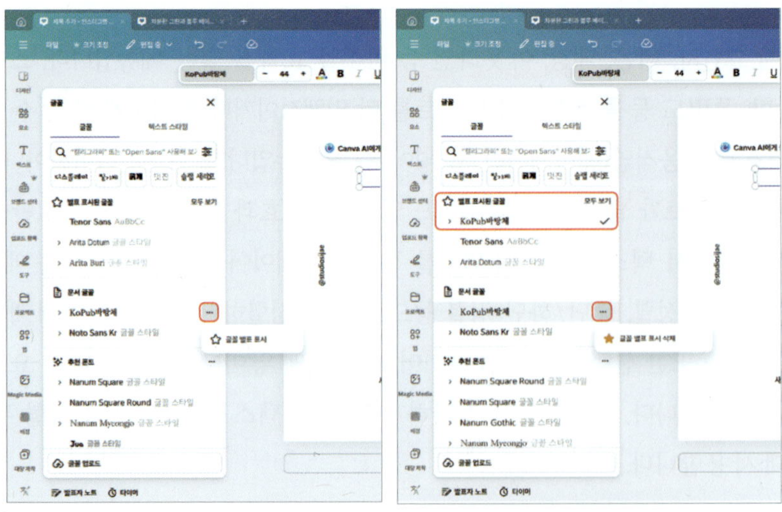

▲ 별표 표시된 글꼴에 추가된 모습

④ **문서 글꼴**: 현재 페이지에 사용된 폰트 목록이 표시되는 영역입니다.

⑤ **추천 폰트**: 디자인에 어울리는 폰트를 자동 추천해 주는 영역입니다.

⑥ **최근에 사용함**: 최근에 사용한 폰트들이 표시되는 영역입니다.

⑦ **브랜드 글꼴♛**: 등록된 브랜드 키트가 있다면 이 영역에 브랜드 이름과 함께 표시됩니다.

⑧ **폰트 목록**: 사용자가 기본 설정해 둔 언어의 폰트가 우선적으로 표시되고 아래로 스크롤하면 영문 폰트가 나타납니다. 폰트 이름 왼쪽에 [>] 아이콘 있는 경우, 아이콘을 클릭하면 해당 폰트의 다양한 굵기 옵션을 선택해 사용할 수 있습니다.

⑧ **글꼴 업로드♛**: 가지고 있는 폰트 파일(OTF, TTF, WOFF)을 캔바에 업로드해서 사용할 수 있는 기능입니다. 이때 업로드해서 사용할 폰트의 라이선스를 꼭 확인하세요.

폰트 중에 왕관♛ 아이콘이 있는 유료 폰트는 Pro 구독 이용자만 사용할 수 있습니다.

체크포인트 **텍스트가 안 보일 때: 폰트 호환성과 언어 설정**

간혹 텍스트가 제대로 표시되지 않고 ☒ 또는 □ 같은 박스로 보이는 경우가 있습니다. 이럴 때는 사용하는 폰트가 현재 언어 설정(예: 한국어)을 지원하지 않는 경우일 가능성이 큽니다.

01 우선 에디터 툴 바 - 글꼴 – 글꼴 패널 – 문서 글꼴 목록에서 현재 디자인에 사용한 서체 중에 한국어를 지원하지 않는 폰트가 있지 않은지 확인합니다.

02 폰트 검색 바의 오른쪽 필터에서 언어 – 글꼴 언어 선택에서 한국어를 선택해 폰트를 다시 설정합니다.

이렇게 하면 한글·특수문자 등에서 발생하는 표시 깨짐 문제를 많이 줄일 수 있습니다. 한 번 해결한 뒤에는, 브랜드 차원에서 자주 쓸 폰트를 정해 두고 꾸준히 사용하는 것이 좋습니다.

2. **텍스트 색상 패널**: 에디터 툴 바에서 [텍스트]를 선택하면 열리는 패널로 폰트의 색상을 변경하고, 단색뿐 아니라 그라데이션 등 다양한 색 조합을 적용할 수 있습니다. ❶ 패널에 표시된 색상 중에 마음에 드는 색상을 클릭해 선택하거나 ❷ 새로운 색상 추가([+] 아이콘) 클릭 또는 ❸ 아무 색상을 더블 클릭하여 ❹ 색상 설정 창을 열어 ❺ 색상표에서 자유롭게 고르거나 ❻ 색상 값을 입력하거나 ❼ **색상 선택 스포이드**로 원하는 색상을 추출해 색상을 설정할 수 있습니다.

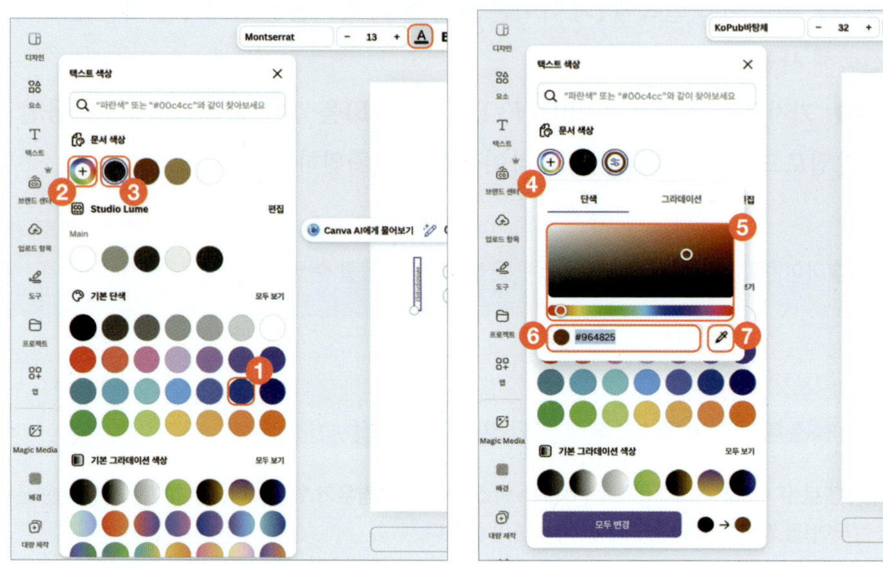

3. **고급 설정 패널**: 에디터 툴 바에서 [고급 설정]을 선택하고, ❶ 나타나는 옵션 창에서 글자 간격(자간)과 줄 간격(행간)과 텍스트 상자 고정 위치를 설정할 수 있습니다. 또한 옵션 창 하단의 ❷ [설정 더 보기] 버튼을 클릭하면 ❸ 열리는 고급 설정 패널에서는 기본적인 설정은 물론 아래첨자, 위첨자, 합자 등을 세밀하게 설정할 수 있습니다.

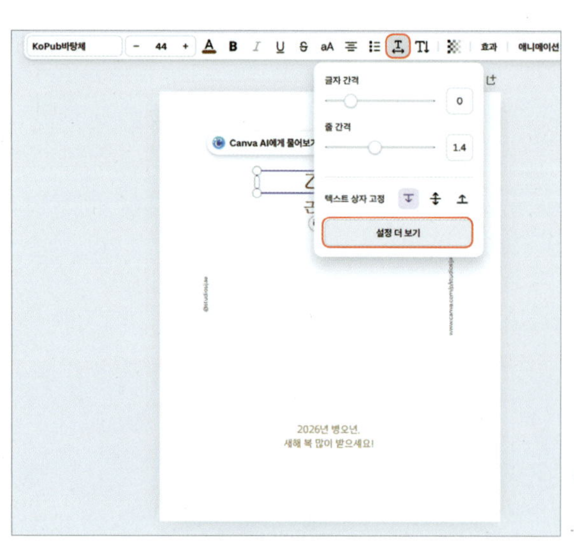

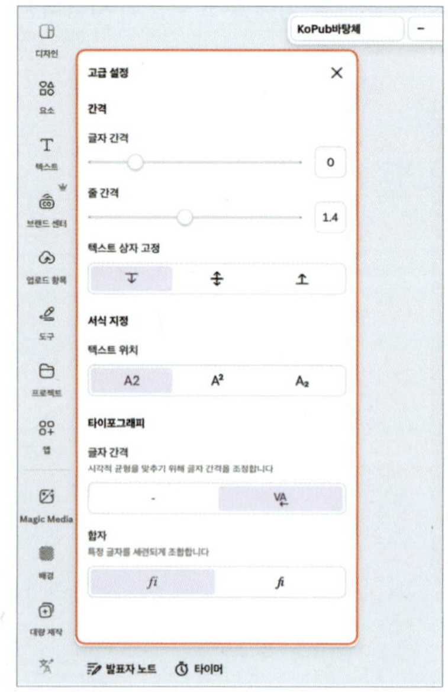

4. **효과 패널**: 에디터 툴 바에서 [효과]를 선택하면 열리는 패널로 ❶ 스타일에서 그림자, 네온, 배경, 테두리 등 텍스트에 다양한 시각 효과를 적용해 강조할 수 있습니다. 또한 ❷ 도형에서 텍스트 배열을 곡선으로 바꿀 수 있습니다.

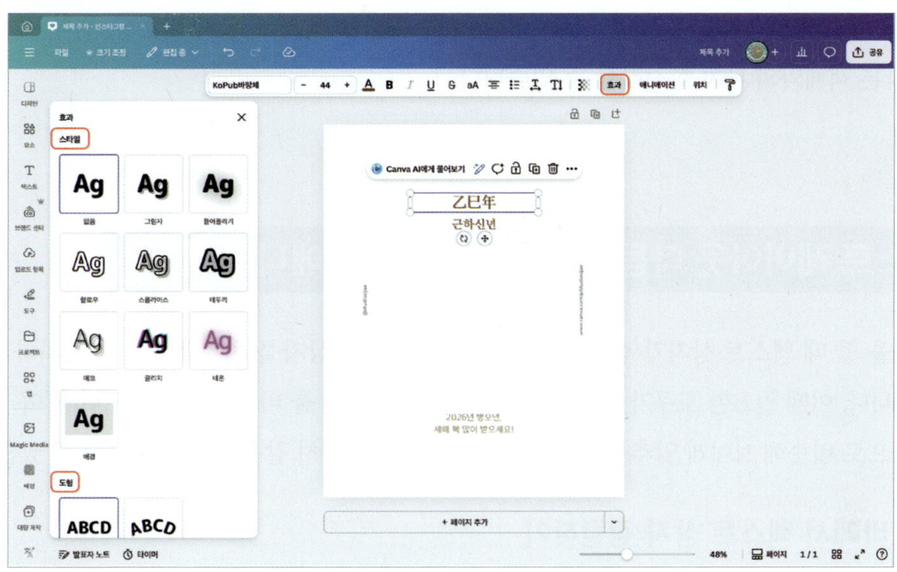

실전 TIP 테두리 효과로 폰트 굵기 조절하기

원하는 굵기 옵션이 없는 폰트의 경우, 디자인에 사용하는 데 제한적이어서 아쉽지요. 이럴 때는 **효과 패널에서 테두리** 기능을 활용해 보세요.

[두께] 슬라이드를 좌우로 움직이거나 설정 칸에 수치를 입력해 폰트에 테두리가 생기면서 글자가 더 굵어지는 효과를 줄 수 있습니다. [색상]을 폰트 색상과 동일하게 설정하면 깔끔하게 두께를 더할 수 있습니다.

❶ 텍스트는 폰트와 같은 색상으로 두께를 '10'으로 설정한 상태이고, ❷ 텍스트는 두께 설정을 하지 않은 원본 폰트 그대로입니다.

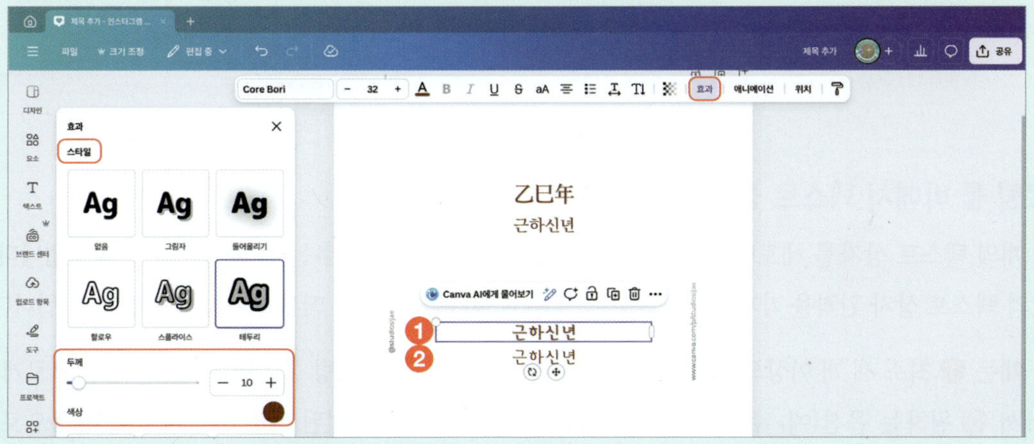

이 방법을 활용하면 굵기 조절 옵션이 없거나 옵션 종류가 적은 폰트도 원하는 만큼 굵게 만들어 가독성을 높일 수 있습니다. 단, 폰트의 모양이 왜곡될 정도로 두께를 두껍게 적용하는 것은 피하는 게 좋아요.

5. **애니메이션 패널**: 에디터 툴 바에서 [애니메이션]을 선택하면 열리는 패널입니다. 이 편집 패널에서 원하는 옵션을 선택하면 완성된 디자인(프레젠테이션이나 동영상, 소셜 콘텐츠 등)에서 텍스트가 등장하고 이동할 때의 움직임을 간단하게 설정할 수 있습니다.

6. **위치 패널**: 에디터 툴 바의 [위치]를 선택하면 열리는 패널로 텍스트 상자의 정렬, 위치, 레이어 순서를 조정해 다른 객체와의 배치를 정리할 수 있습니다.

✨ 텍스트 레이아웃 다듬기: 플로팅 툴 바와 에디터 툴 바

디자인 작업을 할 때 텍스트 상자가 점점 늘어날수록, 각 텍스트 상자를 하나씩 움직여 배치하기엔 너무 효율이 떨어집니다. 이때 필요한 도구가 바로 플로팅 툴 바와 에디터 툴 바의 정렬 기능입니다. 이 기능을 활용하면 눈대중으로 비슷해 보이게 맞추는 대신, 버튼 한 번으로 정확히 같은 기준선에 맞출 수 있습니다.

플로팅 툴 바에서 텍스트 상자 정렬하기

❶ 두 개 이상 텍스트 상자를 선택하고, ❷ 플로팅 툴 바-[…](더보기)-[요소 정렬]을 클릭하면, ❸ 선택한 텍스트 상자들을 한 번에 원하는 옵션(예: 가운데)으로 정렬할 수 있습니다.

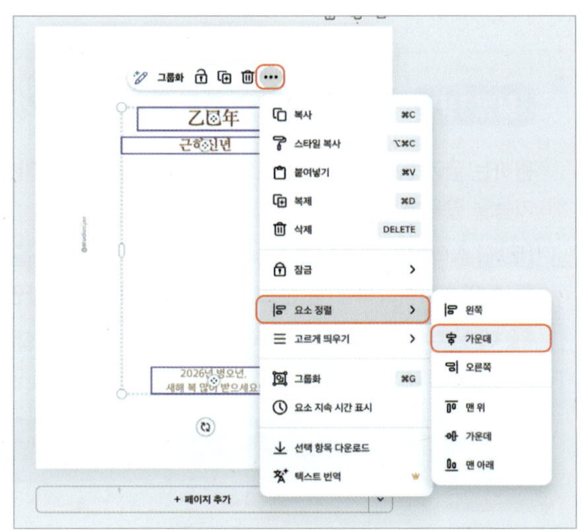

플로팅 툴 바에서 텍스트 상자 간격 맞추기

여러 개의 텍스트 상자를 세로나 가로로 나열할 때, 간격을 일일이 맞추는 건 꽤 번거로운 작업입니다. 3개 이상의 텍스트 상자 간격을 기계적으로 똑같이 맞추고 싶다면, 고르게 띄우기 기능을 활용하면 됩니다.

이럴 때는 ❶ 최소 세 개 이상의 텍스트 상자를 선택한 다음, ❷ 플로팅 툴 바-[…](더보기)-[고르게 띄우기]에서 ❸ 원하는 옵션(예: 수직으로)을 선택합니다. 그러면 ❹ 선택된 텍스트 상자들이 자동으로 일정한 간격으로 배치됩니다.

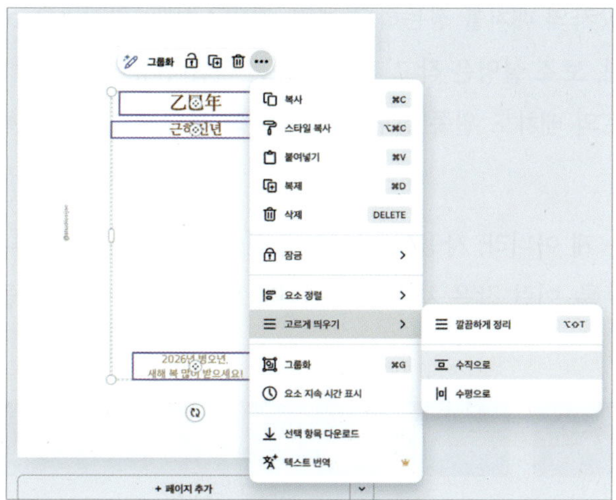
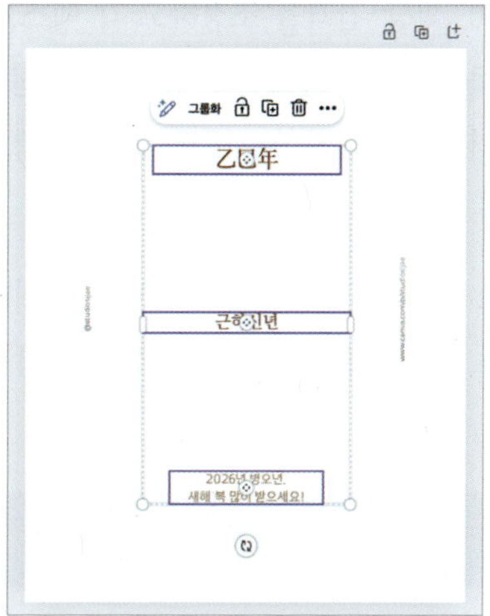

에디터 툴 바에서 텍스트 상자 정렬, 간격 맞추기

에디터 툴 바에서도 같은 기능을 활용할 수 있습니다. ❶ 여러 개의 텍스트 상자를 선택한 다음, ❷ 에디터 툴 바 - **위치**를 클릭해 **[위치] 패널**을 엽니다. ❸ **[요소 정렬]과 [고르게 띄우기]**에서 원하는 옵션(예: 왼쪽, 수직으로)을 선택합니다. 그러면 ❹ 선택된 텍스트 상자들이 선택한 옵션으로 정돈되어 배치됩니다.

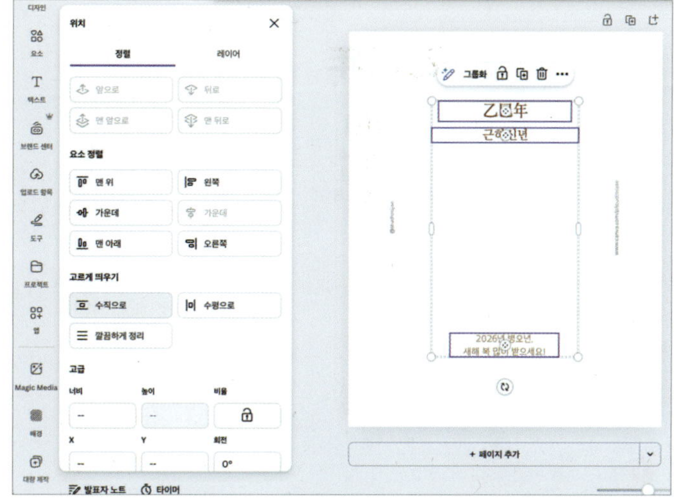

이때 텍스트 상자 사이의 간격이 너무 좁으면 답답해 보이고, 너무 넓으면 서로 다른 내용처럼 보입니다.

- **제목과 본문:** 서로 가깝게 배치하여 한 덩어리처럼 보이게 합니다.
- **단락과 단락:** 조금 더 넓게 띄워 내용이 구분되게 합니다.

✨ 텍스트 작업의 중요 포인트는 위계 만들기

❶ 텍스트 편집 작업 초기의 모습과 ❷ 레이아웃 정리까지 마친 결과 모습을 비교해 볼게요. 텍스트 구성만으로도 전체적인 메시지와 디자인의 흐름이 한눈에 들어오죠? **정보의 중요도에 따라** 텍스트의 크

기·굵기·색상·간격을 조정하고 각 텍스트 상자의 배치를 정돈하다 보면, 자연스럽게 **'위계(hierarchy)'**가 만들어집니다. 중요한 문장은 크고 진하게, 보조 설명은 작고 가볍게 하는 식입니다. 또한 사람의 시선이 자연스럽게 움직이는 흐름에 맞춰 텍스트의 배치도 왼쪽 상단에서 오른쪽 하단으로 흐르도록 구성합니다.

텍스트 편집 작업은 단순히 예쁘게 보이려는 게 아니라, 사용자 시선의 동선을 설계하는 단계입니다. 스마트폰 화면처럼 작은 영역에 정보를 담을수록, 이런 작은 차이들이 편하게 읽히는 디자인을 만들어 줍니다.

이번 레슨에서 다룬 텍스트 편집 작업의 흐름을 다시 한 번 정리하면 다음과 같습니다.

1. 사이드 패널의 [텍스트] 메뉴 또는 빠른 작업, 또는 단축키 T로 텍스트 상자를 추가합니다.
2. 에디터 툴 바와 편집 패널에서 글꼴, 크기, 굵기, 색상을 조정해 텍스트의 위계와 톤을 잡습니다.
3. 정렬 및 위치 기능으로 텍스트 상자들을 정리해 정돈된 레이아웃을 만듭니다.

이 흐름에 익숙해지면, 단순히 텍스트를 배치하는 것을 넘어, 텍스트만으로도 디자인의 리듬과 구조를 만드는 작업을 할 수 있게 됩니다. 특히 소셜 미디어 디자인처럼 짧은 순간에 메시지를 전달해야 하는 환경에서, 이 텍스트 편집 흐름은 가장 중요한 기본기가 되어 줄 거예요.

디자인의 재료 둘러보기: 요소

사진·그래픽·도형 같은 요소는 디자인의 분위기를 만들고 스토리를 시각적으로 전달합니다. 요소 검색부터 배치까지 기본기를 익히고, 색감과 밝기 보정 등 편집 패널을 활용해 디자인의 완성도를 높이는 방법을 배워 봅니다.

지난 레슨에서 텍스트를 앉혀 구성한 레이아웃 위에 이번 레슨에는 요소를 추가해 디자인 작업을 이어갈 차례입니다. 캔바에서 만드는 모든 디자인은 요소라는 재료를 조합해서 완성됩니다. 요소는 사진과 동영상뿐 아니라, 아이콘, 일러스트, 도형, 선, 스티커, 표, 차트, 프레임, 그리드까지 모두 포함하는 넓은 개념이에요.

이번 레슨에서는 요소를 검색해 배치하고(사이드 패널), 어떤 도구들(에디터 툴 바, 편집 패널, 플로팅 툴 바, 빠른 작업 창)을 통해 다듬는지 작업 흐름에 맞춰 살펴봅니다.

✨ 요소 추가하기: 사이드 패널의 요소 메뉴

요소 작업의 출발점은 에디터 사이드 패널의 요소 메뉴입니다. 요소 메뉴를 클릭해 패널을 열면, 디자인에 쓸 수 있는 모든 재료를 한 곳에서 둘러볼 수 있어요. 상단에는 검색 바가 있어서, 키워드를 입력해 원하는 스타일의 아이콘이나 일러스트를 바로 찾을 수 있습니다.

요소 메뉴 둘러보기

요소 메뉴는 캔바에서 제공하는 사진 · 그래픽 · 도형 · 스티커 등 다양한 디자인 재료들이 모여 있는 곳이에요. 모든 요소는 드래그 앤 드롭으로 간단하게 작업 영역 페이지에 추가할 수 있습니다. 에디터 사이드 패널에서 **[요소] 메뉴**를 클릭해 패널을 열어 활용합니다.

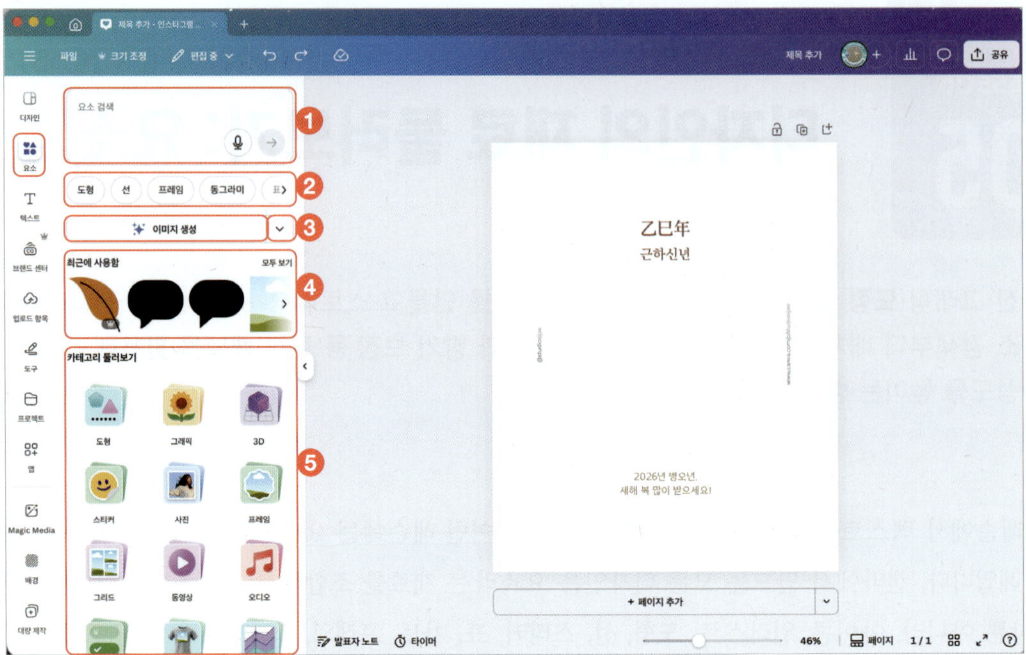

▲ 요소 메뉴의 상단 부분 구성

❶ **검색 바**: 요소 검색 바는 요소 탭의 검색 엔진 같은 곳이에요. 원하는 요소를 직접 키워드로 찾아 다양한 검색 결과 중에 선택할 수 있습니다.

❷ **필터**: 검색 결과들을 카테고리 별로 선택해서 볼 수 있고, 색상, 비율, 유무료, 컷아웃 등 필터를 선택해 원하는 요소를 더욱 정확하게 걸러 낼 수 있습니다. 캔바의 업데이트에 따라 가격필터(유료/무료 여부 표시)는 캔바 Pro 사용자들에게만 노출될 수 있습니다.

❸ **이미지 및 코드 생성**: 자연어 프롬프트를 입력하고 이 버튼을 클릭하면 Canva AI가 이미지나 코드([∨] 버튼 클릭)를 생성해 줍니다.

❹ **최근에 사용함**: 최근에 사용한 요소들이 표시되는 영역입니다.

❺ **카테고리 둘러보기**: 도형, 그래픽, 3D, 동영상 등 캔바가 제공하는 다양한 요소 카테고리가 표시되고 원하는 카테고리를 클릭하면 최근 사용한 요소나 추천 요소들이 표시됩니다.

요소의 종류 알아보기

요소 메뉴의 ❺ **카테고리 둘러보기**에는 다양한 요소들이 카테고리별로 나열되어 있습니다. Pro 계정이라면 왕관 아이콘이 있는 프리미엄 요소도 자유롭게 사용할 수 있습니다.

요소 메뉴에 표시되는 대표적인 요소 카테고리들을 살펴볼게요.

카테고리	설명
도형	사각형, 원, 삼각형 같은 기본 도형과 선 요소입니다. 배경 박스, 버튼, 강조 박스, 구분선 등 레이아웃을 잡을 때 가장 많이 쓰이는 기본 요소입니다.
그래픽	일러스트, 아이콘, 장식 같은 각종 그래픽 요소들이 모여 있습니다. 스타일에 맞는 아이콘/일러스트를 골라 쓸 수 있고, 색상 변경이 가능한 그래픽도 있습니다.
3D	입체감을 주는 3D 오브젝트 요소들이 있는 영역이에요. 디자인에 깊이감을 줄 때 유용하고, 회전 기능을 사용해 더 다양한 디자인으로 활용할 수 있어요.
스티커	움직이는 GIF 스타일이나 귀여운 그림 느낌의 장식용 요소들입니다. SNS 게시물이나 스토리 디자인에서 포인트 주거나, 강조하거나 리액션 느낌을 줄 때 유용해요.
사진	다양한 스톡 사진들이 모여 있는 카테고리입니다. 배경 이미지, 섬네일용 메인 이미지, 배너 비주얼 등에 활용하기 좋아요.
프레임	액자 같이 안이 비어 있는 틀에 사진이나 동영상을 쏙 끼워 사용할 수 있는 요소라고 보면 돼요. 프레임 모양 안으로 이미지를 드래그하면, 자동으로 모양에 맞게 잘려 들어가요 (예: 원형 프로필, 물결 모양, 글자 모양 안에 사진 넣기 등).
그리드	열/행 구조로 나뉘어 있는 레이아웃 틀이에요. 여러 이미지를 깔끔하게 정렬하고 싶을 때, 먼저 작업 페이지에 그리드를 배치하고 그리드의 각 칸에 사진을 채워 넣는 방식으로 사용합니다.
동영상	스톡 영상 클립들을 모아 둔 카테고리입니다. 짧은 배경 영상, 루프 비디오, 설명용 영상 클립 등을 SNS 디자인이나 영상 디자인에 바로 넣을 수 있어요.
오디오	배경 음악, 효과음 등 소리 요소들을 모아 둔 카테고리입니다. 영상 디자인이나 애니메이션이 들어간 SNS 콘텐츠에서 분위기를 살릴 때 사용해요.
양식	입력 필드, 버튼, 체크박스 등 폼 형태의 요소들이 모여 있는 카테고리입니다. 설문, 신청서, 가입 양식 등의 디자인이나, UI · 웹 페이지 시안을 만들 때 활용하기 좋아요.
목업	기기(핸드폰, 노트북, 패드), 책, 포스터 등에 디자인을 합성해 보여 줄 수 있는 목업용 요소들이에요. 실제 출력물이나 디지털 화면에 적용된 것처럼 연출해서 포트폴리오나 홍보 이미지로 사용하기 좋습니다.
차트	막대 그래프, 원 그래프, 선 그래프 등 데이터를 시각화해 주는 요소들의 카테고리예요. 숫자나 통계를 보기 좋게 보여 주고 싶을 때, 데이터를 입력해 그래프로 표현할 수 있습니다.
시트	스프레드 시트처럼 셀로 구성된 시트 형태의 디자인들을 모아 둔 카테고리예요. 데이터와 디자인을 함께 보여 주거나, 일정 · 관리표 · 대시보드 느낌을 만들 때 활용할 수 있습니다.
표	줄과 칸이 있는 기본적인 표 요소들이 모여 있는 카테고리입니다. 일정표, 비교표, 가격표, 목록 정리 등을 할 때 사용하고, 셀 배경색이나 테두리 색도 조정할 수 있어요.

각 요소의 카테고리는 아래와 같이 묶어서 생각하면 좀 더 이해가 편합니다.

- **구조/레이아웃**: 도형, 프레임, 그리드, 표, 시트
- **장식/브랜딩**: 그래픽, 3D, 스티커, 목업
- **미디어**: 사진, 동영상, 오디오
- **데이터/정보**: 차트, 시트, 표, 양식

체크포인트 요소 저작권 확인하기

캔바의 모든 요소(사진, 그래픽, 아이콘, 오디오, 영상 등)에는 저작권이 적용됩니다. 특히 1인 크리에이터 또는 템플릿 온라인 셀러를 꿈꾸는 분들이라면 저작권 리스크를 사전에 방지하는 것이 무엇보다 중요해요.

캔바의 요소는 크게 무료 요소와 유료 요소로 나뉩니다.

- **무료 요소**: 누구나 상업적으로 사용 가능합니다. 단, 무료라고 해도 요소만 단독으로 추출하거나 그대로 재배포하는 것은 허용되지 않습니다.
- **Pro(유료) 요소**: 왕관 표시가 있는 요소는 Pro(유료) 요소입니다. Pro 구독자는 자유롭게 사용 가능하며, 무료 사용자는 개별 구매(라이선스 결제) 후 상업적으로 사용할 수 있습니다.

꼭 기억해야 할 요소 저작권 규칙

- **디자인에 포함된 상태로 활용하기**: 캔바에서 찾은 요소를 수정하고 조합하여 디자인(포스터, 카드뉴스, 웹사이트 등)에 포함하여 판매하거나 홍보에 사용하는 것은 허용됩니다. 단, 판매용 디자인은 독창성을 가져야 한다는 점을 꼭 유념하세요.
- **원본 파일 자체의 재판매 금지**: 캔바에서는 요소 원본 그대로 편집 없이 다운로드해 재판매하는 행위를 엄격히 금지합니다. 예를 들어, 캔바에서 다운로드한 그래픽 이미지를 그대로 스티커, 아이콘, 배경 이미지, PNG 이미지 파일 모음 등으로 판매할 수는 없습니다.
- **다른 프로그램에서 편집 후 재판매 금지**: 캔바에서 요소를 다운로드한 후, 포토샵이나 일러스트레이터 같은 다른 프로그램에서 약간의 수정(예: 색상 변경, 크기 조절)을 거쳐 판매하는 행위도 금지됩니다.

즉, 캔바는 요소를 디자인의 재료로 활용하는 것은 허용하지만, 상품 그 자체로 판매하는 것은 허용하지 않습니다. 이처럼 캔바는 사용자가 요소를 활용해 자신의 고유한 창작물을 만드는 것을 돕는 도구이지, 단순 복제를 하는 도구가 아니라는 점을 항상 기억하고, 디자인에 대한 책임감을 가져야 디자이너로서 지속성을 가지고 활동할 수 있습니다.

요소의 라이선스 이용 약관 확인하는 방법

- **요소 패널에서 확인하기**: ❶ **[요소]** 패널에서 ❷ **요소 섬네일** 위에 마우스 포인터를 올리고 ❸ **[…] (더보기) 버튼을** 클릭하세요. ❹ **[i](정보)**를 클릭하면 ❺ **간편 라이선스 이용약관**을 통해 자세한 규정을 확인할 수 있습니다.

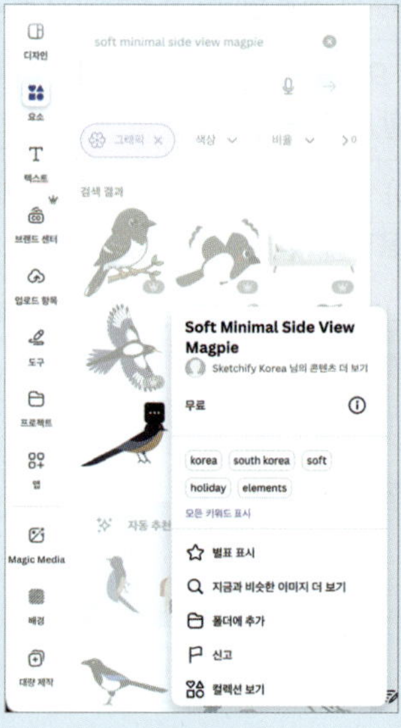

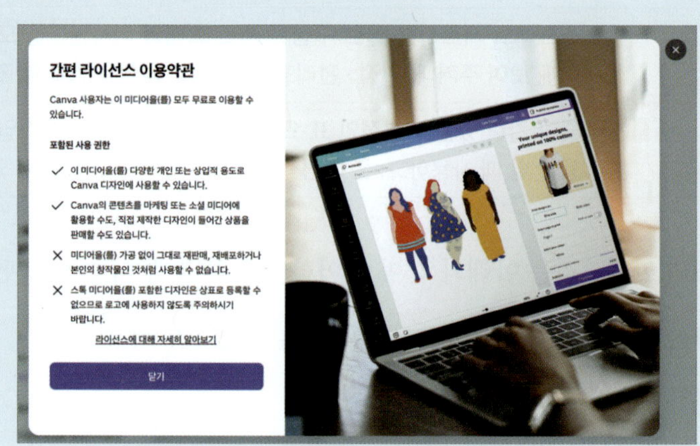

- **작업 페이지에서 확인하기:** 이미 페이지에 불러온 요소의 라이선스 정보를 확인하려면, ❶ 요소를 선택하고 ❷ 플로팅 툴 바의 [···](더보기) - ❸ [!](정보)를 클릭합니다. 옵션 창에서 ❹ [!](정보)를 선택하면 나타나는 ❺ 간편 라이선스 이용 약관을 통해 자세한 규정을 확인할 수 있습니다.

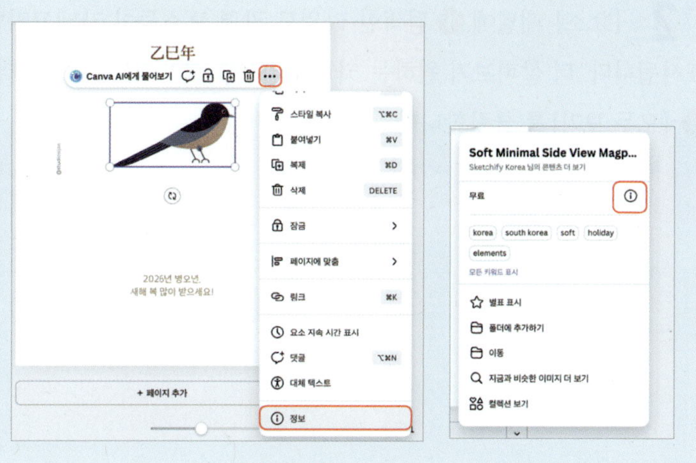

요소 검색하고 선택해 배치하기

[요소] 패널 검색 바에 원하는 키워드를 입력하거나 필터 적용을 통해 필요한 요소를 검색할 수 있습니다. 추상적인 단어로 검색하면 폭넓은 검색 결과가 나오고 구체적인 표현과 키워드로 검색하면 보다 정확한 검색 결과가 나온다는 점을 꼭 기억하세요.

01 [요소] 패널 ❶ **검색 바**에 원하는 키워드(예: soft minimal side view magpie)를 입력합니다. 이때 검색 바 하단에 추천 키워드가 나타납니다. ❷ **키워드를 모두 입력했다면 [→](제출하기)** 버튼을 클릭하거나, Enter↵ 키를 누릅니다.

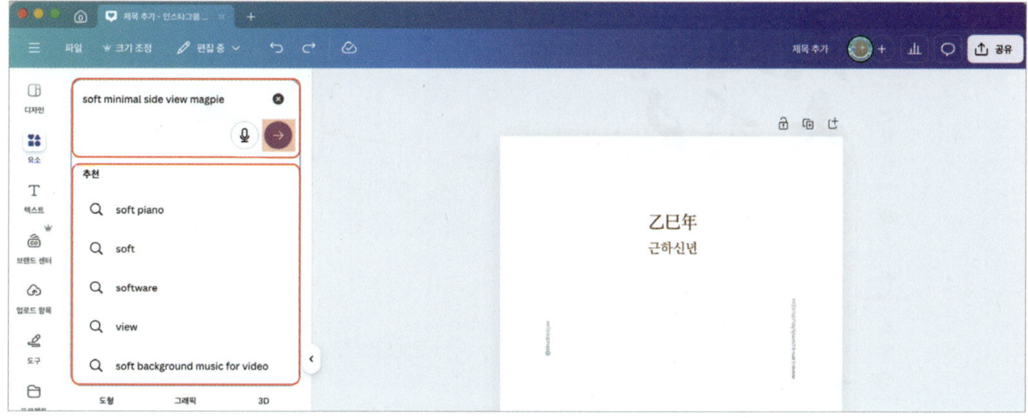

▲ 요소 검색 바에 키워드를 입력하는 화면

02 [요소] 패널에 ❶ 검색한 키워드 관련 요소들이 카테고리별로 표시됩니다. 더 살펴보기 원하는 카테고리(예: 그래픽)의 ❷ [필터]나 ❸ [모두 보기]를 클릭합니다.

▲ 검색 결과 화면

03 ❶ 검색 결과에서 ❷ 원하는 요소를 클릭하거나 **드래그 앤 드롭**해서 ❸ 작업 페이지에 추가합니다.

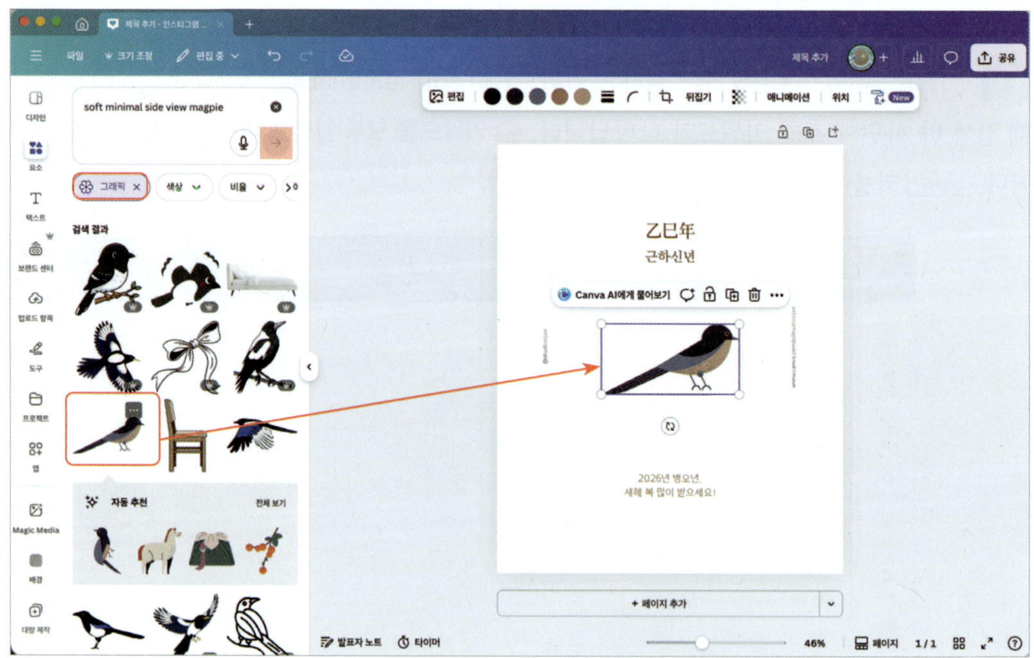

▲ 검색 결과 중 [그래픽] 필터를 클릭하고 요소를 선택해 페이지에 배치한 화면

디자인 작업할 때에는 요소의 종류와 개수를 많이 사용하기보다 전체적인 디자인과 어우러지도록 조율하는 것이 중요합니다. 디자인 컨셉에 어울리는 요소를 선택해 적절하게 사용할 때 비로소 완성도 있는 디자인이 탄생합니다.

또한 텍스트도 요소와 똑같이 디자인 재료로 생각하고 함께 다루면 좋습니다. 예를 들어 중요한 텍스트 뒤에 도형 요소를 배경 박스처럼 넣어 강조하면 소셜 미디어용 섬네일이나 카드뉴스에서 핵심 메시지를 눈에 잘 띄게 만들 수 있습니다. 이렇게 텍스트와 도형을 함께 사용하면 디자인 안에서 정보의 위계와 강조를 더욱 효과적으로 만들어 갈 수 있습니다.

요소 검색 필터 활용하기

요소 카테고리 선택 후 검색 결과에서 색상, 비율, 애니메이션 및 투명 배경 유무, 유료/무료 여부 등 필터 옵션을 선택해 원하는 조건으로 검색 결과를 더 좁혀 볼 수도 있습니다. 캔바의 업데이트에 따라 가격필터(유료/무료 여부 표시)는 캔바 Pro 사용자들에게만 노출될 수 있습니다.

실전 TIP **요소 정보 더 알아보기**

디자인 서비스를 할 때 가장 중요한 건 효율성입니다. 매번 처음부터 새로 만들면 시간이 너무 오래 걸리고, 수익성이 떨어지죠.

01 **요소 메뉴 패널에서 보기** [요소] 패널 - 요소 섬네일에 마우스 포인터를 올린 후, [⋯](더보기)를 클릭합니다.

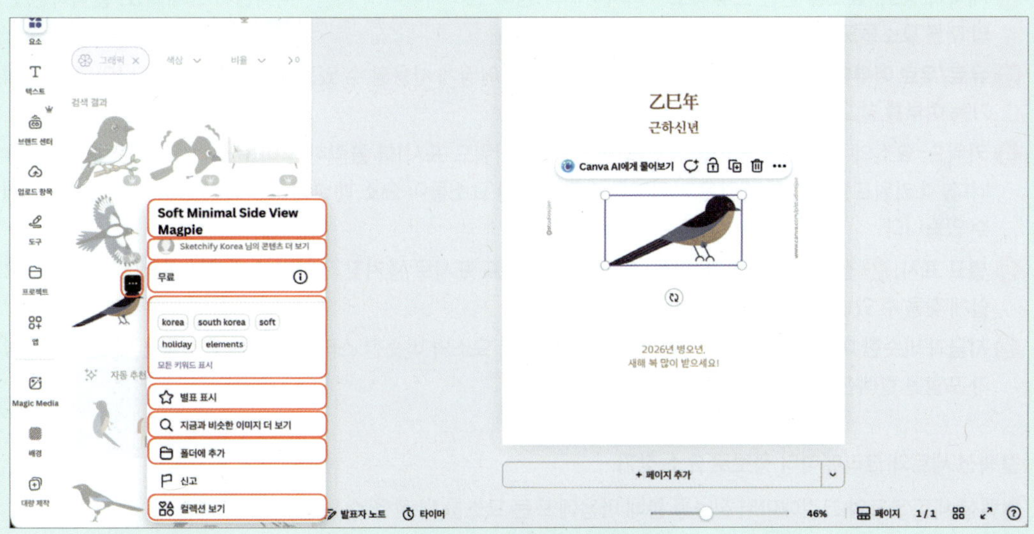

▲ 요소 메뉴 패널의 요소 정보 창

02 플로팅 툴 바에서 더 보기 페이지 위에 있는 요소의 플로팅 툴 바 - **[···](더보기) - [i](정보)**를 클릭하면 요소에 대한 더 많은 정보를 볼 수 있어요.

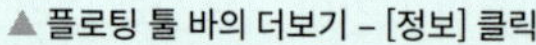
▲ 플로팅 툴 바의 더보기 – [정보] 클릭

▲ 플로팅 툴 바의 요소 정보 확인 창

❶ **요소의 이름**: 요소의 공식 이름과 간단한 설명을 볼 수 있어요. 어떤 용도의 그래픽인지 쉽게 파악할 수 있습니다.

❷ **제작자 정보**: 요소를 만든 스튜디오 · 디자이너나 캔바 크리에이터의 이름 · 닉네임이 표시돼요. 클릭하면 만든 이의 다른 요소들도 볼 수 있습니다.

❸ **유료/무료 여부와 라이선스 정보**: 이 요소를 어디까지, 어떻게 사용할 수 있는지에 대한 안내가 나와요. 상업적 사용 가능 여부를 참고할 수 있는 중요한 정보입니다.

❹ **키워드**: 요소의 키워드를 참고할 수 있습니다. [모든 키워드 표시]를 클릭하면 이 요소의 모든 키워드를 볼 수 있습니다. 각 키워드를 클릭하면 같은 키워드를 가진 다양한 요소들이 요소 패널에 표시되어 원하는 요소를 빠르게 찾을 수 있습니다.

❺ **별표 표시,** ❻ **폴더에 추가하기, 이동**: 해당 요소를 별표 표시로 즐겨찾기 하거나 원하는 폴더에 저장해 필요할 때 쉽게 찾을 수 있습니다.

❼ **지금과 비슷한 이미지 더 보기,** ❽ **컬렉션 보기**: 선택한 요소와 비슷한 스타일의 다른 요소들을 더 찾거나 해당 요소가 포함된 컬렉션을 볼 수 있습니다.

컬렉션 세트와 크리에이터 정보로 요소 찾기

컬렉션 세트 코드와 크리에이터 정보를 통해 마음에 드는 요소를 더 찾을 수 있습니다.

- **컬렉션 세트 코드로 검색하기**: 컬렉션이란 디자이너나 스튜디오가 일관된 스타일의 요소들을 만들어 모아 놓은 세트입니다. 같은 컬렉션의 요소들을 사용하면 디자인 통일성 유지가 쉽다는 장점이 있습니다.

  ❶ 컬렉션 세트 코드(예: set:nAEtzrUJGQU)를 이미 알고 있다면 요소 패널 검색 창에 해당 코드를 입력하여 검색하면 되고, ❷ 마음에 드는 요소의 정보에 '컬렉션 보기' 메뉴가 활성화되어 있다면 클릭해서 컬렉션을 찾을 수도 있습니다.

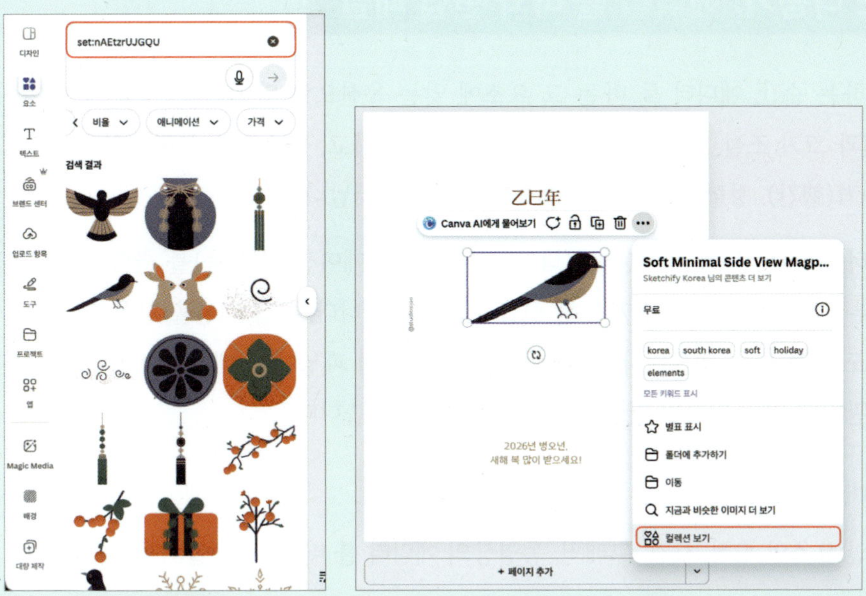

- **캔바 크리에이터 닉네임으로 검색하기:** 특별히 디자인이 마음에 드는 캔바 크리에이터가 있나요? 요소 검색창에 ❶ @캔바 크리에이터 닉네임(예: @studiosijae)으로 검색하면, 해당 크리에이터가 만든 ❷ 다양한 요소들을 모두 둘러볼 수 있습니다.

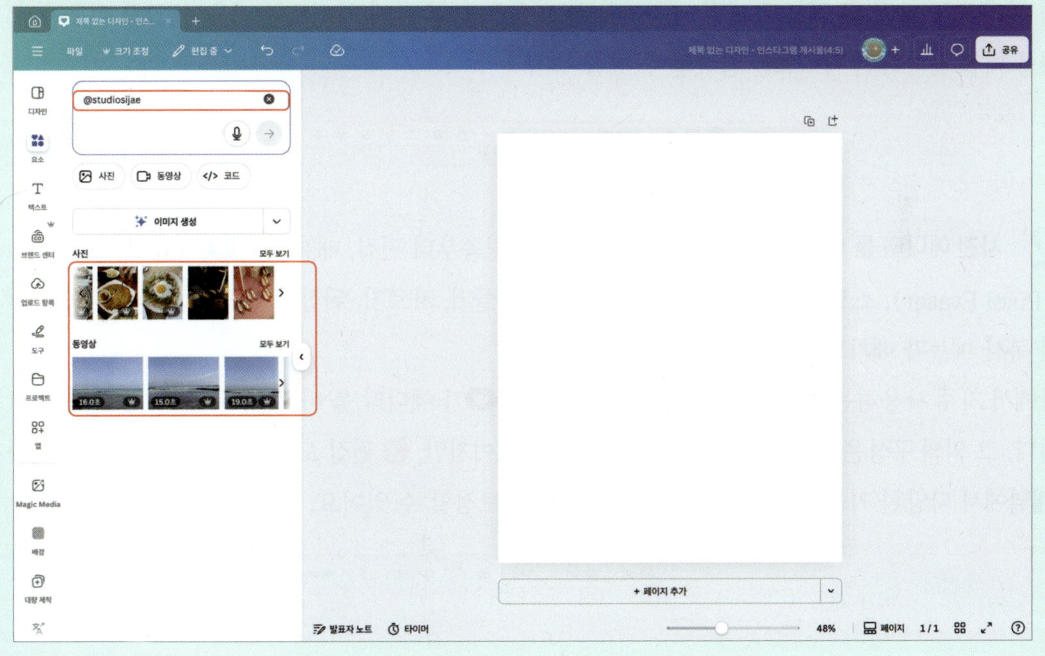

✨ 요소 다듬기: 에디터 툴 바와 편집 패널

요소를 선택하는 순간, 에디터 툴 바는 그 요소에 맞는 옵션으로 바뀝니다. 예를 들어 아이콘을 선택하면 색상 변경과 크기 조절, 투명도 조절 같은 옵션이 나타나고, 텍스트를 선택하면 글꼴, 크기, 글자 간격(자간), 줄 간격(행간), 정렬 같은 타이포그래피 도구가 드러납니다.

그리고 에디터 툴 바의 특정 메뉴(편집, 색상, 자르기, 애니메이션 위치 등)를 클릭하면 에디터 화면 왼쪽에 좀 더 세부적인 보정과 조정이 가능한 편집 패널이 열립니다. 편집 패널을 활용해 요소를 편집하면 디자인의 완성도를 높일 수 있습니다. 예를 들어 이미지 편집 패널에서 메인 이미지의 색감을 보정해 전체 분위기와 일관되게 맞춰 디자인 컨셉을 더 잘 드러낼 수 있습니다.

에디터 툴 바 둘러보기

우선 대표적인 요소인 도형, 사진, 그래픽, 동영상의 에디터 툴 바 구성을 살펴보겠습니다.

01 도형 에디터 툴 바 도형 요소를 선택했을 때 에디터 툴 바의 구성은 왼쪽부터 편집, 색상, 스트로크 스타일, 모서리 둥글게 만들기, 글꼴, 글자 크기, 텍스트 색상, 굵게, 기울임꼴, 밑줄, 취소선, 대문자, 정렬, 목록, 고급 설정, 투명도, 애니메이션, 위치, 스타일 복사 메뉴가 배치되어 있습니다.
도형 에디터 툴 바에 ❶ 텍스트 관련 메뉴가 있는 이유는 도형 안에 텍스트를 넣을 수 있기 때문이에요. ❷ 도형을 더블 클릭하면 텍스트를 입력할 수 있습니다.

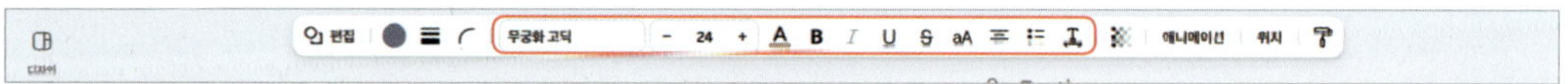

02 사진 에디터 툴 바 사진 에디터 툴 바의 구성은 왼쪽부터 편집, 배경 제거👑, 지우개(Magic Eraser 👑, Pixel Eraser), 스트로크 스타일, 모서리 둥글게 만들기, 자르기, 뒤집기, 투명도, 애니메이션, 위치, 스타일 복사 메뉴가 배치되어 있습니다.
사진에서 자주 사용하는 기능인 ❶ 배경 제거👑, 지우개👑가 에디터 툴 바에 있어 바로바로 사용하기 편리합니다. 그 외의 구성은 도형이나 그래픽보다 간략해 보이지만, ❷ 편집 도구를 클릭하면 열리는 이미지 편집 패널에서 다양한 기능을 활용해 이미지를 편집하고 보정할 수 있어요.

03 그래픽 에디터 툴 바 그래픽 요소를 선택했을 때 에디터 툴 바의 구성은 왼쪽부터 편집, 색상, 스트로크 스타일, 모서리 둥글게 만들기, 자르기, 뒤집기, 투명도, 애니메이션, 위치, 스타일 복사 메뉴가 배치되어 있습니다.

벡터 기반의 그래픽 요소는 에디터 툴 바의 ❶ **색상**에서 클릭만으로 간단하게 색상을 변경할 수 있습니다. 벡터 기반이 아닌 그래픽 요소도 색상 도구로 전체적인 톤을 수정할 수 있습니다. 또한 ❷ 스타일 - **아트 스타일 복사**👑는 그래픽 요소만의 특별한 기능으로, 마음에 드는 요소의 그림체 스타일을 다른 요소에 그대로 적용할 수 있는 AI 기능입니다.

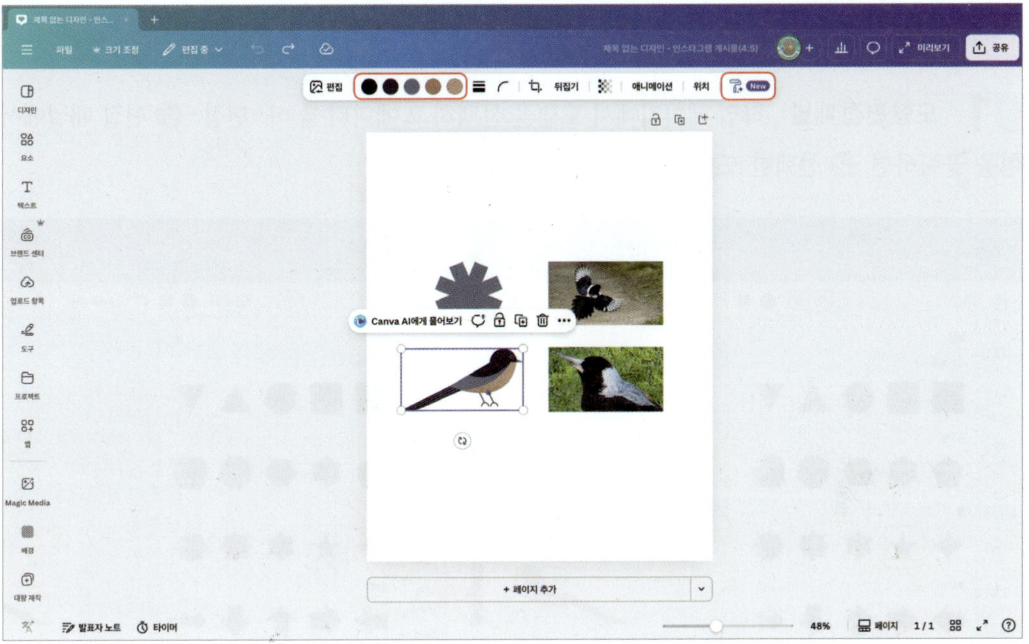

04 동영상 에디터 툴 바 동영상 요소를 선택했을 때 에디터 툴 바의 구성은 왼쪽부터 편집, 다듬기, 배경 제거👑, 재생 속도, 스트로크 스타일, 모서리 둥글게 만들기, 자르기, 뒤집기, 투명도, 애니메이션, 위치, 스타일 복사 메뉴가 배치되어 있습니다.

❶ 편집을 클릭하면 더 다양한 편집 기능들을 사용할 수 있고, 동영상에 자주 사용하는 ❷ 다듬기와 ❸ 배경 제거👑, ❹ 재생 속도 도구가 있어 에디터 툴 바로 편리하게 영상을 편집할 수 있습니다.

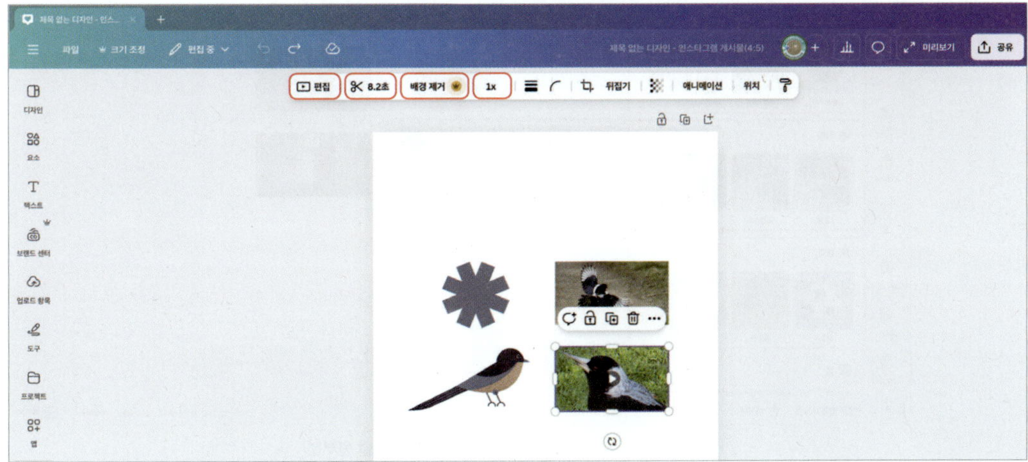

요소 편집 패널 둘러보기

에디터 툴 바의 특정 메뉴를 선택하면 요소를 세밀하게 조정하고 편집할 수 있는 패널이 열립니다. 선택한 요소에 대한 옵션을 세부적으로 편집하고 조정하는 공간인데, 필터를 씌우듯이 작동한다고 이해하면 편합니다. 예를 들어 요소 자체의 색을 바꾼다기보다는 필터와 색조, 명암 조정 등으로 전체적인 톤을 맞추는 방식이에요.

01 도형 편집 패널 작업 페이지에서 도형을 선택하고 에디터 툴 바-편집- ❶ 편집 패널에서 원하는 도형을 클릭하면, ❷ 선택한 도형 옵션으로 형태가 변경됩니다.

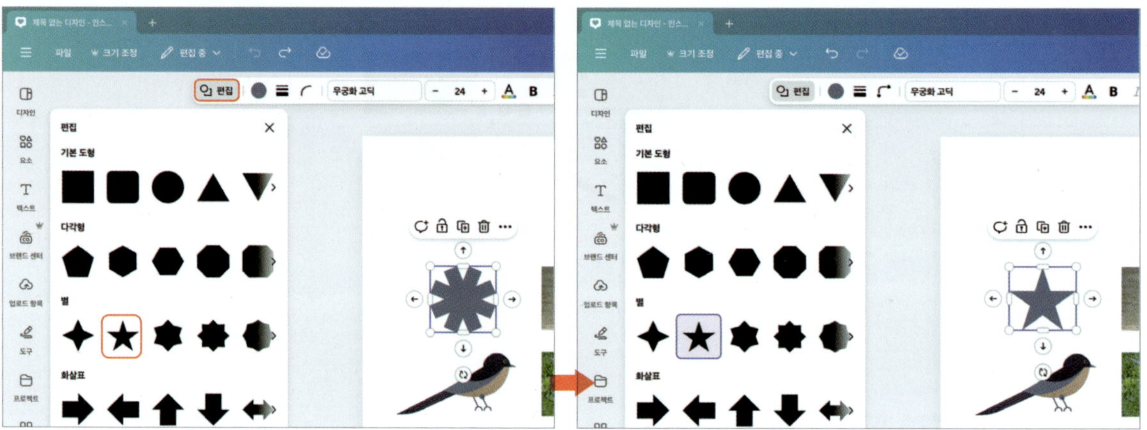

02 이미지 편집 패널 사진(이미지)을 선택 후 **에디터 툴 바-편집**- ❶ 이미지 패널을 열어 작업합니다.

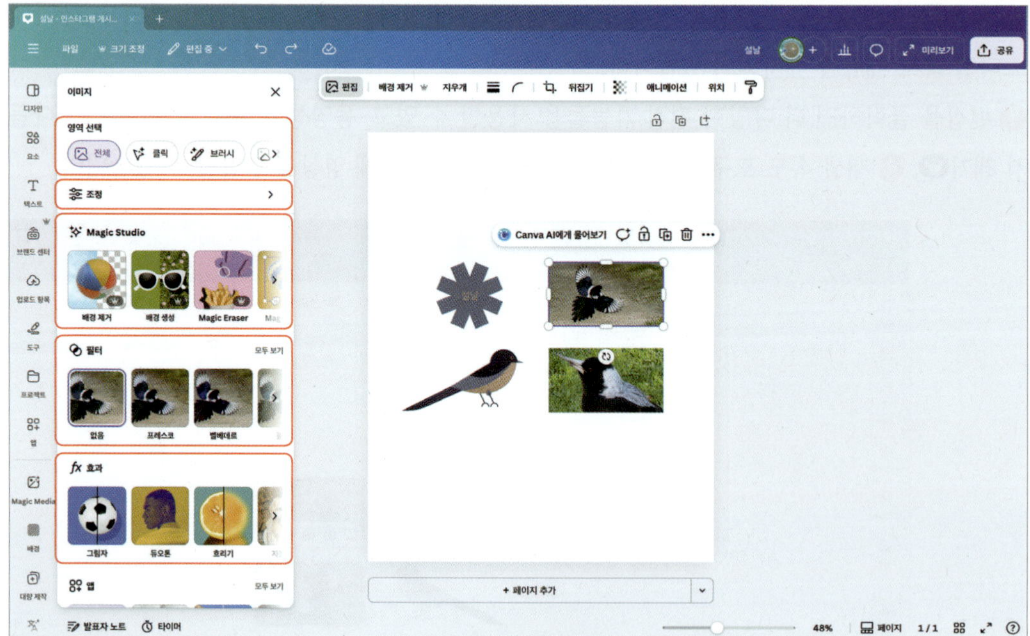

▲ 이미지 편집 패널 윗부분

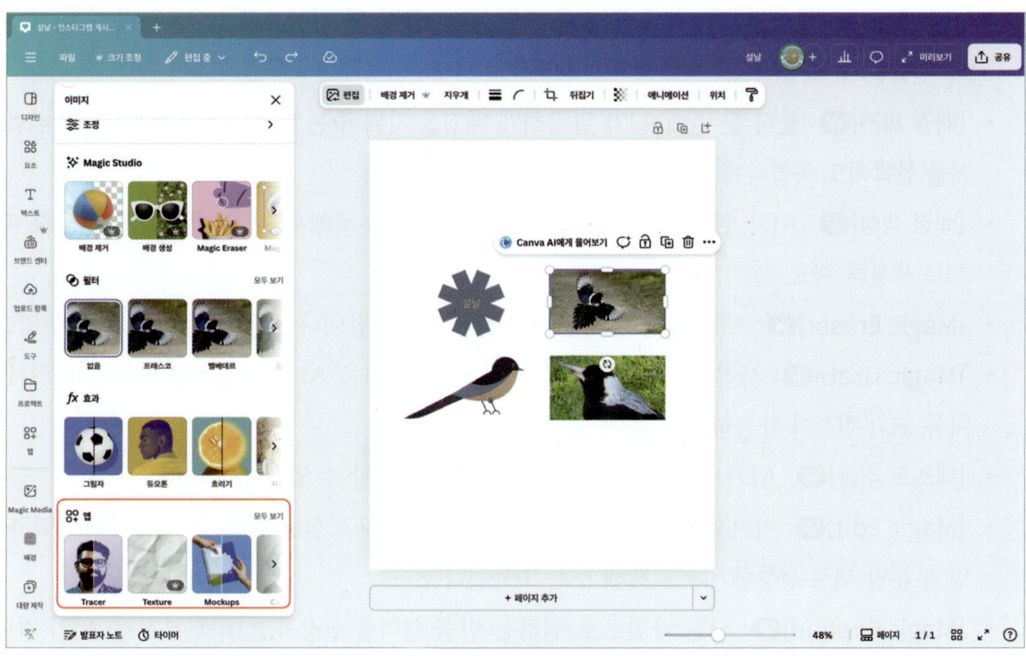

▲ 이미지 편집 패널 아랫부분

❶ **영역 선택**: Magic Studio의 기능을 적용할 영역을 선택할 수 있는 도구입니다.

❷ **조정 패널**: 사진의 기본 보정을 하는 공간이에요. 이미지 편집 패널의 [조정]을 클릭하여 조정 패널로 진입할 수 있습니다. 이곳에서 각 옵션을 슬라이더로 조절해 간단하게 이미지의 밝기, 대비, 채도 등을 조정할 수 있어요. 또한 [색상 편집]에서 사진의 색상 변경을 세부적으로 조정 가능합니다. 조정한 설정 값을 취소하고 싶다면 조정 패널 하단의 [조정값 초기화]를 클릭하면 됩니다.

▲ 조정 패널 상단

▲ 조정 패널 중간

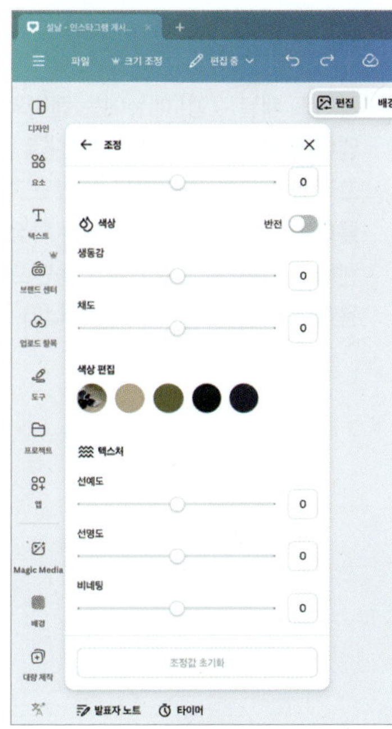

▲ 조정 패널 하단

③ **Magic Studio**👑: 캔바의 AI 도구 모음 세트예요. 클릭 몇 번만으로 AI를 활용해 이미지를 쉽고 빠르게 편집할 수 있습니다.

- **[배경 제거]**👑: 클릭 한 번에 AI가 깔끔하게 배경을 지워 주는 기능이에요. 에디터 툴 바에서 배경 제거를 선택해도 동일하게 사용할 수 있어요.
- **[배경 생성]**👑: AI가 현재 페이지의 텍스트와 요소를 분석해서, 내용에 어울리는 맞춤 배경을 자동으로 생성해 줘요.
- **[Magic Eraser]**👑: AI를 활용해 사진에서 불필요한 사람이나 사물을 손쉽게 지울 수 있습니다.
- **[Magic Grab]**👑: 사진 안의 피사체(사람/물건)와 배경을 AI가 자연스럽게 분리해 줘서 각각 위치 이동, 크기 변경이 가능하게 만들어 줍니다.
- **[텍스트 추출]**👑: AI가 이미지 속 텍스트를 추출해 편집할 수 있게 해줍니다.
- **[Magic Edit]**👑: 이미지의 일부를 브러시로 칠하고, 바꾸고 싶은 내용을 텍스트로 입력하면 AI가 해당 부분만 새로 생성하거나 교체해 주는 기능입니다.
- **[Magic Expand]**👑: 사진 바깥으로 원하는 만큼 영역을 설정하면 여백 부분을 AI가 자연스럽게 생성해 사진의 프레임을 넓혀 주는 기능이에요.

④ **필터**: 원하는 필터를 선택하고 슬라이더로 강도를 조절해 이미지의 색감을 간단하게 편집할 수 있어요.

⑤ **fx효과**: 그림자, 블러, 듀오톤 등 다양한 효과를 이미지에 적용할 수 있어요. 원하는 효과를 선택하고 슬라이더를 움직여 강도를 조절할 수 있습니다.

⑥ **앱**: 캔바의 다양한 이미지 편집 앱들이 모여 있으며, 사이드 패널의 앱 메뉴를 클릭해 직접 검색하고 선택해 적용할 수도 있어요.

더 알아보기 **앱 활용하기**

사이드 패널 - [앱] 메뉴에는 캔바와 연동된 확장 도구인 앱이 무궁무진하게 있습니다. ① 검색 바와 ② 앱 카테고리를 활용해 앱을 찾을 수 있고, 패널의 하단으로 스크롤하면 ③ 캔바에서 제공하는 확장 기능 앱도 보입니다. 캔바의 기본 요소 및 기본 기능만으로 부족할 때 앱을 활용하면 표현력이 크게 확장됩니다.

▲ 앱 패널 상단 ▲ 앱 패널 하단

01 앱 검색하기 앱 메뉴 상단의 ❶ 검색 바에서 해당 앱의 이름이나 기능으로 검색하거나, ❷ 앱 카테고리를 클릭해 다양한 앱을 찾아 사용할 수 있어요. 예를 들어 검색 바에 Pixel, QR 등 원하는 기능 관련 키워드로 검색하면 정말 다양한 앱이 검색됩니다.

▲ Pixel로 검색한 결과 ▲ QR로 검색한 결과

02 고급 이미지 편집 앱 캔바의 Magic Morph나 Magic Media 같은 고급 편집 앱으로 이미지의 질감 및 스타일을 바꾸거나 이미지·그래픽·동영상·3D를 생성할 수 있습니다. 앞서 1번의 과정으로 나온 앱 검색 결과 목록에서 원하는 앱을 선택하고 다음 화면에서 [열기]를 클릭해 사용하면 됩니다. 앱을 열면 사이드 패널의 구분선 아래로 해당 앱의 아이콘이 표시됩니다.

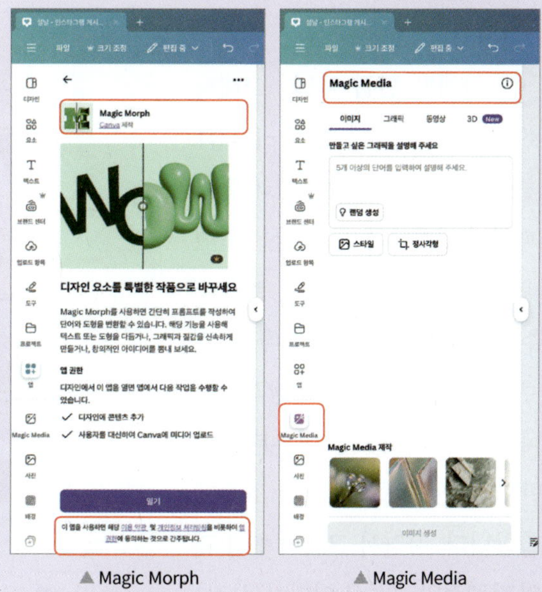

▲ Magic Morph ▲ Magic Media

03 스톡 이미지 앱 펙셀(Pexels)나 픽사베이(Pixabay) 같은 무료 스톡 이미지 앱을 활용해 더 많은 사진과 동영상을 찾아볼 수 있습니다.

▲ Pexels ▲ Pixabay

03 그래픽 편집 패널 그래픽 요소 선택 후, 에디터 툴 바-[편집]을 클릭하면 그림과 같이 그래픽 편집 패널이 열립니다. 이 패널은 선택한 그래픽의 스타일, 색감, 분위기, 특수 효과를 한 곳에서 다루는 조정 콘솔 같은 공간이라고 생각하면 됩니다. 그래픽 요소는 대부분 벡터 기반이라 단순하고 선명한 표현에 적합합니다. 따라서 그래픽 편집 패널의 전체적인 구성은 이미지(사진) 편집 패널과 거의 같습니다.

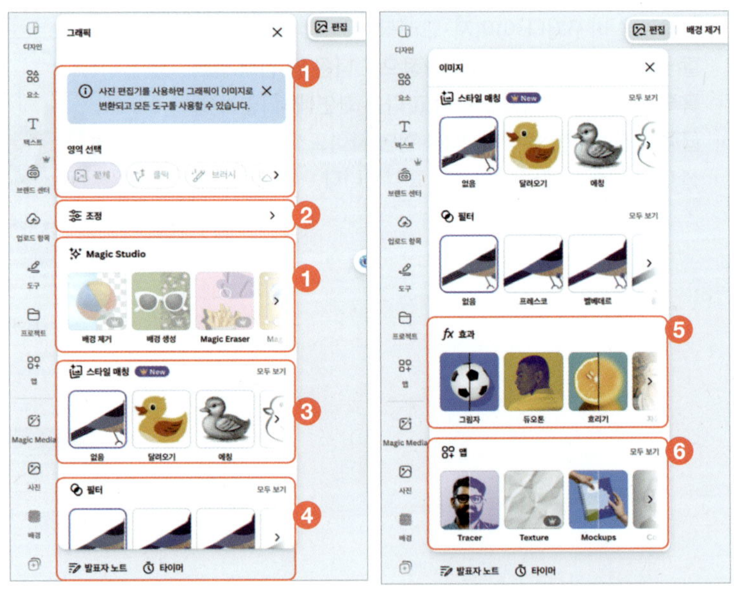

▲ 그래픽 편집 패널 아랫부분

❶ **영역 선택, Magic Studio** 이 기능들은 사진 요소에서 사용할 수 있는 기능이므로 그래픽 상태(사용 전)에서는 선택이 불가능합니다. 하지만 그래픽 요소에 편집 패널에 있는 기능을 사용한 후(After)에는 그래픽이 이미지로 변환되어 모든 도구를 사용할 수 있습니다.

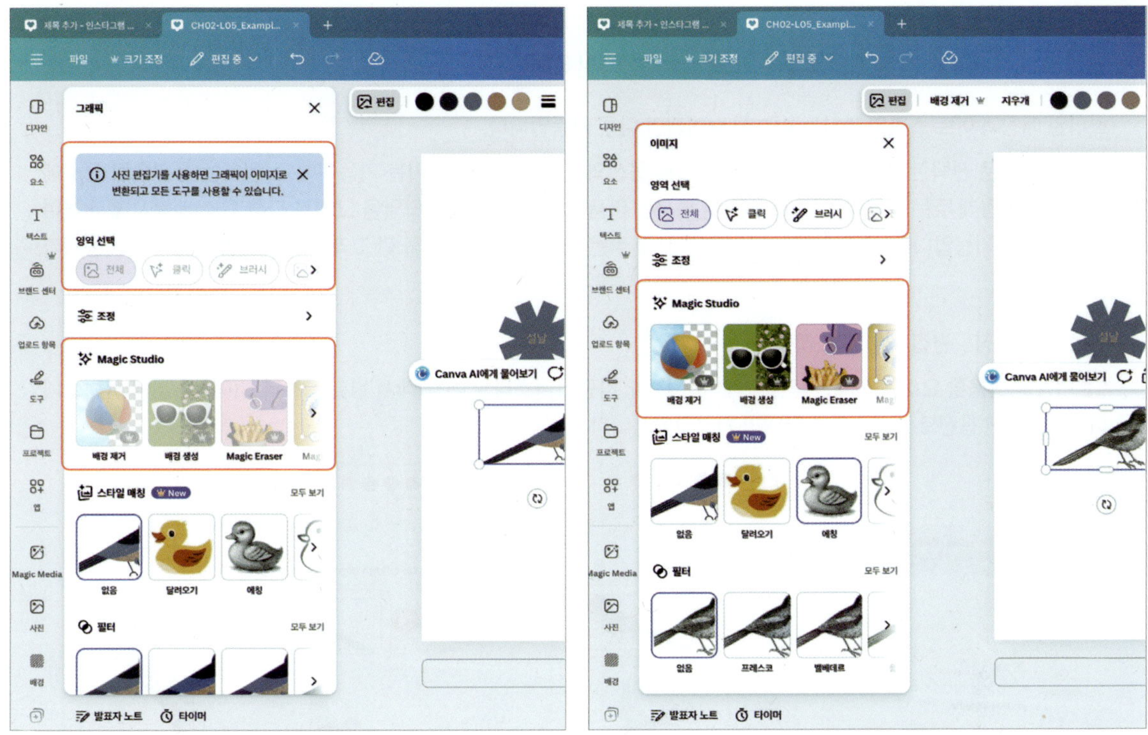

▲ 사용 전　　　　▲ 사용 후

❷ 조정 ❹ 필터 ❺ fx 효과 ❻ 앱은 앞서 다룬 이미지 편집 패널과 동일하므로, 여기서는 그래픽 요소만의 특징인 ❸ 스타일 매칭에 대해 살펴볼게요.

❸ **스타일 매칭👑** 그래픽 요소 전용 기능으로, 서로 다른 스타일의 그래픽 요소들의 그림체와 표현 방식을 통일해 디자인의 톤을 일정하게 맞춰 주는 AI 기능입니다. 요소를 선택한 후, 스타일 매칭에서 원하는 옵션(예: 에칭)을 선택하면 AI가 그래픽 요소의 그림체를 해당 옵션에 맞게 변경해 줍니다. 더 많은 스타일 옵션은 [모두 보기]를 클릭하면 볼 수 있습니다.

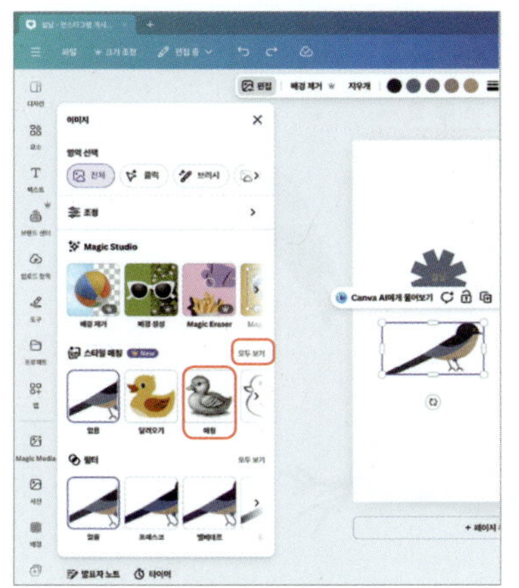
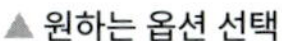

▲ 원하는 옵션 선택

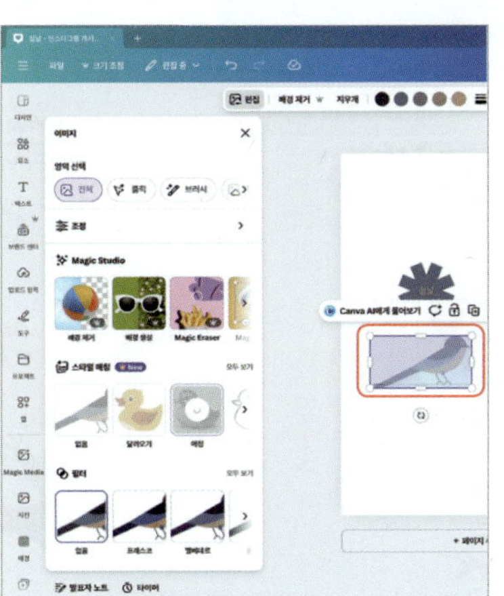

▲ 선택한 옵션을 적용 중인 과정

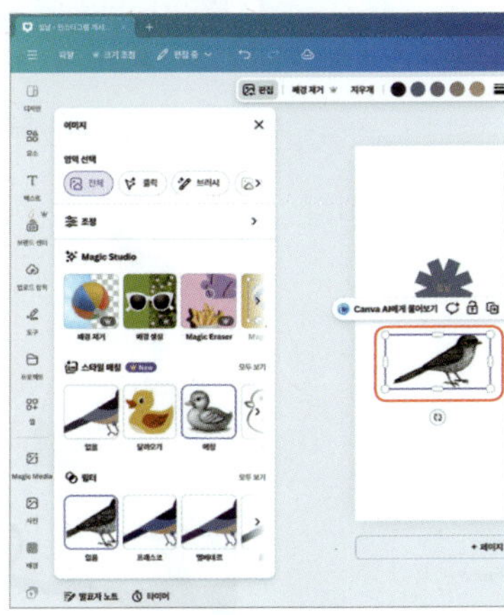

▲ 선택한 옵션이 적용된 결과

체크포인트 스타일 매칭과 아트 스타일 복사의 차이점

스타일 매칭과 아트 스타일 복사는 비슷해 보이지만 다른 기능입니다.

스타일 매칭은 선택한 요소를 편집 패널에서 고른 옵션의 스타일로 변신시키는 기능이에요. 원하는 옵션으로 요소에 스타일을 적용해 주는 것입니다. 아트 스타일 복사는 마음에 드는 요소의 스타일을 그대로 다른 요소에 복사해서 붙여넣기를 하는 기능입니다. 요소 간에 스타일을 복사해 주는 것이죠. 공통점은 둘 다 그래픽 요소에만 적용되는 기능이라는 점입니다.

1. 스타일 매칭 – 편집 패널에서 적용

❶ 기능을 적용할 요소를 선택한 후, ❷ 에디터 툴 바 – [편집]-[스타일 매칭]에서 원하는 스타일(예: 낙서)을 클릭합니다. ❸ 선택한 옵션으로 요소의 스타일이 변경되었습니다.

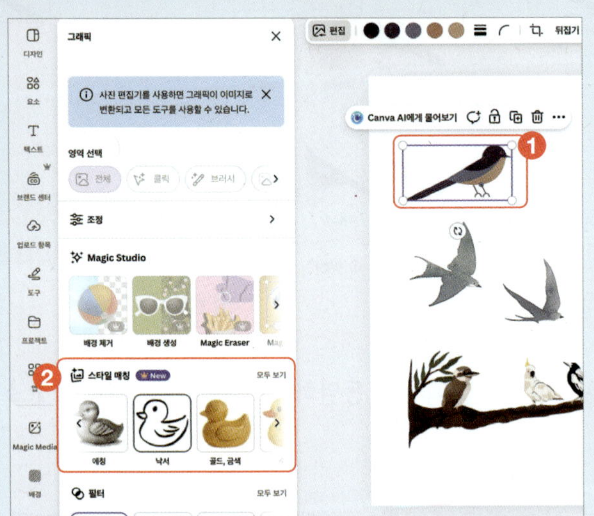

2. 아트 스타일 복사–에디터 툴 바에서 적용

❶ 마음에 드는 스타일의 요소를 선택하고 ❷ 에디터 툴 바–[스타일 복사]-[아트 스타일 복사]를 클릭합니다. ❸ 이 스타일을 적용할 요소를 클릭하면, 요소의 스타일이 변경됩니다.

04 동영상 편집 패널 동영상 요소 선택 후, 에디터 툴 바-[편집]을 클릭하면 동영상 편집 패널이 열립니다. 기본적인 구성은 이미지 편집 패널과 유사해 보이지지만, 각 기능의 작동 방식은 동영상에 특화되어 있습니다.

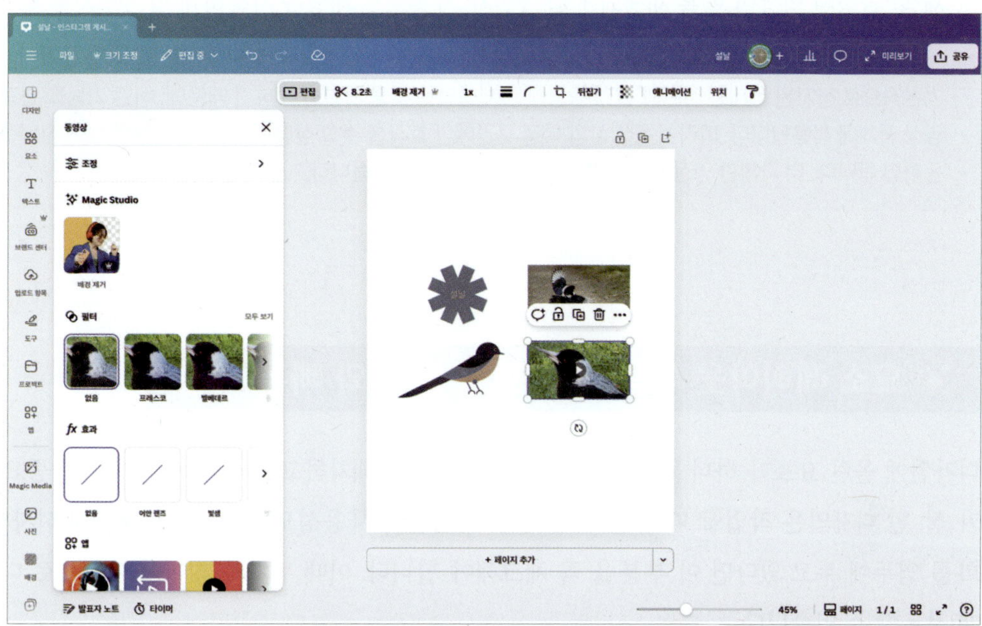

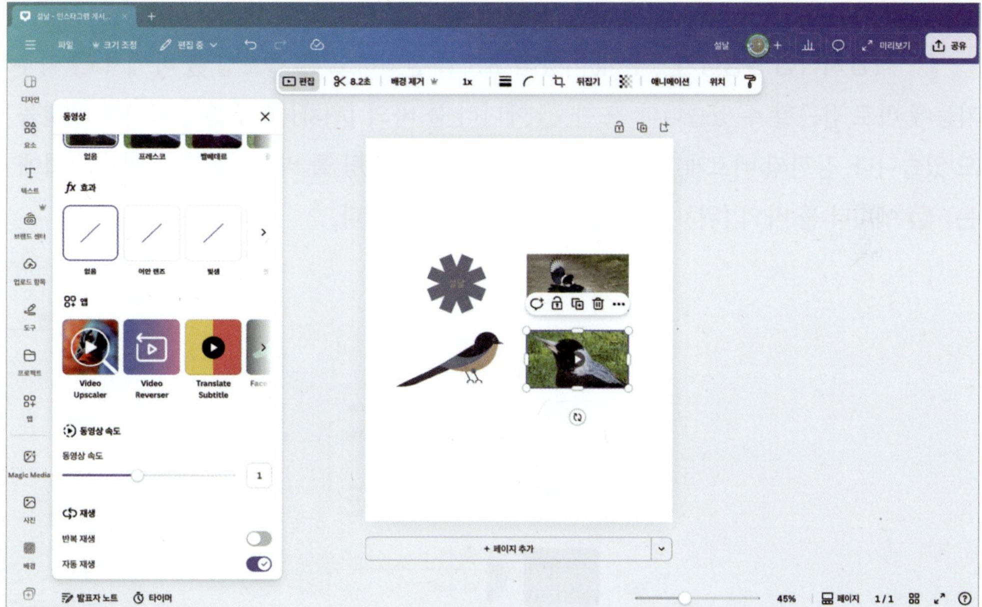

❶ **조정** ❷ **Magic Studio** ❸ **필터**: 앞서 다룬 이미지 편집 패널의 기능들과 구성이 동일하므로 동영상 요소 패널만의 다른 점을 짚어 볼게요.

❹ **fx 효과**: [어안 렌즈], [빛샘], [옛날TV], [비디오테이프] 등 동영상 화면 전체의 톤을 바꿔 주는 동영상에 특화된 효과들입니다.

❺ **앱**: 역할 면에서 확장 앱이라는 건 이미지 앱과 동일하지만 정지된 이미지가 아닌 동영상 요소의 타임라인에 적용할 수 있는 기능들이라는 점이 달라요.

❻ **동영상 속도**: 동영상에만 있는 옵션입니다. 영상의 재생 속도(느리게/빠르게)를 조절하는 기능이에요.

❼ **재생**: 완성된 영상이 반복 재생되게 할 것인지, 자동으로 재생을 시작하게 할 것인지를 설정할 수 있어요.

> 기본적으로 정지된 상태인 사진과 달리 동영상은 재생되는 것을 기본으로 하기 때문에, 어떤 기능을 선택하면 해당 동영상 전체에 적용됩니다. 따라서 동영상의 특정 구간에만 효과를 주고 싶다면, 동영상을 잘라 내어 선택한 구간에만 적용하면 됩니다. 더 자세한 영상 편집 방법은 챕터 04에서 다루겠습니다.

✨ 요소 레이아웃 다듬기: 플로팅 툴 바와 빠른 작업

디자인에 올린 요소가 하나둘 늘어나면 이를 보기 좋게 배치하고 정리하는 일이 더욱 중요해집니다. 정리가 잘 된 디자인은 작업할 때 효율도 좋아지고, 템플릿 사용성도 높여 주기 때문에 디자인 템플릿 수익화를 염두에 두고 있다면 이 부분을 꼭 체크해야 합니다. 이때 위치와 레이어 기능으로 디자인을 편리하게 정돈할 수 있습니다.

01 작업 시작점 결정하기 두 개 이상의 요소를 선택하고 ❶ 플로팅 툴 바에서 ❷ 자주 쓰는 정렬·그룹 기능에 바로 접근할 수 있습니다. 또한 ❸ 에디터 툴 바의 [위치] 도구를 클릭하여 패널을 열어 사용할 수도 있습니다. 잠깐씩 빠르게 기능을 써야 할 때는 ❹ 플로팅 툴 바를, 배열 및 배치 작업에 집중해야 할 때는 ❺ 에디터 툴 바의 [위치] 패널을 열어 사용하면 됩니다.

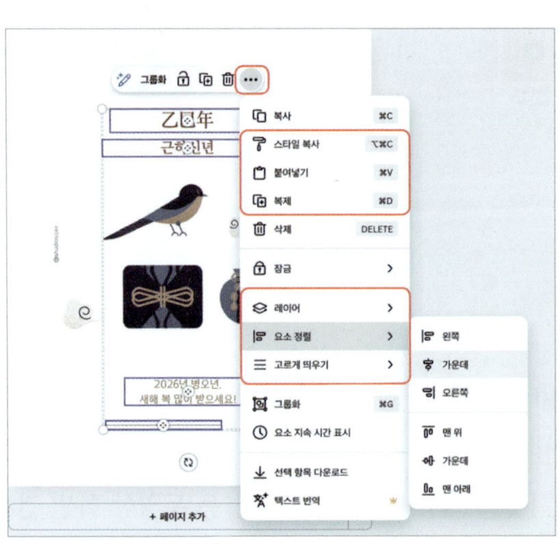

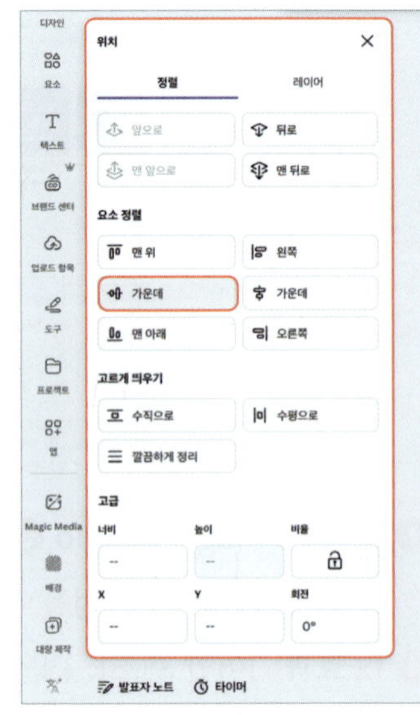

02 요소 배치 정돈하기 각 요소들의 정렬을 정리(예: 가운데)하고, 요소들을 선택한 상태로 드래그해 작업 페이지의 가운데 오도록 배치해(자주색 가이드라인) 정리합니다.

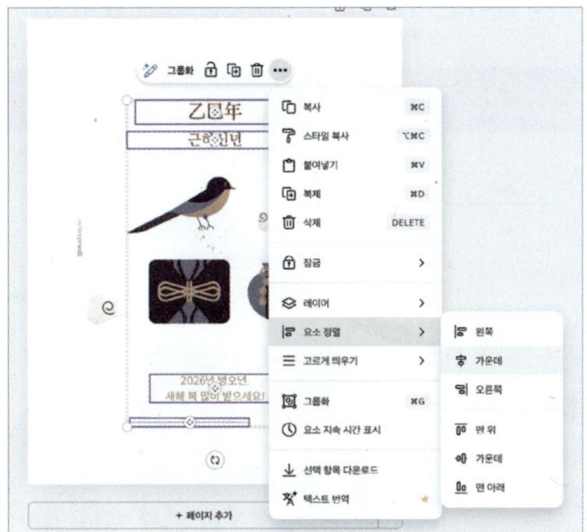

03 보는 이의 시선을 끌도록 그래픽 요소들의 배치도 정리합니다. 이 디자인에서는 그래픽 요소들을 각각 나열하기보다 하나의 중심점에 함께 모아 자연스럽게 배치되도록 정리했습니다. 필요하다면 그래픽 요소를 더 추가하여 메인 메시지가 눈에 띄도록 강조해 줍니다. 디자인의 통일성을 위해 같은 컬렉션(예: set:nAEtzrUJGQU)에서 그래픽 요소를 선택했습니다.

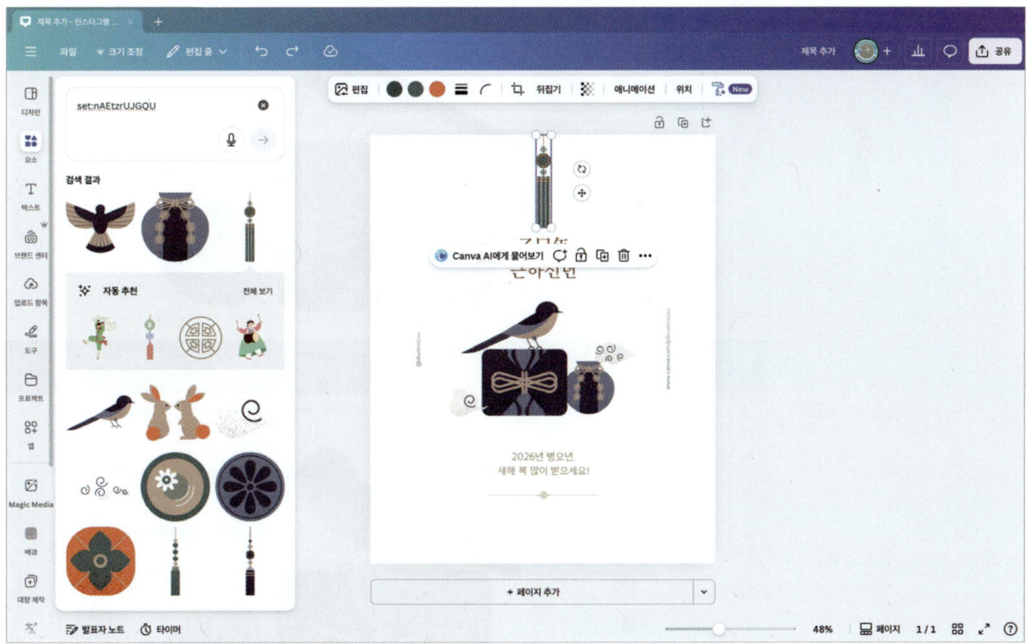

04 요소 레이어 정리하기 2개 이상의 요소가 겹쳐 있을 때, 어떤 것이 앞 쪽에 보이게 할지를 레이어 기능으로 정리할 수 있습니다. 앞뒤로 움직여야 하는 요소를 선택한 뒤, 에디터 툴 바-[위치]-[레이어] 탭에서 해당 요소의 레이어를 찾아 클릭하고 원하는 위치로 드래그 앤 드롭합니다.

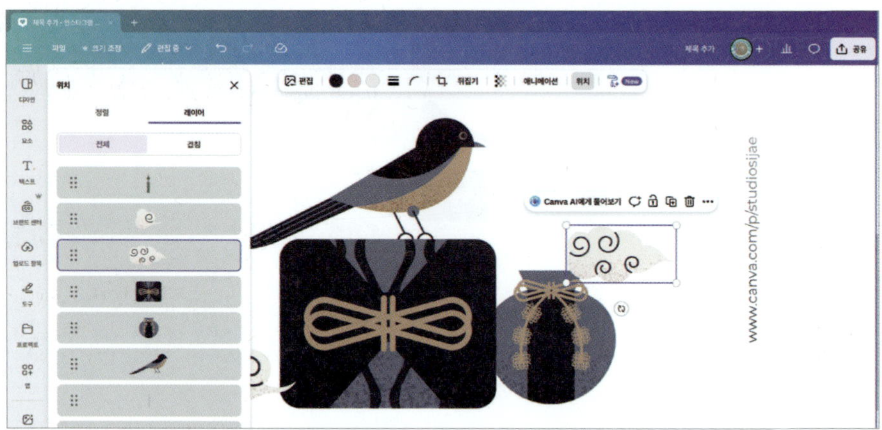

이때 페이지를 좀 더 자세히 보기 위해 화면을 확대하거나 축소할 때는 단축키 Ctrl(윈도우)/⌘(맥) 키를 누른 채 마우스를 스크롤하면 됩니다.

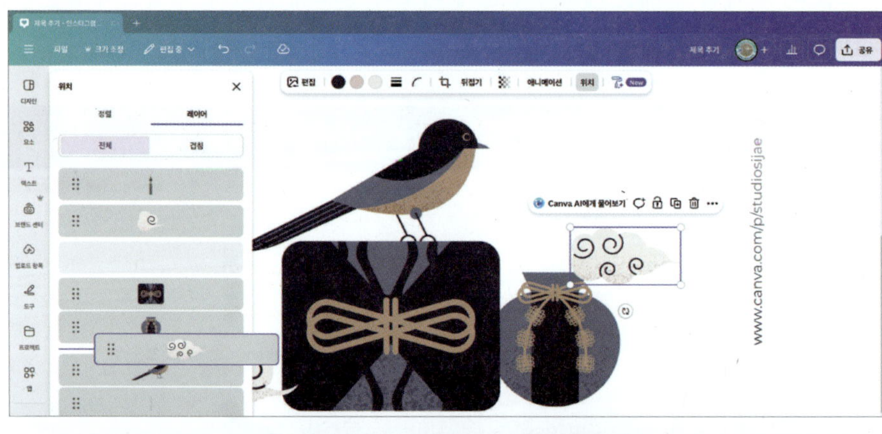

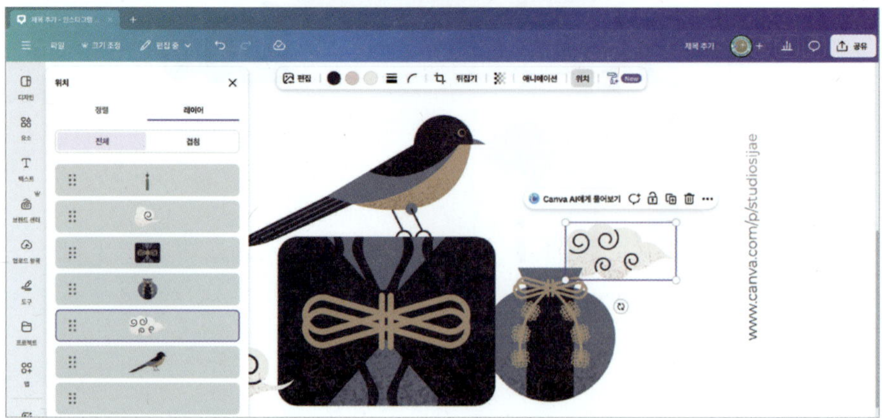

05 플로팅 툴 바에서도 동일한 기능이 가능합니다. 앞뒤로 움직여야 하는 요소를 선택한 뒤, 플로팅 툴 바-[…] (더보기)-레이어에서 원하는 위치 (예: 맨 뒤로 보내기)를 클릭합니다.

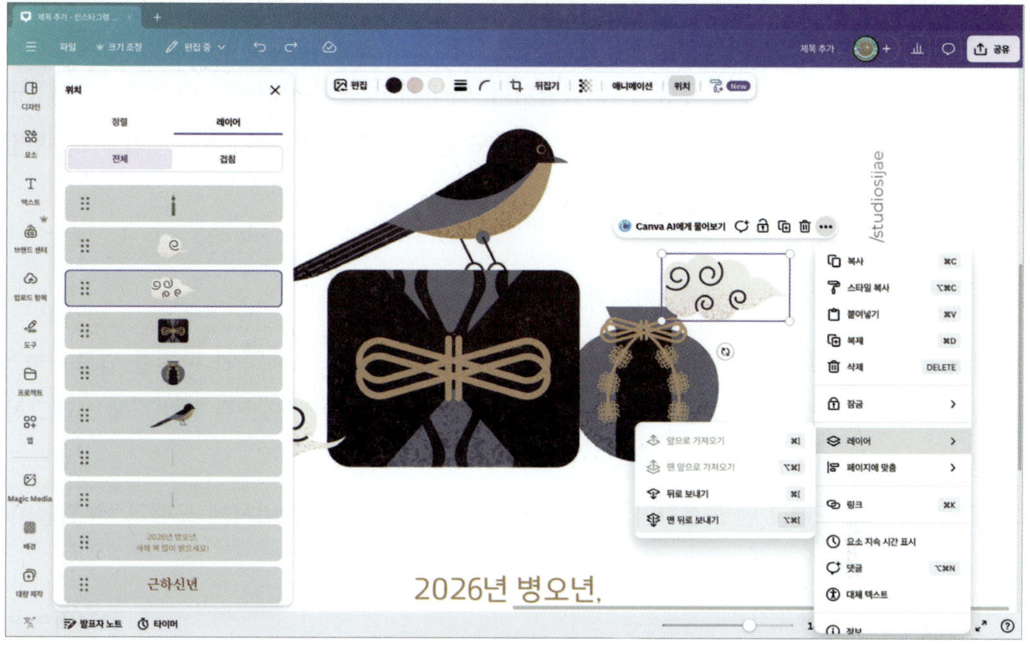

06 **그룹 기능** 여러 요소를 한 덩어리로 다루고 싶다면 그룹으로 묶어서, 크기 조절이나 이동을 한 번에 처리할 수 있습니다. 플로팅 툴 바에서 그룹화를 클릭 또는 단축키 Ctrl + G(윈도우)/ ⌘ + G(맥) 키를 눌러 설정하거나 해제할 수 있습니다.

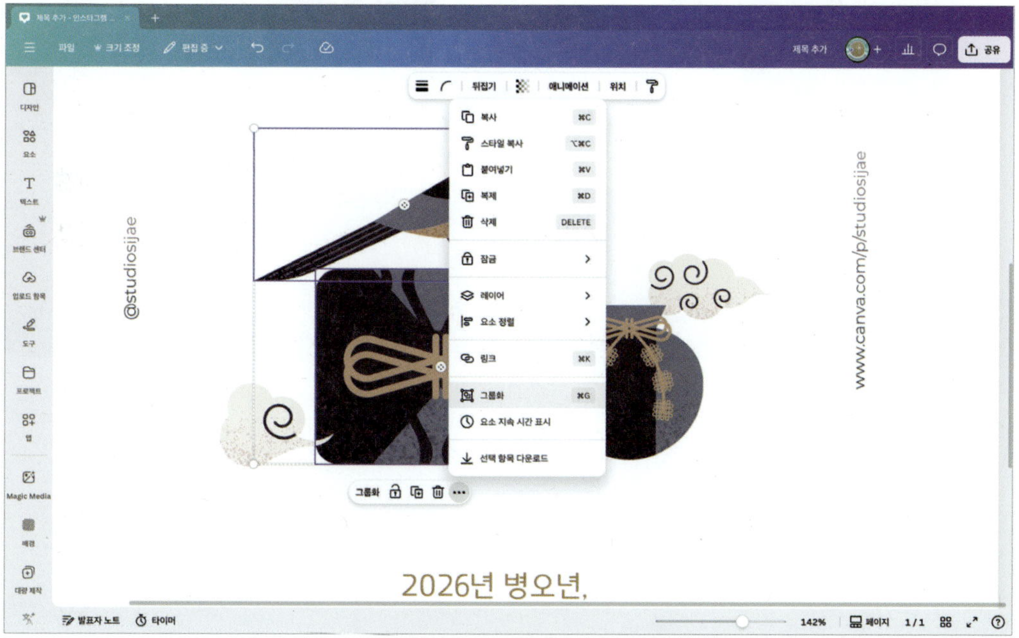

✨ 요소 업로드해서 사용하기

직접 촬영한 사진이나 다운로드한 무료 벡터 그래픽 요소도 캔바에 업로드해서 사용할 수 있어요. 캔바에서는 JPG, PNG, SVG, MP4 등 다양한 형식을 지원하며, 업로드된 파일은 캔바에 저장되어 언제든 다시 사용할 수 있고, 편집해서 사용할 수 있습니다. 따라서 자신의 사진이나 아이콘, 로고 등을 업로드하여 요소처럼 사용할 수도 있는 것이죠. 물론 업로드 전에는 파일 해상도, 배경 제거 여부, 투명 배경 필요성 등을 체크해야겠죠?

요소를 업로드하는 방법은 크게 2가지가 있어요.

1. **사이드 패널 [업로드 항목] 활용**: **[업로드 항목]-[파일 업로드]**를 클릭하여 파일을 업로드하거나, 파일을 **업로드 항목 패널에 드래그 앤 드롭**하여 업로드합니다. 업로드된 요소를 **페이지에 드래그**하여 사용하면 됩니다.
2. **페이지에 바로 드래그 앤 드롭하기**: 업로드할 요소를 작업 중인 **페이지**에 드래그 앤 드롭하여 바로 사용할 수 있어요.

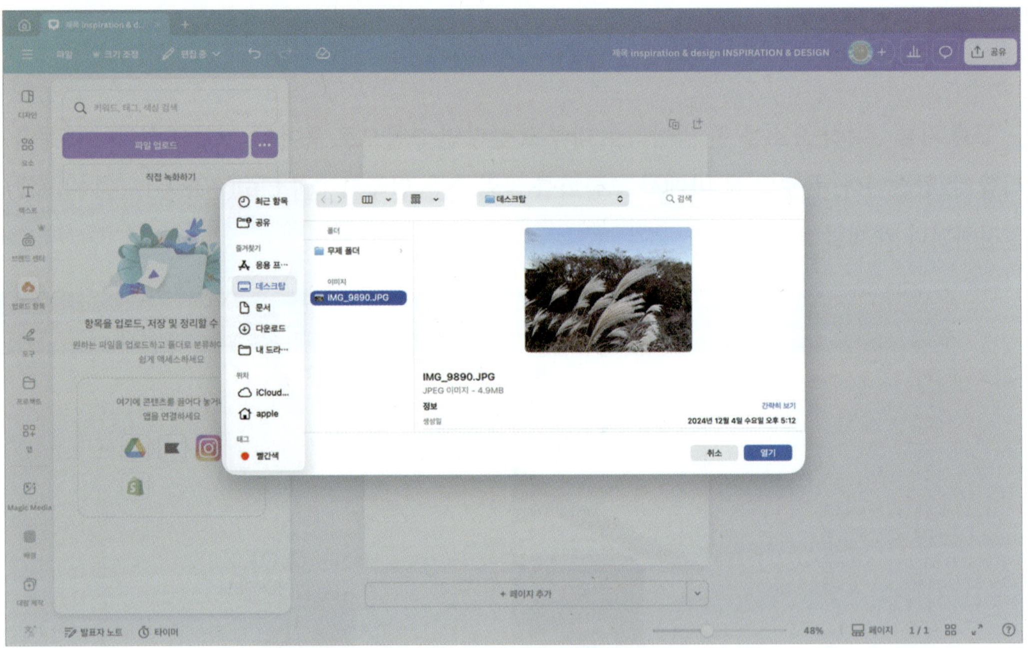

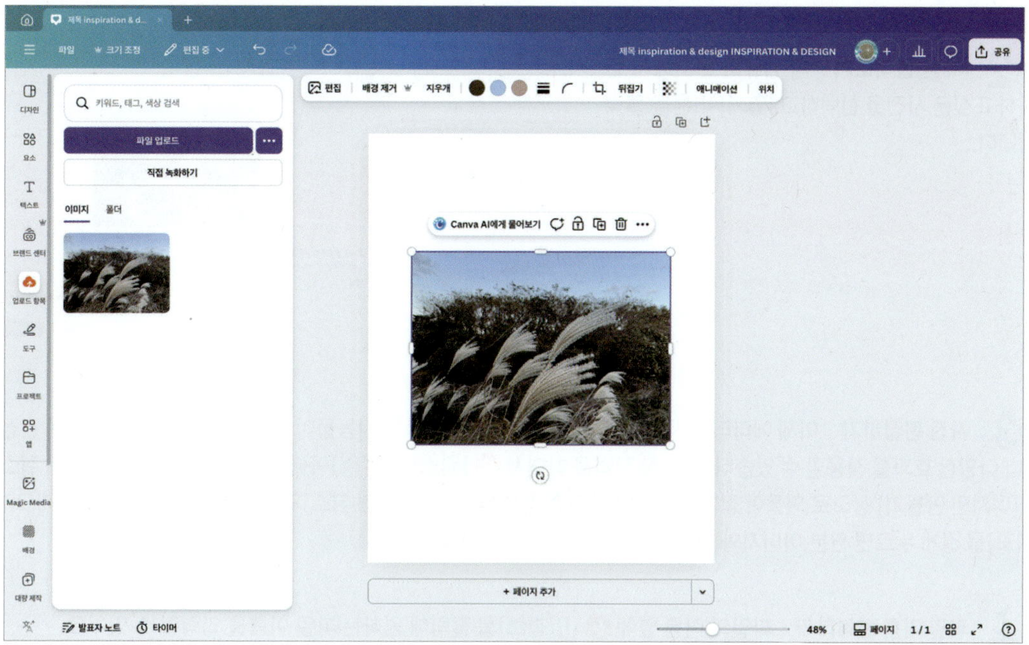

실전 TIP 홈 화면에서 빠르게 사진 편집 및 보정하기

다른 프로그램 없이도, 에디터 화면에 들어가지 않고도 캔바 홈에 바로 사진을 업로드해 편집하고, 원하는 파일 형식으로 다운로드할 수 있습니다.

01 사진 편집 열기 [홈]-[빠른 만들기]-[업로드]를 클릭하거나, 홈-탐색 패널-[+만들기]를 클릭해 **[디자인 만들기]** 창을 엽니다. **[사진]** 탭을 클릭해 [사진 편집]을 열고 **[업로드]를 클릭합니다.**

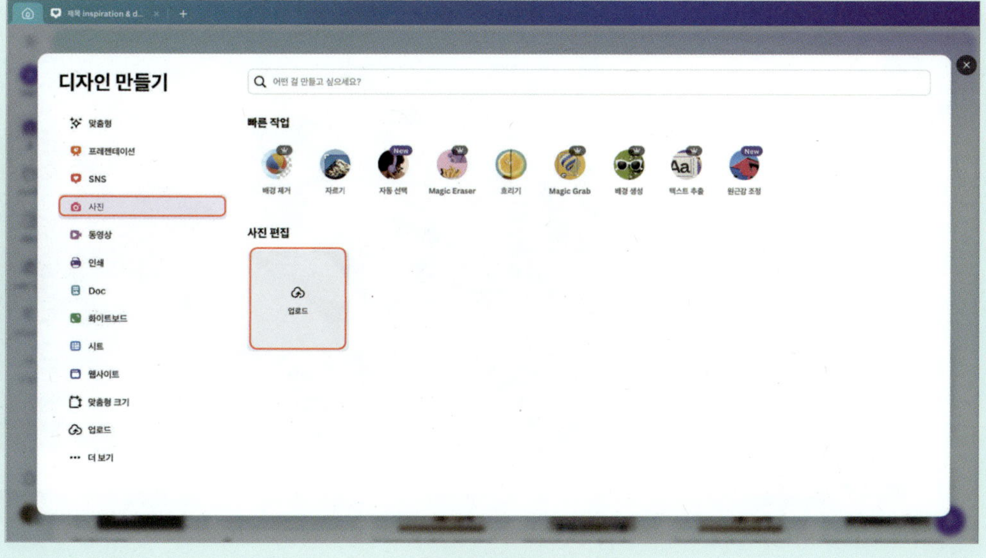

▲ 디자인 만들기 창

02 사진 불러오기 내 컴퓨터 폴더에서 편집하고 싶은 사진을 선택하고 [열기] 버튼을 클릭합니다.

03 사진 편집하기 이제 에디터의 사진 편집 패널처럼 ① **사진 편집** 기능들이 나타납니다. 여기서 사진을 편집하거나 다양한 효과를 적용할 수 있습니다. 편집 작업을 하면서 ② **[취소]** 또는 **[X]아이콘**을 클릭하면 편집 작업이 취소되고 [디자인 만들기] 창으로 되돌아 갑니다. ③ 사진 편집 작업을 하다가 **[실행 취소]**와 **[다시 실행]**도 물론 가능해요. ④ **[비교]**를 길게 누르면 원본 이미지와 편집 후를 쉽게 비교할 수 있습니다.

04 파일 이름 변경하기 파일의 이름 옆에 ⑤ **[i](정보)**를 클릭해 원하는 파일 이름을 입력할 수 있어요.

05 파일 저장 편집이 완료된 사진은 ⑥ **[다운로드] 아이콘**을 클릭해 내 컴퓨터에 저장할 수 있고, ⑦ **[저장]** 버튼을 클릭해 내 프로젝트에 저장할 수 있습니다.

06 디자인 작업 이어 가기 ⑧ **[디자인 만들기]** 버튼을 클릭하면 **에디터**가 열리면서 편집하던 사진으로 바로 디자인 작업을 이어 갈 수 있습니다.

캔바가 지원하는 업로드 파일 형식

- **이미지**: JPEG, PNG, HEIC/HEIF, WebP, SVG
- **영상, 오디오**: M4A, MP3, OGG, WAV, WEBM, MOV, GIF, MP4, MPEG, MKV
- **문서, 프레젠테이션**: doc, docx, dotxppt, pptx, potx
- **디자인 파일**:
  - **Photoshop**: PSD(최대 300MB, 일부 제한 있음)
  - **Illustrator**: AI(PDF 호환 형식, 300MB 미만, 일부 제한 있음)
  - **Figma/FigJam**: PNG, SVG / PDF. Figma는 png/svg로 업로드할 수 있으며, FigJam PDF 업로드를 통해 캔바로 가져올 수 있음
  - **Affinity**: 새로운 통합 형식(.af), 레거시 형식(.afdesign, .afphoto, .afpub)
- **폰트**: OTF, TTF, WOFF(브랜드 키트에 업로드 가능, 폰트 라이선스 확인 필요)

클라우드에서 바로 불러오는 것도 가능해요.

- Google Drive, Dropbox, OneDrive
- Google Photos, Facebook, Instagram 등 다양한 앱들을 앱에서 연결해서 가져오기

캔바 업로드 파일 최적화 가이드

- **이미지 해상도**: 웹용 100 메가 픽셀(가로×세로) 이하, 인쇄용 300DPI 이상
- **개별 업로드 파일 용량**: 이미지(JPEG, PNG 등) 50MB 이하, 비디오 1GB 미만(형식별 세부 제한 존재), 오디오 250MB 이하, PSD 300MB 이하, Adobe Illustrator 300MB 미만
- **계정별 저장소 용량**: Free 총 5GB 저장, Pro/Teams/Edu/Nonprofit 총 100GB, Business 총 500GB

업로드 파일 형식에 대한 더 자세한 내용은 **캔바 도움말 센터**에서 확인 가능합니다. 오른쪽 QR 코드를 이용해 해당 페이지에 접속할 수 있습니다.

캔바 업로드 형식 및 요구사항

체크포인트 **파일 업로드 시 색상 모드 확인하기**

캔바에서 작업할 때는 모든 작업을 RGB 색상 모드로 처리합니다. 그래서 인쇄용으로 제작된 CMYK 파일을 업로드하면 화면에서 색이 다르게 보일 수 있어요. 예를 들어, 브랜드 로고나 인쇄용 이미지를 업로드할 경우 색이 약간 밝거나 탁하게 보일 수 있습니다. 이 차이는 오류가 아니라, RGB와 CMYK의 색 표현 방식이 다르기 때문에 생기는 자연스러운 현상이에요. 인쇄용 최적 설정은 레슨 09에서 더 자세히 다루겠습니다.

이번 레슨에서 살펴본 요소 편집 작업의 흐름은 다음과 같이 요약할 수 있습니다.

1. 사이드 패널의 [요소] 탭에서 필요한 요소를 검색·필터링하며 찾는다.
2. 요소를 드래그 앤 드롭 또는 클릭으로 작업 페이지에 배치한다.
3. 편집할 요소를 선택하고, 상단 에디터 툴 바와 편집 패널을 이용해 색, 크기, 효과, 텍스트 조합 등을 조정한다.
4. 여러 요소를 선택해 플로팅 툴 바 또는 에디터 툴 바의 요소 정렬, 고르게 띄우기로 정렬·정돈한다.
5. 필요하다면 비슷한 요소나 같은 작가의 작품을 반복 사용해, 디자인 전체의 일관된 스타일과 브랜드 감각을 만든다.

이 흐름만 익혀 두면, 소셜 미디어용 디자인이든 프레젠테이션이든, 어떤 디자인 타입에서도 요소를 어떻게 고르고, 어떻게 배치하고 정리할지에 대해 모두 파악한 거나 다름없어요.

배경과 색상으로 스타일링하기

배경과 색상만 바꿔도 디자인의 분위기는 완전히 달라집니다. 단색·그라데이션·사진으로 배경을 만드는 방법과 스타일 적용 및 색상 팔레트 기능까지 통일감 있는 디자인 스타일링의 핵심 방법을 익혀봅니다.

텍스트와 요소로 내용의 뼈대를 잡았다면, 이제는 배경과 색상으로 디자인의 분위기를 잡아 줄 차례입니다. 배경은 디자인의 첫 인상을 결정하고, 색상은 전체적인 통일감을 만들어 주죠. 이번 레슨에서는 캔바에서 배경과 색상을 다루는 기본 흐름을 따라가며, 편집 도구들을 어떻게 활용할지 살펴봅니다.

배경으로 스타일링하기: 색상 배경, 이미지·영상·그래픽 배경

배경을 넣는 방법은 여러 가지가 있습니다. 색상을 페이지 전체에 채워 배경을 완성하거나 이미지와 영상 또는 그래픽 요소 등을 배경으로 활용할 수 있습니다. 또한 배경 앱을 활용할 수도 있습니다.

색상으로 배경 채우기

01 색상 패널 열기 작업 페이지의 빈 공간을 클릭하고, **에디터 툴 바**의 **[배경 색상]**을 선택해 색상 패널을 엽니다.

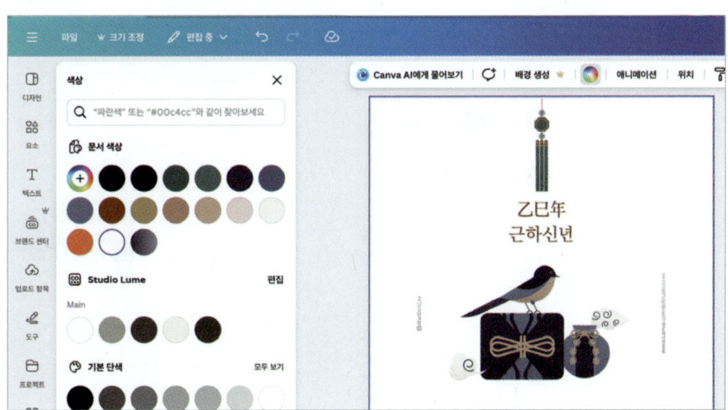

02 패널에서 색상 선택하기 [문서 색상], [브랜드 키트], [기본 단색], [기본 그라데이션 색상]에서 원하는 색상을 선택하면 배경 색상이 바로 변경됩니다.

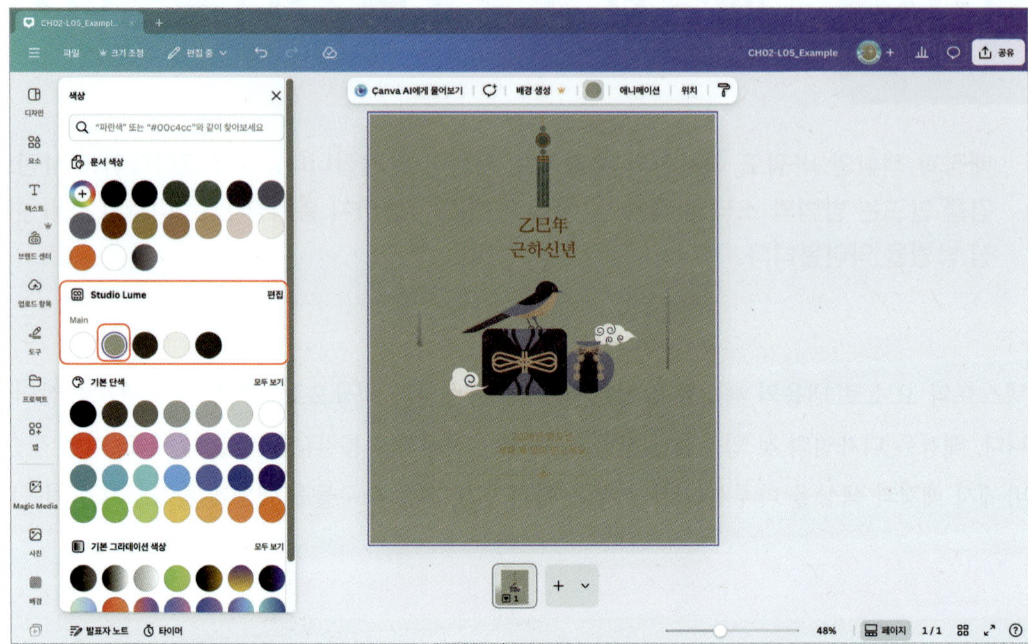

03 색상 검색하여 선택하기 색상 패널 상단의 검색 바에 색상명(예: 저채도 주황색)이나 HEX코드(예: #ceb290)를 입력해 색상을 찾을 수 있습니다. 검색 결과에 입력했던 색상은 물론이고 추천 컬러 팔레트도 표시되어 선택의 폭이 넓어집니다.

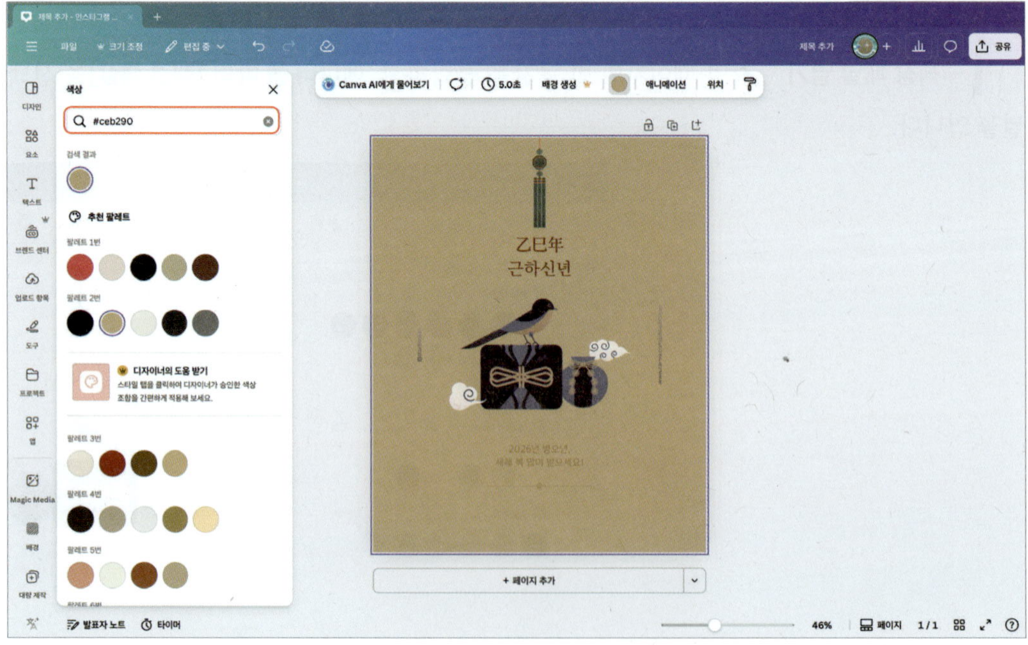

04 직접 색상 추가하기 패널에서 ❶ [새로운 색상 추가]를 클릭하거나 ❷ 현재 선택되어 있는 색상을 더블 클릭하면 ❸ 새로운 색상 추가 창이 나타나고, ❹ [단색] 또는 [그라데이션] 탭에서 원하는 컬러를 직접 선택해 추가할 수 있습니다.

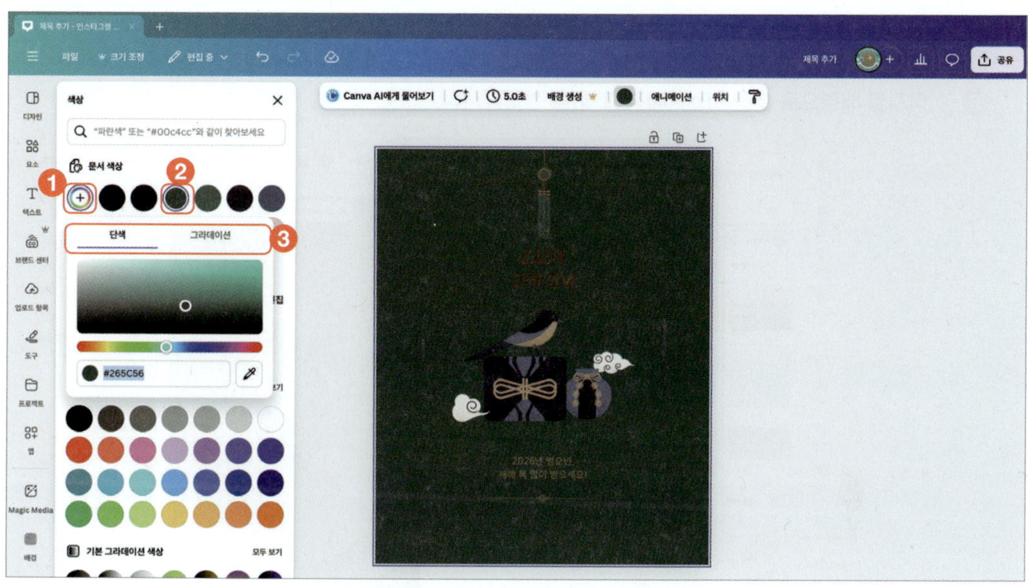

05 그라데이션 색상 추가하기 새로운 색상 추가 창에서 ❶ [그라데이션] 탭을 클릭하면 직접 그라데이션 색상을 추가할 수 있습니다. 이 옵션에서는 ❷ 그라데이션 색상을 여러 개 추가해 설정하거나, ❸ 그라데이션 스타일을 선택할 수 있습니다.

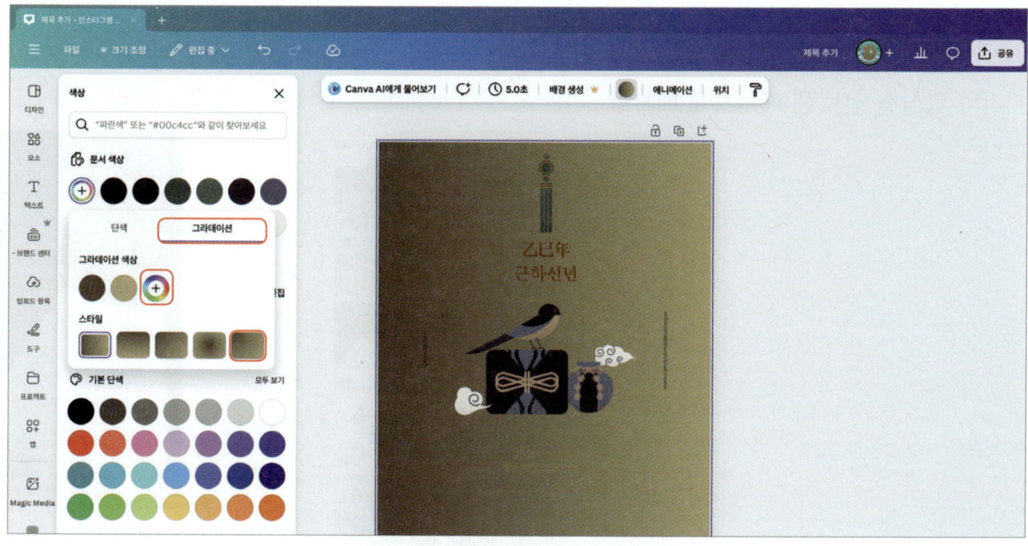

▲ 새로운 색상 추가하기의 [그라데이션] 탭

실전 TIP 그라데이션 요소로 배경 설정하기

요소로도 그라데이션 배경을 설정할 수 있습니다. 바로 그라데이션 요소를 활용하는 방법입니다. 요소에 따라 색상을 변경할 수 있는 옵션은 각기 다르지만, 좀 더 다양한 그라데이션 스타일을 찾을 수 있다는 장점이 있습니다.

사이드 패널의 [요소] 메뉴 ① 검색 바에 그라데이션(또는 gradiant background)을 검색합니다. ② 검색 결과에서 마음에 드는 그라데이션 요소를 선택해 페이지에 배치한 후, 마우스 우클릭 또는 에디터 툴 바-[…](더보기)를 클릭하고 ③ [이미지를 배경으로 설정] 또는 [배경 교체]를 선택합니다.

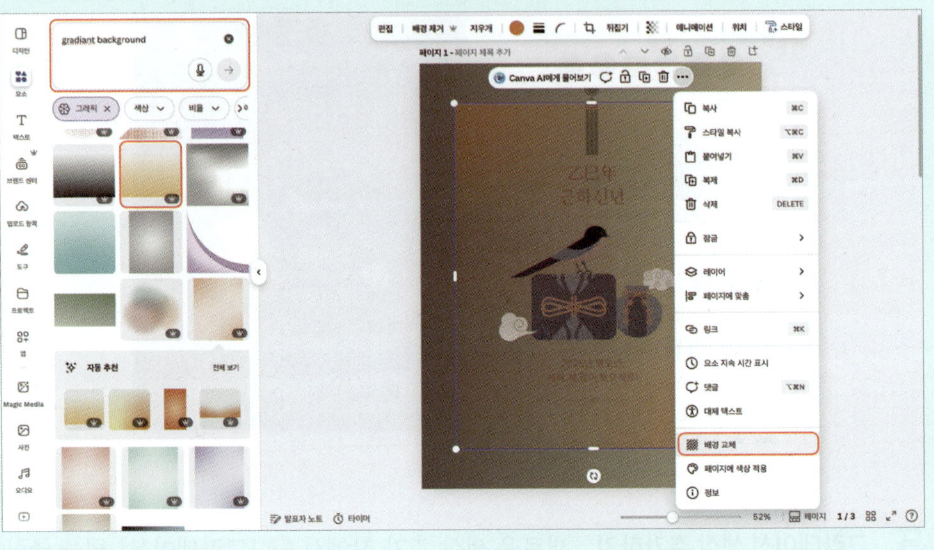

영상 · 이미지를 배경으로 사용하기

01 요소 패널 또는 [업로드]에서 이미지나 영상을 선택해 페이지에 배치합니다.

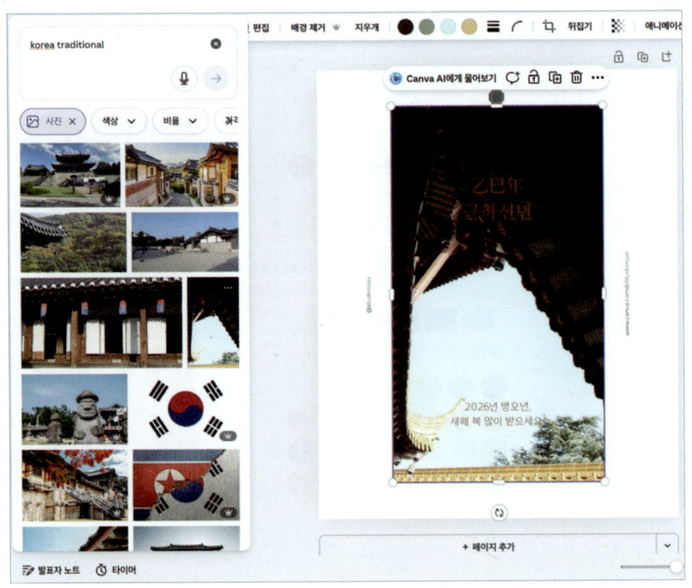

02 페이지에 배치된 요소를 선택하고 마우스 우클릭 또는 ❶ 플로팅 툴 바-**[…](더보기)**를 클릭한 후 ❷ [이미지를 배경으로 설정] 또는 [배경 교체]를 선택하면 그 페이지의 배경으로 적용됩니다. 영상도 같은 방식으로 배경으로 둘 수 있어, 배경에 영상이 반복 재생되는 동적인 디자인을 만들 수 있습니다.

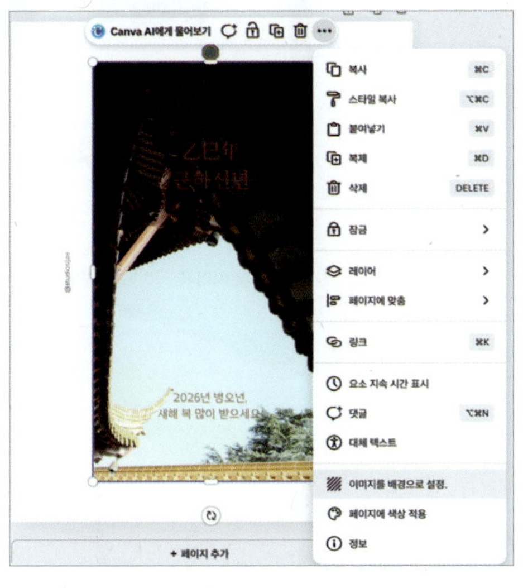

03 이미지를 더블 클릭하거나 에디터 툴 바의 자르기 도구를 클릭해 자르기 모드로 들어갑니다. 이미지의 [모서리 조절] 핸들을 드래그하여 크기를 조절하거나 이미지를 드래그하여 위치를 조정해 디자인에 어울리도록 배치합니다.

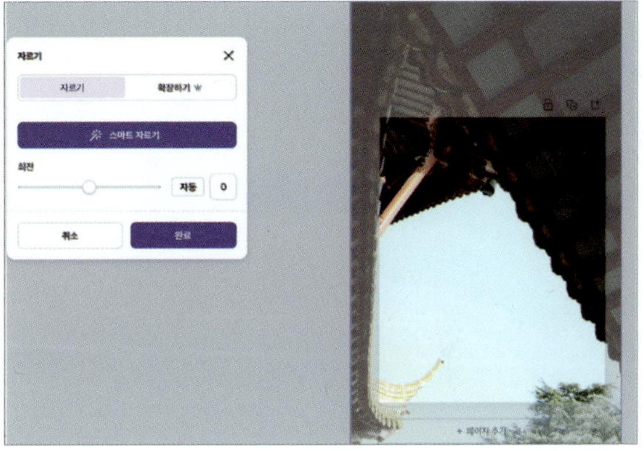

04 요소를 원하는 크기와 위치에 배치했다면 작업 페이지 바깥 부분을 클릭하거나 Esc 키를 누르거나 자르기 패널의 [완료] 버튼을 클릭해 자르기 모드에서 나옵니다.

이미지/영상 배경을 활용할 때는, 텍스트가 올라갈 자리를 미리 생각해 두고 상대적으로 단순한 영역을 남겨 두는 것이 좋습니다. 필요하다면, 배경 위에 도형 요소로 레이어를 추가해 텍스트 가독성을 높일 수 있습니다. 뒤에 **도형 요소를 중간 배경으로 활용하기**에서 이 내용을 더 다루겠습니다.

▲ 요소와 배경 이미지 사이에 반투명한 도형 요소를 배치한 모습

그래픽 요소를 배경으로 사용하기

요소에는 배경 설정 기능은 없지만, 배경처럼 보이게 쓸 수 있어요.

01 사이드 패널-[요소] 메뉴에서 원하는 그래픽 요소(도형, 일러스트, 패턴 등)를 선택해 작업 페이지에 추가합니다. (참고: 컬렉션 코드 set:nAEui0VgnPo)

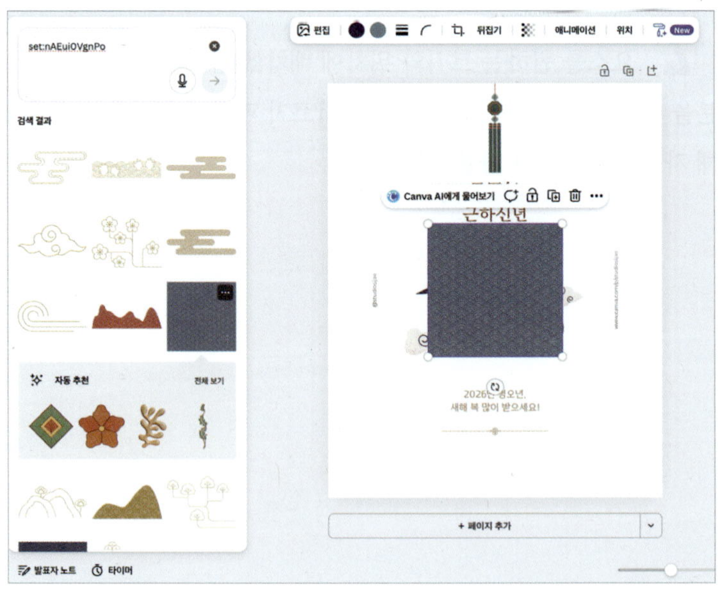

02 [모서리 조절] 핸들을 드래그해 요소의 크기를 늘려서 캔버스를 꽉 채우도록 조정합니다.

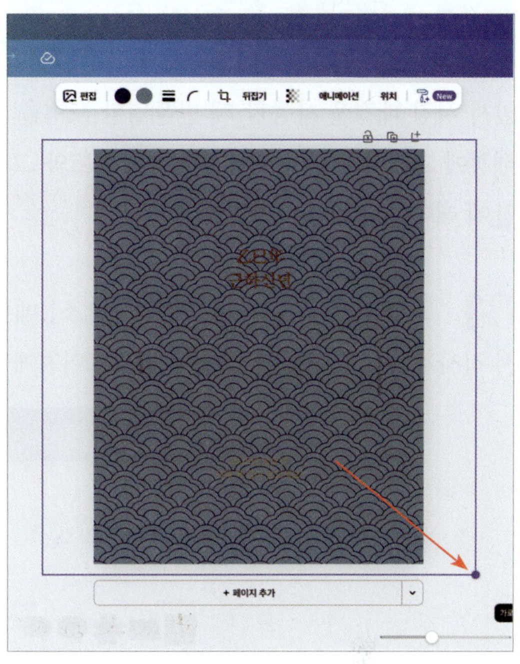

03 마우스 우클릭 - [레이어] - [맨 뒤로 보내기]를 선택해 다른 텍스트 · 요소 뒤로 보내면 배경처럼 사용할 수 있어요.

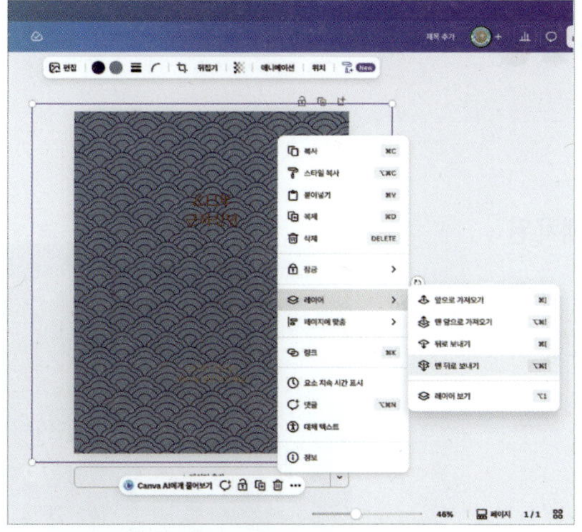

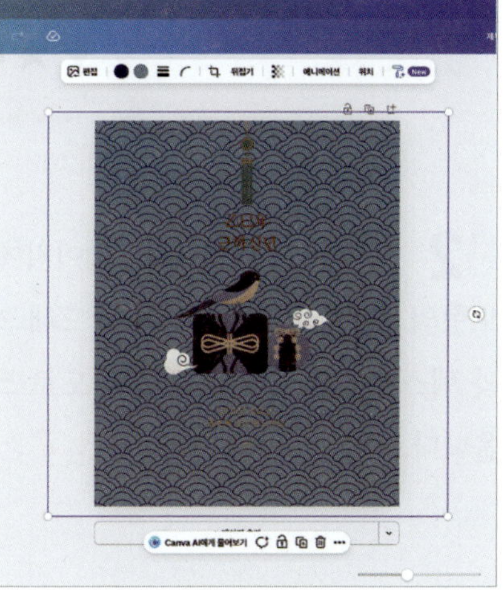

✨ 도형 요소를 중간 배경으로 활용하기

앞서 사진 배경을 사용할 때 반투명한 도형을 넣어 디자인의 가독성을 높였던 방법 기억하죠? 지금처럼 배경에 그래픽 패턴이 배치되면서 텍스트와 그래픽 요소의 가독성이 떨어질 경우에도 심플한 도형을 중간에 레이어로 배치하면 도움이 됩니다.

01 도형 추가하기 사이드 패널-[요소] 메뉴에서-❶ [도형] 카테고리를 선택하고 ❷ [기본 도형]에서 직사각형 도형 요소를 클릭해 작업 페이지에 추가합니다.

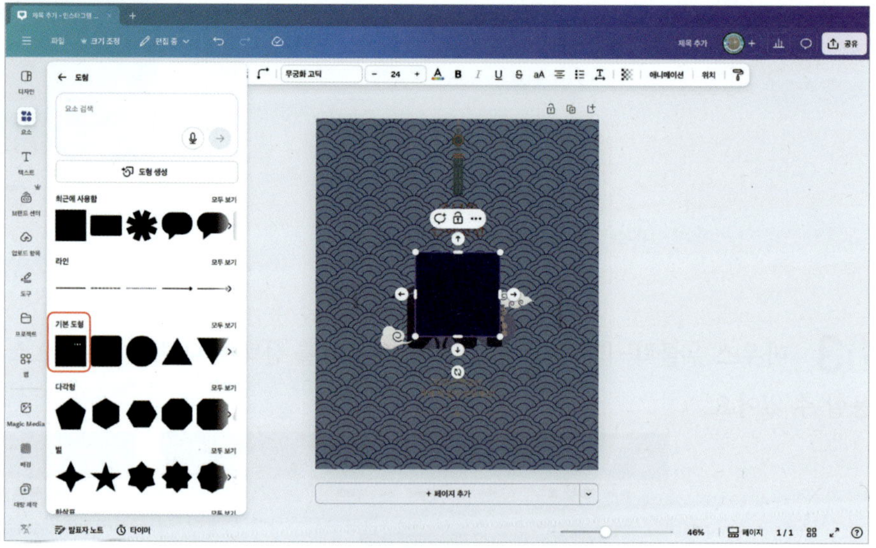

02 도형 크기 조절하기 페이지에 배치된 도형의 [모서리 조절] 핸들을 드래그해 요소와 텍스트를 커버할 수 있는 정도로 크기를 키웁니다.

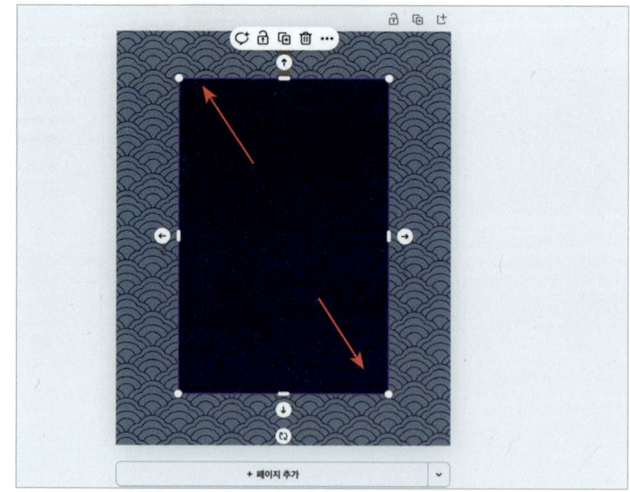

03 레이어 위치 정돈하기 ❶ 새로 만든 도형과 배경에 있는 패턴 요소를 함께 선택하고, ❷ 마우스 우클릭 - [레이어] - [맨 뒤로 보내기]를 클릭해 ❸ 화면에서 가장 뒤 레이어로 배치되게 합니다.

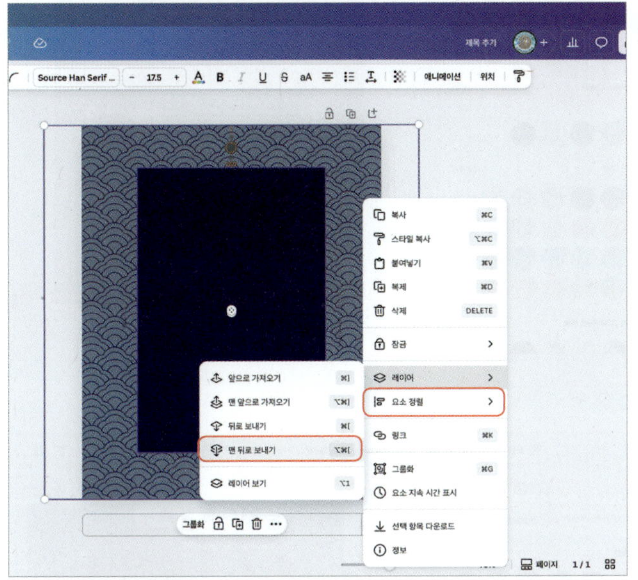

▲ 도형과 배경 패턴 요소가 화면 맨 뒤 레이어에 배치된 모습

04 선으로 된 도형 요소 추가하기 이전에 만들어 두었던 사각형을 선택한 후, 단축키 Ctrl + D(윈도우)/⌘ + D(맥) 키를 누르면 사각형 요소가 복제되어 작업 페이지에 새로 추가됩니다.

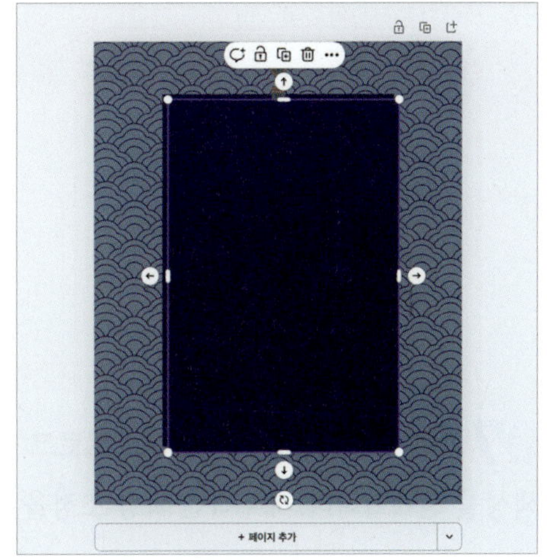

05 도형의 면 색상 없애기

새로 만든 사각형을 선택하고, 에디터 툴 바-[색상]-❶ 문서 색상에서 ❷ [색상 없음]을 선택하여 도형의 면 색상을 없애 줍니다.

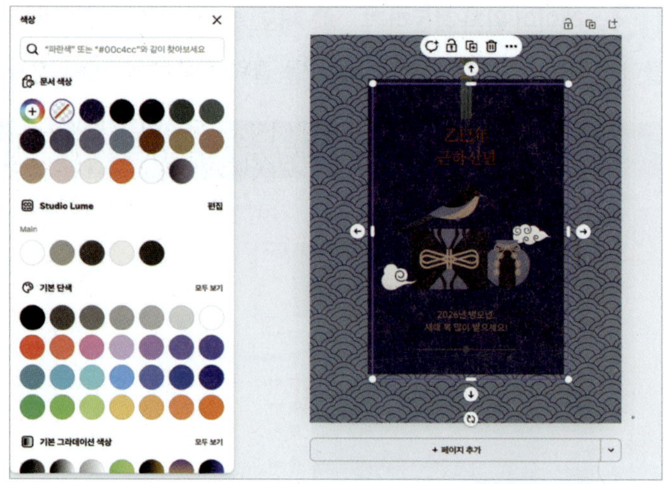

06 도형의 선 설정하기

에디터 툴 바-❶ [스트로크 스타일]에서 ❷ 선 스타일을 선택하고 ❸ 스트로크 굵기에 수치를 입력(예: 1)합니다. [스트로크 색상] 메뉴가 나타납니다.

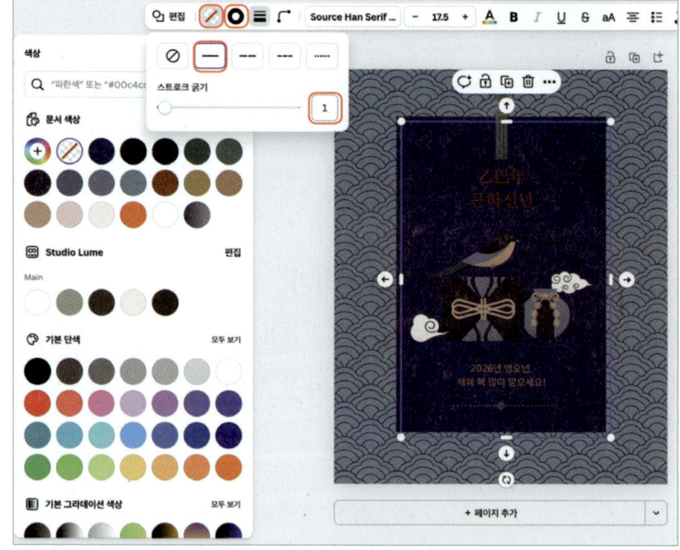

07 선 색상 변경하기

❶ [스트로크 색상] 메뉴를 클릭하면 열리는 스트로크 색상 패널에서 ❷ 원하는 색상을 선택합니다. 세부적인 색상 조정을 뒤에 이어서 할 예정이니 여기서는 일단 하얀색으로 설정할게요.

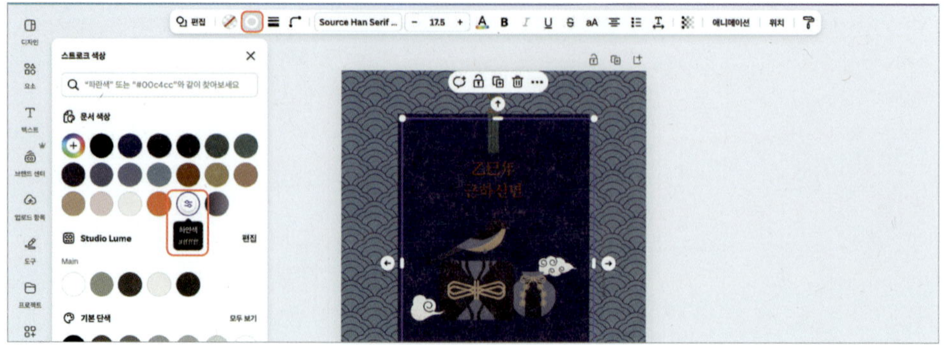

08 선 도형 크기 조정하기 완성한 선 도형의 ❶ [모서리 조절] 핸들을 드래그하여 크기를 조정해 ❷ 사각형 요소 안쪽에 들어가도록 배치합니다. 각 요소들의 세밀한 배치와 정렬은 마지막에 정리하면 되니, 눈으로 보며 러프하게 배치해도 괜찮습니다.

09 요소 레이어 정리하기 작업할 때 도형 요소들이 걸리적거리지 않도록 요소 레이어를 정리할게요. ❶ 선 도형 요소, 사각형 도형 요소, 배경 패턴 요소를 함께 선택한 뒤, ❷ 마우스 우클릭-[레이어]- ❸ [맨 뒤로 보내기]를 선택합니다.

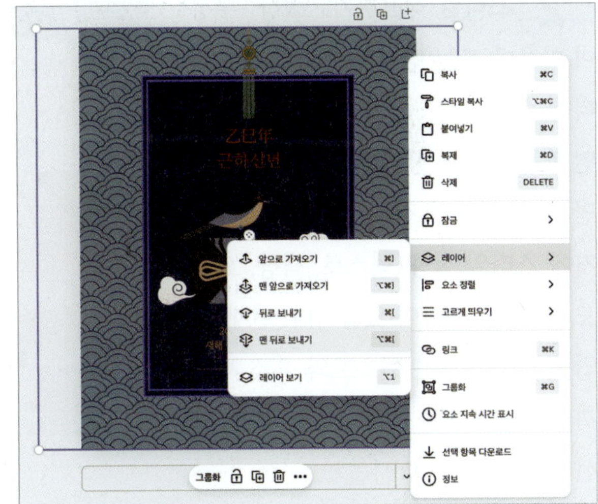

✨ 전체 톤 스타일링하기: 스타일 적용 기능

색 작업은 처음부터 개별 요소마다 하나씩 변경하는 것보다, 먼저 전체적인 톤을 세팅한 후에 세부적인 수정을 더해가는 것이 훨씬 수월합니다. 따라서 전체 색상 톤을 쉽게 조정하기 편리한 디자인 메뉴의 스타일 적용 기능을 중심으로 둘러보겠습니다.

템플릿 스타일 적용하기

사이드 패널에서 디자인 메뉴를 선택하면 패널에서 다양한 템플릿들을 볼 수 있습니다. 스타일 적용 기능을 활용해 마음에 드는 템플릿의 스타일을 내 디자인에 간단하게 적용할 수 있어요.

01 키워드로 찾기 검색 바에 원하는 색감이나 분위기 키워드(예: Earthy, Warm, Organic, Natural)를 입력하면 관련 템플릿들이 패널에 표시됩니다.

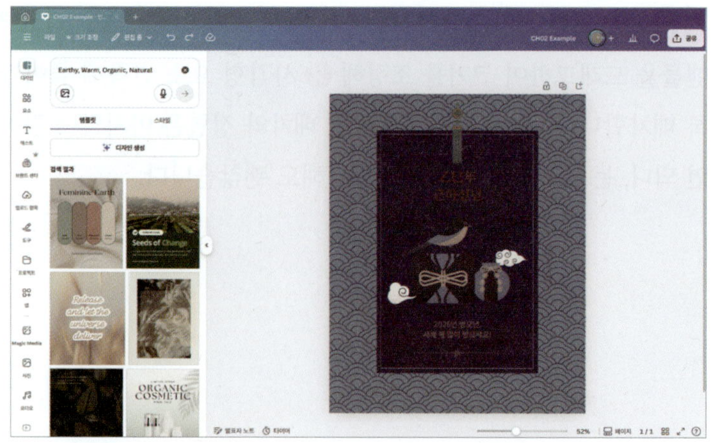

02 스타일 적용하기 색상 구성이 마음에 드는 템플릿에 마우스 포인터를 올리고 […](더보기)를 클릭하면 템플릿 정보 창이 열립니다. 텍스트만 적용/색상만 적용/요소 적용/페이지에 스타일 적용(텍스트, 색상, 요소 모두 적용) 옵션이 있습니다. 현재 작업 중인 디자인은 텍스트와 요소 세팅까지 마친 상태이므로 [색상 적용]만 선택합니다.

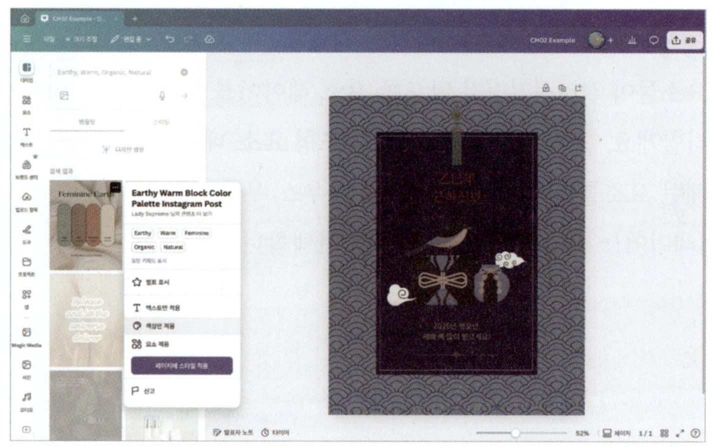

03 셔플 기능 활용하기 해당 템플릿의 색상 구성이 작업 페이지에 있는 디자인에 자동으로 적용됩니다. 색상 구성을 조금 더 바꾸고 싶다면, 색상 셔플 옵션을 클릭해 어느 정도 원하는 색상 구성이 나올 때까지 반복하면 됩니다.

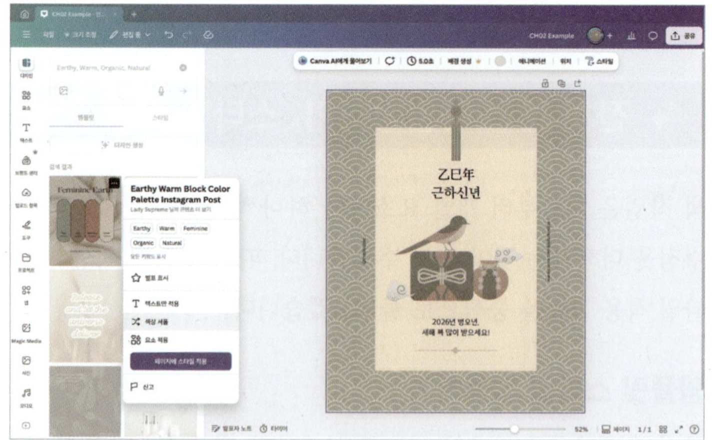

스타일 탭 활용하기

디자인 메뉴의 [스타일] 탭을 열면, ❶ [스타일]을 검색하거나 ❷ 설정해 둔 브랜드 키트의 색상 팔레트, ❸ 최근에 사용했던 스타일은 물론 여러 가지 스타일의 ❹ 색상·글꼴 조합, ❺ 색상 팔레트와 ❻ 글꼴 세트를 볼 수 있습니다. 또한 ❼ 내가 작업했던 디자인의 스타일을 적용할 수도 있습니다.

앞서 [템플릿] 탭에서 했던 것처럼 마음에 드는 스타일을 클릭하면 현재 디자인에 적용되고, 셔플 기능도 사용할 수 있습니다.

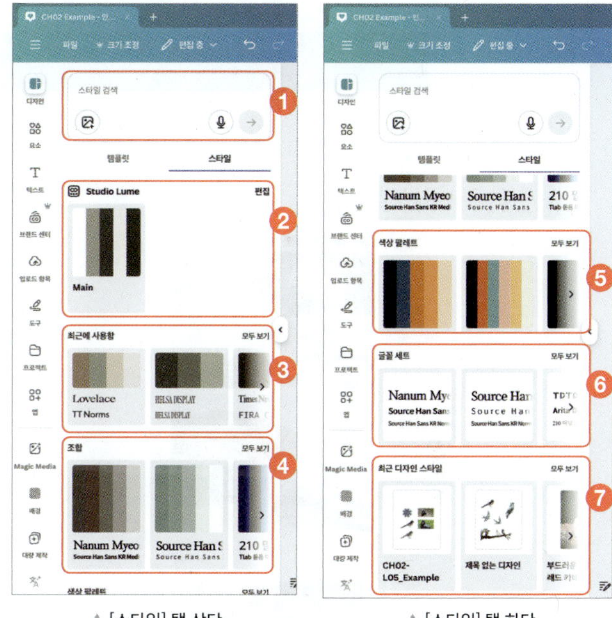

▲ [스타일] 탭 상단 ▲ [스타일] 탭 하단

스타일 적용 기능을 활용할 때에는 배경 색상이나 그래픽 요소, 메인 카피의 폰트 등 전체적인 구성이 마음에 드는 것을 결정하고 다음 단계에서 세부적으로 조정하면 됩니다.

여기서 중요한 포인트는, 어떤 색을 쓸지에서 출발하는 대신 어떤 조합을 쓸지를 먼저 정하고, 세부를 손보는 흐름입니다. 전체 톤을 먼저 맞춰 두면 이후 작업이 훨씬 빨라집니다.

✨ 색상 스마트하게 다듬기: 색상 추출 및 스타일 복사 기능

배경을 정했다면, 이제 텍스트와 요소 색을 배경과 어울리게 맞추는 단계입니다. 에디터 툴 바의 색상 메뉴를 이용해 원하는 색상으로 조정할 수 있습니다. 이번에는 사진 색상 추출 기능을 짚어 볼게요.

사진 색상 추출 기능 활용하기

색상 패널의 사진 색상 추출하기를 활용하면 누구나 멋진 컬러 조합을 만들 수 있습니다. 디자인에 사진을 추가하면, 캔바가 자동으로 사진에 사용된 주요 색상을 분석해 색상 팔레트를 구성해 줍니다. 요소를 선택한 후, 에디터 툴 바-[색상]-**[사진 색상]** 섹션을 확인하세요. 사진에서 추출된 색상들을 클릭해 배경이나 요소에 적용하면, 일일이 색상을 찾는 수고를 덜고 디자인 전체에 통일감과 조화로운 느낌을 줄 수 있습니다.

01 사이드 패널의 [요소] 메뉴에서 디자인 컨셉에 어울리는 색감을 가진 사진을 작업 페이지에 추가합니다. (예: korea traditional)

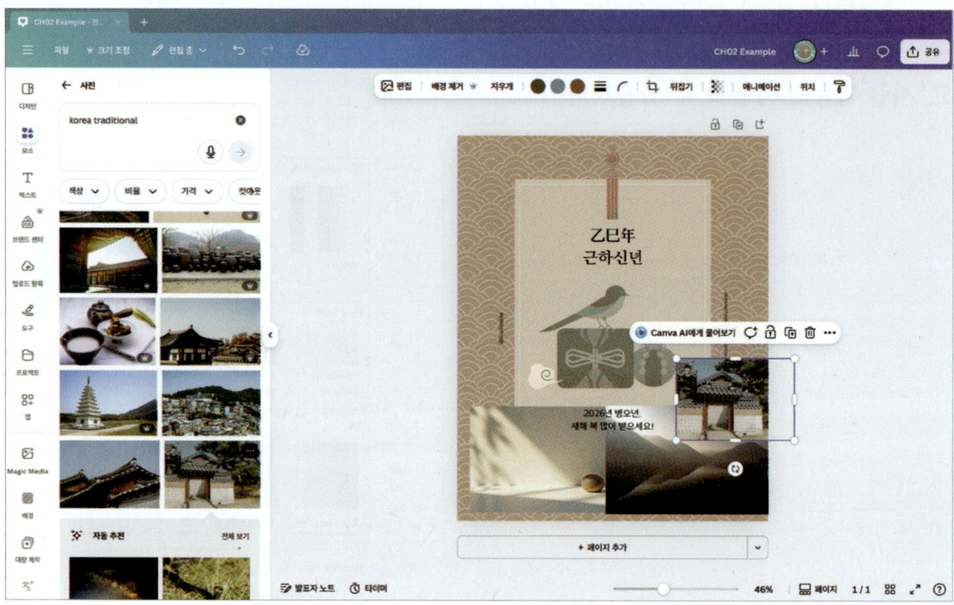

02 색상을 변경할 요소를 선택한 후, 에디터 툴 바의 **[색상]**을 클릭해 색상 패널을 엽니다. [사진 색상]에서 자동으로 추출된 컬러 팔레트를 확인합니다.

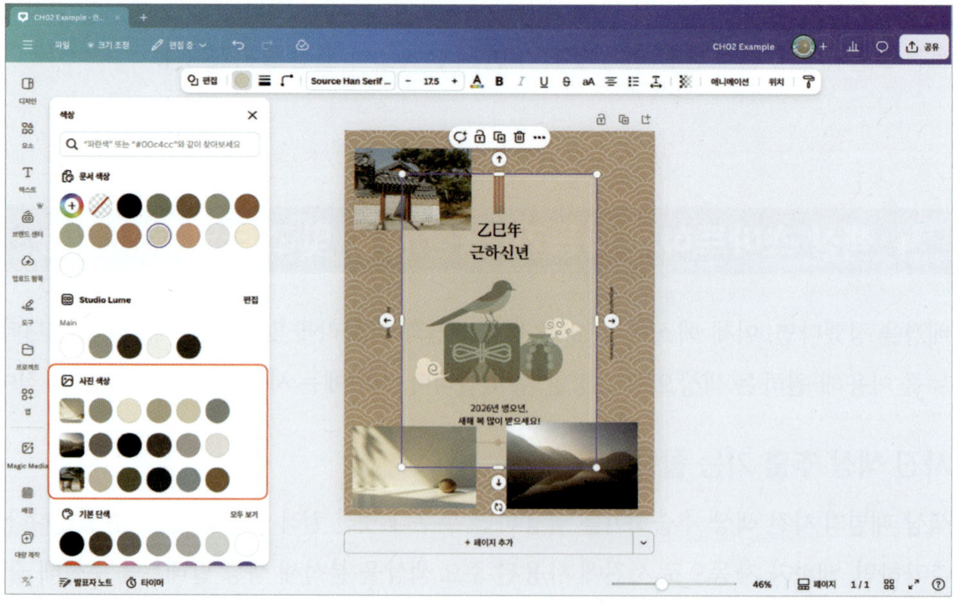

03 사진 색상 팔레트에 있는 색상을 선택해 요소나 배경 색상을 변경합니다.

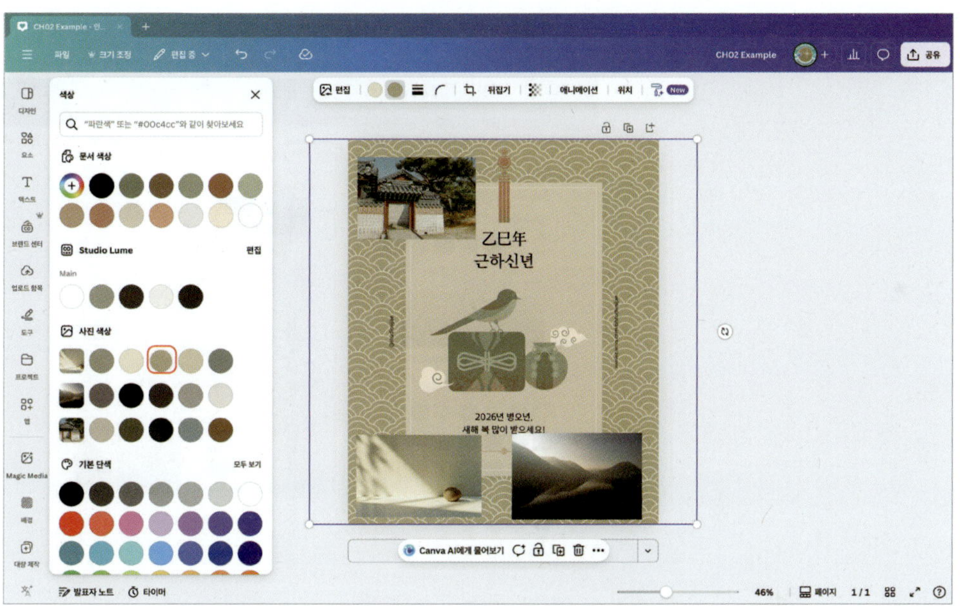

04 배경 색감이나 패턴이 너무 강하면 디자인이 산만해 보일 수 있습니다. 이럴 때에는 에디터 툴 바의 ❶ [투명도]에서 ❷ 슬라이더로 약간 투명하게 해주어 대비를 낮춰 줍니다. 이렇게 하면 대비가 강한 텍스트와 그래픽 요소에 시선을 가도록 해주는 효과가 있습니다.

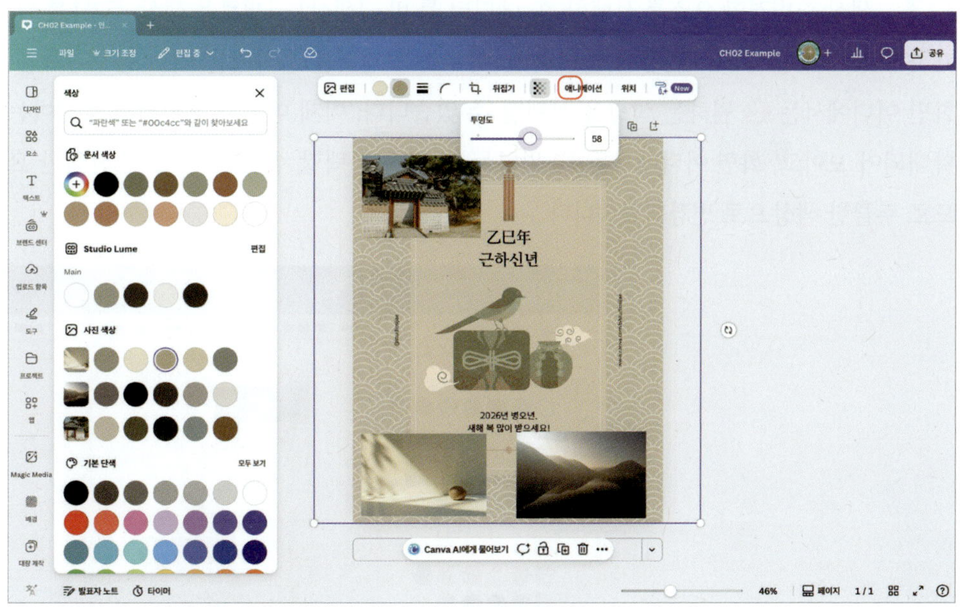

05 선택한 요소의 색이 스포이드로 추출한 색상으로 변경되었습니다. 필요하다면 [색상 추가하기]를 클릭해 좀 더 어울리는 색상으로 조정합니다.

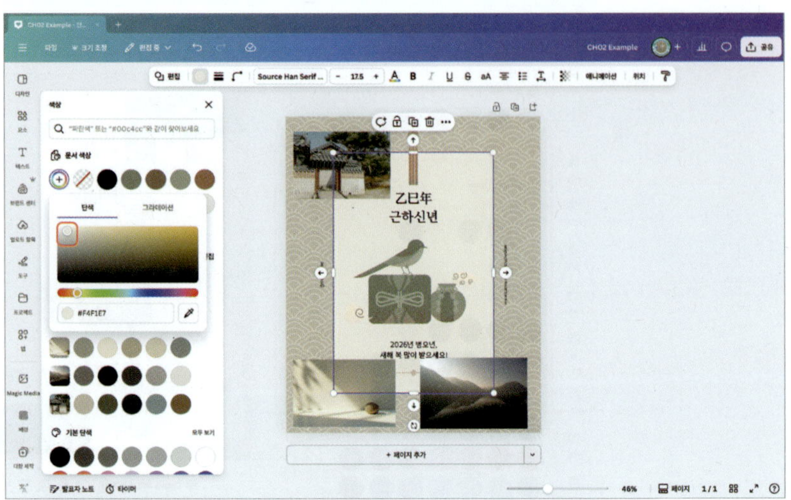

스포이드로 색상 추출하기

색상 추가하기 창에 있는 스포이드 기능으로 화면 어느 곳에서든 원하는 색상을 추출해 바로 디자인에 적용할 수 있습니다.

01 색상을 변경할 요소를 선택한 후, 에디터 툴 바-[색상]-[새로운 색상 추가]를 클릭합니다. 색상 추가하기 창에서 ❶ [스포이드]를 클릭하면, 마우스 포인터를 움직이는 대로 돋보기처럼 확대되어 보이고, 화면 어디에서든 ❷ 원하는 색상을 선택할 수 있습니다. 이제 마우스 포인터를 움직이는 대로 돋보기처럼 확대되어 보이고, 화면 어디에서든 ❶ 원하는 색 상을 선택할 수 있습니다. ❷ 선택한 요소의 색이 스포이드로 추출한 색상으로 변경되었습니다.

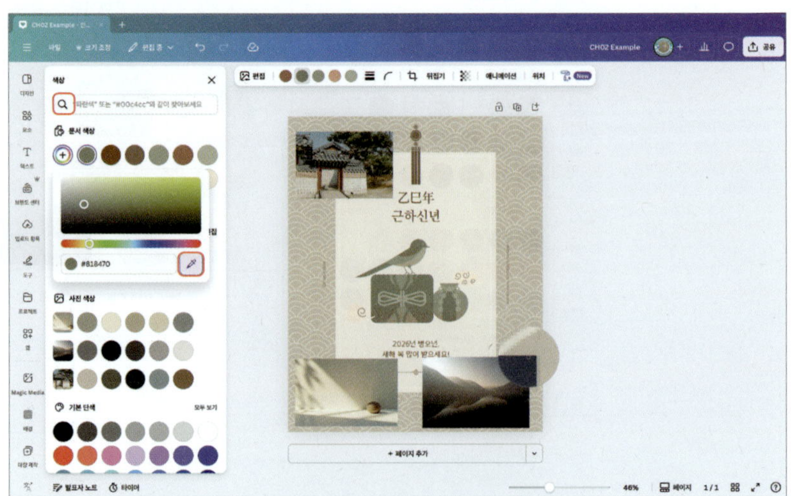

체크포인트 우선 순위에 따라 색상 조정하기

색상 조정 작업은 '메인→세컨드 포인트→꾸밈 요소' 순서로 정리하면 전체 톤이 안정됩니다. 주요 색 2~3개만 먼저 잡아 두고 나머지 요소를 맞춰 가는 방식이 초보자에게 가장 수월합니다.

01 메인 그래픽 요소 색상 조정하기 배경의 색상 톤보다 좀 더 눈에 띄면서 전체적인 분위기는 통일성을 유지하도록 색상과 명도(밝기), 채도(탁하기)를 선택하면 좋습니다.

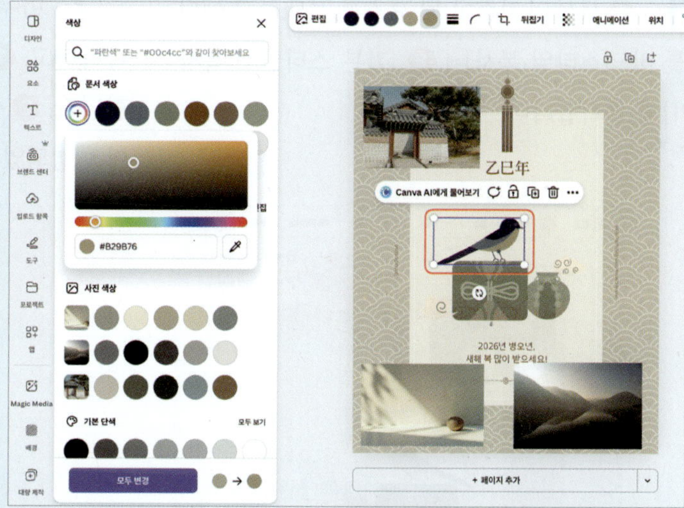

02 세컨드 포인트 요소 색상 조정하기 그래픽 요소보다 색이 밝으면서 채도를 약간 낮게 조절해 주면, 메인 포인트인 그래픽 요소와 한 덩어리로 보이면서 강약 리듬감을 주어, 전체 디자인의 밸런스를 맞춰 주는 역할을 합니다.

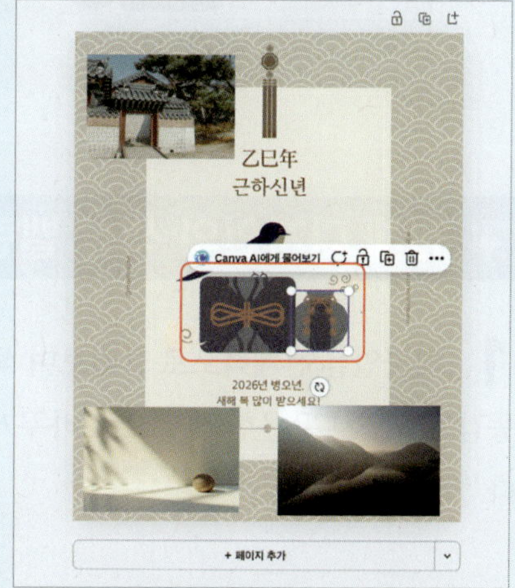

03 꾸밈 요소 색상 조정하기 꾸밈 요소는 배경과 자연스럽게 어우러지는 색상을 선택합니다.

스타일 복사로 색상 복붙하기

기본 스타일 복사 기능은 한 요소의 스타일(투명도, 색상, 폰트 등)을 다른 요소에 빠르게 적용할 수 있는 도구예요. 이 기능으로 디자인의 일관성을 쉽게 유지할 수 있어요.

01 ❶ 색상의 기준이 될 요소를 선택하고 에디터 툴 바-[스타일 복사]-❷ [기본 스타일로 복사하기]를 클릭합니다.

02 마우스 포인터 자리에 **페인트 롤러 아이콘**이 나타나고, ❶ 복사한 스타일을 적용할 요소를 클릭합니다. ❷ 선택한 요소에 스타일이 적용되어 색상이 변경되었습니다.

✨ 전체 디자인의 색상 밸런스 체크하기

01 디자인을 전체적으로 둘러보며 색상을 더 수정해야 할 곳이 있는지 체크합니다. ❶ 배경색을 좀 더 생동감 있으면서 은은한 색상으로 바꾸거나, ❷ 작은 텍스트의 색상도 좀 더 자연스러운 색으로 변경해 줍니다.

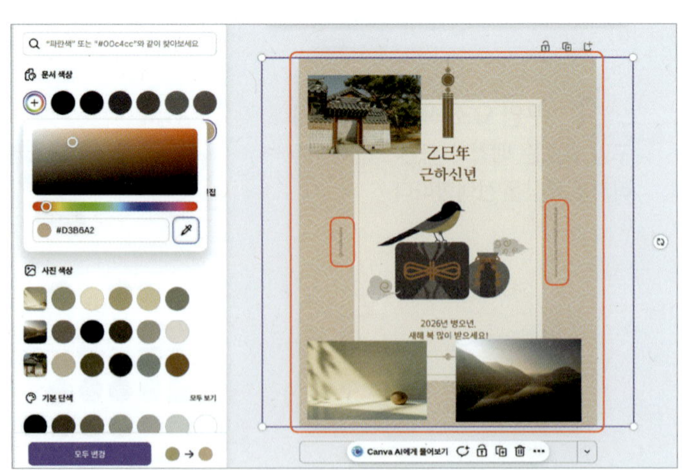

02 색상 작업 마무리하기 마지막으로 색상 추출용으로 사용했던 사진들을 페이지에서 삭제하면 색상 편집 작업이 마무리됩니다.

이번 레슨에서 다룬 배경과 색상 편집 흐름을 정리하면 다음과 같습니다.

1. 디자인 메뉴에서 스타일 적용 기능으로 전체 디자인의 기본 톤앤매너를 잡는다.
2. 도형 요소를 활용해 텍스트의 가독성을 높인다.
3. 상단 에디터 툴 바의 색상 추출 기능으로 요소와 텍스트 색을 조정하고 통일감을 만든다.
4. 전체 디자인의 색상 밸런스를 체크하며 색상 편집 작업을 마무리한다.

이 흐름을 기억해 두면 개별 요소 색만 바꾸는 법을 넘어서, 디자인 전체를 하나의 톤으로 설계하는 방법까지 자연스럽게 익히게 될 거예요.

디자인 정돈하기: 레이어와 정렬, 그룹화

여러 요소가 겹치는 디자인에서는 정렬과 레이어, 그룹 기능이 필수입니다. 정렬·레이어·그룹 기능으로 디자인을 깔끔하게 정돈해 완성도를 높이는 노하우를 배워 봅니다.

캔바에서 디자인을 하다 보면 여러 요소(이미지, 텍스트, 도형 등)들이 작업 페이지 위에 겹쳐서 배치됩니다. 이때 각 요소의 위치를 정확하게 조절하고, 여러 요소를 한 번에 이동시키려면 **레이어, 정렬, 그룹** 기능을 활용해야 합니다. 이 세 가지 기능은 깔끔하고 완성도 높은 디자인을 만드는 데 필수적인 기본기입니다.

이번 레슨은 디자인을 정돈하는 실제 작업 순서 흐름대로, 요소 배치→레이어 정리→정렬/간격 맞추기→그룹으로 구조 잡기 구성으로 정리해 볼게요.

✨ 요소의 보이는 순서 정돈하기: 레이어

레이어 이해하기: 겹쳐진 종이들의 순서

캔바의 디자인 화면은 여러 장의 투명한 종이가 겹쳐진 것과 같습니다. 이 투명한 종이가 '레이어'이고, 텍스트 상자, 그래픽, 사진, 같은 모든 요소는 각각 한 장의 '레이어'에 올려져 있다고 이해하면 됩니다. 이 레이어가 어떤 순서로 쌓이느냐에 따라 디자인이 화면에서 다르게 보입니다.

▲ 레이어 구조 이해도: 레이어가 쌓인 순서와 화면에서 보이는 디자인

텍스트가 사진 뒤에 숨어 보이지 않거나, 요소가 배경 위에 나타나야 하는데 뒤에 묻혀 있거나 등등 이런 문제는 대부분 레이어 순서가 정돈되지 않아서 생깁니다. 레이어만 잘 이해해도 복잡해 보이는 디자인을 쉽게 정리할 수 있답니다.

레이어 작업의 중심 도구는 에디터 툴 바의 위치 메뉴와 플로팅 툴 바입니다.

에디터 툴 바의 레이어 패널에서 레이어 순서 바꾸기

요소가 많아질수록 뭐가 어디에 있는지 헷갈릴 때에는 눈대중 대신 레이어 목록을 확인해 파악하는 게 정확하고 빠릅니다. 특히 복잡한 디자인 작업의 레이어들을 전체적으로 정돈할 때, 겹쳐진 요소가 많거나 작아서 클릭하기 어려울 때 유용합니다.

01 **[레이어] 탭 열기** 에디터에서 페이지나 배경, 또는 아무 요소나 하나 선택하고 에디터 툴 바-[위치]-[레이어] 탭을 클릭합니다. [레이어] 탭에서 모든 요소의 쌓인 순서를 볼 수 있어요. 가장 위의 레이어에 있는 요소가 페이지에서 맨 앞에 보이게 됩니다.

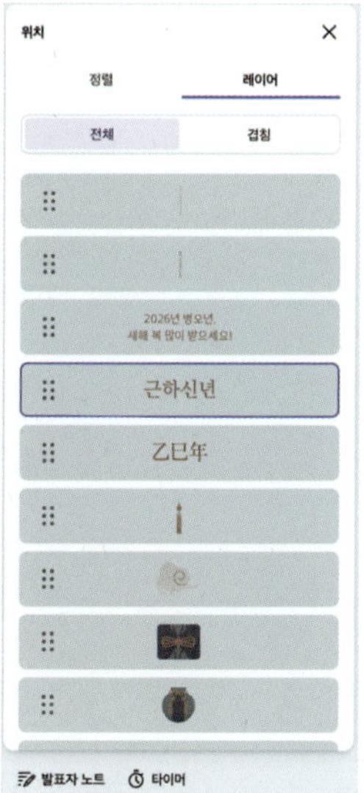

02 **레이어 순서 변경하기** 여기서 각 레이어를 클릭하면 해당 레이어에 있는 객체가 선택됩니다. 레이어를 선택한 채로 위아래로 드래그하면 이동할 자리에 보라색 선으로 표시되어 직관적으로 조정할 수 있습니다.

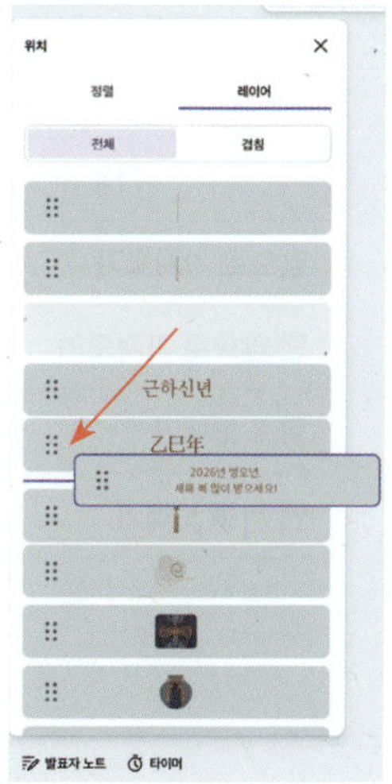

플로팅 툴 바로 레이어 순서 바꾸기

작업하는 과정에서 선택한 요소의 앞뒤 레이어 관계를 바로바로 정리하고 싶을 때에는 플로팅 툴 바를 활용하는 게 편리합니다. 또한 선택한 요소의 레이어 순서를 바로 바꿔 주는 단축키를 활용하면 더 빠르게 작업할 수 있어요.

한 요소의 레이어 순서 바꾸기

순서를 바꾸고 싶은 ❶ 요소를 선택하고, 플로팅 툴 바-[⋯](더보기)- ❷ [레이어]를 선택하면 4가지 옵션이 나타납니다. ❸ 원하는 옵션(예: [앞으로 가져오기])을 클릭하면 ❹ 해당 요소의 레이어가 이동한 것을 확인할 수 있어요.

실전 TIP 레이어 순서 변경 단축키 정리

디자인 작업하면서 레이어 순서 바꾸는 기능은 정말 자주 사용하니 단축키를 기억해 두면 좋습니다.

기능	윈도우	맥
앞으로 가져오기	Ctrl +]	⌘ +]
맨 앞으로 가져오기	Alt + Ctrl +]	Option + ⌘ +]
뒤로 보내기	Ctrl + [	⌘ + [
맨 뒤로 보내기	Alt + Ctrl + [	Option + ⌘ + [

여러 요소의 레이어 순서 바꾸기

여러 요소를 다중 선택하면 한꺼번에 레이어 순서를 바꿀 수 있습니다. 작업 페이지 또는 레이어 패널에서 Shift 키를 누른 채로 레이어 순서를 바꿀 여러 요소를 클릭해 선택하고 레이어 순서를 바꾸면 됩니다. 또는 플로팅 툴 바나 단축키를 활용해 바꿀 수 있습니다.

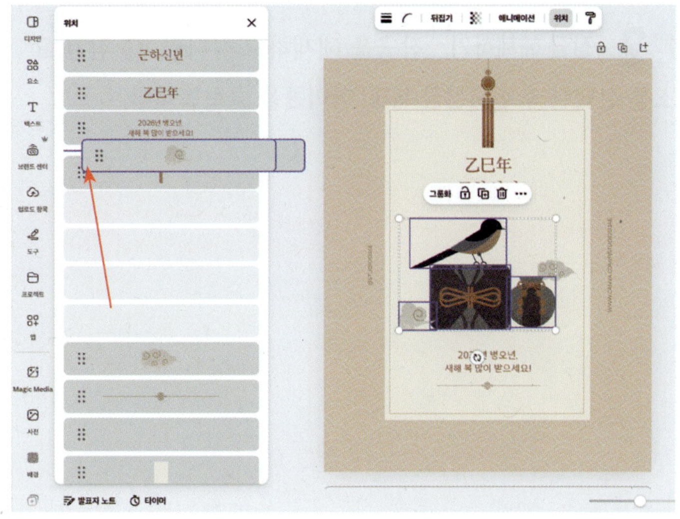

✨ 요소와 구조 고정하기: 잠금

배경 이미지나 메인 그래픽 요소 등 위치가 고정돼야 하는 요소는 작업 중에는 실수로 움직이지 않게 잠그는 것이 좋습니다. 또한 복잡한 템플릿의 경우, 수정하면 안 되는 요소에 잠금을 걸어 두면 다른 사람이 작업할 때 실수를 줄일 수 있습니다.

01 잠금 설정하기 ❶ 고정하고 싶은 요소(예: 배경 그래픽)를 선택하고 플로팅 툴 바에서 ❷ [잠금] 아이콘을 클릭합니다. 잠긴 요소는 선택은 되지만, 위치를 움직일 수 없습니다. 이렇게 해두면 작업하는 동안 실수로 배경 그래픽 요소가 선택될 일이 없어 편리합니다.

02 잠금 해제하기 잠금을 해제하고 싶다면, ❶ 잠긴 요소를 선택한 후 ❷ **[잠금 해제] 아이콘**을 클릭합니다.

요소의 위치 정돈하기: 정렬과 간격

정렬과 간격은 여러 요소를 일정한 간격으로 배치하거나, 페이지의 특정 위치에 정확하게 놓을 때 사용합니다.

자동 가이드 선

요소를 선택하고 드래그해 이동하면 페이지에 자주색의 가이드 선이 나타나, ❶ 페이지의 가운데나 안전 영역에 쉽게 맞출 수 있습니다. 또한 ❷ 비슷한 간격을 두고 배치된 다른 요소와의 간격을 수치로 보여 줍니다.

▲ ❶의 실행 모습

▲ ❷의 실행 모습

요소 정렬

에디터 툴 바의 **[위치]**를 클릭하면 정렬 메뉴가 나타납니다. 여러 개의 요소를 선택한 후 [가운데], [왼쪽], [오른쪽] 등 원하는 정렬 옵션을 클릭하면 요소들이 기준점에 맞춰 자동으로 정렬됩니다.

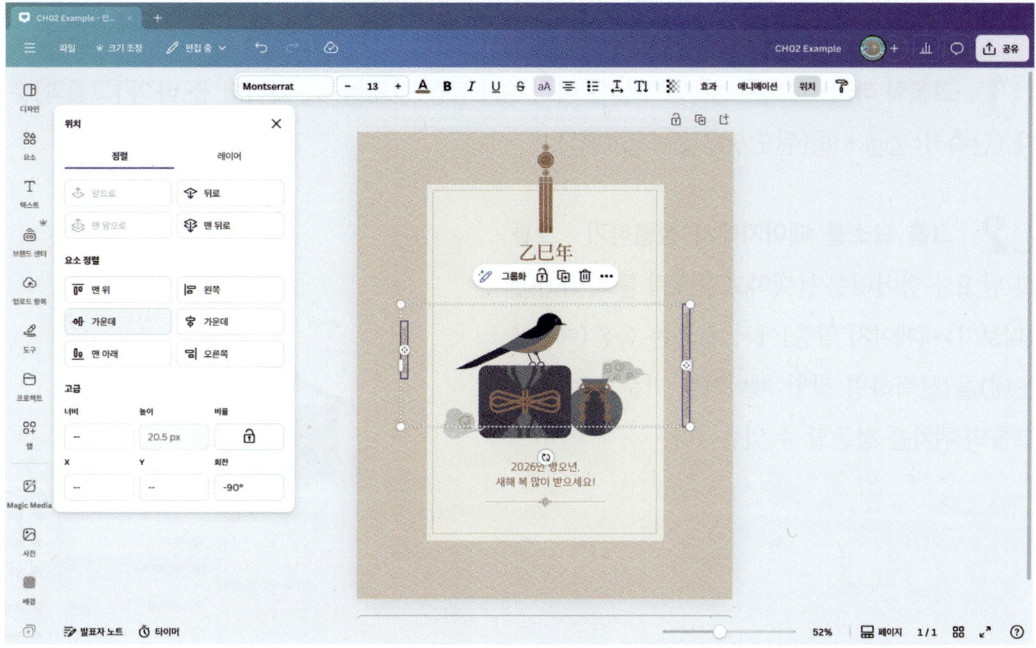

고르게 띄우기

여러 요소를 선택한 후 정렬 메뉴에서 [수직으로] 또는 [수평으로]를 클릭하면, 요소들 사이의 간격이 일정하게 맞춰집니다.

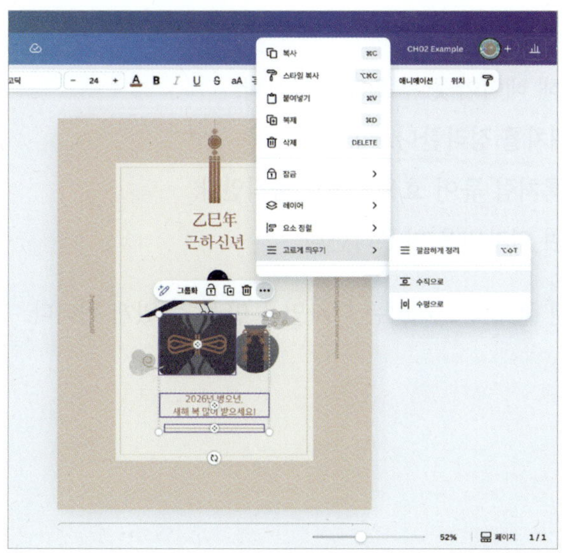

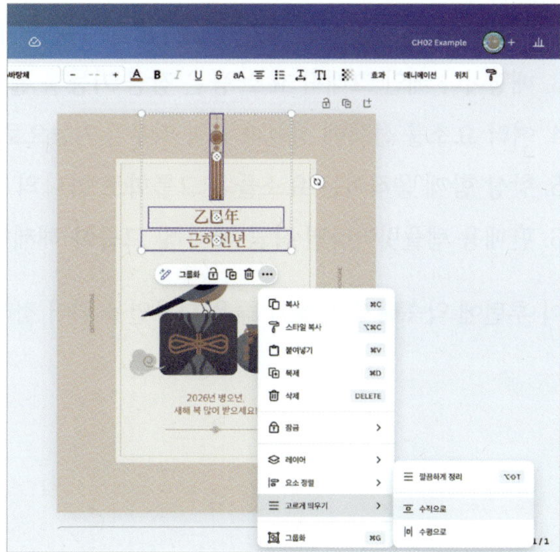

✨ 여러 요소를 한 덩어리로 다루기: 그룹화

그룹화는 여러 개의 요소를 마치 하나의 개체처럼 묶어 주는 기능입니다. 그룹을 지정하면 여러 요소를 한 번에 이동하거나 크기를 조절할 수 있어 작업 효율이 높아집니다.

01 **그룹화 하기** 그룹으로 묶고 싶은 여러 요소들을 선택한 후, 에디터 툴 바의 **[그룹화]**를 클릭합니다. (단축키: Ctrl + G(윈도우) / ⌘ + G(맥))

02 **그룹 요소를 페이지에서 정렬하기** 그룹화 된 요소 덩어리를 선택하고 플로팅 툴 바의 [···](더보기) - [페이지 맞춤]에서 원하는 옵션(예: 가운데)을 선택하면 작업 페이지를 기준으로 요소 그룹의 위치를 정돈할 수 있습니다.

마지막으로, 이번 레슨에서 설명한 디자인 정돈 과정을 정리해 볼게요.

1. 페이지에 요소를 배치한 후, 에디터 툴 바-[위치]-[레이어] 탭으로 레이어 구조를 한눈에 파악한다.
2. 디자인 작업 중에는 각 요소를 하나씩 편집할 때 에디터 툴 바 또는 단축키로 앞으로 가져오기/뒤로 보내기하여 바로바로 레이어 순서를 정리해 둔다.
3. 배경이나 메인 그래픽 요소 등은 잠금 기능을 활용해 레이아웃 구조를 고정한다.
4. 여러 요소를 선택해 정렬과 간격 띄우기 기능으로 위치를 정리한다.
5. 항상 함께 움직이는 요소들은 그룹화로 하나의 블록처럼 묶어 효율적으로 움직인다.
6. 판매용 템플릿이라면 잠금 해제 및 그룹화 해제하여 디자인을 마무리한다.

이 루틴에 익숙해지면, 보기 좋은 디자인을 넘어 정리된 설계가 느껴지는 디자인을 만들 수 있게 됩니다.

페이지 관리하기: 페이지 추가 및 삭제, 이동

여러 페이지를 만드는 작업에서는 보기 방식과 페이지 이동이 핵심입니다. 스크롤 · 섬네일 · 그리드 뷰를 활용해 흐름을 한눈에 파악하고 체계적으로 정리해 멀티 페이지 작업의 기본기를 익힙니다.

하나의 디자인이 여러 페이지로 확장되면, 페이지를 빠르게 추가 · 복제하고 정리하는 능력이 매우 중요해 집니다. 인스타그램 카드뉴스, 프레젠테이션, PDF 가이드처럼 '시리즈로 만드는 작업'은 대부분 페이지 기반으로 이루어지기 때문이에요.

이번 레슨에서는 캔바의 3가지 페이지 뷰(스크롤 · 섬네일 · 그리드)를 활용해 페이지를 추가하고, 복제하고, 정렬하는 방법을 익혀 디자인을 더 체계적으로 관리해 보겠습니다.

✨ 페이지 뷰 이해하기: 스크롤 뷰/섬네일 뷰/그리드 뷰

디자인을 만들다 보면 한두 페이지로 끝나지 않을 때가 많습니다. 이럴 때는 페이지를 어떻게 바라보고, 어떤 뷰로 전환해서 확인하느냐에 따라 작업 효율이 달라져요. 캔바의 페이지 뷰는 크게 스크롤 뷰 · 섬네일 뷰 · 그리드 뷰 3가지입니다. 각 뷰의 특징을 이해해 두면, 이후 페이지 관리 기능을 훨씬 자연스럽게 사용할 수 있습니다.

1. 스크롤 뷰 - 페이지를 흐름으로 보는 방식

한 화면에서 페이지를 위아래로 이어서 보며 작업할 수 있어요. 자연스러운 흐름을 보며 이야기 구조를 잡을 때 적합합니다.

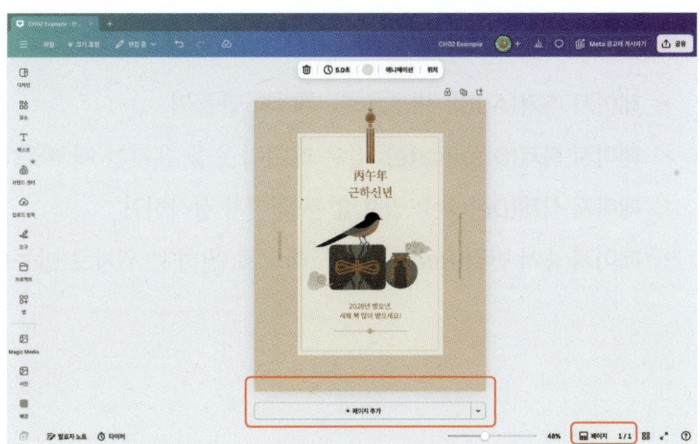

2. 섬네일 뷰 - 페이지를 목차처럼 보는 방식

작업 영역 하단에 페이지 섬네일이 작게 나열되며, 페이지 간 분위기 · 순서를 한눈에 비교하기 좋습니다. 여러 페이지를 번갈아 보며 수정할 때 많이 사용합니다.

3. 그리드 뷰 - 페이지를 지도처럼 조망하는 방식

전체 페이지를 타일 형태로 펼쳐서 보여 줘서 전체 구조를 쉽게 파악할 수 있어요. 여러 페이지의 시리즈 디자인을 전반적으로 살펴보며 조율하거나 전체적인 톤을 비교할 때 가장 효율적인 방법입니다.

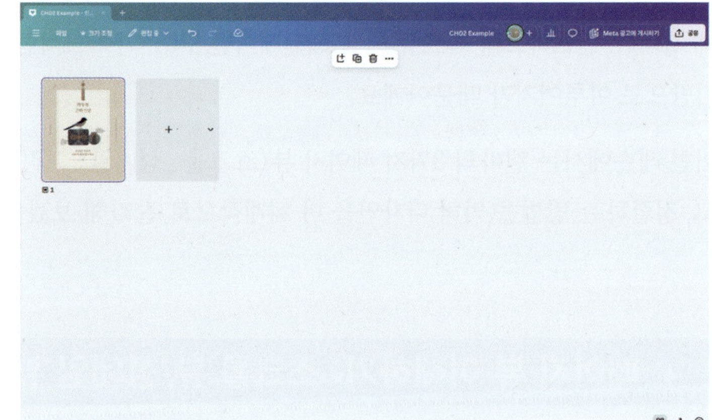

✨ 페이지 관리 기능 개요

페이지를 효율적으로 관리하려면 기능의 개념부터 먼저 정리하는 것이 좋아요. 아래 네 가지 기능은 어떤 뷰에서든 동일하게 제공되는 기본 조작 원리입니다.

- **페이지 추가(Add)**: 새로운 빈 페이지 만들기
- **페이지 복제(Duplicate)**: 같은 레이아웃을 유지한 채 빠르게 복사하기
- **페이지 삭제(Delete)**: 필요 없는 페이지 정리하기
- **페이지 순서 변경(Reorder)**: 드래그로 원하는 위치로 이동하기

✨ 각 페이지 뷰에서 페이지 관리하기

스크롤 뷰에서 페이지 관리하기

대부분의 디자인 작업이 이루어지는 기본 화면입니다. 스크롤로 페이지를 세로로 넘기며 작업하는 방식입니다.

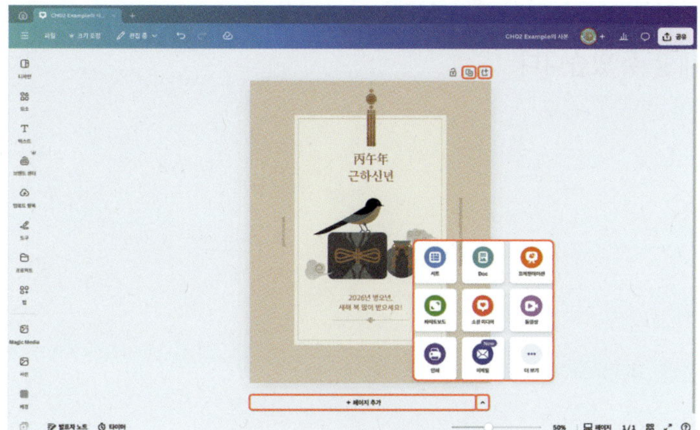

01 페이지 추가하기 ① 페이지 상단의 [페이지 추가] 아이콘 또는 ② 페이지 하단의 [페이지 추가] 버튼을 클릭하여 같은 형식(예: 인스타그램 게시물)으로 새 페이지를 추가할 수 있습니다. 하단 [페이지 추가] 버튼 옆의 ③ [페이지 유형 추가] 버튼을 클릭해 ④ 다양한 형식 목록 중에 원하는 옵션을 골라 추가해 멀티 디자인으로 작업할 수 있습니다.

▲ 새 페이지가 추가된 화면

02 페이지 복제하기 ① 페이지 상단의 [복제] 아이콘을 클릭하면 ② 현재 페이지와 똑같은 페이지가 복제되어 추가됩니다.

03 페이지 삭제 및 순서 바꾸기 페이지 삭제와 순서 바꾸기는 페이지 수가 2장 이상일 때부터 가능합니다. ❸ 페이지 상단의 위/아래로 [이동] 아이콘을 클릭해 현재 페이지의 순서를 이동하거나, ❹ [삭제] 아이콘을 클릭에 페이지를 삭제할 수 있습니다.

▲ 페이지 복제 버튼과 복제되어 추가된 페이지

섬네일 뷰에서 페이지 관리하기

작은 섬네일 형태로 페이지를 모아 볼 수 있는 방식입니다. 페이지가 많을 때 섬네일을 가로로 스크롤해 전체적인 디자인 흐름을 파악하기 좋습니다.

01 페이지 추가하기 하단의 페이지 ❶ 하단의 페이지 섬네일에 마우스 포인터를 올리면 나타나는 [···] (더보기)를 클릭하면 페이지 추가, 복제, 삭제를 바로 실행할 수 있습니다. 또한 섬네일 바로 옆에 있는 ❷ [+] (페이지 추가) 버튼을 클릭해 새 페이지를 추가하거나, ❸ [페이지 유형 추가] 버튼을 클릭해 원하는 형식의 페이지를 추가할 수 있습니다.

02 페이지 복제/삭제하기 ❶ 섬네일-[···] (더보기)에서 페이지 복제 및 삭제가 가능하지만 단축키로 더 간단하고 빠르게 할 수 있습니다. 페이지 섬네일를 클릭해 선택한 후, 단축키 Ctrl + D(윈도우)/⌘ + D(맥) 키를 눌러 페이지를 복제하고, Delete/Back Space 키를 눌러 페이지를 삭제할 수 있습니다.

▲ ❸의 실행 모습

03 여러 페이지일 때 페이지 추가하기 페이지가 2장 이상일 때에는, 페이지 섬네일 사이에 마우스 포인터를 올리면 나타나는 [+](페이지 추가) 버튼을 클릭하면 새 페이지가 추가됩니다.

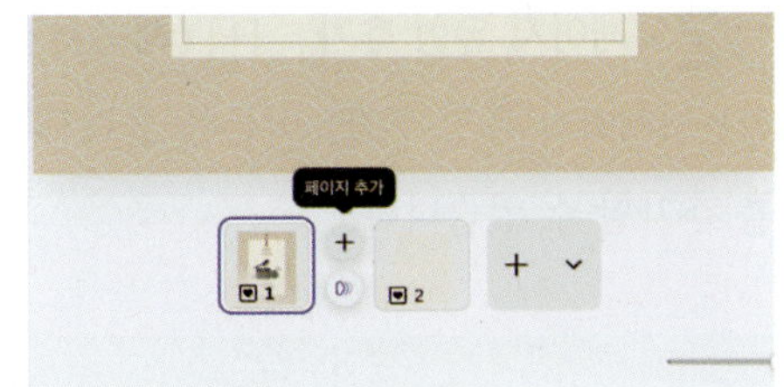

04 페이지 순서 바꾸기 페이지 삭제와 순서 바꾸기는 페이지 수가 2장 이상일 때부터 가능합니다. 섬네일을 클릭하고 드래그하여 원하는 위치로 옮기면 페이지 순서가 바뀝니다.

그리드 뷰에서 페이지 관리하기

모든 페이지를 한눈에 볼 수 있는 화면입니다. 페이지 수가 많은 디자인 작업을 할 때, 페이지의 전체적인 흐름을 파악하고 관리하는 데 가장 유용합니다.

01 페이지 추가/복제/삭제 ❶ 섬네일을 선택하고 마우스 우클릭 또는 ❷ 섬네일의 [더보기] 클릭 또는 ❸ 화면 상단 플로팅 툴 바의 […](더보기)를 클릭하거나 ❹ [+](페이지 추가) 버튼을 클릭해 페이지 추가, 복제, 삭제가 가능합니다. 페이지 섬네일를 클릭해 선택한 후, 단축키 Ctrl + D(윈도우)/⌘ + D(맥) 키 눌러 페이지를 복제하고, Delete / Back Space 키를 눌러 페이지를 삭제할 수 있습니다.

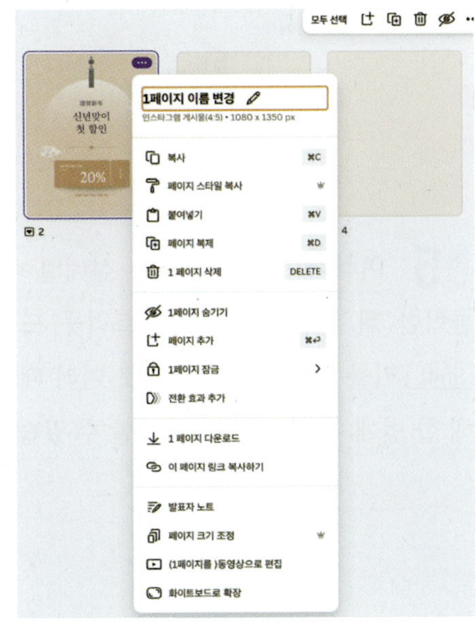

02 페이지 유형 추가 [+] (페이지 추가) 버튼 바로 옆에 있는 [페이지 유형 추가] 버튼을 클릭해 원하는 형식의 페이지를 추가할 수 있습니다.

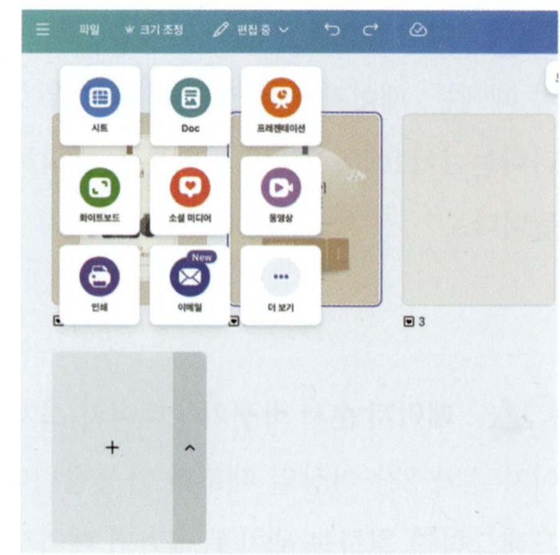

03 여러 페이지일 때 페이지 추가하기 페이지가 2장 이상일 때에는, 페이지 섬네일 사이에 마우스 포인터를 올리면 나타나는 [+] (페이지 추가) 버튼을 클릭하면 새 페이지가 추가됩니다.

04 페이지 순서 바꾸기 원하는 페이지를 클릭하고 드래그하여 순서를 쉽게 바꿀 수 있습니다. 여러 페이지를 동시에 선택한 후 드래그해서 순서를 바꿀 수도 있습니다.

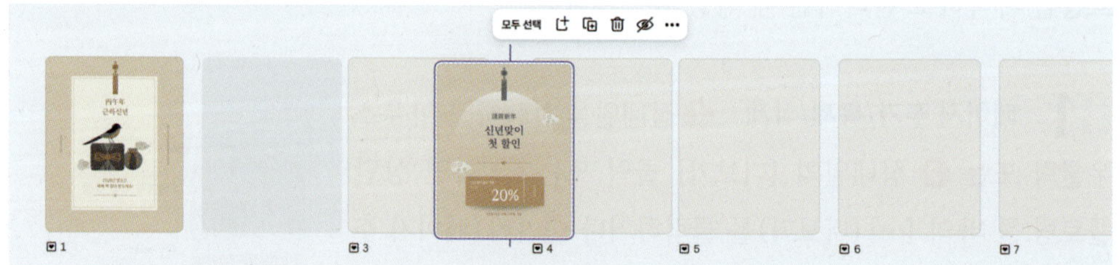

05 여러 페이지 선택하기 섬네일 바깥 부분을 클릭한 뒤 화면에 사각형을 그리듯 드래그하거나, Shift 키를 누른 채로 마우스로 여러 페이지를 선택해 한 번에 이동시키거나 복제할 수 있습니다.

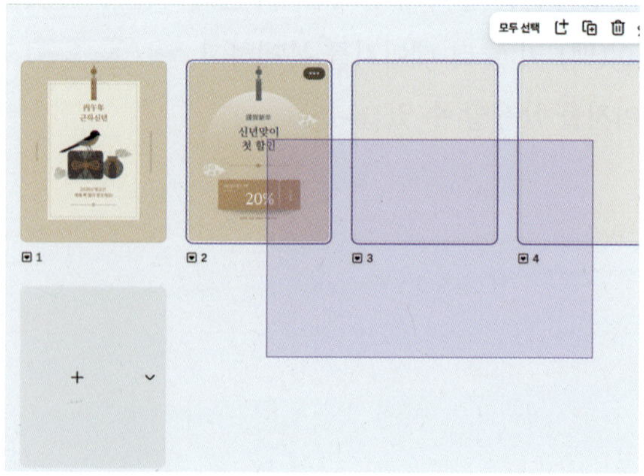

이번 레슨에서 배운 페이지 관리 루틴을 짧게 정리해 볼게요.

1. 첫 페이지에서 레이아웃 · 색 · 폰트 · 레이어를 정리해 기본 디자인 포맷을 만든다.
2. 이 페이지를 복제해 2, 3, 4페이지를 만들고, 텍스트와 이미지만 교체한다.
3. 내용을 검토하며 필요 없는 페이지는 삭제, 빠진 내용은 새 페이지 추가로 보완한다.
4. 하단 섬네일 또는 그리드 뷰에서 페이지를 드래그해, 도입-전개-결론 흐름이 자연스럽게 이어지도록 순서를 정리한다.
5. 디자인을 완성한 뒤에는 그리드 뷰로 전체를 다시 확인하며, 각 페이지의 색 · 레이아웃 · 여백이 일관되게 보이는지를 확인한다.

페이지를 관리하는 일은 단순히 장수를 늘리고 줄이는 것이 아니라, 한 페이지 안에서 디자인을 완성하고, 여러 페이지를 이어서 배치하고, 필요하면 순서를 바꿔 전체 스토리를 재구성하는 과정입니다. 이 루틴을 통해, 한 장짜리 디자인에 머무르지 않고, 여러 장이 연결된 스토리형 콘텐츠를 안정적으로 만들 수 있게 됩니다.

디자인 저장과 공유하기: 다운로드 및 공유 옵션

완성된 디자인은 용도에 맞게 저장하고, 적절한 방식으로 공유해야 합니다. 파일 형식 선택부터 색상 모드 설정, 템플릿 링크 공유까지 실전 작업과 협업에서 필요한 기초 노하우를 익힙니다.

작업 페이지 안에서 디자인을 만드는 과정을 다뤘다면, 디자인 작업의 마지막 단계인 저장과 공유를 다룰 차례입니다. 캔바에서는 자동 저장 덕분에 작업 내용을 잃어버릴 걱정이 없습니다. 또한 완성한 디자인을 다운로드, 링크 공유, 템플릿화, SNS 직접 게시 등 다양한 방식으로 활용할 수 있습니다. 이번 레슨에서는 이 네 가지 흐름을 하나씩 정리해 보겠습니다.

저장과 다운로드하기

자동 저장 이해하기

캔바는 클라우드 기반이라 작업이 실시간으로 자동 저장됩니다. 별도로 [저장] 버튼을 누를 필요가 없고, 인터넷이 불안정해도 접속이 다시 연결되면 변경 내역이 그대로 복구됩니다. 상단 메뉴에 체크 표시된 구름 아이콘이 보이면 자동 저장이 완료된 상태입니다.

디자인을 파일로 다운로드하기

캔바는 디자인 용도에 맞춰 다양한 파일 형식으로 다운로드할 수 있습니다. 각 파일 형식의 특징을 이해하고 상황에 맞게 사용해 보세요.

01 **[다운로드] 창 열기** 디자인 에디터 상단 메뉴-❶ [공유]- ❷ [다운로드] 버튼을 선택하면 ❸ [다운로드] 창이 열립니다.

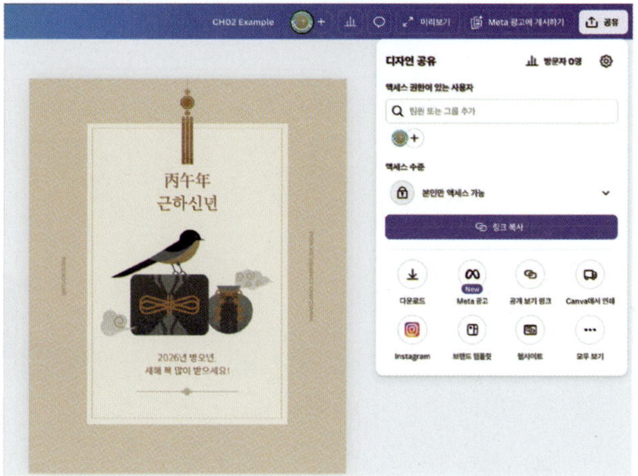

02 **다운로드 파일 형식 선택하기** [다운로드] 창에서는 파일 형식, 품질, 페이지 선택 등의 다운로드 옵션을 선택할 수 있습니다. ❶ [파일 형식] 드롭다운 메뉴를 클릭하면 ❷ 다양한 파일 형식 목록이 열립니다. 원하는 파일 형식을 클릭하면, 그에 맞는 다운로드 세부 옵션을 선택할 수 있습니다.

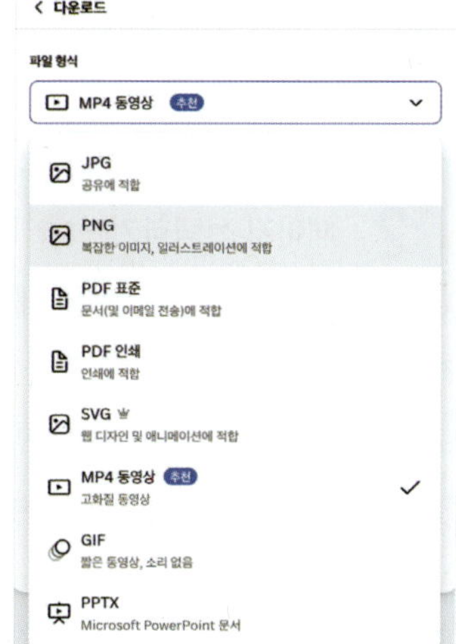

전체 페이지 다운로드 vs 일부 페이지 다운로드

캐러셀(카드뉴스) · 프레젠테이션처럼 여러 페이지의 디자인을 만들었을 때는 모든 페이지를 다운로드할지, 선택한 페이지만 다운로드할지 선택할 수 있습니다. 특히 여러 디자인 형식을 한 파일에서 작업한 멀티 디자인의 경우는, 필요한 페이지만 골라서 다운로드하는 게 효율적입니다.

01 파일 형식 선택하기 파일 형식 드롭다운 메뉴에서 ❶ 다운로드할 파일 형식(예: PNG)을 선택하면, ❷ 해당 파일 형식에서 선택할 수 있는 다운로드 세부 옵션이 표시됩니다.

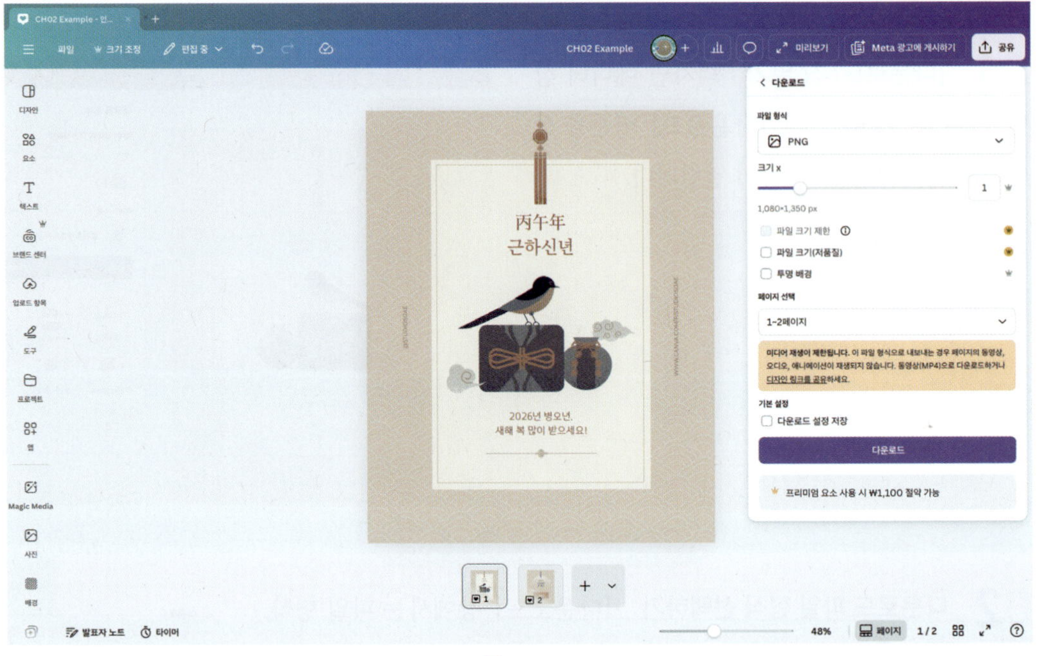

▲ ❷의 실행 모습

02 페이지 선택하기 ❶ [페이지 선택]의 드롭다운 메뉴를 엽니다. ❷ **모든 페이지**는 만든 모든 페이지를 다운로드하는 옵션이고, ❸ [모든 페이지]의 체크박스를 해제한 후, [현재 페이지] 또는 원하는 페이지 번호만 체크하면 선택한 페이지만 다운로드하는 옵션입니다. ❹ 설정을 마쳤다면 [완료] 버튼을 클릭하여 드롭다운 메뉴를 닫습니다.

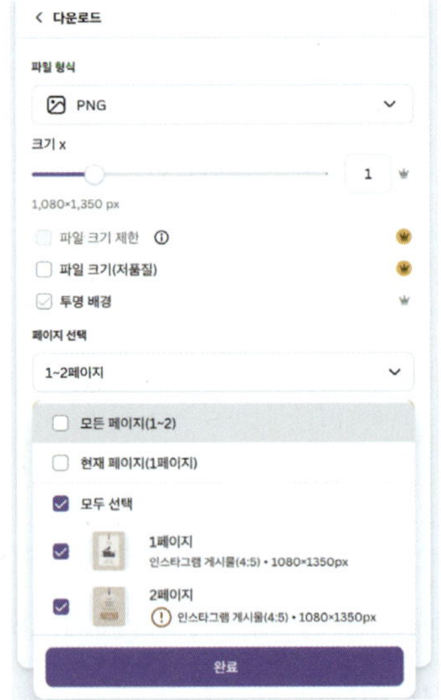

03 다운로드하기 모든 설정을 마치고 ❶ [다운로드] 버튼을 클릭하면, ❷ 다운로드가 시작되고, 하단 메뉴에 다운로드 과정이 표시됩니다. ❸ 다운로드가 완료되어 저장 위치 설정 창이 나타나면 저장할 위치를 선택하고, [저장] 버튼을 클릭합니다. ❹ 하단 메뉴에 완료됨 표시가 나타나고, ❺ [Finder에 표시하기]를 클릭하면 저장된 파일이 있는 폴더가 열립니다.

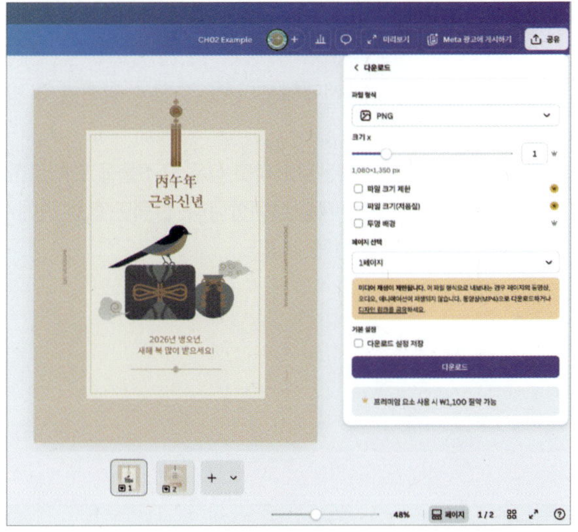

▲ ❶의 실행 모습

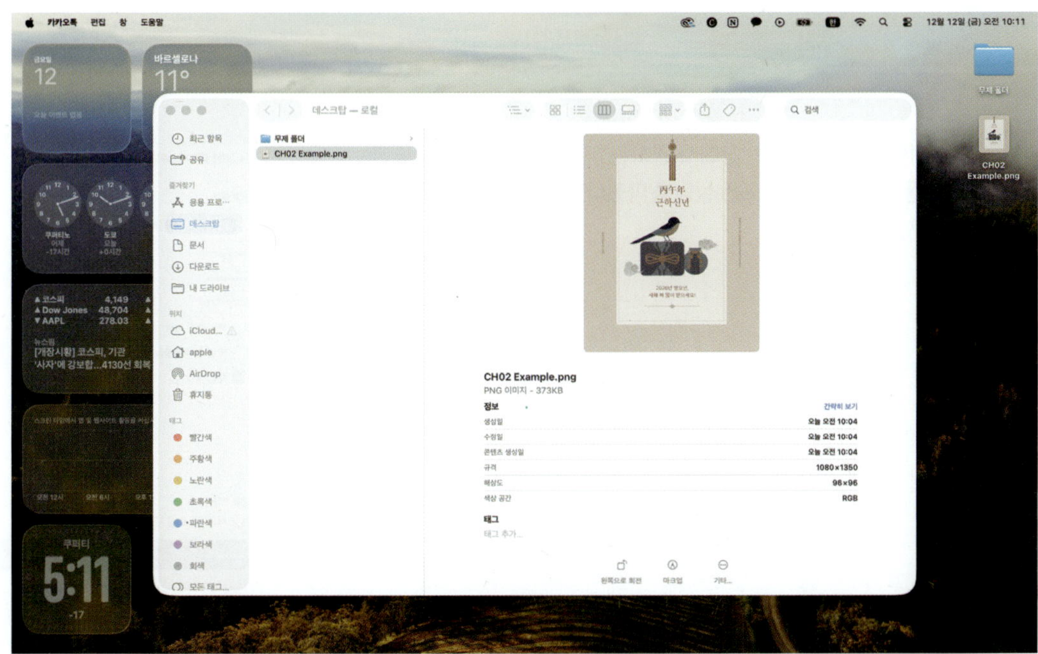

▲ ❺의 실행 모습

더 알아보기 선택 항목 다운로드

디자인의 특정 요소만 선택해서 다운로드할 수 있어요. 이 방법으로 필요한 부분만 간편하게 저장할 수 있습니다.

01 페이지에서 다운로드하고 싶은 요소들을 드래그하거나, Shift 키를 누른 채로 클릭해서 여러 개를 선택합니다. 선택한 항목 위에서 마우스 우클릭-[선택 항목 다운로드]를 선택합니다.

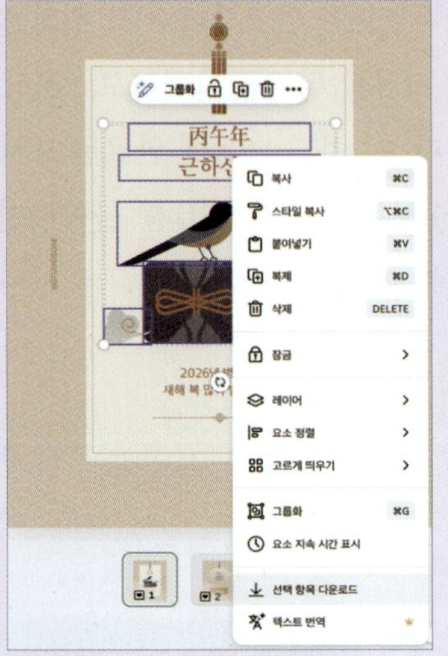

02 [선택 항목 다운로드] 창에서 원하는 파일 형식을 고르고, 원하는 다운로드 옵션들을 선택합니다. 모든 설정을 마쳤다면 [다운로드]를 클릭하여 선택한 요소만 저장합니다.

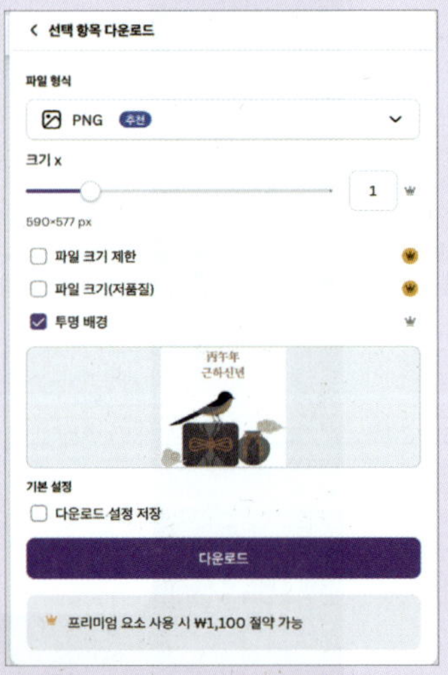

03 선택한 항목들만 다운로드된 파일을 확인합니다.

파일 형식별 정리

디자인을 완성한 뒤에는 목적에 따라 적절한 파일 형식을 선택하는 것이 중요합니다. 캔바에서는 다양한 다운로드 옵션을 제공하며, 각 파일 형식은 서로 다른 강점과 활용 용도를 가지고 있어요. 다음 표를 참고해 가장 알맞은 형식을 선택해 보세요.

파일 형식	설명	추천 용도
JPG	용량이 가볍고 압축된 이미지 형식	웹사이트, 블로그, 이메일 첨부용 이미지
PNG	고해상도 이미지, 투명 배경 지원	로고, 스티커, 아이콘, 복잡한 일러스트, SNS 이미지
PDF 표준	화면 기반 문서 공유용 PDF	프레젠테이션 자료 전달, 출력 전 검토용 문서 공유
PDF 인쇄	인쇄에 최적화된 고해상도 PDF, CMYK 기반	명함, 전단, 포스터 등 모든 인쇄물
SVG	벡터 형식으로 확대해도 품질 저하 없음	웹 아이콘, UI 그래픽, 애니메이션용 그래픽
MP4(동영상)	소리 포함 가능한 표준 고화질 영상 파일	SNS 홍보 영상, 모션 그래픽, 발표 영상
GIF	반복되는 짧은 무음 애니메이션 파일	짧은 모션 이미지, 배너, SNS용 반응형 콘텐츠
PPTX	Microsoft PowerPoint 편집 가능한 파일	프레젠테이션 제작 및 슬라이드 편집

인쇄용 PDF 저장 시 주의할 점

디자인을 실제 인쇄물로 제작할 계획이라면 저장 단계에서 몇 가지 설정을 반드시 확인해야 합니다. 화면에서 보던 색감과 인쇄 결과가 다르게 보이는 이유는 대부분 이 과정에서 발생하므로, 아래 항목을 체크하면서 저장하면 훨씬 안정적인 결과물을 얻을 수 있어요. 각 항목의 자세한 방법은 실습 파트인 챕터 04에서 자세히 다루겠습니다.

① PDF 인쇄로 선택해 다운로드하기
② 블리드/재단 여백 옵션 확인하기
③ 고해상도의 사진을 사용했는지 확인하기
④ 브랜드 컬러는 HEX 값 기준으로 정확히 입력하기

✨ 공유 링크로 협업 및 수익화하기

캔바에서는 다양한 공유와 게시 기능을 지원하며 목적에 따라 선택하면 됩니다. 그중에서도 대표적인 공유 방법인 ❶ 협업 링크 ❷ 공개 보기 링크 ❸ 템플릿 링크를 살펴보겠습니다. 이 3가지 공유 기능은 단순히 디자인을 저장하고 전송하는 것을 넘어, 협업과 수익 창출을 가능하게 하는 강력한 도구입니다.

캔바의 공유 링크 3종 비교

링크 유형	특징	주요 목적
공개 보기 링크	상대가 디자인을 '보기'만 가능한 단순 열람 · 검토용	포트폴리오, 시안 검토
협업 링크	상대에게 가능한 편집 권한을 지정해서 공유 가능	공동 작업, 피드백
템플릿 링크👑	상대가 디자인을 사본으로 열어 편집 가능	템플릿 배포 · 판매

캔바 공유 링크의 3가지 강점

① **협업의 효율성**: 실시간으로 여러 명이 한 디자인을 함께 편집하며 피드백을 주고받을 수 있어, 작업 시간을 획기적으로 단축합니다.

② **수익화의 도구**: 내가 만든 디자인을 다른 사람들이 쉽게 활용할 수 있도록 공유하여, 템플릿 판매 등 새로운 수익 파이프라인을 구축할 수 있습니다.

③ **안전한 디자인 보호**: 원본은 안전하게 보호하면서 사본을 제공하는 방식으로, 내 창작물을 안전하게 지키며 공유할 수 있습니다.

공개 보기 링크 만들기

누구나 디자인을 볼 수 있는 링크로, 주로 완성된 결과물을 화면용으로 공유할 때 사용합니다. 링크를 받은 사람은 디자인을 볼 수만 있고, 수정 작업을 하거나 댓글을 남길 수 없습니다.

01 상단 메뉴-[공유]-[공개 보기 링크] 버튼을 클릭합니다.

02 다음 단계에서 [공개 보기 링크 만들기] 버튼을 클릭해 링크를 만듭니다.

03 다음 단계에서 [복사] 버튼을 클릭하여 공개 보기 링크를 복사해 원하는 사람에게 공유합니다.

04 링크 생성 후에는 [공개 보기 링크] 버튼에 '사용 가능' 문구가 표시됩니다.

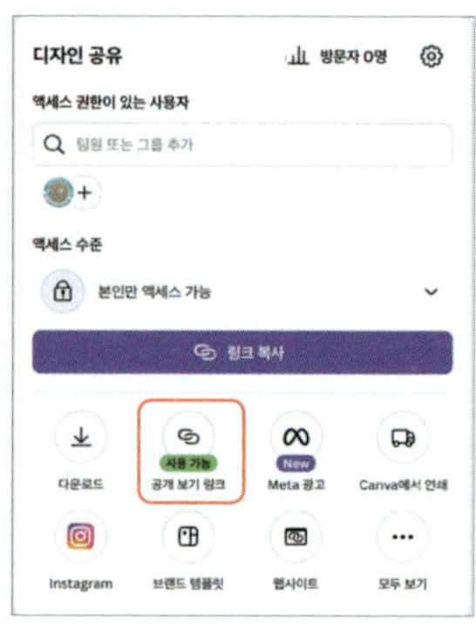

05 [공개 보기 링크] 버튼을 클릭하면 [⋯](더보기)에서 링크의 이름을 변경하거나 링크를 삭제할 수 있습니다.

06 다음 이미지는 공개보기 링크를 공유받은 사용자가 링크를 열었을 때의 화면입니다.

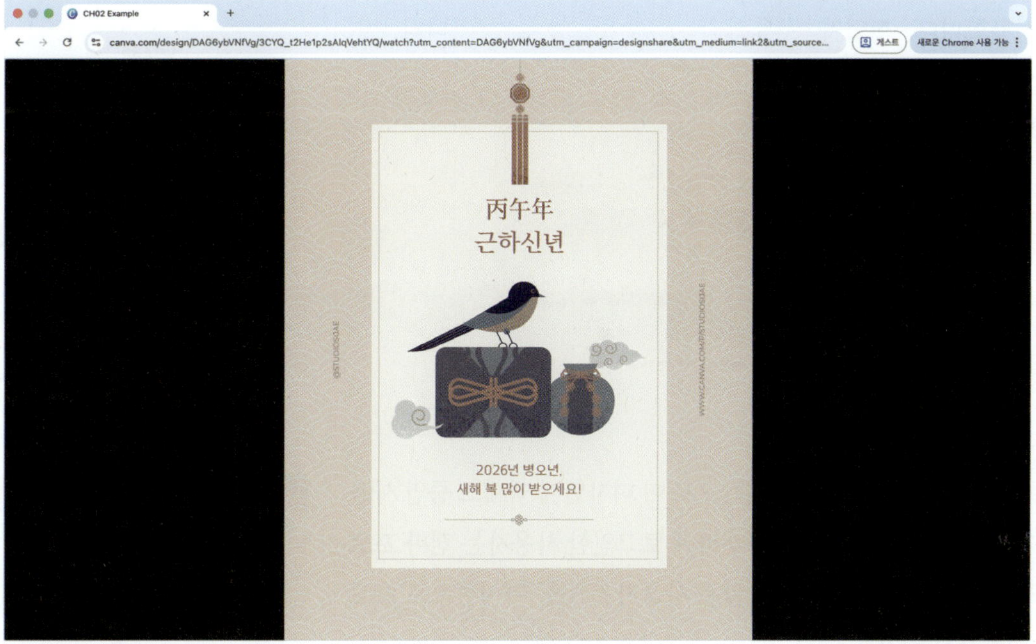

협업 링크 만들기

여러 명이 동시에 디자인을 편집하거나, 댓글을 남기며 협업할 수 있는 공동 작업 링크입니다. 링크에 접근하는 사용자의 권한(편집 가능/댓글 가능/보기 가능)을 설정해 팀원 또는 외부인과 실시간으로 작업하거나 피드백을 주고받을 수 있습니다.

01 상단 메뉴에서- ❶ [공유]- ❷ [액세스 수준]을 클릭해 드롭다운 메뉴를 엽니다.

02 드롭다운 메뉴에서 ❶ [링크가 있는 모든 사용자] 옵션을 선택합니다.

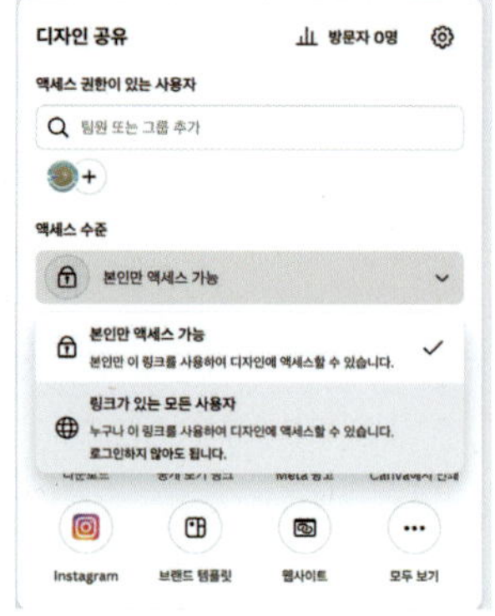

03 드롭다운 메뉴에서 ❶ 액세스 사용자의 편집 권한(편집 가능/댓글 가능/보기 가능) 옵션을 선택합니다. 협업자와 자유롭게 공동 작업을 하기 원한다면 [편집 가능] 옵션을 선택하면 됩니다.

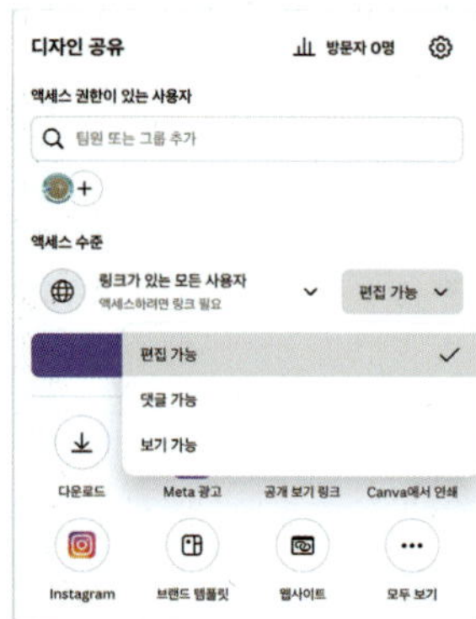

04 설정을 완료하고 ❶ [링크 복사] 버튼을 클릭한 후, 복사된 링크를 협업자에게 공유하면 됩니다.

05 상단 메뉴바에 실시간으로 이 디자인에 액세스 중인 사용자의 프로필이 표시됩니다. 캔바에 로그인한 사용자는 캔바 프로필이 표시되고, 로그인하지 않은 사용자는 동물 아이콘으로 프로필이 표시됩니다.

협업 링크를 공유하기 전에 액세스 수준 설정을 꼭 체크하세요.

1. 액세스 수준이 '본인만 액세스 가능'으로 되어 있진 않은가요?

링크를 공유했는데 디자인이 안 보일 때는 대부분 이 경우입니다. 이 옵션이 선택되어 있다면 디자인이 비공개인 상태로 링크가 만들어지므로 유의해야 합니다. 다른 사람들에게 보여 주는 링크라면 꼭 액세스 수준을 링크가 있는 모든 사용자로 선택하세요.

2. 받은 사람에게 맞는 편집 권한으로 설정되어 있나요?

링크를 공유하기 전에 편집 권한(편집 가능/댓글 가능/보기 가능) 설정을 한 번 더 확인하세요. 외부인에게 편집 가능 권한을 주거나, 반대로 협업자에게 보기 가능 권한만 주진 않았는지 꼭 확인합니다.

더 알아보기 디자인에 협업자를 직접 초대하는 방법

협업 링크 바로 위에 있는 엑세스 권한이 있는 사용자 항목에 대해 짚어 볼게요. 협업 링크와 비슷하지만 조금 다른 점이 있어요.

- **협업 링크**: 링크를 가진 누구나(익명 사용자 포함) 디자인에 접근 가능
- **엑세스 권한이 있는 사용자**: 직접 초대된 사용자(이메일, 팀 등)만 디자인에 접근 가능

엑세스 권한이 있는 사용자 항목으로 링크 설정하기

디자인 공유 창 ① 상단의 검색 바 또는 ② [+](사용자 추가) 버튼을 클릭해 이메일 주소를 입력하거나 [캔바 사용자 계정]을 선택해 디자인에 접근할 수 있는 협업자를 직접 초대할 수 있습니다. ③ 초대된 사람들은 소유자 프로필 바로 옆에 프로필이 표시됩니다.

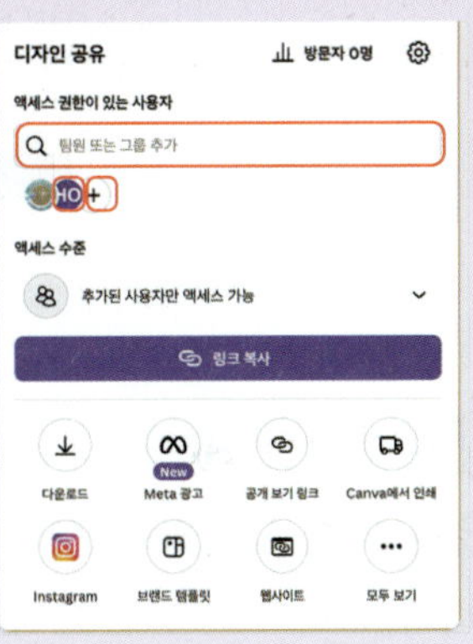

템플릿 링크 만들기

현재 디자인을 템플릿화하여 공유할 수 있는 링크입니다. 공유를 받은 사람이 링크를 클릭하면 자동으로 복사본으로 디자인이 열려 자유롭게 편집할 수 있습니다. 원본은 수정되지 않고 유지되는 방식이기에 팀원이나 외부인이 디자인을 참고하거나, 여러 명이 각자 복사해서 사용할 때 유용합니다. 디자인 템플릿을 판매할 때에도 이 방식을 활용하면 됩니다.

01 상단 메뉴에서 - ❶ [공유]-❷ [···](모두 보기)를 클릭합니다.

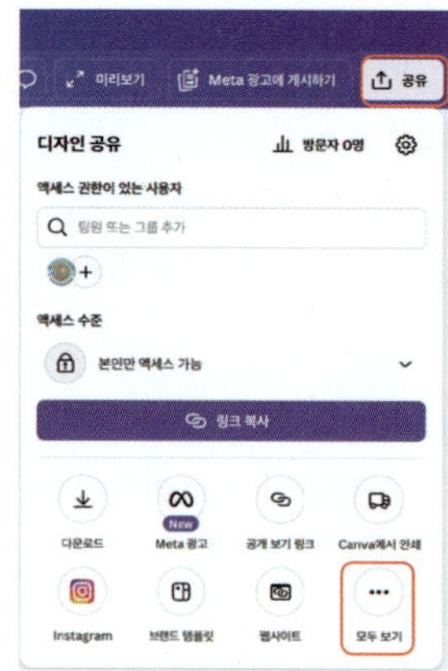

02 목록에서 [템플릿 링크]♛를 클릭합니다.

03 다음 단계에서 [템플릿 링크 만들기] 버튼을 클릭합니다.

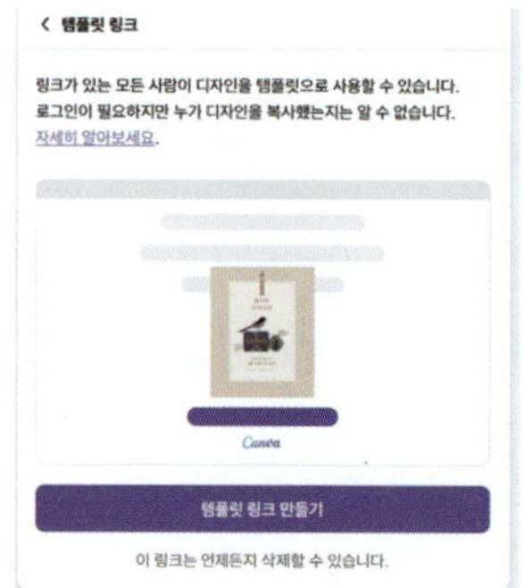

04 생성된 ❶ 템플릿 링크를 복사해 공유하면 됩니다. ❷ [템플릿 링크 삭제하기] 버튼을 클릭하면 언제든 공유 링크를 삭제할 수 있습니다.

05 템플릿 링크를 공유받은 사용자가 링크를 열었을 때의 화면으로 [템플릿 보기] 버튼을 클릭합니다.

Sijae 님이 만든 템플릿이 고객님과 공유되었습니다.
디자인을 시작하세요.

06 캔바 에디터에서 해당 템플릿이 '사본'으로 열린 것을 확인할 수 있습니다.

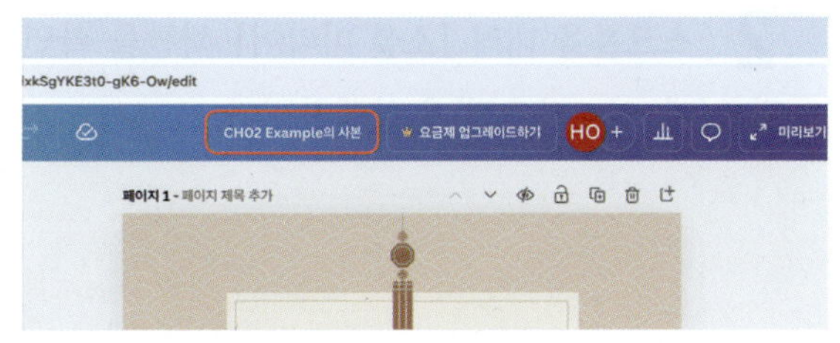

언제 다운로드하고, 언제 링크를 공유할까?

① 파일 다운로드가 알맞은 상황

- SNS에 업로드해야 할 때
- 인쇄물을 출력해야 할 때
- 디자인을 파일로 전달해야 할 때

② 링크 공유가 알맞은 상황

- 시안을 수정 없이 리뷰받을 때(보기 전용)
- 팀원과 함께 작업할 때(협업 링크)
- 템플릿을 다른 사람에게 주거나 판매할 때(템플릿 링크)

SNS 게시 기능 활용하기

인스타그램, 페이스북 등 원하는 SNS 플랫폼에 디자인을 바로 게시할 수 있는 기능입니다. 원하는 소셜 플랫폼에 디자인을 업로드하고 게시글을 작성하는 과정까지 캔바 내에서 한 번에 해결할 수 있습니다.

지원되는 대표 채널은 인스타그램, 페이스북 페이지, 틱톡, 핀터레스트, 링크드인 등이 있어요. 단, 플랫폼 정책에 따라 연결 방식과 게시 범위는 수시로 변경될 수 있습니다.

01 상단 메뉴 - [공유]를 클릭하면 디자인 공유 창이 열리고, 대표적인 SNS 플랫폼 몇 가지가 보입니다. 더 많은 옵션을 보기 위해 [···](모두 보기)를 클릭합니다.

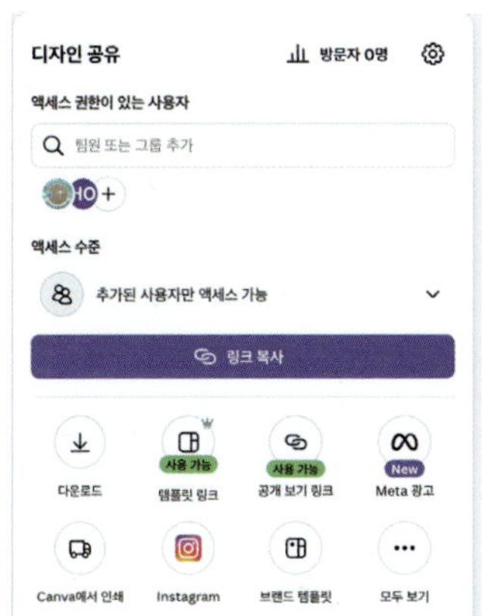

02 스크롤을 내려 [소셜 미디어] 섹션을 확인한 후 원하는 SNS 플랫폼(예: 인스타그램)을 선택합니다.

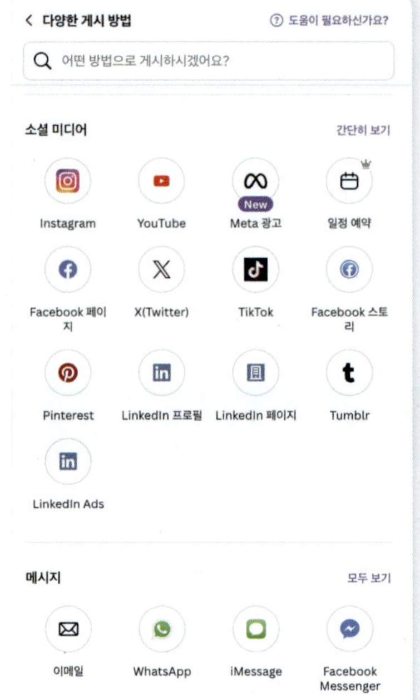

03 다음 화면에서 [열기]를 클릭해 해당 SNS 플랫폼에 디자인을 게시물로 업로드할 수 있습니다. 단, 캔바를 통해 해당 SNS 채널에 처음 연결하는 경우, 해당 계정에 로그인하고 연동을 허용해야 합니다.

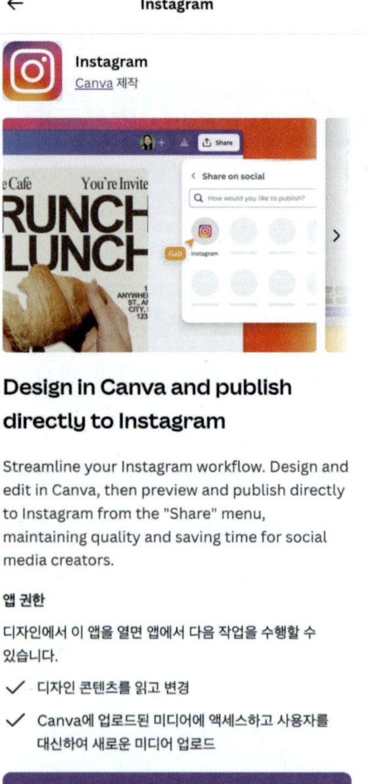

더 알아보기 주요 SNS 채널 파일 업로드 기준

플랫폼마다 권장 파일 형식, 용량 제한, 동영상 길이, 텍스트 규칙 등이 모두 다르기 때문에, 올바른 형식을 선택하지 않으면 화질 저하, 업로드 오류, 자동 잘림과 같은 문제가 생길 수 있어요. 아래 내용은 각 플랫폼의 기본 요구 사항을 한 눈에 비교할 수 있도록 구성한 것으로, 캔바로 콘텐츠를 제작할 때 가장 안전하게 업로드할 수 있는 기준을 정리했습니다.

플랫폼의 정책(파일 형식·용량·비율 등)은 수시로 업데이트될 수 있으므로, 각 플랫폼 및 캔바 내 최신 가이드를 함께 확인하세요.

플랫폼	권장 형식	캔바 제한	활용 팁
인스타그램 Instagram 페이스북 Facebook	JPG, MP4 PNG, JPG, MP4, GIF	JPG 최대 8MB, MP4 최대 100MB영상 3–60초 PNG/JPG 최대 4MB, MP4/GIF 최대 250MB	피드·스토리·릴스 템플릿 자동 비율 적용. 캐러셀은 여러 페이지로 구성하면 관리 쉬움 텍스트 많은 카드는 PNG, 사진은 JPG 추천. 여러 이미지를 넣으면 자동 GIF/MP4로 변환
X (Twitter)	PNG, JPG, MP4, GIF	이미지 최대 3MB, 영상/GIF 최대 15MB, 영상 0.5–140초	한 트윗당 사진 4장 또는 GIF/영상 1개, 여러 이미지 → 자동 GIF/MP4 변환 가능
유튜브 YouTube	MP4	Shorts: 최대 60초, 9:16 비율 정규 영상: 60초 초과 또는 9:16 외 비율정지 이미지 업로드 불가 섬네일 직접 업로드 불가	Shorts는 9:16 + 60초 이하로 제작
핀터레스트 Pinterest	PNG, GIF	PNG/GIF 최대 32MB, 1페이지만 업로드, 제목 100자, 설명 500자	세로형 이미지가 가장 노출 효과 좋음
링크드인 LinkedIn	JPG	JPG 최대 10MB, 메시지 1300자	직무·비즈니스 관련 콘텐츠에 적합
슬랙 Slack	PNG, JPG, PDF	최대 10MB, 1페이지만 업로드, 메시지 40,000자	업무 소통용 파일·이미지 전달에 활용
텀블러 Tumblr	PNG, JPG	최대 10MB, 최대 10페이지 업로드	감성 이미지, 일러스트 업로드에 유리
틱톡 TikTok	MP4	영상 업로드 지원(상세 제한은 TikTok 최신 정책 참고)	숏폼 영상 제작에 최적화

이번 레슨에서 다룬 파일 다운로드 및 공유 작업 루틴을 정리해 볼게요.

1. 에디터에서 디자인을 완성하면, 상단 메뉴의 공유하기를 클릭한다.
2. 외부 플랫폼에 올릴 이미지/문서가 필요하면 다운로드를 클릭해 파일 형식 페이지 범위를 설정하고 파일을 다운로드한다.
3. 팀에서 함께 디자인에 대한 수정 · 검토가 필요하면, 공유하기 메뉴에서 초대 대상 권한(편집/댓글/보기)를 선택해 링크를 공유한다.

4. 수정 사항이 반영된 뒤, 파일로 다운로드해 최종본을 내보낸다.

이 루틴을 익히면, 캔바 안에서 만들기 → 파일로 꺼내기 → 필요하면 다시 수정 · 공유하기까지의 전체 흐름을 자연스럽게 연결해서 활용할 수 있게 됩니다.

앞선 레슨들(레이아웃, 색 · 배경, 정렬 · 레이어, 페이지 관리)과 이어서 보면, 만들기 → 정리하기 → 여러 장으로 확장하기 → 내보내고 나누기까지 하나의 흐름으로 이해할 수 있겠지요.

CHAPTER 02 완주를 축하합니다!

여기까지 차근차근 잘 따라오셨습니다. 이번 챕터에서는 디자인의 가장 기초가 되는 배경, 색상, 레이어, 페이지 구성, 저장과 공유까지 '작업의 전체 흐름'을 직접 경험했습니다. 이제 하나의 디자인을 만들고 정리하여 완성본까지 내보내는 전 과정을 스스로 해낼 수 있게 되었어요.

CHAPTER 02 완주 체크리스트

캔바의 기초 기능을 쭉 따라오며 손에 익히셨습니다. 간단하게 확인해 볼까요.

☐ 빈 페이지와 템플릿을 적재적소에 맞춰 활용할 수 있어요.

☐ 드래그, 크기 조절, 회전 같은 기본 조작법도 익혔어요.

☐ 사진, 그래픽, 도형, 텍스트 등 다양한 요소를 캔버스에 배치하고 편집해 보았고요.

☐ 배경과 색상 활용, 레이어·정렬·그룹화로 깔끔하게 정리하는 방법도 익혔습니다.

☐ 페이지 관리와 애니메이션, 동영상 편집 기초, 작업물 저장과 공유할 수 있습니다.

이제 챕터 02에서 배운 모든 기능이 여러분의 손에 익었으니, 챕터 03에서는 조금 더 재미있는 단계로 넘어갈 준비가 된 거예요.

CHAPTER 03 예고 | 캔바 AI로 창의성 극대화하기

캔바 디자인의 기본기를 다졌으니, 이제 다음 단계에서는 마법을 더할 시간입니다. 챕터 03에서는 캔바의 AI 기능을 활용해 아이디어 발상부터 이미지 생성, 스타일 변환까지 더욱 빠르고 효율적으로 작업하는 법을 살펴봅니다. 배운 기본기를 바탕으로, 다음 챕터에서 한 단계 확장된 창작 경험을 만나 볼 수 있을 거예요.

챕터 03에서는 실전 디자인에서 활용할 수 있게 간단한 설명 정도로 빠르게 확인하고 넘어 갈 거예요. 캔바의 AI는 여러분의 디자인 작업을 10배, 100배 더 빠르고 쉽게 만들어 줄 거예요.

그럼, **CHAPTER 03 캔바 AI로 창의성 극대화하기**에서 만나요!

LESSON 01 AI가 녹아든 올인원 작업 환경, Visual Suite 이해하기

LESSON 02 Visual Suite 둘러보기: 디자인 형식별 AI 활용 흐름

LESSON 03 스마트한 AI 생성·편집 도구, Magic Studio 이해하기

LESSON 04 Magic Studio 둘러보기: 창작에 자주 쓰는 AI 도구

LESSON 05 내 작업에 맞는 AI 활용 전략 세우기

CHAPTER 03

캔바 AI로 디자인 창작의 흐름 잡기

Canva

AI로 아이디어를 시각화하는 가장 빠른 방법

클릭 몇 번으로 내 아이디어를 멋지게 시각화해 주는
놀라운 AI 디자인 세계를 경험해 봅시다.

캔바는 단순히 작업을 빠르게 해주는 편집 도구를 넘어, 아이디어를 떠올리고 시각으로 옮기는 과정을 돕는 AI 환경으로 진화하고 있어요. 이전 챕터에서 캔바의 기본 환경과 디자인 기초를 익혔다면, 이제는 캔바를 스마트한 창작 비서로 활용할 차례입니다.

캔바의 AI는 단순히 디자인을 대신 만들어 주는 도구가 아니라, 나의 디자인 작업에 함께하는 조력자에 가까워요. 완성만큼 중요한 것은 초안을 만들고 탐색하는 과정입니다. 복잡한 프롬프트를 몰라도, 짧은 문장과 몇 번의 클릭만으로 머릿속에 있던 생각을 디자인, 텍스트, 이미지, 영상으로 빠르게 구현할 수 있습니다.

이번 챕터에서는 캔바의 크리에이티브 OS(Creative Operating System) 안에서 AI가 어디에, 어떤 흐름으로 배치되어 있는지를 살펴봅니다. 또한 Visual Suite(비주얼 스위트)와 Magic Studio, Canva AI가 창작의 과정에서 어떤 역할을 하는지 짚어 봅니다.

캔바의 AI 기능들은 작업의 성격과 난이도에 따라 다양하게 활용할 수 있어요. 따라서 이번 챕터에서는 콘텐츠 초안 생성·형식 변환 등 창작의 흐름을 잡아 주는 기능에 집중하고, 업무 생산성에 도움이 되는 자동화 기능(Magic Charts, Magic Insight 등)은 챕터 07에서 다루게 됩니다. 이번 챕터에서 배우는 내용들은 실전 디자인으로 이어질 수 있는 창작의 출발점이 되어 줄 거예요.

배울 내용

LESSON 01 AI가 녹아든 올인원 작업 환경, Visual Suite 이해하기 캔바가 새롭게 선보인 멀티 디자인 기능인 Visual Suite 개념에 대해 이해하고, 장점을 알아봅니다.

LESSON 02 Visual Suite 둘러보기: 디자인 형식별 AI 활용 흐름 Visual Suite안의 다양한 디자인 형식들을 둘러봅니다. 직관적이고 유연한 통합 작업 환경을 통해, 문서와 프레젠테이션, 소셜 미디어, 영상 편집, 차트까지 창의성과 생산성을 한 곳에서 다룰 수 있는 새로운 경험을 하게 될 거예요.

LESSON 03 스마트한 AI 생성·편집 도구, Magic Studio 이해하기 Magic Studio의 개념을 명확하게 이해하고, AI 프롬프트 작성의 기본 원리와 저작권에 대한 필수 상식을 다룹니다.

LESSON 04 Magic Studio 둘러보기: 창작에 자주 쓰는 AI 도구 빠른 AI 실행 허브 역할을 하는 **Canva AI**와 **Magic Studio의 더 다양한 기능들**을 둘러볼게요. 그리고 캔바의 앱 마켓에서 다양한 확장 기능의 AI 앱을 만나 봅니다.

LESSON 05 내 작업에 맞는 AI 활용 전략 세우기 앞선 레슨에서 살펴본 캔바의 AI 기능들을 바탕으로, 내 작업 유형에 맞는 활용 흐름을 정리합니다. 아이디어를 꺼내고 시각화하는 과정에서 어떤 AI 도구를 어떻게 조합하면 좋을지 기준을 세워 봅니다.

왜 이런 구성인가요?

캔바의 방대한 AI 기능을 처음 접하는 분들을 위해, 대표적인 기능들을 살펴보며 감을 익힐 수 있도록 구성했습니다. 한 번에 완벽히 마스터하려 하기보다, '이런 게 가능하구나' 하고 경험하는 것만으로도 충분합니다.

특히 이번 챕터에서는 디자인 창작과 관련된 AI 기능들을 우선 소개하고, 업무 생산성과 관련된 AI 기능들은 챕터 07에서 소개할게요. 또한 AI 기능들을 단순히 나열하기보다, 독자들의 디자인 작업 여정에 맞춰 순서를 구성했습니다. 이러한 단계적 접근을 통해 AI를 단순히 '신기한 기능'이 아닌, 디자인 작업의 '든든한 비서'로 인식하게 될 거예요.

챕터 02에서 배운 기본 편집 기술에 AI의 자동 생성 기능을 더해 효율성과 창의성을 동시에 향상시키는 것이 이번 챕터의 목표입니다.

실습 자료는 아래 웹사이트에서 확인할 수 있어요.
https://sijae.my.canva.site/creator-lab

AI가 녹아든 올인원 작업 환경, Visual Suite 이해하기

캔바 AI가 어떤 환경에서 작동하는지를 이해하면 아이디어를 더 자유롭게 실험할 수 있습니다. 이 레슨에서는 비주얼 스위트의 구조를 중심으로 창작의 출발점을 정리합니다.

Visual Suite 한눈에 보기

비주얼 스위트는 하나의 프로젝트 안에서 문서, 프레젠테이션, 소셜 콘텐츠, 영상, 웹사이트 등 다양한 디자인 형식을 함께 다룰 수 있는 멀티 디자인 작업 환경이에요. 단순히 여러 디자인을 한 곳에 모아 둔 것 뿐만 아니라, 하나의 이야기나 주제를 다양한 형식으로 자연스럽게 확장할 수 있도록 설계된 구조입니다. 따라서 디자인 작업의 연속성과 편리함을 마음껏 누릴 수 있어요.

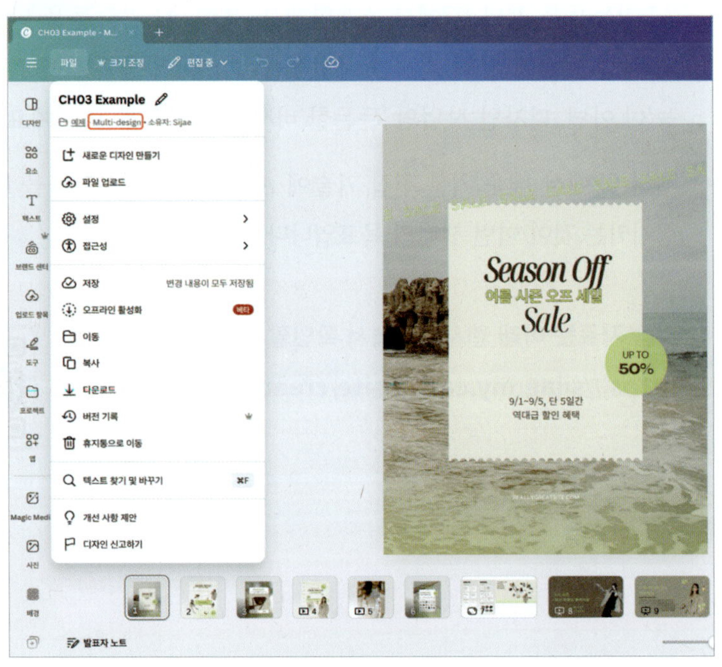

▲ 한 파일 안에 여러 디자인 형식(소셜/화이트보드/프레젠테이션)을 함께 작업 중인 에디터 화면

예를 들어, '여름 시즌 오프 프로모션'이라는 아이디어가 있다면, 다른 작업 창을 새로 열 필요 없이 작업 창에서 바로 인스타그램 게시물을 추가로 만들 수 있고, 같은 흐름으로 화이트보드나 간단한 설명 프레젠테이션 작업으로 이어갈 수 있습니다. 이때, 상단 메뉴 바-[파일]-파일 형식에 'Multi-design'이라고 표시된 것을 볼 수 있어요.

비주얼 스위트는 이러한 작업 확장을 새로운 파일로 만들지 않고 한 프로젝트 안에서 통합적으로 진행할 수 있게 도와줍니다.

✨ 편집 가능한 시안을 생성해 주는 AI 디자인 엔진

캔바의 AI는 단순히 이미지를 생성하는 데서 멈추지 않고 AI 디자인 엔진(Canva Design Model)으로 진화했습니다. 사용자가 입력한 프롬프트에 맞춰 AI가 편집 가능한 디자인 시안(인스타그램 게시물, 프레젠테이션, 포스터 등)을 제안해 주면, 사용자는 그중에 원하는 디자인을 선택해 바로 에디터에서 편집 작업을 시작할 수 있습니다.

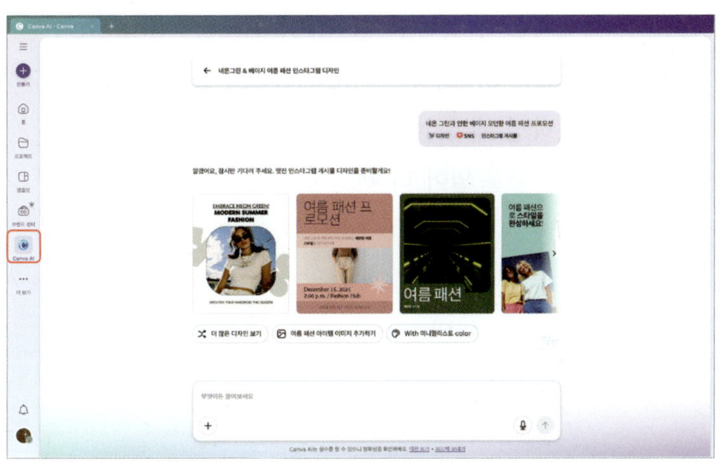

캔바의 AI는 단순히 이미지를 생성하는 데서 멈추지 않고 AI 디자인 엔진(Canva Design Model)으로 진화했습니다. 사용자가 입력한 프롬프트에 맞춰 AI가 편집 가능한 디자인 시안(인스타그램 게시물, 프레젠테이션, 포스터 등)을 제안해 주면, 사용자는 그중에 원하는 디자인을 선택해 바로 에디터에서 편집 작업을 시작할 수 있습니다.

또한 에디터에서 작업 중일 때에도 사이드 패널-[디자인] 메뉴-디자인 생성을 통해 AI로 디자인 초안을 만들고 바로 이어서 편집할 수 있기에 창작 흐름이 끊기지 않습니다.

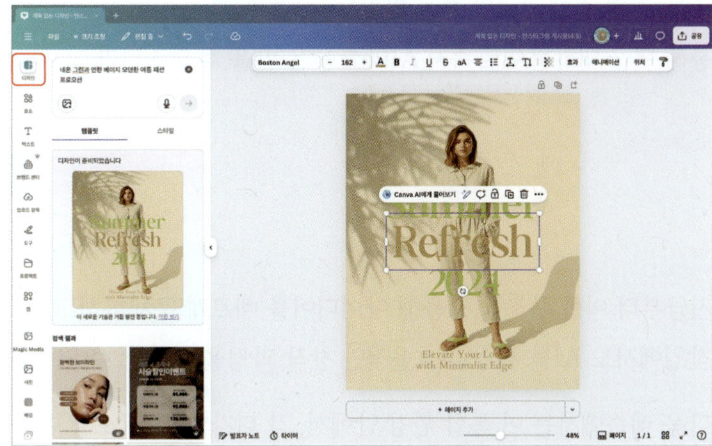

▲ 에디터의 디자인 메뉴에서 생성한 디자인을 편집 중인 화면

여기서 꼭 기억해야 할 점은 AI는 디자인을 대신해 주는 것이 아니라 디자인을 시작할 수 있는 초안을 생성해주고, 선택과 판단은 사람이 해야 한다는 것입니다. 이 점을 기억한다면 AI를 사용하더라도 작업의 주도권은 자연스럽게 내가 가질 수 있습니다.

✨ 작업 흐름 속에서 바로 사용할 수 있는 AI 도구

AI 디자인 엔진(Canva Design Model)의 가장 큰 특징은, 별도의 창으로 이동하지 않고 작업 중인 페이지에서 편집 패널이나 빠른 작업 등을 통해 바로 AI 기능을 사용할 수 있도록 - AI right where you work - 설계되어 있다는 것입니다.

예를 들어, 작업 페이지에서 텍스트를 선택하면 [Magic Write], 이미지를 선택하면 [Magic Edit], [Magic Expand], [Magic Grab] 등 다양한 AI 도구를 바로 사용할 수 있어요. 작업 페이지에서 키보드의 슬래시(/) 키를 눌러 빠른 작업 창을 열어 더 빠르게 원하는 기능을 사용할 수 있습니다.

▲ 빠른 작업 목록에 바로 나타나는 Magic Studio 기능들

또한, 작업 중에 플로팅 툴 바의 [Canva AI에게 물어보기]를 통해 댓글 대화형으로 즉시 AI의 도움을 받을 수 있습니다.

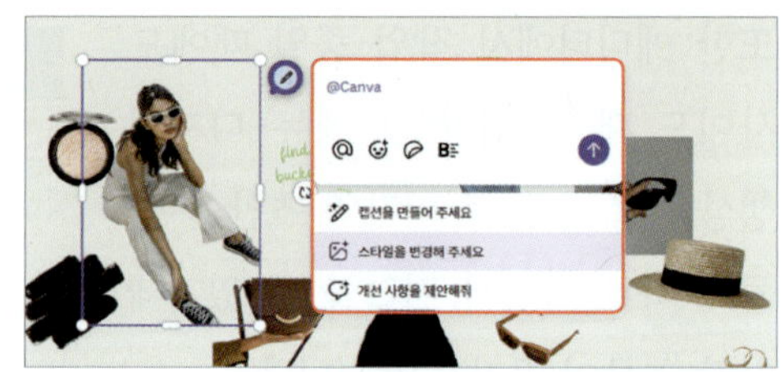

▲ 플로팅 툴 바의 [Canva AI에게 물어보기]를 활용 중인 화면

지금부터 이런 구조를 활용해 아이디어를 빠르게 구체화하고 시각화하는 방법을 익혀 두면, 실전 디자인 작업에서도 AI를 활용한 효율적인 창작 과정을 경험할 수 있습니다.

다음 레슨에서는 이 통합 환경 안에서, 각 디자인 형식(소셜 미디어, 문서, 프레젠테이션, 영상 등)에 따라 AI를 어떻게 활용하는지 구체적으로 살펴보겠습니다.

Visual Suite 둘러보기: 디자인 형식별 AI 활용 흐름

아이디어는 어떤 형식으로 옮기느냐에 따라 전혀 다르게 보입니다. 이번 레슨에서는 비주얼 스위트 안에서 디자인 형식 별 AI 활용 흐름을 살펴봅니다.

앞에서 비주얼 스위트가 곧 통합 디자인 환경이라는 큰 그림을 봤다면, 이제는 캔바의 대표적인 디자인 형식을 하나씩 살펴보면서 실제 화면에서 Canva AI가 어떻게 등장하는지 살펴보겠습니다. 캔바의 멀티 디자인 기능을 활용하면, 문서(Docs), 화이트보드, 프레젠테이션 등 다양한 디자인 형식을 한 파일에 담아 자유롭게 오갈 수 있습니다. 팀원들과 실시간 댓글, 공유, 공동 편집으로 협업 효율도 높일 수 있어요. 이번 레슨에서는 어떤 디자인 형식에서 어떤 AI 기능을 활용하면 좋을지 가볍게 둘러보도록 할게요.

문서·화이트보드·프레젠테이션

문서(Docs)는 텍스트, 이미지, 표, 차트 등 다양한 요소를 자유롭게 배치해 시각적으로 풍부한 문서를 만들 수 있습니다. 특히 Magic Write를 사용해 주제나 아이디어를(예: 감각적인 여성 패션 브랜드를 위한 여름 프로모션 이벤트 디자인 아이디어를 형식별로 10개 제안해 줘) 입력하여 초안을 빠르게 만들 수 있습니다. 초안 작성 후에는 요약, 톤 변경, 맞춤법 검사 등 다양한 AI 도구를 추가로 활용할 수 있고, 브랜드 키트를 적용해 브랜드 스타일을 유지할 수도 있습니다. 협업 기능도 뛰어나서 팀원들과 함께 실시간으로 작업하거나 효과적으로 피드백할 수 있어요.

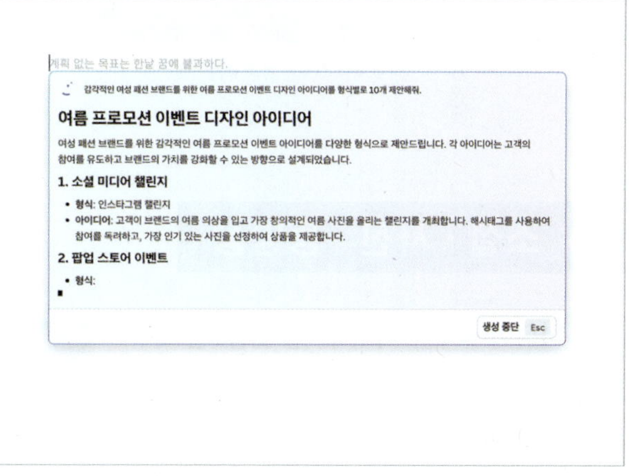

▲ Docs에서 Magic Write를 활용 중인 화면

화이트보드는 무한한 공간에서 아이디어를 자유롭게 펼치고 시각적으로 정리할 수 있게 해 줍니다. 브레인스토밍, 플로우 차트, 프로젝트 계획 등에 활용하기 좋아요. 브레인스토밍 후 AI의 요약 만들기 기능을 활용해 아이디어를 구조화하고, 정보와 아이디어의 관계 및 흐름을 한눈에 파악할 수 있습니다. 여러 명이 동시에 접속해 실시간 협업이 가능하며, 다양한 도형, 스티커, 이미지, 연결선 등 시각적 요소도 적극적으로 활용할 수 있습니다.

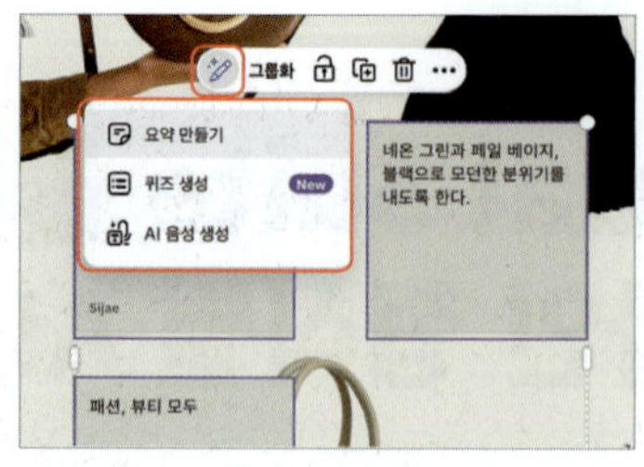

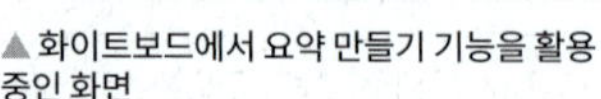
▲ 화이트보드에서 요약 만들기 기능을 활용 중인 화면

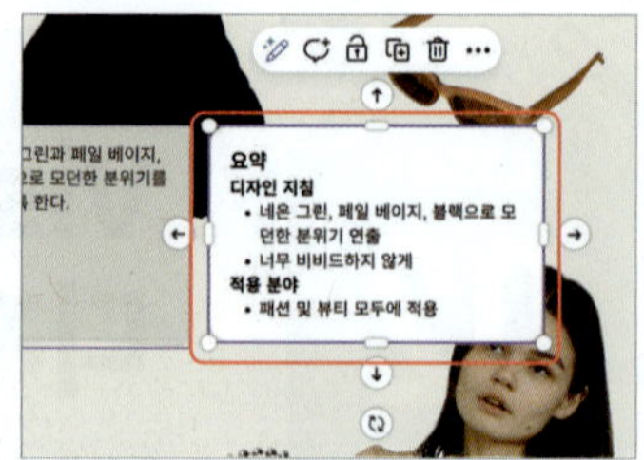

▲ 요약 글이 생성된 화면

프레젠테이션은 정보를 시각적인 스토리로 효과적으로 전달하는 형식입니다. AI를 활용해 기본 구조를 빠르게 만들고 디자인 추천을 받아 시작점을 손쉽게 확보한 뒤, 필요한 부분만 수정하면 시선을 사로잡는 프레젠테이션을 쉽고 빠르게 만들 수 있어요. 또한 다양한 템플릿과 시각 자료, 애니메이션 효과로 발표 자료를 멋지게 완성할 수 있답니다.

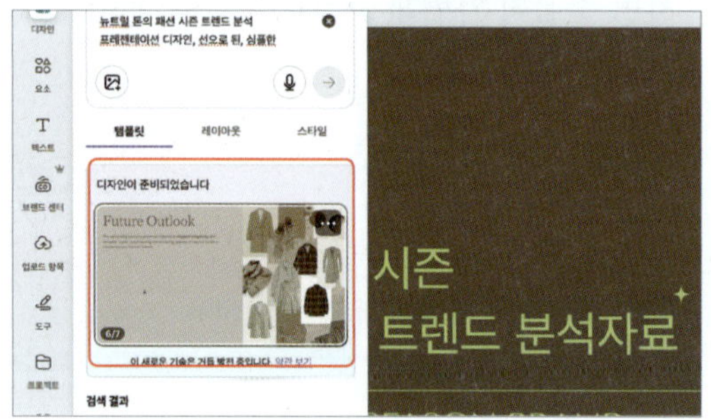

▲ 프레젠테이션에 디자인 생성 기능을 활용 중인 화면

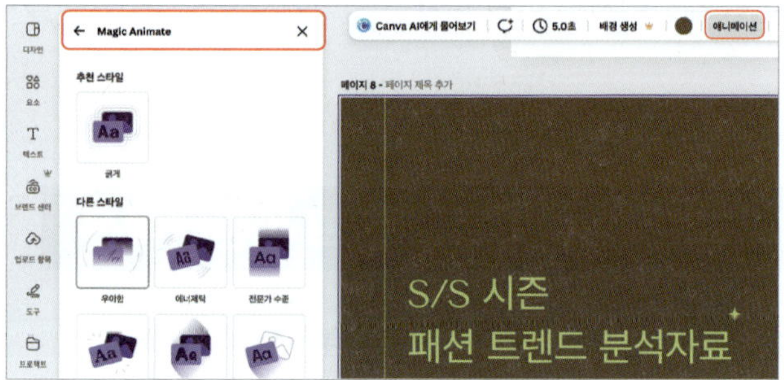

▲ 프레젠테이션에 [Magic Animate] 기능을 활용 중

✨ 소셜 · 사진 · 동영상

소셜 미디어에서는 다양한 플랫폼(인스타그램, 페이스북, 유튜브 등)에 최적화된 템플릿, 이미지, 동영상, 스토리 등을 손쉽게 디자인할 수 있습니다. 그리고 크기 조정 기능을 활용해 하나의 디자인을 클릭 한 번으로 여러 플랫폼용 디자인으로 복사해 편집할 수 있어요. 또한 AI를 통한 디자인 생성으로 AI가 추천하는 템플릿과 스타일을 적용해, 각 플랫폼에 어울리는 디자인 방향을 쉽게 찾을 수 있습니다.

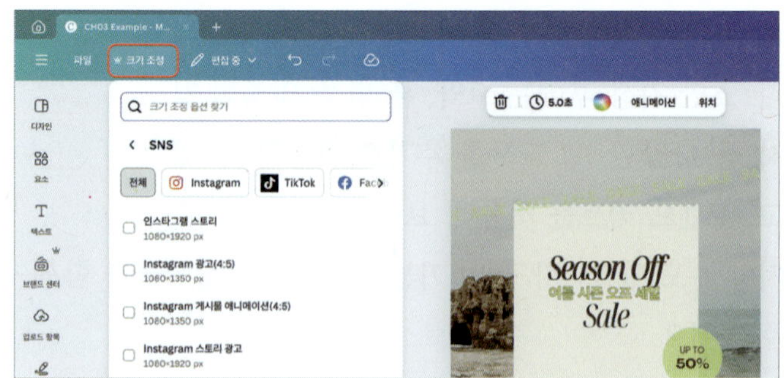

▲ 인스타그램 게시물을 틱톡 동영상으로 크기 조정하여 복사중인 화면

사진은 특히 실무 활용도가 높은 영역입니다. 에디터의 사진 편집 패널에서 배경 제거, Magic Erase, Magic Expend 등 다양한 AI 기반 도구를 바로 사용할 수 있습니다. 또한 에디터를 열지 않고도 홈 화면에서 사진 편집 기능으로 사진을 업로드해 제품 이미지, 섬네일, 프로필 사진 등을 빠르게 다듬을 수 있습니다.

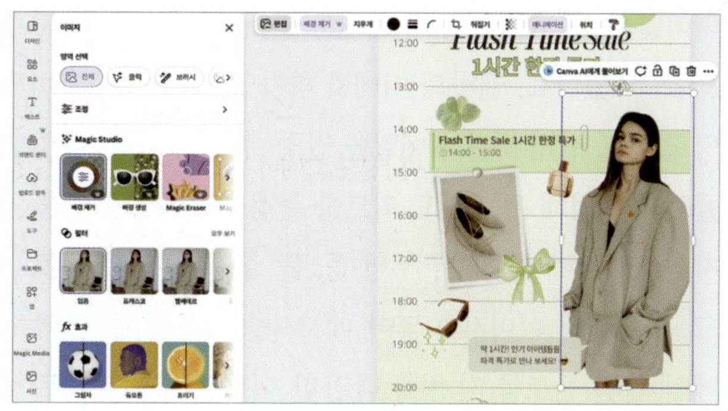

▲ 배경 제거 기능을 활용한 사진 이미지

동영상에서는 드래그 앤 드롭 방식으로 SNS용 짧은 영상부터 프레젠테이션용 영상까지 누구나 쉽게 영상을 제작할 수 있어요. 영상 편집, 배경 음악, 애니메이션 등 다양한 기능을 직관적으로 사용할 수 있습니다. Beat Sync와 캡션(자막 생성) 기능의 정확도가 좋아서 릴스·쇼츠 같은 숏폼 영상을 만들 때도 편집 시간을 크게 줄일 수 있습니다.

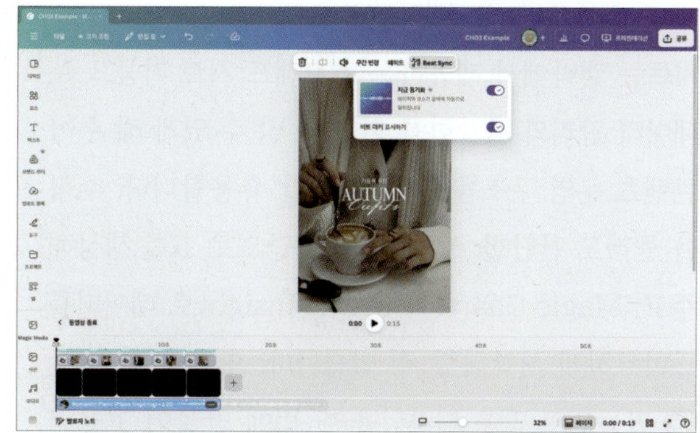

▲ Beat Sync 기능을 적용 중인 동영상 편집 화면

✦ 웹사이트 · 시트 · 이메일 · 인쇄

웹사이트는 콘텐츠를 온라인으로 확장하는 통로입니다. 캔바에서는 별도의 코딩 지식이 없어도 쉽고 빠르게 나만의 웹사이트를 디자인하고 바로 공개할 수 있습니다. 템플릿을 활용해 원하는 스타일로 자유롭게 꾸밀 수 있고, 클릭만으로 다양한 섹션과 페이지를 간단하고 자유롭게 추가할 수 있어요.

▲ 웹사이트 편집 페이지에서 자유롭게 링크 버튼을 추가하는 화면

▲ 이메일에 넣을 디자인 블록(배너)을 편집 중인 화면

이메일은 뉴스레터, 공지, 이벤트 초대 등 다양한 용도로 활용할 수 있어요. 캔바의 이메일 디자인 기능을 사용하면 코딩 없이도 쉽게 멋진 이메일을 만들 수 있답니다. 다양한 템플릿과 설정해 둔 브랜드 키트를 활용할 수 있는 건 물론, 디자인 블록(헤더, 배너, 푸터 등)을 추가해 쉽게 구조를 잡고, 버튼이나 이미지를 넣어 메시지를 강조할 수 있어요. 이메일 안전 폰트를 사용해 다양한 이메일 클라이언트에서 글꼴이 깨지지 않는 디자인을 완성할 수 있습니다. 또한 완성된 디자인은 HTML 파일로 내보내거나 지메일(Gmail), 메일침프(Mailchimp)와 연동해 바로 발송할 수 있어요.

시트는 캔바에서 제공하는 스프레드 시트 기능으로, 데이터 관리와 시각화를 한 번에 할 수 있게 해 주어 콘텐츠 운영 구조를 만들 때 정말 유용합니다. 수식을 몰라도 간단한 프롬프트 입력만으로 표를 생성해 주고, Magic Charts와 Magic Insight로 데이터를 스마트하게 시각화할 수 있습니다. 또한 대량 제작 👑 기능으로 많은 디자인을 한 번에 만들어 효율적으로 콘텐츠를 만들 수 있습니다.

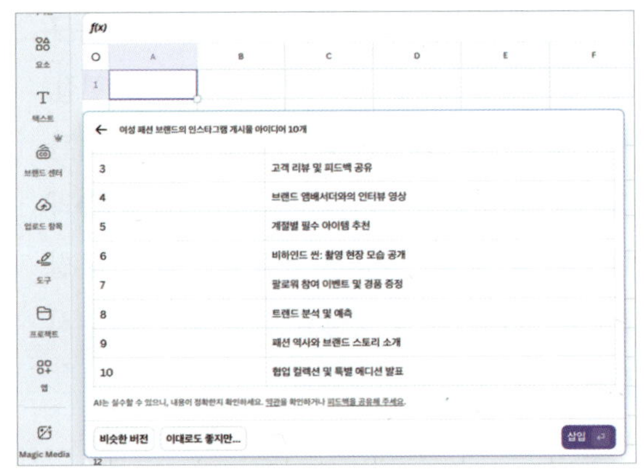

▲ 표 생성 기능을 사용 중인 화면

인쇄는 디자인 결과물을 실물 제품으로 만드는 단계입니다. 에디터에서 명함, 포스터, 스티커 등 다양한 인쇄물을 디자인하고, 캔바 인쇄 서비스를 이용해 간편하게 인쇄물을 주문해 무료 배송으로 받아볼 수 있어 편리합니다.

또한 목업 기능을 활용해 인쇄 디자인을 실제 제품에 적용한 모습을 미리 볼 수 있어요. 예를 들어, 내가 만든 스티커가 실제로 어떤 모습으로 보일지 확인할 수 있죠.

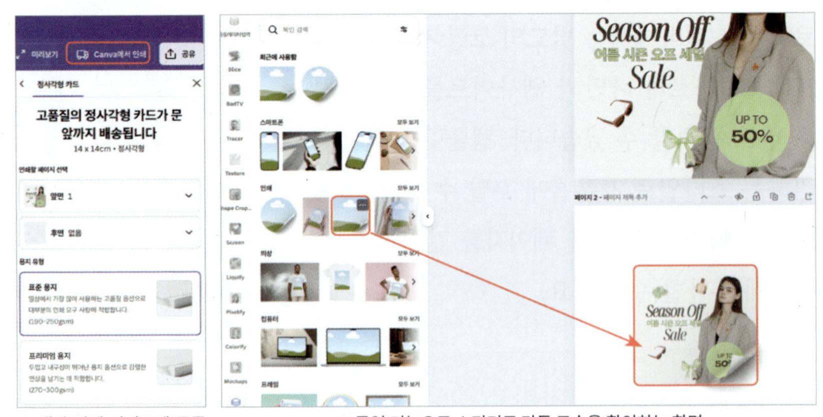

▲ 캔바 인쇄 서비스에 주문 진행 중인 화면

▲ 목업 기능으로 스티커로 만든 모습을 확인하는 화면

스마트한 AI 생성·편집 도구, Magic Studio 이해하기

AI를 잘 활용하려면 기능보다 역할을 먼저 이해해야 합니다. 이번 레슨에서는 Magic Studio가 창작 과정에서 어떤 도움을 주는지 디자인 및 편집 도구 관점에서 살펴볼게요.

Magic Studio는 캔바의 다양한 AI 기능을 한 번에 만날 수 있는 도구 모음입니다. 홈 화면의 검색 및 AI 바에서 Canva AI를 선택해 Magic Studio에 접근할 수 있습니다. 또한, 에디터 화면에서는 Magic Studio의 다양한 AI 도구(Magic Write, Magic Design, Magic Media 등)가 각 편집 메뉴에 적절하게 배치되어 있어 작업 중에 바로 사용할 수 있어요.

비주얼 스위트라는 캔바의 전체 작업 환경 안에서 Canva AI는 대화형 AI 허브 역할을 하고, Magic Studio는 다양한 AI 기능으로 디자인, 이미지, 영상, 텍스트 생성 등 창작 과정을 훨씬 쉽고 빠르게 할 수 있도록 도와줍니다.

▲ 이미지 출처: Canva

✨ Magic Studio의 주요 기능과 역할

- **Magic Write**: 글쓰기 지원뿐 아니라 글 요약, 문장 생성, 문장 다듬기, 톤 변경, 브랜드 보이스 적용 등 AI가 다양한 텍스트 작업을 도와줍니다.
- **Magic Design**: 아이디어나 이미지를 입력하면, AI가 디자인을 생성하거나 맞춤형 템플릿을 여러 개 추천해 줍니다. 브랜드 키트의 스타일도 적용할 수 있어요.

- **Magic Media**: 텍스트 설명만으로 AI가 이미지, 그래픽, 짧은 영상(4초)까지 생성해 줍니다. 원하는 스타일이나 크기도 선택할 수 있습니다.
- **다양한 AI 편집 도구**: 배경 제거, 오브젝트 분리(Magic Grab), 이미지 확장(Magic Expand), 오브젝트 추가/수정(Magic Edit), 요소 스타일 변환(Magic Morph) 등 다양한 AI 기반 편집 기능이 포함되어 있어요.

이처럼 Magic Studio는 디자인 초보부터 전문가까지 누구나 쉽고 빠르게 멋진 결과물을 만들 수 있도록 도와줍니다. 앞서 살펴본 각 디자인 형식(문서, 프레젠테이션, 영상, SNS 등)에 Magic Studio의 AI 기능을 결합하면, 더욱 쉽고 빠르게 멋진 결과물을 만들 수 있어요.

Magic Studio의 역할은 단순히 '대신 결과물을 만들어 주는 것'이 아니라, 창작 과정에서 막히는 순간을 빠르게 해결해 주고 작업의 선택지를 넓혀 주는, 창의적인 작업 파트너와 같습니다. 이를 통해 사용자의 모든 창작 과정이 매끄럽게 이어지게 해 작업 속도와 완성도를 획기적으로 높여 주는 강력한 AI 도구입니다.

> Magic Studio의 AI 기능들은 요금제에 따라 사용 가능 범위와 AI 사용량 한도가 달라요. Pro 플랜은 대부분의 AI 기능을 넉넉하게 쓸 수 있지만, 무료 플랜은 일부 기능만 제한적으로 제공되거나 사용 횟수 제한이 있습니다.

✨ Magic Studio의 장점

- **효율성 극대화**: 디자인, 비디오 편집, 콘텐츠 생성 과정을 자동화하여 작업 시간을 단축해 줍니다. 예를 들어, 크기 조정 기능을 사용하면 하나의 디자인을 여러 형식으로 간편하게 변경할 수 있습니다. 또한 Magic Switch 기능으로 디자인을 문서(Docs)로 변환할 수 있습니다.
- **창의성 확장**: AI가 디자인을 생성해 다양한 스타일, 레이아웃, 색상 조합을 제안해 주어 새로운 영감을 얻을 수 있어요. 또한 텍스트 프롬프트를 통해 세상에 없던 독특한 이미지나 동영상을 생성할 수 있어, 상상 속 아이디어를 현실로 구현할 수 있습니다.
- **간편한 편집**: 복잡한 설정 없이 클릭 몇 번으로 간단하게 이미지를 편집할 수 있어요. 예를 들어, 배경 제거 기능으로 간단하게 사진의 배경만 지울 수 있고, Magic Eraser로 사진 속 원치 않는 부분을 지우거나, Magic Edit로 사진의 특정 부분을 교체하는 것도 가능합니다.
- **전문성 강화**: 디자인 초보자도 AI의 도움을 받아 전문가 수준의 결과물을 만들 수 있으며, AI 음성 향상 기능으로 영상의 오디오 품질을 높이는 등 전반적인 콘텐츠의 완성도를 높일 수 있습니다.
- **편의성**: 모든 AI 도구들이 한곳에 모여 있어, 필요할 때마다 간편하게 찾아 사용할 수 있습니다.

Magic Write, Magic Design, Magic Media, Magic Edit 등 여러 AI 기능을 한 번에 활용할 수 있어요.

- **모든 디자인에 적용 가능:** 프레젠테이션, 소셜미디어, 영상, 인쇄물 등 다양한 디자인 형식에 AI 도구를 활용할 수 있어요.

✨ 프롬프트로 스마트하게 생성하기

캔바의 AI 기능은 프롬프트(Prompt)를 기반으로 작동합니다. 프롬프트는 사용자가 Magic Studio에 원하는 결과를 전달하는 짧은 설명이나 지시문이에요. 효과적인 프롬프트를 작성하면 더 정확하고 원하는 결과물을 만들어 낼 수 있습니다.

또한 생성 결과가 마음에 들지 않을 때는 표현을 조금 바꿔 프롬프트를 다시 시도해 보는 것도 방법입니다. 중요한 것은 완벽한 문장을 작성하는 것이 아니라, AI가 원하는 결과물의 방향성을 이해할 수 있게 힌트를 주는 것이에요.

1. **효과적인 구조로 작성하기:** '주제 + 스타일 + 세부사항'의 조합으로 프롬프트를 작성하면 좋습니다. 무엇을 만들지/어떤 분위기인지/색상, 비율, 구성 같은 추가 조건을 적으면 됩니다. 예를 들어, '따뜻한 햇살 아래 웃고 있는 턱시도 고양이, 만화 스타일'처럼 구체적인 키워드를 사용하는 것이 좋습니다.
2. **구체적 표현과 추상적 표현 활용하기:** '아름다운 풍경'처럼 추상적인 표현보다는, '해질녘 노을이 비치는 한적한 해변'처럼 구체적인 표현을 쓸 때 AI가 더 정확한 이미지를 생성합니다.
3. **스타일과 분위기 포함하기:** '따뜻한', '미니멀한', '빈티지', '수채화 스타일' 등 분위기나 스타일을 나타내는 단어를 추가하면 더 의도에 맞는 결과물을 얻을 수 있습니다.
4. **영어 프롬프트로 활용하기:** 한글 프롬프트의 성능도 크게 개선되었지만, 아직까지는 영어 프롬프트가 더 다양한 결과물을 생성하는 경향이 있습니다. 원하는 결과물이 나오지 않는다면 영어로 시도해 보는 것도 좋은 방법이에요.

체크포인트 **AI 생성 콘텐츠의 저작권**

AI로 생성한 콘텐츠는 아직까지 저작권법에서 명확한 규정이 없어 법적 분쟁의 소지가 있을 수 있습니다. 또한 인공지능 기본법 역시 2026년 1월에 법안이 시행되었으나 아직은 초기 단계라 적용에서 혼돈이 있을 수 있습니다. 따라서 안전한 활용을 위해서는 법령의 숙지와 캔바의 가이드라인을 확인하는 것이 중요합니다.

- **AI 생성물의 저작권 및 상업적 활용**

캔바의 이용 약관을 준수하는 내에서 AI 생성물에 대한 소유권은 사용자에게 있습니다. 또한 AI 생성물을 상업적으로 활용할 수 있도록 허용하고 있습니다.

• **안전한 활용을 위한 가이드라인**

① AI가 생성한 결과물을 그대로 사용하기보다, 디자인 의도에 맞게 직접 텍스트, 이미지 등을 추가하거나 수정하여 독창성을 높여야 합니다.

② 특정 인물, 브랜드 로고 등 저작권이 있는 대상을 직접적으로 묘사하는 프롬프트는 피하는 것이 안전합니다.

③ AI가 생성한 결과물이 기존 저작물과 유사하거나, 타인의 권리를 침해하고 있지 않는지 확인합니다.

• **참고 및 정책 안내**

AI로 생성한 콘텐츠의 사용, 저작권, 상업적 활용에 대한 자세한 내용은 캔바의 공식 정책을 꼭 확인해 주세요.

AI 기능 약관
https://www.canva.com/ko_kr/policies/ai-product-terms/

사용 제한 정책
https://www.canva.com/ko_kr/policies/acceptable-use-policy/

여기까지 Magic Studio에 대한 대략적인 설명과 AI를 활용한 프롬프트 기본 상식을 알아보았어요.

다음 레슨에서는 이 개념을 바탕으로, 실제로 자주 쓰는 AI 도구들을 하나씩 둘러보며, 내 작업에 어떻게 적용할지 감을 잡아 보겠습니다.

Magic Studio 둘러보기: 창작에 자주 쓰는 AI 도구

캔바 AI의 핵심 도구들은 아이디어를 빠르게 눈에 보이는 형태로 만들어 줍니다. 이번 레슨에서는 창작에 자주 쓰이는 AI 기능을 중심으로 활용감을 익혀 봅니다.

이번 레슨에서는 창작에 자주 쓰이는 AI 핵심 도구들을 둘러보겠습니다. Canva AI와 Magic Studio는 서로 유기적으로 연결되어 있습니다. Canva AI는 여러 AI 기능을 시작하는 '입구'이고, Magic Studio는 그 안에 들어 있는 다양한 AI 도구(Magic Write, Magic Media, Magic Design 등)를 모아 둔 '도구함'이라고 생각하면 됩니다.

홈 화면의 Canva AI에서 디자인 생성을 선택하면 Magic Design이 실행되고, 이미지 생성은 Magic Media로 연결돼요. 또한 에디터 화면의 각 메뉴에는 Magic Studio의 기능들이 적재적소에 위치하고 있어, 작업 중에 원하는 AI 도구를 바로바로 자유롭게 사용할 수 있다는 점이 큰 장점이에요.

홈 화면에서 바로 시작하는 Canva AI

홈 화면의 Canva AI는 자연어 프롬프트(설명이나 명령어)를 입력하면 맞춤으로 템플릿 디자인, 이미지, 문서, 코드, 영상을 생성해 주는 대화형 AI 허브입니다. 덕분에 디자인 작업이 훨씬 빨라지고, 창의적인 아이디어도 쉽게 실현할 수 있어요.

▲ Canva AI의 검색 및 AI 바 모습

홈 화면에서 Canva AI를 사용하는 방법은 다음과 같습니다.

홈에서 ❶ 검색 및 AI 바의 상단 또는 탐색 패널에서 [Canva AI]를 선택하고 ❷ 입력 창에 원하는 프롬프트를 입력합니다. ❸ 하단에서 [디자인] 생성, [이미지] 생성, [Docs(문서 초안)] 작성, [코드] 생성, [동영상 클립]👑 중 원하는 작업을 선택한 후, 디자인 형식에 맞는 세부 옵션을 선택할 수 있습니다. 필요하다면 ❹ [+](참조용 파일 삽입) 버튼을 클릭해 파일이나 브랜드 키트도 추가할 수 있어요. ❺ [제출하기] 버튼을 클릭하면 결과물이 생성됩니다. Canva AI가 생성해 준 결과에서 마음에 드는 초안을 선택해 디자인에 바로 적용하거나, 추가 편집이 가능합니다. 또한 ❻ 탐색 패널에서 Canva AI 메뉴를 열면 생성 내역을 볼 수 있습니다.

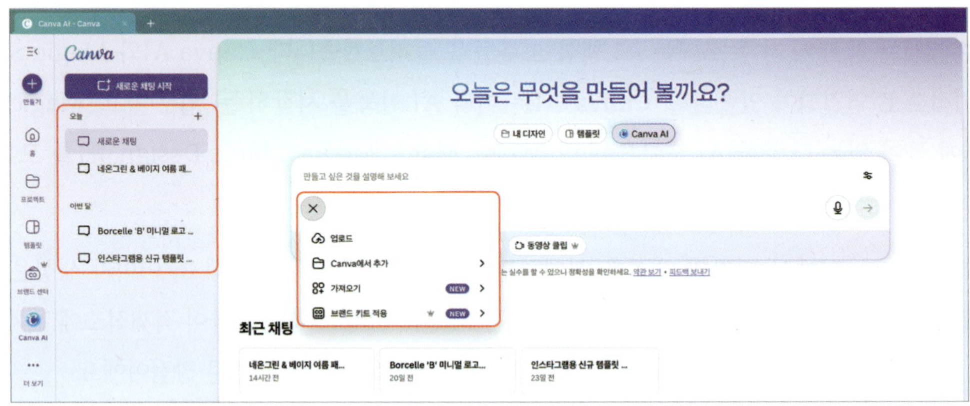

▲ Canva AI의 사용 모습 ❹, ❻

디자인 생성

원하는 디자인을 검색 및 AI 바의 입력 창에 입력하면, AI가 소셜미디어, 프레젠테이션, 인쇄물, 로고 등 다양한 디자인 초안을 생성해 줍니다. 마음에 드는 디자인을 선택해 에디터에서 바로 편집할 수 있어요.

01 프롬프트 입력하고 옵션 선택하기 ❶ 검색 및 AI 바 입력 창에 프롬프트(예: 네온 그린과 연한 베이지 모던한 여름 패션 프로모션)를 입력합니다. ❷ 하단에서 디자인을 선택하면, 대표적인 디자인 형식 옵션들이 나타납니다.

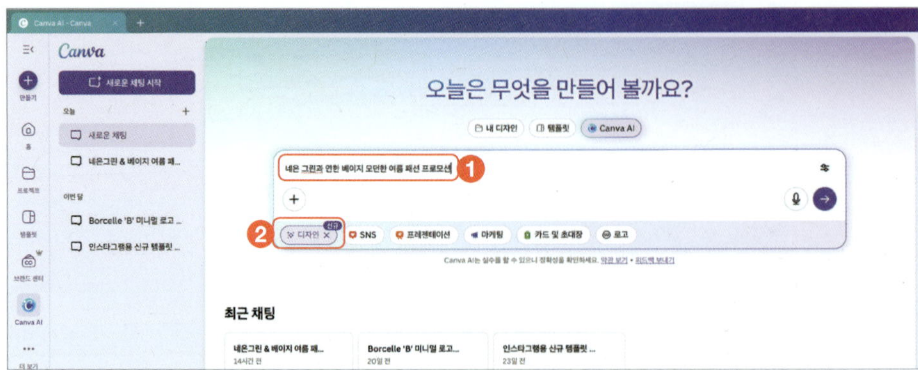

③ 원하는 옵션(SNS-인스타그램)을 선택합니다.(필요하지 않다면 옵션 선택 없이 프롬프트만 입력해도 됩니다.) [제출하기] 버튼을 클릭합니다.

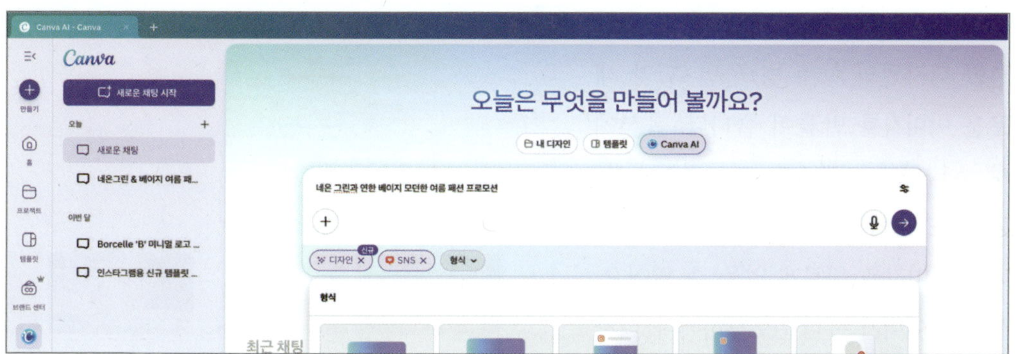

02 생성 결과에서 선택하고 편집 시작하기

① 디자인 생성 작업이 시작되면서 채팅 창이 열립니다. ② Canva AI가 제안해 준 생성 결과에서 ③ 프롬프트를 입력하여 원하는 디자인을 더 요청할 수 있습니다. ④ 원하는 디자인을 선택한 후, ⑤ 추가 선택 창에서 디자인의 색상을 간단하게 수정하거나, ⑥ **[Canva 편집기 사용]**을 클릭해 에디터 화면에서 직접 디자인을 수정할 수 있습니다.

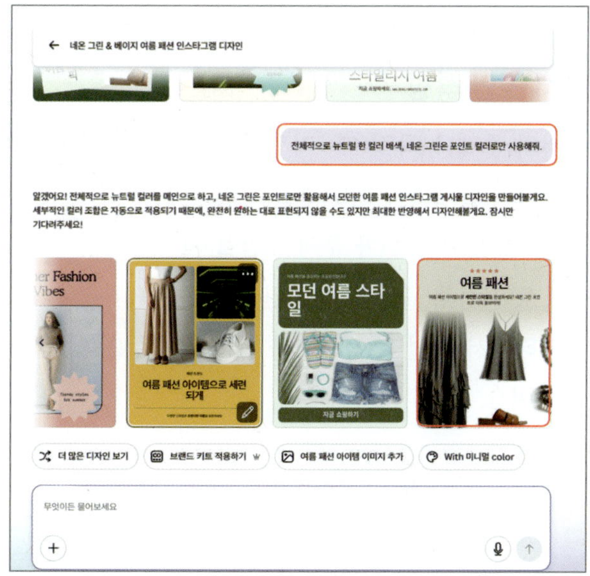

▲③, ④ 실행 모습

▲⑤, ⑥ 실행 모습

이미지 생성

텍스트로 원하는 이미지를 설명(예: 부드러운 조명의 심플한 배경에 있는 간결한 디자인의 향수 병)하면 AI가 새로운 이미지를 만들어 줍니다. 옵션에서 스타일과 비율(예: 미니멀리스트, 16:9)도 선택할 수 있어, 다양한 분위기의 이미지를 빠르게 얻을 수 있어요. 생성된 이미지는 다운로드하거나 디자인 편집에 사용할 수 있습니다.

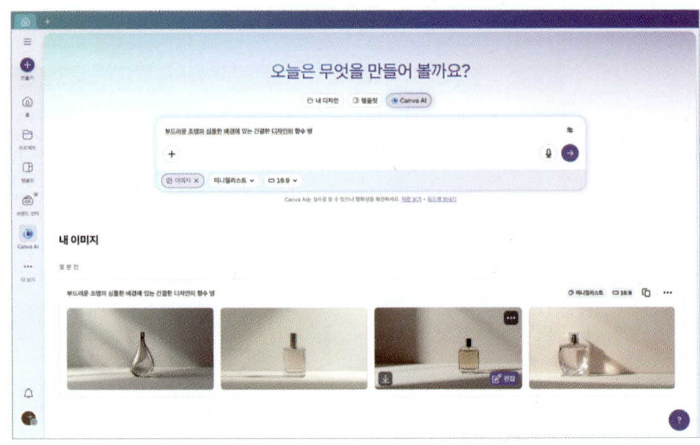

문서 초안 작성

문서의 주제나 목적(예: 자연주의 뷰티 브랜드를 위한 SNS 채널 운영 전략)을 입력하면, AI가 문서 초안을 자동으로 작성해 줍니다. 생성된 초안은 에디터에서 직접 수정하거나 추가할 수 있어요.

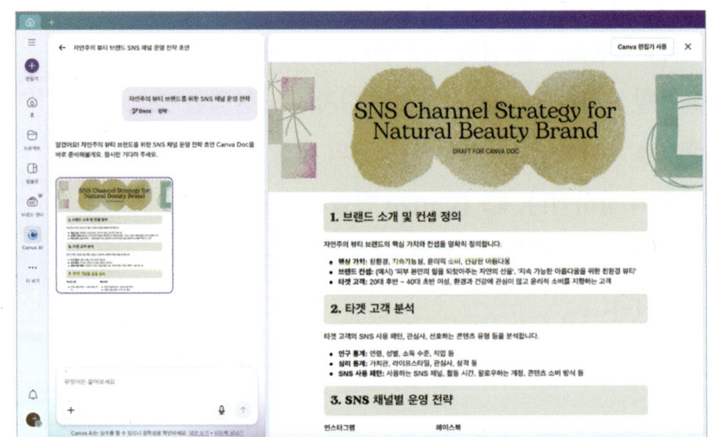

코드 생성

Canva Code는 코딩 지식 없이도 퀴즈, 계산기, 검색 가능한 데이터 블록 등 다양한 인터랙티브 요소를 AI로 쉽게 만들어 주는 기능이에요. 간단한 프롬프트(예: 고객과 상호작용할 수 있는 럭키 드로우 게임)를 입력하면, 캔바가 자동으로 코드를 생성해 줍니다. 이때 생성된 인터렉티브 요소는 에디터에서 바로 색상, 폰트, 레이아웃 등 원하는 대로 시각적으로 수정할 수 있어요. 또한 디자인에 바로 추가하거나, 웹사이트로 게시할 수도 있습니다. 또한, 생성된 코드는 복사해서 외부 프로젝트에 활용할 수도 있어요.

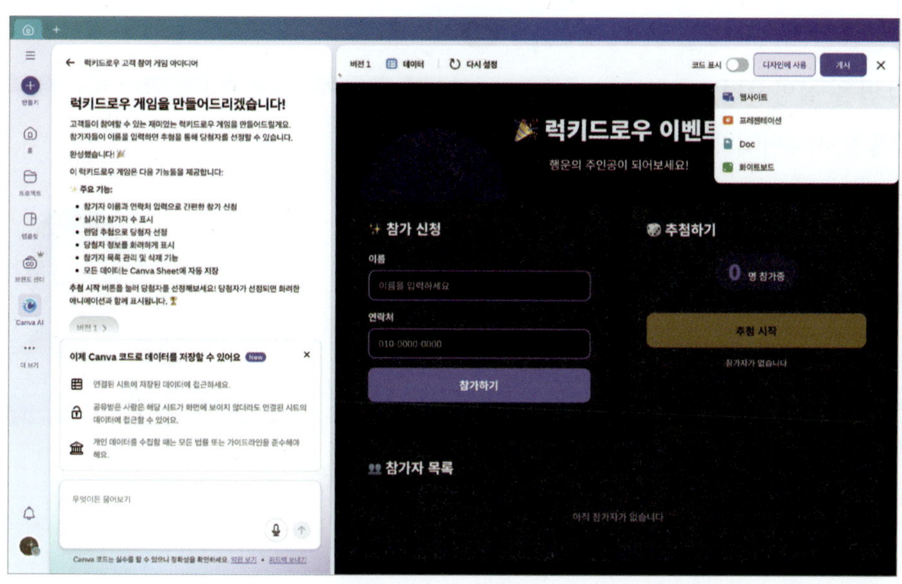

에디터의 [요소] 메뉴-[이미지 생성] 버튼 오른쪽의 드롭다운 메뉴에서도 [코드 생성] 기능을 사용할 수 있습니다.

동영상 클립 생성(Create a video clip) 👑

텍스트로 장면을 설명하면, AI가 8초 길이의 고품질 시네마틱 동영상(음악 포함)을 만들어 줍니다. 이 기능은 Google의 Veo3 기술로 구동되어, Magic Media의 동영상 생성(4초, 무음)보다 더 긴 영상과 뛰어난 품질, 음악까지 제공합니다. 생성된 영상은 에디터에서 바로 편집하거나 다운로드할 수 있습니다.

✨ 에디터에서 Magic Studio 기능 사용하기

대부분의 Magic Studio 기능은 다음의 공통된 방식으로 사용합니다.

① **도구 실행:** 에디터 사이드 패널에서 [앱]을 검색해 선택하거나, 편집하려는 요소를 선택한 후 에디터 툴 바의 **[편집]** 메뉴를 클릭하면 원하는 기능을 실행할 수 있습니다.

② **프롬프트 입력:** 기능에 따라 원하는 내용을 텍스트로 입력하거나, 브러시 또는 클릭으로 편집할 영역을 선택합니다.

③ **결과물 적용:** AI가 생성한 여러 결과물 중에서 마음에 드는 것을 선택해 디자인에 적용합니다.

✨ 아이디어를 멋진 텍스트로, Magic Write

Magic Write는 문서나 디자인 내에서 아이디어를 빠르게 글로 정리해 주는 AI 문장 도우미입니다. 블로그 글 초안, 이메일, 마케팅 문구, 스토리보드 등 디자인에 필요한 모든 텍스트를 손쉽게 만들 수 있습니다.

- **카드뉴스:** '컨텐츠 트렌드에 대한 카드뉴스 텍스트 5장 작성'처럼 원하는 컨텐츠 주제와 분량으로 프롬프트를 작성하면 유용합니다.
- **보고서:** '이번 달 매출 분석 보고서 초안'처럼 간단한 지시만으로 보고서의 목차나 핵심 내용을 구성할 수 있습니다.

Magic Write 입력 창에 원하는 내용(예: 신규 오픈하는 베이커리 카페를 위한 인스타그램 게시물 아이디어 10개 작성해 줘)을 입력하고 [생성하기] 버튼을 누릅니다. 생성된 텍스트는 디자인에 맞게 수정하고, 폰트나 색상을 변경하는 등 자유롭게 편집할 수 있습니다.

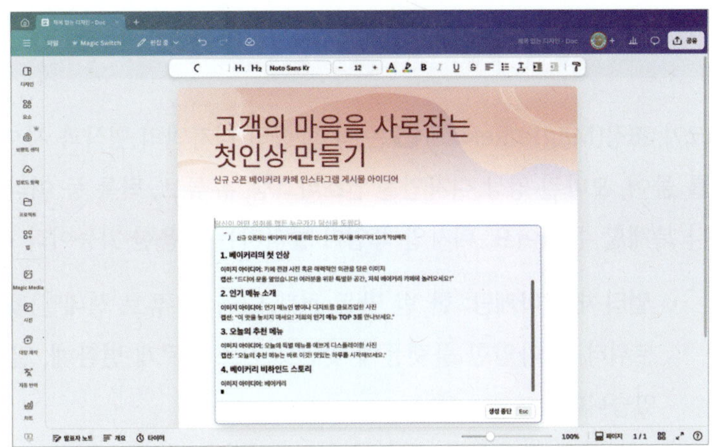

✨ 하나의 컨텐츠를 다양한 포맷으로 변신, Magic Switch

Magic Switch는 완성된 컨텐츠을 다른 포맷이나 언어로 즉시 변환해 주는 놀라운 기능입니다. 예를 들어, 현재 작업 중인 **Doc**를 클릭 몇 번만으로 **프레젠테이션 개요**나 **콘텐츠 마케팅 아이디어** 등 다른 포맷의 컨텐츠로 바꿀 수 있어요.

- **다양한 컨텐츠 소재 확장**: 하나의 텍스트 문서를, 창의적인 블로그 게시물, 프레젠테이션 개요, 콘텐츠 마케팅 아이디어, 마케팅 동영상 스크립트 등 목적에 맞는 다양한 문서로 빠르게 확장할 수 있습니다.
- **다국어 콘텐츠 제작**: 해외 시장을 겨냥한 콘텐츠를 만들 때, 원하는 언어를 선택하면 텍스트를 빠르게 번역해 주어 작업 시간을 단축할 수 있습니다.

상단 메뉴의 **[Magic Switch]**를 클릭하면, 다양한 옵션에서 원하는 디자인 포맷(예: 창의적인 블로그 게시물)을 선택하거나 입력 창에 원하는 포맷을 입력하고 **[Docs으로 변환]**을 클릭하면, 새로운 내용의 문서를 만들어 줍니다. 또한 **[Magic Switch]**의 '언어 변환'에서 번역할 언어를 선택하면, 디자인에 있는 텍스트가 자동으로 해당 언어로 번역됩니다.

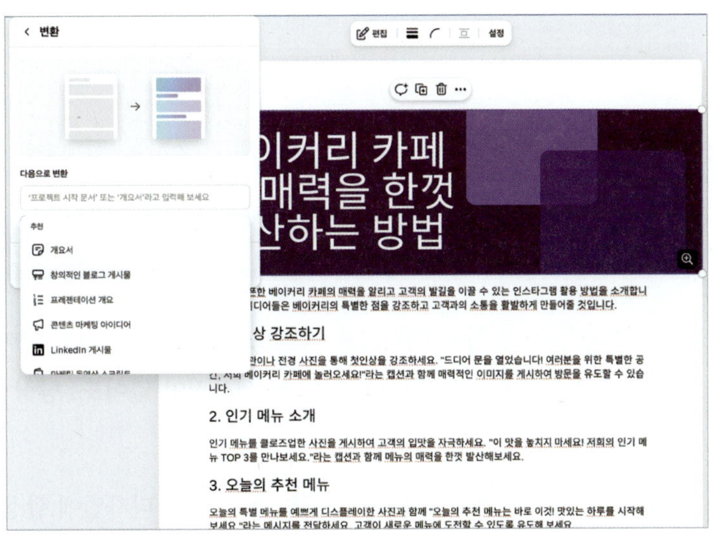

▲ Magic Switch의 다양한 옵션과 Doc(예: 창의적인 블로그 게시물)으로 변환한 텍스트

✨ 디자인을 다양한 사이즈로 확장하는, 크기 조정(Magic Resize)👑

크기 조정(Magic Resize)👑은 작업 중인 디자인의 형식과 사이즈를 즉시 변경해 주는 기능이에요. 예를 들어, 모바일 영상 디자인을 인스타그램, 유튜브, 틱톡 등 여러 플랫폼에 맞는 크기로 빠르게 변경하거나 복제할 수 있어요. 디자인 작업이 빨라지는 유용한 기능이라 정말 자주 사용하게 될 거예요.

- **멀티 채널 마케팅**: 한 번 만든 콘텐츠(예: 유튜브 섬네일)를 클릭 한 번으로 인스타그램, 페이스북, 트위터 등 다양한 플랫폼에 맞는 크기로 빠르게 변환해, 일관된 브랜드 캠페인을 손쉽게 운영할 수 있습니다.
- **시간 절약 및 효율성**: 각 채널별로 디자인을 새로 만들 필요 없이, Magic Resize로 다양한 사이즈를 한 번에 만들어 반복 작업 시간을 크게 줄일 수 있습니다.

상단 메뉴에서 **[크기 조정]👑**을 클릭한 후, 디자인 카테고리 리스트에서 원하는 포맷을 선택합니다. 이때 작업 페이지가 여러 개일 경우, 하단의 **[모든 페이지]**에서 원하는 페이지만 선택해서 크기를 조정할 수도 있습니다. 원하는 크기를 결정했다면 **[복사 및 크기 조정]**과 **[이 디자인의 크기 조정]** 중에 선택해서 클릭합니다. [복사 및 크기 조정]은 현재 디자인을 남겨 둔 채 사이즈를 변경한 사본을 새 탭에서 열 수 있고, [이 디자인의 크기 조정]을 선택하면 현재 디자인의 사이즈가 변경됩니다.

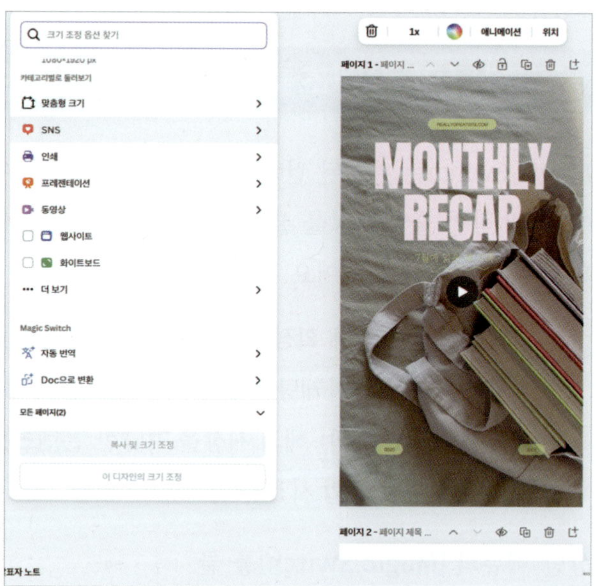

▲ 다양한 디자인 카테고리의 사이즈들

✨ 상상 속의 아이디어를 이미지와 영상으로, Magic Media

Magic Media는 원하는 이미지를 텍스트로 설명하면 AI가 이미지나 그래픽, 짧은 영상(최대 4초), 3D 요소를 생성해 주는 기능입니다. 직접 찍은 사진이 없어도, 상상하는 장면이나 스타일을 빠르게 시각화할 수 있어요.

- 마케팅, 프레젠테이션, SNS 콘텐츠 등 다양한 디자인에 활용할 수 있어요.
- 기존에 없는 독특한 이미지를 만들어 차별화된 디자인을 완성할 수 있어요.

01 Magic Media앱 활용하기 에디터-사이드 패널-**[앱]**에서 **[Magic Media]** 검색해 패널을 열고, **이미지, 그래픽, 동영상, 3D** 탭 중 원하는 항목을 선택합니다. 만들고 싶은 내용(예: 뉴트럴한 베이지 색의 토끼 인형)을 입력하고 **[생성]** 버튼을 클릭합니다. 이때 생성된 그래픽 요소는 배경이 투명 처리되어 있고, 3D 요소는 회전 기능도 지원합니다.

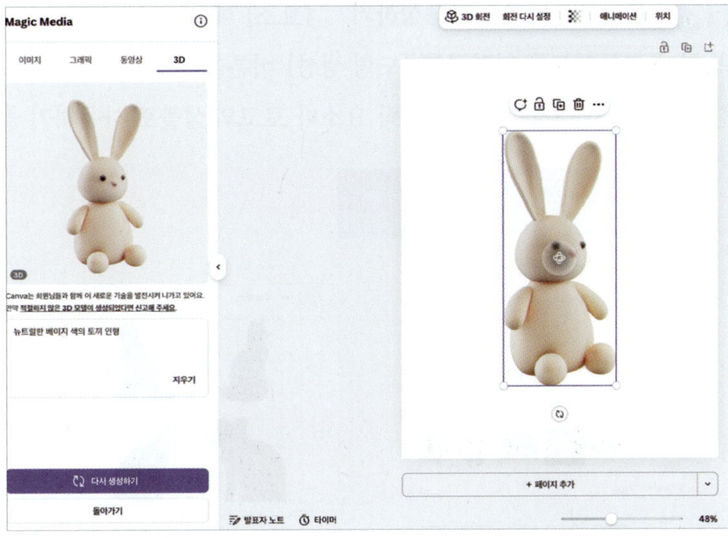

02 요소 메뉴에서 이미지 생성하기 에디터의 [요소] 메뉴에서 입력 창에 프롬프트(예: 미니멀리스트 여성 패션 모델, 간결한 배경, 자연광, 전신 샷, 사실적인 스타일)를 입력하고 [이미지 생성] 버튼을 클릭하면 이미지를 생성해 줍니다.

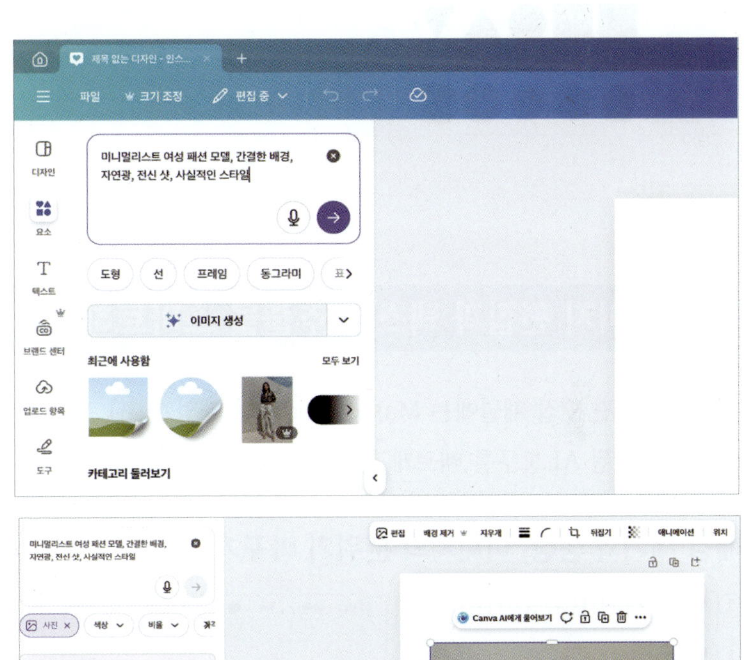

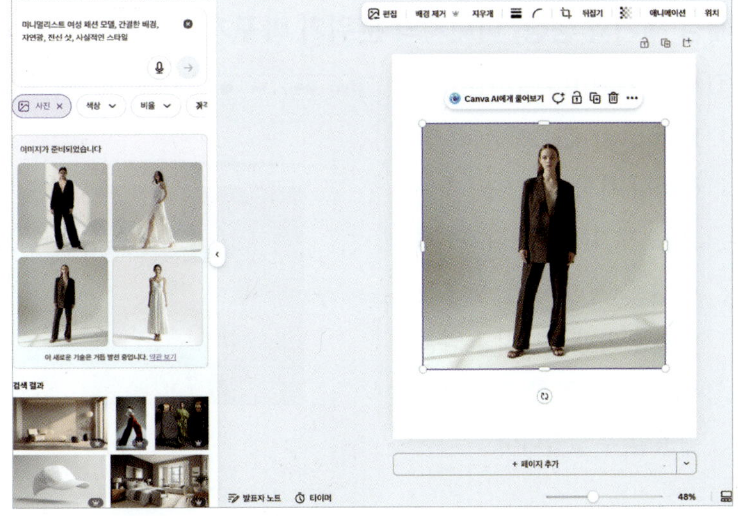

03 요소 메뉴에서 도형 생성하기 [요소] 메뉴–카테고리 둘러보기의 [도형] 아이콘을 클릭합니다. 입력 창에 프롬프트를 입력하고 [도형 생성] 버튼을 클릭하면, 도형을 생성해 줍니다. 외곽선이 깔끔하고 배경이 투명해서 디자인에서 그래픽 요소나 로고의 심볼로 사용하기 좋습니다.

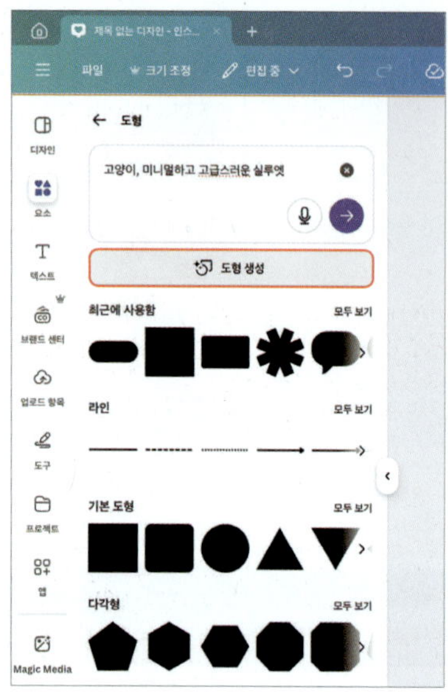

이미지 편집과 텍스트 추출을 스마트하게, AI 기반 사진 편집기

에디터의 사진 편집 패널에는 Magic Studio의 다양한 AI 기능이 한곳에서 모여 있어요. 여기서 이미지 편집과 관련된 AI 도구를 빠르게 찾아 사용할 수 있어요.

배경 제거와 생성, 이미지의 분위기 바꾸기

① **배경 제거(Background Remover)**: 사진 속 인물이나 사물의 배경을 자동으로 제거해 줍니다. PNG 파일로 저장하면 투명한 배경을 가진 이미지를 얻을 수 있어 다양한 디자인에 활용할 수 있습니다.

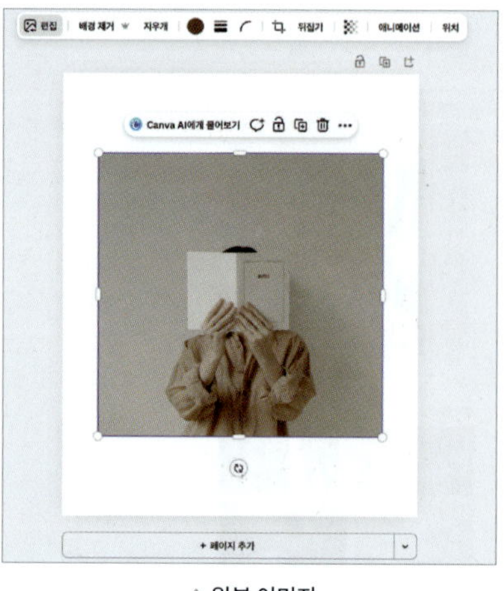

▲ 원본 이미지

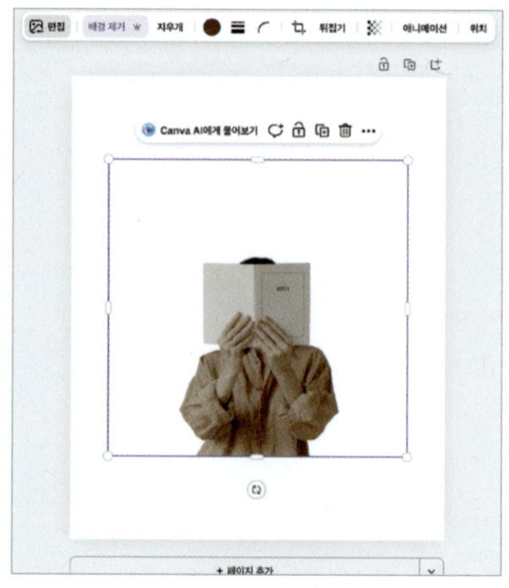

▲ 배경 제거 기능을 사용한 이미지

② **배경 생성**👑: 사진의 배경을 AI가 생성한 새로운 배경으로 바꿔 주는 기능입니다. 원하는 분위기나 장소를 프롬프트(예: 차분한 카페, 자연광)로 입력하면, AI가 자동으로 배경을 만들어 줍니다.

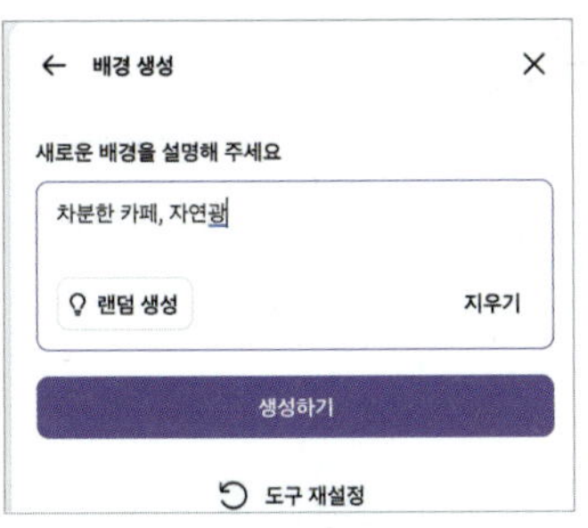

▲ 배경이 없는 원본 이미지

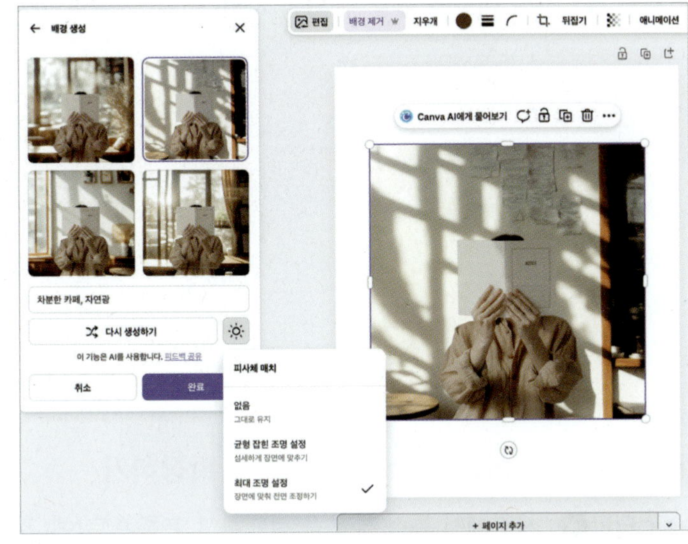

▲ 배경 생성 기능을 사용한 이미지

Magic Eraser와 Magic Grab, 지우고 옮기기

① Magic Eraser👑: 사진 속에서 원하지 않는 부분을 브러시로 칠하면 AI가 감쪽같이 지워 줍니다. 실수로 찍힌 사람이나 불필요한 사물을 제거할 때 유용합니다.

▲ 원본 이미지

▲ Magic Eraser를 사용해 일부 객체를 지운 이미지

② Magic Grab: 사진 속의 특정 대상을 AI가 분리하여, 자유롭게 이동, 크기 조절, 회전시킬 수 있게 해줍니다. 기존 사진의 조명과 그림자를 유지하며 대상을 옮길 수 있어 자연스러운 연출이 가능합니다.

▲ Magic Grab을 사용해 전경이 분리된 이미지

Magic Edit와 Magic Expand로 이미지 확장하기

① Magic Edit: 사진에서 특정 부분을 선택하고 프롬프트(예: 딸기가 가득 올려진 휘핑 크림 케이크)를 입력하면, AI가 그 부분을 새로운 요소로 대체해 줍니다. 예를 들어, 사진 속 인물의 옷 색깔을 바꾸거나, 배경에 사물을 추가하는 등 창의적인 편집이 가능합니다.

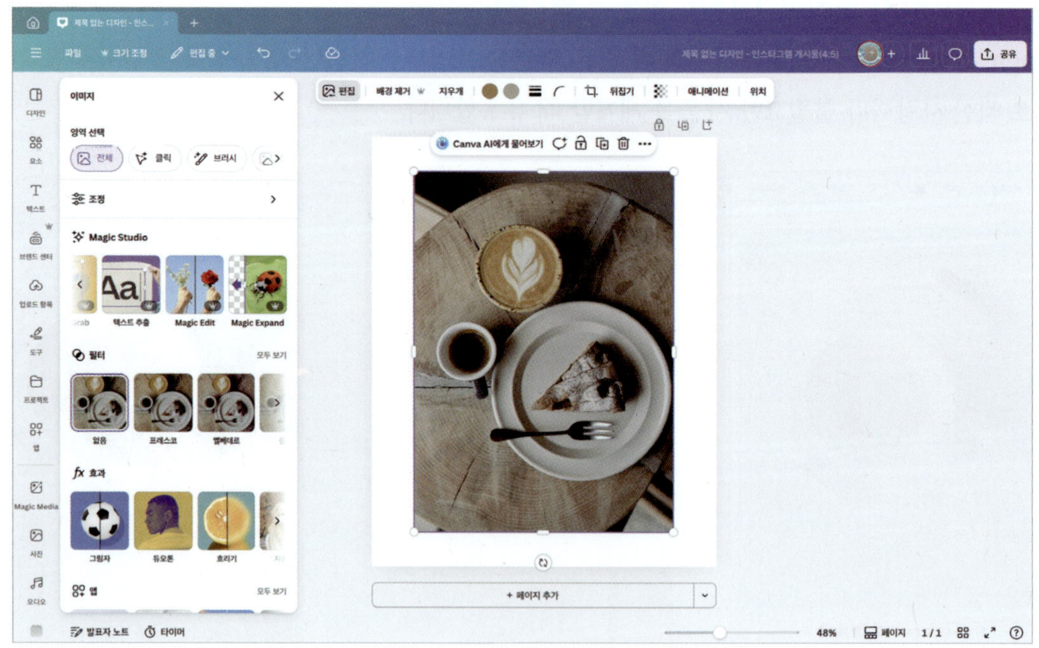

▲ 원본 이미지

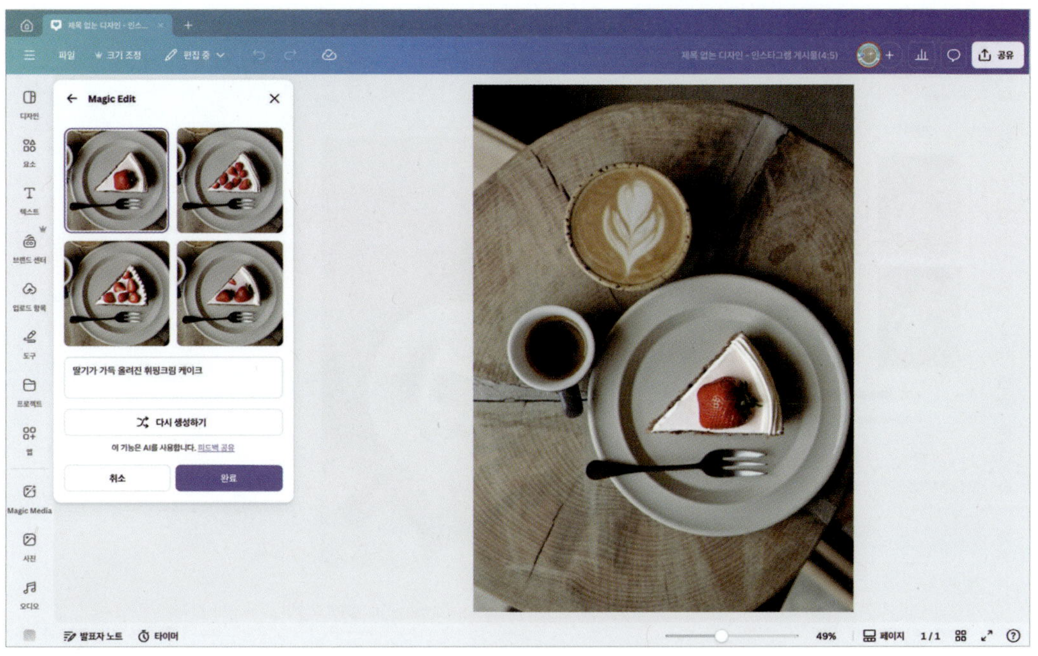

▲ Magic Edit를 사용해 새로운 이미지로 대체한 이미지

② **Magic Expand**: 사진의 잘려 나간 부분을 AI가 자연스럽게 채워 넣어 이미지를 확장해 주는 기능입니다. 인스타그램 게시물처럼 정해진 비율에 사진을 맞출 때 유용합니다.

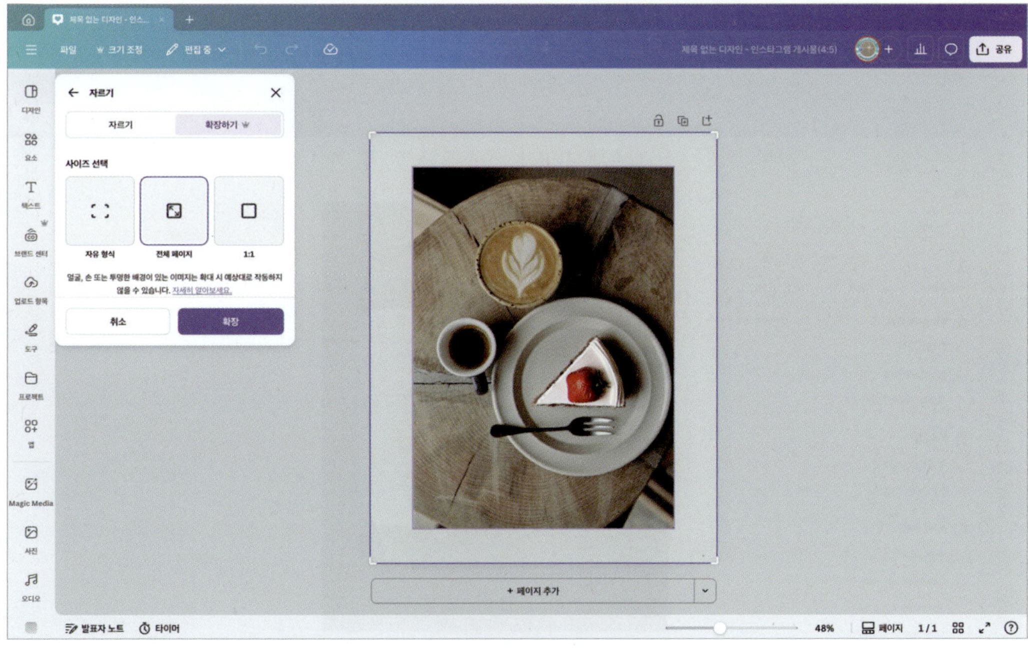

▲ 원본 이미지

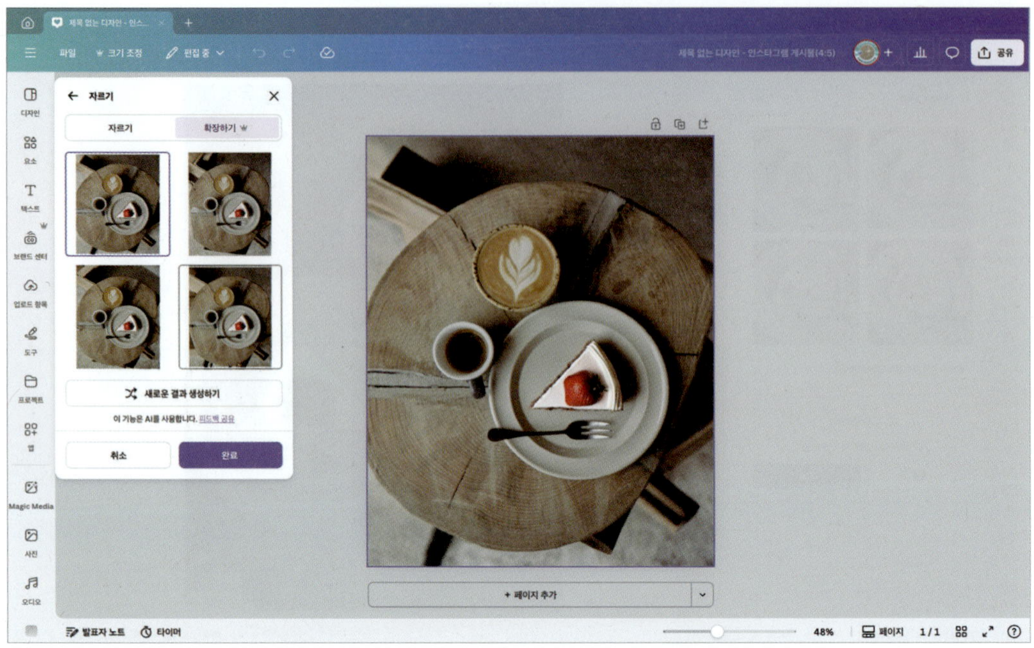

▲ Magic Expand를 사용해 선택한 영역(예: 전체 페이지)까지 확대된 이미지

텍스트 추출 로 작업 시간 절약하기

이미지나 사진 속에 있는 텍스트를 자동으로 인식해 추출해 주는 기능입니다. 명함이나 포스터 사진에 있는 텍스트를 복사해 사용하고 싶을 때 유용합니다.

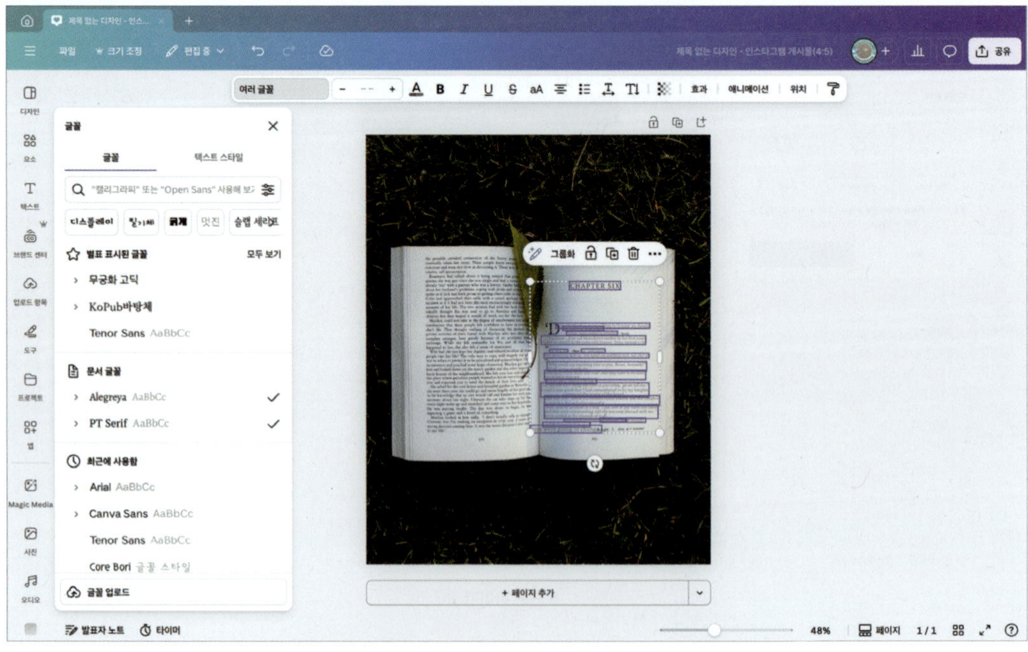

▲ 텍스트 추출 기능을 사용해 선택한 부분이 텍스트로 변환된 이미지

체크포인트 **캔바의 AI 사용 한도**

Pro 플랜을 사용 중이라면 대부분의 AI 기능을 넉넉하게 이용할 수 있습니다.

- Magic Edit, Magic Resize, Magic Animate 등 왕관 표시가 있는 기능은 Pro 플랜에 포함되어 있어 유료 사용자만 사용할 수 있어요.
- 일부 고급 AI 기능(예: Veo 3로 동영상 생성, DALL · E, Imagen 등)은 Pro 플랜에서도 월별 사용량 제한이 있습니다.
- 무료 플랜 사용자는 일부 AI 기능만 제한적으로 사용할 수 있어요.

AI 기능별로 사용 조건과 제한이 다르니, 캔바의 AI 사용 한도를 꼭 확인하세요.

https://www.canva.com/help/ai-access/

✨ 그 밖에 Magic Studio의 다양한 기능들

Magic Animate 작업 중인 디자인에 어울리는 애니메이션과 전환 효과를 자동으로 추천해 주는 기능입니다. 페이지를 선택하고, **에디터 툴 바 - [애니메이션] – [Magic Animate]**를 클릭하면 AI가 추천하는 애니메이션 스타일이 패널에 표시됩니다.

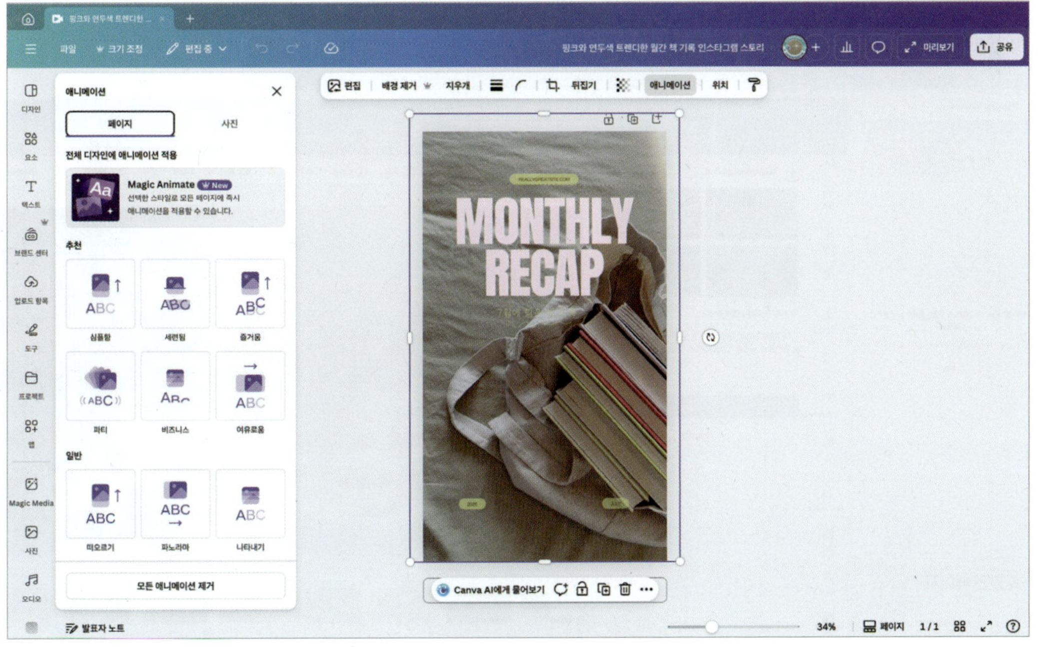

Magic Morph AI가 텍스트나 도형, 그래픽의 질감, 패턴, 색상 등을 변형해 줍니다. 변형할 요소를 선택하고, 사이드 메뉴-**[앱]-[Magic Morph]**를 검색해 실행합니다. 원하는 프롬프트를 입력하거나 원하는 스타일 옵션(예: 공기 주입식 금색 호일 파티 풍선)을 선택하면 AI가 여러 시안을 생성해 줍니다.

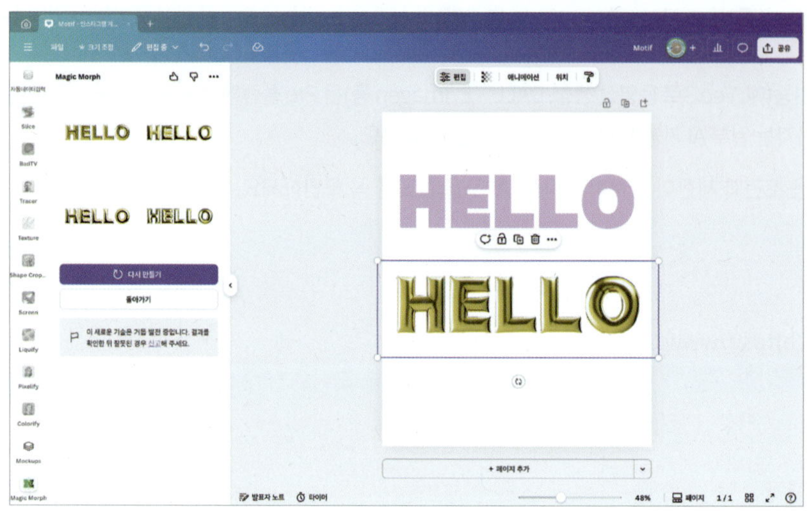

▲ Magic Morph

Magic Background는 AI가 현재 디자인의 텍스트와 요소를 분석해서, 그 내용에 어울리는 맞춤형 배경을 자동으로 만들어 주는 기능이에요. 프롬프트(예: 미니멀한 스타일. 은은한 뉴트럴 톤의 세이지 그린 컬러. 자연 풍경. 심플한 스킨케어 제품. 사실적인 스타일)를 입력해 좀 더 맞춤으로 생성할 수도 있습니다. 배경을 선택한 후, 에디터 툴 바-**배경 생성** 버튼을 눌러 사용할 수 있습니다. 또는 사이드 패널-[배경] 앱에서도 **Magic Background** 기능을 사용할 수 있습니다.

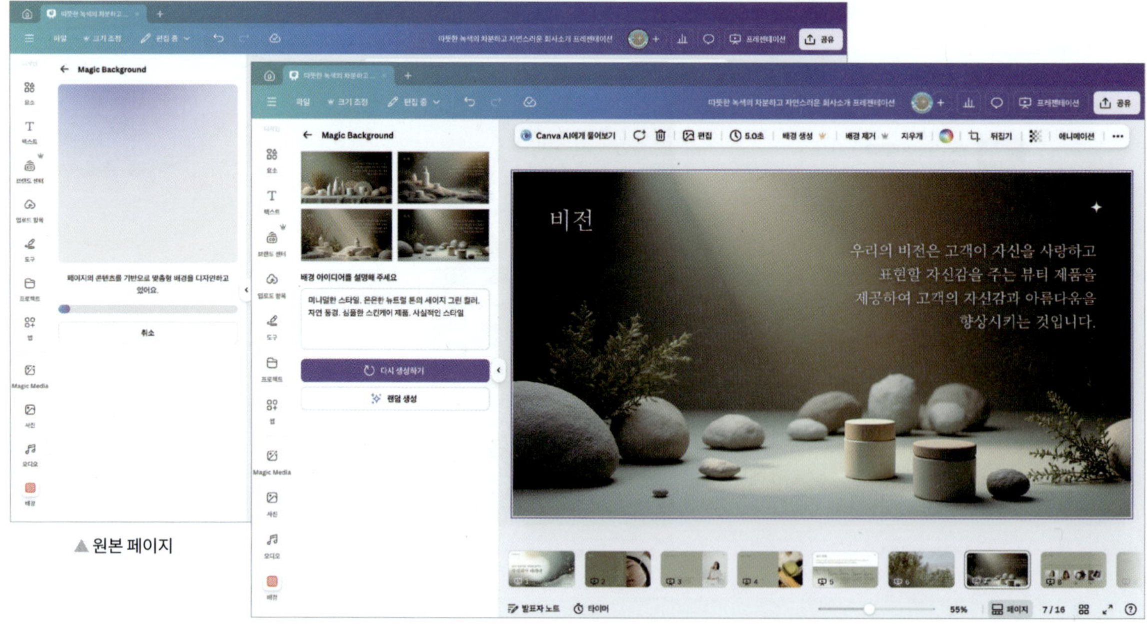

▲ 원본 페이지

▲ Magic Background 기능을 사용한 결과

맞춤형 목업 템플릿 이미지를 목업 템플릿으로 변환하여, 자유롭게 원하는 이미지를 넣어 사용할 수 있게 해주는 기능입니다.

목업으로 사용할 이미지를 선택한 후, 에디터 툴 바-[편집]-편집 패널 하단의 **[앱]**에서 **[Mockups]**을 클릭하고, 목업 템플릿 만들기 버튼을 누릅니다. 결과 중에 원하는 옵션을 선택하면 이미지의 특정 부분이 목업 프레임으로 변경됩니다.

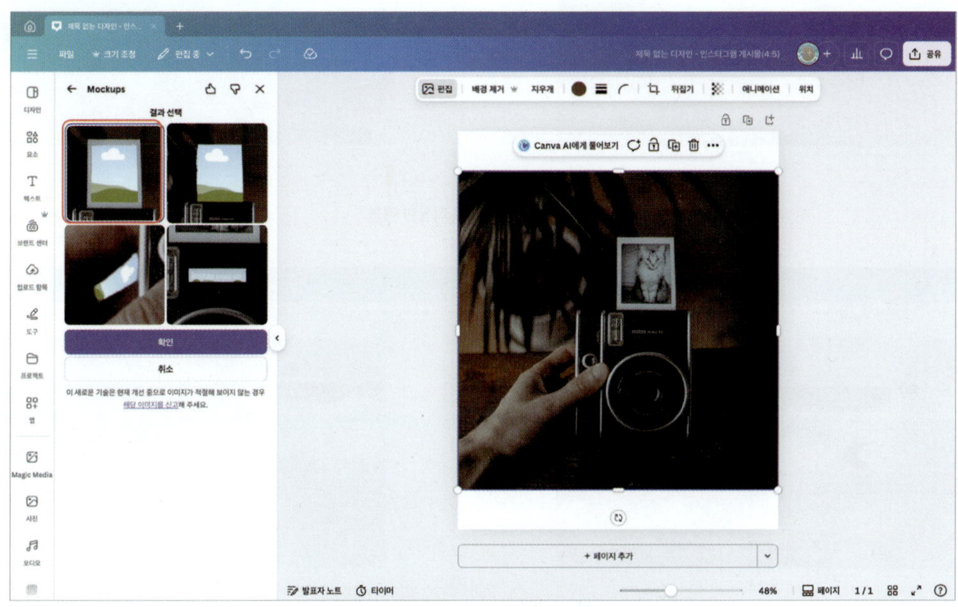

▲ 원본 이미지와 목업 생성 결과 화면

▲ 목업이 생성된 부분에 원하는 이미지를 삽입한 화면

자동 다듬기와 **하이라이트** 동영상을 편집할 때 AI가 영상에서 가장 중요한 클립을 자동으로 정리해 줍니다. 동영상 요소 선택-에디터 툴 바-**[다듬기]**(가위 모양 아이콘)-**[자동 다듬기]**를 선택하면 AI가 자동으로 영상의 시작과 끝부분을 깔끔하게 잘라 중요한 부분만 남겨 줍니다. 또한 동영상 요소 선택-에디터 툴 바-편집-**[하이라이트]**를 클릭하면 AI가 중요한 장면들을 추출해 리스트로 보여 주어, 그중에 원하는 장면만 선택해서 디자인에 추가할 수 있습니다.

▲ 자동 다듬기 기능을 적용한 결과

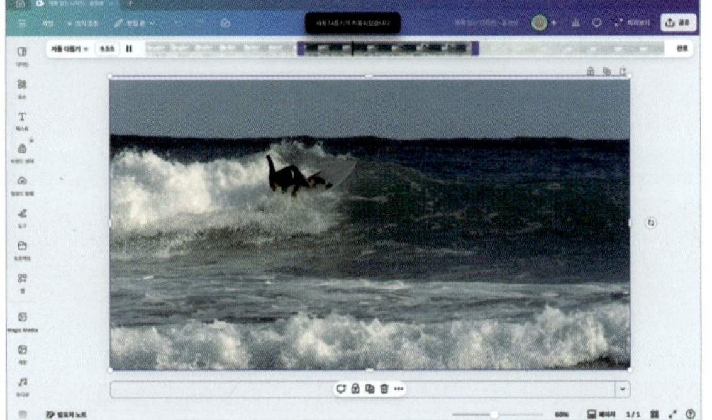

▲ 하이라이트 기능을 적용한 결과

AI 음성과 음성 향상 AI 음성은 텍스트를 자연스러운 음성 오디오로 변환해 주는 기능입니다. 장비나 성우 없이도 고품질의 오디오를 만들 수 있습니다. 페이지에서 오디오로 변환할 텍스트 선택 - **플로팅 툴 바-Magic Write-[AI 음성] 생성**을 클릭합니다.

또한 음성 향상은 배경 소음을 제거하고 오디오를 더욱 선명하게 만들어 영상의 품질을 높여 주는 오디오 보정 기능입니다. 오디오 클립 선택 후, 마우스 우클릭-**[볼륨]-[오디오 볼륨 균형 맞추기]** 버튼을 클릭하면 AI가 자동으로 배경 잡음을 제거해 줍니다.

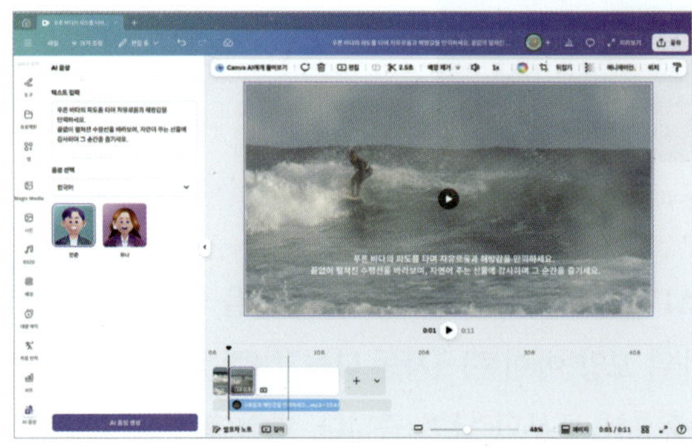

▲ AI 음성 기능으로 생성된 오디오 클립

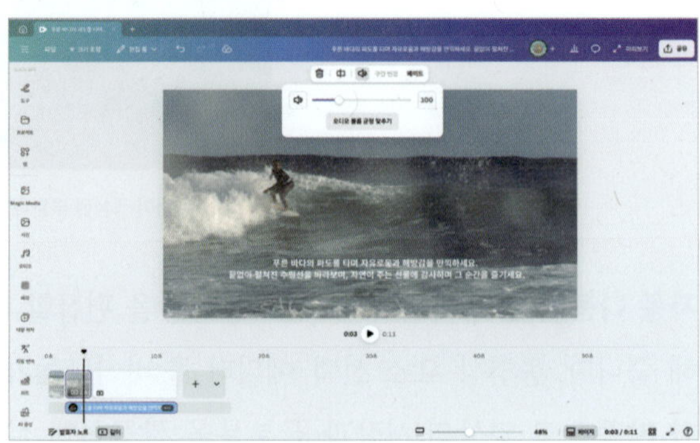

▲ 음성 향상 기능을 적용중인 화면

✨ 다양한 AI 앱 활용하기

캔바의 앱 라이브러리에는 다양한 AI 기반 디자인 및 생산성 도구들이 있어, 작업을 더욱 업그레이드해 줍니다. 에디터 사이드 패널의 **[앱]** 메뉴와 홈 화면-탐색 패널-[더보기]-[앱]에서 다양한 앱을 한눈에 볼 수 있어요.

아래에는 AI로 생성해 주는 추천 앱 몇 가지를 정리했습니다. 캔바의 앱 라이브러리는 계속 업데이트되고 새로운 앱이 자주 추가되고 있으니 직접 탐색하면 유용한 앱을 더 많이 찾아낼 수 있습니다.

① **Carousel Studio**: AI로 카드뉴스(Carousel)를 만들어 주는 앱입니다. 생성할 때마다 1크레딧을 소진하고, 크레딧은 매일 갱신됩니다.

② **Enhancer**: AI로 이미지 품질 및 크기를 향상시켜 주는 앱으로 이미지 퀄리티를 1000% 향상시켜 줍니다.

③ **HeyGen AI Avatars**: 나를 대변하여 발언하는 프레젠터나 아바타 영상을 만들고 싶을 때 활용할 수 있습니다.

④ **MelodyMuse**: 텍스트 설명만으로 음악을 만들어 주는 음악 생성 앱이에요.

⑤ **Sketch to Life**: AI로 스케치를 이미지로 변환해 주는 앱으로 AI를 활용해 생동감 있는 예술 작품을 만들 수 있어요.

⑥ **Gen QR**: 색상과 디자인을 맞춤으로 QR 코드 이미지를 생성해 주고, 링크 주소 축약 기능을 제공하는 앱입니다.

⑦ **Anime Style**: 텍스트 설명을 사용해 애니메이션 작품을 생성해 줍니다.

⑧ 이외에도 AI 또는 QR, Image Upscaler 등 원하는 기능으로 검색하면 더 많은 AI 관련 앱을 찾을 수 있어요.

내 작업에 맞는 AI 활용 전략 세우기

AI 기능을 한 번 쭉 둘러보고 나면, 막상 어디서부터 써야 할지 고민이 남습니다. 이번 레슨에서는 지금까지 배운 캔바 AI 도구들을 내 작업 유형에 맞게 묶어, 쉽게 따라 할 수 있는 활용 흐름으로 정리해 봅니다.

지금까지 캔바의 다양한 AI 기능을 둘러보고 어떻게 사용하면 되는지 감을 잡았다면, 이제는 내 작업에 맞게 조합하는 단계로 넘어갈 차례입니다. AI는 디자인 작업에서 '초안 생성 →선택 →편집 →확장' 흐름으로 활용할 때 가장 안정적이에요. 이 4단계를 중심으로 소셜 콘텐츠, 강의·설명 자료, 1인 사업자 브랜딩 작업에서 어떤 도구를 어느 순서로 쓰면 좋은지 살펴보겠습니다.

- 소셜 콘텐츠 중심 작업이라면, 디자인 생성과 텍스트 초안 도구를 함께 활용합니다.
- 강의나 설명 자료가 많다면, 문서와 프레젠테이션 형식을 중심으로 흐름을 만듭니다.
- 1인 사업자라면, 소셜 콘텐츠와 인쇄 형식을 연결해 활용해 볼 수 있습니다.

✨ AI를 활용한 디자인 작업의 공통 흐름 체크하기

아래의 4단계를 기본 틀로 기억해 두면, 어떤 작업을 하든 '지금 나는 어느 단계에 있고, 어떤 AI 도구를 부르면 좋을까?'를 쉽게 떠올릴 수 있습니다.

① 1단계: 아이디어 정리 및 초안 생성

Docs나 Canva AI, Magic Write로 아이디어·텍스트 초안을 빠르게 뽑아냅니다.

② 2단계: 선택

Magic Design 및 Canva AI의 디자인 생성 기능으로 여러 시안을 만든 뒤, 그중에 마음에 드는 것을 고릅니다.

③ 3단계: 편집

Magic Edit, 배경 제거, Magic Media 등으로 이미지와 레이아웃을 브랜드와 디자인 컨셉에 맞게 다듬습니다.

④ **4단계: 확장**

Magic Switch와 크기 조정으로 다른 형식이나 언어로 변환해 여러 채널에 활용합니다.

✨ 소셜 콘텐츠 중심 작업 흐름으로 응용하기

소셜 미디어용 콘텐츠를 꾸준히 만들어야 하는 디자이너, 마케터, 크리에이터라면 다음과 같은 흐름이 유용합니다. 아래의 루틴을 몇 번만 반복해 보면, '소셜 콘텐츠는 항상 이 흐름으로 만든다'는 나만의 패턴이 잡히게 될 거예요.

① **1단계: 아이디어·카피 초안 쌓기**

Docs나 Canva AI에서 Magic Write로 '이번 달 인스타그램 게시물 아이디어 10개', '이벤트 홍보 문구 5개'처럼 프롬프트를 입력해 텍스트 초안을 생성합니다.

② **2단계: 피드에 어울리는 디자인 시안 만들기**

홈 화면의 Canva AI에서 '디자인 생성'을 선택하고, 인스타그램 게시물·스토리 등 원하는 형식을 고릅니다. 프롬프트에 캠페인 콘셉트와 분위기(예: 뉴트럴 톤의 여름 패션 프로모션, 미니멀 스타일)를 적어 여러 개의 시안을 받아 봅니다.

③ **3단계: 상세 편집으로 완성도 높이기**

선택한 시안을 에디터에서 열고, 필요할 때 Magic Edit, 배경 제거, Magic Media 이미지 생성 등을 사용해 사진과 그래픽을 보완합니다. 텍스트는 Magic Write로 톤을 정리하거나 분량을 줄여 카드뉴스·짧은 캡션에 맞게 조정할 수 있어요.

④ **4단계: 여러 채널로 확장하기**

크기 조정 기능으로 한 게시물을 릴스·쇼츠 커버, 스토리, 또는 다른 SNS 플랫폼용 사이즈로 복사해 만듭니다. Magic Switch를 사용해 같은 내용을 블로그 글, 뉴스레터 초안으로 변환하면 캠페인 전체를 일관된 메시지로 운영할 수 있습니다.

✨ 강의·설명 자료 중심 작업 흐름으로 응용하기

강의, 워크숍, 교육용 자료처럼 설명 위주의 콘텐츠를 만드는 경우에는 문서와 프레젠테이션의 왕복이 핵심이에요. 아래와 같이 문서 →화이트보드 →프레젠테이션으로 이어지는 흐름을 익혀 두면, 강의안 제작 시간을 크게 줄이고 구조도 더욱 탄탄하게 만들 수 있어요.

① **1단계: 강의 개요와 목차 만들기**

Docs에서 Magic Write로 '○○를 주제로 한 1시간 강의 개요와 슬라이드 목차를 만들어 줘'처럼 지시해 개요를 생성합니다. 생성된 개요를 바탕으로 필요한 슬라이드 수와 흐름(도입-이론-사례-정리)을 간단히 정리해 둡니다.

② **2단계: 화이트보드로 아이디어 확장·정리**

화이트보드에서 주요 키워드와 예시를 자유롭게 배치해 브레인스토밍합니다. 작업 후에는 요약 만들기 기능으로 핵심 포인트만 정리해, 다시 Docs나 프레젠테이션으로 옮겨갈 수 있어요.

③ **3단계: 프레젠테이션 초안 자동 생성**

Docs에서 정리한 내용을 Magic Switch를 사용해 프레젠테이션 개요 형식으로 변환합니다. 프레젠테이션 파일에서 디자인 생성 기능을 사용해 슬라이드 레이아웃과 스타일을 추천받습니다.

④ **4단계: 시각 자료와 애니메이션 추가**

Magic Media로 사례 장면을 생성해 넣고, 필요하다면 Beat Sync·Magic Animate 등으로 애니메이션을 적용합니다. 텍스트가 많은 슬라이드는 Magic Write의 요약 · 톤 변경 기능으로 메시지를 간결하게 다듬어 주세요. 또한 Magaic Chart로 데이터를 시각화하여 보다 효율적으로 메시지를 전달할 수 있습니다.

✨ 1인 사업자 · 브랜딩 중심 작업 흐름으로 응용하기

혼자 브랜드를 운영하거나 작은 비즈니스를 하는 경우, 하나의 아이디어가 여러 매체로 자연스럽게 확장되는 흐름이 중요해요. 아래의 흐름을 따라가면, 아이디어 하나로 캠페인 전체를 돌리는 단일한 컨셉이 생겨 작업 피로도가 줄어듭니다.

① **1단계: 캠페인 컨셉과 메시지 정리**

Docs와 Magic Write로 브랜드 스토리, 이번 시즌 캠페인 콘셉트, 슬로건, 이메일 제목 아이디어 등을 한 번에 생성합니다. 생성 결과에서 마음에 드는 표현은 강조 표시를 해두고, 나머지는 참고용으로만 두어도 좋아요.

② **2단계: 핵심 비주얼 만들기**

프레젠테이션이나 소셜 포맷에서 디자인 생성을 사용해 캠페인 메인 비주얼 시안을 여러 개 받아 봅니다. Magic Media로 브랜드 톤에 맞는 이미지(예: 뉴트럴 톤의 천연 스킨케어 제품 사진, 심플한 배경)를 생성해, 메인 비주얼에 활용할 수 있어요.

③ **3단계: 채널별 콘텐츠로 확장하기**

Magic Switch로 캠페인 설명 텍스트를 뉴스레터, 블로그 포스트, 랜딩 페이지용 문구로 변환해 각 채널에 맞게 가볍게 수정합니다. 또한 크기 조정 기능을 사용해 메인 디자인을 인스타그램 피드, 스토리, 배너, 명함 · 포스터 초안 등 다양한 형식으로 복사합니다.

④ **4단계: 웹사이트·인쇄물로 확장하기**

같은 프로젝트 안에서 웹사이트 형식 페이지를 추가해 이벤트 랜딩 페이지나 포트폴리오 페이지를 구성합니다. 인쇄용 명함, 쿠폰, 스티커 등의 디자인을 만든 뒤, 목업 기능으로 실제 인쇄물에 적용한 모습을 미리 확인하면 전체 브랜딩 느낌을 한눈에 점검할 수 있어요.

✨ AI 활용 체크 포인트

마지막으로, 캔바 AI를 내 작업에 적용할 때 꼭 기억해 두면 좋은 기준을 정리해 보겠습니다.

- **큰 흐름 놓치지 않기**: 다양한 AI 기능을 사용하는 데에만 집중하느라 전체 디자인 컨셉이 흐트러지지 않게 유의하세요. AI 기능을 활용하는 것은 내가 신기술을 사용할 줄 안다는 것을 보여 주기 위한 것이 아니라, 내 브랜드나 디자인의 컨셉을 효과적으로 드러내는 도구이자 과정이라는 것을 기억해야 합니다.
- **AI는 초안 담당, 결정은 나**: AI가 만들어 준 텍스트 · 이미지 · 디자인은 '초안'으로 생각하고, 최종 선택과 수정은 항상 내가 합니다.
- **브랜드 톤과 스타일은 사람이 맞추기**: Magic Write로 생성한 텍스트도 브랜드 보이스에 맞게 표현을 조금씩 바꾸고, Magic Media로 만든 이미지도 색상 · 폰트 · 레이아웃을 브랜드 키트에 맞춰 조정해 주세요.
- **기능과 사용 한도 확인하기**: Magic Edit, Magic Animate 등 일부 고급 기능은 유료 플랜에서만 사용할 수 있고, 특정 AI 기능은 월별 사용량 제한이 있을 수 있어요. 세부 정책은 캔바의 공식 안내 페이지에서 최신 정보를 확인해 두면 좋습니다.
- **저작권 · 정책 가이드라인 준수하기**: AI가 생성한 결과물을 그대로 쓰기보다는, 내 콘텐츠를 섞어 창의적으로 재구성하는 편이 안전합니다. 특정 인물, 상표, 로고 등을 직접적으로 지시하는 프롬프트는 피하고, 생성 결과가 타인의 권리를 침해하지 않는지 한 번 더 살펴보세요.

지금까지 아이디어를 시각화하는 데 도움을 주는 AI 도구와 흐름을 살펴보았습니다. 이제는 이 흐름을 실제 디자인 상황에 적용해, 더 구체적인 결과물로 만들어 볼 단계입니다.

CHAPTER 03 완주를 축하합니다!

이번 챕터를 통해 세상에 없던 이미지와 디자인을 뚝딱 만들어 내는 Canva AI의 마법을 경험했나요? 여기까지 따라왔다면, Canva Design Model의 큰 흐름을 체험한 거예요. 지금은 모든 기능을 완벽히 다루는 것보다, 내 작업에서 어떤 AI 기능이 유용할지 감을 잡는 것이 더 중요합니다. 우리의 아이디어에 날개를 달아 줄 Canva AI는 지금도 무궁무진하게 발전하고 있으니, 앞으로도 새로운 기능들을 자유롭게 탐색하고 사용해 보세요.

CHAPTER 03 완주 체크리스트

캔바의 기초 기능을 쭉 따라오며 손에 익히셨습니다. 간단하게 확인해 볼까요?

- ☐ 키워드와 사진을 프롬프트로 활용해 디자인 초안을 생성할 수 있습니다.
- ☐ 콘텐츠 내용을 여러 디자인 형식으로 전환하고 확장할 수 있습니다.
- ☐ 텍스트를 입력해 이미지나 영상으로 생성할 수 있습니다.
- ☐ 캔바의 다양한 앱을 검색하고 활용할 수 있어요.
- ☐ Canva AI로 디자인 작업하는 큰 흐름을 계획할 수 있어요.
- ☐ AI 결과물을 안전하게 활용하는 기준을 알고 있어요.

✨ CHAPTER 04 예고 | 캔바 디자인 실전

챕터 04에서는 그동안 배운 캔바 디자인 기초와 AI 기능을 총동원해 본격적인 디자인 실전에 도전합니다. 베이커리 카페 사장님, 뷰티 인플루언서, 자기계발 강사 등 구체적인 고객 페르소나와 함께 실제 비즈니스에 필요한 디자인을 완성해 볼게요. 디자인 원칙과 작업 순서를 체크하고, 각 페르소나마다 실제 수행해 볼 법한 프로젝트를 처음부터 끝까지 완성해 가면서, 지금까지 배운 모든 기술을 종합적으로 활용하게 될 것입니다.

그럼, **CHAPTER 04 캔바 디자인 실전**에서 만나요!

Canva

CHAPTER 04

캔바 디자인 실전

Canva

감각과 원리를 연결하여 팔리는 디자인을 만드는 노하우

단순히 예쁜 결과물을 넘어, 고객의 문제 해결을 돕는 디자인 기획력을 기릅니다. 6가지 업종별 페르소나 실습을 통해 템플릿 제작부터 외주 업무까지 가능한 프로의 한 끗 차이를 경험해 보세요.

수익화를 꿈꾸는 예비 디자이너로서 이제는 기능을 활용하는 수준을 넘어, '팔리는 디자인'의 한 끗 차이를 경험할 차례입니다. 앞선 챕터에서 기초를 다졌다면, 이번 챕터에서는 초보의 티를 벗고 프로의 완성도를 만드는 지점에 집중합니다.

실제로 선택받는 디자인은 단순히 예쁘기만 해서는 안 됩니다. 누구에게 무엇을 말하고, 어떤 행동을 이끌어 낼지 처음부터 치밀하게 기획해야 하며, 자신의 디자인 의도를 논리적으로 설명할 수 있어야 합니다. 디자인 실력을 가장 빠르게 키우는 방법은 실제 클라이언트의 문제를 해결해 보는 것입니다.

그래서 이번 챕터에서는 템플릿 디자인을 필요로 하는 6가지 가상의 고객 페르소나를 설정했습니다. 베이커리 카페부터 기업까지, 업종별 비즈니스를 운영하는 데 필요한 '올인원 디자인 키트'를 함께 실습합니다. 이 과정은 여러분이 디자인 템플릿 상품을 판매하거나, 외주 디자인 서비스로 연결할 수 있는 탄탄한 포트폴리오를 구축하는 데 실질적인 동력이 되어 줄 거예요.

배울 내용

LESSON 01 디자인 실전에서 놓치지 말아야 할 원칙들 기획부터 실행까지, 프로 디자이너의 사고방식과 작업 원칙을 배웁니다.

LESSON 02 베이커리 카페를 위한 디자인 이미지와 폰트의 조화를 통해 단순한 구조에 감성적인 무드를 담아내는 방법을 배웁니다.

LESSON 03 필라테스 스튜디오를 위한 디자인 복잡한 정보를 직관적으로 구조화하여 다양한 홍보 포맷으로 확장하는 방법을 배웁니다.

LESSON 04 동물병원을 위한 디자인 신뢰감이 생명인 정보를 부드러운 컬러와 요소로 친근하게 전달하는 방법을 배웁니다.

LESSON 05 강사를 위한 상세페이지 디자인 핵심 가치를 돋보이게 배치하여 구매 욕구를 자극하는 레이아웃을 설계하는 방법을 배웁니다.

LESSON 06 기업을 위한 프레젠테이션 디자인 방대한 텍스트와 데이터를 시각화하여 설득력을 높이는 비즈니스 디자인을 익힙니다.

LESSON 07 디자인 자산 관리와 상품화 노하우 완성된 템플릿을 수익으로 연결하기 위한 패키징과 상품화 전략을 다룹니다.

왜 이런 구성인가요?

이번 챕터의 실습안은 시장의 수요를 반영하여 구성하였습니다. 현재 온라인 마켓 플레이스에서 가장 활발하게 판매되는 '인스타그램 템플릿 세트'를 메인으로 하되, 이를 시작으로 브랜드 통합 디자인 구축 과정을 경험하게 될 거예요.

학습 흐름은 '판단 기준 수립→실전 프로젝트 수행→수익화 준비'의 3단계로 이어집니다. 레슨 01에서 디자인 의사 결정의 기준을 세우고, 레슨 02~06에서는 가상의 프로젝트를 통해 실제 디자인 워크플로우를 경험합니다. 마지막 레슨 07에서는 결과물을 상품화하는 과정을 다룹니다.

이렇게 인스타그램 게시물 하나를 만드는 법을 넘어, 한 업종의 브랜딩이 완성되는 과정을 실습함으로써 템플릿 설계부터 외주 디자인까지 아우르는 실전 역량을 갖추게 될 것입니다.

실습 자료는 아래 웹사이트에서 확인할 수 있어요.
각 실습마다 마련되어 있는 실습안 템플릿과 완성본 템플릿 링크를 클릭해 활용하세요.
https://sijae.my.canva.site/creator-lab

디자인 실전에서 놓치지 말아야 할 원칙들

색상 모드부터 4대 디자인 원칙, 그리고 효율적인 실전 워크플로우까지 예비 디자이너가 반드시 갖춰야 할 디자인 기본기를 배워 볼게요. 단순히 예쁜 결과물을 만드는 것을 넘어, 구매자의 만족을 이끌어내고 수익으로 연결되는 '상품형 템플릿'의 기준도 체크해 봅니다.

디자인 실습의 문을 본격적으로 열기 전, 먼저 세워야 할 기준이 있습니다. 바로 '무엇을 근거로 잘 된 디자인과 어색한 디자인을 판단할 것인가'에 대한 것입니다. 감에만 의존하는 디자인은 수정이 어렵고 상품으로서의 신뢰도도 떨어집니다. 이번 레슨에서는 단순한 캔바 기능 설명을 넘어, 색·글자·레이아웃을 바라보는 디자이너의 시각 기준을 정립합니다. 특히 판매용 템플릿을 설계할 때 반드시 지켜야 할 구조적 원칙을 익혀, 이후 진행될 실습에서 흔들림 없는 기준점을 세워 볼게요.

✨ 반드시 갖춰야 할 디자인 실무 기초 지식

디자인 초보자가 실전에서 가장 많이 실수하는 기술적 포인트들을 간단하게 짚고 넘어가겠습니다. 이 기초가 흔들리면 판매 상품으로서의 가치가 떨어집니다.

1. 색상 모드(RGB vs CMYK) – 어디서 보여 줄 디자인인가

디자인의 최종 목적지가 화면인지 종이인지를 결정하는 매우 중요한 단계입니다.

- **RGB**: 인스타그램, 블로그 등 디지털 화면으로 보는 디자인에 적용됩니다. 캔바의 기본 환경입니다.
- **CMYK**: 전단지, 명함 등 인쇄용 디자인에 적용됩니다.
- **실무 팁**: 캔바에서 인쇄용 작업을 했다면 다운로드 시 [PDF 인쇄/CMYK] 형식을 선택해야 합니다. 특히 중요한 작업물은 '샘플 출력→실제 색감 확인→최종 인쇄' 과정을 습관화해야 색상 왜곡을 방지할 수 있습니다.

더 알아보기 RGB와 CMYK 색상모드 이해하기

디자인 작업에서 색상 모드를 이해하는 것은 특히 인쇄물 제작 시 꼭 필요한 기본기입니다. 캔바에서는 화면 기반의 RGB 모드를 기본으로 사용하지만, 인쇄용 PDF에서는 CMYK를 기반으로 합니다. 이 두 방식은 색을 만드는 원리가 다르기 때문에 화면에서 본 색과 인쇄 결과가 다르게 보일 수 있습니다.

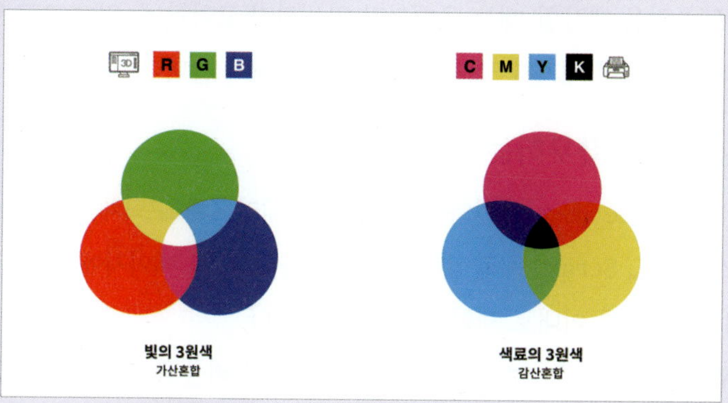

RGB와 CMYK의 핵심 차이 한눈에 보기

구분	RGB	CMYK
용도	화면용(Screen)	인쇄용(Print)
방식	빛을 섞는 가산 혼합	잉크를 섞는 감산 혼합
사용 환경	모니터 · 스마트폰 · 웹 · 앱UI · SNS 이미지	명함 · 전단 · 포스터 · 책 등 인쇄물
색 특징	밝고 선명, 네온·발광 톤 표현 강함	화면보다 톤 다운, 잉크 · 종이 특성의 영향
캔바 적용	PNG · JPG · 동영상 등 화면용 다운로드	PDF 인쇄 옵션에서 CMYK 기반 처리

왜 화면과 인쇄물이 다르게 보일까?

RGB는 빛, CMYK는 잉크 · 종이로 색을 구현하는 방식입니다. 화면은 스스로 빛을 내기 때문에 더 밝게 보이고, 인쇄물은 빛을 반사해 색을 표현하므로 자연스레 톤이 낮아집니다. 같은 색이라도 화면에서는 생생하지만 인쇄하면 다소 탁하게 느껴지는 이유가 이것 때문이죠. 그렇기 때문에 중요한 인쇄물은 반드시 샘플 출력(시안)을 확인하는 것이 안전합니다.

반대로 인쇄용 CMYK 파일을 캔바에 업로드하면 RGB로 전환되며 색이 달라 보일 수 있습니다. 이는 정상적인 현상이며, 캔바는 모니터 화면에 구현되는 RGB 기반 도구이기 때문입니다.

캔바에서 CMYK 색을 최대한 맞추는 방법

RGB와 CMYK의 색 영역(색을 표현할 수 있는 범위)이 달라 완전 일치는 어렵지만, 다음의 방법을 사용하면 실제 인쇄색과 더 근접하게 표현할 수 있습니다.

① 온라인 CMYK 컬러 피커(Picsart, Aspose PickColor 등)에서 원하는 색상의 CMYK 값을 확인하기

② 해당 색상을 HEX 값으로 변환 후 캔바 색상 패널의 HEX 입력 칸에 그대로 입력하기

③ 브랜드 키트에 저장해 전체 디자인에서 일관성 유지하기

2. 해상도(DPI) – 선명함의 차이를 결정하는 숫자

이미지의 선명도는 해상도가 결정합니다.

- **화면용**: 72~150DPI로도 충분합니다.
- **인쇄용**: 300DPI가 표준입니다.
- **실무 팁**: 판매용 템플릿을 제작할 때는 구매자가 인쇄까지 고려할 수 있으므로 항상 고해상도 이미지를 사용하고, 인쇄 시 픽셀이 깨지지 않는지 꼼꼼히 확인해야 합니다.

3. 폰트와 컬러 – 분위기를 좌우하는 힘

- **폰트**: 세리프체(명조체, Serif)는 신뢰와 우아함을, 산세리프체(고딕체, San serif)는 현대적이고 깔끔함을, 필기체(스크립트, Script)는 감성적인 느낌을 줍니다. 한 페이지에 너무 많은 폰트를 쓰면 전문성이 떨어져 보이니 2~3종류 이내로 제한하는 게 좋습니다.
- **컬러(60-30-10 법칙)**: 배경 60%, 보조 30%, 포인트 10%의 비율을 적용하면 시각적으로 편안함을 줍니다. 강조하고 싶은 부분은 보색 등으로 강한 대비를 활용해 시선을 사로잡는 게 좋습니다.

더 알아보기 **폰트 기본 분류 이해하기**

디자인에서 가장 기본적으로 사용하는 폰트는 크게 명조체(Serif, 세리프체), 고딕체(Sans-Serif, 산세리프체), 필기체(Script, 스크립트체) 세 가지로 나눌 수 있어요.

- **명조체**: 글자 끝에 작은 장식(Serif)이 있어 고전적이고 안정적인 느낌을 줍니다.
- **고딕체**: 장식이 없어(Sans-Serif) 깔끔하고 현대적인 인상을 줍니다.
- **필기체**: 감성적인 분위기를 만들고 싶을 때 짧은 문구에 사용하면 효과적이에요.

초보자는 제목과 본문을 세리프·산세리프로 조합하고, 필기체는 강조용으로만 사용하면 가독성과 완성도를 안정적으로 유지할 수 있습니다.

아래의 템플릿들은 실제로 캔바 플랫폼에 등록되어 있는 템플릿들입니다. 폰트의 구성과 굵기, 크기를 참고해 보세요. 같은 폰트라도 굵기를 다르게 사용하여 다른 분위기를 연출하거나 강조해 줄 수 있습니다.

QR 코드를 이용해 각 템플릿의 세부 디자인을 확인해 보세요.

▲ 고딕체, 명조체, 필기체 조합의 인스타그램 릴스 템플릿 디자인

고딕체, 명조체, 필기체 조합의 인스타그램 릴스 템플릿 디자인

▲ 깔끔한 명조체와 고딕체를 메인으로 하고 필기체로 포인트를 준 인스타그램 게시물 템플릿 디자인

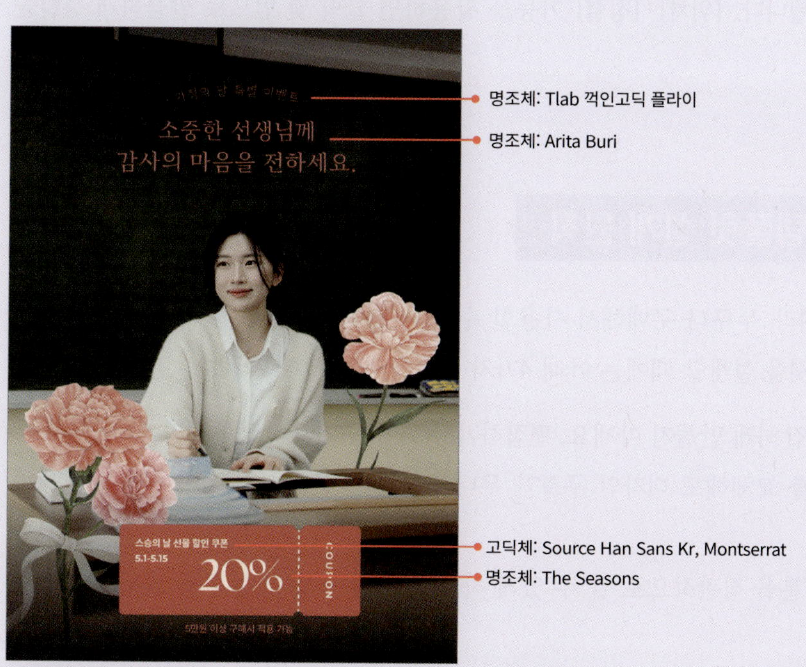

▲ 따뜻한 느낌의 명조체를 메인으로 하고 깔끔한 고딕체 조합의 포스터 템플릿 디자인

✨ 디자인의 뼈대를 세우는 4대 원칙

팔리는 템플릿의 가치는 화려한 장식이 아닌, 한눈에 들어오는 탄탄한 구조에서 나옵니다. 다음 4가지 원칙만 잘 지켜도 디자인의 완성도가 달라집니다.

1. **계층(Hierarchy)**: 요소들의 배치와 구성을 통해 디자인 안에서 시선의 흐름을 설계하는 것입니다. 예를 들어 디자인에서 제목, 부제목, 본문순으로 크기와 두께에 차이를 두어 사용자의 시선이 어디부터 머물러야 할지 가이드를 주는 것이죠.
2. **대비(Contrast)**: 강조하고 싶은 정보는 명확하게 대비를 주도록 합니다. 예를 들어, 배경과 제목 텍스트의 명도 차이가 약하면 가독성이 떨어져 주목도가 낮아집니다. 또한 대비의 강약 조절로 디자인이 지루해지지 않도록 리듬감을 줄 수 있습니다.
3. **균형(Balance)과 여백**: 요소들의 배치가 과도하게 한쪽으로 쏠리면 불안정해 보입니다. [파일]-[설정]-[눈금자 및 가이드 표시] 또는 [가이드 추가] 기능을 활용해 상하좌우 무게감을 맞춰야 합니다. 특히 적절한 여백은 핵심 메시지를 더욱 돋보이게 하는 '숨 쉴 공간'이 되어 줍니다.
4. **정렬(Alignment)**: 아마추어와 프로를 가르는 결정적 차이입니다. 요소들을 보이지 않는 기준선에 맞춰 정돈한다고 생각하면 됩니다. [위치]-[정렬] 기능을 활용하면 클릭 몇 번으로 깔끔하게 정렬을 맞출 수 있습니다.

✨ 수익화를 위한 템플릿 설계 원칙

단순한 일회성 디자인이 아니라, 누구나 구매해서 사용할 수 있는 '상품형 템플릿'을 만들려면 디자인 확장성이 좋아야 합니다. 템플릿을 설계할 때에는 아래 4가지 원칙을 꼭 체크해 보세요.

1. **단순성**: 레이어 구조를 복잡하게 만들지 마세요. 편집하기 쉬워야 구매자의 만족도가 높아집니다.
2. **가변성**: 사진이나 텍스트를 교체해도 디자인 구조가 무너지지 않는 '튼튼한 레이아웃'을 설계해야 합니다.
3. **명확성**: 수정이 필요한 부분을 직관적으로 알 수 있게 하거나, 간단한 안내 문구를 넣어 사용법을 명확하게 전달하세요.
4. **시각적 일관성**: 시리즈 템플릿을 만들 때는 폰트, 버튼, 아이콘 스타일을 통일하여 일관성을 유지해야 디자인이 완성도 있어 보입니다.

✨ 실전 디자인 워크플로우

이번 챕터의 모든 실습은 아래 4단계를 기본 흐름으로 진행됩니다. 작업의 효율을 높이고 디자인의 중심을 잡기 위해 다음 4단계를 습관화해 보세요.

- **1단계 – 기획하기**: 작업을 시작하기 전 내가 만들 디자인의 '중심 고객, 게시 위치, 기대 반응'이 무엇인지 먼저 정리합니다. 그리고 컨셉과 톤앤매너을 설정하여 디자인 의도와 방향성을 명확하게 합니다.
- **2단계 – 자료 수집하기**: 기획한 내용을 토대로 컬러 팔레트와 무드 보드를 구성해 컨셉의 일관성을 확보합니다. 또한 디자인에 사용할 재료(폰트, 컬러, 사진, 그래픽 요소)를 수집해 둡니다.
- **3단계 – 배치 및 편집하기**: 본격적인 디자인 작업을 시작할 차례입니다. 텍스트를 가장 먼저 배치해 레이아웃의 뼈대를 세웁니다. 우선 텍스트의 양과 위치가 잡혀야 그래픽 요소들이 제자리를 찾기 쉽고, 불필요한 수정을 줄여 줍니다.
- **4단계 – 완성 및 점검하기**: 실제 크기로 디자인을 살펴 보며 가독성을 체크하고, 오타와 오류가 없는지 검수한 후 목적에 맞는 파일 형식으로 다운로드하여 최종 확인합니다.

이제 이번 레슨에서 배운 기준을 가지고 이어지는 고객 페르소나별 실습에 적용해 본격적으로 디자인 작업을 시작해 보겠습니다.

베이커리 카페를 위한 디자인

이번 레슨에서는 단순히 예쁜 결과물을 넘어, 매장의 분위기를 시각화하는 감성 브랜딩과 고객과의 소통을 돕는 템플릿 디자인 세트를 제작합니다. 카페 운영에 즉시 적용 가능한 실무에 최적화된 실습으로 구성했습니다.

실습 리스트

실습 01 휴무 안내 인스타그램 게시물

실습 02 운영 시간 안내 인스타그램 게시물

실습 03 한정 메뉴 홍보 인스타그램 게시물

실습 04 오늘의 메뉴 홍보 인스타그램 스토리

실습 05 신메뉴 홍보 포스터

실습 06 인증샷 이벤트 미니 포스터

실습 07 포장 스티커

실습 08 스탬프 적립 카드

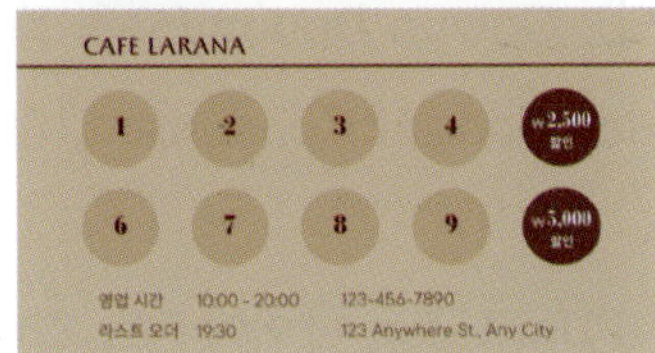

실습 09 매장용 메뉴판

구분	실습 항목	디자인 포인트
안내	실습 01 휴무 안내 인스타그램 게시물 실습 02 운영 시간 안내 인스타그램 게시물	사진 위에 반투명 레이어를 겹쳐 텍스트 가독성을 극대화합니다.
홍보 · 이벤트	실습 03 한정 메뉴 홍보 인스타그램 게시물 실습 04 오늘의 메뉴 홍보 인스타그램 스토리 실습 05 신메뉴 홍보 포스터 실습 06 인증샷 이벤트 미니 포스터	감성적인 레이아웃을 유지하면서 핵심 카피를 전략적으로 배치합니다.
인쇄물	실습 07 포장 스티커 실습 08 스탬프 적립 카드 실습 09 매장용 메뉴판	실제 인쇄 시 오차가 없도록 텍스트 간격과 정렬의 디테일을 잡습니다.

감성을 시각화하고 재방문을 부르는 카페 디자인 만들기

디자인을 처음 시작할 때는 정보 구조가 복잡하지 않은 사례부터 경험하며 감각을 익히는 것이 좋습니다. 카페는 우리 주변에서 가장 흔히 접하는 디자인 의뢰처이자, 운영 시간 안내부터 신메뉴 홍보까지 제작 수요가 끊이지 않는 시장입니다.

매번 전문 디자이너에게 맡기기엔 비용이 부담스럽고, 직접 하기엔 시간이 부족한 사장님들에게 잘 만들어진 디자인 템플릿은 매우 매력적인 상품이 됩니다. 한 번의 작업으로 템플릿을 판매하거나 특정 브랜드의 외주 서비스를 전담하는 등 수익화 확장성이 가장 좋은 분야이기도 하죠.

디자인 기획 및 의도

- **페르소나 및 상황 설정**: 자신만의 취향이 담긴 메뉴를 선보이며 고객과 감성적으로 소통하고 싶은 1인 베이커리 카페 운영자 및 창업자
- **컨셉**: 평온하고 따뜻한 유러피안 빈티지

- **톤앤매너**: 편안함을 주는 자연스럽고 고급스러운 무게감
- **목표**: 고객과의 소통, 온 · 오프라인 방문 및 구매 전환율 증대

디자인 시스템

- **컬러**: 아이보리(#f6f0e3), 브라운(#ccaa85), 짙은 와인 레드(#591919) 등
- **폰트**: 한글 Noto Sans Kr(본고딕), Gowun Dodum(고운 돋움), Arita Dotum(아리따 돋움), TT Commons Pro | 영문·숫자 Bauer Bodoni Condensed, Sloop Script Pro, Beatrix Antiqua, Gothic A1
- **그래픽 요소**: 메뉴 사진(set:nAFIPUgZU3o), 다이아몬드 스파클 그래픽(set:nAG1FY9eioI), 도형 및 선 등

원하는 느낌의 사진이 없을 때에는 캔바 홈 화면의 Canva AI 모드의 생성 기능이나 에디터 화면의 [요소]-[이미지 생성] 기능을 활용해 컨셉에 맞는 이미지를 직접 생성해 보세요.

검색어 추천

Bakery aesthetic, Warm mood cafe, Ripped paper, Rustic, Cozy, European vintage

여기서 소개한 키워드들은 캔바 내 요소 검색뿐만 아니라 비핸스, 노트폴리오, 핀터레스트 등에서 디자인 레퍼런스나 컨셉 이미지 자료를 수집할 때도 매우 유용합니다. 원하는 느낌의 결과물을 얻으려면 한글보다는 영문 키워드로 검색하는 것이 훨씬 다양하고 감도 높은 소스를 확보하기에 유리합니다.

핵심 학습 포인트

- **감도 높은 톤앤매너 설정**: 베이지와 짙은 와인 컬러를 조합해 따뜻하고 고급스러운 브랜드 무드를 조성합니다.
- **프레임 활용 레이아웃**: 캔바의 프레임 기능을 활용해 베이커리 사진을 가장 먹음직스럽게 배치하는 법을 익힙니다.
- **텍스트 위계와 가독성**: 메뉴명과 가격 등 핵심 정보가 가장 먼저 눈에 띄도록 타이포그래피의 강약을 조절합니다.
- **원 소스 멀티 유즈(OSMU)**: 하나의 컨셉을 인스타그램 피드, 포스터, 카드뉴스 등 다양한 규격으로 확장하는 노하우를 습득합니다.
- **인쇄물 제작 기초**: QR 코드 삽입부터 명함, 스탬프 카드, 메뉴판 등 실제 인쇄물 제작에 필요한 실무 프로세스를 경험해 봅니다.

LESSON 02

실습 01

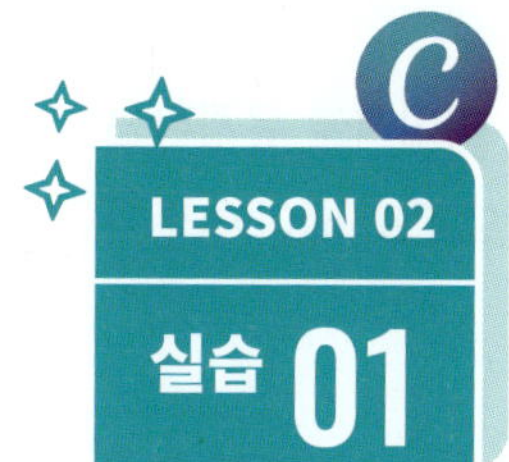

심플한 구조에 감성을 담아 완성하는 디자인

휴무 안내 인스타그램 게시물

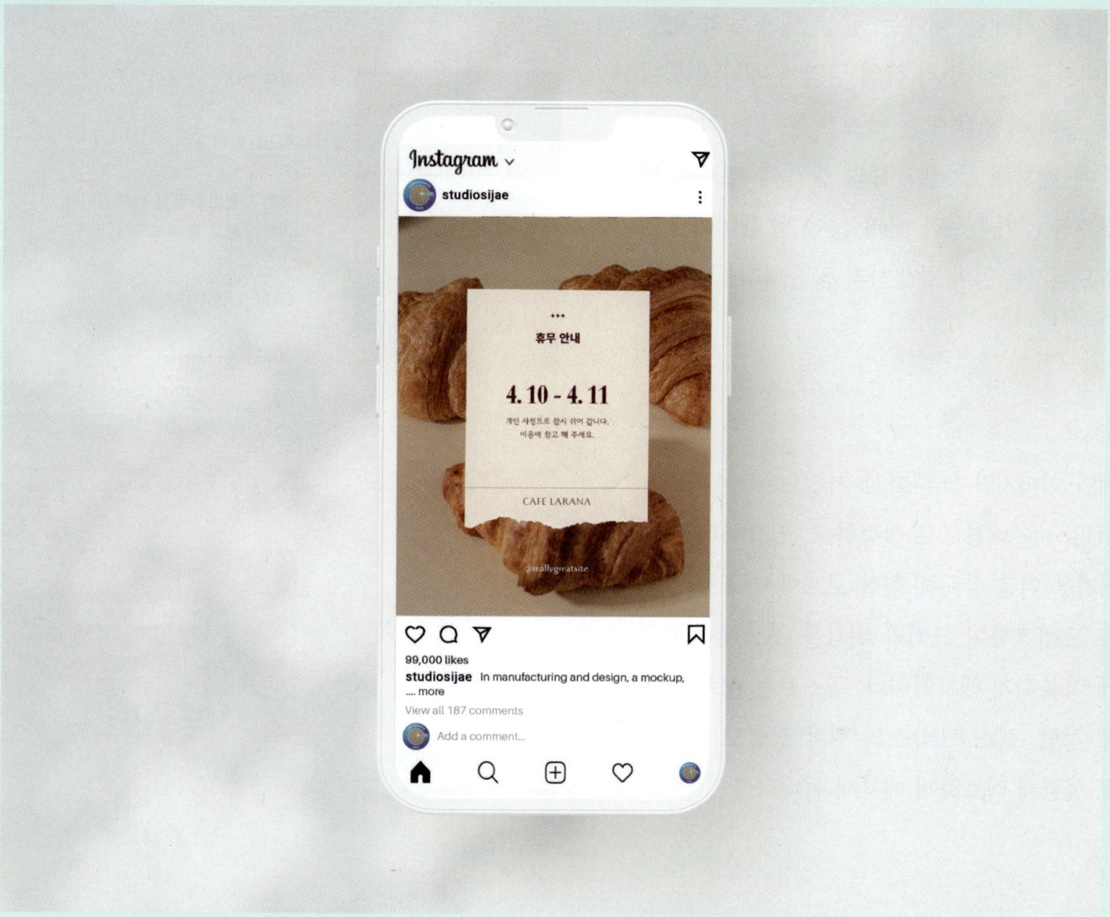

작업 사이즈

인스타그램 게시물 | 1080×1350px(4:5)

디자인 포인트

- 실물 느낌의 요소로 따뜻하고 자연스러운 분위기 연출
- 요소를 활용해 정보 영역과 배경을 명확히 분리
- 텍스트 크기 배치로 시각적 계층 적용
- 배경 사진의 색감과 대비를 차분하게 정돈하는 노하우

휴무 안내는 날짜를 명확하게 전달하여 고객의 헛걸음을 방지하고, 카페의 따뜻한 브랜드 이미지를 유지하는 게 중요합니다. 화려한 그래픽 기술이 없어도 사진 한 장과 텍스트를 배치한 심플한 구성만으로도 베이커리 카페의 매력을 충분히 보여 줄 수 있습니다.

1. 디자인 재료를 배치해 레이아웃의 기초 뼈대 잡기

작업을 시작할 때에는 항상 텍스트와 메인 이미지를 가장 먼저 작업 영역에 배치해 둡니다. 특히 사용할 모든 텍스트 문구를 작업 초반에 배치해 두어야 작업 중간에 새로운 텍스트를 추가하느라 애써 잡아 둔 레이아웃이 흐트러지는 일이 발생하지 않습니다.

메인 이미지인 크루아상 사진(set:nAFIPUgZU3o)을 배경으로 설정하고, 필요하다면 이미지를 더블 클릭해 편집 모드에서 조절 핸들을 드래그하여 크기와 위치를 조정해 디자인에 어울리게 배치합니다. 텍스트는 모두 가운데 정렬, 텍스트 박스의 위치 정렬도 가운데로 설정해 러프하게 배치해 둡니다.

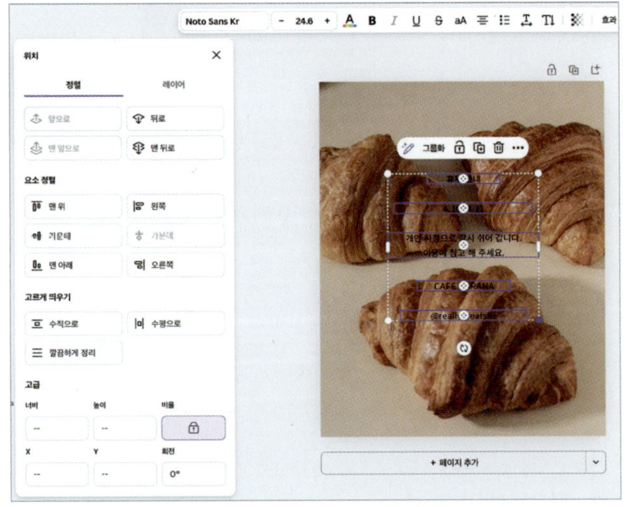

2. 메모지 요소와 텍스트 배치로 시각적 계층 정돈하기

시선이 집중되는 중앙에 종이 질감의 메모지 요소(Ripped Memo Paper)를 올려 정보가 담긴 텍스트 영역과 배경 이미지를 분리해 줍니다. 가장 중요한 정보인 날짜 텍스트를 가장 크고 진하게 배치하고, 부가 설명과 로고는 작은 크기로 배치해 시선의 흐름을 자연스럽게 유도합니다.

3. 폰트 다듬어 디자인 컨셉 살려주기

디자인 컨셉에 어울리게 폰트 종류와 컬러를 다듬어 둡니다. 이때 한글용 폰트와 영문용 폰트, 숫자, 로고에 사용할 폰트를 각각 염두해 사용합니다. 예를 들어 이 디자인에서 강조할 부분은 모던 세리프체(Bauer Bodoni Condense)를, 깔끔하게 전달해야 하는 한글 부분은 산세리프체(Noto Sans Kr)를, 로고는 Beatrix Antiqua 폰트를 사용합니다. 이와 같이 작업 초반에 사용할 폰트 구성을 설정하고 같은 프로젝트 안에서 일관되게 유지하도록 합니다.

체크포인트 **'다국어 지원' 폰트 확인하기**

다국어 지원이란, 하나의 폰트 파일 안에 한국어, 영어, 숫자, 특수문자 디자인이 모두 포함되어 있는 상태를 말합니다. 캔바에서 폰트를 고를 때, 어떤 글자는 예쁘게 변하는데 어떤 글자는 아무리 클릭해도 그대로인 경우가 있죠? 이는 해당 폰트가 '다국어 지원(Multi-language Support)'을 하는지에 따라 결정됩니다.

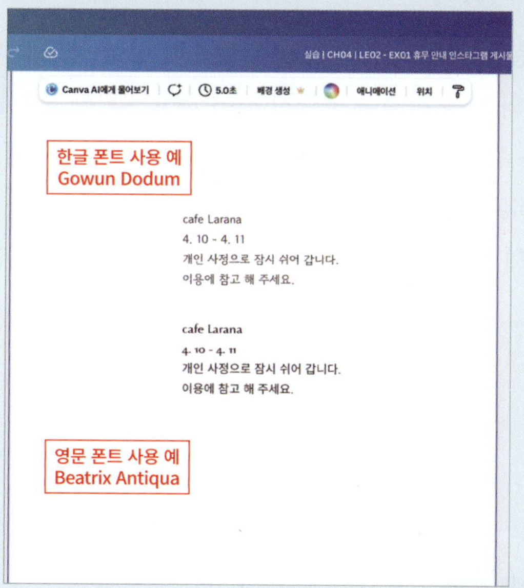

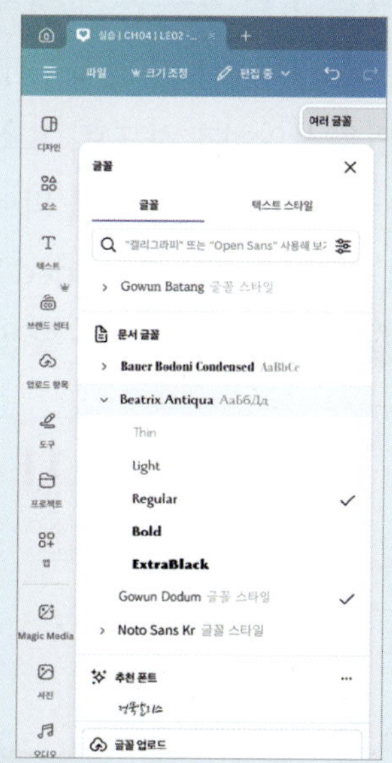

- **다국어 지원 폰트**(예: Gowun Dodum 고운 돋움): 이미지의 상단 예시처럼 한글과 영문, 숫자가 모두 하나의 통일된 스타일로 깔끔하게 적용됩니다.
- **영문 전용 폰트**(예: Beatrix Antiqua): 이미지의 하단 예시를 보면 영문(cafe Larana)과 숫자는 폰트의 모습이 적용되었지만, 해당 폰트가 한글은 지원하지 않아 기본 서체로 대체되어 화면에 출력됩니다.

특히 영문용 폰트는 한글 설정을 지원하지 않는 경우가 있으니 그 점을 고려하여 폰트를 결정하는 게 좋습니다. 따라서 한글과 영문이 섞인 디자인을 할 때는 캔바 글꼴 리스트에서 한글을 함께 지원하는 폰트를 선택하거나 영문용, 한글용, 숫자용 폰트를 따로 설정하여 디자인의 통일성을 유지하는 게 좋습니다.

4. 이미지의 대비 조절하여 우선 순위 부분에 시선 모아주기

❶ 화면 전체 크기로 사각형 도형을 만들어 부드러운 캬라멜 브라운(#9a6d5)으로 컬러를 수정하고 반투명(투명도 26)으로 조정한 후, 메모지 뒤에 배치해 배경 사진의 색감과 대비를 차분하게 눌러 줍니다. ❷ 또한 [편집]에서 메모지 이미지의 밝기를 밝게 조정(+19)합니다. 이렇게 하면 상대적으로 대비가 강한 디자인 중심부로 자연스럽게 시선이 흐르도록 설계할 수 있습니다.

▲ ❶ 반투명 컬러 레이어 추가

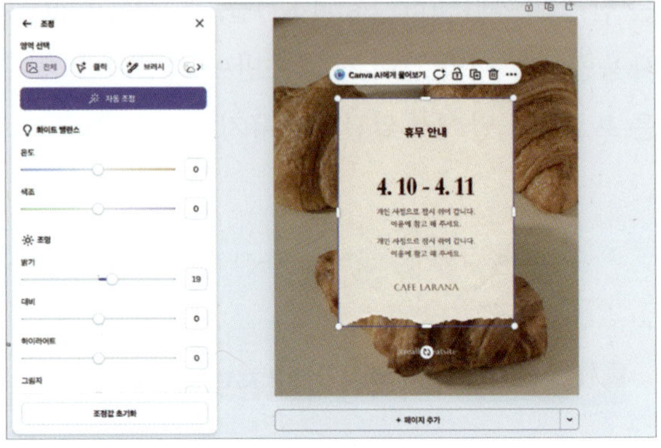

▲ ❷ 메모지 밝기 조정

5. 목적이 명확한 꾸밈 요소로 디테일 더하기

이제 그래픽 요소를 활용해 디자인에 디테일을 더해 줄 차례입니다. 단순히 장식 용도로 배치하는 요소는 오히려 디자인을 산만하게 하므로, 요소의 사용 목적을 명확히 해야 해요. ❶ 선 요소는 텍스트 내용과 카페 로고를 분리해 시선의 분산을 막아 주고 ❷ 그래픽 요소는 제목 텍스트를 강조해 주는 용도입니다. 이때 그래픽 요소(Vibrant Rounded Diamond Sparkle, set:nAG1FY9eioI) 3개를 복사하고, [위치]-[요소 정렬]과 [고르게 띄우기]를 활용해 일렬 및 등간격으로 정렬한 후 그룹으로 묶어 사용합니다.

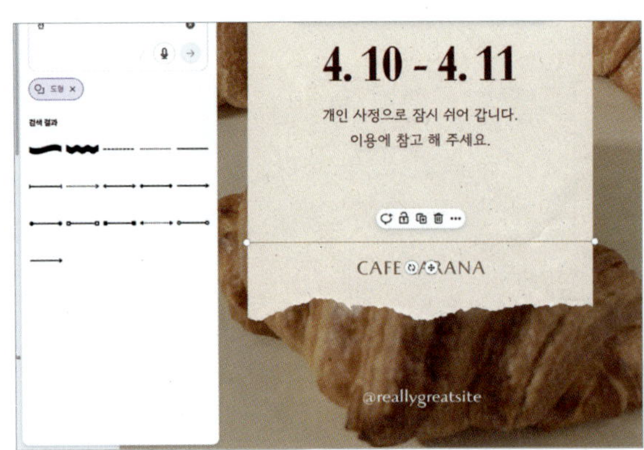

▲ ❶ 요소 배치하기

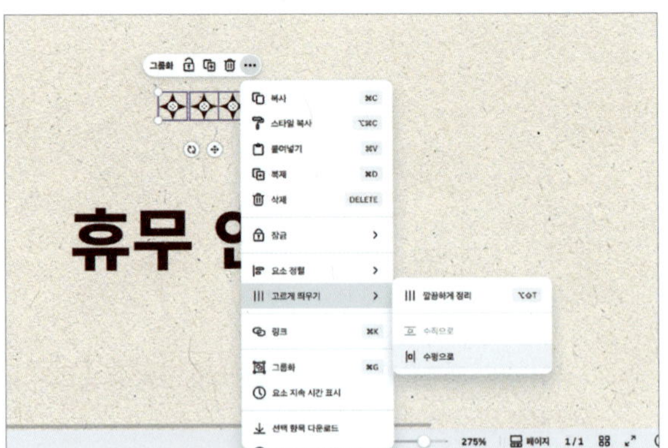

▲ ❷ 그래픽 요소 3개 추가하고 정렬하기

6. 정렬 점검 및 정돈하기

마지막으로 모든 텍스트와 요소들을 드래그해 선택한 다음, ❶ [요소 정렬]에서 [가운데] 정렬을 선택한 후 ❷ 자주색의 중앙 가이드 선이 나타날 때까지 드래그하여 작업 영역 중앙에 오도록 배치하여 정돈합니다.

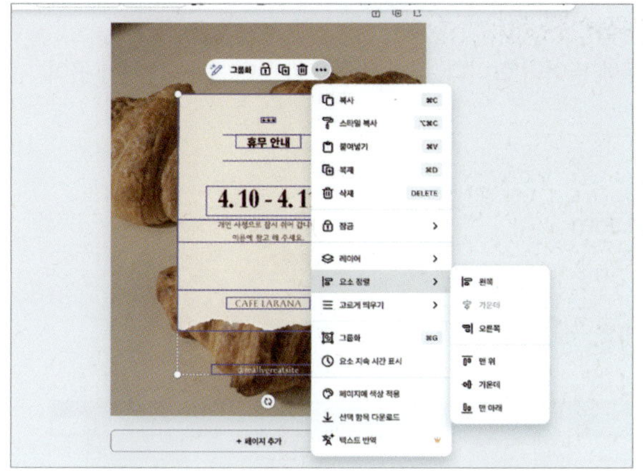

▲ ❶ 요소 정렬

▲ ❷ 작업 영역 중앙에 오도록 배치

7. 디자인 완성 및 점검

자, 드디어 디자인이 완성되었습니다. 디자인을 완성한 후에는 파일을 다운로드하여 파일 오류는 없는지, 오타는 없는지 꼭 확인하도록 합니다.

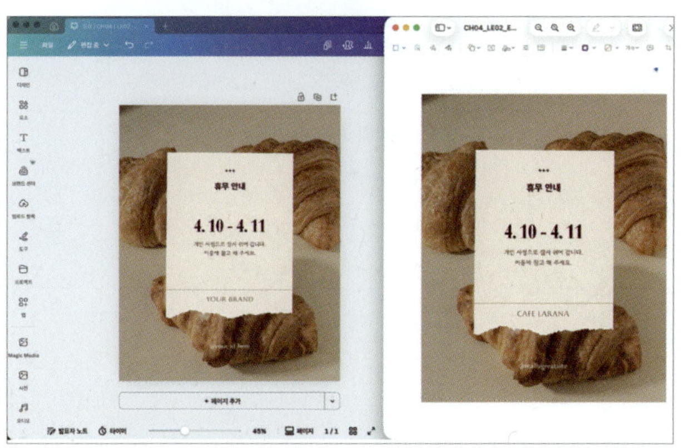

여기까지 디자인 작업 전체 흐름을 경험해 보았습니다. 실습하면서 어디를 눌러야 할지 헷갈린다면 앞 챕터의 기능 설명 부분들을 다시 들춰 보며 복기해 보세요. 아직은 디자인 과정을 진행하는 게 익숙치 않아 앞 부분을 오가는 횟수가 많을 수 있어요. 하지만 몇 번만 해보면 금방 익숙해져서 점점 기능 설명 부분을 보지 않고, 디자인 과정에 집중하며 자연스럽게 따라올 수 있을 거예요. 전문가 마인드로 계속해서 디자인 프로젝트를 진행해 봅시다. 화이팅!

체크포인트 템플릿 판매자의 필수 노하우, 플레이스 홀더 작성법

템플릿 디자인에서 텍스트와 이미지가 들어갈 자리를 미리 채워 두는 것을 '플레이스 홀더(Placeholder)'라고 합니다. 캔바에서 제공하는 템플릿에는 저작권 문제가 없는 ❶ @reallygreatsite나 Ralana 같은 문구가 플레이스 홀더로 배치되어 있습니다. ❷ 판매용 템플릿을 제작할 때에도 템플릿 전문 디자이너답게 플레이스 홀더 문구를 설정해 두는 게 좋습니다.

이때, 템플릿은 구매자가 수정해서 쓰는 디자인 파일임을 염두에 두어야 합니다. 따라서 단순히 멋진 문구보다 '이 곳이 수정할 영역'임을 명확히 알려 주는 문구가 좋습니다.

권장하는 플레이스 홀더 예시

- **웹사이트:** www.example.com 또는 www.your-website.com
- **SNS:** @your_id_here 또는 @youraccount
- **이메일:** hello@example.com
- **회사명:** Your Brand 또는 Your Company

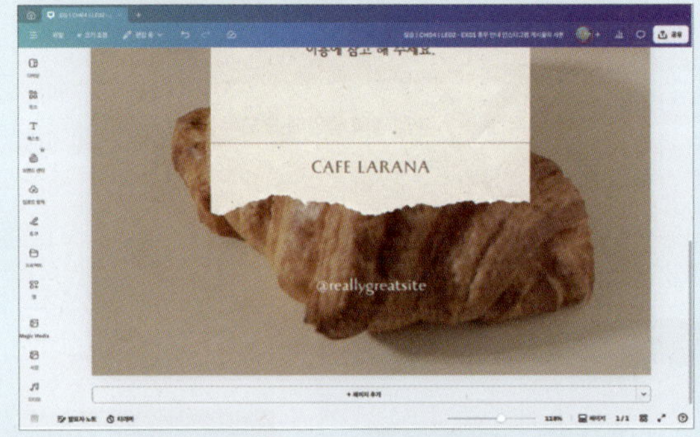

▲ ❶ 캔바의 플레이스 홀더

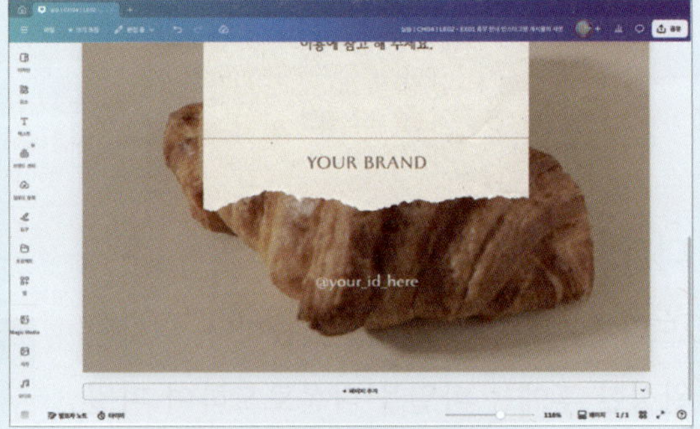

▲ ❷ 판매용 템플릿의 플레이스 홀더 권장 예시

도형과 프레임 구조로 완성하는 주목성 좋은 디자인

운영 시간 안내 인스타그램 게시물

작업 사이즈

인스타그램 게시물 | 1080×1350px(4:5)

디자인 포인트

- 폰트 조합의 제목으로 주목성 증대
- 텍스트 배치와 컬러 대비를 통한 가독성 증대
- 디자인 목적에 맞는 이미지 사용
- 프레임을 이용해 편리한 교체형 구조로 구성

카페나 음식점에서 가장 자주 쓰이는 디자인 중 하나가 바로 운영 시간 안내입니다. 이번 실습에서는 도형과 프레임을 활용해 시선을 끄는 구조를 만들고 텍스트를 분리해 눈에 띄게 정돈하는 방법, 컬러 대비를 통해 가독성을 극대화하는 방법을 배웁니다.

1. 도형과 프레임으로 전체적인 레이아웃 구성하기

모든 요소를 작업 페이지에 배치해 둔 뒤, ❶ 따뜻한 느낌의 린넨 질감 이미지(White Linen Fabric)를 배경으로 설정하고, 페이지 중앙에 사각형 도형 요소를 올려 정보 영역을 만들어 줍니다. 이때 에디터 툴바에서 도형의 컬러와 모서리 둥글기를 설정해 줍니다. ❷ 사각형 프레임을 도형 위에 올리고 사진을 넣어 줍니다. 이때 [위치]-[고급]-[너비]에 수치를 입력해 도형과 프레임의 너비를 똑같이 맞춰 줍니다.

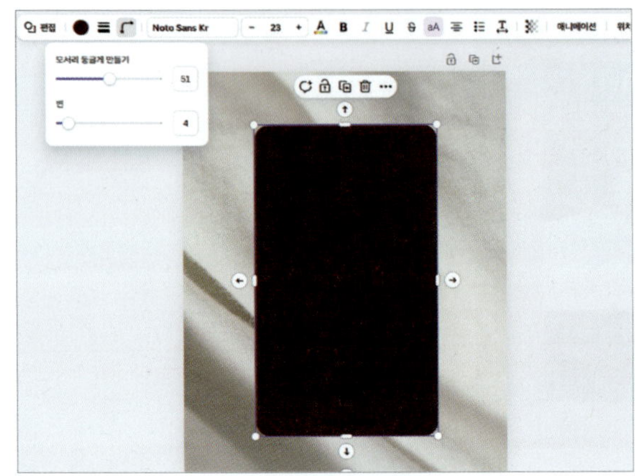

▲❶의 적용 모습

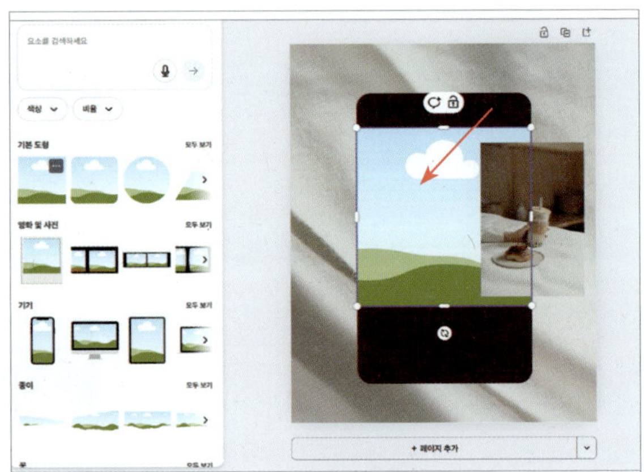

▲❷의 적용 모습

실전 TIP **이미지의 프레임 자동 삽입 기능 제어하기**

프레임 위에 이미지를 올리면 자동으로 쏙 빨려 들어가 간편하게 사진을 교체할 수 있습니다. 하지만 이미지가 프레임 위를 지나쳐 가기만 해도 자꾸 프레임 안으로 들어가 버려 난감할 때가 있죠?

이럴 때에는 Ctrl(윈도우)/⌘(맥) 키를 누른 채 이미지를 드래그해 이동시켜 보세요. 프레임의 자석 같은 자동 삽입 기능이 일시적으로 해제되어, 프레임에 영향을 받지 않고 자유롭게 이미지를 배치할 수 있습니다.

2. 텍스트 배치로 시각적 계층 정돈하기

'We're Open' 부분은 텍스트를 분리해 각각 스크립트체(Sloop Script Pro)와 모던 세리프체(Bauer Bodoni Condensed)로 배치하고 각도를 조절해 강조해 줍니다. 영업 시간은 작고 깔끔한 산세리프체(TT Commons Pro)로 적되 제목과 시간을 분리하고 정렬 기능으로 깔끔하게 정리해 배치합니다. 카페 로고의 폰트는 Beatrix Antiqua로 설정해 줍니다. 마지막으로 모든 폰트의 컬러를 조정해 도형과 대비를 줍니다.

실전 TIP 원하는 폰트 굵기가 없을 때의 해결책

선택한 폰트의 굵기 옵션이 부족해 아쉽다면 폰트의 [효과] 기능을 활용해 보세요. 폰트 자체의 디자인을 해치지 않으면서도 자연스럽게 두께를 조절할 수 있습니다.

에디터 툴 바의 [효과]-[스타일]-[테두리]를 선택한 후, 텍스트 색상과 동일한 색으로 테두리 두께 수치를 살짝만 높여주면, 글자가 왜곡되지 않고 원하는 만큼 굵어 보이는 효과를 얻을 수 있습니다.

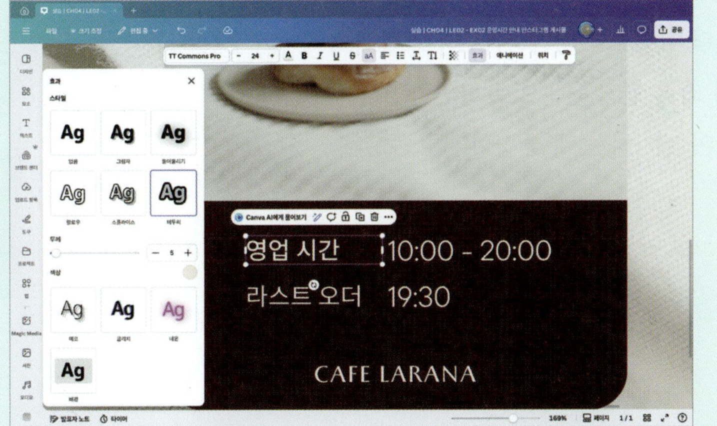

이때 너무 두껍게 테두리를 설정하면 폰트가 왜곡되고 가독성이 떨어지므로 이 점을 주의합니다.

3. 텍스트 배치로 시각적 계층 정돈하기

투명도를 준 갈색 사각형(컬러 #b48e67, 투명도 63)을 배경 레이어 바로 위에 배치해 배경 사진의 색감과 대비를 차분하게 눌러 주어 자연스럽게 시선이 주요 디자인 부분에 가도록 해줍니다.

선 요소를 넣어 내용 텍스트와 브랜드 이름을 분리해 줍니다. 다이아몬드 스파클 그래픽 요소는 실습 02에서 만든 것을 복사해 붙여 넣어 배치합니다.

요소를 선택해 드래그하여, 화면 가운데에 자주색 가이드 선이 나타나는 것을 확인해 배치합니다.

4. 정렬 점검 및 정돈하여 디자인 완성하기

마지막으로 텍스트와 요소들을 드래그해 선택한 다음, 가운데 정렬하여 정돈합니다. 이때 'We're Open'은 텍스트 박스가 회전된 부분이 있어 단순히 정렬 기능으로 정리하기보다 그룹화하여 좌우 간격을 눈으로 확인하면서 움직여 배치하는 게 좋습니다.

세련되고 감각적인 타이포그래피로 완성하는 디자인

한정 메뉴 홍보 인스타그램 게시물

작업 사이즈

인스타그램 게시물 | 1080×1350px(4:5)

디자인 포인트

- 대형 타이포그래피로 포인트를 주어 시선 집중
- 아치형 프레임으로 시선의 흐름 설계
- 포인트 컬러와 원형 배지를 활용해 가격 정보 강조
- 배경과 이미지의 대비를 낮춰 가독성 증대

앞의 두 실습에서 심플한 기본 구성의 디자인을 배웠다면 이번에는 좀 더 다채로운 구성으로 발전시켜 볼게요. 아치형 프레임과 강렬한 타이포그래피를 기본 구조로 하되, 도형으로 가격 안내 뱃지와 그라데이션을 만들어 배치해 고객의 시선을 메인 타이틀에서 상품 사진과 가격 순으로 자연스럽게 유도하는 방법을 실습합니다.

1. 아치형 프레임과 타이포그래피, 도형을 배치하여 레이아웃 구성하기

요소 탭에서 'Arch Frame'을 검색하여 중앙에 배치하고, 메뉴 사진을 프레임 안에 넣습니다. 제목 텍스트는 크기를 키워 프레임 하단에 걸치게 배치하여 레이아웃 구조를 잡아 줍니다. 배경을 선택한 후 컬러(#ccaa85)를 적용합니다.

2. 타이틀 텍스트의 자간과 줄 간격 다듬기

'WEEKEND SPECIAL' 타이포그래피 부분은 폰트의 자간(글자 간격)과 줄 간격을 살짝 좁혀 밀도 있는 느낌을 주도록 합니다.

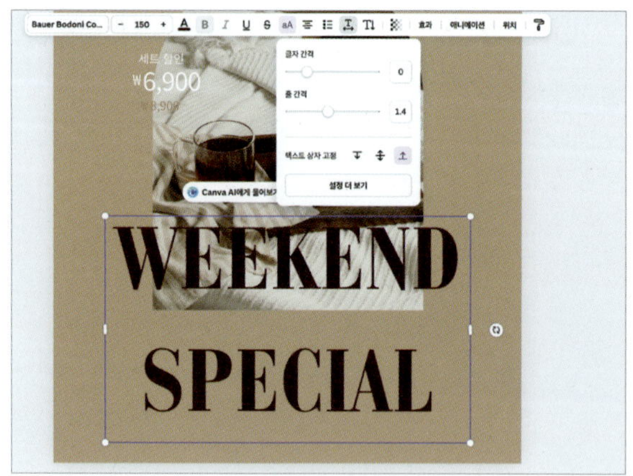

3. 가격 배지 만들기

❶ 프레임 왼쪽 상단에 원형 도형을 배치하고 짙은 와인 컬러(#591919)로 채운 뒤, 가격 관련 텍스트 박스들을 러프하게 배치합니다. ❷ 세트 메뉴 텍스트는 [효과]-[도형]-[곡선]에 수치를 입력해 반원 모양으로 만들고 [굵게]를 선택합니다. ❸ 할인 가격 텍스트는 화이트 컬러(#ffffff)의 모던 세리프체를 사용하고, 원화 표시(₩)는 그보다 약간 작고 얇은 산세리프체를 사용해 할인 가격을 강조합니다. ❹ 기존 가격 텍스트는 얇은 고딕체를 사용하고 선 요소로 취소선을 그어 줍니다. ❺ 마지막으로 원화 표시(₩)와 할인 가격을 그룹화한 후, 원형 뱃지와 가격 관련 텍스트들을 모두 선택해 가운데 정렬을 해서 정리합니다. 또한 할인 가격 텍스트도 원형 뱃지의 외곽선에 맞추어 배치합니다. 이렇게 조금만 공을 들여 디테일을 더하면 할인 혜택을 강조하는 멋진 가격 배지가 완성됩니다. 완성한 가격 배지는 복사하거나 응용해서 다른 템플릿에서도 다양하게 활용할 수 있습니다.

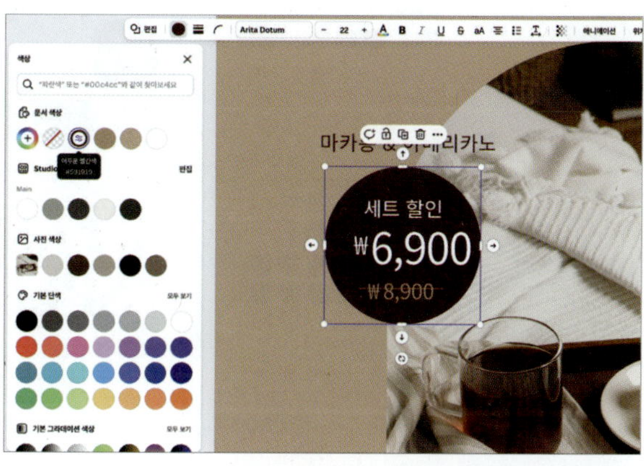

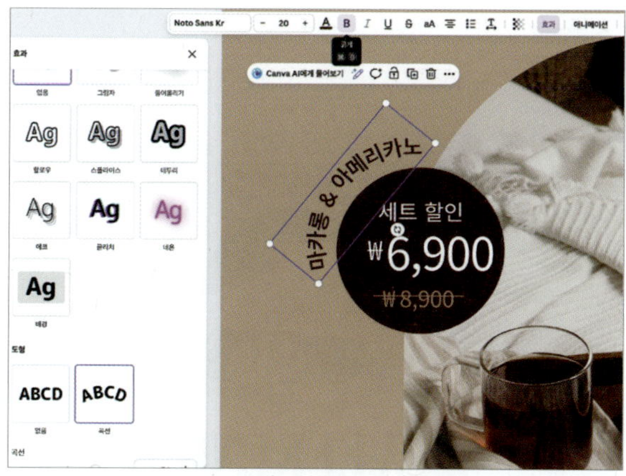

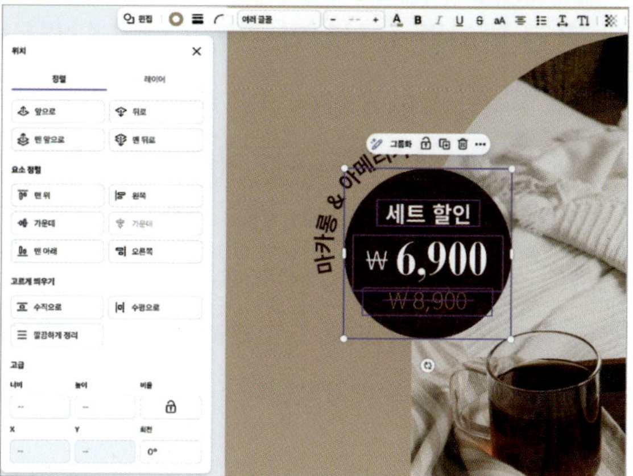

실전 TIP 텍스트에 취소선을 긋는 2가지 방법

디자인 의도에 따라 텍스트에 취소선을 넣는 방법은 크게 두 가지가 있습니다. 상황에 맞는 효율적인 방법을 선택해 보세요.

1. 취소선 기능 활용하기: 텍스트 박스를 선택한 후 [에디터 툴바]-[취소선] 아이콘을 클릭합니다. 가장 빠르고 간편한 방법입니다. 하지만 폰트 종류에 따라 취소선이 너무 두껍게 표현될 수 있으므로 결과물을 꼭 확인하세요.

2. 선 요소를 직접 배치하기: 선 요소를 불러온 뒤, 글자 위에 겹쳐서 배치합니다. 이 방법은 선의 두께, 색상, 스타일을 자유롭게 조절할 수 있어 폰트 디자인과 상관없이 섬세한 연출이 가능합니다.

오른쪽의 예시는 동일한 폰트(Gothic A1)를 사용하되 각각 취소선 기능을 사용했을 때와 선 요소를 사용했을 때의 비교 모습입니다.

~~₩8,900~~	스트로크 굵기 1의 선 요소를 사용한 예
~~₩8,900~~	취소선 기능을 사용한 예

4. 프레임과 배경의 경계 대비를 조절하여 타이틀 텍스트 강조하기

그라데이션(#ccaa85)으로 컬러감을 준 사각형 도형을 사진 프레임 레이어 바로 위에 배치합니다. 이렇게 해서 배경과 프레임 이미지의 경계선 대비를 살짝 낮춰 주면, 그 위에 올라가는 타이틀 텍스트가 훨씬 더 또렷하게 강조됩니다.

5. 한글 타이틀 곡선화와 꾸밈 요소 배치하기

아치형 프레임 상단에 있는 한글 타이틀에도 곡선 효과를 주고, 다이아몬드 스파클 요소는 실습 02에서 만든 것을 복사해 붙여 넣어 사용합니다. 요소를 선택해 드래그하여 타이포그래피 타이틀 중앙에 오도록 배치합니다.

애니메이션 기능으로 생동감을 더한 디자인

오늘의 메뉴 홍보 인스타그램 스토리

작업 사이즈

인스타그램 스토리 | 1080×1920px

디자인 포인트

- Magic Grab♛ 또는 배경 제거♛ 기능으로 입체감 부여
- 세로 비율에서 상단 정보 배치로 가독성 확보
- 애니메이션 기능으로 리듬감을 주어 주목성 확보

인스타그램 스토리는 짧은 시간 안에 사용자의 엄지손가락을 멈추게 해야 합니다. 이번 실습에서는 캔바의 AI 기능으로 디자인의 입체감을 살리고, 부드러운 애니메이션을 더해 정적인 이미지보다 훨씬 주목도 높은 동영상 콘텐츠를 만드는 법을 실습합니다.

1. 주요 디자인 요소 빠르게 배치하기

실습 03에서 만들었던 메인 타이틀과 가격 배지 등 활용할 수 있는 구조들을 복사 및 붙여 넣기하고 텍스트만 바꿔 사용합니다. 또는 실습 03에서 만들었던 인스타그램 게시물을 크기 조정♛으로 인스타그램 스토리 9:16 비율로 변경해 사용해도 좋습니다. 이렇게 작업하면 작업 시간을 단축하고 일관성을 유지할 수 있다는 장점이 있습니다.

인스타그램 스토리나 릴스를 디자인할 때에는 중요한 정보가 인스타그램 UI(스토리 상단의 프로필 영역과 하단의 텍스트 영역)와 겹치지 않도록 하는 게 좋습니다. 따라서 예시 이미지와 같이 붉게 표시한 부분을 피해, 안전 영역(Safe Zone)에 디자인을 구성하도록 합니다.

▲ 캔바 공식 계정의 인스타그램 릴스

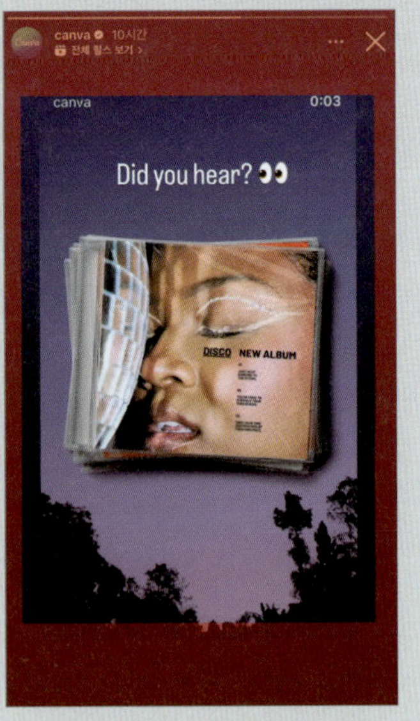

▲ 캔바 공식 계정의 인스타그램 스토리

2. 배경 제거♛와 레이어 정리로 입체 효과 주기

원본 이미지를 복사한 후 에디터 툴 바에서 배경 제거♛를 클릭하면 피사체를 제외하고 배경이 깨끗하게 지워집니다.

이제 배경을 없앤 피사체 레이어를 타이포그래피 레이어와 원형 뱃지 레이어 위로 올립니다. 그리고 원본 이미지에 맞춰 정확한 위치에 배치합니다. 이렇게하면 손이 글자 앞으로 튀어나온 듯한 입체감 있는 이미지로 완성할 수 있습니다.

배경을 없앤 피사체 레이어를 원본 이미지에 맞춰 배치하는 모습

- Magic Grab♛ 기능으로도 비슷한 효과를 줄 수 있으므로 원하는 방식으로 선택해 사용하면 됩니다. 완성본도 자료 웹사이트에서 확인할 수 있으니, 2가지 기능의 결과를 비교해 보세요.
- Magic Grab♛ 기능을 사용하면 클릭 한 번으로 간단하게 사진의 배경과 피사체(시나몬 롤을 든 손)를 분리할 수 있습니다. 이때 분리된 피사체가 있던 공간은 AI가 자연스럽게 채워 줍니다.

3. 그라데이션으로 대비 조절하여 시선 모아 주기

배경의 타이포그래피 레이어 바로 위에 그라데이션 도형을 겹쳐 배경과의 대비를 살짝 낮춰 주면, 메인 이미지와 카피가 훨씬 더 또렷하게 강조됩니다. 또한 상단에도 그라데이션 도형을 넣어 화면 가운데의 메뉴 이미지로 시선을 모아 줄 수 있습니다.

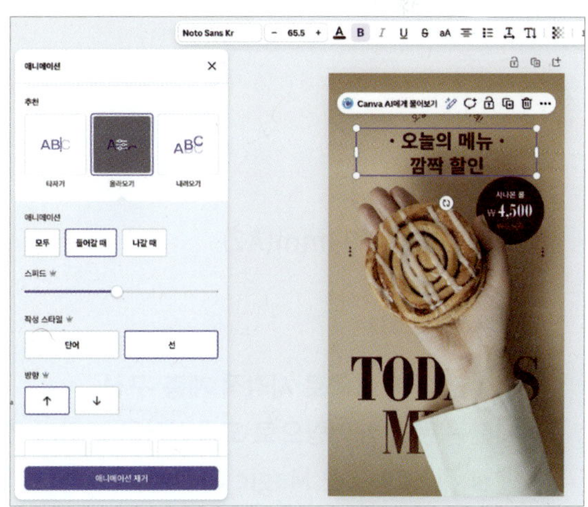

'오늘 하루만 이 가격!'에는 닦아내기, ' · 오늘의 메뉴 · 깜짝 할인'에는 [애니메이션]-[올라오기] 효과를 적용했습니다. 특히 가격 뱃지 부분에는 [튕겨주기] 효과를 사용해 소비자의 시선을 가격으로 자연스럽게 유도할 수 있습니다.

입체적인 이미지와 폰트 페어링으로 완성하는 디자인

신메뉴 홍보 포스터

작업 사이즈

포스터 | 420×594mm(A2)

디자인 포인트

- 적절한 대비 효과로 시각적 계층 구성
- 세련된 폰트 페어링으로 고급스러운 분위기 연출
- 배경 제거 또는 Magic Grab 기능으로 입체감 부여
- 리사이즈 및 디자인 보정 연습

새로운 메뉴가 출시되었을 때는 무엇보다 주인공이 돋보이는 디자인이 필요하겠지요? 이번 실습에서는 세련된 폰트 조합(Font Pairing) 방법과 메뉴 사진과 감각적으로 배치해 고급스러운 홍보 포스터로 변신시키는 노하우를 실습합니다.

1. 시선의 흐름 자연스럽게 유도하기

제목과 가격은 크게, 설명은 작고 얇은 폰트로 배치해 '먼저 보여야 할 정보'가 무엇인지 분명히 합니다. 보는 이로 하여금 시선이 상단 왼쪽에서 하단 오른쪽으로 자연스럽게 이동하며 정보의 우선 순위대로 볼 수 있게 배치합니다.

▲ 자연스러운 시선의 흐름

체크포인트 **인쇄 재단 물림 표시 체크하기**

인쇄용 디자인(메뉴판, 명함)을 작업할 때는 캔바의 '인쇄 재단 물림 표시' 설정을 반드시 확인해야 합니다. 실제 인쇄물 제작 시 종이가 재단되는 오차를 고려하여, 배경색이나 배경 이미지는 캔버스 끝부분보다 조금 더 넉넉하게 확장해서 배치하세요. 그리고 텍스트나 중요한 디자인 요소는 캔버스의 끝부분에 너무 가까이 배치하지 않습니다.

또한 디자인을 완성한 후에는 꼭 100% 실제 크기로 확인해야 합니다. 특히 글자가 너무 얇거나 크기가 작지는 않은지, 이미지의 해상도는 선명한지 등등 실제감을 꼭 확인하세요.

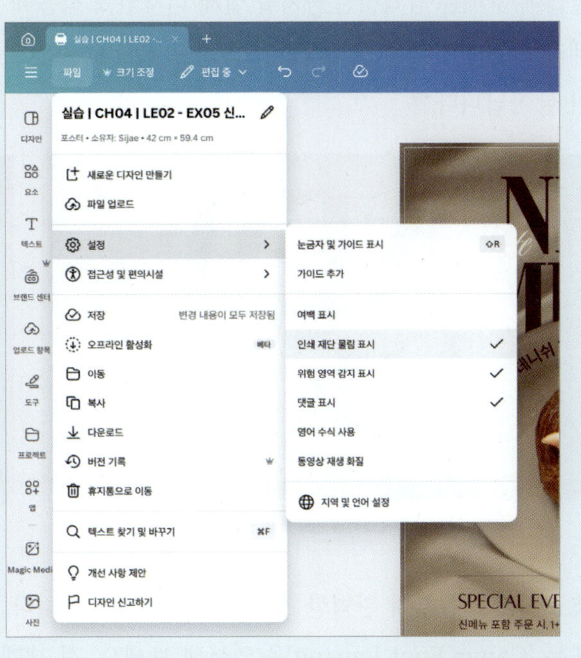

2. 레이어 위치 정리로 화보같이 세련된 레이아웃 설계하기

배경 제거나 Magic Grab 기능으로 메뉴 이미지를 배경과 분리합니다. 그리고 메인 타이틀과 1+1 할인 뱃지, 선 요소 등의 레이어들과 상하 관계를 정리해 입체감을 줍니다.

분리된 메뉴 이미지 뒤로 타이틀 글자와 하단의 선 요소가 살짝 가려지게 배치하면 매거진의 세련된 화보 같은 입체적인 효과를 줄 수 있습니다. 또한 1+1 할인 뱃지를 메뉴 이미지 위로 올려 할인 혜택을 강조해 줍니다.

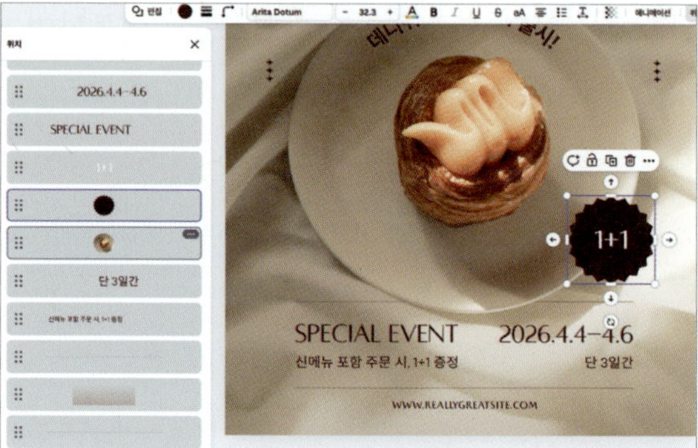

3. 디자인의 한 끗, 폰트 조합(Font Pairing)

'폰트 페어링(Font Pairing)'이란 서로 다른 두 가지 이상의 폰트를 전략적으로 조합하여 디자인의 스타일과 가독성을 극대화하는 기법을 말합니다.

실습에서 배운 감각적인 배치를 실제 디자인에 적용해 보세요. 실습의 타이틀처럼 성살하고 깔끔한 모던 세리프 폰트에 작은 클래식한 스크립트 폰트로 포인트를 주어 리듬감을 주면, 세련된 느낌과 고급스러움이 살아납니다.

▲ 포스터의 폰트 조합 모습

▲ 인스타그램 게시물의 폰트 조합 모습

초보자가 처음부터 완벽한 조합을 찾기는 어렵습니다. 핀터레스트(Pinterest) 검색창에 'Font Pairing' 또는 'Canva Font Pairing'을 입력해 보세요. 전 세계 전문가들이 정리한 수만 가지의 '폰트 조합 표'를 볼 수 있습니다. 내 디자인 컨셉(Modern, Luxury 등)에 맞는 조합을 찾아 따라 해보는 것만으로도 실력이 빠르게 향상됩니다. 디자인 감각은 좋은 예시를 많이 보는 것에서 시작된다는 것을 잊지 마세요.

4. 도형 모양 맞춤 설정하여 할인 혜택 강조하기

할인 혜택 배지 디자인에 사용한 도형(별)은 에디터 툴 바의 [모서리] 옵션에서 모서리 둥글기, 꼭지점 갯수, 안쪽 반경의 수치를 조정해 원하는 모양으로 만들 수 있습니다.

5. 선이나 여백을 활용해 정보 영역을 명확히 구분하고 정돈하기

하단 이벤트 정보 텍스트 영역에 얇은 가로선을 배치하면 정보가 더 정돈되어 보입니다. 텍스트는 좌측 또는 우측 정렬로 가로선과 좌우 끝을 맞춰 주세요.

6. 크기 조정 기능으로 하나의 디자인을 다양한 결과물로 변환하기

템플릿 디자인 하나를 제대로 만들었다면, 이제 '어떤 사이즈로도 변주 가능한 디자인 체력'을 길러 볼 차례입니다. 지금 완성한 포스터 디자인을 에디터 상단 메뉴의 크기 조정👑에서 인스타그램 게시물(4:5)로 크기를 변경해 보세요. 이미 만든 디자인 안에 담긴 핵심 메시지와 비주얼 요소를 조금만 재배치하면 빠르게 완성할 수 있습니다.

이 방법은 바로 디자인 작업의 핵심 노하우인 '원 소스 멀티 유즈(OSMU)' 전략입니다. 템플릿 하나를 완성하는 것에서 그치지 말고, 그 소스를 활용해 효율적인 디자인 워크플로우를 설계해 보세요.

▲ 크기 조정👑 기능을 활용해 빠르게 완성한 인스타그램 게시물 완성본

고객의 참여를 부르는 직관적인 레이아웃의 디자인

인증샷 이벤트 홍보 미니 포스터

작업 사이즈

포스터 | 210×297mm(A4)

디자인 포인트

- 시각적 계층 구조 설계
- SNS UI를 차용해 효과적인 내용 전달
- 목록 기능으로 효율적인 정보 정리

매장 운영의 활력소가 되는 SNS 리뷰 이벤트는 고객이 참여 방법을 한눈에 이해하도록 구성하는 것이 중요합니다. 이번 실습에서는 제목부터 혜택, 참여 방법까지 시선이 자연스럽게 흐르는 타임라인 구조를 학습하고, QR 코드와 폴라로이드 요소를 활용해 실제 참여로 이어지는 디자인을 완성해 봅니다. 작업물 사이즈는 테이블 위 또는 카운터 옆에 비치하는 매장용 미니 포스터로 사용하기 좋은 A4 크기입니다.

1. 폴라로이드 이미지와 프레임을 활용한 실제감 있는 디자인

인증샷 이벤트라는 용도에 어울리게 폴라로이드(polaroid) 사진 요소 위에 프레임을 올려 활용한 것이 이번 디자인의 핵심 포인트입니다. 텍스트와 그래픽 요소를 다양하게 사용한 디자인이므로, 메뉴 이미지는 되도록 심플한 구성의 사진을 사용해서 전체 디자인이 산만해지지 않도록 합니다.

2. 디자인에 어울리는 도형 요소 적극 활용하기

행사 기간(플로우 차트)과 증정 혜택(말풍선) 부분에 내용과 어울리는 도형을 활용하여 효과적으로 디자인을 구성할 수 있어요. 이때, 증정 혜택이 더 강조될 수 있도록 크기와 컬러를 조정합니다.

또한 배경 박스 부분은 타원형과 모서리가 둥근 사각형 도형 요소를 같은 컬러로 배치해 모양을 만들었어요. 캔바 요소 라이브러리에 원하는 모양이 없다면 이렇게 간단한 조합으로 원하는 디자인을 만들어 활용하면 좋습니다.

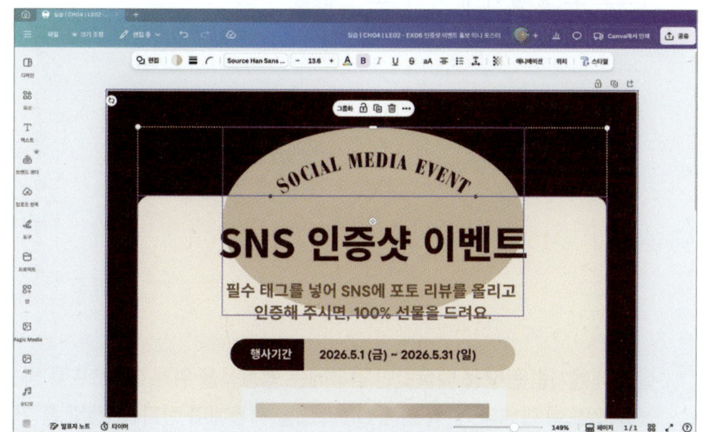

3. 실제감 & 주목도를 더해 주는 SNS UI의 요소 디테일들

좋아요, 댓글, 공유, 저장 등 실제 인스타그램 UI와 유사한 요소들(SNS Icon, set:nAEuj7SqW9M)을 배치해 실제감을 살려 줍니다. 또한 폴라로이드 사진 요소의 아래에는 그림자 요소(Frame with Shadow)를 배치해 입체감을 더해 줘도 좋습니다. 이때 그림자의 퍼짐이나 진하기에 따라 깊이감이 달라지므로 원하는 느낌에 맞는 그림자 요소를 선택해 사용해 보세요. 이번 디자인에서는 아주 살짝 띄운 정도의 느낌을 주는 그림자 요소를 사용했습니다. 이렇게 디테일을 더하면 실제감을 높여 고객의 주목도를 훨씬 끌어올릴 수 있습니다.

▲ 그림자 요소가 없는 상태

▲ 그림자 요소를 추가한 상태

QR 코드는 템플릿 사용자가 이 자리의 용도를 알 수 있도록 명확하게 표시해 줍니다. 둥근 모서리의 사각형 도형 위에 QR 코드 프레임 요소(qr code frame)를 올리고 텍스트로 명확하게 적어 표시해 줍니다.

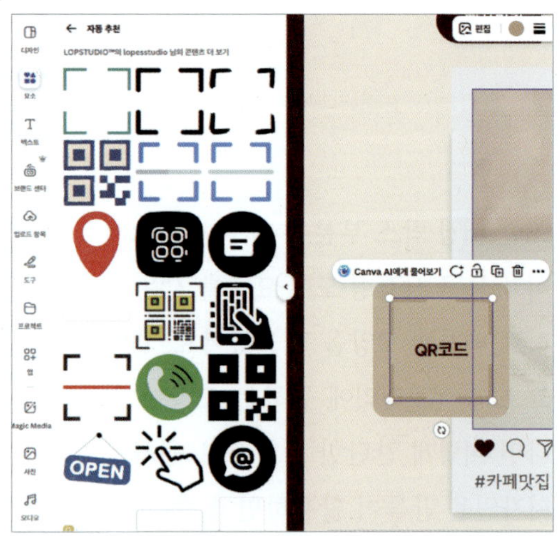

실습 내용처럼 판매용 템플릿인 경우에는 범용성을 위해 QR 코드를 넣을 위치만 표시해 사용자가 직접 QR 코드를 넣을 수 있도록 합니다. 만약 실제 QR 코드를 사용해야 한다면, 캔바 홈 화면의 탐색 패널-[더보기]에서 동적 QR 코드를 활용해 간편하게 만들 수 있습니다. 또한 디자인에 삽입된 QR 코드가 실제 이벤트 페이지나 인스타그램 계정으로 잘 연결되는지 반드시 테스트하세요.

4. 아이콘 요소와 서식 기능으로 간단하게 완성하는 유의 사항

하단의 유의 사항 영역은 얇은 선으로 구분하고 유의 사항 앞에 경고 아이콘 요소(Sign Warning Icon)를 배치해 주목성을 확보합니다. 또한 유의 사항 텍스트는 에디터 툴 바의 [서식] 기능을 활용해 간단하고 깔끔하게 정리하여 신뢰도를 높입니다.

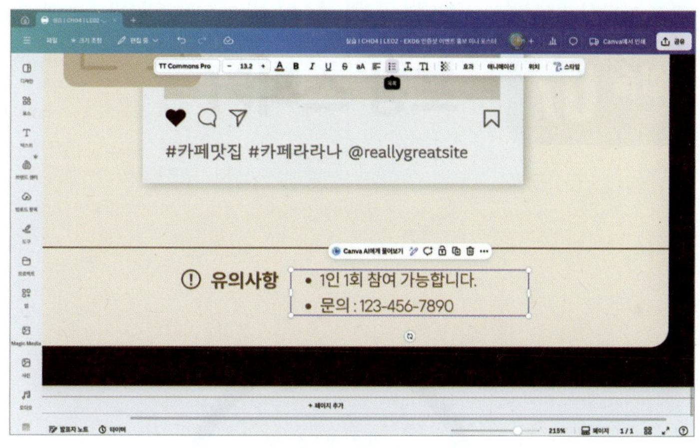

LESSON 02

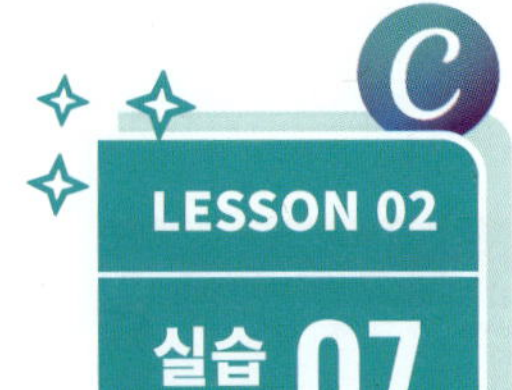

브랜드의 진심을 굿즈 안에 담는 디자인

실습 07 포장 스티커

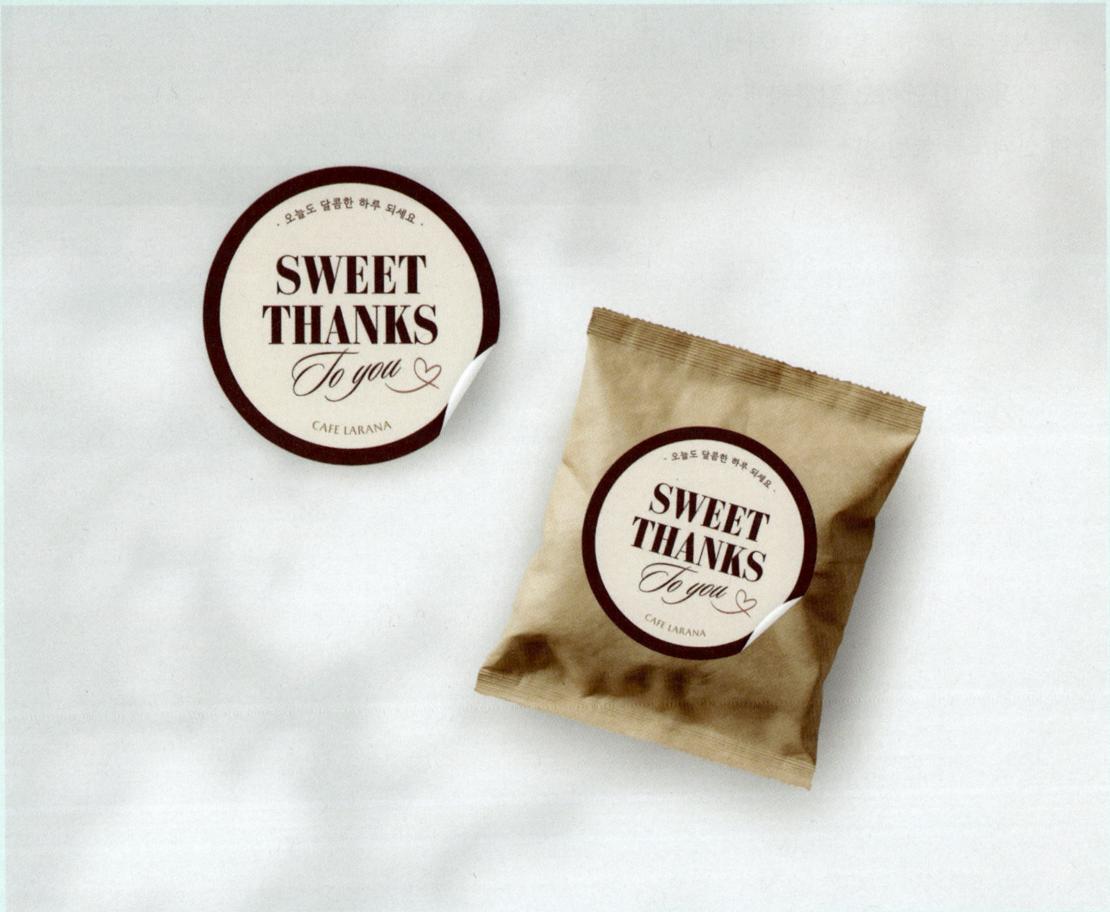

작업 사이즈

원형 스티커 | 100×100mm

디자인 포인트

- 작은 크기 디자인의 가독성 확보
- 텍스트 최소화한 심플한 구성
- 컬러 대비로 명확한 대비
- 효과적인 시각적 균형

포장 스티커는 크기는 작지만, 고객이 제품을 건네받는 마지막 순간에 브랜드의 인상을 전달하는 중요한 요소입니다. 이번 실습에서는 크기가 작은 디자인 안에서 텍스트의 대비를 극대화하여 가독성을 높이는 방법과 실제 인쇄 발주 시 주의해야 할 실무 팁을 알아보겠습니다.

1. 한정된 크기에 어떤 메시지와 인상을 담을지 집중하기

포장용 스티커는 보통 크기가 10cm 이하로 작기 때문에 많은 내용을 담기보다 핵심 메시지로 명확한 인상을 남기는 게 중요해요. 이번 디자인은 베이커리 카페의 포장용 스티커이므로, 고객이 받았을 때 기분 좋은 인상을 남겨 재방문을 할 수 있도록 하는 것이 목표입니다. 따라서 광고 문구보다는 업종 특성을 살린 감사 메시지를 담아 구성했어요.

베이커리 카페에 어울리는 문구인 '오늘도 달콤한 하루 되세요'와 'Sweet Thanks To you'를 넣어 받는 고객이 선물처럼 느끼도록 하고, 하단에는 로고를 배치해 브랜드를 인지할 수 있도록 합니다.

마지막으로 하트 요소(set:nAGes1QCU6g)를 넣어 사랑스러운 포인트를 더합니다.

2. 실제 인쇄 과정 고려하여 작업하기

디자인을 마쳤다면 이제 실제 스티커로 인쇄해 볼 차례입니다. 인쇄 공정은 워낙 방대해 모든 내용을 담을 수 없지만, 초보자가 스티커 제작 시 꼭 알아야 할 핵심만 짚어 보겠습니다.

- **캔바 인쇄 서비스 활용**: 이번 실습은 캔바에서 제공하는 대표적 스티커 규격인 '지름 100mm 원형 스티커' 디자인 유형을 활용했습니다. 캔바에서 인쇄 서비스를 지원하는 디자인 유형이라면 에디터 상단 메뉴의 [공유]-[Canva에서 인쇄] 메뉴를 통해 복잡한 설정 없이도 간편하게 인쇄 서비스를 이용할 수 있다는 큰 장점이 있습니다. (2026년 2월 기준, 스티커는 캔바 인쇄 서비스 지원되지 않음)

- **외부 인쇄소 이용(맞춤형 크기와 후가공)**: 만약 캔바에서 인쇄 서비스를 지원하지 않는 디자인 유형이거나 제작하기 원하는 특정 사이즈가 있다면 [맞춤형 크기] 설정으로 자유롭게 제작해 외부 인쇄소를 이용하면 됩니다. 다만, 이 경우에는 반드시 작업 전에 이용하려는 인쇄소의 접수 파일 규격과 형식, 제작 가이드라인을 먼저 확인해야 합니다. 특히 원형이나 특수한 모양으로 스티커를 제작하려면 인쇄 후 칼선의 모양대로 따내는 '도무송(Thomson)'이라는 후가공 공정이 필요합니다. 직접 칼선(Cut line) 데이터를 디자인하기 어렵다면, 칼선 작업을 무료로 지원하거나 자동으로 생성해 주는 인쇄소(레드프린팅, 비즈하우스, 오프린트미 등)를 찾아보는 것도 좋은 방법입니다.
- **인쇄 재단 물림 표시 활성화**: 인쇄물 디자인은 에디터 상단 메뉴의 [파일]-[설정]-[인쇄 재단 물림 표시]를 꼭 체크하세요. 화면에 표시된 재단 영역을 확인하며, 절대 잘리면 안되는 중요한 로고나 글자는 안쪽에 여백을 넉넉하게 확보해 배치해야 완성도 높은 스티커를 제작할 수 있습니다.

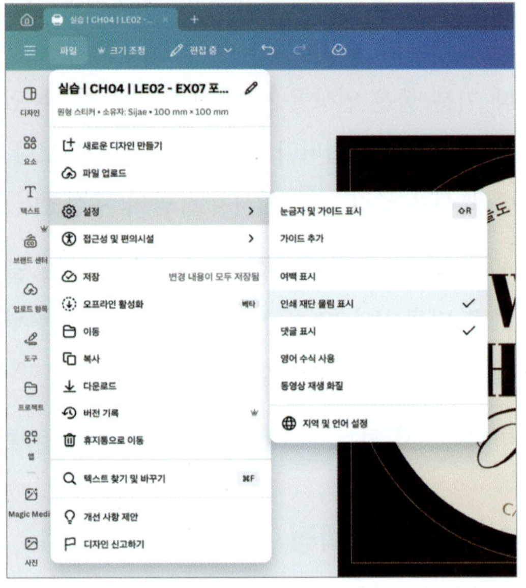

LESSON 02

실습 08

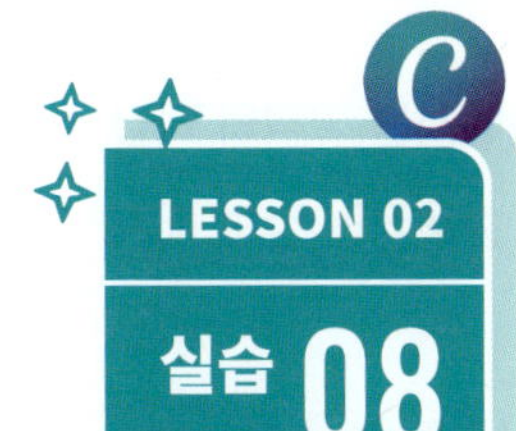

입체적인 이미지와 폰트 페어링으로 완성하는 디자인

스탬프 적립 카드

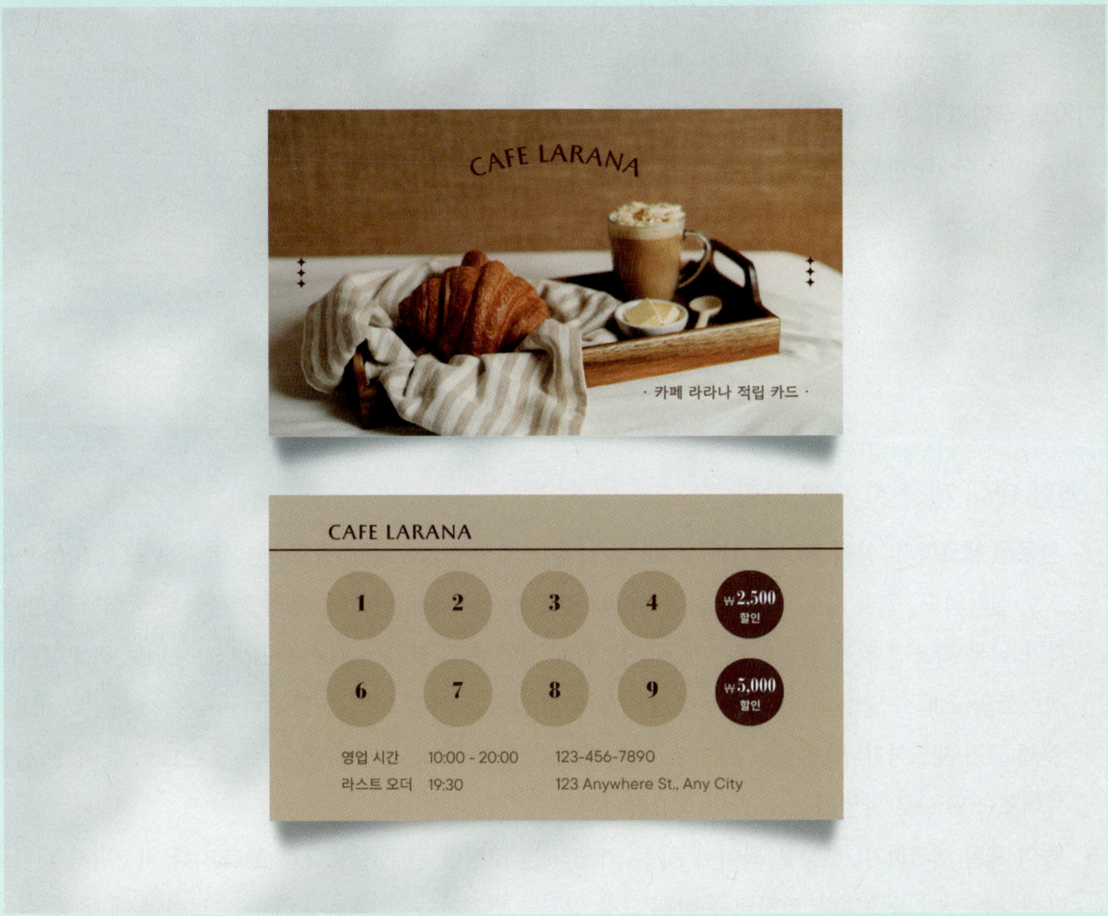
CAFE LARANA
· 카페 라라나 적립 카드 ·
CAFE LARANA
1
2
3
4
₩2,500
할인
6
7
8
9
₩5,000
할인
영업 시간 10:00 - 20:00
라스트 오더 19:30
123-456-7890
123 Anywhere St., Any City

작업 사이즈

가로형 명함 | 3.5×2inch(약 90×50mm)

디자인 포인트

- 스탬프 원 간격 균일하게 정렬
- 가독성을 고려한 텍스트 최소 크기 유지
- 앞면과 뒷면의 역할 분담 레이아웃 구조

포인트 적립 카드는 카페 사장님들이 가장 많이 의뢰하는 인쇄물 중 하나입니다. 이번 실습에서는 고객의 지갑 속에 쏙 들어가는 명함 사이즈(90x50mm)를 기준으로, 앞면의 감성적인 비주얼과 뒷면의 실용적인 정보 배치를 조화롭게 구성하는 법을 실습합니다.

1. 감성과 실용성, 두 마리 토끼를 모두 잡는 디자인 배치 노하우

명함 앞면은 카페의 정체성을 보여 주는 감성적인 사진과 로고 등 이미지 중심으로 구성해 브랜드 이미지를 각인시킵니다. 뒷면은 5×2 배열의 스탬프 칸을 배치하고, 하단에는 영업 시간, 연락처, 주소 등 필수 정보를 정돈해 기능 중심으로 구성합니다.

2. 명함 인쇄 제작 시 체크 사항

- **사용성 체크하기:** 실제 도장을 찍었을 때 옆 칸을 침범하지 않도록 스탬프 원의 크기는 최소 1cm 이상으로 설정하고, 원들 사이의 간격을 균일하게 맞추는 것이 핵심입니다. 그리고 실물로 출력했을 때 글자가 너무 작으면 읽기 힘드므로, 가독성을 위해 텍스트의 크기는 최소 6~7pt 이상으로 확보합니다. 텍스트와 스탬프 칸들이 카드 테두리에 너무 붙지 않도록 사방 여백을 충분히 두었는지 확인하세요.
- **실제 크기 체크하기:** 인쇄물은 화면으로 볼 때보다 글자가 더 작게 느껴질 수 있으므로 출력 전 실제 사이즈(100%)로 확인하는 습관이 중요합니다.
- **종이 재질 체크하기:** 도장을 찍어야 하는 카드라면, 코팅이 된 재질보다는 모조지나 비코팅지 계열로 인쇄하는 것이 좋습니다. 코팅된 종이는 도장 잉크가 번지거나 잘 마르지 않아 고객의 손에 묻을 수 있기 때문입니다. 인쇄소(성원애드피아, 오프린트미 등)에서 제공하거나 판매하는 종이 샘플을 미리 구비해 두거나 지류 브랜드의 오프라인 쇼룸(두성, 삼화, 한솔 등)을 방문해 확인하는 것을 추천합니다.

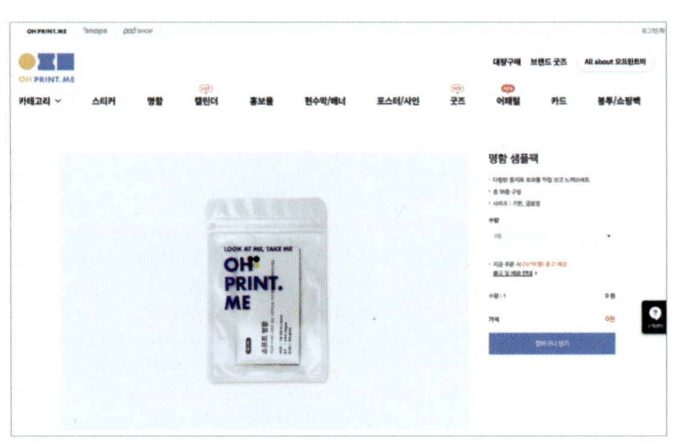

▲ 오프린트미의 명함 샘플팩

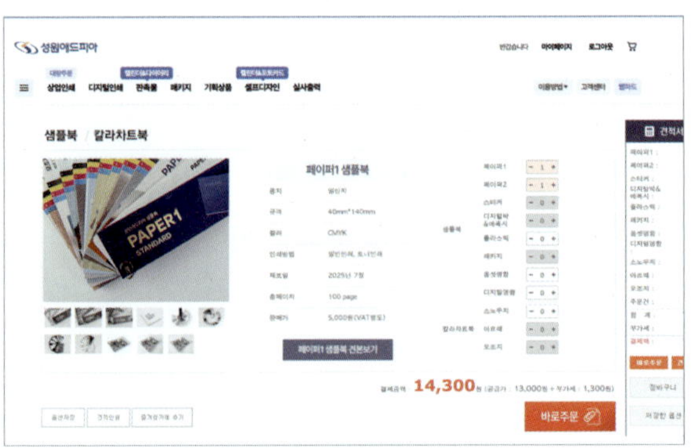

▲ 성원애드피아의 종이샘플북

LESSON 02

실습 09

정렬의 힘으로 완성하는 직관적인 디자인

매장용 메뉴판

SWEET THANKS

MENU

아메리카노 리필 +2,000원 / 샷 추가 +1000원
1인 1음료 주문 부탁드립니다. (디저트 제외)
라스트오더는 오후 7시 30분입니다.

COFFEE

아메리카노	4,000
바닐라라떼	5,000
카푸치노	5,500
카페모카	6,000
에스프레소	3,500

TEA

얼그레이	4,000
그린티	5,000
홍차	5,500
허브차	6,000
아이스 티	3,500

FRUIT DRINK

자몽 에이드	6,000
블루베리 에이드	6,000
자몽 에이드	5,500
청포도 에이드	6,000
딸기 에이드	6,500
망고 에이드	6,500

DESSERT

제주녹차 케이크	5,500
말차 롤케이크	5,500
레드벨벳 케이크	5,500
치즈 케이크	5,500
다크초콜릿 무스	5,500
크로아상	3,500
시나몬 롤	3,500
초코칩 쿠키	2,000
마카롱	2,500
스콘	2,500

CAFE LARANA

작업 사이즈

세로형 메뉴판 | 210×297mm(A4)

디자인 포인트

- 정보 파악이 쉬운 시각적 정리
- 표 없이 만드는 기초 표 구조
- 도형과 선의 조합으로 시각적 포인트 부여
- 가독성이 좋은 A4 사이즈 인쇄물 제작 노하우

메뉴판 디자인의 본질은 고객이 원하는 정보를 얼마나 빠르고 정확하게 찾을 수 있도록 구성하느냐에 있습니다. 이번 실습에서는 복잡한 표 기능을 사용하지 않고도 텍스트의 좌우 정렬과 도형·선의 조합만으로 가독성 높은 메뉴판을 만드는 방법을 실습합니다.

1. 구획 나누기와 시각적 포인트로 효율적인 정보 레이아웃 구성하기

- **공간 분할**: 캔버스를 좌우로 크게 나누어 왼쪽에는 음료(Coffee, Tea, Fruit Drink)를, 오른쪽에는 디저트(Dessert)로 구성하여 정보의 무게 중심을 잡습니다.
- **영역 구분**: 카테고리 제목 아래에 얇은 선(Line border)이나 점선을 삽입하면, 각 영역이 명확하게 분류되어 깔끔하게 정돈돼 보입니다.
- **아치(Arch) 프레임 활용**: 우측 중앙에 아치형 프레임을 배치하고 대표 메뉴 사진을 넣어 보세요. 딱딱한 텍스트 위주의 구성에 부드러운 곡선미를 더해 시각적 포인트가 됩니다.

▲ 크게 구획을 나누어서 정보를 정리하면 훨씬 깔끔한 디자인이 완성됩니다.

2. '표' 없이 만드는 기초 표 구조

복잡한 표 기능을 쓰지 않고도 텍스트 박스 배치만으로 깔끔한 리스트를 만들 수 있습니다. 핵심은 효율적인 카테고리 구분과 일정한 간격의 정렬 구조입니다.

- **카테고리 구분**: 커피(COFFEE), 티(TEA), 디저트(DESSERT) 등 메뉴 성격에 따라 구역을 명확히 나누고, 각 영역의 하위 항목으로 메뉴명과 가격을 배치합니다.
- **시선의 흐름**: 메뉴명 텍스트는 왼쪽 정렬, 가격은 오른쪽 정렬로 한 후 좌우 일직선으로 배열하면 표처럼 정돈된 느낌을 주어 메뉴와 가격 구성을 쉽게 파악할 수 있게 해 줍니다.

- **일정한 간격 배치:** 여러 개의 텍스트 박스를 선택한 후 에디터 툴 바의 [위치]-[정렬]-[고르게 띄우기]-[수직으로]를 선택합니다. 이렇게 메뉴 이름과 가격이 담긴 텍스트 박스 한 세트를 완성했다면, 이를 그룹화한 뒤 복제해서 수직으로 드래그해 아래 단락에 배치합니다. 그리고 각 텍스트 내용만 수정하세요. 하나하나 만드는 것보다 훨씬 빠르고 정확하게 작업할 수 있습니다.

▲ 텍스트 박스 배치만으로 깔끔하게 완성된 가격 정보

3. 도형과 선의 조합으로 완성도 더하기

캔바에서 제공하는 기본 요소들을 조합해 원하는 모양의 요소를 만들 수 있습니다. 아치형 라인 요소(Sleek Minimalist Arch Line)와 선 요소의 끝부분을 맞대어 맞춘 뒤 그룹화하여 디자인의 상단 부분에 배치합니다. 이렇게 메뉴판 디자인 전체를 잡아주는 선 요소를 더하면 훨씬 안정감 있고 완성도 높은느낌을 줄 수 있습니다.

▲ 그래픽 요소와 선 요소 조합으로 완성한 상단 장식

> 매장에서 직접 사용하는 메뉴판인 만큼, 작업을 완료한 후에도 텍스트 크기가 너무 작진 않은지 100% 크기로 보면서 반드시 체크하도록 합니다.

필라테스 스튜디오를 위한 디자인

지속적인 수강생 유입을 위해 단순히 예쁜 디자인을 넘어 신뢰감이 가도록 전문성을 시각화해야 합니다. 시간표, 가격 등 복잡한 정보를 그리드와 블록 구조로 정리하여 데이터만 바꾸면 즉시 활용 가능한 템플릿 제작법을 배웁니다.

실습 리스트

실습 01 자주 묻는 질문 안내 인스타그램 게시물

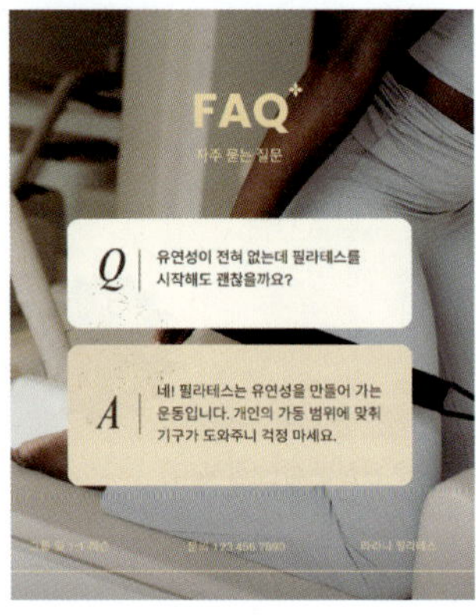

실습 02 강사 프로필 인스타그램 게시물

실습 03 체험 수업 이벤트 홍보 인스타그램 게시물

실습 04 리뷰 이벤트 안내 인스타그램 게시물

실습 05 전후 비교 리뷰 인스타그램 게시물

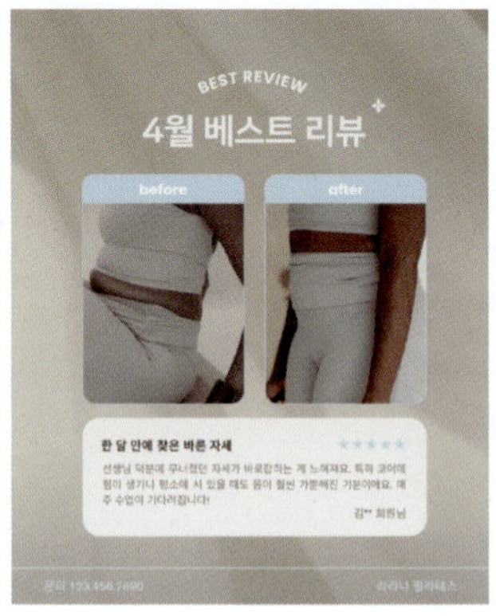

실습 06 모바일 멀티 링크 페이지

실습 07 온라인 클래스 유튜브 섬네일

실습 08 개업 이벤트 홍보전단지

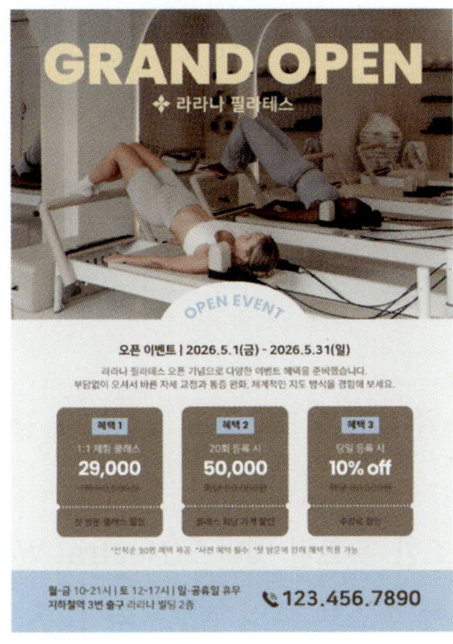

실습 09 수강료 안내 배너

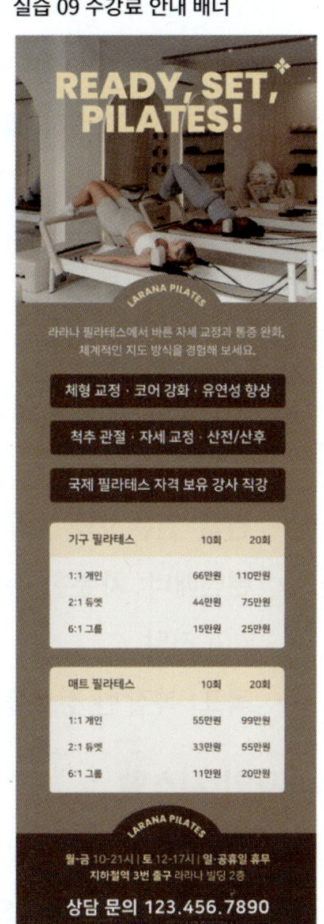

실습 10 레슨 시간표 포스터

구분	실습 항목	디자인 포인트
안내	실습 01 자주 묻는 질문 안내 인스타그램 게시물 실습 02 강사 프로필 인스타그램 게시물	정보의 우선순위에 따라 타이포그래피를 구조화하고, 깔끔한 레이아웃을 통해 신뢰감있는 스튜디오의 이미지를 전달합니다.
홍보 · 이벤트	실습 03 체험 수업 홍보 인스타그램 게시물 실습 04 리뷰 이벤트 안내 인스타그램 게시물 실습 05 전후 비교 리뷰 인스타그램 게시물	시선을 끄는 헤드라인과 직관적인 이미지 배치를 통해 잠재 고객의 참여와 행동 제안 효과를 극대화합니다.
디지털 · 영상	실습 06 스토리 포맷의 모바일 멀티 링크 페이지 실습 07 온라인 클래스 유튜브 섬네일	모바일 가독성을 최우선으로 고려하며, 클릭을 부르는 컬러 대비와 영상의 핵심을 짚어 주는 비주얼을 구성합니다.
인쇄물	실습 08 개업 이벤트 홍보 전단지 실습 09 수강료 안내 배너 실습 10 레슨 시간표 포스터	정렬 기능과 표 기능을 사용해 효과적인 정보 정리의 디테일을 유지하며, 먼 거리에서도 핵심 정보가 잘 보이도록 시인성을 확보합니다.

예약 전환을 부르는 정보 구조에 감성을 담은 디자인 만들기

이제 '예쁜 디자인'에서 한 단계 나아가, 정보를 읽기 쉽게 구조화하는 연습을 해봅니다. 필라테스 스튜디오는 강사 소개, 클래스 시간, 가격, 유의 사항 등 반복되는 정보가 많아, '데이터 교체형 템플릿'을 연습하기에 좋은 사례입니다.

필라테스, 요가, 피트니스와 같은 건강 · 뷰티 업종은 캔바 수익화 시장에서 가장 수요가 꾸준한 카테고리 중 하나입니다. 한 번 디자인 가이드를 잘 잡아 두면 인스타그램 게시물부터 오프라인 전단지, 시간표, 상담 카드까지 '패키지' 형태의 상품이나 외주 작업으로 확장하기 매우 유리합니다.

레슨 02에서 익힌 레이아웃과 정렬의 기본기를 바탕으로 이번 레슨에서는 조금 더 정보량이 많은 디자인에 도전해 보겠습니다.

디자인 기획 및 의도

- **페르소나 및 상황 설정**: 신규 수강생을 모집하고 브랜딩을 강화하려는 필라테스 · 요가 스튜디오 원장님 및 강사
- **컨셉**: 전문성과 신뢰감을 강조한 '뉴트럴 웰니스(Neutral Wellness)'
- **톤앤매너**: 차분한 뉴트럴 톤에 파스텔 톤의 옐로우와 블루 컬러 포인트로 평온하면서도 전문적인 분위기 전달
- **목표**: 복잡한 정보를 직관적으로 구조화하여 고객의 예약 문의 및 등록 전환율 극대화

디자인 시스템

- **컬러**: 따뜻한 뉴트럴 톤(따스함), 라이트 옐로우, 라이트 블루(신뢰와 청량감), 브라운(전문성)
- **폰트**: 한글 Nanu Square(나눔 스퀘어), Akidenz-Grotesk | 영문 Times New Roman MT Condensed, Poppins
- **그래픽 요소**: 필라테스 사진(set:nAGYYnu2S1w), 로고 그래픽(Modern Logo), 쿠폰 그래픽(Ticket Shape), 프레임, 선 및 도형, 표

추천 검색어

Pilates, Yoga line art, Aesthetic beige, Minimal frame, Sparkle, Modern abstract logo, Aesthetic curtain background

핵심 학습 포인트

- **복잡한 정보의 블록 구조화**: 시간표, 가격표 등 많은 정보를 그리드와 표를 활용해 읽기 쉽게 배치하는 법을 익힙니다.
- **데이터 교체형 템플릿 설계**: 강사 소개, 공지 사항 등 반복되는 정보를 레이아웃 무너짐 없이 효율적으로 관리하는 노하우를 습득합니다.
- **시각적 계층 구조(Hierarchy)**: 핵심 혜택이 먼저 눈에 띄도록 텍스트와 그래픽의 강약을 조절합니다.
- **온 · 오프라인 브랜드 시스템 구축**: 인스타그램 피드부터 출력용 전단지, 상담 카드까지 일관된 무드를 유지하는 패키지 디자인 프로세스를 경험합니다.

초심자의 고민을 해결해 주는 명확한 구조의 디자인

자주 묻는 질문 안내 인스타그램 게시물

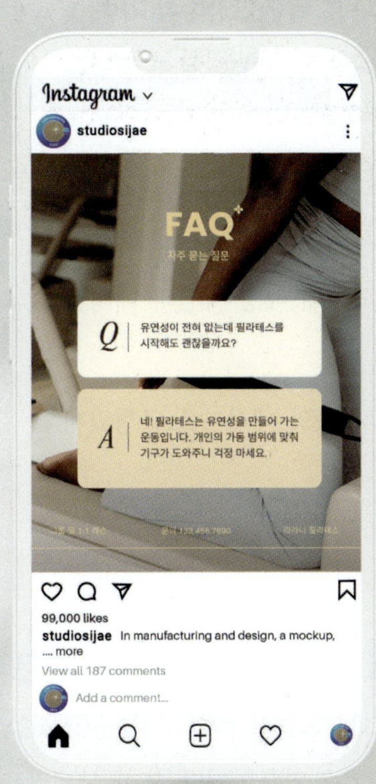

작업 사이즈

인스타그램 게시물 | 1080×1350px(4:5)

디자인 포인트

- 효율적인 정보 구조 설계
- 정보 전달과 감성의 균형 유지
- 그래픽 요소로 완성도 확보

필라테스 스튜디오의 FAQ 게시물은 반복되는 고객 문의를 줄이고, 잠재 고객의 심리적 진입 장벽을 낮추어 예약 전환을 높이는 데 매우 효과적입니다. 단순히 정보를 나열하는 것이 아니라, 고객이 가장 궁금해하는 지점을 시각적으로 편안하게 전달하는 것이 핵심입니다.

이번 실습에서 익힌 블록 구조화 방식은 이후 수업 시간표나 배너 제작 시 정보를 일목요연하게 정리하는 기초 실력이 됩니다.

1. 깔끔하고 효율적인 3단 구성과 블록 구조의 레이아웃

상단에는 주제를 명확히 알리는 ❶ 제목(FAQ)과 보조 설명을 배치합니다.

중앙에는 둥근 모서리 사각형으로 두 개의 블록을 만들어 ❷ Q&A 섹션을 명확히 구분하여 가독성을 높입니다. 이때 블록으로 활용하는 도형에는 밝은 색상을 적용해 배경 사진과 대비를 줍니다.

하단에는 ❸ 스튜디오 이름과 연락처 등의 메시지를 균형있게 배치하여 마무리합니다.

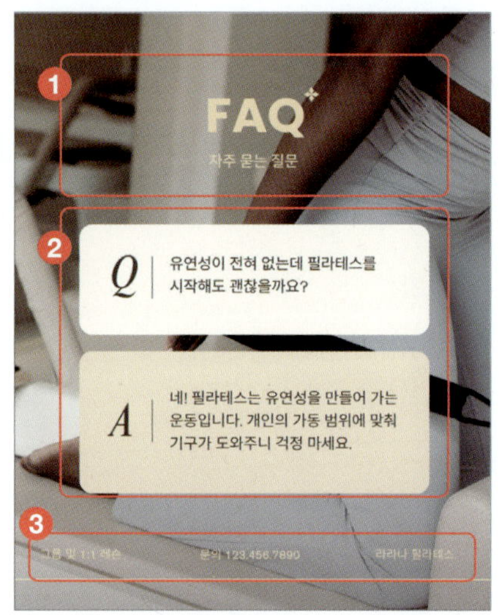

2. 서로 보완해 주는 컬러와 폰트 조합으로 부드럽지만 전문적인 컨셉 연출하기

자칫 지루해 보일 수 있는 차분한 블루와 뉴트럴 톤의 사진(set:nAGYYnu2S1w)에 라이트 옐로우 톤 컬러를 조합해 산뜻하고 소프트한 분위기를 연출합니다. 또한 산세리프 계열의 폰트를 메인으로 사용하여 건강하고 전문적인 느낌을 유지합니다. Akidenz-Grotesk 폰트는 숫자 모양이 예쁘고 한글 본문용으로 사용하기에도 추천할 만한 폰트입니다. 질문 분류인 Q와 A에는 세리프 폰트(Times New Roman MT Condensed)를 사용하고 [기울임꼴]로 설정해, 본문의 산세리프 폰트와 대비를 이루어 내용을 강조하는 효과를 줍니다.

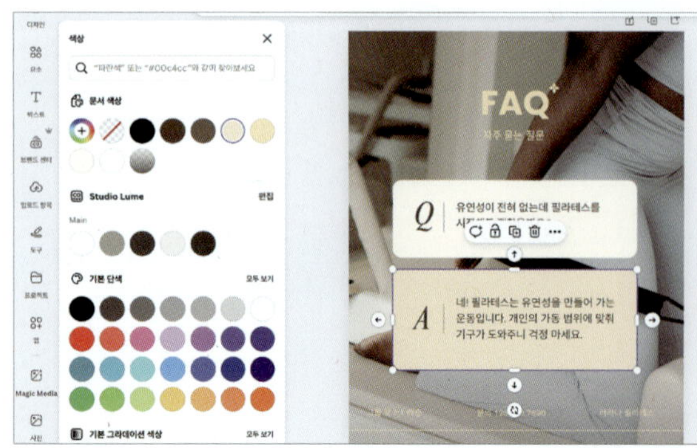

▲ 소프트한 분위기의 컬러 팔레트 구성

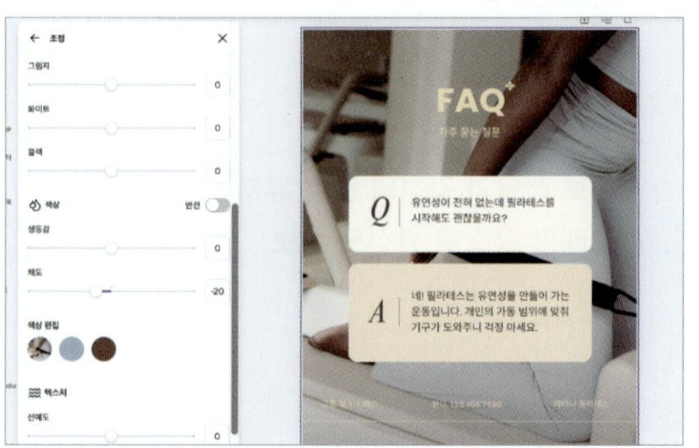

▲ 사진의 채도를 살짝 낮춰 소프트한 컬러 팔레트와 대비감을 줍니다.

필라테스 스튜디오 실습은 소프트하고 차분한 컬러 팔레트를 지향합니다. 배경 이미지가 너무 강하거나 밝으면 시선이 분산될 수 있으니, 이미지의 채도나 대비를 살짝 낮춰 보세요. 핵심 메시지와 디자인 포인트가 훨씬 선명하게 살아납니다. 완성본 템플릿 내 이미지들의 [편집] 세부 설정 값을 참고하여 감각적인 톤을 익혀 보세요.

3. 그래픽 요소로 디자인 디테일 놓치지 않기

브랜드 심볼을 연상시키는 ❶ 그래픽 요소(Modern Logo)를 활용해 디자인적 디테일을 추가합니다. 또한 배경 사진에 의해 눈에 띄지 않는 디자인 하단의 얇고 작은 ❷ 텍스트 부분은 배경에 그라데이션 도형을 배치해 가독성을 높여 줍니다.

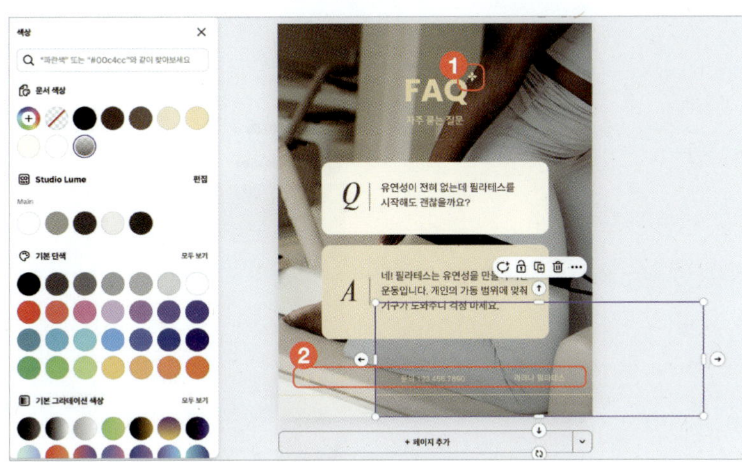

▲ 그라데이션 도형이 있는 곳과 없는 곳의 가독성 차이 비교

4. 상품 확장 아이디어

FAQ 게시물 템플릿은 캐러셀(여러 장의 슬라이드, 카드뉴스) 형태나 시리즈로 제작하는 것도 추천합니다. 첫 장에는 가장 유입이 많은 질문 하나를 임팩트있게 노출하고, 뒷장에는 복장 안내, 예약 취소 규정, 주차 정보 등 실무적인 질문들을 같은 레이아웃으로 반복 배치하거나 다양한 질문을 한 장에 각각 담아 구성하면 됩니다. 이렇게 완성한 세트는 주기적으로 인스타그램 피드에 시리즈처럼 노출하는 방식도 좋습니다.

LESSON 03

실습 02

신뢰가는 전문가로 브랜딩해 주는 디자인

강사 프로필 인스타그램 게시물

작업 사이즈

인스타그램 게시물 | 1080×1350px(4:5)

디자인 포인트

- 디자인의 포인트가 되는 타이포그래피
- 레이어 활용으로 디자인에 입체감 부여
- 명확한 분류로 깔끔한 정보 텍스트 구성

강사 프로필은 단순히 정보를 나열하는 도구가 아니라, 강사의 전문성과 철학을 시각화하여 고객의 신뢰를 얻게 해주는 핵심 디자인 자산입니다. 이번 실습에서는 모던하고 깔끔한 타이포그래피를 활용해 브랜드 이미지를 강렬하게 각인시키는 포스터형 프로필을 제작합니다.

1. 배경 사진 및 정보 박스와 모던한 타이포그래피의 심플한 구조

❶ 배경 사진 ❷ 프로필 이미지와 밝은 컬러의 정보 박스 ❸ 대형 타이포그래피 순으로 레이어를 쌓아 심플하지만 입체감이 돋보이는 구조입니다.

❶ 스튜디오의 철학이 느껴지는 동작 사진(set:nAGYYnu2S1w)을 배경으로 설정합니다. 이때 배경 사진은 피사체와 컬러 구성이 심플하고, 화면을 가로지르는 구도의 사진으로 선택하는 것이 좋습니다.

❷ 상단 중앙에 작은 원형 프레임을 배치하고 강사의 프로필 사진을 넣습니다. 이때 인물이 정면을 바라보는 사진은 깔끔하고 명확한 느낌을 주고, 인물이 자세를 취하거나 시선을 다른 곳에 두고 있는 사진은 자연스러운 느낌을 연출하기 좋습니다.

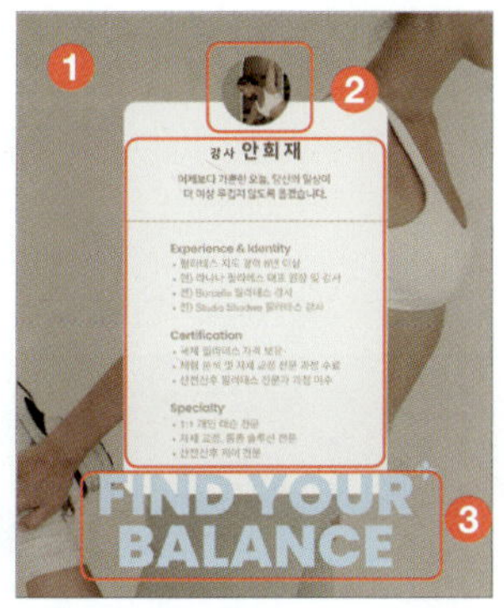

▲ 프로필, 정보 박스, 슬로건 구조

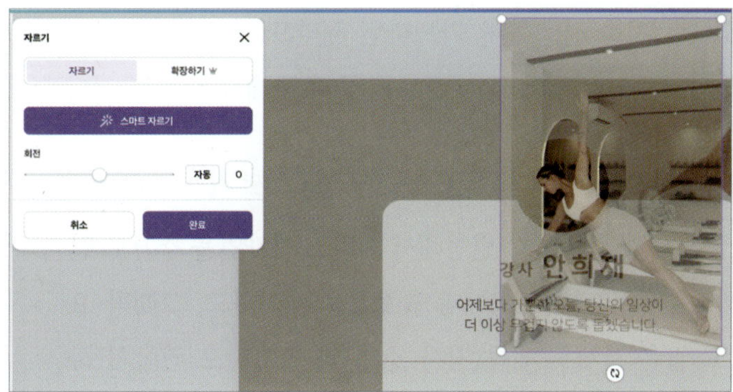

▲ 프로필 이미지

2. 정보성 텍스트를 깔끔하게 정리하는 노하우

- 모서리가 둥근 사각형을 넓게 배치해 텍스트를 넣을 수 있는 분리된 공간을 만들어 줍니다. 이때 텍스트가 돋보이도록 사각형에는 밝은 베이지 컬러를 적용합니다.
- 공간에 비해 많은 양의 텍스트를 다룰 때에는 정보를 종류별로 나누어 정리하는 것이 좋습니다. 우선 얇은 선을 넣어 영역을 크게 두 파트(강사의 이름과 인사말, 경력)로 나눕니다. 그리고 경력은 3가지 카테고리로 분류하고 [목록] 기능(불릿 포인트)을 적용해 읽기 좋게 배치합니다.

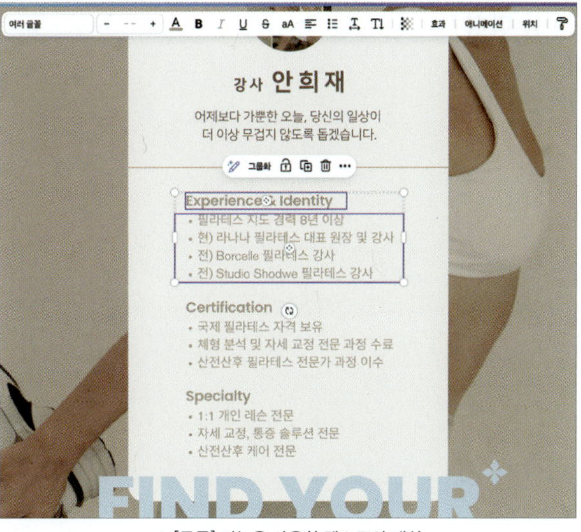

▲ [목록] 기능을 사용한 텍스트의 배치

3. 디자인의 완성도를 좌우하는 텍스트 디자인

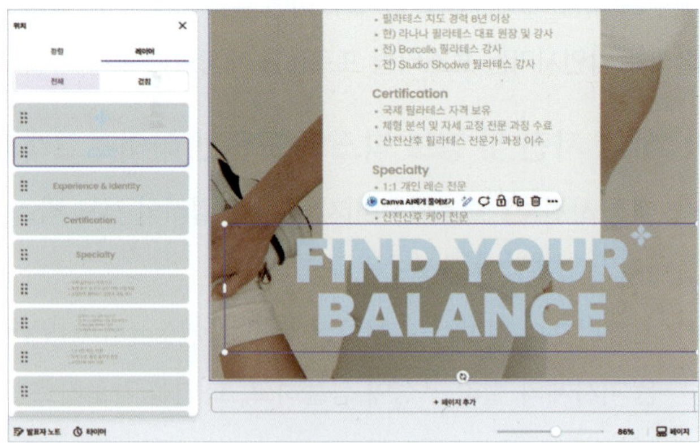

▲ 슬로건 레이어의 위치

- 디자인의 백미인 타이포그래피 슬로건은 배경 사진과 정보 박스 레이어보다 위에 배치해 입체감을 살립니다. 심플하고 시원시원한 타이포그래피 덕분에 프로필이 단순한 정보 전달을 넘어 하나의 '디자인 포스터' 같은 세련미를 갖추게 됩니다. 배경 사진과 정보 박스의 따뜻한 색감과 대비되는 라이트 블루 컬러를 사용해 산뜻함을 더합니다.
- 디자인이 심플할수록 텍스트의 배치나 폰트 선택이 디자인의 완성도를 좌우합니다. 특히 슬로건에 사용되는 폰트는 브랜드의 성격을 대변합니다. 실습처럼 굵고 힘 있는 산세리프(고딕체) 폰트는 강한 코어와 에너지를 전달하며, 가느다란 세리프(명조체) 폰트는 유연함과 섬세함을 강조하기에 좋습니다. 설정한 브랜드 컨셉에 맞춰 폰트를 골라 보세요.

4. 같은 컨셉의 다른 디자인으로 응용해 보기

이제 완성한 디자인을 살짝 변형해서 시리즈 디자인을 추가로 만들어볼까요? 우선 타이포그래피 슬로건을 제거하고, 그래픽 요소와 작고 얇은 서체로 제목(강사 소개)과 스튜디오 연락처(하단 영역)를 추가해 보세요.

간단한 수정만으로 일관성 있고 새로운 디자인을 금방 만들어 낼 수 있습니다. 하나는 인스타그램에, 하나는 블로그에 게시하는 등 다양하게 활용할 수 있습니다.

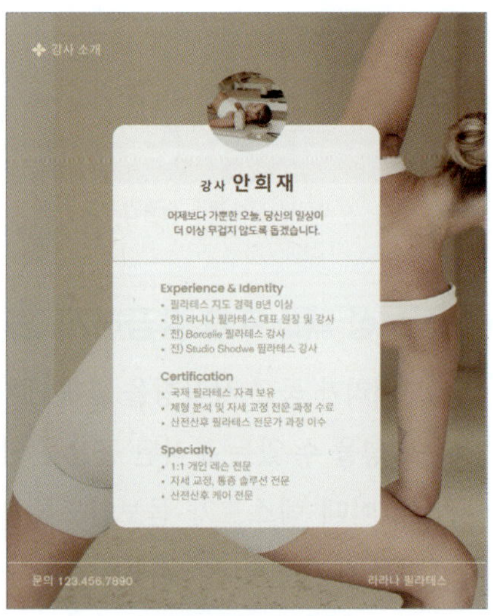

▲ 프로필 디자인 응용 사례

고객의 망설임을 끝내주는 혜택 정보 시각화 디자인

체험 수업 홍보 인스타그램 게시물

작업 사이즈

인스타그램 게시물 | 1080×1350px(4:5)

디자인 포인트

- 그래픽 요소를 활용한 혜택 강조
- 브랜드 컨셉에 어울리는 컬러 배색
- 보조 제목과 그래픽 요소로 디테일을 더한 디자인

처음 시작하려는 잠재 고객에게 가장 필요한 것은 '가벼운 체험'의 기회입니다. 체험 이벤트는 신규 회원 유입을 촉진하는 콘텐츠입니다. 이번 실습에서는 '체험 클래스 이용권'이라는 테마에 맞춰 티켓 모양의 그래픽 요소를 활용해, 마치 선물이나 초대장을 받는 듯한 느낌을 주는 이벤트 게시물을 제작해 봅니다.

1. 이벤트 혜택에 시선을 모아주되 브랜드 일관성을 지킨 구성

가격 정보를 일반적인 텍스트가 아닌 '티켓' 모양의 그래픽 요소 안에 넣어 시각적으로 재미를 주고 혜택을 강조한 디자인입니다. 사용 요소가 많아지더라도 브랜드 컨셉에 맞는 컬러와 폰트를 일관되게 유지하는 게 중요합니다. 이 디자인에서는 배경 사진의 뉴트럴 톤에 맞춰 쿠폰 컬러를 설정하고, 제목 텍스트에는 라이트 블루 컬러를 사용하여 포인트를 주었습니다. 또한 전체적인 정렬을 중앙으로 맞춰 안정감을 줍니다.

2. 단조로움을 피하는 디자인 디테일

[효과]-[곡선] 기능으로 보조 제목을 아치형으로 만들어 꾸밈 요소로 활용하고, 로고 느낌의 그래픽 요소를 더하면 자칫 단조로울 수 있는 이벤트 제목에 자연스럽게 포인트 디테일을 더할 수 있습니다.

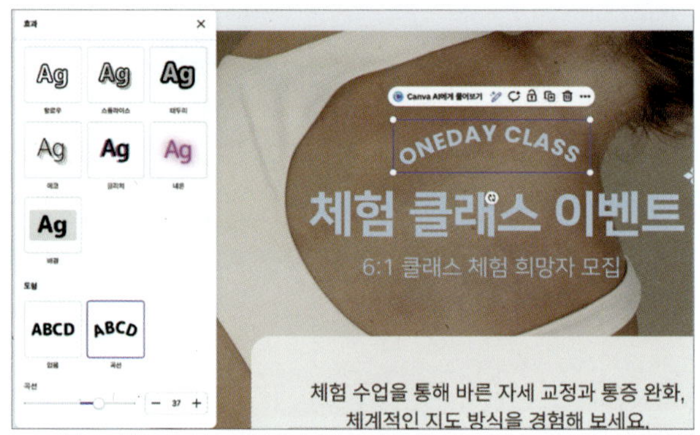

3. 그래픽 요소를 활용한 효과적인 혜택 강조

쿠폰이나 티켓 요소(Crimped and Cut Corner Ticket Shape)를 넣어 '이용권' 혜택이라는 점을 직관적으로 전달합니다. 이렇게 그래픽 요소를 활용하면 이벤트 혜택이나 할인 금액 숫자를 본문 텍스트와 분리하고 강조해서 시선을 집중시켜 줍니다. 환급 조건이나 주의 사항 등은 얇은 고딕체의 작은 텍스트로 바로 밑에 배치해 고객이 유의 사항을 놓치지 않도록 안내합니다.

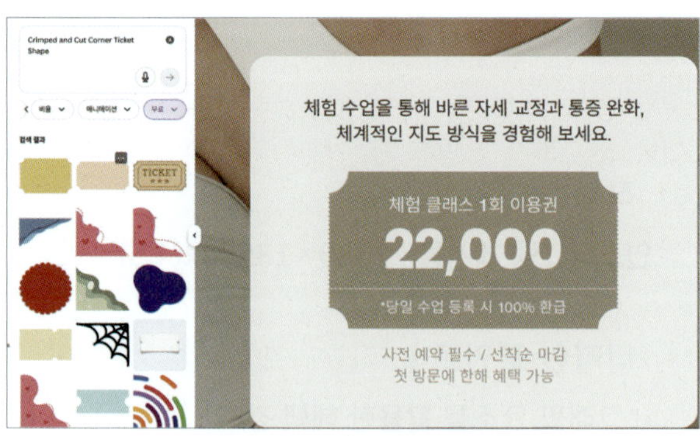

▲ 티켓 모양의 그래픽 요소 활용

LESSON 03

실습 04

혜택을 감각적인 그래픽 스타일로 시각화한 디자인

리뷰 이벤트 안내 인스타그램 게시물

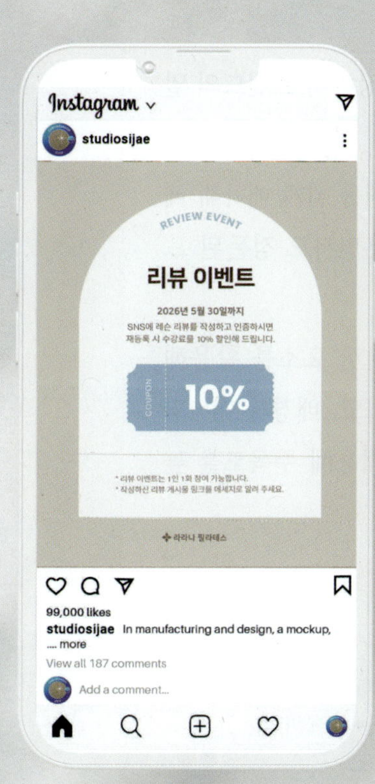

작업 사이즈

인스타그램 게시물 | 1080×1350px(4:5)

디자인 포인트

- 컬러와 그래픽 요소로 완성도를 높인 디자인
- 아치형 도형의 부드러운 감성 활용
- 쿠폰 그래픽으로 직관적인 혜택 시각화
- 안정적인 여백 활용

기존 회원의 리뷰는 신규 고객에게 가장 강력한 신뢰를 주는 도구입니다. 이번 실습에서는 아치형 도형과 쿠폰 등 그래픽 요소만을 활용해 '리뷰 작성 시 할인'이라는 보상을 시각화하여 감각적인 이벤트 게시물로 완성해 봅니다.

1. 그래픽 요소와 컬러로 완성된 디자인 구조

멋진 사진이 없더라도 높은 완성도의 디자인을 충분히 만들어 낼 수 있습니다.

❶ 배경은 차분한 베이지 톤으로 설정하여 브랜드의 일관된 톤앤매너를 조성합니다.

❷ 차분한 아이보리색의 아치형 도형을 넓게 배치해 베이지톤 배경과 어우러져 부드러우면서도 정돈된 느낌을 줍니다.

❸ 또한 'COUPON' 문구를 적은 티켓 요소를 활용해 혜택의 가치를 직관적으로 전달하고, 배경과 대비되는 포인트 컬러(라이트 블루)를 적용해 주목도를 높입니다.

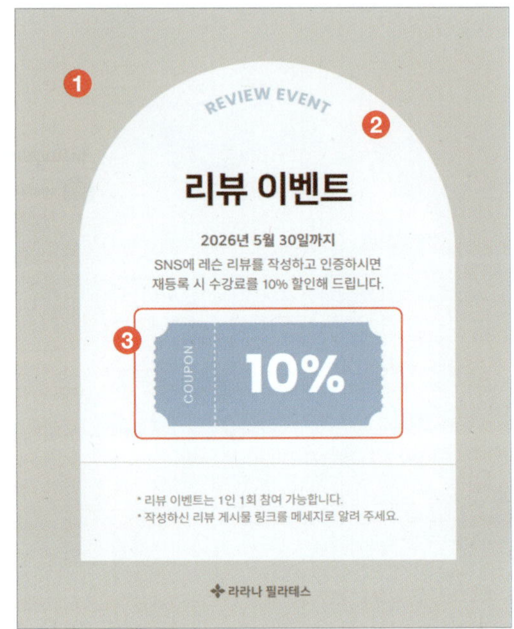

티켓 요소가 원하는 비율이 아닐 때에는 해당 요소를 복사해서 같은 컬러로 적용 후, 원하는 비율이 되도록 배치하고 그룹화해 사용해 보세요.

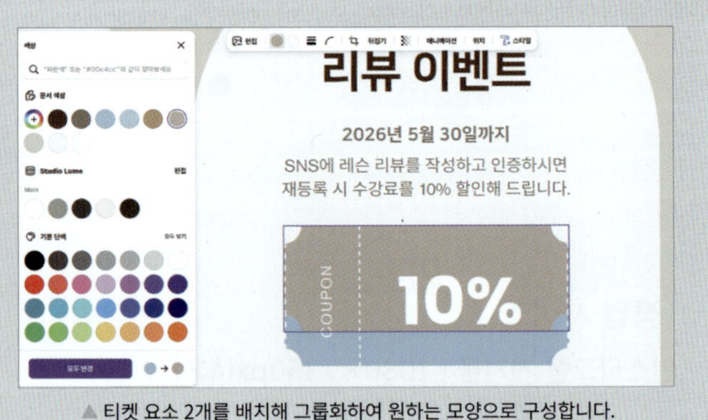

▲ 티켓 요소 2개를 배치해 그룹화하여 원하는 모양으로 구성합니다.

2. 심플하고 깔끔하게 구성한 텍스트 구조

그래픽 요소를 디자인 포인트로 활용했기에 텍스트는 심플한 구조로 구성해 균형을 맞춰 줍니다. 깔끔한 산세리프 폰트로 타이틀을 입력하고, 상단 보조 문구에는 [효과]-[곡선] 기능을 적용해 아치 라인에 맞춰 둥글게 배치합니다. 하단 영역에는 별표(*)를 활용해 안내 문구를 기재합니다. 마지막으로 스튜디오 로고를 중앙 정렬하여 브랜드 정체성을 확실히 합니다.

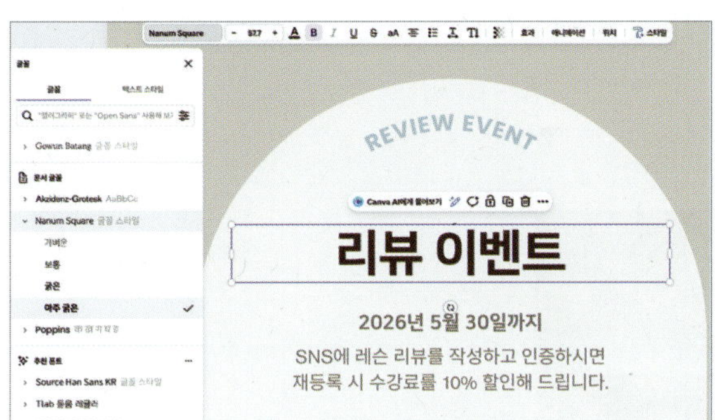

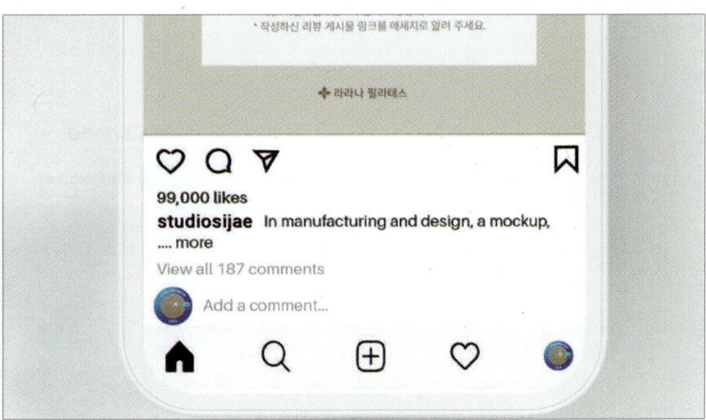

3. 시리즈 디자인 제작 아이디어

앞서 실습한 '체험 수업 홍보 인스타그램 게시물' 디자인과 서로 레이아웃을 뒤바꿔 시리즈로도 제작해 보세요. 디자인이 다양해지면서 동시에 인스타그램 피드의 톤앤매너는 일관되게 유지할 수 있습니다.

백마디 말보다 강력한 한 장의 변화로 보여 주는 디자인

전후 비교 리뷰 인스타그램 게시물

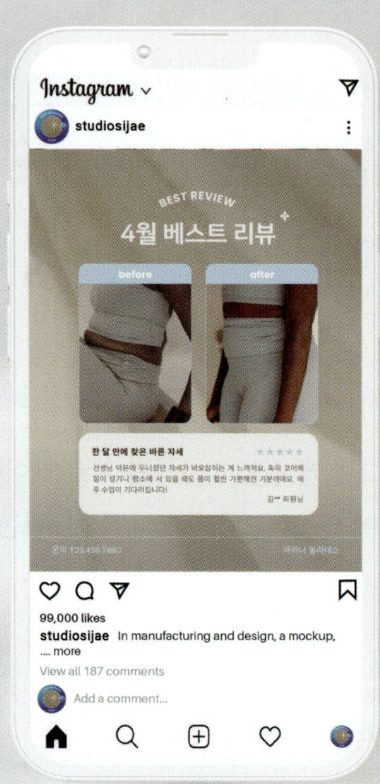

작업 사이즈

인스타그램 게시물 | 1080×1350px(4:5)

디자인 포인트

- 효과를 시각화하는 비교 구조
- 생동감을 더하는 동영상 배경 활용
- 신뢰감을 주는 리뷰 박스 디자인

잠재 고객이 필라테스 스튜디오를 선택할 때 가장 궁금해하는 것은 '정말 효과가 있을까?'라는 것입니다. 이번 실습에서는 수강생의 실제 변화를 시각적으로 증명하여 상담 전환율을 극적으로 높이는 '전후 비교' 게시물을 제작해 봅니다. 배경에 동영상 요소를 활용해 멈춰 있는 이미지보다 훨씬 생동감 넘치는 연출을 더해 볼게요.

1. 비교 구조를 통해 효과적으로 전달하는 전후 변화

2개의 프레임을 활용해 유사한 각도의 사진 두 장을 나란히 배치하여, 변화를 강조해 효과를 직관적으로 보여 주도록 합니다.

끝이 둥근 사각형 밑 부분에 직각 사각형을 덧붙인 후 라이트 블루 컬러를 적용해 제목 탭을 만들어 줍니다. 사진 프레임은 [모서리 둥글게 만들기]와 [스트로크 굵기]를 설정한 후, 제목 탭 레이어 아래에 배치합니다.

'before' 사진은 [편집]-[fx 효과]-[듀오톤]에서 설정 값(하이라이트, 그림자, 강도)을 조정하여 원본보다 차분한 톤으로 보정해 'after' 사진과 명확히 구분해 줍니다.

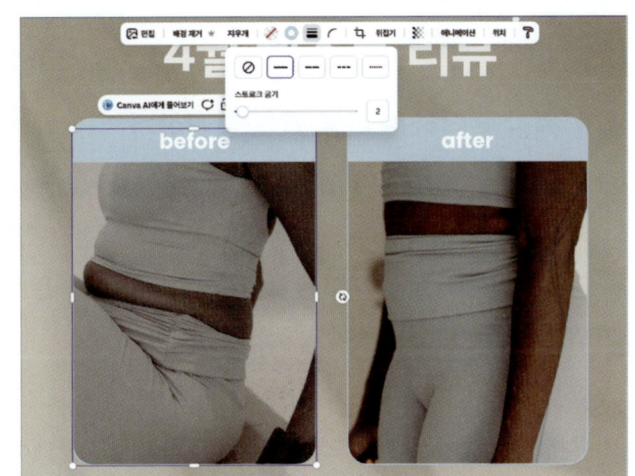

2. 동영상 요소로 생동감 있는 배경 설정하기

❶ 배경에는 동영상(Aesthetic bedroom chic)을 사용하여 피드에서의 주목도를 높입니다. 이때 동영상은 브랜드 컨셉에 어울리는 은은한 움직임의 동영상을 선택합니다. ❷ [다듬기]에서 영상 길이를 5초로 설정하고, ❸ [편집]-[재생]에서 [반복 재생], [자동 재생] 모드로 설정합니다. 이렇게 하면 인스타그램 피드에서 자동으로 반복 재생되어 노출에 효과적입니다. 또한 ❹ 영상이 너무 튀지 않도록 반투명 도형 레이어를 활용해 톤을 가라앉힙니다.

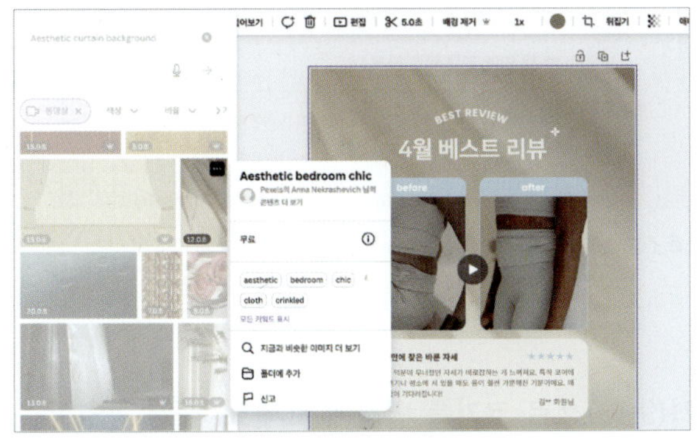

▲ ❶ 동영상 요소 검색 및 선택 화면

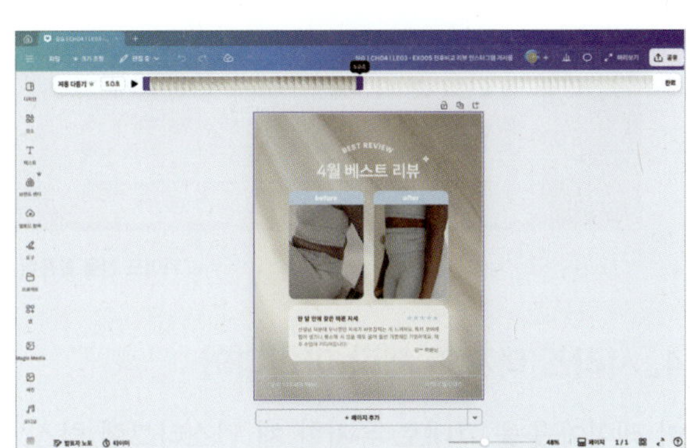

▲ ❷ 영상 길이를 다듬을 때에는 수치를 입력하거나 조절점을 드래그

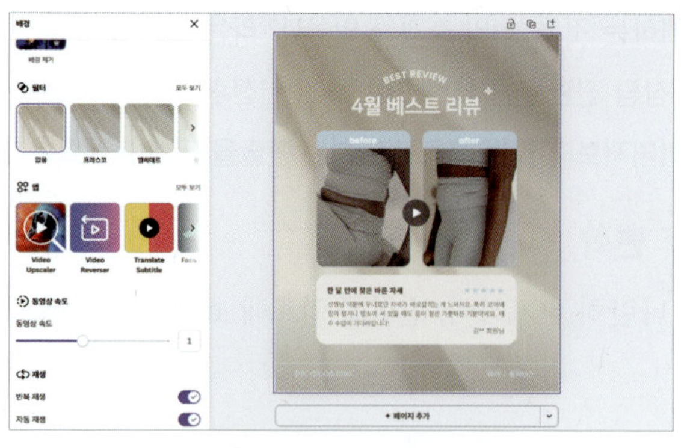

▲ ③ 동영상 재생 모드 설정 화면

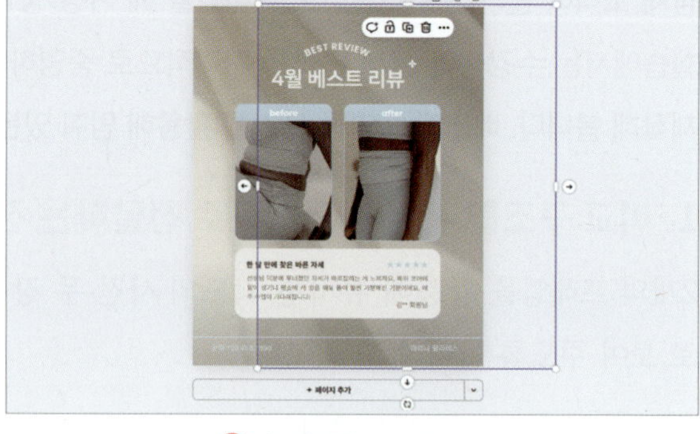

▲ ④ 반투명 레이어로 배경 톤 조정

3. 신뢰감을 더하는 리뷰 박스 설계하기

① 리뷰 내용을 강조하기 위해 배경과 구분되는 밝은 색감의 라운드 박스를 만들고, 수강생의 구체적인 후기 내용을 입력합니다. 이때 후기 내용의 핵심 포인트를 담은 짧은 제목과 별점을 상단에 배치해 긍정적인 인상이 바로 파악될 수 있게 합니다. 별점은 별 도형 5개를 배치해 만족도를 시각화하여 고객의 심리적 신뢰도를 높이도록 합니다.

② 폰트 종류에 따라 텍스트 박스 안에 배치된 텍스트의 높낮이가 다를 수 있으므로, 상단 메뉴의 [파일]-[설정]-[눈금자 및 가이드 표시]를 체크하고 눈금자에서 가이드 선을 드래그해 기준선을 잡아 배치합니다.

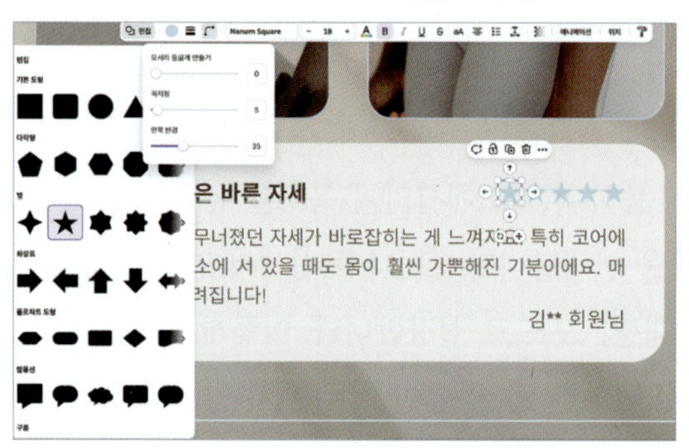

▲ ① 별점 도형 배치하기

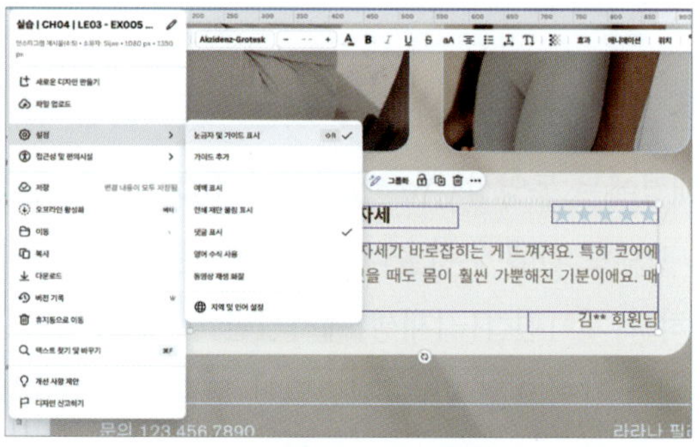

▲ ② 눈금자 및 가이드 표시 설정하기

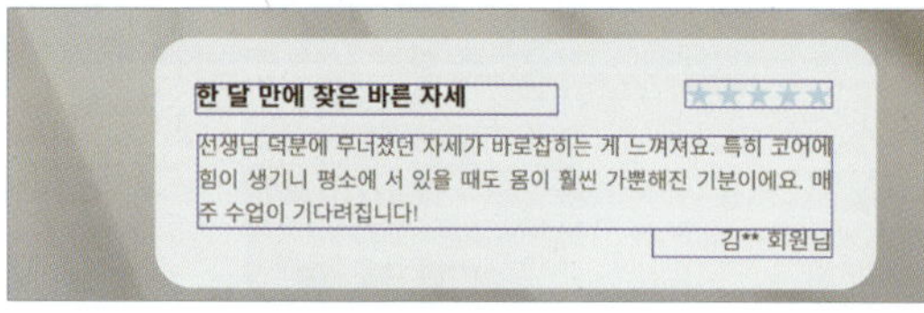

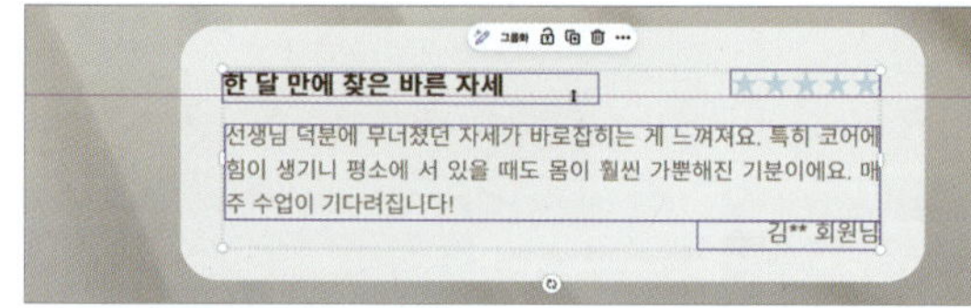

▲ 가이드 선을 활용해 텍스트 간의 높낮이 맞추기

4. 시리즈 디자인 제작 아이디어

이 레이아웃을 그대로 유지한 채 인스타그램 릴스 규격(9:16)으로 크기를 변경해 보세요. 배경 동영상을 그대로 유지하고 잔잔한 음악을 배경음(BGM)으로 깔아 주면, 일반적인 게시물보다 훨씬 더 높은 도달률을 기록하는 릴스 콘텐츠가 됩니다.

링크 기능으로 완성하는 맞춤형 랜딩 페이지 디자인

모바일 멀티 링크 페이지

작업 사이즈

인스타그램 스토리 | 1080×1920px

디자인 포인트

- 브랜드 컨셉과 어울리는 동영상 배경 사용
- 아치형 프레임과 타이포그래피로 통일감 유지
- 클릭을 부르는 링크 버튼 구성
- 배경 제거♛한 이미지와 요소를 레이어링하여 입체감 부여

인스타그램 프로필에는 외부 링크를 추가할 수 있습니다. 이때 캔바로 맞춤 제작한 멀티 링크 페이지를 활용하면 강사 프로필, 수업 시간표, 상담 문의까지 한 번에 연결할 수 있죠. 이번 실습에서는 동영상 배경으로 시선을 끌고, 클릭 해 외부 링크로 이동 가능한 버튼을 배치해 멀티 링크 페이지를 제작해 볼게요.

1. 브랜드 일관성을 유지하며 세로형 규격에 최적화한 디자인 구조

이번 실습은 모바일에 최적화된 인스타그램 스토리 포맷을 활용합니다. 이전 실습에서 사용했던 ① 아치형 디자인과 타이포그래피, 동영상 배경을 활용하고, 프로필 인스타그램 게시물과 같은 색감을 사용해 브랜드의 시각적 일관성을 유지합니다. 또한 ② 세로형 비율에 맞게 링크 버튼을 수직 방향으로 일렬로 배치하고, ③ 브랜드 로고와 SNS 계정명을 좌우에 배치합니다.

2. 배경 제거와 아치형 프레임을 활용해 입체감을 준 메인 이미지

메인 이미지로 활용할 사진을 복사해 한 장은 아치형 프레임 안에 넣어 배치합니다. 또 다른 한 장은 배경 제거 하여 아치형 프레임 레이어 위에 동일한 위치에 겹쳐 놓습니다. 이때 필라테스 동작이 강조되도록 사진 일부분이 프레임 바깥쪽으로 나오도록 배치합니다. 또한 타이포그래피 레이어를 그 사이에 배치하면 감각적이고 입체적인 메인 이미지로 완성할 수 있습니다.

▲ 배경 제거한 사진을 프레임의 이미지와 겹치도록 배치합니다.

3. 별도의 외부 서비스 없이 만드는 캔바 멀티 링크 페이지

링크트리(Linktree)나 리틀리(littly) 같은 별도의 외부 서비스를 구독하지 않아도, 캔바를 활용하면 원하는 스타일을 담아 멀티 링크 페이지를 자유롭게 제작할 수 있습니다.

이는 클라이언트에게 '모바일 명함'이나 '랜딩 페이지' 제작이라는 추가 서비스를 제안하여 수익을 높이기에 매우 좋습니다. 또한 템플릿 판매 시, 고객에게 멀티 링크 활용법을 함께 안내하면 상품의 가치를 높이고 효과적인 홍보 수단으로 활용할 수 있습니다.

1. **링크 기능으로 사용자 경험(UX) 최적화하기:** 라운드 사각형 3개를 버튼 형태로 배치한 뒤, 각 버튼과 텍스트에 [링크] 기능을 활용해 연결하고자 하는 웹사이트 주소를 입력하세요. 링크가 생성된 후 자동으로 텍스트 밑줄이 생기는데, 에디터 툴 바의 [밑줄]을 클릭해 해제합니다. 이때 반드시 확인해야 할 점은 모바일 가독성입니다. 스마트폰 화면에서 텍스트가 너무 작지는 않은지, 버튼이 손가락으로 누르기 충분한 크기인지 꼭 체크하세요. 또한 하단에 웹사이트, 이메일, 지도 아이콘을 추가하고 각각에 링크를 연결하면 브랜드 접근성을 더욱 극대화할 수 있습니다.
2. **웹사이트 게시 기능으로 실시간 관리하기:** 캔바의 '웹사이트 게시' 기능을 활용하면 무료 도메인을 부여 받아 즉시 온라인에 노출할 수 있습니다. 무엇보다 큰 장점은 실시간 반영입니다. 예를 들어, 필라테스 스튜디오 운영 중 시간표가 바뀌거나 이벤트 내용이 변경되어도, 프로필 링크를 교체할 필요 없이 캔바에서 디자인을 수정하고 [웹사이트 재게시] 버튼을 누르면 즉시 업데이트됩니다. 이는 클라이언트에게는 관리의 편리함을, 판매자에게는 운영의 효율성을 제공하는 핵심 포인트입니다.

여기서는 웹사이트 게시 기능에 대해 간단히 소개하는 정도로 하고, 더 자세한 사용법은 챕터 06의 '레슨 04 브랜드를 말하는 웹 포트폴리오 만들기'에서 설명할게요.

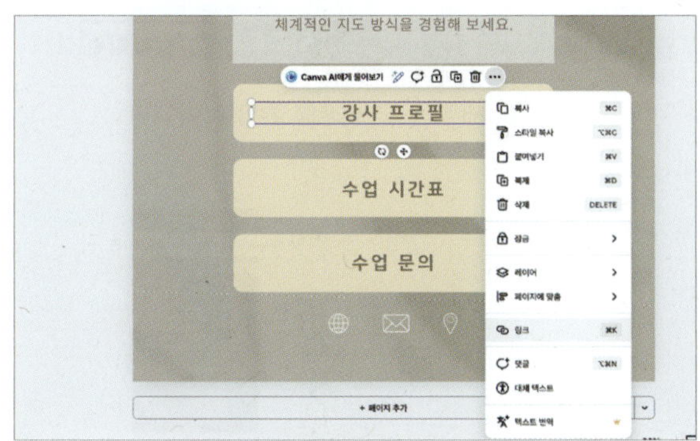

▲ ① 링크 기능으로 사용자 경험(UX) 최적화하기

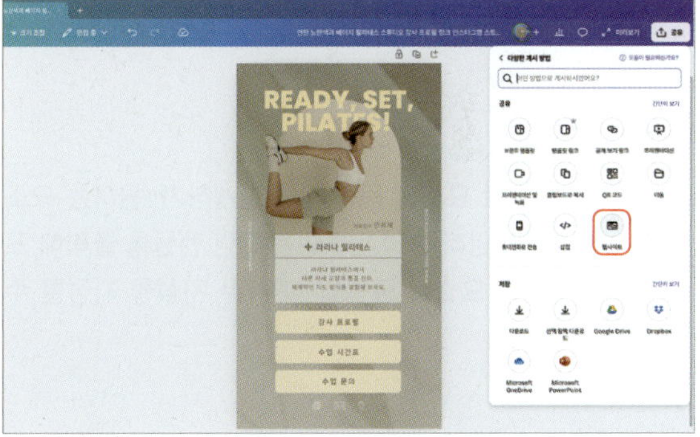

▲ ② 웹사이트 게시 기능 메뉴의 위치

더 알아보기 동영상 활용과 편집 방법 짚어 보기

실습 05와 06에서 배경 영상의 길이를 조절하며 기초 편집 방법을 익혔다면, 이번에는 자유롭게 동영상을 추가하고 편집하는 방법을 짚어 볼게요. 처음엔 복잡해 보이지만, 드래그앤드롭 방식으로 쉽게 영상과 요소를 추가해 완성할 수 있으니 꼭 도전해 보세요.

- **영상 편집 시작하기:** 영상을 정교하게 다듬기 위해서는 하단 타임라인 영역을 활성화해야 합니다. 릴스 포맷을 선택했을 때에는 에디터 화면에서 동영상 편집 모드로 바로 열리지만, 스토리나 유튜브 동영상 포맷을 선택하거나 멀티 페이지일 때에는 작업 영역 하단의 페이지 섬네일에 마우스를 올린 뒤 [동영상 편집](연필 모양) 아이콘을 클릭해 편집 모드로 진입합니다. 이런 식으로 진입 방식만 상황마다 조금씩 다를 뿐, 작업 영역 하단의 타임라인을 활용한 편집 방법은 모두 동일하니 당황하지 마세요.

▲ 스토리 포맷을 열었을 때 보이는 동영상 편집 모드 아이콘

- **멀티 클립으로 풍성한 스토리텔링 연출하기:** 드래그앤드롭으로 여러 개의 짧은 영상 클립을 타임라인에 추가해 자르고 배치해 다채로운 영상으로 완성해 보세요. 또한 클립 사이의 자연스러운 전환 효과를 더하면 지루함 없는 고감도 홍보 영상을 제작할 수 있습니다.

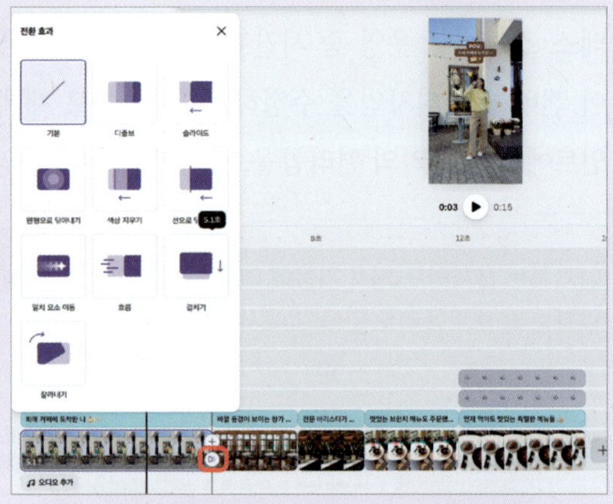

▲ 동영상 클립 사이에 마우스 포인터를 올려 전환 효과 추가

- **타임라인으로 요소별 등장 시점 설계하기:** 원하는 요소나 장면의 타임라인 양끝에 있는 트림 핸들을 클릭해 드래그하면 그 요소나 장면의 시작/끝 지점을 지정할 수 있습니다.

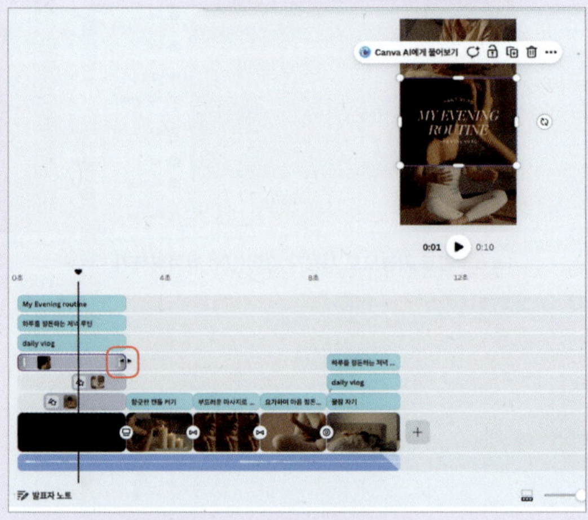

- **Beat Sync로 리듬감 살리기:** 삽입한 오디오에 [Beat Sync]–[지금 동기화] 기능을 적용해 보세요. 영상의 전환이나 요소의 애니메이션 박자가 음악 비트에 맞춰 자동으로 정렬됩니다.

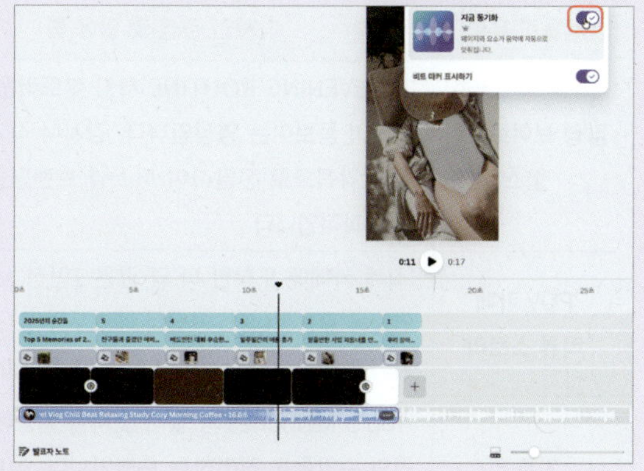

- **오디오 페이드로 자연스럽게 소리 연결하기:** 배경 음악이 갑자기 시작되거나 끊기지 않도록 [페이드]에서 [페이드 인/아웃]을 설정해 보세요. 소리가 서서히 커지거나 작아지게 조절하면 영상의 시작과 끝이 훨씬 자연스럽게 느껴집니다.

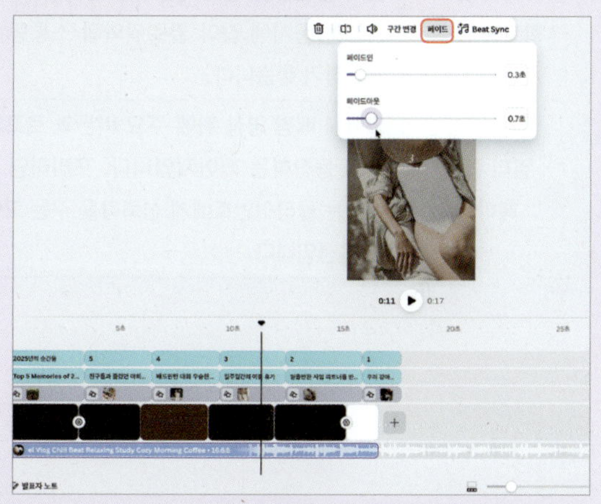

- **릴스 & 영상 템플릿 디자인 아이디어 제안:** 실습 웹사이트에서 제공하는 다양한 템플릿들을 확인해 보세요. 잘 만들어진 템플릿의 레이어와 타임라인 구조를 분석하면 실무에서 즉시 활용 가능한 영상 디자인 노하우를 빠르게 익힐 수 있습니다.

▲ 감성 브이로그형 릴스

▲ POV 카페 리뷰 스토리

▲ 기록 및 회고용 릴스

템플릿 유형	디자인 컨셉 및 활용 팁	수익화 포인트
감성 브이로그형 릴스	'MY EVENING ROUTINE'처럼 부드러운 톤의 컷 전환이 돋보이는 영상입니다. 강사나 작가의 일상을 감각적으로 전달하여 퍼스널 브랜딩을 강화할 때 효과적입니다.	브랜드 인지도를 높이는 데일리 홍보 서비스로 제안
POV 카페 리뷰 스토리	'최애 카페에 도착한 나'와 같은 1인칭 시점(POV) 연출을 활용합니다. 카페나 레스토랑 등 공간의 분위기를 생생하게 홍보하고 싶을 때 적합합니다.	로컬 비즈니스의 인스타그램 마케팅 패키지로 판매
기록 및 회고용 릴스	'Top 5 Memories'와 같이 숫자를 활용해 특정 기간의 순간들을 정리하는 포맷입니다. 정보 전달과 감성을 동시에 잡아 팔로워와의 소통형 콘텐츠로 제안하기 좋습니다.	기업이나 인플루언서의 정기 리포트 영상으로 활용
멀티 링크 페이지	고화질 배경 영상 위에 주요 버튼과 로고가 순차적으로 등장하는 페이지입니다. 프리미엄 브랜딩을 원하는 클라이언트에게 신뢰감을 주는 고단가 서비스 옵션입니다.	맞춤형 모바일 명함 및 브랜드 멀티 링크 페이지 제작

클릭을 부르는 정보 집약형 구성의 디자인

온라인 클래스 유튜브 섬네일

작업 사이즈

유튜브 섬네일 | 1920×1080px

디자인 포인트

- 가독성을 극대화하는 레이아웃 구조
- 큰 텍스트로 모바일 가독성 확보
- 해시태그와 도형으로 시선 집중

유튜브라는 망망대해에서 구독자에게 선택받기 위해서는 시선을 사로잡는 섬네일이 필수입니다. 이번 실습에서는 텍스트와 이미지를 좌우로 배치하여, 영상의 주제를 효과적으로 전달하는 섬네일을 디자인해 봅니다.

1. 시선의 흐름을 고려한 레이아웃 구성

보는 이의 시선이 왼쪽에서 오른쪽으로 흐르는 특성을 고려해, ❶ 왼쪽에는 제목 등 텍스트 박스를 배치하고 ❷ 오른쪽에는 시각적 요소(동작 사진)를 배치해 안정감을 줍니다. 또한 그라데이션 도형(투명도 52)을 사진의 오른쪽 끝에 배치해 시선이 자연스럽게 디자인 안으로 모이도록 합니다.

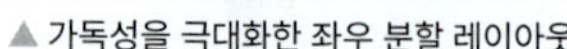
▲ 가독성을 극대화한 좌우 분할 레이아웃

▲ 반투명 그라데이션 도형 활용

2. 중심 고객에게 명확하게 어필하는 텍스트 디자인

모바일 환경을 고려해 '리포머 필라테스'라는 메인 타이틀을 가장 크게 배치하여 가독성을 확보하고, #스트레칭 #자세교정 #초보용 등 검색 키워드를 하단에 배치해 영상의 성격을 명시합니다. 또한 상단에는 학습 시간과 운동 기구명을 라운드형 도형의 칩(Chip) 형태로 배치해 시청자가 원하는 정보를 명확하게 전달합니다.

3. 추가 디자인 아이디어 제안

- **퍼스널 브랜딩을 강화하는 섬네일 디자인:** 채널의 인지도를 높이고 싶다면 인물 중심의 디자인을 추가로 제작해 보세요. 오른쪽 사진 영역에 원형 프레인의 프로필 사진을 넣거나, 강사의 상반신 사진을 메인 이미지로 과감하게 배치하는 방식입니다. 인물의 '얼굴'은 시각적으로 강한 신뢰감을 주며, 시청자가 얼굴만 보고도 믿고 보는 채널임을 인지하게 하여 고정 팬을 확보하는 데 매우 유리합니다.
- **유튜브 채널 아트 팩으로 디자인 확장하기:** 하나의 섬네일 디자인에 그치지 말고, 유튜브 채널의 전체적인 인상을 결정짓는 '채널 아트 팩' 템플릿을 더 제작해 보세요. 채널의 정체성을 보여 주는 프로필 이미지와 상단 채널 배너, 그리고 영상의 여운을 남기며 구독을 유도하는 아웃트로(최종 화면)까지 세트로 구성해 보는 것입니다. 모든 요소의 컬러와 폰트를 통일감있게 디자인하면, 클라이언트에게 '채널 브랜딩 패키지'라는 더 가치 있는 서비스를 제안할 수 있으며 수익화의 폭도 훨씬 넓어집니다.

LESSON 03

실습 08

혜택을 감각적인 그래픽 스타일로 시각화한 디자인

개업 이벤트 홍보 전단지

작업 사이즈

전단지 | 210×297mm(A4)

디자인 포인트

- 강조 효과를 주는 타이포그래피
- 혜택을 시각화해 주는 그래픽
- 시선을 끄는 정보 구성 디자인

필라테스 스튜디오

필라테스처럼 지역 기반의 비즈니스는 한 장의 전단지가 신규 회원 확보를 결정짓는 중요한 매개체가 됩니다. 이번 실습에서는 A4 사이즈의 공간을 효율적으로 분할하여, 개업 소식과 3가지 핵심 혜택을 한눈에 전달하는 전단지를 제작해 봅니다.

1. 사진과 컬러 블록을 배치해 효과적인 정보 레이아웃 구성하기

정보가 많은 디자인은 영역별로 나누어 정리해 디자인하면, 보는 사람도 명확하게 정보를 인지하기 좋습니다. 이번 실습 디자인은 크게 ❶ 사진, ❷ 혜택 안내, ❸ 연락처 정보 이렇게 세 영역으로 나뉘어 있어요.

그리고 가장 핵심 내용이라고 할 수 있는 혜택 안내 부분은 다시 3개의 쿠폰 모양으로 혜택 3가지를 나란히 배치해 가독성을 높입니다.

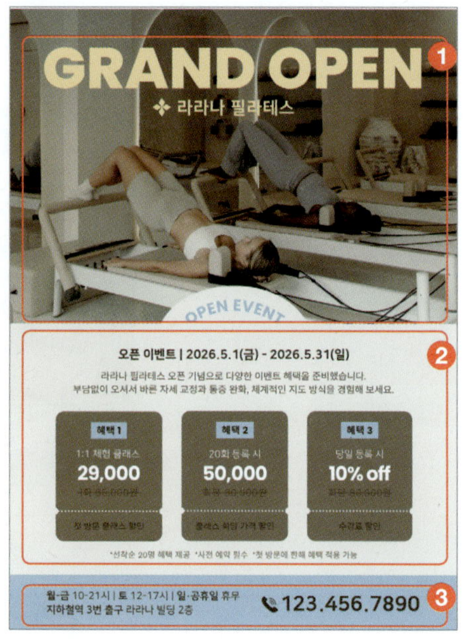

2. 혜택 영역의 그래픽 요소 간단하게 완성하기

혜택 내용이 배치되는 쿠폰 모양 그래픽은 둥근 모서리의 사각형 위에 끝 점을 둥글게 설정한 점선을 배치에 빠르게 완성할 수 있어요. 선은 [스트로크 스타일]-[점선/굵기3]으로 설정한 후, [선 시작/끝]-[둥근 점]으로 설정합니다. 그리고 선의 컬러를 배경색과 동일하게 설정하면 쿠폰에 있는 절취선처럼 보입니다.

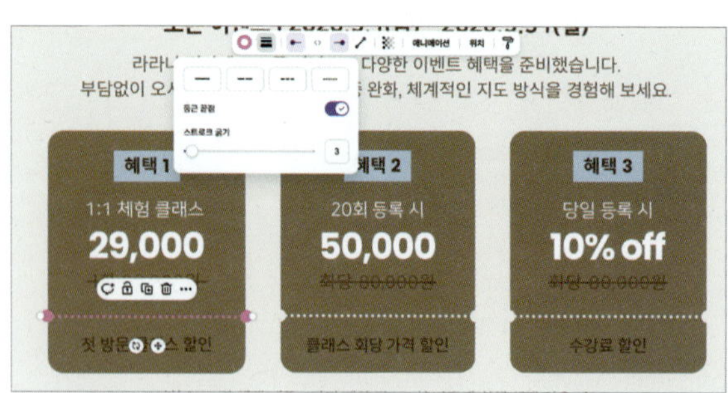

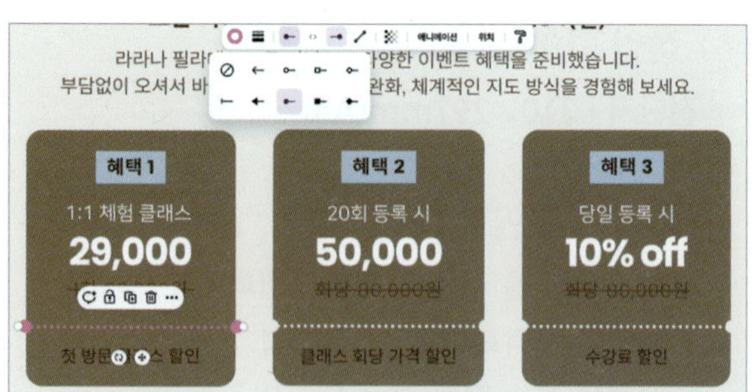

혜택 1, 2, 3은 [효과]-[스타일]-[배경]에서 세부 옵션을 설정하면 텍스트 뒤에 사각형을 배치한 것 같은 효과를 줄 수 있습니다.

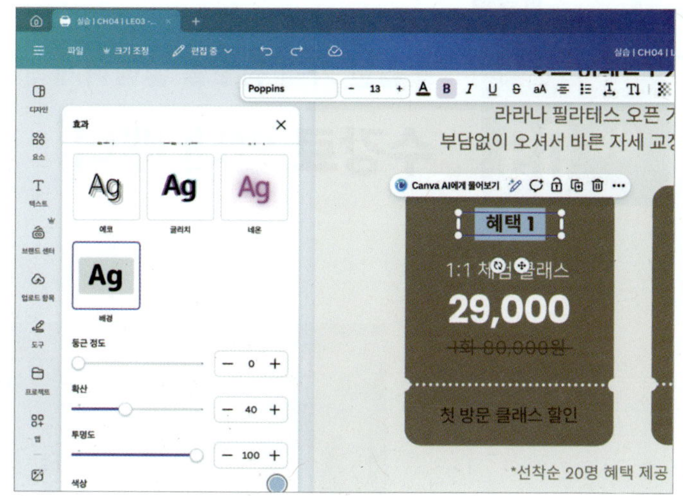

필라테스 스튜디오

복잡한 가격 정보를 깔끔하게 전달하는 디자인

수강료 안내 배너

작업 사이즈

세로형 소형 배너 | 400×1200mm

디자인 포인트

- 세로형 인쇄물에 최적화된 정보 배열
- 컬러와 도형을 활용한 시각적 구획으로 명확한 정보 전달
- 표 기능 없이 완성하는 깔끔한 정보 레이아웃

스튜디오 입구에 세워진 가격 안내 배너는 잠재 고객이 가장 마지막까지 고민하는 '비용'에 대한 답을 주는 중요한 도구입니다. 이번 실습에서는 표 기능을 사용하지 않고도 도형과 텍스트 정렬만으로 수강료 정보를 일목요연하게 정리하고, 전문성을 강조하는 세로형 배너를 제작해 봅니다.

1. 세로형 디자인에 최적화된 레이아웃

시선이 위에서 아래로 흐르는 세로형 배너의 특성에 맞춰, 슬로건과 스튜디오 사진→특장점과 수강료 안내→스튜디오 정보와 연락처순으로 정보를 배치합니다. 사진과 배경 컬러를 활용해 각 영역의 구획을 나누어 한눈에 내용이 파악되도록 합니다.

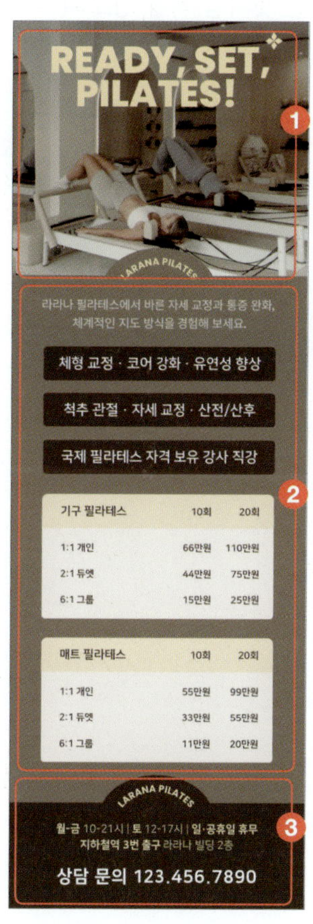

❶ 상단 영역은 슬로건과 함께 활기찬 수업 현장 사진을 배치해 시선을 유도합니다.

❷ 수강료 영역은 사각형 도형을 활용해 수업 종류별로 섹션을 나누어 카드 형태로 나열하여 정보가 섞이지 않고 직관적으로 읽히도록 설계합니다.

❸ 하단의 스튜디오 정보와 연락처 영역은 컬러 대비를 상대적으로 강하게 주어 가장 아래에 있더라도 눈에 띄도록 합니다.

2. 템플릿 사용자의 편의와 사용성을 고려한 텍스트 박스 배치

수강료 항목 부분은 좌우 정렬과 일직선 정렬은 기본으로 하되, 템플릿 사용자가 텍스트를 입력하기 편리하도록 텍스트 박스의 길이를 일관되게 설정해 두는 것이 좋습니다. 예를 들어 통상적인 수업명이나 수강료 글자 수를 예상해 텍스트 박스 길이를 넉넉하게 해두면, 사용자가 텍스트를 입력할 때 텍스트 박스 길이가 짧아 자동으로 줄바꿈이 되는 불편함을 겪지 않아도 되겠죠.

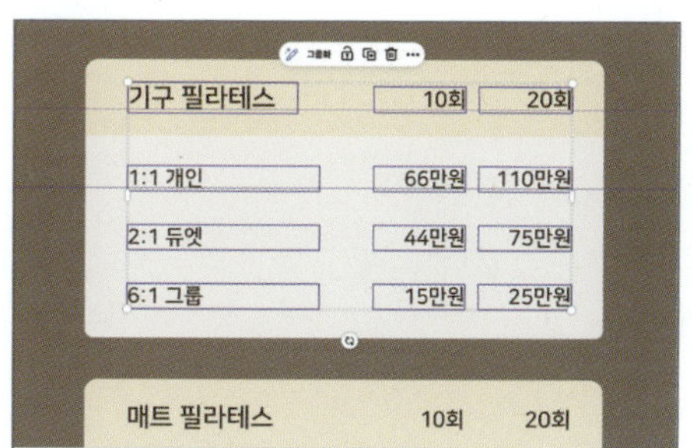

3. 시리즈 디자인 제작 아이디어

실습한 디자인을 야외용 대형 배너(600×1800mm)로도 크기를 변경해 만들어 보세요. 크기가 넉넉해지면서 좀 더 여유롭게 디자인 요소들을 배치할 수 있을거예요. 단, 야외용 대형 배너는 행인들이 걸어가며 빠르게 훑어보는 매체라는 것을 기억하세요. 텍스트가 너무 많으면 오히려 시선을 회피하게 만드니, 실습한 것처럼 핵심 정보와 그래픽, 이미지 위주로 간결하게 구성하는 것이 좋습니다.

> 배너 규격은 보통 소형 배너는 400×1200mm으로 스튜디오 입구 배너나 상담실 내부 비치용으로 활용하고, 대형 배너는 600×1800mm로 야외용으로 활용됩니다.

LESSON 03

실습 10

한눈에 들어오는 조화로운 정보 구성의 디자인

레슨 시간표 포스터

작업 사이즈

포스터 | 420×594mm(A2)

디자인 포인트

- 깔끔한 표 구조로 효과적인 정보 정리
- 배경 제거한 인물 이미지와 타이포그래피로 감각적인 메인 이미지 제작
- 추상적인 그래픽 요소와 그라데이션 도형으로 리듬감과 음영 부여

필라테스 스튜디오

시간표는 스튜디오의 운영 정보를 전달하는 핵심 도구이자, 수강생의 정보 편의성을 높여 예약률을 올리는 전략적 디자인입니다. 이번 실습에서는 반복되는 수업 데이터를 표 구조로 배치하고, 배경을 제거한 인물 요소와 그래픽 요소를 더해 전문적이고 감각적인 포스터를 제작해 봅니다.

1. 복잡한 정보를 깔끔하게 정리하고 그래픽 요소로 감각까지 잡은 레이아웃

가장 중요한 정보인 레슨 시간 정보는 ❷ 표 기능을 활용해 요일과 시간을 축으로 삼아 정보를 깔끔하게 정리하고 표 아래에는 작은 글씨로 예약 주의 사항을 기재해 한 덩어리로 인지되도록 배치합니다.

❶ 상단과 하단에는 브랜드 컨셉에 어울리는 유기적인 그래픽 요소(Abstract Liquid)와 반투명한 그라데이션 사각형을 활용해 표로 인해 딱딱하고 단조로워 보일 수 있는 분위기를 자연스럽게 풀어 주고, 핵심 디자인 부분으로 시선을 모아 줍니다.

또한 ❸ 하단에는 슬로건 타이포그래피와 인물 사진이 시간표 영역과 자연스럽게 겹치게 배치해 안정감과 역동성을 동시에 줍니다.

사진 레이어가 표의 텍스트 칸 부분 전체를 덮으면 해당 칸을 한 번에 선택할 수 없어 사용자가 텍스트를 수정하기 불편합니다. 이때 사진의 조절 핸들을 드래그해 빈 영역을 제거해 사진이 차지하는 영역을 줄이고 위치를 정교하게 배치해 텍스트 레이어를 선택하기 편하게 합니다.

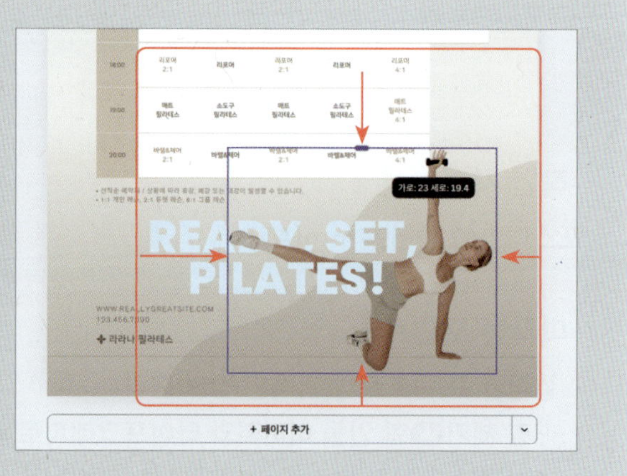

2. 깔끔한 정보 안내 표에 세련된 스타일 덧입히기

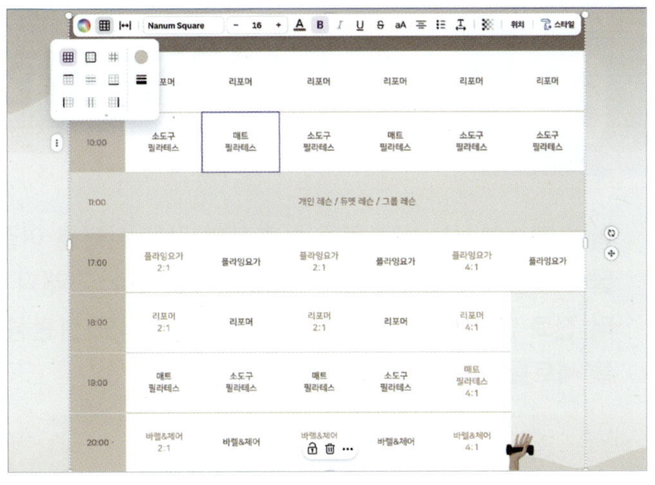

사이드 패널-[요소]-[표]에서 원하는 스타일의 표를 선택해 작업 영역에 추가해 표 작업을 시작합니다. 표를 추가한 후에는 셀 추가, 삭제, 크기 조정 등 다양한 편집을 할 수 있습니다. 에디터 툴 바-[테두리]의 세부 옵션을 설정해 테두리 컬러와 형태를 변경해 브랜드 컨셉에 맞게 세팅해 보세요. 또한 [색상]에서 수업의 종류에 따라 텍스트 컬러나 칸의 배경 컬러를 다르게 설정해 보세요. 수강생들이 본인이 원하는 수업 유형을 더 빠르게 찾을 수 있습니다.

3. 인물 사진과 타이포그래피를 배치하여 세련된 이미지 완성하기

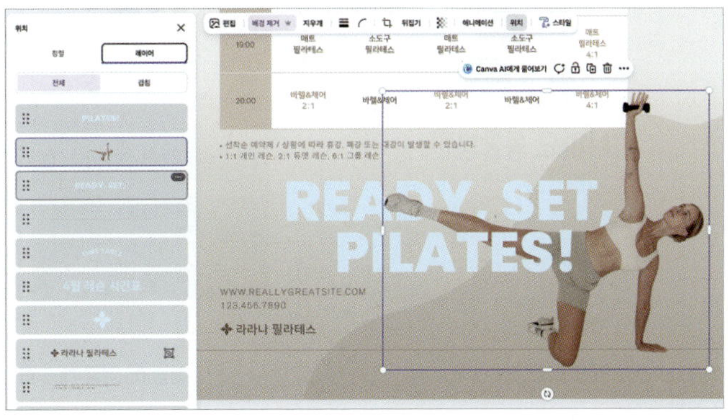

브랜드 컨셉과 어울리는 필라테스 동작 사진을 찾아 [배경 제거]합니다. 또한 사진의 밝기와 대비를 조절해 차분한 베이지 컬러의 배경과 톤을 조화롭게 맞춥니다. 그리고 슬로건 텍스트를 한 줄씩 분리해, 각각 사진 레이어의 앞뒤에 배치하면 입체감있고 세련된 이미지로 변신합니다. 또한 하단의 선 요소를 바닥처럼 활용해 인물을 배치하여 디자인에 안정감을 줍니다.

4. 크기 조정 기능을 활용한 원 소스 멀티 유즈 전략

지금 실습한 디자인은 스튜디오 게시판에 공지할 용도로 적합한 A2 크기입니다. 크기 조정 기능으로 인스타그램 게시물이나 스토리 규격으로 변환해 추가 템플릿을 제작해 보세요. 채널별로 디자인을 완전히 새로 할 필요 없이, 하나의 마스터 템플릿으로 다양한 템플릿을 만들어 낼 수 있습니다. 단, 포스터에서 모바일용으로 크기를 변경하면서 폰트 크기가 디바이스에 적절한 크기인지 꼭 체크해 가독성에 유의해야 합니다.

동물병원을 위한 디자인

이번 레슨에서는 반려동물 보호자의 깊은 신뢰를 이끌어 내는 따뜻한 감성과 정확한 정보 전달력을 동시에 갖춘 디자인 기법을 배웁니다. 그래픽 요소와 컬러 배색을 활용한 로고 제작부터 진료 안내, 카드뉴스에 이르기까지 브랜드 일관성을 완벽하게 유지하는 온오프라인 홍보물 세트를 완성해 봅니다.

실습 리스트

실습 01 로고 심볼

실습 02 세로형 명함

실습 03 진료 시간 안내 포스터

실습 04 건강 검진 프로그램 안내 포스터

실습 05 건강 체크 팁 인스타그램 캐러셀

구분	실습 항목	디자인 포인트
브랜딩	실습 01 로고와 심볼 실습 02 세로형 명함	유기적인 실루엣과 신뢰감을 주는 컬러 팔레트를 사용하여 브랜드의 첫인상을 구축합니다.
홍보 · 소통	실습 03 진료 시간 안내 인스타그램 게시물 실습 06 건강 체크 팁 인스타그램 캐러셀	고감도 사진과 정보성 콘텐츠를 활용하여 보호자와의 유대감을 형성하고 팔로워의 유입을 유도합니다.
인쇄물 · 정보 안내	실습 04 진료 시간 안내 포스터 실습 05 건강 검진 프로그램 안내 포스터	복잡한 정보를 체계적으로 시각화하고, 명확한 가독성을 확보합니다.

반려동물 1,500만 시대, 신뢰로 보호자의 마음을 움직이게 하는 디자인

가족 같은 반려동물을 믿고 맡길 수 있는 동물병원 디자인의 핵심은 따뜻한 신뢰와 정확한 정보 전달에 있습니다. 동물병원은 로고부터 SNS 홍보물까지 디자인 수요가 매우 꾸준한 업종으로, 신뢰감을 주는 디자인 시스템을 잘 구축해 두면 장기적인 브랜드 관리 파트너로 성장할 가능성이 매우 높습니다.

이번 레슨에서는 이전 과정에서 익힌 정보 구조화 능력에 포근한 색상과 사진을 더해 병원의 이미지를 감성적으로 시각화하는 법을 배웁니다. 브랜드의 일관성을 익히고, 진료 정보나 이벤트만 교체해 즉시 마케팅에 활용할 수 있는 가변성 높은 디자인을 만들어 볼게요.

디자인 기획 및 의도

- **페르소나 및 상황 설정**: 보호자들이 안심하고 반려동물을 맡길 수 있는 주치의 같은 로컬 동물병원
- **컨셉**: 보호자의 마음까지 어루만지는 '친근한 전문성(Friendly Professional)'
- **톤앤매너**: 차분한 그린과 브라운, 아이보리 배색을 활용한 따뜻하고 전문적인 분위기
- **목표**: 보호자에게 깊은 신뢰를 주고, 병원 운영에 필요한 핵심 정보를 효과적으로 전달하여 예약 및 방문 전환율을 극대화

디자인 시스템

- **컬러**: 딥그린(#467651), 그린(#6aaf69), 딥브라운(#664326), 브라운(#9d6b37), 아이보리(#f4eee8) 등
- **폰트**: TDTD 네모니, TDTD 롱고딕, Nanum Square, Nanum Square Round, Black Han Sans 등
- **그래픽 요소**: 강아지와 고양이 실루엣 그래픽(Dog and Cat Logo), 십자 기호 그래픽(Sleek Geometric Soft Gradient Medical Cross Logo), 동물병원 일러스트, 물결 모양 그래픽(Beige Scalloped Paper Background), 전화 아이콘, 말풍선, 도트 모양 그래픽, 도형, 선, 그라데이션

추천 검색어

Veterinary, Pet Care, Medical Icon, Scalloped, Dog and Cat Logo, Medical

핵심 학습 포인트

- **신뢰를 주는 컬러 팔레트**: 그린과 브라운 톤을 조화롭게 배치하여 의료 기관의 전문성과 심리적 안정감을 동시에 표현합니다.
- **정보 위계 및 레이아웃**: 진료 시간, 건강 검진 비용 등 핵심 정보가 가장 먼저 눈에 띄도록 시각적 계층 구조를 설계합니다.
- **정보와 감성의 균형**: 딱딱해 보일 수 있는 의료 정보를 따뜻한 사진과 아이콘으로 감성적으로 시각화하는 법을 익힙니다.
- **브랜드 스토리텔링**: 카드뉴스 시리즈 템플릿을 통해 전문적인 건강 칼럼을 효과적으로 전달하는 스토리라인을 구성합니다.
- **가변성 높은 시스템 설계**: 진료 시간표나 이벤트 내용만 교체하면 즉시 마케팅에 활용할 수 있는 실무 최적화 템플릿을 완성합니다.

LESSON 04

실습 01

브랜드의 얼굴을 만드는 디자인

로고와 심볼

작업 사이즈

로고 | 500×500px

디자인 포인트

- 친근하되 신뢰감을 주는 컬러 팔레트
- 유기적인 형태의 심볼 그래픽
- 주목도 높은 폰트 조합

동물병원 로고는 반려동물 보호자에게 따뜻한 친절함과 의료 기관으로서의 신뢰감을 동시에 전달해야 합니다. 차가운 의료 기구의 느낌보다는 강아지와 고양이의 실루엣을 활용하여 치유와 편안함이 느껴지는 브랜드 이미지를 구축하는 데 중점을 두었습니다.

1. 범용성을 고려해 여백을 살린 레이아웃

로고와 심볼 주변에 충분한 여백을 두어 명함, 간판, SNS 프로필 등 다양한 매체에 적용했을 때 답답함이 없도록 설계합니다. 이는 템플릿으로서의 사용성을 높여 수익화 측면에서도 큰 장점이 됩니다.

2. 유기적인 실루엣과 업종의 정체성을 담은 심볼 디자인

친근한 분위기를 전달하기 위해 딱딱한 직선보다는 부드러운 곡선이 강조된 강아지와 고양이 실루엣의 그래픽 요소(Dog and Cat Logo)를 활용합니다. 또한 의료를 상징하는 십자 기호 그래픽 요소(Sleek Geometric Soft Gradient Medical Cross Logo)를 적절한 비율로 배치하여, 한눈에 동물병원임을 인지할 수 있도록 합니다.

▲ 부드러운 곡선이 강조된 강아지와 고양이 실루엣의 그래픽 요소

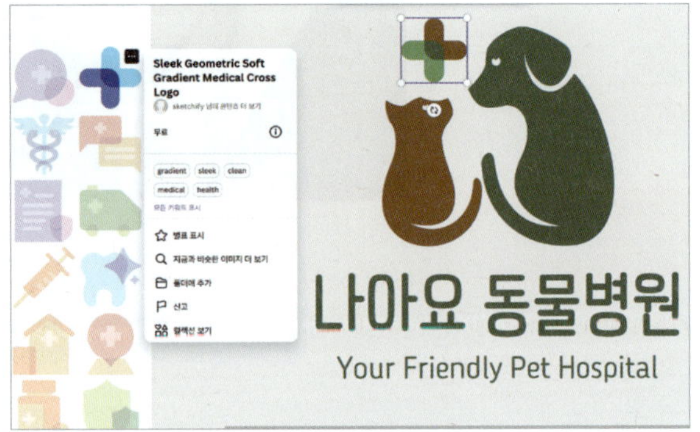

▲ 의료를 상징하는 십자 기호 그래픽 요소

3. 신뢰와 온기를 담은 컬러 팔레트 구성

의료 기관 특유의 차가움을 걷어 내기 위해 신뢰감을 주는 그린 계열과 생명체에 대한 따뜻함과 안정을 나타내는 브라운 계열을 메인 컬러로 설정합니다. 이는 디자인의 전체적인 톤앤매너를 차분하고 안정감 있게 유지해 줍니다.

4. 가독성과 시각적 위계를 갖춘 타이포그래피

브랜드 로고는 획의 굵기가 일정하고 끝처리가 둥근 라운드 고딕 계열 폰트(TDTD 네모니)를 선택합니다. 이처럼 글자의 전체적인 윤곽이 사각형인 폰트는 신뢰감과 안정감을 줄 수 있습니다. 이는 가독성을 높이는 동시에 친근한 전문성을 표현하기에 적합합니다. 또한 로고 하단에 브랜드 철학을 담은 영문 슬로건을 태그라인으로 추가하되, 메인 로고보다 가늘고 작은 폰트(TDTD 롱고딕)를 사용하여 시각적 위계(Visual Hierarchy)를 정리합니다.

체크포인트 **로고 제작 시 반드시 확인하세요**

상표권 등록 주의 사항

캔바 라이브러리에서 가져온 그래픽 요소를 그대로 사용하여 로고를 만들 경우, 해당 디자인에 대한 독점권이 없으므로 상표 등록이 불가능합니다. 나만의 고유한 로고가 필요하다면 사이드 패널–[요소]–[도형 생성] 기능을 활용해 독창적인 심볼을 만들어 보세요.

폰트 저작권 확인

캔바 폰트 정보나 라이선스 규정을 통해 로고에 사용한 폰트가 상업적 이용 및 로고에 사용이 가능한지 반드시 체크해야 합니다.

다양한 사용 환경 고려

로고는 흰색 배경뿐만 아니라 어두운 배경, 사진 위 등 다양한 곳에 쓰입니다. 배경이 투명한 PNG 파일로 저장하고, 색상 반전 버전(화이트나 블랙, 단색 등)도 미리 제작해 두면 실무에서 매우 유용합니다.

LESSON 04
실습 02

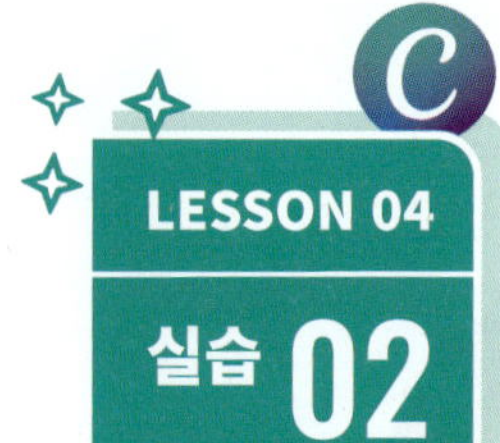

신뢰감 있는 첫인상을 결정짓는 디자인

세로형 명함

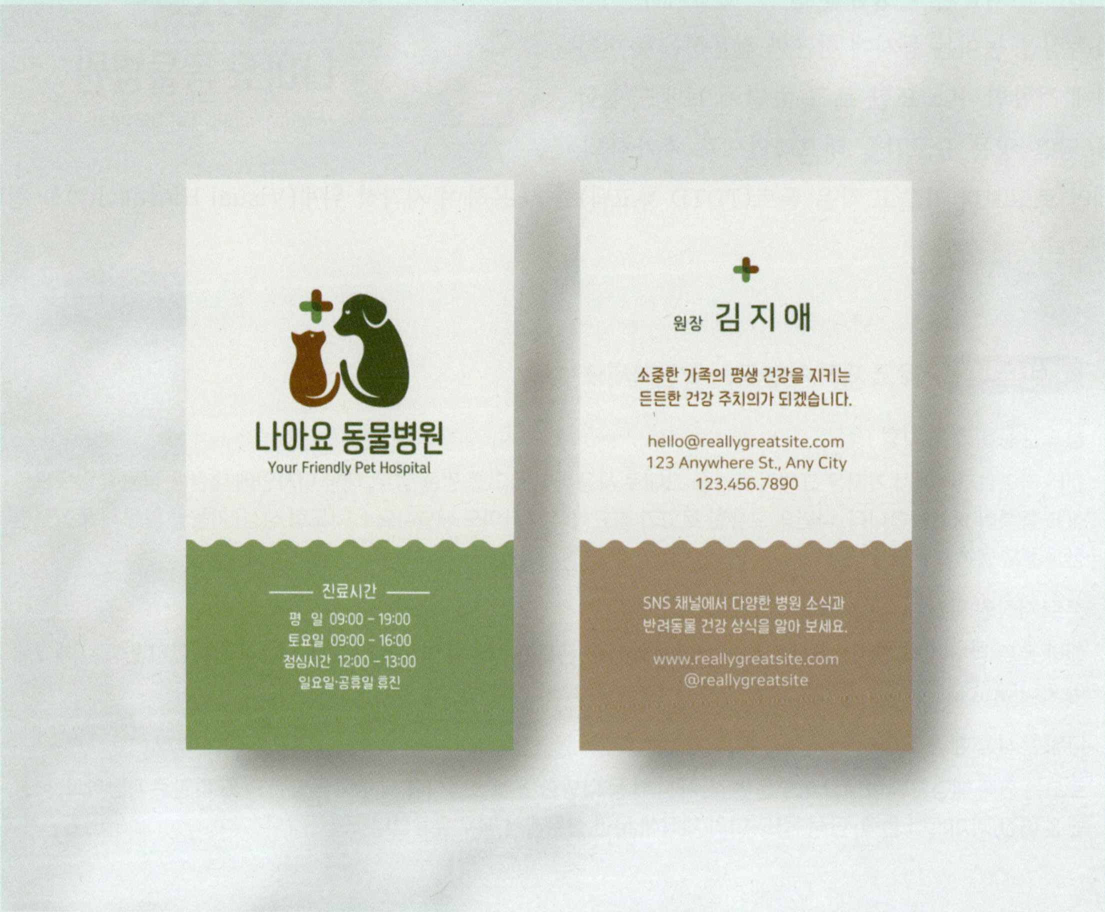

작업 사이즈

세로형 명함 | 2×3.4inch(약 50×90mm)

디자인 포인트

- 브랜드 컬러로 통일감 유지
- 부드럽고 신뢰감 가는 이미지 시각화
- 가독성을 위한 레이아웃 분할

동물병원의 명함은 단순히 연락처를 전달하는 도구를 넘어, 소중한 반려동물을 믿고 맡길 수 있는 브랜드의 첫인상을 결정짓습니다. 보호자에게 따스한 안정감을 주는 컬러 시스템과 전문성이 느껴지는 레이아웃을 활용해, 신뢰감을 주는 명함을 제작해 봅니다. 이번 실습에서는 앞서 제작한 병원의 심볼 로고를 적재적소에 배치하여 브랜드의 일관성을 확보하는 법을 배웁니다. 한눈에 들어오는 가독성 좋은 텍스트 배치와 감각적인 세로형 구도를 통해, 원장님의 진심이 담긴 메시지가 보호자에게 명확히 전달되도록 완성해 보겠습니다.

1 친근감과 신뢰감을 동시에 전달하는 레이아웃 구성

세로형 명함은 일반적인 가로형 명함에서 벗어난 형태라 신선함을 주며, 병원처럼 진료 시간 등 텍스트를 많이 담아야 하는 경우에 활용하기 좋습니다.

앞면에는 ❶ 병원의 대표 상징인 심볼과 로고를 메인으로 배치해 브랜드를 각인시키고, ❷ 하단에 진료 시간 정보를 넣어 실용성을 더합니다.

뒷면에는 ❸ 병원 원장님 안내와 ❹ 소통 창구에 대한 안내를 배치합니다. 이때 간단한 원장님의 인사말이나 소개글을 넣어 병원의 진료 철학을 강조하고 신뢰도와 친근감을 높입니다.

2. 텍스트가 많은 명함을 위한 디자인 정리 노하우

- **레이아웃 분할**: 물결 모양의 요소(Beige Scalloped Paper Background)를 활용해 뒷면의 상하단을 시각적으로 분리합니다. 그리고 에디터 툴바의 [편집]-[조정]-[색상 조정] 또는 [색상]에서 디자인과 어울리는 컬러로 조정합니다. 상단은 배경색을 밝게 유지하여 동물병원 로고나 원장님의 이름을 강조하고, 하단은 그린이나 브라운 등의 브랜드 컬러를 약간 연하고 깔끔하게 깔아 정보 영역으로 활용합니다. 이때 에디터 툴바의 [편집]-[조정]-[색상 조정] 또는 [색상]에서 그래픽 요소의 컬러를 디자인과 어울리게 조정합니다.
- **정보의 그룹화와 정렬**: 병원 명함은 원장님의 정보와 병원의 정보가 동시에 담기므로 두 정보를 한꺼번에 모아두기보다 두 그룹으로 정리하면 가독성이 좋아집니다. 특히 병원의 SNS 채널이나 웹사이트 주소를 한 곳에 모아 배치하면, 채널 방문 권유 메시지을 함께 배치하기에도 좋습니다.

▲ 뒷면 하단의 병원 채널 방문 권유 메시지

정보를 명확하게 전달하는 구조의 디자인

진료 시간 안내 포스터

작업 사이즈

세로형 포스터 | 420×594mm(A2)

디자인 포인트

- 정보의 중요도에 따른 시각적 계층 정리
- 친근함과 전문성을 모두 갖춘 일러스트 요소
- 정렬과 가이드 기능으로 정보 정리

보호자가 동물병원에 대해 가장 먼저 확인하는 필수 정보는 진료 시간입니다. 이번 실습은 급한 상황에서도 필요한 정보를 즉시 파악할 수 있도록 가독성을 최우선으로 기획했습니다. 친근한 일러스트를 배치하여 병원의 따뜻한 분위기를 전달하면서도, 정돈된 레이아웃을 통해 전문성을 잃지 않는 디자인을 목표로 합니다.

1. 명확하고 눈에 띄는 정보 전달용 레이아웃 구조

상단에는 병원 심볼을 넣어 신뢰감을 주고, '진료 시간 안내'라는 타이틀을 중앙에 배치해 콘텐츠의 목적을 정확하게 보여 줍니다.

가운데에는 진료 시간 정보를 둥근 바(Bar) 형태의 도형 안에 넣어 각 정보를 명확하게 강조하고 컬러로 구분 지어 줍니다. 이때 가장 강조해야 할 시간 정보는 흰색 텍스트와 짙은 그린 배경 컬러로 설정합니다. 중요한 정보인 각 원장님의 휴진 요일과 병원 연락처를 넣는 것도 잊지 마세요.

2. 가이드와 정렬 기능을 활용한 깔끔한 텍스트 배치

- **도형 바와 정보 배치**: 각 바 안에 요일과 시간 텍스트를 입력할 때, 각 요일과 시간 사이의 점선을 일렬 수직으로 배치해 가독성을 높입니다.
- **가이드 선과 정렬 기능으로 간격 정리**: 가이드 선으로 텍스트와 점선 간격의 기준을 잡아 줍니다. 또한 정렬 기능을 사용하여 각 바 사이의 간격을 맞추고, 모든 요소가 중앙에 오도록 정돈합니다.

▲ 가이드 선으로 간격 기준 설정해 두기

3. 그래픽 요소로 안정감과 생동감 주기

자칫 밋밋해 보일 수 있는 배경 여백에는 산만해 보이지 않는 선에서 어울리는 패턴 그래픽(dots)을 배치해 줍니다. 하단에는 수의사 일러스트(A Veterinarian Checking a Cat)와 물결 모양 그래픽을 바닥면처럼 배치해 시각적 안정감을 줍니다. 이때, 물결 모양 그래픽은 여러 개를 길게 이어 그룹화하여 사용하면 과도하게 크기를 키울 필요 없이 원하는 비율을 유지해 사용할 수 있습니다.

일러스트와 그래픽의 컬러도 브랜드 컨셉에 어울리게 변경해주되, 배경용과 메인용에 따라 대비감을 고려해 컬러를 설정합니다. 예를 들어, 배경에 사용한 도트 그래픽의 컬러는 메인 컬러들보다 연하고 차분한 톤을 사용해 너무 튀지 않고 배경용으로 자연스럽게 어우러지도록 연출합니다.

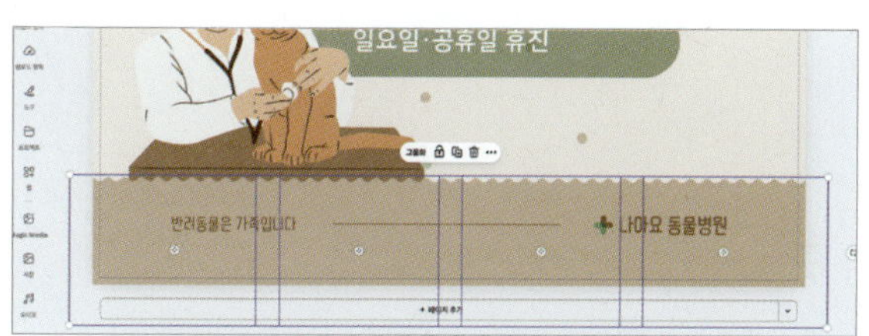

▲ 원하는 길이로 복사해 이어 붙여 사용한 물결 모양 그래픽

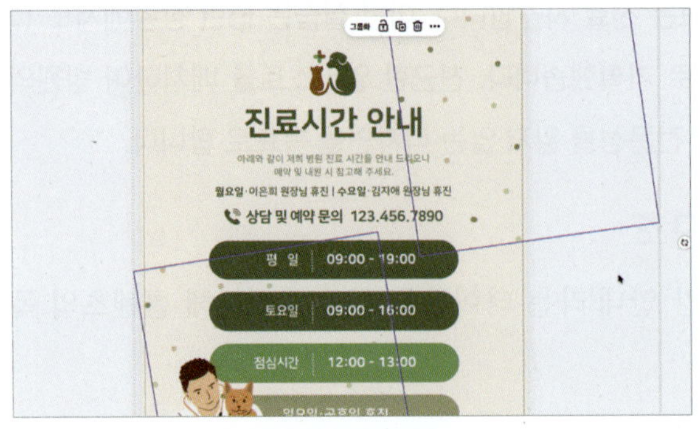

▲ 배경과 자연스럽게 어우러지도록 차분하고 연한 컬러 톤을 유지한 패턴 그래픽

▲ 브랜드 컬러 팔레트와 어울리되 포인트 컬러로 생동감을 준 일러스트

4. 원 소스 멀티 유즈(OSMU) 활용 제안

디자인이 완료되었다면, 캔바의 크기 조정👑 기능을 사용해 인스타그램 게시물(4:5)로도 활용해 보세요. 그리고 디자인을 그대로 사용하기보다 일러스트 요소와 배치에 변화를 주어 더 다채로운 디자인으로 완성하도록 합니다. 또한 텍스트 크기가 모바일용으로 적절한지도 꼭 최종 점검해 보세요.

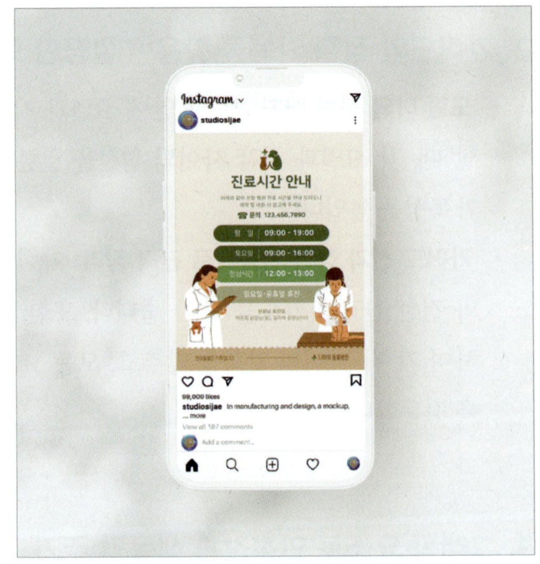

▲ 인스타그램 게시물로 변형해 활용한 예시

LESSON 04

실습 04

복잡한 정보를 한눈에 들어오게 해주는 디자인

건강 검진 프로그램 안내 포스터

작업 사이즈

세로형 포스터 | 420×594mm(A2)

디자인 포인트

- 다채롭되 일관된 분위기의 폰트 구성
- 친근함과 전문성을 모두 갖춘 일러스트 요소 사용
- 정렬과 가이드 기능으로 깔끔한 정리
- 크기 대비와 컬러 배색으로 효과적인 정보 위계 설계

건강 검진 프로그램은 세부 내용이 많아 시선의 흐름을 고려해 정보를 정리하는 것이 중요합니다. 이번 실습에서는 보호자가 심리적 거부감 없이 아이의 상태에 맞는 검진을 선택할 수 있도록 코스별 가치를 따뜻하게 전달하는 안내 포스터를 제작합니다.

1. 시선의 흐름을 고려해 정보의 위계를 정리한 레이아웃 구조

읽어야 할 텍스트가 많을수록 한꺼번에 다 전달하려고 하기보다 제목 타이틀과 이미지로 시선을 끌어 우선 관심을 가지게 하고, 그 다음 자연스럽게 세부 내용을 살펴보게 설계해야 합니다.

❶ 전체 공간의 1/3 이상을 할애하여 공감을 불러일으키는 카피와 제목, 일러스트를 배치해 포스터의 내용이 건강 검진 프로그램 안내라는 것을 강하게 표현해 주목성을 줍니다.

❷ 다음으로 시선이 이동하는 아랫부분에 둥근 사각형으로 크게 영역을 잡아 주고, ❸ 이어서 자세히 살펴볼 수 있도록 건강 검진 프로그램의 세부 내용을 3단으로 배치해 정돈된 느낌을 줍니다. 이렇게 시선의 흐름을 고려해 관심을 끄는 단계를 설계해 디자인을 하면, 텍스트가 많아도 보는 이가 부담을 가지지 않고 차근차근 정보를 살펴볼 수 있게 됩니다.

2. 지루하지 않으면서 효율적인 정보 텍스트 정리 고급 노하우

- 프로그램별로 컬러를 다르게 설정하여 구분지어 줍니다. 이때 각 컬러를 아예 다른 톤(예: 보색 관계)으로 설정할 수도 있지만, 컬러는 동일하게 그린 계열로 유지하되, 프로그램 별로 채도나 대비를 다르게 설정해 톤온톤 또는 톤인톤으로 설정해 주면 일관성을 유지할 수 있습니다. 특히 가장 강조하고 싶은 프로그램일수록 대비를 강하게 설계해 보세요.

보색은 정반대의 컬러 사용으로 강한 대비를, 톤온톤과 톤인톤은 비슷한 톤의 컬러 사용으로 은은하고 자연스러운 느낌을 주기 좋습니다.

- **보색(Complementary Color)**: 색상환에서 서로 정반대 맞은편에 위치한 색상을 조합하는 방식. 예: 네이비+주황(포인트 컬러 조합)
- **톤온톤(Tone on Tone)**: 같은 색상 내에서 밝기(명도)만 다르게 하는 방식. 예: 초콜릿 브라운+베이지+카멜색
- **톤인톤(Tone in Tone)**: 색상은 다르지만 밝기나 선명도(채도)를 비슷하게 맞추는 방식. 예: 파스텔 핑크+파스텔 민트(연한 톤끼리 조합)

- 이번 실습 디자인에는 처음에 설정해 두었던 기본 폰트(TDTD 롱고딕, Source Han Sans 등) 외에 폰트 종류를 다양하게 사용했습니다. 전달해야 할 정보가 많아 생길 수 있는 피곤함과 지루함을 덜어주기 위한 것인데요. 이때 유의할 점은 폰트 종류를 무조건 많이, 서로 너무 다른 모양의 폰트를 사용하는 것이 아니라, 강조해야 할 부분(제목, 프로그램 이름과 가격)과 본문용으로 기준을 세워 필요한 만큼만 구분해 사용해야 한다는 것이에요. 텍스트들이 배치되었을 때, 상대적으로 더 강조되는 것과 아닌 것의 구분 정도면 충분합니다. 또한 그때그때 예뻐 보인다는 이유로 기준 없이 즉흥적으로 폰트를 골라 사용하는 것이 아니라, 브랜드 컨셉에 어울리고 시각적인 주목성과 위계를 고려해 폰트를 선택해야 합니다.
- 가장 마지막에 읽히는 유의 사항은 고딕 계열의 작은 텍스트로 하단에 배치하면 충분합니다.

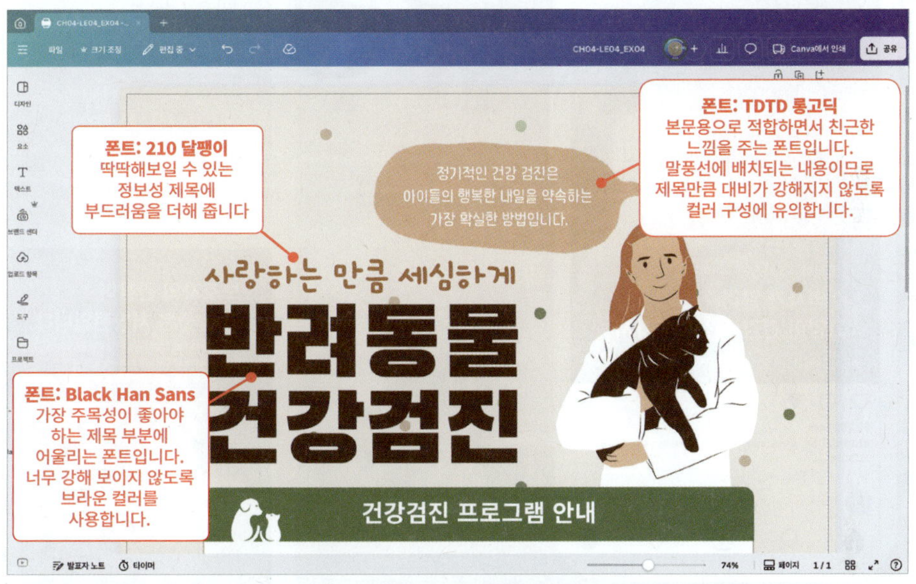

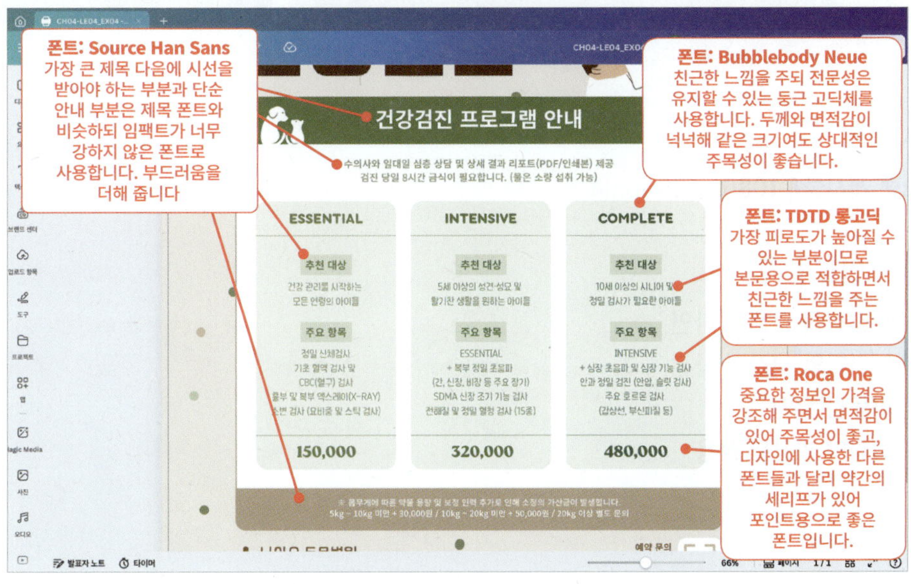

LESSON 04

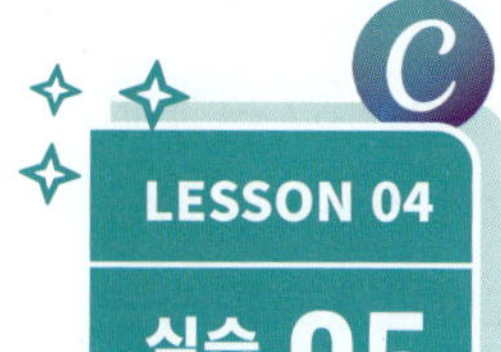

실습 05

보호자의 마음을 사로잡는 전문가 칼럼 디자인

건강 체크 팁 인스타그램 캐러셀

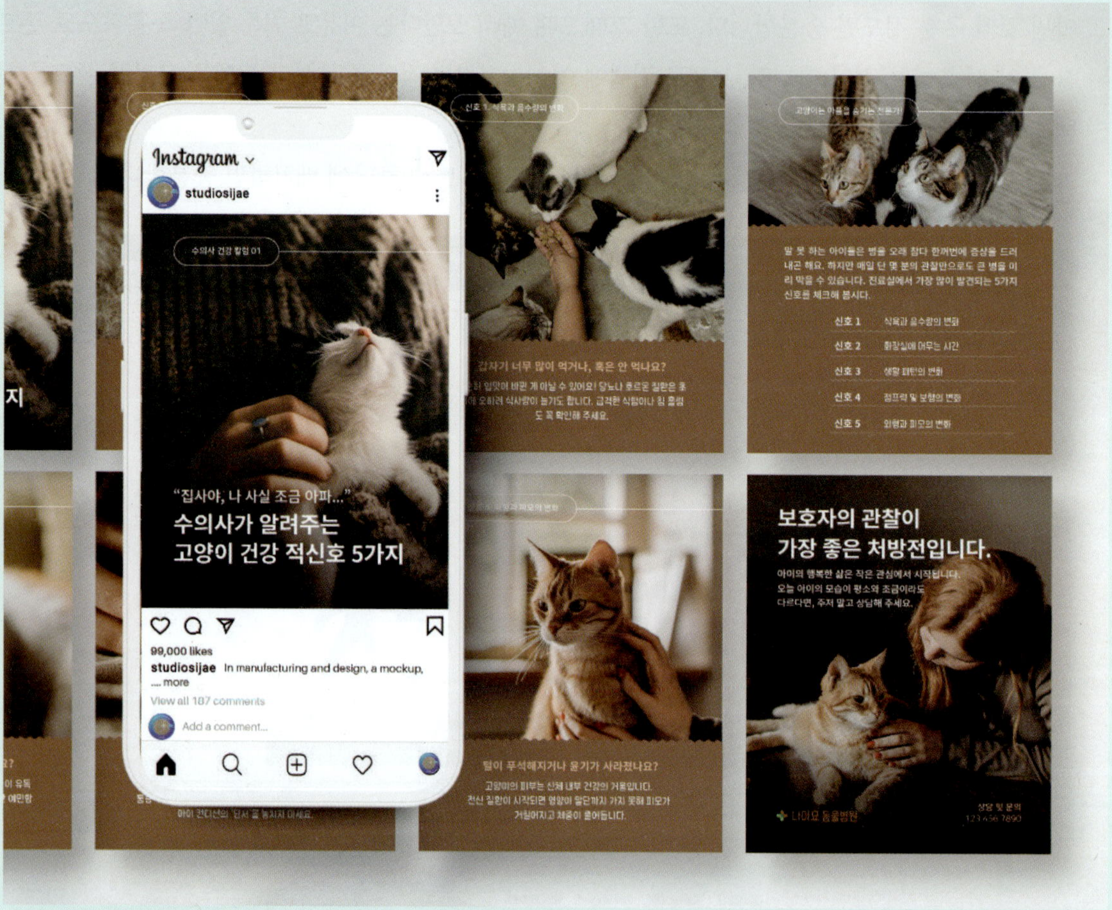

작업 사이즈

인스타그램 게시물 | 1080×1350px(4:5)

디자인 포인트

- 전문성과 감성을 담은 디자인
- 통일된 분위기와 색감의 사진
- 시각적 리듬감 유지
- 브랜드 컬러의 확장된 적용

카드뉴스라고도 불리는 인스타그램 캐러셀(슬라이드형 게시물)은 유익한 정보를 저장하고 공유하게 만드는 디자인이 핵심입니다. 단순히 질병 정보를 나열하기보다 '집사야, 나 사실 조금 아파...'와 같은 반려동물의 시점에서 던지는 감성적인 메시지를 활용해 보호자의 공감을 이끌어 내도록 기획했습니다. 전문적인 수의사의 조언을 따뜻한 사진과 함께 전달하여 병원의 신뢰도를 자연스럽게 높이는 것이 목표입니다.

1. 공감을 부르는 내용 구성 노하우

- **시선을 멈추게 하는 강력한 후킹, 표지 슬라이드:** 독자가 감정적으로 이입할 수 있는 클로즈업 사진과 궁금증을 유발하는 질문형 타이틀을 배치합니다. 반려인이라면 공감할 수 있는 '집사야, 나 사실 아파...'라는 문구를 배치해 반려인의 시선을 끌도록 합니다.

▲ 표지 슬라이드

- **문제 제기와 공감대를 형성, 도입부 슬라이드:** 정보의 필요성을 짧고 강렬하게 전달하여 다음 슬라이드를 넘길 이유를 만들어 줍니다. 핵심 문구와 함께 콘텐츠의 전체 목차를 미리 보여 주면, 독자는 끝까지 볼만하다는 가치를 느낍니다.

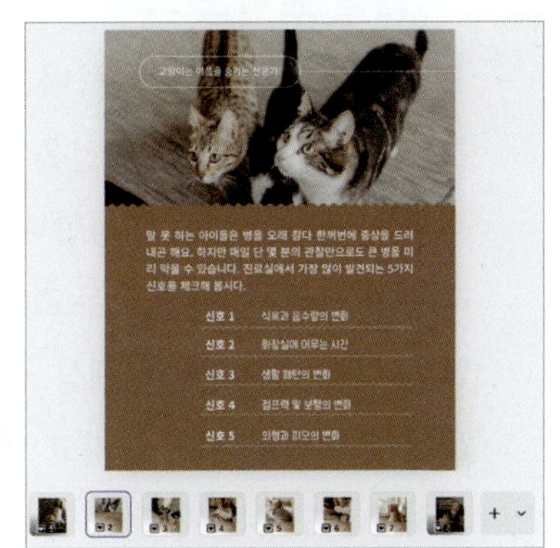

▲ 도입부 슬라이드

- **핵심 정보의 간결한 전달, 본문 슬라이드:** 본문은 보통 여러 장의 슬라이드로 이루어집니다. 이때, 한 페이지 당 하나의 메시지를 담아 복잡하지 않게 구성해야 메시지 전달력이 좋아집니다. 각 페이지는 상하 분할 레이아웃을 활용해 시각적 피로도를 낮추고, 텍스트는 핵심 질문-상세 설명순으로 구조화합니다. 물결 무늬 같은 부드러운 디자인 요소는 제공하는 정보를 독자가 좀 더 편안하게 받아들이도록 도와줍니다.

▲ 본문 슬라이드 중 일부

- **신뢰 기반의 행동 제안(CTA), 마무리 슬라이드:** 감성적인 문구로 마무리하며, 보호자와 반려동물이 교감하는 따뜻한 사진을 배치합니다. 하단에 병원 로고와 연락처를 배치해 '전문적이면서도 따뜻한' 병원의 이미지를 각인시키고, 자연스럽게 문의나 저장으로 행동이 연결되도록 합니다.

▲ 마무리 슬라이드

CTA(Call to Action, 행동 제안)는 고객이 웹페이지나 콘텐츠를 본 후 특정 행동(구매하기, 구독하기, 클릭 등)을 하도록 직접적으로 유도하는 짧은 문구나 버튼을 의미합니다. 잠재 고객의 다음 단계를 명확하게 제시하여 실제 전환으로 이어지게 만드는 마케팅의 핵심 요소입니다. 캐러셀 콘텐츠의 경우는 '공유, 저장, 문의' 등을 유도하는 문구가 해당됩니다.

2. 완독률을 높이는 효과적이고 감성적인 레이아웃 구성

- **표지 슬라이드:** 스크롤하며 인스타그램 피드를 보는 중심 고객의 시선을 끌 수 있도록 심플하고 임팩트있게 구성합니다. 감성적인 반려동물 사진을 배경에 두고 그 위에 굵고 명확한 타이포그래피로 핵심 주제를 배치해 심플하게 구성합니다. 그리고 텍스트가 사진에 묻히지 않도록 글자 뒤에 은은한 그림자나 반투명한 그라데이션 도형을 추가해 가독성을 확보합니다. 또한 최상단에는 코너명(예: 수의사 건강 칼럼 01)을 도형과 함께 배치해 시리즈 컨텐츠라는 점을 암시합니다.

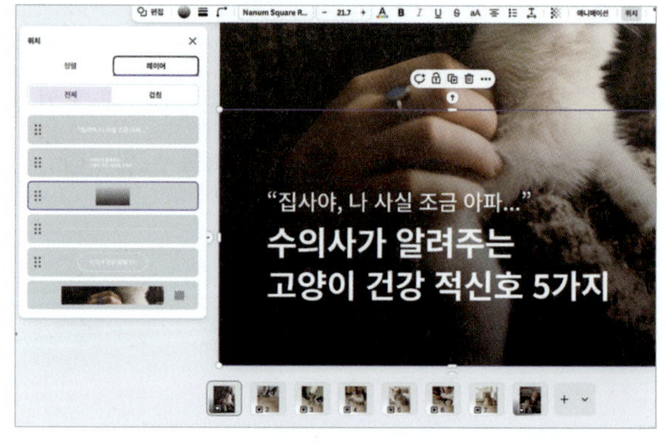

▲ 제목 레이어 밑에 배치한 반투명 그라데이션 레이어

- **도입부 슬라이드:** 로고의 브라운 컬러를 변주하여 본문 배경 박스에 적용해 통일감있게 디자인을 구성합니다. 또한 콘텐츠 목차 텍스트에 선 그래픽 요소(Curved Line)를 배치해 지루함을 덜어 줍니다.

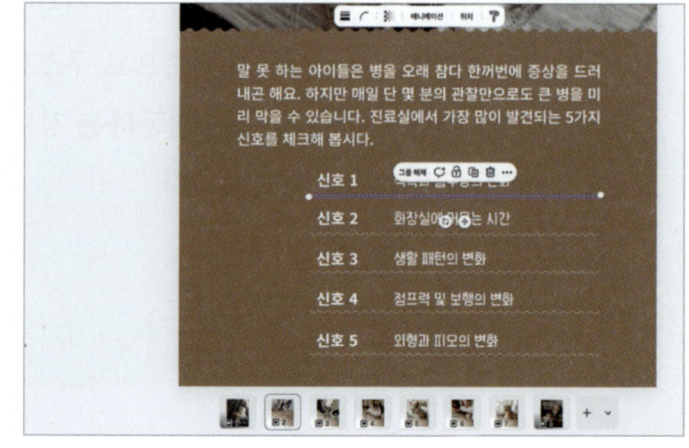

- **본문 슬라이드**: 각 슬라이드가 통일된 레이아웃을 유지해 일관성을 갖도록 합니다. 상단에는 정보를 구분하는 라벨(예: 신호 1)을, 하단에는 본문 배경 박스를 배치해 사용자가 정보를 순차적으로 읽을 수 있도록 합니다. 또한 본문 내용에 딱 맞는 이미지를 선택해 배경에 배치하고, 필요하다면 [편집]에서 각 이미지의 색상 톤을 조정해 콘텐츠의 통일성을 유지합니다.

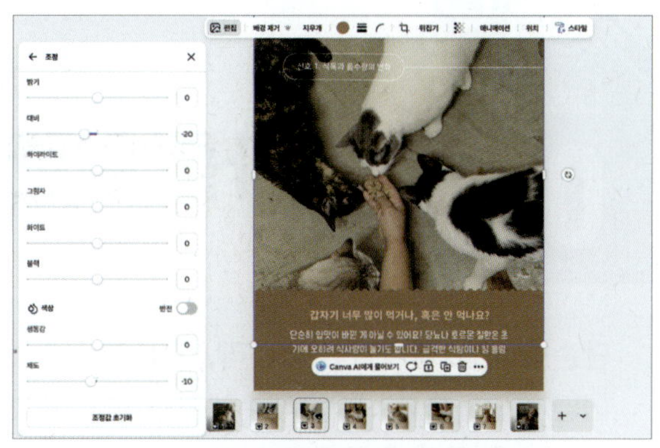

▲ 톤이 다른 사진은 [편집]에서 보정해 통일성을 유지

- **마무리 슬라이드**: 'Z자형 시선 설계'를 적용해 상단에는 행동 제안 문구(CTA)를, 하단에는 병원 로고와 연락처를 배치해 중심 고객의 실제 문의로 이어질 수 있도록 설계합니다.

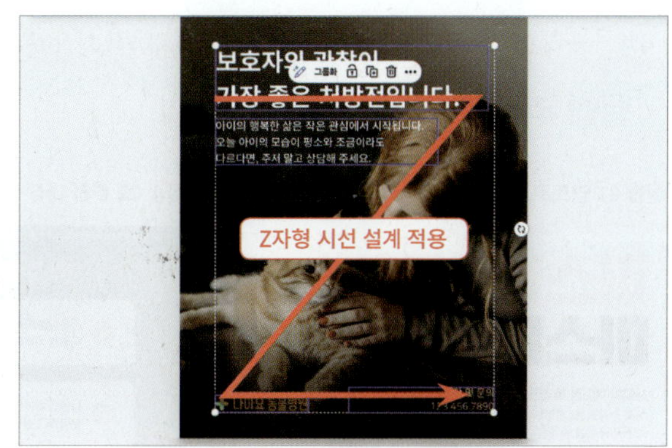

▲ 시선의 흐름에 따라 배치한 텍스트 위치와 크기 구성

강사를 위한 상세페이지 디자인

단순히 예쁜 디자인이 아니라, 고객의 심리를 관통하여 결제 버튼까지 이끄는 상세페이지는 어떻게 만들까요? 이번 레슨에서는 강사 개인이 브랜드가 되도록 돕는 강의 상세페이지 템플릿 실습을 통해 완독률을 높이고 전환을 이끌어 내는 디자인 레이아웃과 콘텐츠 구성 전략을 배웁니다.

실습 리스트

실습 01 인트로 이미지 섹션

실습 02 추천 대상 및 강의 차별점 섹션

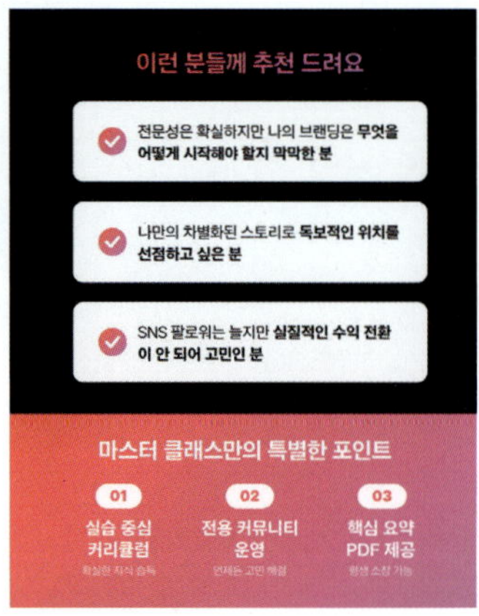

실습 03 한눈에 들어오는 커리큘럼 안내 섹션

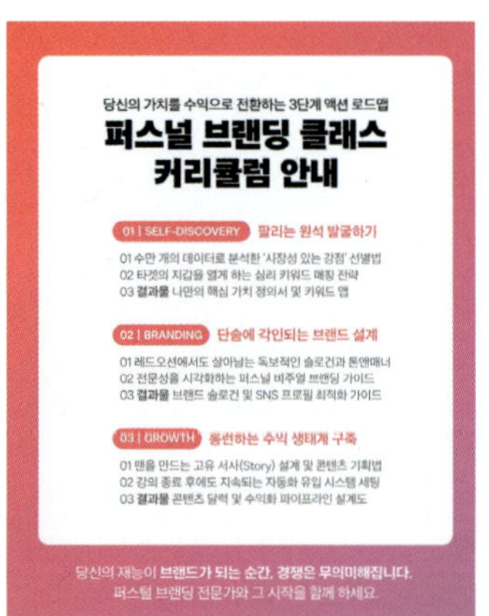

실습 04 전문성을 강조한 강사 프로필 섹션

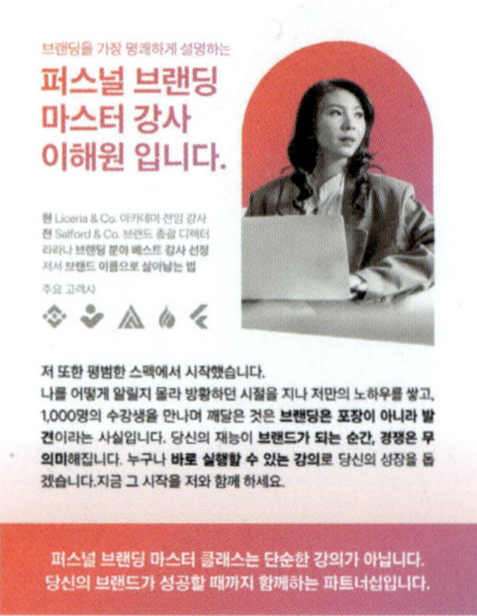

실습 05 신뢰를 더하는 수강 후기 섹션

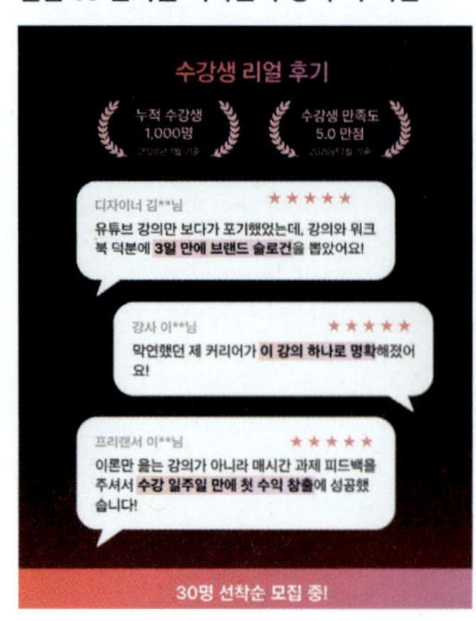

실습 06 구성 및 가격 안내 섹션

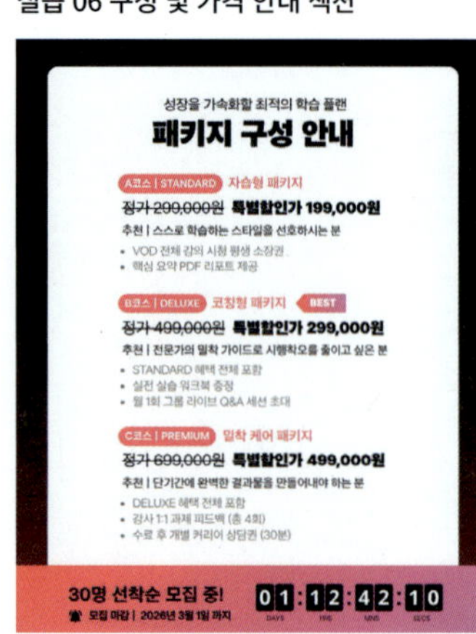

구분	실습 항목	디자인 포인트
메인 및 강점	실습 01 강의 메인 이미지 섹션 실습 02 추천 대상 및 강의 차별점 섹션	첫 화면에서 시선을 사로잡는 비주얼과 강의의 핵심 가치를 담은 헤드라인으로 구성해 예비 수강생의 클릭률과 체류 시간을 높입니다.
커리큘럼 및 정보	실습 03 커리큘럼 안내 섹션 실습 06 구성 및 가격 안내 섹션	정보의 위계를 명확히 구분하여 가독성을 높이고, 수강생이 학습 경로와 비용을 직관적으로 파악할 수 있도록 표와 아이콘을 활용합니다.
전문성 및 신뢰	실습 04 강사 프로필 섹션 실습 05 수강 후기 섹션	강사의 이력을 전문성이 돋보이게 시각화하고, 수강생의 리뷰를 전략적으로 배치하여 강의에 대한 사회적 증거와 신뢰도를 확보합니다.

강사라는 직업은 강의 내용만큼이나 '강의하는 사람'에 대한 신뢰가 중요해요. 이번 레슨에서는 지식 전달자로서의 신뢰감을 극대화하고, 교육의 효과를 시각적으로 증명하는 고전환(High-conversion) 상세페이지를 제작합니다.

상세페이지는 '디자인의 시스템화'를 연습하기 좋은 시작점입니다. 강사는 직업 특성상 인스타그램 홍보물부터 워크북, 블로그, 리플렛까지 정말 다양한 포맷의 홍보물 디자인이 필요합니다. 이때 채널마다 디자인이 제각각이라면 브랜드의 힘은 분산될 수밖에 없습니다. 그래서 강사의 프로필, 이야기, 콘텐츠를 하나의 스타일 규칙으로 묶는 시스템 설계가 중요합니다. 이렇게 정립한 규칙은 어떤 플랫폼으로든 유연하게 확장할 수 있는 든든한 기초가 됩니다.

특히 이번 레슨은 마케팅 강사뿐만 아니라 코칭, 컨설팅, 라이프스타일, 비즈니스 등 '나 자신이라는 브랜드로 강의하는 사람'을 염두에 두고 설계했습니다. 잘 짜인 '강사용 상세페이지 세트'는 이름과 컬러만 바꾸면 수많은 지식 창업자에게 즉시 적용이 가능합니다. 이번 레슨에서 배운 노하우는 곧 템플릿 마켓에서의 높은 재사용성과 판매 경쟁력으로 이어져, 여러분의 디자인 수익화에도 큰 자산이 될 것입니다.

디자인 기획 및 의도

- **페르소나**: 온·오프라인 강의를 병행하며 신뢰감을 주어야 하는 전문 강사 및 지식 창업자
- **컨셉**: 열정적인 전문가(Passionate Professional)
- **톤앤매너**: 강렬한 컬러로 에너지를 주되, 정돈된 레이아웃으로 스마트한 느낌 전달
- **목표**: 강사의 팬덤 구축 및 강의 판매 전환율 극대화

디자인 시스템

- **컬러**: 브라이트 레드(#ff5151), 쿨 핑크(#e36ccc), 블랙(#000000) 등
- **폰트**: Black Han Sans, Jao Sans, Noto Sans Kr, Open Sans, 윤고딕, 210오늘은

- **그래픽**: 인물 사진(set:nAF9YTbyyD8), 월계관 그래픽, 알람 아이콘, 체크 아이콘, 로고 형태 아이콘, 마름모꼴 프레임, 도형, 컬러 그라데이션

추천 검색어

Professional Woman, Testimonial, Laurel wreath, Trust badge, Alarm clock icon, Check mark

핵심 학습 포인트

- **고전환을 위한 단계적 마케팅 설계**: 잠재 고객의 심리 변화(기대→신뢰→증명→구매)를 추적하여 결제 전환율을 높이는 상세페이지의 논리적 구조를 학습합니다.
- **디자인의 모듈화와 시스템 구축**: 강사의 프로필, 컬러, 폰트 규칙을 시스템화하여 인스타그램, 유튜브, 블로그 등 멀티 채널로 확장할 수 있는 토대를 마련합니다.
- **시각적 위계와 가독성 설계**: 강렬한 타이포그래피와 누끼(배경 제거👑) 인물 컷을 활용해 모바일 환경에서도 시선을 압도하고 정보를 명확히 전달하는 레이아웃 기법을 습득합니다.
- **사회적 증명의 시각화 기술**: 단순 텍스트 후기를 말풍선 UI와 하이라이트 효과를 통해 생동감 있는 '리얼 후기'로 재구성하여 신뢰도를 높이는 방법을 배웁니다.

LESSON 05

실습 01

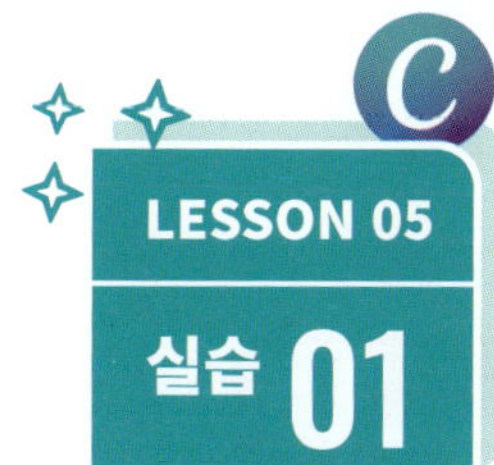

시선을 압도하는 첫인상을 보여 주는 디자인

Pro

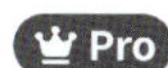

인트로 이미지 섹션

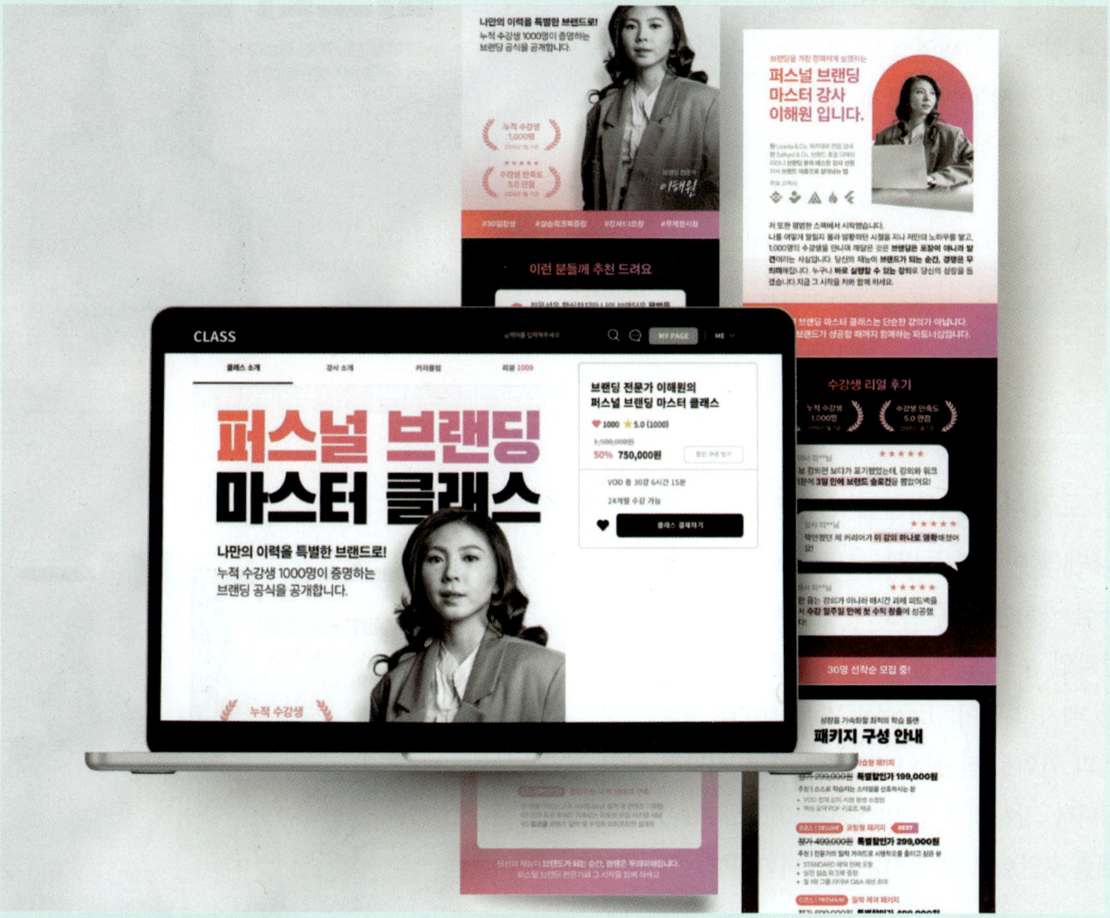

작업 사이즈

상세페이지 | 860×1100px

디자인 포인트

- 독보적인 존재감이 드러나는 시그니처 비주얼
- 흑백으로 보정한 인물 사진 사용으로 대비감 부여
- 핵심 성과를 직관적으로 보여 주는 그래픽 요소

강사

1. 시선 흐름 설계를 활용해 강력한 주목성을 더하는 레이아웃 구성

상세페이지의 첫인상이자 섬네일로도 활용할 수 있는 섹션입니다. 인물 사진을 우측에 크게 배치하고, 좌측 상단에 굵은 헤드라인을 두는 'F자형 시선 설계'를 적용했습니다. 인물 사진이 제목 텍스트와 살짝 연결되어 있어 사용자의 시선도 자연스럽게 강의 제목에 머물게 됩니다.

2. 호기심과 기대감을 증폭시키는 내용 구성과 시각 요소

'나만의 이력을 특별한 브랜드로!'와 같은 결과 중심 카피를 제목 바로 아래에 배치합니다. 핵심 성과인 누적 수강생 수, 만족도를 상징하는 월계관 배지(검색어: Laurel Wreath)와 별점은 강의의 권위를 직관적으로 보여 주는 시각적 장치입니다. 강사의 사진 앞에 사인(Signature) 텍스트를 포인트로 넣어 전문성을 더합니다.

3. 세련된 사진으로 완성해 주는 듀오톤 보정과 fx 효과

원본인 컬러 사진의 색상 때문에 타이틀이 묻힌다면, 인물을 무채색 톤(채도-100 설정)으로 보정해 보세요. 사진의 채도를 낮추고 명암 대비를 높이면 훨씬 차분하고 전문적인 느낌을 주며, 메인 컬러인 비비드한 핑크 텍스트를 더욱 돋보이게 만드는 효과가 있습니다. 또한 그림자 효과로 입체감을 더해 줍니다.

▲ 원본 사진

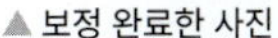

▲ 보정 완료한 사진

▲ 1단계. 에디터 툴 바-[배경 제거]

▲ 2단계. [편집]-[조정]-[대비/하이라이트/그림자/화이트/채도] 조정

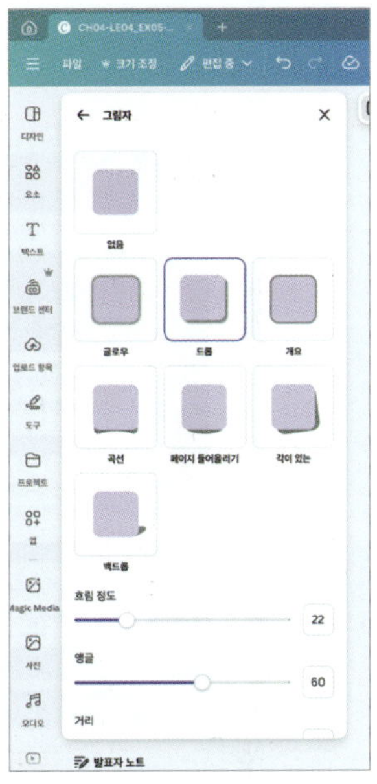

▲ 3단계. [편집]-[fx 효과]-[그림자]

컬러 사진을 원클릭으로 간단하게 듀오톤으로 보정하는 방법은 [편집]-[fx 효과]-[듀오톤]-[맞춤화]에서도 가능합니다. [조정] 기능과 [fx 효과] 중 원하는 방법으로 선택해 보정하면 됩니다.

강사

LESSON 05

실습 02

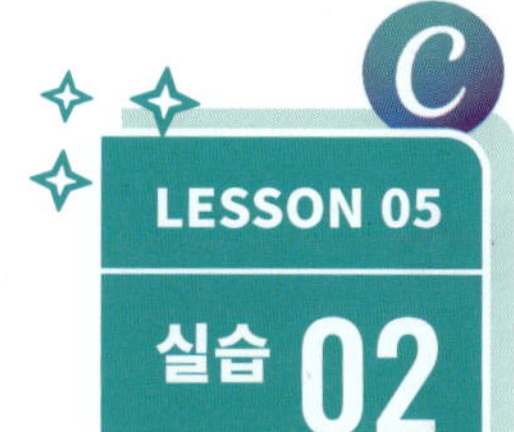

공감 포인트와 해결책을 시각화하는 디자인

추천 대상 및 강의 차별점 섹션

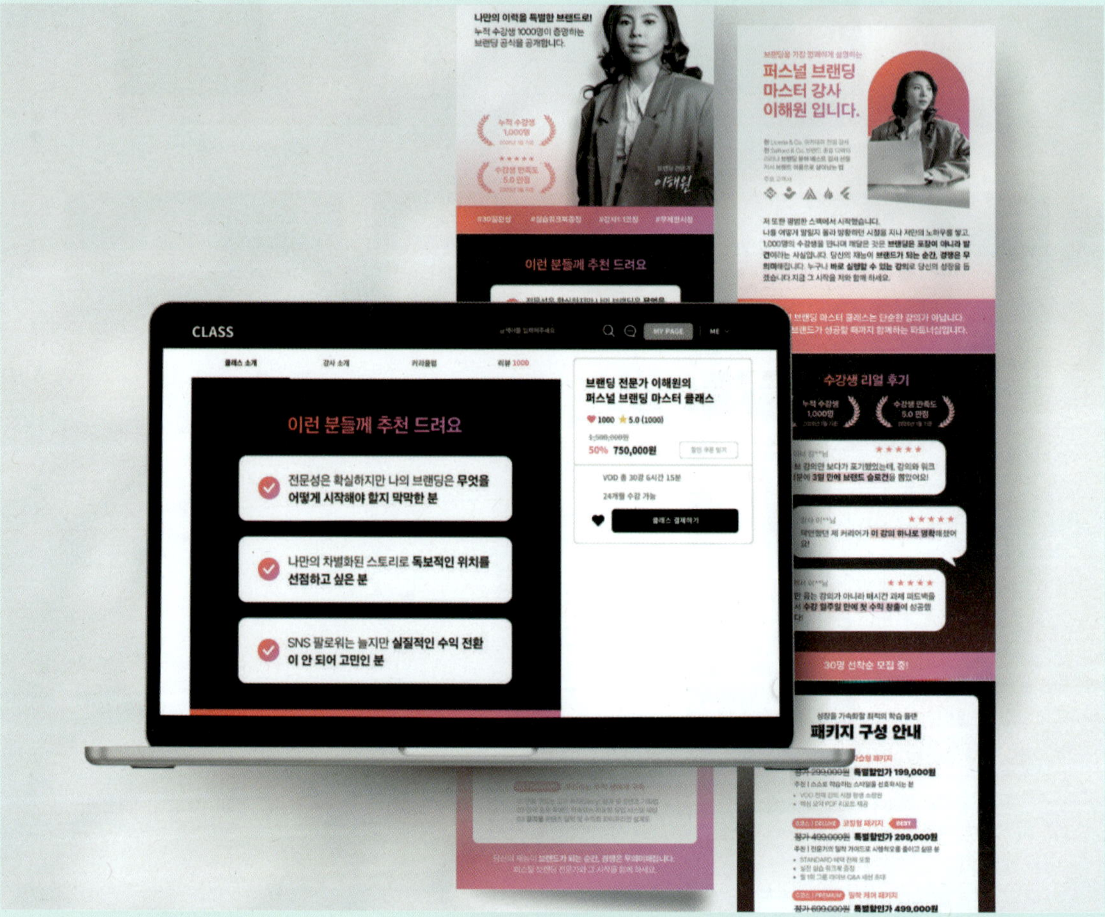

작업 사이즈

상세페이지 | 860×1100px

디자인 포인트

- 고대비 배색을 활용한 시선 집중
- 효과적인 화면 분할로 주목성과 안정감 확보
- 아이콘을 활용한 직관적 정보 전달

이번 섹션의 핵심은 고객의 의심을 확신으로 바꾸는 '강력한 증거'를 제시하는 것입니다. 구매 전 심리적 저항선을 제거하기 위해 수강생의 고충이나 고민(페인 포인트, Pain Point)을 정확히 짚어 주는 구성으로 완성합니다. '이건 바로 내 이야기야!'라는 공감을 이끌어 내어, 잠재 고객이 이탈 없이 다음 내용을 계속 읽게 만드는 강력한 견인 역할을 해줍니다.

1. 고대비 레이아웃으로 메시지 강조하기

메시지의 주목도를 높이기 위해 블랙 배경 위에 화이트 카드 섹션을 배치하여 시각적 대비감을 극대화합니다. 각 문구는 둥근 모서리 사각형 박스 안에 배치해 정돈된 안정감을 주며, 자칫 딱딱해 보일 수 있는 리스트형 정보를 부드럽고 친근하게 전달합니다. 특히 체크 아이콘(Check Icon Flat)을 그라데이션 원형(#ff5151~#e36ccc)에 배치해 사용자가 현재 겪는 문제점을 시각적으로 하나하나 짚어 주어 직관적인 정보 전달과 함께 가독성을 높여 줍니다.

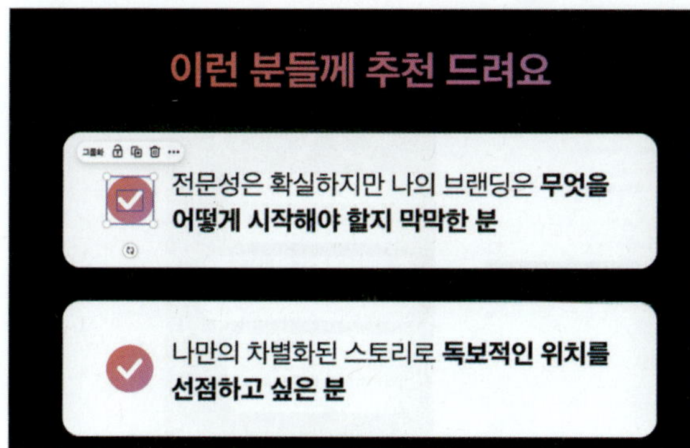

▲ 체크 아이콘과 그라데이션 원형 배치로 완성한 포인트 요소

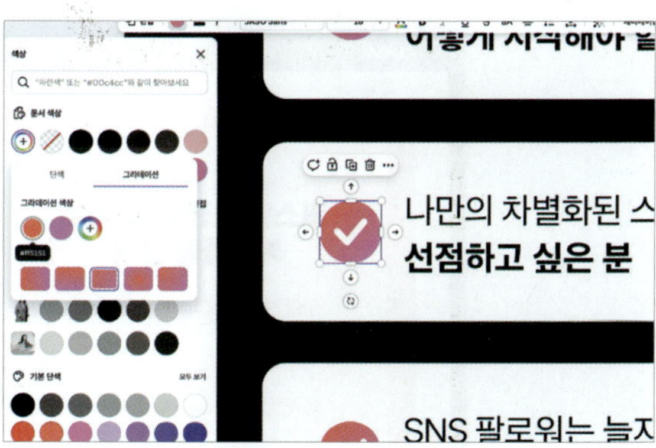

▲ 원형의 그라데이션 컬러 값과 방향 설정

2. 해결책을 제시해 공감을 이끌어 내는 내용 구성하기

이 섹션의 구성은 잠재 수강생의 고민이나 문제점을 파고들어 깊은 공감을 이끌어 내는 과정입니다. 상단에서 고객의 페인 포인트를 건드렸다면, 하단에는 '마스터 클래스만의 포인트' 3가지를 아이콘과 함께 배치합니다. 문제 제기 후 즉시 이 강의가 왜 유일한 해결책인지를 논리적으로 제시하면, 고객은 자연스럽게 강의의 가치를 수용하고 다음 단계인 커리큘럼 섹션으로 넘어가게 됩니다.

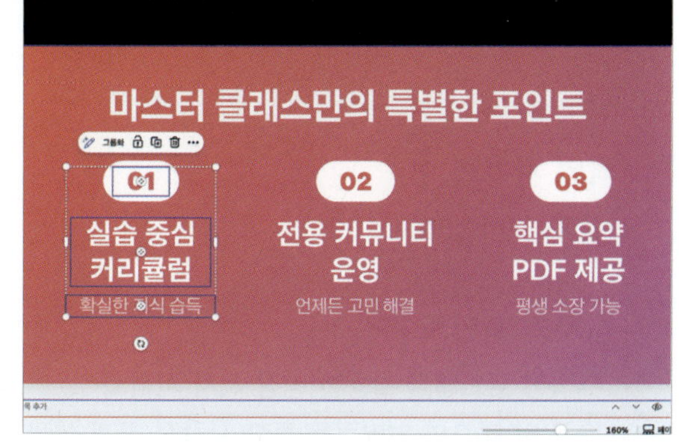

강사

LESSON 05

실습 03

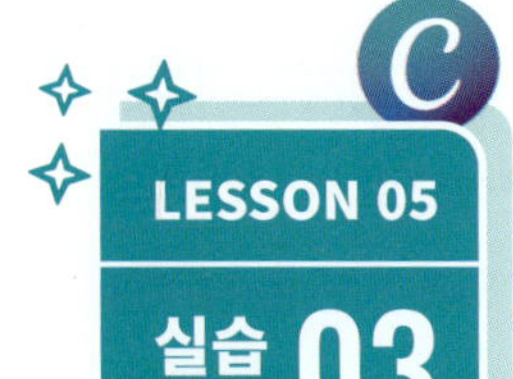

프로그램 설계가 한눈에 들어오는

커리큘럼 안내 섹션

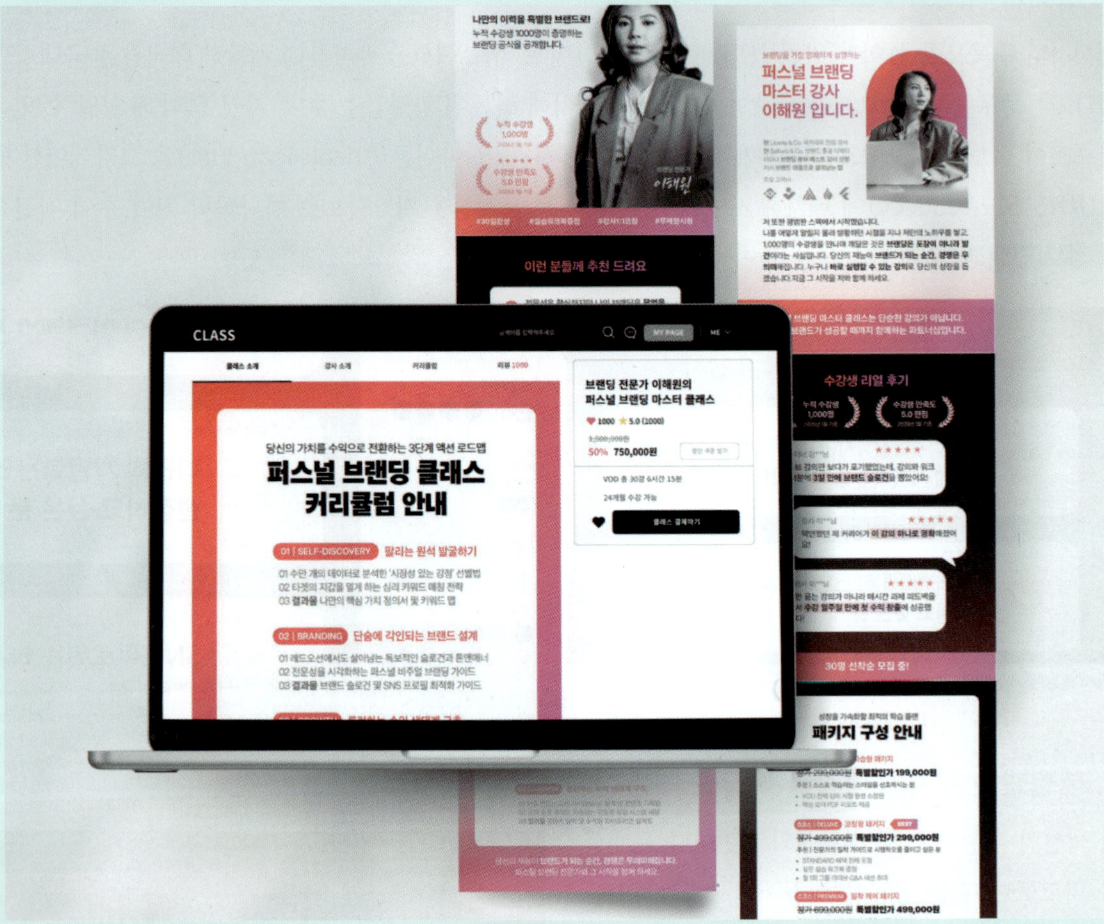

작업 사이즈

상세페이지 | 860×1100px

디자인 포인트

- 수직형 로드맵을 활용한 성장 서사 시각화
- 둥근 바 태그와 넘버링을 통한 시각적 위계 설정
- 충분한 여백 확보를 통한 정보 가독성 확보
- 포인트 컬러를 활용한 핵심 키워드 강조

이 섹션은 강의의 실무적 가치를 증명하는 단계별 프로세스를 보여 주는 공간입니다. 단순히 목차를 나열하는 것이 아니라, '발견-설계-구축'으로 이어지는 체계적인 시스템임을 강조해 강의의 전문성을 입증합니다. 제공되는 커리큘럼을 3단계 액션 로드맵 구성으로 제시하여, 수강생의 막연한 기대감을 실행할 수 있겠다는 확신으로 바꾸고 강의에 대한 체계성을 신뢰하게 만드는 것이 이번 실습의 목표입니다.

1. 수직형 로드맵과 캡슐 태그로 시각적 위계 잡기

학습자의 변화 과정을 한눈에 보여 주기 위해 3단계 로드맵을 수직형 구조로 배치하여 탄탄한 '성장 서사'를 시각화합니다. 각 단계의 시작점에는 메인 컬러로 둥근 바 형태의 태그(SELF-DISCOVERY, BRANDING, GROWTH)와 넘버링을 배치해 각 단계의 구성을 명확하게 보여 줍니다.

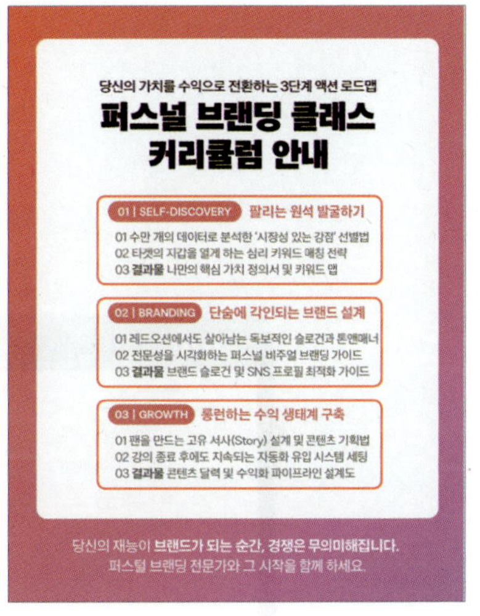

2. 성과 중심의 내용 구조 설계하기

커리큘럼을 구성할 때는 단순한 이론 나열이 아니라 '학습 내용-결과물(Output)'의 구조로 구성하는 게 좋습니다. 커리큘럼의 각 챕터 마지막에 '결과물: 나만의 핵심 가치 정의서'나 '브랜드 슬로건 가이드'와 같이 수강 후 실제로 손에 쥐게 될 구체적인 성과물을 명시해 보세요. 수강생이 얻게 될 실질적인 이득을 시각적으로 확인시켜 주는 것이 결제 전환으로 이끌어 주는 핵심 노하우입니다.

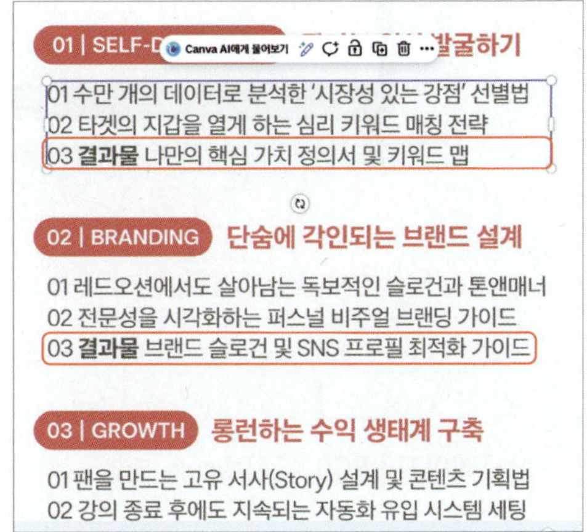

3 모듈형 디자인을 활용해 다양한 템플릿으로 확장하기

이번 실습에서 제작한 커리큘럼 섹션은 그 자체로 완결성이 높은 모듈형 구조를 가지고 있습니다. 덕분에 크기 조정하여 변경된 비율에 맞춰 디자인을 약간 조정하면 제안서나 강의 소개용 PPT, 오프라인 브로슈어의 핵심 페이지로도 즉시 활용할 수 있습니다. 한 번의 작업으로 블로그 상세페이지부터 공식 제안서까지 아우르는 멀티 채널 템플릿 세트로 완성해 보세요.

신뢰를 완성하는 스토리텔링 디자인

강사 프로필 섹션

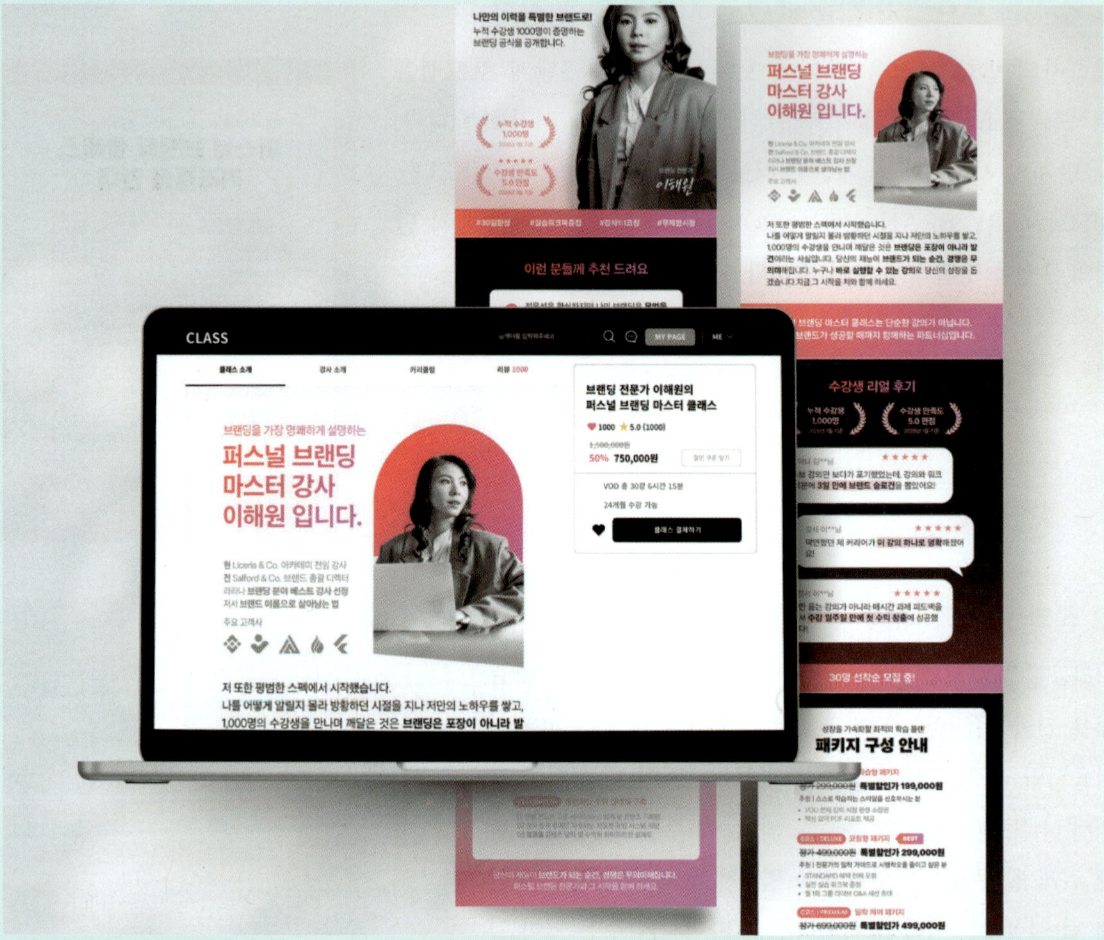

작업 사이즈

상세페이지 | 860×1100px

디자인 포인트

- 아치형 도형과 프레임을 활용한 인물 집중도 향상
- 주요 고객사 로고 배치를 통한 시각적 신뢰도 확보
- 그라데이션 텍스트를 활용한 세련된 포인트 강조
- 가독성을 고려한 경력 리스트와 스토리텔링의 분리

이번 섹션은 강사의 전문성과 가치관을 한눈에 보여 주어 '결과로 증명하는 실전 전략가'의 페르소나를 구축하는 데 목적이 있습니다. 단순히 이력을 나열하는 것에 그치지 않고, 전문가로서의 권위와 인간적인 공감을 조화롭게 배치하여 강사의 진정성을 전달해야 합니다. 신뢰할 수 있는 데이터와 진솔한 메시지가 결합될 때, 수강생은 비로소 이 강의를 믿고 따라올 준비를 마치게 됩니다.

1. 아치형 프레임과 로고 리스트로 전문가의 전문성과 권위를 표현하는 레이아웃

프로필 이미지는 아치 모양의 도형과 프레임을 활용해 배치해 보세요. 아치형 레이아웃은 시각적으로 부드러우면서도 주목도가 높아, 복잡한 텍스트 사이에서 인물을 돋보이게 만들어 줍니다. 또한 프로필의 아랫면을 사선으로 디자인해 프로필 바로 아래에 배치한 본문 텍스트로 시선이 자연스럽게 이어지게 합니다. 여기에 강사의 경력을 뒷받침하는 주요 고객사나 협력사의 로고 리스트를 나란히 배치하면, 구구절절 설명하지 않아도 강사의 전문성과 신뢰 지표를 시각적으로 즉각 증명할 수 있습니다.

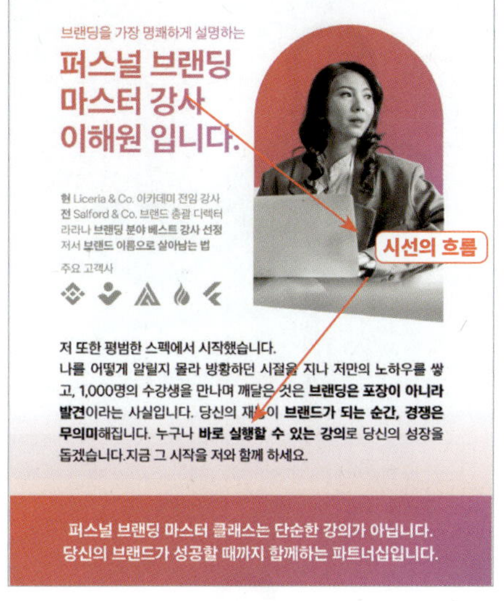

2. 심리적 거리감을 좁히는 담백한 경력과 공감형 스토리텔링으로 내용 구성하기

경력 사항은 불필요한 수식어 없이 담백하게 작성하여 전문성에 대한 객관적 신뢰도를 높여 주세요. 반면 하단 메시지 영역은 강사의 인간적인 면모가 드러나는 진솔한 이야기를 담는 것이 좋습니다. 특히 "저 또한 평범한 스펙에서 시작했습니다"와 같은 공감형 카피는 수강생으로 하여금 '나도 할 수 있다'는 희망을 주며, 강사와 수강생 사이의 심리적 거리감을 좁혀 강력한 설득 도구가 됩니다.

3. 디자인의 완성도를 높이는 그라데이션 텍스트 포인트

디자인에 세련된 디테일을 더하고 싶다면, 강조하고 싶은 핵심 카피에 그라데이션 컬러(#ff5151~#e36ccc)를 적용해 보세요. 앞서 도형을 만들 때 사용했던 것과 동일한 톤앤매너의 그라데이션을 텍스트에 입히면, 화려한 서체를 사용하지 않고도 충분한 존재감을 드러낼 수 있습니다.

▲ 컬러 값 #ff5151~#e36ccc으로 그라데이션 효과를 넣을 텍스트

4. 유니크하고 감각적인 프로필 이미지 만들기

❶ 배경 제거한 이미지를 준비합니다. ❷ 이미지를 하나 더 복사해 마름모꼴 프레임 안에 넣고, 하단 부분이 보이게 배치합니다. ❸ 메인 컬러로 그라데이션 효과를 준 아치형 도형 레이어 위에 앞의 두 이미지를 모양을 맞춰 올려서 유니크한 프로필 이미지를 완성합니다. 원리는 간단하지만 완성된 모습만 봐서는 만든 과정을 알 수 없기에 아래에서 설명할게요.

▲ ❶❷❸이 준비된 모습

▲ 완성된 프로필 이미지

▲ 완성된 프로필 이미지의 레이어 구조

▲ ❷ 준비 과정: 배경 제거 한 사진을 마름모꼴 프레임에 넣어 사진의 하단 부분이 보이게 배치합니다.

▲ ❶을 ❷의 레이어 위에 배치합니다. 이때 Ctrl 키를 누른 채로 드래그해야 프레임에 자동으로 들어가지 않아요.

▲ ❶과 ❷를 그룹지어 ❸그라데이션 아치 도형 위에 배치합니다.

▲ ❸의 조절점을 드래그해 ❶❷ 사진의 폭과 일치하도록 맞춰 줍니다.

LESSON 05

실습 05

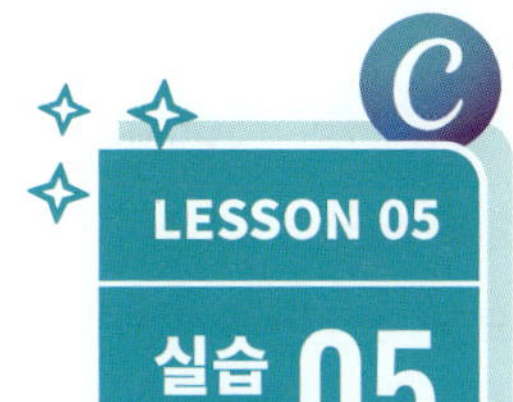

사회적 증명의 시각화하는 디자인

수강 후기 섹션

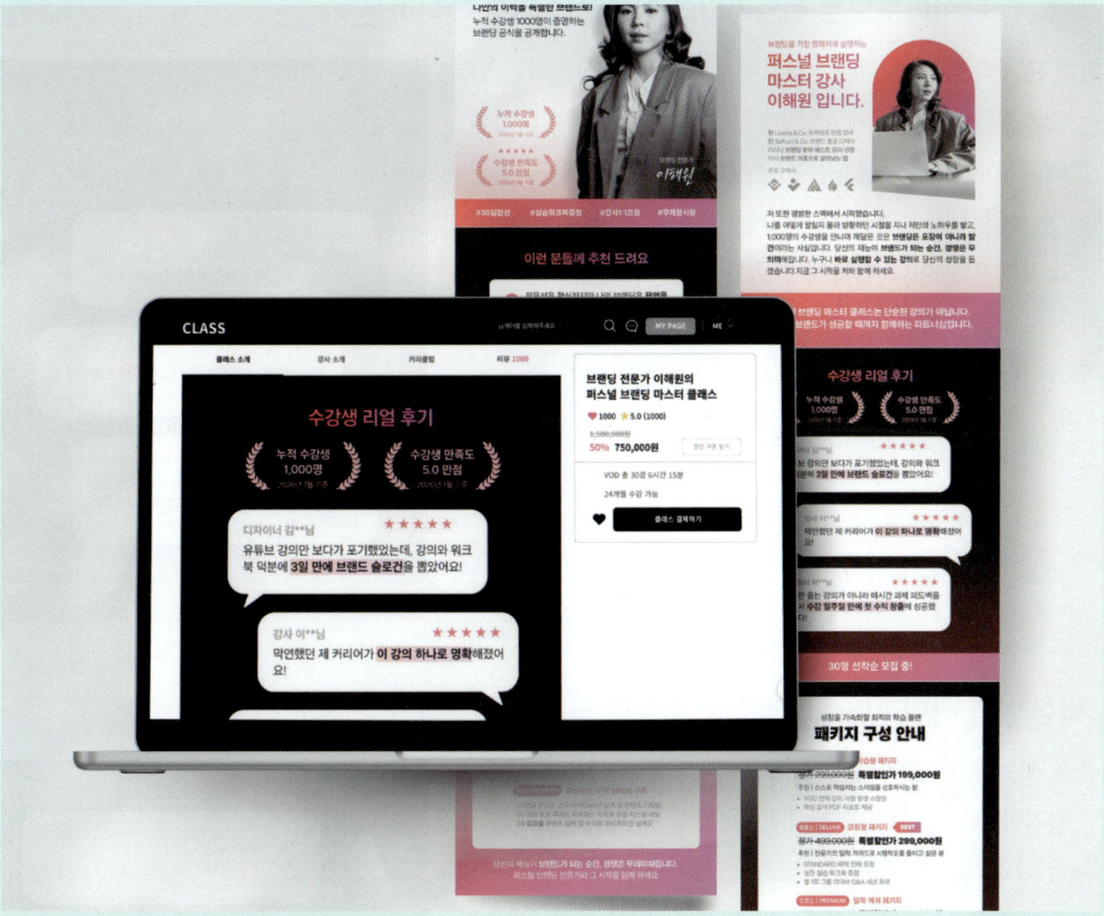

작업 사이즈

상세페이지 | 860×1100px

디자인 포인트

- 실제 메시지 앱을 모티브로 한 말풍선 UI
- 가독성을 높이는 핵심 키워드 하이라이트
- 신뢰도를 더하는 별점(Rating) 배치
- 직업군을 기재해 잠재 고객 페르소나와 일치화

상세페이지의 후기 섹션은 잠재 고객의 마음속에 남은 마지막 의구심을 확신으로 바꾸는 사회적 증거(Social Proof)의 장입니다. 아무리 훌륭하게 설명해도 실제 수강생들이 경험한 변화만큼 강력한 설득 도구는 없습니다. 생생한 성공 사례를 시각화하여 보여 줌으로써 구매 전 망설임을 제거하고, '나도 이 강의를 들으면 저렇게 변할 수 있겠다'는 기대감이 실질적인 구매 욕구로 연결되도록 디자인하는 것이 이번 실습의 핵심 목표입니다.

1. 대화 창 레이아웃으로 리얼리티와 친근함을 더한 레이아웃

정형화된 사각형 박스 대신 실제 메시지 앱을 연상시키는 말풍선 요소를 활용해 보세요. 익숙한 대화 창 형태의 디자인은 고객에게 리듬감과 실제감을 전달하며, 마치 지인의 추천을 듣는 듯한 친근하고 신뢰감 가는 인상을 줍니다. 특히 말풍선의 꼬리 방향이나 배치에 변주를 주면 지루함을 덜고 페이지 전체에 생동감을 불어넣는 세련된 상세페이지를 완성할 수 있습니다.

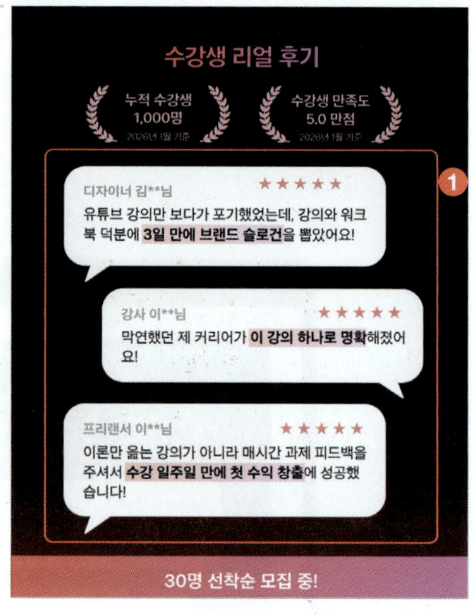

2. 핵심 성과 하이라이트와 직업군 명시로 공감대 형성하기

내용을 보는 순간 긍정적인 메시지를 파악할 수 있도록 전략적인 편집이 필요합니다. 후기 내용 중 '3일 만에', '첫 수익 창출'처럼 가장 중요한 핵심 포인트에만 도형을 배치해 하이라이트 효과를 주어 시선을 집중시켜 보세요. 또한 후기 작성자의 직업군(디자이너, 강사, 프리랜서 등)을 명확히 명시하면, 잠재 고객이 본인의 상황과 동일시하게 되어 훨씬 강력한 구매 동기를 느끼게 됩니다.

▲ 기본 도형으로 완성한 말풍선과 별점, 하이라이트

LESSON 05

실습 06

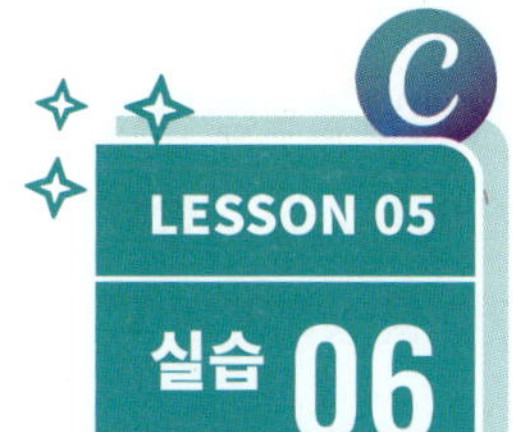

명확한 학습 로드맵을 제시하고 행동을 유도하는 디자인

구성 및 가격 안내 섹션

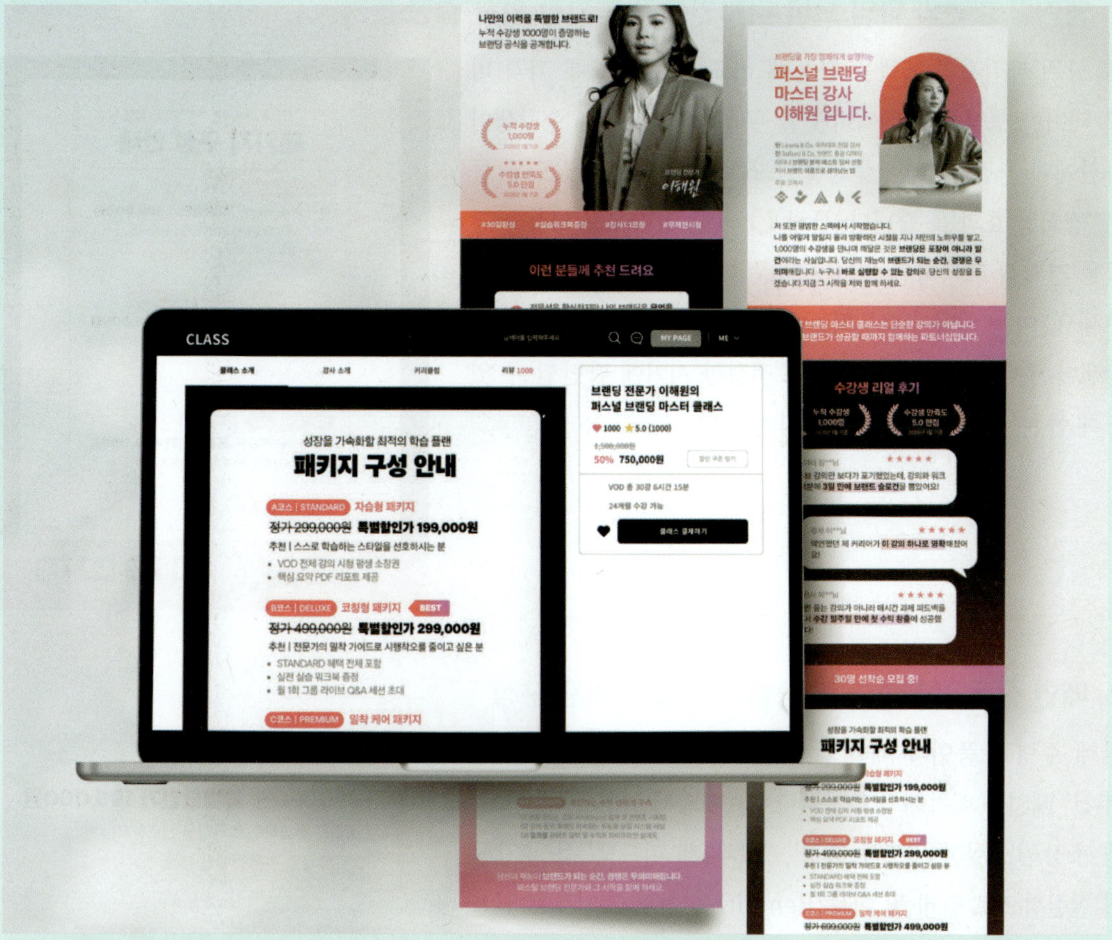

작업 사이즈

상세페이지 | 860×1100px

디자인 포인트

- 패키지별 등급과 할인가의 명확한 시각적 대비
- 학습 성향에 따른 맞춤형 선택지 가이드 제공
- 긴박감을 조성하는 카운트다운 타이머 요소 배치
- 불릿 포인트를 활용한 핵심 혜택의 간결한 도식화

강사

상세페이지의 대미를 장식하는 이번 섹션은 사용자의 고민을 끝내고 최종 구매 결정을 이끌어 내는 클로징 단계입니다. 단순히 가격을 통보하는 것이 아니라, 각 패키지가 가진 가치를 비교하여 학습자 본인에게 가장 적합한 플랜을 선택하도록 돕는 것이 핵심이죠. 마지막 순간까지 신뢰를 잃지 않으면서도, 지금 이 기회를 놓치면 안 되는 명확한 구매 명분을 제시하여 결제 전환을 이끌어 내는 디자인 전략이 필요합니다.

1. 앵커링 효과와 타임 오버 디자인으로 명확한 의사 결정 돕기

❶ 상위 패키지의 혜택을 한눈에 비교할 수 있도록 가격 비교 테이블 형식으로 레이아웃을 구성합니다. 이는 수강생이 자신에게 가장 필요한 플랜을 스스로 판단할 수 있도록 돕는 '앵커링 효과'를 줍니다. 특히 ❷ 하단 영역에는 모집 마감일을 명확히 고지하는 '카운트다운 타이머' 디자인을 배치해 보세요. 이는 혜택이 적용되는 시간 제한을 안내함으로써, 수강생이 구매 결정을 미루지 않고 적절한 시기에 판단할 수 있도록 돕는 유용한 시각적 장치가 됩니다.

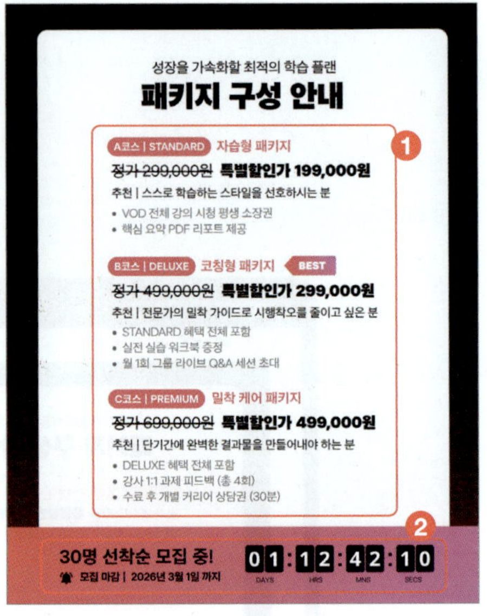

2. 메인 상품 강조와 혜택 중심의 간결한 내용 구성

판매 주력 상품이나 메인 상품(예: B코스)에 'BEST' 혹은 '추천' 배지를 배치해 강조합니다. 각 패키지 설명 란에는 '평생 소장권', '실전 워크북 증정', '1:1 과제 피드백' 등 수강생이 실질적으로 얻게 될 이득(Benefit)을 불릿 포인트로 간결하게 정리하는 것이 좋습니다. 학습자가 복잡한 고민 없이 본인의 필요에 맞는 플랜을 단번에 파악할 수 있도록 배려하는 것이 결제 전환으로 가는 핵심 포인트입니다.

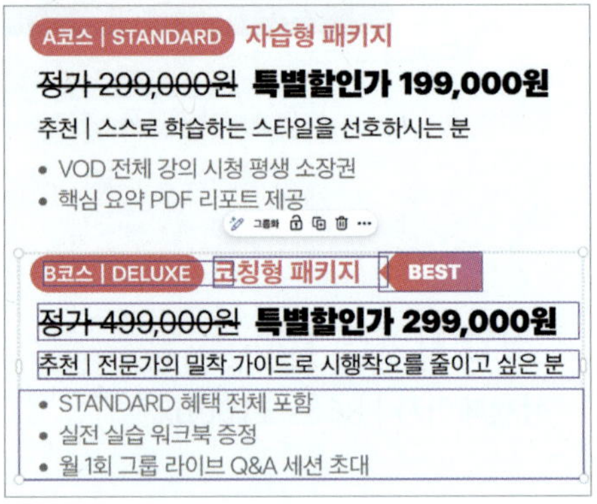

3. 판매율을 높이는 상세페이지 템플릿 마케팅 아이디어

- **다크 모드와 화이트 모드 동시 제공**: 전문성이 돋보이는 블랙 테마와 대중적이고 깔끔한 화이트 테마를 세트로 구성해 보세요. 사용자의 취향에 맞는 선택지를 제공하면 템플릿의 구매 가치가 훨씬 높아집니다.
- **독창적인 체크리스트 아이콘 세트**: 강사들이 가장 선호하는 요소인 '체크리스트'를 본인만의 독특한 스타일로 제작하여 배치하세요. 작은 그래픽 요소의 차별화가 곧 템플릿의 경쟁력이 됩니다.

- **디바이스 목업으로 실체감 강조:** 수강생이 받게 될 PDF 리포트나 워크북을 태블릿이나 랩탑 목업 안에 담아 보여 주세요. 결과물의 실체를 시각적으로 확인시켜 주면 강의의 실무적 가치가 더욱 크게 전달됩니다.

더 알아보기 **신뢰감을 더하는 홈페이지형 블로그 템플릿 제작하기**

블로그는 잠재 고객을 이끄는 강력한 브랜딩 채널이기에 이번 챕터에 등장한 다양한 업종에서 자주 활용되고 있습니다. 캔바를 활용해 신뢰감을 주는 멋진 홈페이지형 블로그 템플릿을 제작하여 판매하는 것도 좋은 아이디어입니다.

1. 홈페이지형 블로그란?

- **신뢰도 상승:** 블로그에 접속 즉시 핵심 메시지와 브랜드 정체성이 노출되어 전문성을 즉각적으로 전달합니다.
- **전환율 상승:** [상담 신청], [포트폴리오], [스토어 바로가기] 등 주요 메뉴로 연결되는 위젯을 배치해 고객의 행동을 이끕니다.

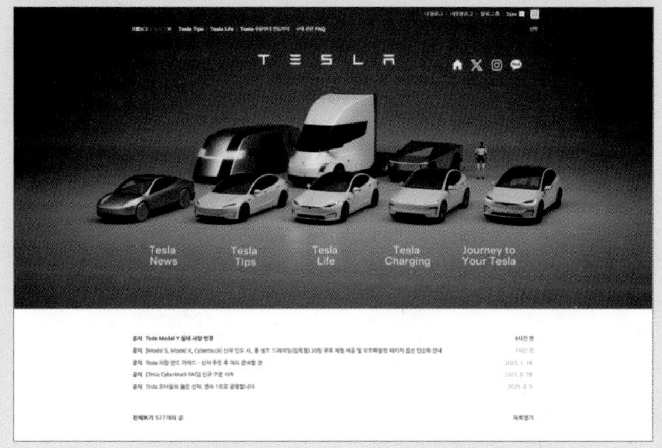

▲ 브랜딩 사례: 테슬라(Tesla)의 네이버 블로그

글로벌 브랜드 테슬라는 네이버 블로그를 고객과의 소통 창구이자 공식 웹사이트처럼 운영하고 있습니다. 상단 로고 배치와 SNS 채널 아이콘, 카테고리별 위젯 버튼 설계는 사용자 편의성을 극대화한 홈페이지형 블로그의 정석입니다. 강사, 디자이너, 1인 창업가 등 모든 업종에서도 전문적인 느낌의 인터페이스를 구축해 브랜딩을 강화할 수 있습니다.

2. 캔바로 준비하는 블로그 브랜딩 요소

블로그 하나를 세팅할 때도 캔바의 다양한 기능을 활용하면 일관된 브랜드 경험을 제공할 수 있습니다.

- **블로그 타이틀&모바일 스킨:** 브랜드의 얼굴이 되는 상단 이미지를 제작할 수 있습니다. 사진의 배경이 부족할 때에는 Magic Expand 기능으로 주변 배경을 자연스럽게 확장하여 와이드 배너에 최적화된 구도를 만듭니다. 또한 사이즈 변경 기능으로 제작한 PC용 스킨을 클릭 한 번으로 모바일 최적화 사이즈로 즉시 변환할 수 있습니다.
- **위젯 버튼:** 캔바의 도형과 아이콘 요소를 활용해 SNS 채널이나 블로그 게시판 카테고리의 버튼을 디자인할 수 있습니다.
- **포스트 섬네일&게시글 하단 배너:** 통일된 디자인의 섬네일로 가독성을 높이고, 본문 하단에는 '이웃추가'나 '채널 연결'을 돕는 배너를 배치합니다.

3. 제작 및 설정 실전 팁

- **시각적 통일성 지키기:** 브랜드 컨셉에 맞춰 요소의 컬러와 폰트를 일관성있게 사용해 디자인합니다.
- **투명 위젯 활용하기:** 타이틀 디자인의 버튼이 실제로 클릭되게 하려면 블로그 레이아웃 설정에서 투명 위젯을 각 버튼 위치에 맞춰 먼저 배치한 뒤 링크 좌표를 연결해야 합니다.
- **공식 가이드 확인:** 상세한 위젯 등록법과 설정 경로의 최신 정보는 네이버 블로그 고객센터(help.naver.com/service/5593)를 참고하는 것이 가장 정확합니다.

강사

기업을 위한 프레젠테이션 디자인

기업용 프레젠테이션은 단순히 정보를 나열하는 것이 아니라, 상대방을 설득하는 비주얼 스토리텔링의 과정입니다. 또한 정보의 논리적 흐름을 디자인에 녹아들게 해야 합니다. 이번 레슨에서는 실무 프레젠테이션에서 바로 쓰이는 6가지 핵심 모듈을 통해, 텍스트 위주의 문서를 매력적인 비주얼 전략서로 탈바꿈시키는 디자인 워크플로우를 익혀 봅니다.

실습 리스트

실습 01 표지와 목차 모듈

▲ 표지 슬라이드

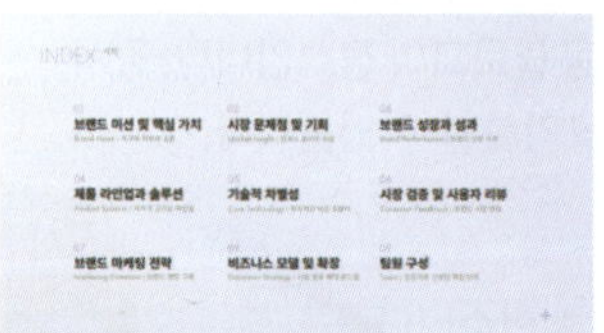

▲ 목차 슬라이드

실습 02 브랜드 미션과 문제 제기 모듈

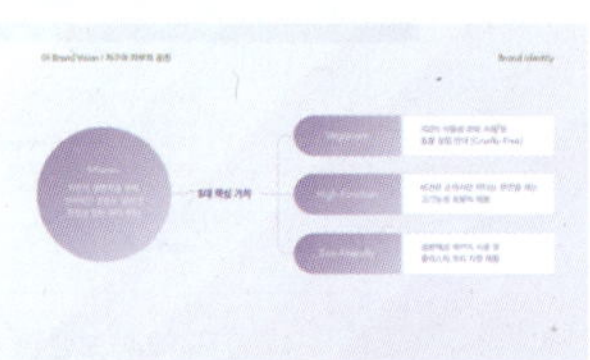

▲ 브랜드 미션 슬라이드

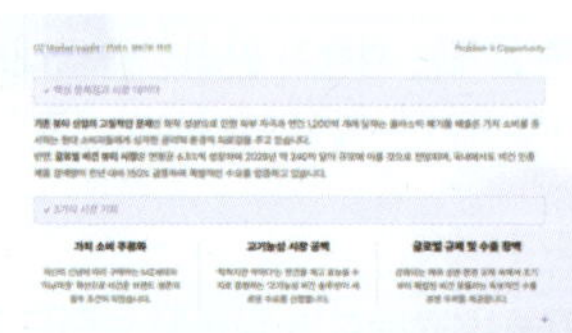

▲ 문제 제기 슬라이드

실습 03 브랜드 성과 데이터 및 제품 라인업 모듈

▲ 브랜드 성과 데이터 슬라이드

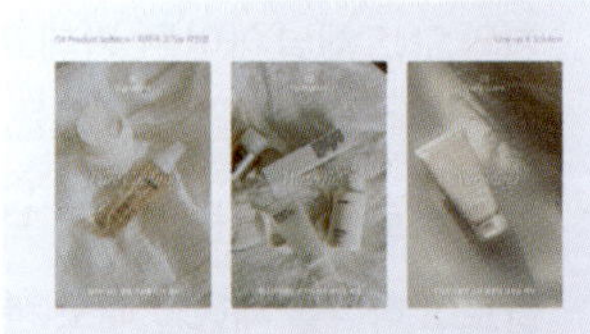

▲ 제품 라인업 슬라이드

실습 04 핵심 기술 및 시장 반응 모듈

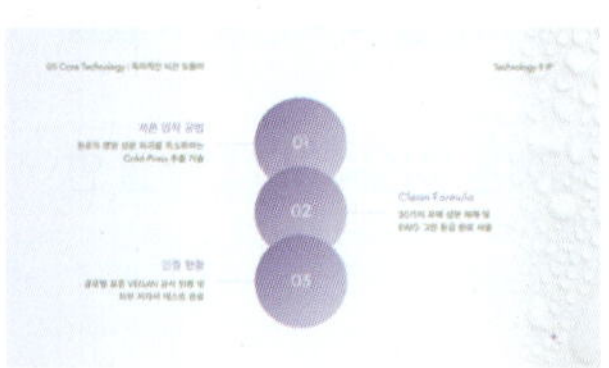

▲ 핵심 기술 슬라이드

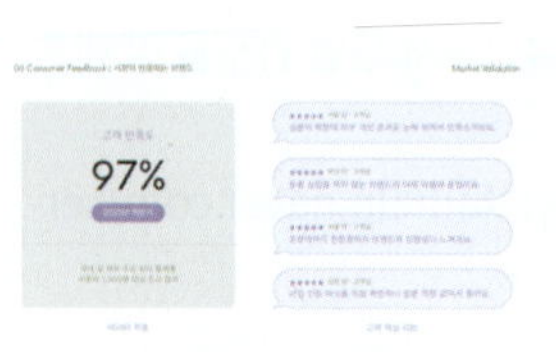

▲ 시장 반응 슬라이드

실습 05 브랜드 운영 전략 및 시장 확대 전략 모듈

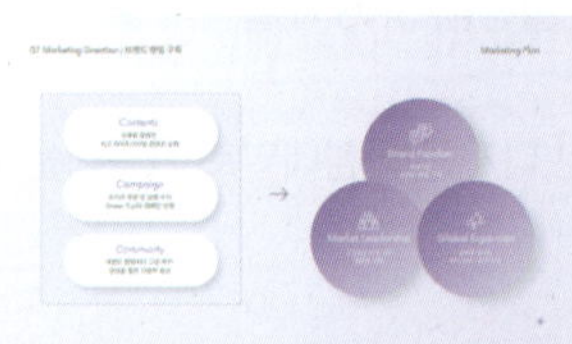

▲ 브랜드 운영 전략 슬라이드

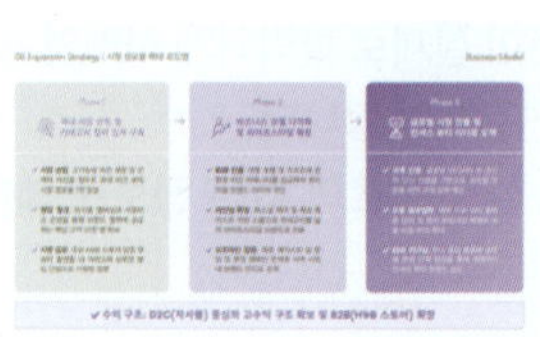

▲ 시장 확대 전략 슬라이드

실습 06 팀원 및 클로징 모듈

▲ 팀원 슬라이드

▲ 클로징 슬라이드

구분	실습 항목	디자인 포인트
브랜딩 및 서론	실습 01 표지와 목차 모듈 실습 02 브랜드 미션과 문제 제기 모듈	기업의 아이덴티티가 담긴 컬러와 폰트를 일관되게 적용하고, 해결해야 할 핵심 문제를 임팩트 있게 시각화하여 몰입감을 조성합니다.
성과 및 제품	실습 03 브랜드 성과 데이터 및 제품 라인업 모듈 실습 04 핵심 기술 및 시장 반응 모듈	복잡한 수치와 데이터는 차트와 인포그래픽으로 단순화하여 가시성을 높이고, 제품의 기술적 우위를 한눈에 비교할 수 있도록 그래픽을 활용해 정렬합니다.
전략 및 팀	실습 05 시장 반응 및 운영 전략 모듈 실습 06 팀원 및 클로징 모듈	비즈니스의 지속 가능성과 확장성을 보여 줄 수 있도록 단계별 로드맵을 체계적으로 구조화하며, 신뢰감을 주는 레이아웃으로 발표를 마무리합니다.

승인과 투자를 부르는 브랜드 운영 전략 및 사업 계획서 만들기

회사에서 가장 많이 쓰지만 가장 어려운 것이 바로 프레젠테이션입니다. 특히 투자 유치를 위한 IR 자료나 파트너십 제안서는 디자인 한 끗 차이로 기업의 신뢰도가 결정됩니다. 이번 레슨에서는 기업에서 선호하는 감각적이고 전문적인 스타일로 12페이지 분량의 브랜드 운영 전략 및 사업 계획서를 만들어 봅니다.

이번 레슨에서 완성할 프레젠테이션은 기업용 디자인의 '기준점'이 됩니다. 여기서 확립된 비주얼 가이드를 바탕으로 SNS, 카드뉴스, 광고 배너, 랜딩 페이지까지 확장해 제작한다면 여러분은 단순한 템플릿 제작자를 넘어 기업의 통합 브랜딩을 담당하는 마케팅 실무 파트너로 인정받게 될 것입니다. 전체 프레젠테이션의 흐름을 한 세트로 설계해 본 경험은 비즈니스를 시각화하는 전략가로 성장시켜 주는 발판이 될 거예요.

디자인 기획 및 의도

- **페르소나**: 투자자 및 협력사에게 비즈니스 확신을 주어야 하는 중소기업 및 스타트업
- **컨셉**: 은은하게 빛나는 색감과 절제된 여백의 조화, 루미너스 미니멀리즘(Luminous Minimalist)
- **톤앤무드**: 소프트 라벤더 컬러로 섬세함과 우아함을 유지하되, 정돈된 그리드 레이아웃으로 전문적인 신뢰감 전달
- **목표**: 브랜드의 비전과 재무적 성과를 시각화하여 투자 유치 및 비즈니스 확장 파트너십 체결

디자인 시스템

- **컬러**: 소프트 라벤더(#a570f4, #b492e6 등), 딥 그레이(#333333), 아이보리(#fafafa) 등
- **폰트**: Now, Jaso Sans, The Seasons
- **그래픽**: 아치형 프레임, 기하학적인 그라데이션 이미지, 아이콘, 도형

핵심 학습 포인트

- **비즈니스 데이터의 시각적 언어화** 매출 성장률이나 고객 만족도 같은 정량적 지표를 단순 숫자가 아닌, 직관적인 '성과 시나리오'로 변환하는 기법을 익힙니다.
- **지속 가능한 브랜드 아이덴티티 설계** 반복되는 그래픽 모티프와 메인 컬러 팔레트를 슬라이드 전체에 일관되게 배치하여, 12장의 문서를 하나의 '브랜드 패키지'로 완성하는 법을 배웁니다.
- **전략적 정보 위계(Hierarchy) 구축** 핵심 메시지와 부연 설명의 크기 대비를 극대화하여, 투자자나 결정권자의 시선이 가장 중요한 수치에 먼저 머물도록 유도하는 '시선 설계 노하우'를 습득합니다.
- **프레임과 요소를 활용한 감도 높은 레이아웃** 브랜드 컨셉에 어울리는 프레임과 구조화된 도형 박스를 적재적소에 배치하여, 텍스트 위주의 지루한 문서를 세련된 '비주얼 전략서'로 탈바꿈시키는 레이아웃 감각을 키웁니다.
- **리듬감을 부여하는 프레젠테이션 연출** 정적인 슬라이드에 애니메이션을 더해 정보 전달의 강약을 조절하고, 청중의 몰입도를 끝까지 유지하는 다이내믹 스토리텔링 기술을 적용합니다.

추천 검색어

Geometric, Glassmorphism, Minimalist, vision, mission, company values

LESSON 06

실습 01

프레젠테이션의 첫인상을 결정짓는 프롤로그 디자인

표지와 목차 모듈

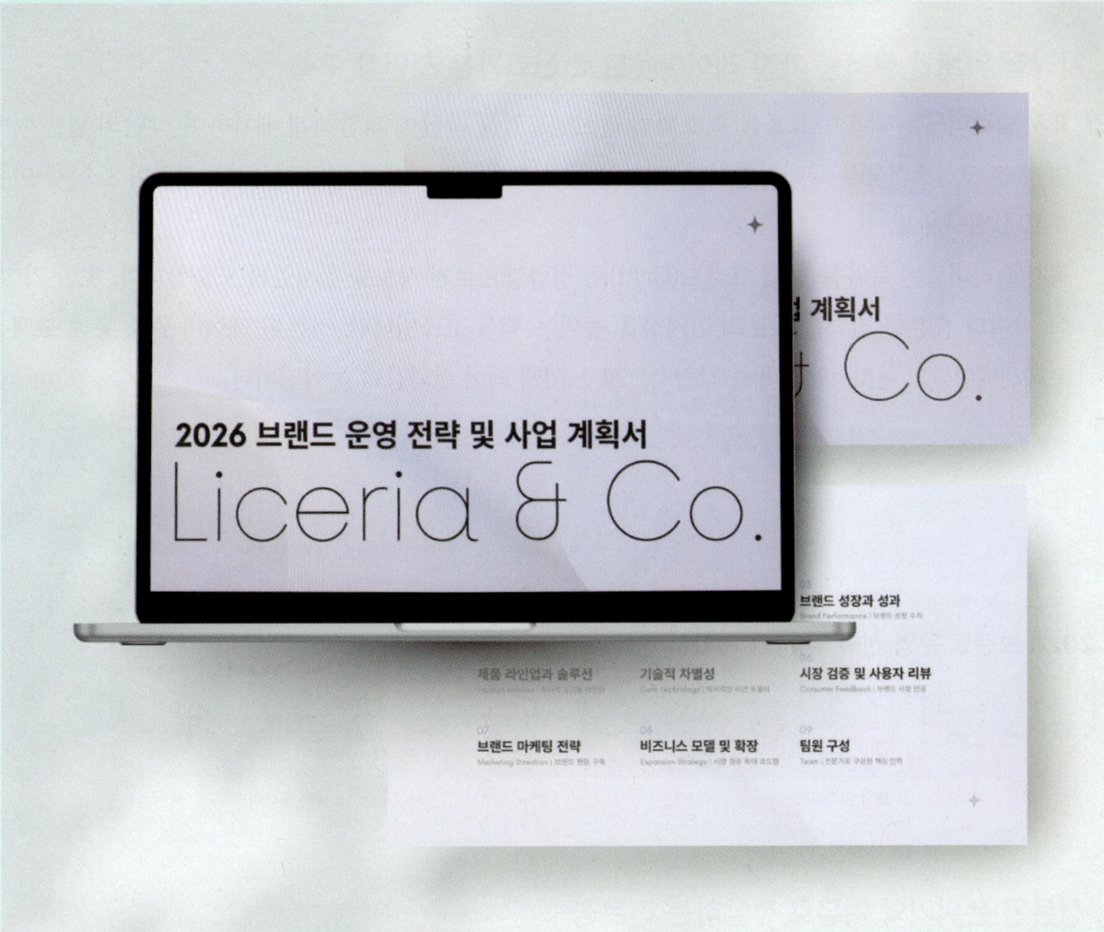

2026 브랜드 운영 전략 및 사업 계획서

Liceria & Co.

브랜드 성장과 성과

제품 라인업과 솔루션

기술적 차별성

시장 검증 및 사용자 리뷰

브랜드 마케팅 전략

비즈니스 모델 및 확장

팀원 구성

작업 사이즈

프레젠테이션 | 1920×1080px(16:9)

디자인 포인트

- 여백과 서체의 대비를 활용한 시각적 압도감
- 그리드 시스템 기반의 정보 구조화
- 브랜드 정체성을 상징하는 그래픽 모티프

첫인상을 결정짓는 브랜딩은 화려한 기교보다 '본질'을 드러내는 여유에서 시작됩니다. 비즈니스 프레젠테이션의 얼굴인 표지와 목차는 단순히 정보를 나열하는 곳이 아니라, 브랜드가 전할 이야기의 톤앤매너를 선언하는 페이지입니다. 이번 실습에서는 은은하게 빛나는 색감과 절제된 여백이 조화를 이루는 '루미너스 미니멀리즘' 컨셉을 바탕으로, 텍스트를 채우기보다 비워 냄으로써 신뢰를 얻는 기업용 프롤로그 디자인의 정석을 익혀 봅니다.

1. 시각적 위계와 질서를 가진 레이아웃으로 신뢰가는 첫인상 구축

- **표지 슬라이드**는 텍스트 요소를 최소화하고 브랜드명을 하단에 과감하게 배치하여 상단의 넓은 여백이 주는 고급스러움을 극대화합니다. 배경의 곡선 그래픽과 브랜드 명의 직선적인 정렬이 조화를 이루도록 설계하세요.
- **목차 슬라이드**는 목차를 3×3 그리드(Grid)로 정렬함으로써 정보를 질서있게 노출합니다. 또한 각 항목 사이의 충분한 간격은 정보의 가시성을 높이는 핵심 요소입니다. 정돈된 레이아웃을 통해 고객은 프레젠테이션의 논리적인 체계를 직관적으로 느끼게 되어 신뢰감이 높아집니다.

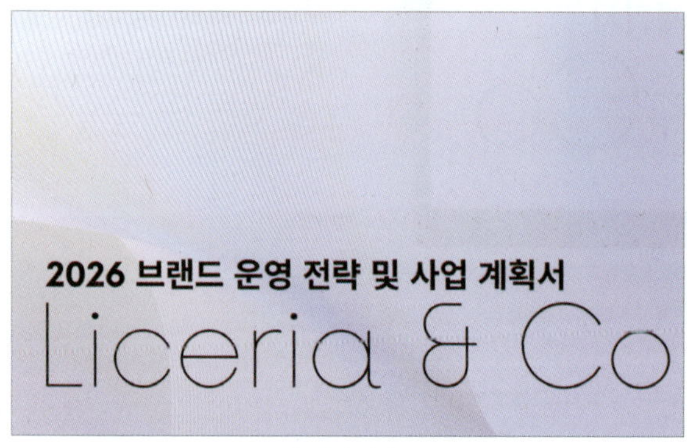

▲ 표지 슬라이드

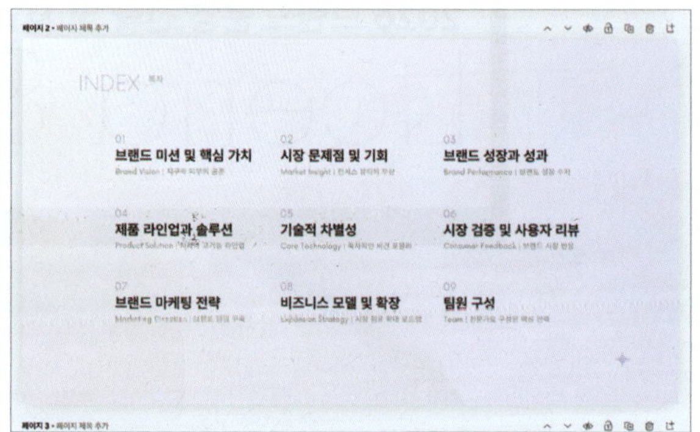

▲ 목차 슬라이드

2. 정돈된 분위기와 여유로 전달하는 전문성

- **텍스트 크기의 변주**: 고객은 정돈된 레이아웃에서 전문성을 직감적으로 느끼게 됩니다. 폰트 크기 배치에 과감한 대비를 주어 별도의 장식 없이도 정보의 중요도를 명확히 전달해 세련된 분위기를 연출합니다.
- **애니메이션과 인사이트**: 프레젠테이션에서는 '여유'로 신뢰감을 줄 수 있습니다. 텍스트가 순차적으로 떠오르는 은은한 [애니메이션]-[나타내기/들어갈 때]를 적용해 발표자가 목차를 설명하는 동안 청중이 내용에 점진적으로 몰입하도록 유도합니다.

신뢰감과 설득력을 더하는 디자인

브랜드 미션과 시장 분석 모듈

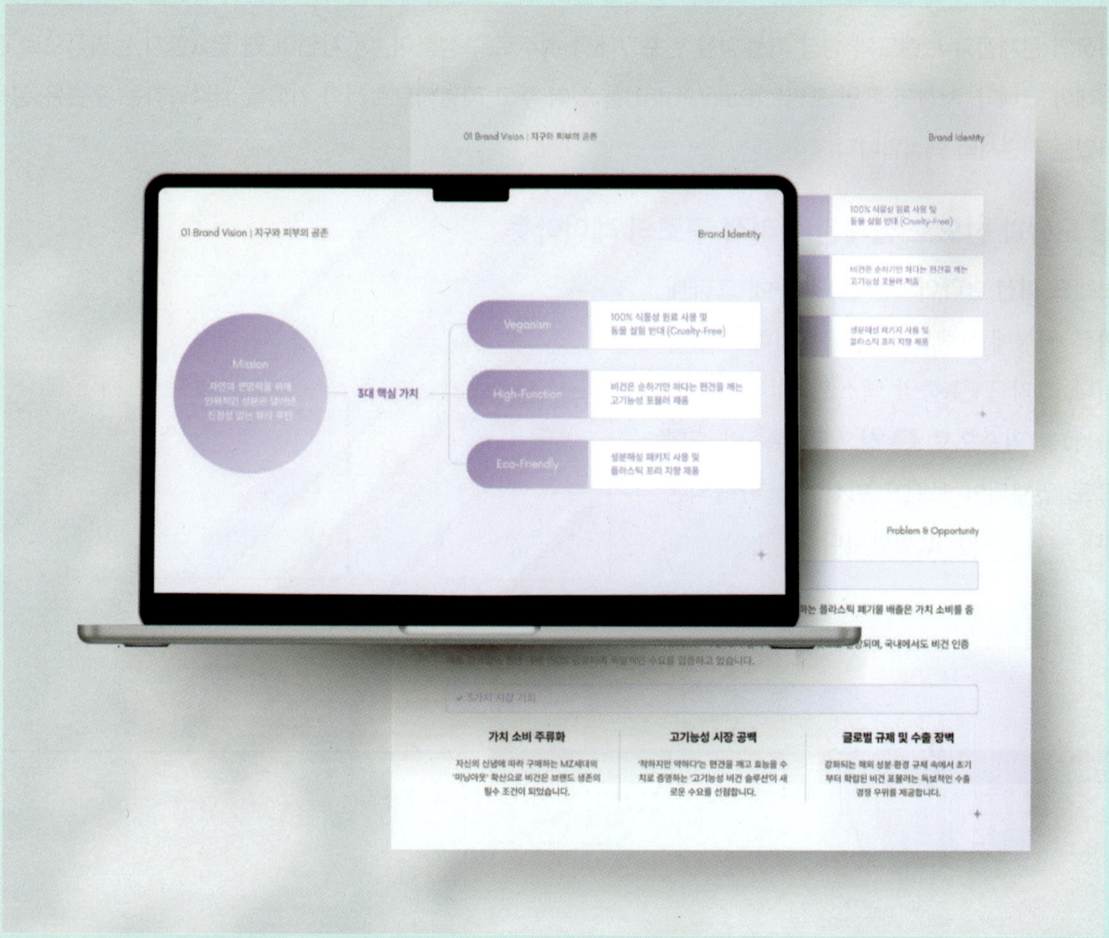

작업 사이즈

프레젠테이션 | 1920×1080px(16:9)

디자인 포인트

- 기하학적 도형을 활용한 철학의 시각화
- 구분선과 아이콘을 이용한 정보의 구조화
- 키워드 중심의 전략적 데이터 요약

브랜드 미션 슬라이드는 브랜드의 첫인상을 결정짓는 '가치를 시각화하는 비전 설정' 구간입니다. 비건 브랜드 특유의 깨끗하고 부드러운 무드를 유지하기 위해 연보라색 포인트 컬러를 활용하고, 브랜드의 철학이 담긴 키워드 다이어그램을 배치합니다. 브랜드의 '첫인상'과 '철학'을 보여 주는 아이덴티티 모듈을 통해 핵심 가치를 한눈에 전달하는 법을 익혀 봅니다.

이어지는 시장 분석 슬라이드에서는 복잡한 정보를 효과적으로 요약해 전달하는 역량이 필요합니다. 현재 뷰티 시장의 문제점과 브랜드의 성장 가능성을 인포그래픽 위주로 구성하여, 이 사업이 왜 필요한지 논리적으로 증명해야 합니다. 시장의 페인 포인트(Pain Point)를 짚어 주고 해결책으로서의 기회를 시각화하는 훈련은 설득력있는 제안서의 핵심입니다.

1. 도형과 선으로 설계된 논리적 구조의 레이아웃

브랜드 미션 슬라이드는 ❶ 좌측에 그라데이션 원형에 브랜드 미션을 배치해 강조합니다. 그리고 ❷ 중앙 텍스트(예: 3대 핵심 가치)를 기준으로 ❸ 선으로 우측의 도형으로 연결되어 브랜드 미션에서 파생되는 3대 핵심 가치를 표현합니다.

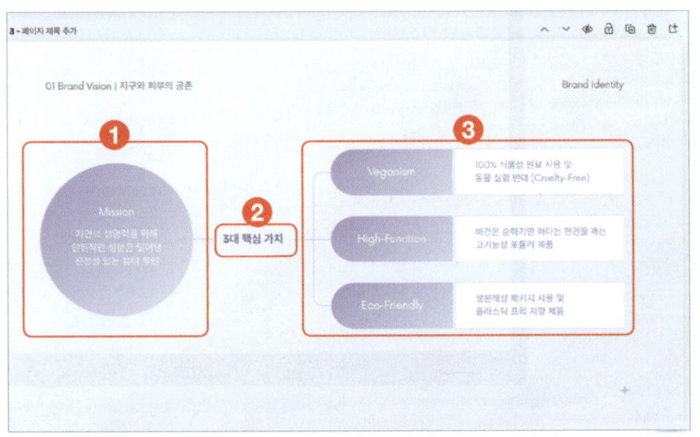

▲ 브랜드 미션 슬라이드

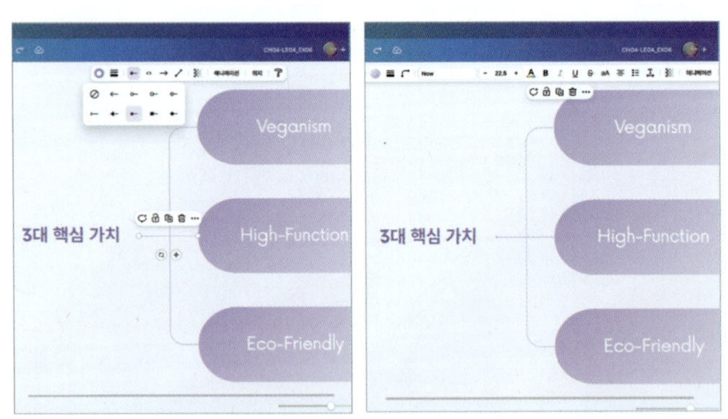

▲ [선 시작]과 [선 끝]에서 선의 끝 지점 모양을 설정할 수 있습니다.

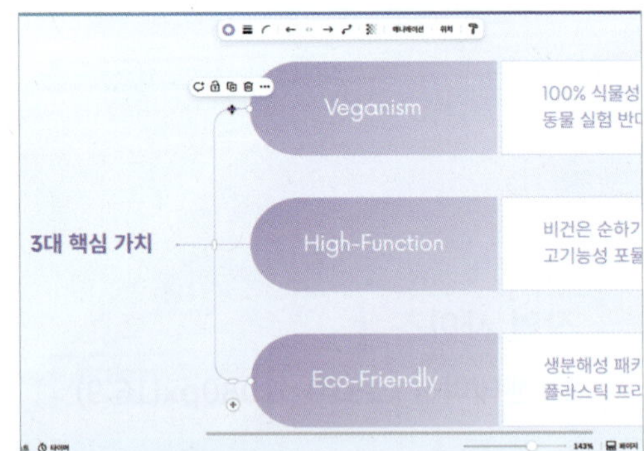

▲ [줄 유형]-[꺽인 선]을 선택하고 조절핸들을 드래그해 원하는 지점에서 선을 꺾을 수 있습니다.

- **시장 분석 슬라이드**는 텍스트 양이 많으므로 ❶ 체크 박스 아이콘(Check mark)과 ❷ 수직 구분선을 사용해 구역을 명확히 나눕니다. 상단에는 핵심 문제점과 데이터를 배치하고, 하단에는 3가지 시장 기회를 병렬로 구성하여 정보의 위계를 잡아 줍니다.

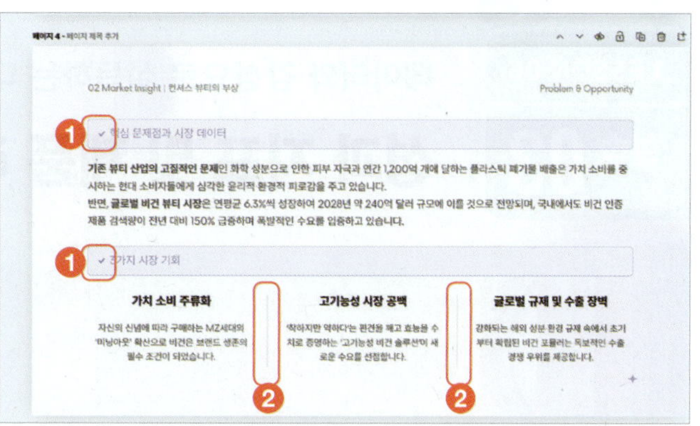

2. 추상을 실체로 바꾸는 인포그래픽 전략으로 내용 구성하기

- **다이어그램과 애니메이션 활용**: 브랜드의 비전처럼 눈에 보이지 않는 가치는 텍스트를 그룹화하여 한눈에 들어오는 다이어그램으로 표현하는 것이 좋습니다. 부드러운 [애니메이션]-[떠오르기] 또는 [블록쌓기] 효과를 주어 요소들이 순차적으로 나타나게 구성하면 정보의 연결성이 더욱 돋보입니다. 이때 주의할 점은 애니메이션은 너무 많이 사용하기보다 강조하고 싶은 부분에만 포인트로 사용하는 것이 좋습니다. 또한 [들어갈 때]로 설정하면 화면이 매끄럽게 전환되는 느낌이 듭니다.

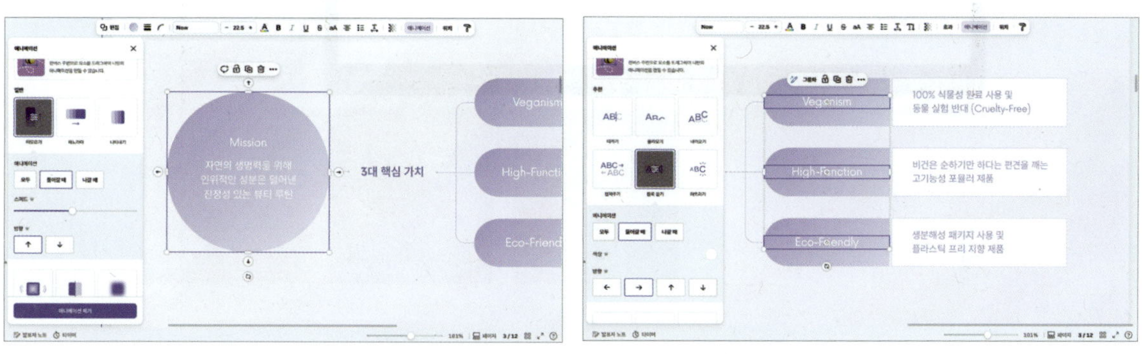

▲ 필요한 부분에만 포인트로 애니메이션 기능을 활용한 모습

- **데이터의 키워드 요약으로 가독성 확보**: 복잡한 시장 데이터는 긴 문장보다 '3가지 키워드'로 요약하여 배치할 때 설득력이 높아집니다. 시선을 끄는 키워드 3가지를 강조하고, 자세한 내용은 아래에 이어서 배치해 가독성을 높여 줍니다.

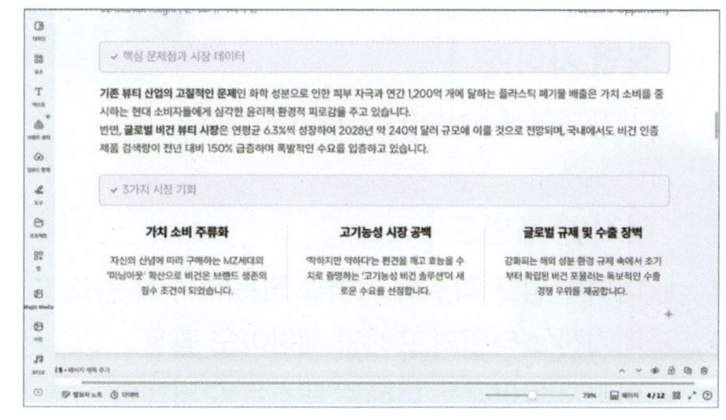

▲ 3가지 키워드와 하위 본문 부분 크롭하여 배치

기업

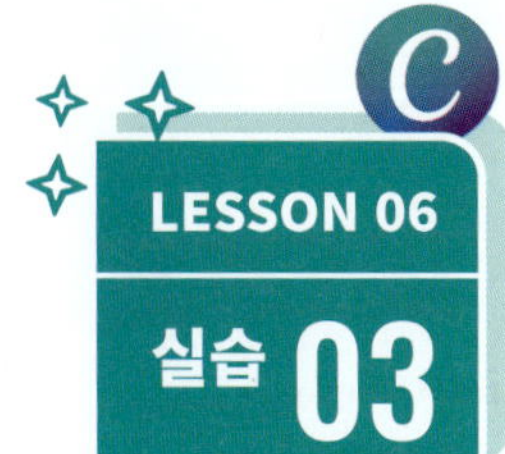

LESSON 06

데이터와 감성으로 설득하는 디자인

실습 03 성과 지표 및 제품 라인업 모듈

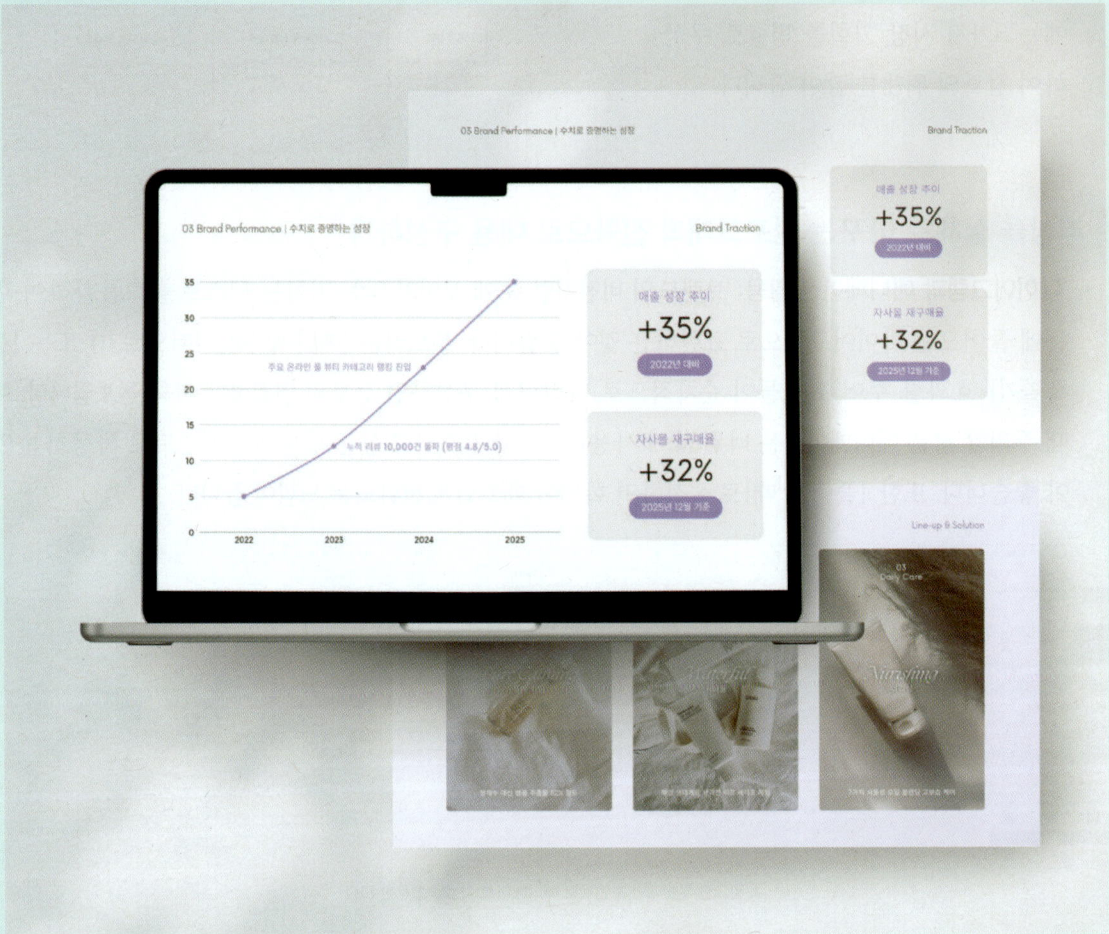

작업 사이즈

프레젠테이션 | 1920×1080px(16:9)

디자인 포인트

- 데이터 잉크 최소화 기법을 적용해 수치 강조
- 매거진 스타일의 프레임 레이아웃 활용
- 이미지 깊이감을 더하는 텍스트 오버레이

1. 성장을 증명하는 숫자와 시선을 사로잡는 이미지

- **성과 지표 슬라이드**: 차트와 수치가 등장하는 슬라이드에서는 신뢰가 핵심입니다. 배경 격자를 간소화하고 우상향하는 선 그래프를 사용해 직관성을 높이세요. 매출 성장률(+35%)이나 재구매율(+32%) 같은 수치 정보는 숫자의 크기를 과감하게 키워 시각적 강조점(Visual Focal Point)을 명확히해야 압도적인 성장성을 증명할 수 있습니다.
- **제품 라인업 슬라이드**: 뷰티 브랜드는 이미지가 생명인 만큼 격자형 레이아웃이나 프레임을 활용해 제품 사진을 매거진처럼 세련되게 배치합니다. 감성적인 무드 컷을 전체 배경으로 쓰고 그 위에 텍스트 박스를 [효과]-[들어올리기] 효과를 주어 배치합니다. 이로써 이미지와 정보가 자연스럽게 어우러지며 깊이감있는 디자인이 완성됩니다. 각 제품의 특징은 3~4가지 핵심 키워드로 요약해 한눈에 들어오게 구성하세요.

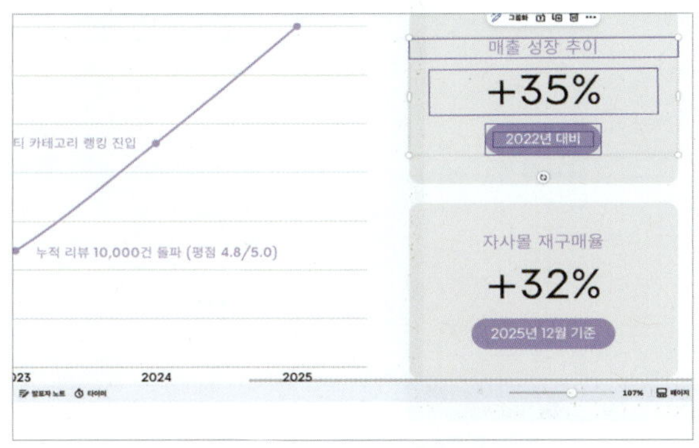

▲ 성과 지표 슬라이드의 텍스트 크기와 컬러 구성

▲ 제품 라인업 슬라이드의 애니메이션 기능 활용

2. 차트를 활용한 핵심 정보 시각화

- **핵심 정보만 남기는 '데이터 잉크' 전략**: 차트에서 강조할 지점에 마커와(누적 리뷰 10,000건 돌파 등) 배치해 핵심 정보(데이터 잉크)만 간략하게 표시해 줍니다. 에디터 툴 바의 [편집, 색상, 여백, 다듬기, 선 두께, 마커]에서 각 항목을 조정해 원하는 대로 차트를 편집할 수 있습니다.
- **사용자 친화적인 데이터 시각화**: 차트와 숫자 데이터(+35%, +32% 등)에 사용하는 컬러나 폰트에서 브랜드 일관성을 유지해 제안서의 전문적인 비즈니스 톤앤매너를 확립해 줍니다.

LESSON 06
실습 04

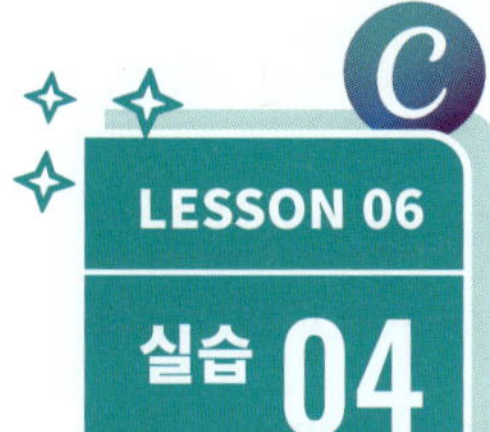

전문성을 입증하는 인포그래픽 디자인

핵심 기술 및 시장 반응 모듈

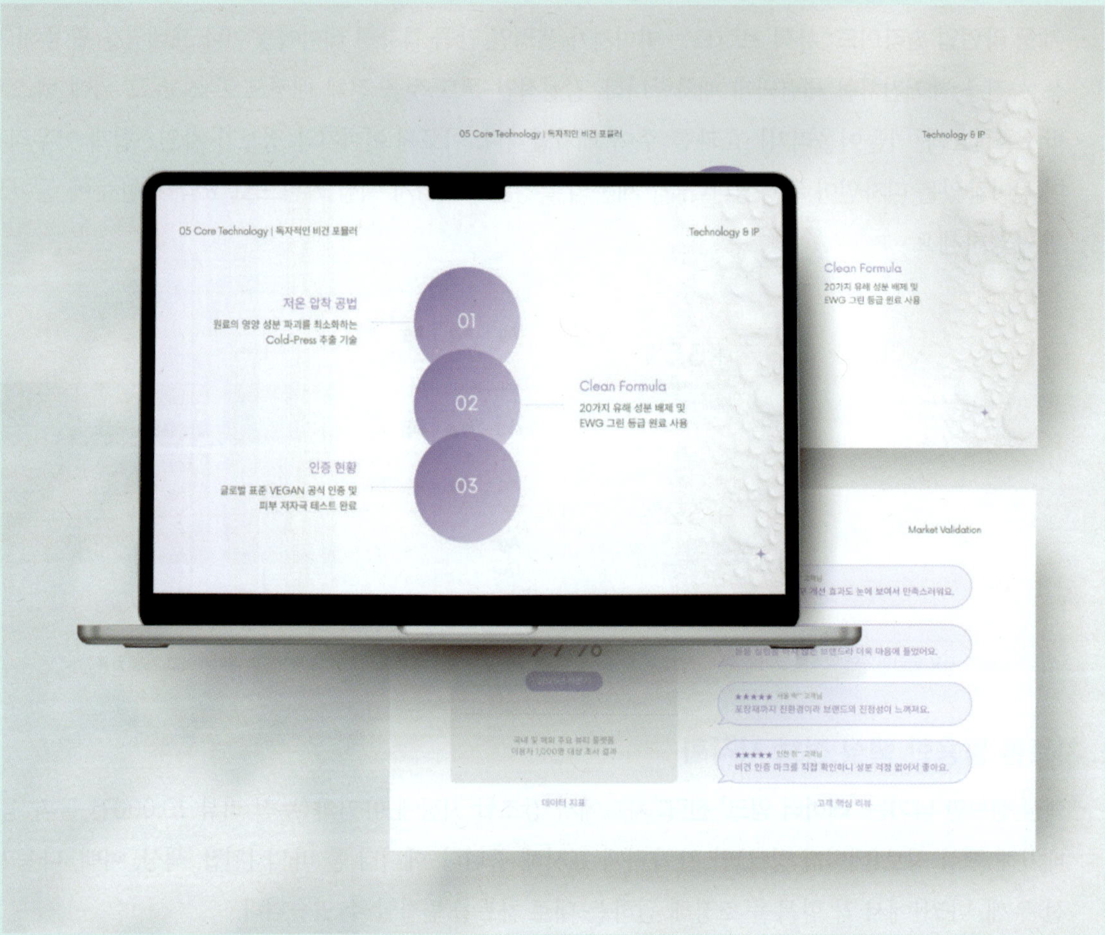

작업 사이즈

프레젠테이션 | 1920×1080px(16:9)

디자인 포인트

- 수직 노드 다이어그램을 활용한 정보 시각화
- 말풍선 UI와 별점 요소를 통한 신뢰도 강화
- 수치 지표와 텍스트 리뷰의 전략적 구획화

1. 노드와 말풍선 UI로 구현하는 직관적 레이아웃

- **핵심 기술 슬라이드**는 중앙에 수직으로 연결되는 노드(Node, 교점) 구성으로 배치하여 보유 기술들이 한눈에 파악되도록 디자인합니다. 각 도형 부분마다 지시선과 설명 텍스트를 배치하면 정보의 흐름이 명확하게 보여 청중의 이해도를 높여 줍니다. 또한 화면 양쪽에 컬러감과 이미지를 그라데이션과 투명 효과를 주어 배치함으로써 시선을 중앙으로 모아 줍니다.
- **시장 반응 슬라이드**는 좌측에는 고객 만족도 수치 지표를, 우측에는 고객 리뷰를 나란히 배치해 브랜드에 대한 시장의 긍정적인 반응을 시각적으로 보여 줍니다. 특히 고객 리뷰에는 말풍선 UI를 활용하여 실제 고객의 목소리가 들리는 듯한 생동감을 부여합니다.

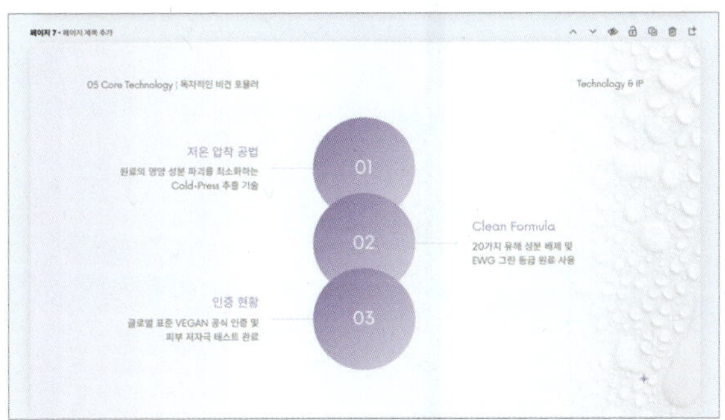

▲ 핵심 기술 슬라이드

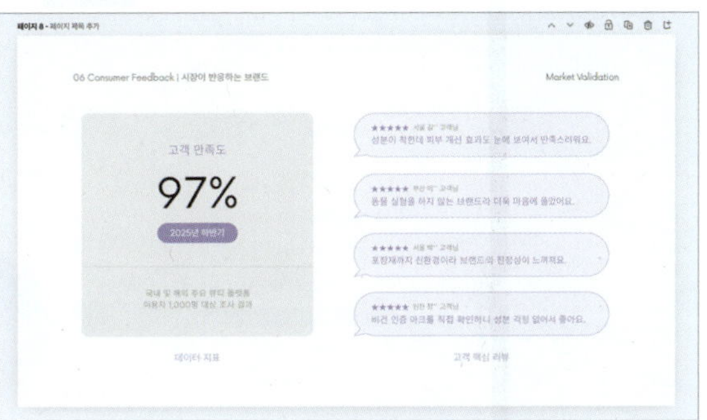

▲ 시장 반응 슬라이드

2. 배경이 비치지 않는 그라데이션 노드 만들기

투명도가 있는 도형 밑에 동일한 모양의 흰색 도형을 배치하면 배경색이 그대로 드러나는 걸 방지할 수 있습니다. 또한 이 둘을 그룹화해 두면 디자인 편집 시 이동하기 더 편리합니다.

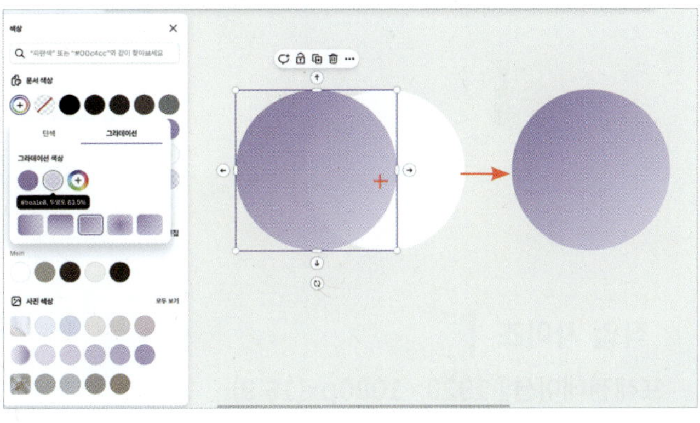

기업

LESSON 06

실습 05

비즈니스의 미래를 설계하는 전략 로드맵 디자인

브랜드 운영 전략 및 시장 확대 전략 모듈

작업 사이즈

프레젠테이션 | 1920×1080px(16:9)

디자인 포인트

- 단계별 컬러 명도 대비를 통한 시간 흐름의 시각화
- 원형 다이어그램과 화살표를 활용한 유기적 흐름도 구성
- 3단 그리드 시스템 기반의 마케팅 채널 균형 배분
- 직관적인 아이콘을 결합한 비즈니스 로드맵 설계

전략 슬라이드는 브랜드 운영의 전문성이 가장 강력하게 느껴져야 하는 구간입니다. 기업 고객은 단순히 화려한 디자인이 아니라 '실행 가능한 미래 가치'를 원하기 때문에, 브랜드의 전략을 효과적으로 시각화해야 합니다.

1. 전략 진행 과정과 목표 달성 단계를 직관적으로 시각화한 레이아웃

- **브랜드 운영 전략 슬라이드**에는 콘텐츠, 캠페인, 커뮤니티 등 각 채널별 마케팅 방안을 3단 구성으로 배치합니다. 또한 원형 다이어그램과 화살표 요소를 활용하여 개별 전략이 어떻게 목표 달성으로 수렴되는지를 유기적인 흐름으로 보여 줍니다.
- **시장 확대 전략 슬라이드**에는 단계별로 명도와 채도가 점진적으로 높아지는 컬러 블록을 활용합니다. 이는 단순한 색상 변화를 넘어 사업 규모의 확장과 시간의 흐름을 시각적으로 암시하여 청중에게 비즈니스 성장 로드맵을 명확히 각인시킵니다.

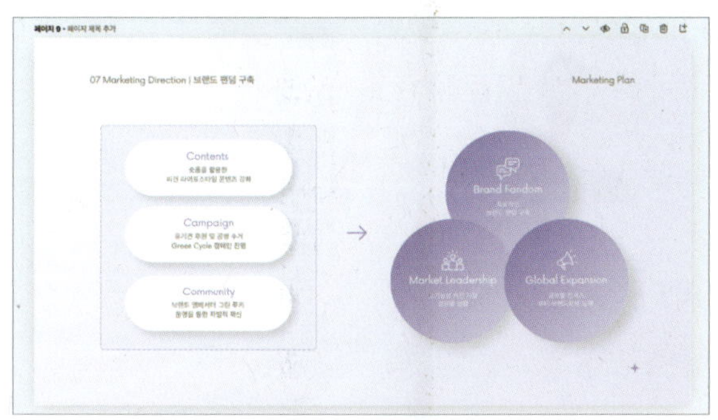

▲ 브랜드 운영 전략 슬라이드

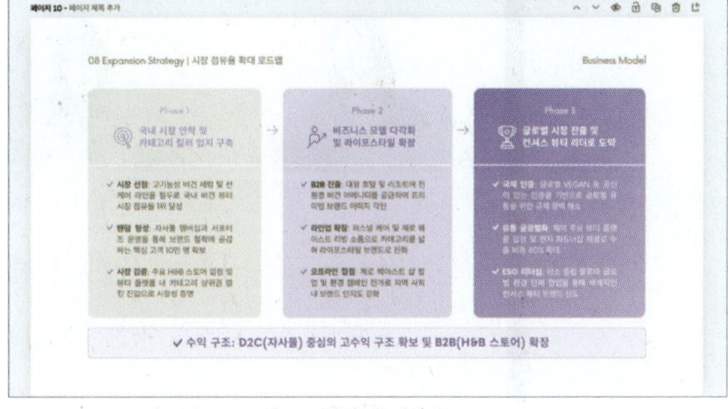

▲ 시장 확대 전략 슬라이드

2. 효과적인 시각화 장치, 아이콘 요소와 애니메이션 기능

운영 전략과 각 단계(Phase)별 핵심 목표를 아이콘(set:nAFBr1psa08)과 함께 배치하여 텍스트의 가독성을 높여 주세요. 또한 애니메이션을 활용해 전략들이 순차적으로 나타나도록 하여, 브랜드가 시장 점유율을 확대해 나가는 과정을 역동적으로 보여 줍니다.

더 알아보기 애니메이션 '클릭 시 표시' 기능 활용하기

프레젠테이션을 진행할 때, 선택한 애니메이션이 자동으로 재생되는 대신 클릭할 때마다 순서대로 나타나도록 설정하는 기능이에요. [애니메이션]-[프레젠테이션 설정]-[클릭 시 표시] 토글을 켜면 사용할 수 있고, [클릭하여 정렬]에서 순서를 바꿀 수 있습니다.

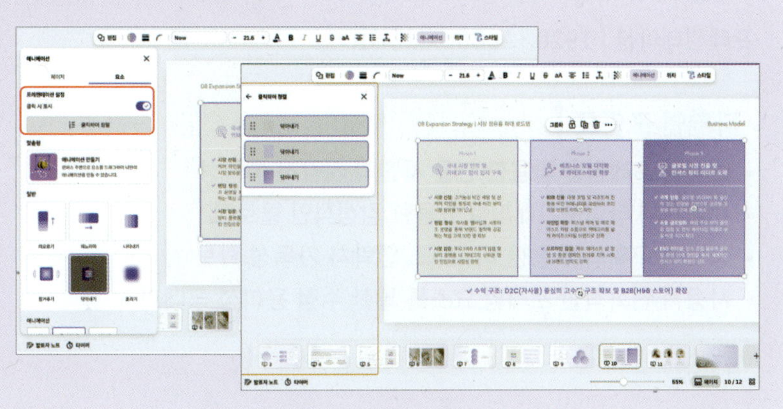

LESSON 06

실습 06

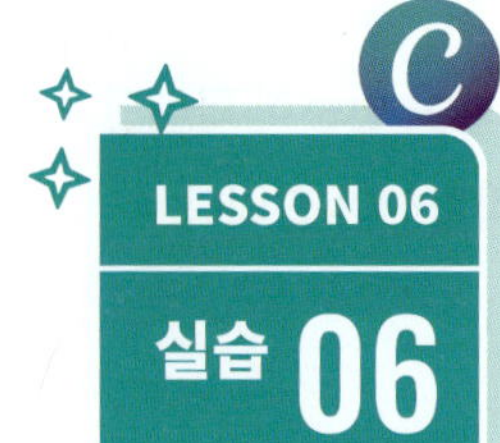

신뢰를 완성하는 소개와 마무리 디자인

팀원 및 클로징 모듈

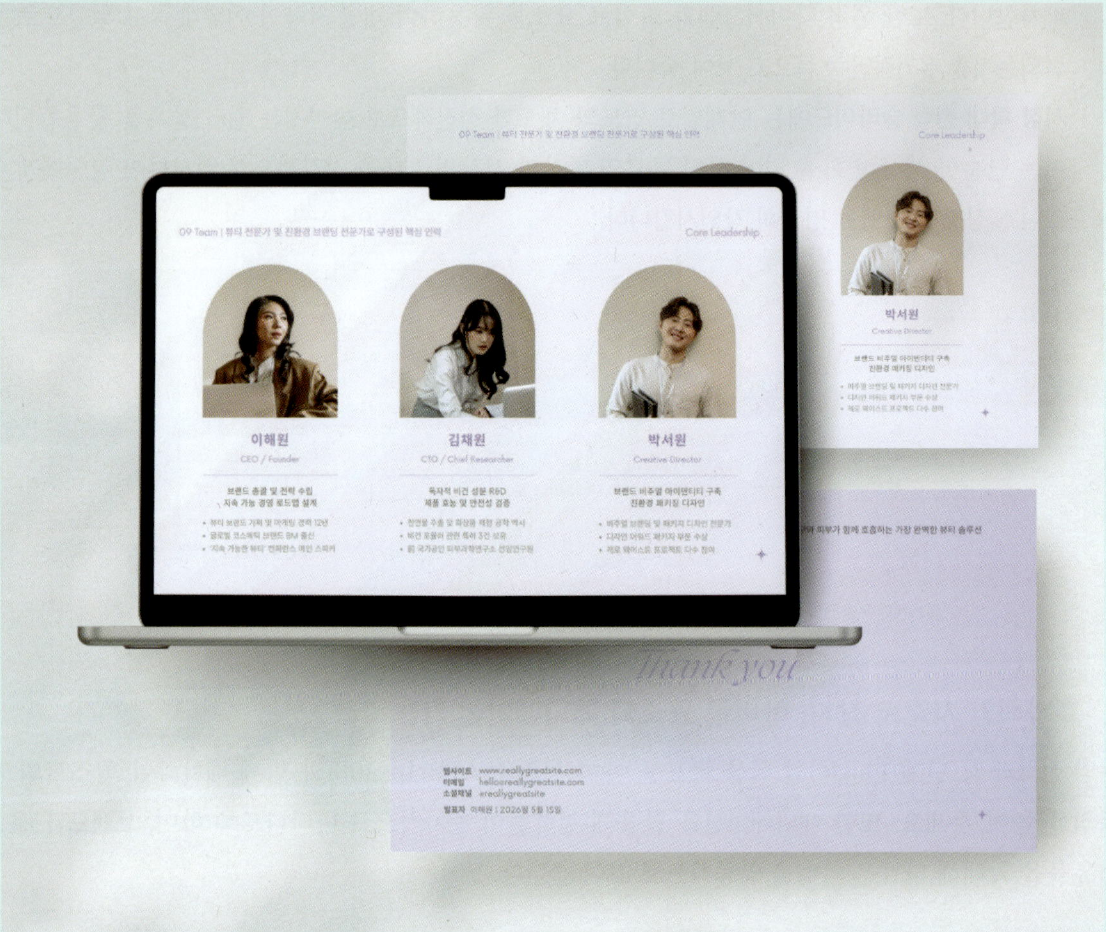

작업 사이즈

프레젠테이션 | 1920×1080px(16:9)

디자인 포인트

- 아치형 프레임을 활용한 인물 사진의 시각적 통일성
- 세리프체 타이포그래피를 활용한 감성적인 클로징
- 정보의 구획화를 통한 비즈니스 연락처 가독성 확보
- 사용자 친화적인 프레임 요소를 통한 수정 용이성 극대화

팀 소개와 클로징 슬라이드는 브랜드의 전문성을 완성하고 청중의 신뢰를 확정 짓는 구간입니다. 마지막 한 장까지 톤앤매너를 유지하며 완성도 높게 마무리하는 전략적 디자인 노하우를 알아 볼게요.

1. 시선의 집중과 깔끔한 여운을 남기는 레이아웃 구조

- **팀 프로필 슬라이드**는 인물 사진을 아치형 프레임에 배치하여 뷰티 브랜드 특유의 부드럽고 세련된 이미지를 전달합니다. 배경을 단순화하고 인물의 시선이 중앙을 향하는 사진을 사용해 청중들이 브랜드의 핵심 인력에게 자연스럽게 집중할 수 있는 구조를 만듭니다.
- **클로징 슬라이드**에서는 감사인사 문구를 우아한 세리프체에 [기울임꼴]을 사용하여 중앙에 배치해 여운을 남깁니다. 또한 표지와 동일한 배경 이미지를 반투명하게 배치해 일관성을 갖춥니다. 마지막으로 웹사이트, 이메일, 소셜 채널 등 연락처 정보를 좌측 하단에 일목요연하게 정렬하여 한눈에 들어오게 합니다.

▲ 팀원 소개 슬라이드

▲ 클로징 슬라이드

프레젠테이션 디자인은 상단 메뉴-[프레젠테이션]-[전체 화면 프레젠테이션]으로 보면서 최종 확인하도록 합니다. 전체 흐름이 매끄러운지 애니메이션이 잘 작동하는지 등등을 꼼꼼하게 체크합니다.

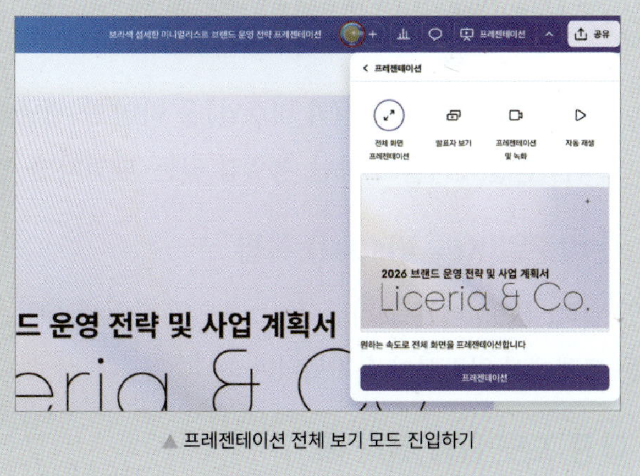

▲ 프레젠테이션 전체 보기 모드 진입하기

디자인 자산 관리와 상품화 노하우

디자인의 완성은 제작이 아닌 정리에서 결정됩니다. 정성껏 만든 작업물을 습작으로 남겨 두지 마세요. 단계별 프로세스를 살펴보며 디자인 결과물을 수익과 직결되는 나만의 강력한 비즈니스 무기로 전환하는 법을 익혀 봅니다.

이번 레슨은 나의 디자인들을 수익화가 가능한 '자산'으로 구축하는 단계입니다. 프로 디자이너는 디자인을 만드는 데서 멈추지 않고, 결과물을 체계적으로 관리하여 언제든 재활용하거나 판매할 수 있는 구조를 설계합니다.

체계적인 관리 구조와 습관은 작업 효율을 높여 줄 뿐만 아니라, 향후 브랜딩과 수익화 과정에서 어떤 디자인이 시장에서 가치를 인정받을 수 있는지 판단하는 안목을 길러 줍니다. 이번 챕터를 마무리하며, 여러분의 노력이 담긴 작업물들을 프로의 자산으로 탈바꿈시키는 5단계 프로세스를 살펴보겠습니다.

✨ 1단계: 시리즈로 디자인 응용 및 확장하기

하나의 잘 만들어진 디자인(키 비주얼)을 다양한 채널과 포맷으로 확장하는 연습은 수익화의 핵심입니다. 고객은 단일 게시물이 아닌, 통일감 있는 '패키지'를 원하기 때문입니다.

1. 키 비주얼(Key Visual) 확립

메인 컬러, 폰트, 버튼 스타일 등 브랜드의 중심이 되는 요소를 하나로 정의합니다. 이 기준이 명확해야 모든 포맷에서 일관성이 유지됩니다.

2. 다중 포맷 확장 전략 예시

- **인스타그램 세트**: 피드 게시물(정보 전달)을 스토리(이벤트/참여)와 릴스 커버로 변주합니다.
- **마케팅 배너**: 핵심 슬로건과 행동 유도 버튼(CTA) 중심으로 정보를 압축하여 배너와 팝업으로 만듭니다.

- **피치 덱 표지 & 유튜브 섬네일**: 동일한 키 비주얼을 유지한 채 채널별 비율에 맞춰 요소의 위치만 재배치합니다.
- **비즈니스 패키지**: 홈페이지형 블로그, 유튜브 채널 아트 등 다양한 구성으로 비즈니스 패키지를 완성해 보세요.

3. 크기 조정 후 디테일 보정하는 습관

크기 조정 기능을 사용한 뒤에는 반드시 텍스트 간격이나 요소의 배치를 점검하고 조정하세요. 이 '마지막 한 끗'이 디자인의 완성도를 좌우합니다.

수익화 관점의 인사이트 | 사용자 친화적 설계가 곧 경쟁력

지속 가능한 수익을 위해서는 구매자가 사용하기 편해야 합니다. 특히 '누구나 쉽게 수정할 수 있는가'가 핵심입니다.

- 사진 영역은 반드시 '프레임' 요소로 배치하세요. 구매자가 사진을 드래그 앤 드롭하는 것만으로 디자인 레이아웃을 해치지 않고 즉시 교체할 수 있어야 상품 가치가 높아집니다.
- 외부 유료 폰트나 복잡한 효과 대신 캔바의 폰트와 기본 기능을 최대한 활용하세요. 구매자가 텍스트만 바꿔도 원본의 세련미가 그대로 유지될 때 비로소 시장에서 '팔리는 템플릿'이 됩니다.

✨ 2단계: 파일명과 폴더 구조 체계화하기

파일이 쌓일수록 원하는 자료를 빠르게 찾는 능력이 생산성을 결정합니다. 따라서 직관적인 폴더 규칙을 만들어 관리하는 것이 좋습니다. 또한 시리즈로 반복 제작하는 디자인은 한 폴더 안에 모아 두거나 파일명에 공통 접두사를 붙여 검색이 쉽게 만들어 둡니다.

- **폴더 분류 규칙 예시**: [번호_업종/페르소나]→[포맷명_버전]] 순으로 정리합니다.
- **적용 예시**: [01_베이커리카페] 폴더를 만들고, 그 안에 [SNS_홍보], [인쇄_포스터], [상세페이지_최종] 등으로 나누어 정리하면 나중에 외주 작업 요청이나 템플릿 업데이트 시 대응 속도가 압도적으로 빨라집니다.
- 캔바의 프로젝트와 폴더 기능은 단순 보관함이 아니라, '나중에 포트폴리오를 어떻게 보여 줄지, 어떤 템플릿을 어떻게 묶어서 팔지'까지 미리 설계하는 도구입니다.
  ① **브랜드 & 클라이언트 폴더**: 브랜드별 · 고객별로 하위 폴더를 만들어 정리합니다.
  ② **판매용 템플릿 폴더**: 플랫폼별 · 용도별로 하위 폴더를 나눕니다.
  ③ **콘텐츠 & 마케팅 폴더**: 인스타그램/블로그/뉴스레터 콘텐츠를 모아 둡니다.
  ④ **연습 & 실험실 폴더**: 새로운 색 조합, 레이아웃, AI 기능 실험 등을 자유롭게 시도합니다.

3단계: 템플릿 링크 생성과 파일명 설정하기

디자인을 상품으로 전달할 때는 캔바의 링크 기능을 정확히 이해하고, 구매자의 캔바 워크 스페이스에 내 디자인이 어떻게 저장될지를 세심하게 고려해야 합니다.

1. 템플릿 링크(Template Link) 활용

원본 파일을 직접 공유하면 타인이 내용을 수정했을 때 내 원본까지 바뀔 위험이 있습니다. 반드시 [공유]-[더 보기]-[템플릿 링크]를 생성하여 전달합니다. 구매자가 받은 템플릿 링크를 클릭하면 '사본'으로 열어 작업할 수 있습니다.

2. 구매자를 배려한 제목 짓기

템플릿 링크를 통해 디자인을 가져가면 구매자의 캔바 홈 화면에도 내가 설정한 파일 제목 그대로 저장됩니다. 완성형이 아닌 파일 제목은 전문성이 떨어져 보이고 관리가 힘듭니다.

- **안좋은 예시:** [최종_수정_인스타_01], [copy_of_작업물]
- **좋은 예시:** [브랜드명_감성 카페 인스타그램 템플릿 10종_v1]

> 제목 앞에 자신의 브랜드명이나 프로젝트명을 붙여 주세요. 구매자가 나중에 수많은 템플릿 사이에서도 여러분의 상품을 쉽게 찾을 수 있어 브랜드 각인 효과와 재구매율을 높이는데 큰 도움이 됩니다.

4단계: 돋보이는 상품 이미지 만들기

상품 페이지에 디자인이 실제 비즈니스에 적용된 모습을 보여 주면 고객의 구매 결정을 촉진할 수 있습니다.

- **자연스럽고 명확한 이미지:** 깨끗한 배경에 템플릿 섬네일을 배치하고 자연스러운 그림자 효과를 주어 완성한 이미지는 디자인의 전문성을 더욱 돋보이게 합니다.
- **목업을 활용한 이미지:** 캔바의 [앱] 메뉴에서 목업 앱을 검색해 활용해 보세요. 스마트폰이나 노트북 화면 속에 내 디자인이 삽입된 이미지를 단 몇 초 만에 완성할 수 있습니다.

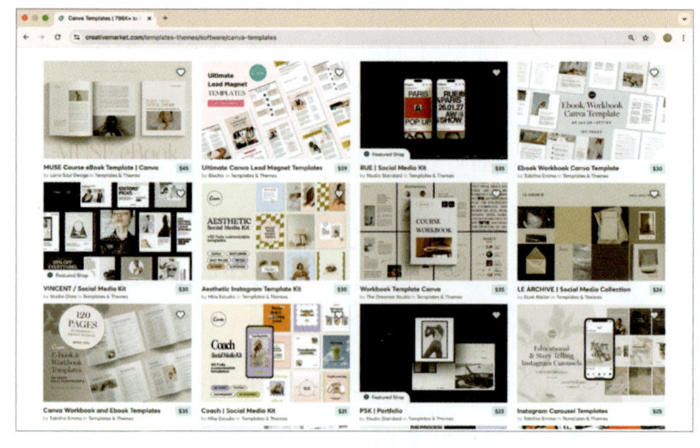

▲ Creative Market의 캔바 템플릿 상품들 | 출처 Creative Market

✨ 5단계: 상품 등록 전 마지막 점검하기

마지막까지 꼼꼼한 검수가 아마추어와 프로를 가릅니다. 특히 텍스트 깨짐 현상은 상품 신뢰도에 치명적이므로 반드시 확인해야 합니다.

1. 라이선스 및 저작권 확인

라이선스 및 저작권은 백번을 강조해도 부족한 중요 포인트이니 꼭 기억하세요. 사용된 폰트와 이미지가 상업적 이용에 문제가 없는지 재확인합니다. 특히 유료(Pro) 요소를 사용했다면, 구매자가 추가 비용을 지불하거나 캔바 Pro 구독자여야 한다고 상품 상세페이지에 명시해야 합니다.

2. 불필요한 레이어 및 요소 정리

작업 중에 투명도를 조절해 가려둔 개체, 페이지 밖으로 밀어 놓은 요소들을 정리합니다. 레이어 구성이 깔끔해야 구매자가 템플릿을 사용할 때 혼란을 겪지 않습니다. 특히 텍스트 레이어는 디자인 요소들 사이에 묻히면 클릭이 어려워지기 때문에, 항상 가장 위쪽에 배치해 두는 게 좋습니다.

3. 편집 제한 요소 해제 (잠금·숨김·그룹화)

작업 효율을 위해 설정했던 기능들을 구매자 입장에서 사용하기 편리하게 모두 정리해야 합니다.

- **숨김 · 잠금 해제**: 배경이나 특정 요소를 잠가 두었다면 모두 해제하세요. 구매자가 요소를 선택하거나 이동할 수 없어 당황할 수 있습니다. 숨김 처리된 페이지가 없는지도 꼭 체크합니다.
- **그룹화 최적화**: 너무 촘촘하게 묶인 그룹은 편집을 방해합니다. 꼭 필요한 묶음이 아니라면 그룹을 해제하거나, 직관적인 단위로만 묶어 두세요.

4. 플레이스 홀더(Placeholder) 최적화

'홍길동''010-0000-0000'처럼 특정 개인의 정보가 담긴 샘플 데이터는 지우고, 구매자가 자신의 정보를 입력할 자리임을 직관적으로 알 수 있게 수정해 두세요. 구매자가 자신의 정보로 즉시 교체하기 쉽도록 명확한 가이드 텍스트(예: Your Brand)로 기재해 두는 것이 좋습니다.

5. 텍스트 깨짐(ㅁㅁ 현상) 주의

외부 서식 충돌로 글자가 사각형으로 깨질 수 있습니다. 100% 확대하여 검수하고, 모든 텍스트가 의도한 폰트로 올바르게 출력되는지 확인하세요.

6. 최종 검수 3계명

① **화면 확대 검수**: 작업 화면을 확대해 폰트 깨짐이나 오타가 없는지 꼼꼼히 훑어봅니다.

② **다운로드 파일 확인**: 직접 PDF나 이미지로 저장해 큰 화면에서 최종 결과물의 해상도를 점검합니다.

③ **외부 링크 테스트**: '시크릿 모드'나 다른 계정으로 접속해 템플릿 링크가 정상적으로 작동하는지 최종 테스트합니다.

7. 고객 가이드 준비

① **고객 가이드 첨부하기**: 캔바가 익숙하지 않은 구매자가 당황하지 않도록 '폰트 변경법', '사진 교체법' 등 기초 사용법을 담은 1페이지 분량의 간이 가이드 파일(PDF)을 함께 제공하세요. 이는 고객 응대 시간을 획기적으로 줄여 줄뿐만 아니라 상품의 사용성을 강화해 높은 평점을 얻는 비결입니다.

② **재구매를 부르는 브랜딩 장치 추가하기**: 가이드 하단이나 마지막 페이지에 내 브랜드를 각인시키는 문구와 소통 채널을 반드시 기재하세요.

- **SNS 링크 및 QR 코드**: 인스타그램, 블로그, 혹은 포트폴리오 사이트 링크를 넣어 구매자가 내 다른 작업물도 구경할 수 있게 유도하세요.
- **감사 메시지와 혜택**: '여러분의 비즈니스를 응원합니다'와 같은 따뜻한 한마디와 함께, 리뷰 작성 시 추가 템플릿 증정이나 재구매 할인 쿠폰 안내를 덧붙이면 자연스럽게 재방문을 촉진할 수 있습니다.

여기까지 모든 과정을 마치고 나면 여러분의 캔바 워크스페이스는 단순한 연습장이 아닌 수익을 만들어 내는 '디자인 자산 창고'로 변신합니다. 체계적으로 정리된 결과물들은 여러분의 전문성을 증명하는 강력한 포트폴리오가 되어 줄 거예요.

CHAPTER 04 완주를 축하합니다!

이번 챕터를 통해 여러분은 단순히 기능을 익히는 단계를 넘어, 실제 비즈니스 현장에서 쓰이는 6가지 업종별 디자인 프로젝트 프로세스를 완벽하게 경험했습니다. 여기까지 달려 온 여러분의 워크스페이스에 쌓인 실습 결과물들은 여러분이 흘린 노력의 증거이자, 프로 디자이너로 거듭나기 위한 소중한 '연습장'입니다. 또한 여기서 꼭 기억해야 할 점이 있습니다. 책의 예제를 그대로 판매하거나 포트폴리오로 사용하는 것은 저작권을 위반하는 행위이므로 금물입니다. 이번 챕터의 진짜 목적은 예제를 복제하는 것이 아니라, 그 속에 담긴 '디자인 원리와 비즈니스 로직'을 여러분의 것으로 만드는 것임을 꼭 기억하세요.

이제 실습으로 다져진 기초 위에 여러분만의 독창적인 아이디어와 스타일을 더해 보세요. 컬러 하나, 폰트 하나를 바꿀 때마다 여러분의 감각은 한 뼘 더 성장할 것입니다. 그렇게 재탄생한 디자인만이 비로소 여러분의 진정한 자산이자, 앞으로 마주할 수익화의 길에서 가장 강력한 무기가 될 것입니다.

CHAPTER 04 완주 체크리스트

챕터 04에서 배운 내용을 간단하게 확인해 볼까요?

- ☐ 디자인 기획의 3가지 핵심 질문을 토대로 기획 의도를 논리적으로 설명할 수 있어요.
- ☐ 폰트 라이선스, 인쇄 재단 물림 등 실무에서 반드시 지켜야 할 체크 포인트를 숙지했어요.
- ☐ 실습 예제를 나만의 컨셉과 컬러로 변형하여 새로운 시리즈로 확장해 보았어요.
- ☐ 템플릿 링크 생성과 플레이스 홀더 설정 등 구매자 친화적인 자산 관리 프로세스를 익혔어요.

CHAPTER 05 예고 | 디자인 수익화 시작하기

지금까지 배운 내용이 시장이 원하는 디자인을 '만드는 역량'을 기르는 과정이었다면, 이어지는 챕터에서는 여러분이 직접 디자인한 독창적인 결과물들을 시장에 내놓고 현금화하는 구체적인 전략을 다룹니다. 템플릿 판매부터 외주 디자인 서비스, POD 굿즈 제작, 그리고 캔바 강의까지. 여러분의 성향과 목표에 맞는 최적의 파이프라인을 구축하고, 신뢰받는 디자이너로서 지속 가능한 성장을 이루는 실전 노하우를 아낌없이 공개합니다. 여러분의 디자인이 누군가의 문제를 해결하고, 나만의 고유한 브랜드로 성장하는 즐거운 여정을 시작해 봅시다.

그럼, **CHAPTER 05 디자인 수익화 시작하기**에서 만나요!

CHAPTER

05

디자인 수익화 시작하기

Canva

내가 만든 디자인을 세상에 내놓는 첫걸음

내 디자인이 세상과 교환되는 방식을 이해하고,
지속 가능한 수익 구조를 현실적으로 그려 볼게요.

이전 챕터에서는 실전 디자인 프로젝트로 캔바를 활용해 SNS 콘텐츠, 섬네일, 프레젠테이션 등 다양한 결과물을 만들어 보았습니다. 이제 그 실력을 현실의 수익으로 연결할 차례입니다. 수익화는 거창하지 않아도 됩니다. 인스타그램 템플릿을 온라인 마켓에 올리거나, 지인의 행사 포스터를 제작하는 작은 시도로도 충분히 시작할 수 있어요. 이런 경험들이 포트폴리오와 브랜딩으로 자연스럽게 이어집니다.

배울 내용

LESSON 01 디자인 수익화 파이프라인 개요 디자인으로 수익을 만들어 내는 전체 흐름과 고객의 여정을 이해하며, 나에게 맞는 현실적인 수익화 전략을 세워 봅니다.

LESSON 02 디자인 템플릿과 그래픽 요소 판매 캔바 템플릿과 그래픽 요소를 제작·판매하는 과정을 구체적으로 배우며, 첫 수익을 만드는 경험을 준비합니다.

LESSON 03 외주 디자인 서비스 외주 디자인 서비스를 통해 클라이언트와 협업하고, 반복 의뢰로 이어지는 신뢰 기반 프로세스를 설계합니다.

LESSON 04 POD 방식의 굿즈 상품 판매 재고 부담 없이 시작할 수 있는 POD(Print on Demand) 방식을 활용해 나의 디자인을 굿즈로 확장하는 방법과 실제 판매 구조를 살펴봅니다.

LESSON 05 캔바 강의 및 교육 콘텐츠 제작 내가 쌓은 캔바 노하우를 강의나 워크북, 전자책 형태로 나누며 지식 콘텐츠로 수익을 확장하는 방법을 배웁니다.

LESSON 06 내 디자인에 맞는 가격 책정 노하우 명확한 기준을 바탕으로 내 디자인의 가치를 반영해 합리적인 가격 책정하는 방법을 익힙니다.

LESSON 07 지속 가능한 성장을 위한 첫걸음 수익화를 꾸준히 이어 가기 위한 리스크 관리, 저작권, 루틴 점검을 통해 지속 가능한 성장을 위한 첫걸음을 내딛습니다.

왜 이런 구성인가요?

수익화의 핵심은 한 번의 판매가 아니라 꾸준히 성장하는 구조를 세우고 흐름을 관리하는 것입니다. 이번 챕터에서는 내가 만든 디자인이 어떻게 수익으로 이어지는지 단계별로 이해할 수 있도록, 흐름 이해(LESSON 01) → 실행 루트 설계(LESSON 02~05) → 운영·성장 관리(LESSON 06~07)의 세 단계로 구성했어요. 각 레슨은 개념 – 사례 – 실행 순서로 구성하여, 상황에 맞춰 바로 응용할 수 있게 했습니다. 마켓 플레이스 탐색부터 포트폴리오 구축, 단가 책정, 리스크 관리까지 현실적으로 가능한 수익 구조를 중심으로 배워 볼 거예요.

디자인 수익화 파이프라인 개요

디자인 수익화는 '무엇을 팔까' 외에 '어떻게 흘러가는가'를 이해하는 것도 중요해요. 캔바 생태계를 중심으로 네 가지 수익 루트와 세일즈 퍼널 구조를 살펴보며, 내 디자인이 돈으로 연결되는 전체 그림을 그려 봅니다.

✨ 디자인 수익화, 어떻게 시작할까?

디자인 수익화는 단순히 디자인을 팔아서 돈을 버는 일이 아닙니다. **지속 가능한 수익을 만들려면 콘텐츠 비즈니스의 흐름을 이해해야 해요.** 건물을 지을 때 기초 공사가 중요하듯, 수익화에도 단계와 순서가 있습니다.

보통은 완벽한 작품을 만들어야 팔 수 있다고 생각하지만, 실제로는 작게 시작해 시장의 반응을 관찰하고, 피드백을 반영하며 개선해 나가는 과정이 훨씬 효과적이에요.

이 과정에서 중요한 것은 '무엇을 팔까'보다 '어떻게 흘러가는가'입니다. 상품이 세상에 도달해 수익으로 이어지는 과정을 세일즈 퍼널(Sales Funnel)이라고 부릅니다. **고객은 나의 상품(디자인 및 서비스)을 발견 → 관심 → 구매 → 재방문/추천의 순서로 경험하죠.**

이 여정을 이해하면, 단순 판매자가 아니라 콘텐츠와 관계를 설계하는 디자이너가 될 수 있습니다. **수익화는 완성의 결과가 아니라, 시도-반응-개선의 반복 구조예요.** 그 구조를 설계하는 순간부터, 당신의 디자인은 하나의 상품이 됩니다.

✨ 세일즈 퍼널과 수익화 단계의 연결

고객의 여정(세일즈 퍼널)과 나의 여정(수익화 단계)은 서로 맞물린 구조예요. **수익화 단계로 퍼널을 설계하면, 고객은 이 퍼널의 여정을 경험하며 내 브랜드를 인식하게 됩니다.**

내 상품(디자인 및 서비스)이 고객에게 발견되고, 신뢰와 재구매로 이어지는 과정을 다음 표로 살펴볼게요.

고객의 여정 (세일즈 퍼널)	고객의 여정 내용	나의 여정(수익화 단계)	연결 포인트
① 발견(Discovery)	고객이 내 상품을 처음 발견	**입문 · 실험 단계 – 포트폴리오를 만들고 공개하기**	고객에게 보일 첫 진입점을 만드는 과정
② 관심(Interest)	고객이 내 상품에 호감을 느낌	**탐색 · 판매 단계 – 노출과 반응 관찰하기**	반응을 보고 수요가 어디에 있는지 학습
③ 구매(Conversion)	고객이 실제 구매 · 의뢰를 함	**성장 · 브랜드화 단계 – 상품화와 브랜드 체계 만들기**	고객이 '이 사람의 상품을 신뢰할 수 있다'고 판단하는 구간
④ 재방문/추천 (Retention)	고객이 재구매하거나 추천	**안정 · 자동화 단계 – 수익 구조 다각화하기**	신뢰를 기반으로 장기적 수익 구조 완성

한 문장으로 정리하자면 나의 수익화 단계는 퍼널을 설계하는 과정이고, 고객의 여정은 그 퍼널 안에서 움직이는 발자취입니다.

✨ 디자인 수익화의 4단계 여정

앞서 살펴본 퍼널 구조가 고객과 나의 여정을 보여 줬다면, 이제는 내가 이 퍼널을 어떻게 설계하여 성장할지 봐야겠죠. **디자인 수익화의 흐름은 실험 → 판매 → 브랜드화 → 자동화, 즉 입문 – 탐색 – 성장 – 안정의 네 단계로 이어집니다.** 각 단계는 일회적 결과가 아니라, 시장과의 대화 속에서 계속 순환하며 발전하는 과정이에요.

1단계. 입문 · 실험 – 포트폴리오 만들고 공개하기

이 단계의 목표는 '보이는 나를 만드는 것'이에요. 아직은 판매보다 보여 주는 연습이 먼저예요. 나만의 스타일이 담긴 디자인을 SNS나 웹사이트에 꾸준히 올리며 반응을 관찰해 보세요. 좋아요, 저장, 댓글 같은 작은 데이터들을 살펴보는 것이 바로 시장 조사입니다.

누군가 내 작업을 기억하기 시작할 때, 다음 단계로 넘어갈 준비가 된 거예요.

핵심 질문

- 나는 어떤 스타일의 디자인을 가장 잘 만드는가?
- 사람들은 내 디자인 중 어떤 것을 가장 좋아하는가?
- 내가 즐겁게 계속 만들 수 있는 디자인은 무엇인가?

2단계. 탐색 · 판매 – 노출과 반응 관찰하기

이제 반응을 관찰하며 시장 언어를 배우는 시기입니다. 포트폴리오가 어느 정도 쌓였다면 디지털 마켓에 템플릿을 올리거나, 무료 리소스로 배포해 실제 사용자의 피드백을 확인해 보세요. 완벽한 상품을 만들려 하기보다 빠른 시도와 데이터 수집이 핵심이에요.

이 단계의 목적은 판매보다 무엇이 통하는가를 배우는 것입니다. 실패도 중요한 자산이라는 것을 기억하세요. 반응이 없다는 것도 하나의 데이터이니까요.

핵심 질문

- 내 디자인을 실제로 돈을 내고 사는 사람이 있는가?
- 사람들은 어떤 부분을 가장 마음에 들어 하는가?
- 어떤 플랫폼에서 내 상품이 가장 잘 팔리는가?

3단계. 성장 · 브랜드화 – 상품화와 브랜드 체계 만들기

이 단계의 핵심은 반복되는 수요를 구조로 전환하는 것이에요. 시장의 반응이 좋은 상품을 중심으로 라인업을 만들고, 시리즈 · 패키지 · 정기 구독 같은 구조로 발전시켜 보세요. '이 사람의 상품은 믿고 산다'는 인식을 만드는 것이 중요합니다. 브랜드 계정을 운영하고, 일관된 시각 언어를 유지하세요. 고객은 이제 제품이 아니라 나의 감각과 신뢰를 구매하게 됩니다.

핵심 질문

- 내 상품의 핵심 가치는 무엇일까? (속도, 감각, 친근함 등)
- 내 상품에 단골 고객이 생기는 이유는 무엇일까?
- 나만의 차별화 포인트는 무엇인가?

4단계. 안정 – 수익 구조 다각화하기

이 시점의 목표는 시간을 투입하지 않아도 수익이 흐르는 구조를 만드는 것입니다. 이제 여러 수익 채널을 조합해 안정적인 시스템을 구축해 보세요. 캔바 템플릿, POD(인쇄 주문형 상품), 온라인 강의 등 다양한 루트를 활용하면 하나의 수익원이 줄어도 전체 수입은 유지됩니다.

자동화의 핵심은 내가 쉬어도 수익이 작동하는 구조를 만드는 거예요. 한 번 만든 템플릿이 꾸준히 팔리고, 녹화한 강의가 지속적으로 판매되는 시스템을 목표로 합니다.

핵심 질문

- 어떤 수익원이 가장 안정적인가?
- 시간 대비 수익이 가장 높은 채널은 어디인가?
- 내가 쉬는 동안에도 수익이 발생하도록 시스템을 만들 수 있을까?

완벽주의는 버리고 일단 시작해 보세요. 처음에는 '완벽한 상품'을 만들기보다 작게 시작해서 반응을 관찰하는 것이 중요합니다. 시장과 고객의 피드백이 다음 디자인 방향을 알려 줍니다. 실패는 배움의 기회예요. 첫 템플릿이 안 팔려도, 첫 제안이 거절당해도 괜찮습니다. 그 경험이 다음 시도를 더 나아지게 만들어 줄 테니까요.

✨ 디자인 수익화의 4가지 방법

이제 구체적으로 어떤 형태로 수익을 낼 수 있는지도 살펴볼까요? 나의 디자인 실력을 수익으로 연결하는 방법은 생각보다 다양해요. 각자의 성향과 목표에 따라 선택할 수 있는 주요 경로를 살펴볼게요.

수익화 유형

유형	특징
디지털 디자인 상품 판매	완성된 디자인 파일 자체를 상품으로 판매하는 방식(예: 캔바 템플릿, 그래픽 요소)
디자인 서비스 제공	클라이언트의 요청에 따라 디자인 작업을 대행해 주는 방식(예: 로고, 명함, 상세페이지 제작)
디자인 상품 판매	디자인을 실물 상품에 인쇄하여 제작 판매하는 방식(예: 머그컵, 배지, 패브릭 상품 등 굿즈)
교육 콘텐츠	디자인 노하우를 강의나 워크숍으로 만들어 판매하는 방식(예: 온라인 강의, 코칭, 전자책))

✨ 나에게 맞는 수익화 방법 찾기

다음 질문을 통해 나에게 가장 자연스러운 수익화 방법을 선택해 보세요.

- 정해진 시간 안에 작업하는 게 좋은가요, 자유롭게 하고 싶나요?
- 사람들과 소통하며 일하는 게 좋은가요, 혼자 몰입하는 게 좋은가요?
- 빠른 수익이 목표인가요, 장기적 자산을 쌓는 게 목표인가요?

당장 하나를 완벽히 정하지 않아도 괜찮아요. 작은 선택이 쌓여 나만의 수익 구조가 만들어집니다.

디자인 수익화의 핵심은 단순히 '팔기 위한 디자인'이 아니라 '살아 움직이는 구조'를 설계하는 일이에요. 내 상품이 세상과 교환되는 방식을 이해하고, 그 안에서 나만의 리듬으로 실험을 이어 가 보세요.

디자인 템플릿과 그래픽 요소 판매

한 번 만든 디자인이 오래 일하게 만드는 방법, 템플릿 판매입니다. 캔바를 활용해 개인 상점 · 마켓 플랫폼에서도 판매가 가능하며, 국내외 디지털 마켓을 통해 현실적인 첫 수익을 만들어 볼 수 있습니다.

✨ 수익을 만드는 가장 현실적인 시작점, 템플릿 판매

캔바 템플릿은 온라인 마켓에서 가장 인기 있는 디지털 상품 중 하나예요. 많은 사용자가 디자인에 투자할 시간은 부족하지만, 브랜드나 콘텐츠를 꾸며야 하죠. 그래서 완성된 템플릿을 구입해 바로 수정·활용하는 수요가 꾸준합니다. 사용자는 템플릿으로 자신의 브랜드를 빠르게 표현하고, 디자이너는 그 과정에서 지속적인 수익을 얻게 됩니다.

가장 큰 장점은 한 번 만들어 두면 계속 팔린다는 점이에요. 오늘 만든 템플릿이 몇 달 뒤에도 판매될 수 있죠. 처음에는 5~10개 정도의 소규모 템플릿 세트부터 시작해 시장 반응을 보며 구성과 스타일을 다듬어 보세요. 피드백이 쌓일수록 잘 팔리는 디자인의 패턴을 직접 익히게 됩니다.

✨ 무엇을 팔 수 있을까?

캔바로 제작 가능한 템플릿이라면 대부분 상품이 될 수 있습니다. 특히 사용 목적이 명확한 실용 디자인일수록 판매 가능성이 높아요. 잊지 말아야 할 점은 템플릿은 단순히 예쁜 디자인 파일이 아니라 '바로 사용할 수 있는 시스템'이어야 한다는 것이에요. 템플릿의 본질은 사용자 친화성이에요. 화려함보다 '누구나 쉽게 수정할 수 있는 구조'의 템플릿이 잘 팔립니다.

구분	판매 가능한 유형	예시
콘텐츠 템플릿	SNS 포스트, 카드뉴스, 섬네일	인스타그램 피드 30종 세트
브랜딩 템플릿	로고, 명함, 제안서, 브랜드 키트	스타트업 브랜딩 키트
비즈니스 문서	리포트, 견적서, 프레젠테이션	마케팅 보고서 템플릿
이벤트 · 생활 디자인	초대장, 플래너, 캘린더, 교회 주보	결혼식 초대장(청첩장), 감성 플래너

✨ 어디서 팔 수 있을까?

템플릿 같은 디지털 디자인 상품은 국내·해외의 다양한 온라인 판매 플랫폼에 입점해서 판매할 수 있습니다. 국내 플랫폼과 해외 플랫폼은 각자의 장단점을 가지고 있어요. 처음이라면 국내 마켓에서 운영 방식을 익히고, 점차 영어 설명을 추가해 해외 시장으로 확장하는 걸 추천합니다.

국내 플랫폼

고객 응대·정산이 빠르고 원화 결제라 진입 부담이 적습니다. 대신 수수료가 높고 시장 규모가 해외보다 상대적으로 작을 수 있어요.

플랫폼	특징
크몽	국내 최대 재능 마켓. 수수료(약 20%)가 있지만 첫 판매에 유리
탈잉	강의 콘텐츠 중심이지만 워크시트 · 플래너 등 판매 가능. 사업자 등록 필수
숨고	마켓을 통해 디자인 템플릿이나 굿즈 등 판매 가능
네이버 스마트스토어	나만의 상점을 운영하며 PDF · ZIP 템플릿 판매 가능
아이디어스	감성형 디자인 시장. 초대장, 스티커 등 개인 브랜딩에 적합

해외 플랫폼

해외 플랫폼은 국내에 비해 시장이 크고 단가가 높은 편이라는 장점이 있어요. 대신 영어로 상품 설명을 구성해야 하고, 세금 및 저작권 규정을 꼼꼼하게 숙지해야 합니다.

플랫폼	특징
엣시(Etsy)	디지털 프린터블, 초대장, 플래너 등 실용 디자인 강세
크리에이티브 마켓(Creative Market)	고품질 디자인 중심. 단가가 높지만 경쟁 치열
검로드(Gumroad)	수수료 낮음. 직접 판매 페이지 제작 가능

더 알아보기 **캔바 크리에이터 프로그램**

캔바에는 '캔바 크리에이터(Canva Creator)'라는 공식 프로그램이 있습니다. 이 프로그램에 지원해 캔바의 승인을 받아 캔바 크리에이터로 선정되면, 내 디자인을 캔바 플랫폼에 업로드하고 전 세계 사용자에게 공개할 수 있어요.

내가 만든 템플릿이나 그래픽 요소가 사용될 때마다 로열티 수익이 자동 분배되는 구조로, 클라이언트의 요구나 마감 일정에 얽매이지 않고 창작 활동에만 집중할 수 있습니다. 업로드된 디자인은 24시간 전 세계에서 활용되므로, 말 그대로 '자는 동안에도 수익이 발생하는 구조'를 경험할 수 있죠. 또한 캔바 크리에이터 전용 커뮤니티에 참여해 협업 · 성장 · 교류의 기회도 얻을 수 있습니다.

2026년 2월 현재, 한국에서는 신규 모집이 중단되어 있는 상태지만, 언제든 재개될 가능성이 있습니다. 지금은 포트폴리오를 쌓으며 캔바 크리에이터로 준비하는 시기라고 생각해 보세요. 프로그램이 다시 열리면, 미리 만들어 둔 템플릿 포트폴리오가 가장 큰 자산이 될 거예요.

지원 창구는 여전히 열려 있으므로, 웹 포트폴리오를 정리해 지원서를 미리 제출해 두는 것도 좋습니다. 언제 캔바 크리에이터 프로그램이 재개되어 온보딩 알림 메일이 도착할지 모르니까요.

아래 QR 코드를 통해 공식 웹페이지에 방문해 보세요. 캔바 크리에이터 프로그램 안내와 지원서 제출 가이드라인을 확인한 뒤, 지원하기 페이지에서 '디자이너(Designer)' 항목을 선택해 지원서를 작성해 제출하면 됩니다.

- **캔바 크리에이터 프로그램 정보**: https://www.canva.com/ko_kr/help/canva-creators-program/
- **지원서 제출 가이드**: https://www.canva.com/design/DAGVqwizVi4/e3FyKPspVAGpuEYpCwQlFQ/view?utm_content=DAGVqwizVi4&utm_campaign=designshare&utm_medium=link&utm_source=viewer
- **캔바 크리에이터 지원하기**: https://www.canva.com/creators/apply

캔바 크리에이터 프로그램 정보

지원서 제출 가이드

캔바 크리에이터 지원하기

✨ 잘 팔리는 템플릿의 공통점

인기 있는 디자인 템플릿에는 공통점이 있습니다. 무작정 예쁘기만 한 디자인보다는 **실무에서 바로 쓸 수 있는 실용성이 중요해요.**

1. **실무에 최적화된 디자인**: 너무 복잡하거나 개성이 강한 디자인은 오히려 범용성이 떨어집니다. 누군가의 업무나 일상에서 즉시 쓰일 수 있어야 해요.
2. **깔끔하고 가독성 좋은 디자인**: 정보가 명확하게 보이고 가독성이 좋은 레이아웃으로 디자인하세요.
3. **유연한 구조의 디자인**: 사용자가 자신의 용도에 맞게 템플릿의 색상, 폰트, 이미지를 쉽게 변경할 수 있도록 편집이 간편하도록 만들어야 만족도가 높습니다.
4. **차별화된 스타일**: 남들과 다른 나만의 감성이나 전문성을 담아 브랜딩하세요.
5. **시리즈 구성**: 업종이나 용도별로 연속성이 있는 템플릿을 세트화하면 신뢰도와 재구매율이 높아집니다.

체크포인트 **판매 중인 템플릿 파일도 다시 보기**

캔바의 그래픽, 이미지, 아이콘, 영상, 폰트 등의 요소들은 제작한 크리에이터 또는 캔바에 의해 게시 중단될 수 있습니다. 따라서 이미 판매 플랫폼에 업로드되어 판매 중인 디자인도 주기적으로 확인해서 누락된 요소가 없는지 확인하고 최신 상태로 업데이트해 두세요.

또한 Pro 요소를 사용한 디자인은 상품 상세페이지에 Pro 요소 사용 여부를 꼭 기재하세요. 사용자에 따라서 Canva Pro 구독을 하지 않은 경우도 있기 때문에 차후에 클레임이 발생할 수 있으므로, Pro 요소 사용 여부를 미리 고지하거나 무료 요소로만 디자인하는 게 좋습니다.

그래픽 요소 판매로 확장하기

템플릿 제작에 익숙해졌다면, 이제 한 단계 더 나아가 그래픽 요소 판매에도 도전해 보세요. 활용도가 높아, 꾸준한 수익의 기반이 됩니다. 특히 캔바의 AI 기능과 조합하면 단시간에 다양한 스타일의 요소를 제작할 수 있어요.

판매 가능한 그래픽 요소 유형

그래픽 요소는 디자인의 재료 역할을 하기 때문에 꾸준히 팔리는 롱테일 상품으로 성장할 가능성이 높아요.

구분	설명	예시
아이콘 세트	라인형, 컬러형 등 콘셉트별 묶음	SNS 아이콘, 비즈니스 아이콘
패턴 · 배경	반복 가능한 패턴, 질감 이미지	파스텔 패턴, 텍스처 배경
일러스트 · 스티커	감정 표현, 콘셉트형 삽화	고양이 스티커, 식물 삽화
사진 · 목업	연출용 배경, 제품 이미지	명함 목업, 포스터 배경 이미지

어디서 판매할 수 있을까?

그래픽 요소 판매는 '나의 디자인 감각을 작게 쪼개서 꾸준히 수익화하는 일'이에요. 작은 아이콘 하나, 패턴 한 장이 당신의 브랜드 자산이 될 수 있어요.

플랫폼	특징
프린트리	국내 POD(Print On Demand) 플랫폼. 직접 만든 패턴을 원단이나 상품에 인쇄해 판매 가능. 캔바에서 만든 패턴 이미지를 등록하면, 구매 시 수수료를 받을 수 있음
미리캔버스 · 어도비 스톡 · 툴디	직접 드로잉하거나 캔바 AI로 만든 이미지를 상업용으로 재가공해 판매 가능. 품질과 저작권 가이드를 꼼꼼히 확인해야 함
디자인 번들 (Design Bundles) · 크리에이티브 패브리카 (Creative Fabrica)	폰트, 템플릿, 그래픽 요소 등 디자인 번들 상품 전문 마켓플레이스. 여러 요소를 묶어 할인 판매하거나 시즌별 패키지로 구성해 수익을 높일 수 있음

그래픽 요소 제작 및 판매 팁

- 상업용 폰트 · 이미지를 포함하지 않고 저작권을 정확히 지켜야 해요.
- 배경을 투명으로 설정하고 PNG, SVG로 저장하면 활용도가 높아집니다.
- 색상 톤을 통일하여 일관성을 유지하면 완성도가 높아 보입니다.
- 파일명은 체계적으로 정리해 재활용하기 쉽게 하세요.

디자인 템플릿과 그래픽 요소 판매는 '한 번 만들어 둔 작업물로 여러 번 일하게 하는 구조'예요. 누군가에게는 단순한 파일이지만, 다른 누군가에게는 시간을 절약해 주는 해결책이 됩니다. 완벽한 상품보다 중요한 건, 꾸준히 만들고 업데이트하는 습관이에요.

처음엔 한두 개의 템플릿으로 시작하더라도 괜찮습니다. 그 과정에서 쌓이는 경험이 곧 당신의 브랜드가 되고, 언젠가 '내 디자인이 스스로 일하는 구조'를 직접 보게 될 거예요.

외주 디자인 서비스

외주는 디자인 실력 외에 신뢰를 관리하는 능력도 중요합니다. 클라이언트가 안심할 수 있는 프로세스를 만들어 두면, 단발성 프로젝트가 재의뢰와 단가 인상으로 이어지게 됩니다. 이번 레슨에서는 외주 디자인을 효율적으로 운영하고, 작업을 시스템화 하는 현실적인 방법을 배워 볼 거예요.

✨ 외주 디자인으로 실력을 현금화하는 법

템플릿 판매가 '디자인 결과물을 파는 일'이라면, 외주 디자인은 '고객의 문제를 해결하는 과정에 함께하는 일'입니다. 클라이언트가 원하는 건 단순히 예쁜 결과물이 아니라, 목적에 맞는 결과예요. 따라서 디자인 기술만이 아니라, 요구 사항을 잘 파악하고 고객이 말하지 못한 의도까지 읽어 내는 공감력과 커뮤니케이션 능력이 필요합니다. 또한 신뢰도 매우 중요해요. '약속을 잘 지키고 믿을만한 사람'이라는 신뢰가 다음 의뢰로 이어지게 합니다.

입문자라면 처음부터 큰 프로젝트를 받기보다, 소규모 작업을 통해 프로세스를 익히는 게 좋아요. 고객의 요청을 듣고, 피드백을 반영하는 과정 자체가 '진짜 실무'의 연습이 됩니다. 작게 시작하되, 매 프로젝트를 '포트폴리오 한 칸'으로 쌓아 가세요.

✨ 외주 디자인 서비스 유형

외주 디자인은 일회성 작업에서 정기 계약까지 다양합니다. 작업 단위와 제공 범위를 명확히 구분하면 가격 협상과 일정 관리가 훨씬 수월해집니다.

유형	설명	예시
일회성 작업	단발성 프로젝트 중심	로고, 포스터, 상세페이지
패키지 서비스	여러 디자인을 묶어 제안	로고+브랜딩 키트, SNS 콘텐츠 세트
정기 관리형 서비스	월 단위로 꾸준한 수익 확보	인스타그램 관리, 뉴스레터 디자인

이벤트 디자인	시즌·행사 중심	웨딩 초대장, 오프닝 배너
기업 자료 디자인	비즈니스 문서 전문	제안서, 리포트, 브로셔

처음엔 일회성 작업으로 감을 잡고, 재의뢰 고객이 생기면 패키지·정기 관리 서비스로 확장하세요. 꾸준히 찾는 고객이 늘수록 '예측 가능한 수익 구조'가 만들어집니다.

✨ 온라인 재능 마켓 플랫폼 활용하기

온라인 재능 마켓은 이미 디자인을 필요로 하는 고객이 모여 있는 곳이에요. 해를 거듭할수록 단순한 부업을 넘어 본업 수준의 수익을 만드는 채널로 성장하고 있답니다. 외주를 처음 시작할 때는 직접 영업보다 온라인 재능 마켓을 활용하는 것이 좋습니다. 온라인 재능 마켓의 고객들은 이미 '디자인이 필요하다'는 의도를 가진 상태로 방문하므로 비교적 쉽게 의뢰를 받을 수 있어요.

국내 플랫폼은 접근성과 언어의 장점이, 해외 플랫폼은 시장 규모와 단가가 강점이에요.

국내 플랫폼

플랫폼	특징
크몽	노출 경쟁력이 높고, 서비스 단위로 상품 등록 가능 예: 피드 10개 + 로고 삽입 1회 포함, 5만 원
숨고	고객이 먼저 프로젝트를 올리고 전문가가 제안하는 구조. 전문적이고 진심 어린 제안서가 핵심
프리랜서 코리아, 위시캣	기업 중심 프로젝트가 많고 단가가 높은 편. 경력과 포트폴리오가 중요 포인트

해외 플랫폼

플랫폼	특징
파이버(Fiverr)	5달러부터 시작 가능한 글로벌 플랫폼. 'K-pop style design'처럼 틈새 전략이 효과적
업워크(Upwork)	장기 계약 중심의 프로젝트형 플랫폼. 시간 단가 결제 방식 가능. 안정적 수익을 원하는 프리랜서에게 적합
나인티나인디자인스(99Designs)	디자인 콘테스트형 플랫폼. 경쟁을 통해 실력을 입증하고, 포트폴리오를 빠르게 쌓기에 용이

피플퍼아워 (PeoplePerHour)	단기 · 시간제 프로젝트 중심. 디자인 외에도 마케팅, 콘텐츠 작업 등 다양한 카테고리를 병행 가능

처음엔 크몽·숨고처럼 접근이 쉬운 플랫폼에서 시작하세요. 실무 감각이 생기면 자연스럽게 프리랜서 코리아, 업워크, 나인티나인디자인스(99Designs), 피플퍼아워(PeoplePerHour) 같은 상위 시장으로 확장할 수 있습니다. 캔바가 제공하는 고급 도구인 어피니티(Affinity), 레오나르도 AI(Leonardo.Ai), 플로리쉬(Flourish)를 활용하면 경쟁력 있는 결과물을 만들어, 상위 플랫폼에서도 충분히 통할 수 있어요. 레오나르도 AI와 플로리쉬는 캔바 비즈니스와 엔터프라이즈 플랜에서 사용할 수 있습니다.

✨ 효율적인 작업 프로세스 만들기

외주 서비스는 반복되는 프로세스 구조이므로, 각 단계를 체계화해 두면 업무 효율성이 높아집니다.

단계	핵심
상담	고객의 목적과 타깃을 파악하고 예산 · 기한을 명확히 안내
제안	작업 범위, 수정 횟수, 납품 일정이 포함된 제안서를 캔바Docs로 정리
계약	수정 범위와 추가 비용 조건을 명시해 무한 수정 리스크를 방지
시안 제작	미리 만들어 둔 캔바 템플릿을 기반으로 색상 · 폰트 · 이미지를 수정
피드백 반영	문장 단위 수정과 디자인 방향 수정은 구분해서 요청받기
납품	캔바의 공유 링크 기능으로 즉시 전달하거나 PDF로 내보내기해서 납품
후기	작업 후 피드백 · 리뷰를 수집해 포트폴리오에 추가

캔바Docs에서 이 7단계 흐름을 표나 다이어그램으로 정리해 두세요. 견적 제시나 계약서 작성 시 고객에게 전달하면 신뢰를 주며, 고객과의 커뮤니케이션이 한결 투명해집니다.

실전 TIP **효율적인 작업 노하우**

외주 디자인 작업을 할 때, 매번 처음부터 새로 만들거나 고객의 수정 요구를 다 받아주기엔 효율이 떨어집니다.

- **템플릿 + 맞춤 수정 전략**: 미리 베이스 템플릿을 여러 스타일로 만들어 두고, 클라이언트의 요구사항에 맞춰 색상, 폰트, 이미지, 텍스트만 교체하는 방식이에요. 이렇게 하면 작업 시간을 절반 이상 줄일 수 있습니다.

  예를 들어, '카페 인스타그램 콘텐츠 10종' 서비스를 판매한다면, 카페에 어울리는 베이지·브라운 톤 템플릿 5종을 미리 만들어 둡니다. 클라이언트의 로고와 메뉴 사진을 받아 템플릿을 맞춤 수정해 줍니다. 이렇게 하면 처음부터 만드는 것보다 훨씬 빠르고, 퀄리티도 일정하게 유지할 수 있어요.
- **작업 수정 범위를 명확히 하기**: '기본 수정 2회 포함, 추가 수정 시 회당 1만 원'처럼 계약 조건을 명시하면, 무한 수정 요청으로 시간을 뺏기는 일을 방지할 수 있습니다.

외주 디자인은 가장 현실적인 성장 경로입니다. 고객의 문제를 해결하는 경험을 쌓을수록, 내 디자인의 설득력과 단가 모두 함께 높아집니다. 작게 시작하더라도, 작업 프로세스를 체계화해 두면 일회성 작업이 꾸준한 일감으로 바뀌게 될 거예요.

POD 방식의 굿즈 상품 판매

굿즈는 디자인이 사람들의 일상 속에 머무는 가장 직접적인 방식이에요. POD를 활용하면 재고 없이 시작할 수 있고, 필요할 때만 제작 · 배송되어 운영 리스크가 낮습니다. 이번 레슨에서는 플랫폼 선택–가격/원가 계산–품질 · 저작권 체크까지 최소한의 실무 포인트만 짚어, 오늘 바로 시작하도록 돕습니다.

✨ 재고 걱정 없이 시작하는 굿즈 제작 판매

티셔츠, 머그컵, 스티커, 폰케이스, 엽서, 캔버스 액자 등 다양한 상품에 내 디자인을 넣어 판매할 수 있어요. 해외 주문의 경우, 배송비 · 관세가 최종 가격에 영향을 주니 한국 고객 비중이 높다면 국내 인쇄 연동을 먼저 검토하는 게 좋습니다.

POD란 무엇인가?

POD는 'Print On Demand'의 약자로, 주문이 들어올 때마다 제품을 제작·배송하는 시스템이에요. 재고를 미리 쌓아 둘 필요가 없어 초기 비용 부담이 거의 없습니다. 디자인만 업로드하면, 주문 · 제작 · 배송까지 플랫폼이 자동 처리해 줍니다. 제품을 정식 런칭하기 전에 샘플 주문으로 제품 품질(원단/색상/인쇄면)을 사전 확인하세요. 반품/환불 규정도 미리 체크하면 고객 응대가 수월합니다.

✨ 주요 POD 플랫폼

POD 판매에는 두 가지 방식이 있습니다. 하나는 디자인만 업로드하면 주문·제작·배송이 자동으로 이뤄지는 완전형 POD 플랫폼, 다른 하나는 내 온라인 스토어(네이버 스마트스토어 · 카페24 등)를 직접 운영하면서 제품 제작은 국내 인쇄소(비즈하우스 · 레드프린팅 · 오프린트미 · 포스트링 · 블랭커팩토리 등)에 맡기는 방식이에요.

전자는 관리가 간편하고 글로벌 판매가 가능하지만 제작 단가가 다소 높을 수 있고, 후자는 세부 조정이 자유롭고 마진율이 높지만 운영에 시간이 더 들어갑니다. 어떤 방식을 택하든 대상 시장 · 제품군 · 수익 구조를 꼼꼼히 비교해 보고 선택하는 게 중요합니다.

국내 플랫폼

플랫폼	특징
온라인 스토어+제작	온라인 스토어(네이버 스마트스토어 · 카페24)를 열고 국내 인쇄소(비즈하우스 · 레드프린팅 · 오프린트미 · 포스트링 · 블랭커팩토리 등)에서 제작 하는 방식. 배송이 빠르고 한글 응대 유리
마플샵	국내 대표 POD 전문 플랫폼. 제작 · 판매 · 배송까지 한 번에 가능하며 최소 수량 제한이 없어 소량 제작도 용이

해외 플랫폼

플랫폼	특징
프린트풀(Printful)	가장 잘 알려진 글로벌 POD 플랫폼. 티셔츠 · 폰케이스 등 품목 다양하고 국내 마켓(스마트스토어, 쿠팡 등)과 연동 가능
레드버블(Redbubble)	업로드만 하면 다양한 제품에 자동 적용. 플랫폼 내 검색 유입이 강하고, 마케팅 부담이 적음
재즐(Zazzle)	고객이 직접 문구 · 이미지를 커스터마이징할 수 있어 선물용 제품에 유리
소사이어티식스(Society6)	예술 프린트 · 홈데코 중심의 프리미엄 POD 플랫폼. 감각적인 일러스트나 회화 작품 판매에 적합
아마존(Amazon)	티셔츠 · 노트 · 컬러링북 등 프린터블+POD 병행 판매 가능. 글로벌 유통망이 강점

실전 TIP **캔바 프린트(Canva Print) vs 국내 인쇄 서비스**

캔바 프린트나 국내 인쇄 서비스를 비교해 내 예산과 작업 스타일에 맞는 구조를 선택할 수 있습니다. 캔바 프린트는 소량 제작이 가능하고, 디자인–제작–배송이 한 번에 처리되는 가장 간편한 방식이에요. 다만, 세부 옵션이나 단가 면에서는 국내 전문 인쇄소가 더 유리할 때도 있습니다.

유형	설명	예시
캔바 프린트 (Canva Print)	디자인부터 주문 · 인쇄까지 한 번에 해결. 국내 인쇄소를 통해 제작돼 배송비 부담이 없고 빠름	간편하지만 단가가 국내 전문 인쇄소보다 약간 높을 수 있음
외부 인쇄 서비스 (비즈하우스 등)	단가 저렴, 후가공 · 재질 선택 폭 넓음, 대량 주문 유리	주문 과정이 분리되어 있고, 직접 시안 관리가 필요함

✨ 성공하는 굿즈 디자인의 특징

모든 디자인이 굿즈로 잘 팔리는 건 아닙니다. 굿즈 시장에는 나름의 법칙이 있어요.

1. **타겟이 명확한 디자인:** 모두를 위한 디자인보다 '고양이 집사를 위한', '독서광을 위한', '등산 마니아를 위한', '공부 플래너와 함께 쓸 수 있는 동기부여 스티커'처럼 구체적일수록 좋아요.
2. **감성을 자극하는 디자인:** 웃음, 공감, 위로, 자부심 같은 감정을 불러일으키는 디자인이 잘 팔립니다. 예를 들어 '책 읽는 시간은 내 시간'이라는 문구가 들어간 북마크는 독서 애호가들에게 큰 공감을 얻을 수 있겠죠.
3. **시즌에 맞는 특별한 디자인:** 졸업 시즌, 크리스마스, 밸런타인데이, 새학기 같은 특정 시기에 맞춘 디자인은 단기간에 폭발적인 판매가 가능합니다.

실전 TIP **장기적인 굿즈 판매 성공 노하우**

- 처음부터 큰 수익을 기대하기보다 꾸준한 업로드 루틴(주 1~2종)을 유지해 보세요.
- 보통 50~100개 이상의 디자인을 등록한 후부터 안정적인 유입이 생기기 시작합니다.
- SNS(인스타그램, 핀터레스트 등)에 제작 과정 · 사용 사진을 올리면 전환율이 높아집니다.
- 테스트 인쇄 샘플과 실제 굿즈를 비교하는 콘텐츠를 SNS에 공유해 브랜드 스토리를 함께 전달해 보세요.

✨ 굿즈 수익을 결정하는 두 가지 공식, 원가와 품질

가격·원가 계산 미니 가이드

굿즈 제작에서 수익을 안정적으로 내기 위해서는 원가 구조를 정확히 파악하고 마진율을 설계하는 것이 중요합니다. 판매 플랫폼마다 수수료와 배송비가 다르기 때문에 아래 표를 참고해 현실적인 가격 구조를 계산해 보세요.

구분	내용
판매가 산출 공식	판매가 = 제작 원가 + 수수료/배송비 + 마진
권장 마진율	30~50%(처음엔 30%로 시작 후, 리뷰·수요에 따라 점진 인상)
확인할 점	플랫폼별로 수수료 정책이 달라 실제 수익률이 다를 수 있으니 정산 기준을 먼저 확인

인쇄 품질 체크 리스트

디자인이 아무리 좋아도 인쇄 품질이 떨어지면 상품 가치가 급격히 낮아져요. 판매 전 반드시 테스트 인쇄를 진행하고, 해상도·색상·파일 형식 등 기본 항목을 꼼꼼히 점검해 두세요. 아래 항목은 실제 POD 플랫폼에서 자주 발생하는 오류를 줄이는 기본 가이드입니다.

항목	확인 포인트
해상도	최소 300DPI, 로고나 글자는 벡터(SVG) 권장
색상 모드	RGB → 인쇄 시 CMYK 변환으로 인한 색상 차 발생 가능
파일 형식	PNG(배경 투명), PDF(인쇄용), SVG(벡터) 등 플랫폼 권장 사양 사용
여백 설정	제품별(인쇄 안전 영역, 재단 물림 표시(블리드) 준수로 인쇄 내용 잘림 방지)
샘플 테스트	업로드 후 반드시 샘플 출력으로 품질 점검

POD 굿즈 제작은 디자이너에게는 패시브 인컴을, 고객에게는 감성이 담긴 일상용품을 제공합니다. 처음엔 소량·저비용으로 시작하더라도, 시간이 지나면 꾸준히 쌓이는 나만의 브랜드 스토어 자산이 될 거예요.

캔바 강의 및 교육 콘텐츠 제작

배운 것을 나누는 일은 또 하나의 성장입니다. 캔바를 익히다 보면 '이걸 나처럼 배우고 싶어 하는 사람이 많겠다'는 생각이 들 때가 있죠. 이제 그 노하우를 강의로 만들어 볼 때 입니다. 이번 레슨에서는 내 캔바 노하우를 강의로 확장해 수익화하는 방법을 살펴봅니다.

왜 캔바 강의가 좋은 시작일까?

캔바의 가장 큰 강점은 접근성과 활용도예요. 포토샵이나 일러스트레이터처럼 진입장벽이 높지 않아, 누구나 쉽게 배우고 바로 실무에 적용할 수 있죠. 그래서 '캔바로 무엇을 할 수 있는지' 알려 주는 강의는 꾸준한 수요가 있습니다.

강의의 장점은 '한 번의 준비가 여러 번의 수익으로 이어지는 구조'에 있습니다. 경험을 지식 자산으로 전환하면, 노동 시간과 수익이 1:1로 묶이지 않습니다.

캔바 강의는 '전문 강사'가 아니어도 괜찮습니다. 복잡한 디자인 이론보다 직접 써본 노하우가 강의의 핵심이에요. 소상공인, 크리에이터, 직장인처럼 **실제 문제를 해결하고 싶은 사람에게 현장 경험을 바탕으로 도움을 주는 게 포인트입니다.**

예를 들어 다음과 같은 주제들은 지금도 온라인에서 높은 수요를 보입니다.

분야	강의 예시
프리랜서 디자이너	「캔바로 시작하는 콘텐츠 디자인」
콘텐츠 마케터	「SNS 카드뉴스 · 광고 배너 효율적으로 제작하기」
소상공인 · 1인 브랜드	「캔바로 홍보물 · 리플릿 · 메뉴판 직접 제작하기」
직장인 · 팀 리더	「캔바 프레젠테이션으로 업무 보고서 완성하기」
크리에이터 · 교육자	「강의용 슬라이드 · 워크북을 캔바로 손쉽게 구성하기」

✨ 대상부터 형태까지, 강의 구조 잡기

강의를 기획할 때는 누구에게 어떤 변화를 주고 싶은가부터 정해야 해요. 대상과 형태가 명확해야 커리큘럼이 흔들리지 않고, 강의의 방향과 메시지도 일관되게 유지됩니다.

아래 내용을 보며 내 강의가 어디에 속하는지, 그리고 어떤 방식으로 전달할지를 구체화해 보세요.

대상별 강의 아이디어

대상	예시
직장인	회사에서 바로 쓰는 캔바 PPT 1시간 완성, 보고서를 돋보이게 만드는 인포그래픽 디자인
소상공인	브랜드 홍보 콘텐츠를 하루 만에 완성하기, 돋보이는 배달 앱 메뉴 이미지 디자인 실전
교사	학급 안내문부터 워크시트까지, 선생님을 위한 캔바 활용법
취준생	합격하는 이력서와 포트폴리오 디자인 완전 정복
크리에이터	유튜브 섬네일 클릭률 3배 높이는 디자인 비법

형태별 강의 옵션

형태	특징
온라인 VOD 강의	한 번 녹화하면 계속 판매할 수 있음. 클래스101, 탈잉, 인프런, 유데미 같은 플랫폼에 강사로 등록해서 활동할 수 있음
실시간 줌 클래스	소규모 그룹으로 실습 중심 수업을 진행. 즉각적인 피드백이 가능해서 만족도가 높음
기업 · 단체 출강	회사, 학교, 도서관, 문화 센터 등에서 2~3시간짜리 워크숍을 진행. 1회 강의료가 높음
전자책 · PDF 가이드	'캔바 단축키 모음집, '30일 디자인 챌린지 워크북' 같은 자료를 판매 가능

강의 자료 제작하기

캔바의 장점은 슬라이드 · 워크북 · 홍보 이미지까지 한 번에 제작할 수 있다는 점이에요. 별도의 툴 없이 시각 자료를 모두 준비할 수 있어, 내용 전달에 더 집중할 수 있습니다.

자료 유형	설명	캔바 활용 예시
강의 영상	강의나 시연 영상 제작	업로드 항목 탭 내 직접 녹화하기(최대 1시간) 기능 활용
프레젠테이션	핵심 메시지를 시각화	Magic Write로 문구 구성
워크북/실습지	수강생이 직접 따라하는 자료	Docs 또는 화이트보드로 제작
홍보물/섬네일	강의 홍보용 콘텐츠	크기 조정 메뉴에서 다양한 크기로 자동 변환
수료증/체크리스트	강의 후 피드백용 자료	PDF 또는 캔바 인쇄로 공유 및 인쇄

✨ 강의 및 교육 콘텐츠 판매 플랫폼

온라인 클래스 플랫폼

온라인 클래스 플랫폼은 강사가 자신의 강의를 등록하고 수강생에게 판매할 수 있는 교육형 플랫폼이에요. 촬영·편집된 VOD 강의부터 실시간 줌 클래스까지, 콘텐츠 형태에 따라 다양한 방식으로 운영됩니다. 특히 플랫폼이 결제·홍보·수강 관리 기능을 모두 제공하기 때문에, 개인 강의나 브랜드 교육을 처음 시작하는 사람에게 가장 진입이 쉬운 구조입니다.

플랫폼	특징
클래스101	취미와 실용 강의 중심의 플랫폼. 높은 영상 완성도를 요구하지만, 그만큼 신뢰도가 높고 수강생이 많음
탈잉	일대일 또는 소규모 그룹 수업에 강점. 실시간 소통이 중요한 실습 강의에 적합
인프런	IT와 실무 스킬 중심 플랫폼. 디자인 강의도 늘어나고 있고, 강사 자율성이 높음
유데미(Udemy)	글로벌 플랫폼으로, 내 강의를 전 세계에 판매 가능. 영어 자막이나 더빙이 있으면 좋지만, 한국어 강의로 국내 시장에 판매도 가능
라이브 클래스(Liveklass)	강사가 직접 운영하는 홈페이지 형태로 제공되는 서비스라 좀 더 개인 홈페이지 같은 구성으로 다른 서비스들보다 수수료가 저렴. 주로 실시간 라이브 강의 및 웹세미나에 특화. 강사와 학습자 간 즉각적 소통과 커뮤니티 형성에 강점
Publ(퍼블)	크리에이터의 지식과 콘텐츠를 판매할 수 있도록 돕는 올인원 지식 판매 플랫폼. 강의뿐만 아니라 다양한 디지털 콘텐츠(전자책, 다운로드 자료) 판매에 전문화되어 있고, 다양한 파일 포맷 지원과 디지털마케팅 연동 기능이 장점이며, 소비자들에게 크리에이터로 각인하기에 유리

체크포인트 등록형 vs 독립형, 어떤 플랫폼이 나에게 맞을까?

등록형 플랫폼(클래스101 · 탈잉 · 인프런 · 유데미)

강사가 플랫폼에 강의를 등록해 판매하는 방식이에요. 플랫폼이 홍보 · 결제 · 수강 관리를 지원해 진입이 쉽고, 일정한 트래픽 덕분에 안정적인 수익 구조를 만들기 좋습니다. 다만, 플랫폼 정책과 알고리즘에 운영이 다소 종속될 수 있어요.

독립형 플랫폼(라이브클래스 · 퍼블)

강사가 자신의 웹사이트처럼 운영할 수 있는 구조예요. 가격 · 커리큘럼 · 소통 방식을 자유롭게 설계할 수 있고 수수료 부담이 낮으며, 전자책 · 템플릿 등 디지털 상품 번들화가 쉽습니다. 플랫폼에 의존하지 않고 브랜드 중심의 교육 비즈니스로 확장하기에 유리합니다.

전자책 판매 플랫폼

전자책 플랫폼은 텍스트 기반의 지식 콘텐츠를 디지털 파일 형태로 판매할 수 있는 채널이에요. 강의보다 제작 공수가 적고 진입 장벽이 낮아, 첫 지식 콘텐츠 상품으로 적합합니다. 강의 전 단계에서 콘텐츠를 테스트하거나, 수강생 복습용 교재로 활용하기도 좋아요.

특히 퍼블처럼 전자책과 강의를 함께 운영할 수 있는 플랫폼을 이용하면 '전자책 → 강의 → 워크북'으로 이어지는 자연스러운 수익 구조를 만들 수 있습니다.

플랫폼	특징
교보문고 e퍼블리싱	독립 출판 형태로 전자책 유통 가능. 국내 인지도와 검색 노출이 강점
리디북스 셀렉트	전자책 구독 생태계와 단권 판매 병행. 디자인/실무 카테고리 노출 유리
퍼블	PDF · EPUB 등 디지털 문서 판매와 강의 연동이 쉬워 '리드 수집 → 강의 전환' 퍼널 구성에 적합

✨ 운영 전략 한눈에 보기

강의나 교육 콘텐츠를 꾸준히 운영하려면 무엇을 가르칠지 뿐만 아니라, 어떻게 운영하면 지속 가능한 구조가 될지도 설계해야 합니다. 다음 내용은 실제 운영에 바로 적용할 수 있는 핵심 가이드입니다.

커리큘럼 기본 구조

교육 콘텐츠를 구성할 때 '배경 지식 →기능 설명 →실전 과제 →피드백 →템플릿 제공'의 흐름으로 설계해 보세요. 수강생이 단순히 듣고 끝나는 것이 아니라, '직접 완성물'을 남기고 나가게 하는 구조가 중요합니다.

'30일 챌린지', '하루 1디자인 실습'처럼 짧은 단위로 목표를 나누는 챌린지형 운영도 효과적이에요. 수강생은 매일 실습하며 성취감을 얻고, 강사는 커뮤니티 · 리마인드 콘텐츠를 통해 지속적인 관계와 수익을 이어갈 수 있습니다. 챌린지 커리큘럼 안에 '실습 과제 → 공유 → 피드백'의 순환 구조를 설계하면 실행 중심의 학습 브랜드로 발전시킬 수 있어요.

운영 방식별 장점과 유의할 점

운영 방식	특징 및 장점	유의할 점
VOD(탈잉 · 클래스101 등)	한 번 제작하면 장기 판매 가능, 자동화 수익 구조	초기 촬영 · 편집 공수가 높음
라이브(줌 · 오프라인)	실시간 피드백 가능, 후기 · 사례 확보에 유리	운영 일정과 시간 제약 발생
전자책(워크북형)	진입이 쉽고, 첫 강의 입문용으로 적합	즉각적인 소통은 어려움

영상 강의(VOD), 라이브, 전자책은 서로를 밀어 주는 삼각 구조예요. 첫 진입은 전자책 → 라이브 미니 클래스 → VOD 순서가 부담이 가장 적습니다. 전자책으로 콘텐츠를 먼저 검증하고, 라이브에서 피드백을 받으며, 완성된 커리큘럼을 영상 강의로 확장하면 자연스러운 성장 루트를 만들 수 있습니다.

효과적인 강의 기획 노하우

사람들은 단순히 캔바를 배우고 싶어서가 아니라, 구체적인 문제를 해결하고 싶어서 강의를 찾습니다. 즉, 강의 주제는 '누구의, 어떤 문제를, 얼마 만에, 어떤 결과로 해결할 수 있는가'라는 구조로 설계해야 합니다. 예를 들어, '캔바 완전 정복 강의'라는 제목은 너무 막연합니다. '카페 홍보물, 캔바로 하루 만에 완성하기'처럼 강의 주제를 구체적이고 실용적으로 설정해 보세요. 명확한 시간과 결과가 있을수록 신뢰와 설득력이 높아집니다.

강의를 기획할 때 이런 질문에 답해 보세요.

- 수강생은 어떤 문제를 해결하고 싶을까?
- 강의 후 어떤 결과물을 만들 수 있을까?
- 왜 유튜브 무료 영상이 아니라 내 강의를 사야 할까?

첫 강의는 완벽하지 않아도 괜찮아요. 오히려 작고 빠르게 시작하고 수강생 피드백을 받으며 개선하고 발전시키는 게 더 효과적입니다. 짧은 분량의 무료 강의를 먼저 공개해서 반응을 살펴보세요. 또한 강의를 만드는 과정 자체를 SNS에 공유하면, 출시 전부터 관심을 모을 수 있어요.

내 디자인에 맞는 가격 책정 노하우

디자인의 가치는 결과물이 아니라 구조에서 결정됩니다. 이번 레슨에서는 감이 아닌 근거로 가격을 정하는 법, 내 시간과 노력을 수익으로 바꾸는 현실적인 가격 책정 노하우를 배워 봅니다.

가격 책정은 감이 아닌 구조의 문제

가격 책정은 단순히 얼마를 받을까의 문제가 아닙니다. 내 시간을 수치로 환산하고, 내 일의 가치를 구조화하는 일이지요. 좋은 결과물을 만들고도 수익이 늘지 않는 이유는 실력이 부족해서가 아니라, '가치 산정의 기준'을 명확히 세우지 않았기 때문입니다.

가격 책정은 결국 시간·난이도·결과 가치의 균형을 수치로 표현하는 과정입니다. 즉, 가격은 감이 아니라 구조의 문제인 것이죠.

가격을 결정하는 3가지 기준

가격을 정할 때는 '얼마나 오래 걸렸는가'보다 '무엇을 해결했는가'를 기준으로 생각해 보세요.

기준	설명	예시
시간	실제 작업 시간+준비 · 수정 시간 포함	1시간당 3만 원×10시간=30만 원
난이도	기술적 · 창의적 판단, 리서치 난이도 반영	단순 수정형 vs 신규 기획형
결과 가치	고객이 얻는 결과물의 영향력	로고, 브랜드 키트, 프레젠테이션 등

내 디자인 가격 책정하는 방법

외주형 디자인 서비스는 프로젝트 단위로 가격을 정하는 경우가 많아요. 다음 공식을 기준으로 단가를 산정해 보세요.

단가 = (작업 시간 × 시간당 단가) + 수정비 + 마진

항목	예시	참고
SNS 카드뉴스 디자인	5만 원 / 1세트(5~8장 내외)	기획안 제공 시, 디자인 포맷 유지 및 내용 교체
브랜드 로고 + 키트	50~100만 원	리서치 · 컨셉 설계 포함
제안서 · PPT 디자인	10~30만 원	페이지 수에 따라 변동

작업 시간을 꾸준히 기록하면 '내 평균 단가'를 명확히 알 수 있습니다. 예를 들어 하루 6시간 동안 카드뉴스 3세트를 제작했다면(세트당 5만원 기준), 총수익 15만 원을 시간으로 나누어 시간당 단가는 2만 5천 원이 됩니다.

더 알아보기 **공신력 있는 단가 기준 참고하기**

디자인 견적이 막막하다면 공신력 있는 기준 단가를 먼저 참고해 보세요.

- **디자인 대가 기준 종합 정보 시스템 https://www.dsninfo.or.kr**
  한국디자인산업연합회에서 운영하는 곳으로 프로젝트 유형·규모·난이도에 따라 예상 견적을 산출할 수 있는 공식 플랫폼입니다. 회원 가입 후 유사 프로젝트를 입력하면 표준 노임단가 기반의 예상 견적을 바로 확인할 수 있어요.
- **시장형 플랫폼 단가 비교**
  한국프리랜서디자이너협회, 크몽, 숨고, 위시캣 등에서 실제 거래가를 살펴보며 자신의 수준에 맞는 단가 감각을 익히세요.

디지털 상품(템플릿 · 굿즈 · 전자책) 가격 구조

디지털 상품은 한 번 만들어 두면 반복 판매가 가능한 자산입니다. 다음 공식을 활용해 가격 구조를 계산해 보세요.

판매가 = 제작 원가 + 플랫폼 수수료 + 마진

상품 유형	주요 비용 요소	가격 전략
템플릿	제작 시간, 카테고리 경쟁도	초반엔 세트 구성으로 진입
굿즈	인쇄 단가, 배송비, 플랫폼 수수료	원가율 40~50% 확보
전자책	제작 공수 낮고, 수수료 낮음	9,900~19,900원대 입문용 적합

전자책은 제작 공수에 비해 수익성이 높고, 재고가 없다는 점에서 초보 크리에이터가 첫 수익 구조를 만들기에 가장 좋은 상품이에요. 디자인 템플릿 → 워크북 → 전자책으로 확장하면, 시간과 노력이 누적되는 수익 구조를 만들 수 있습니다.

강의 · 교육 콘텐츠 가격 구조

강의나 교육 콘텐츠는 단가가 높지만, 준비 공수와 마케팅 비용이 함께 들어갑니다. 특히 VOD, 실시간, 전자책형 강의는 구조가 달라 단가 계산 방식도 다릅니다.

형태	특징	가격 산정 기준
VOD 강의	장기 판매 가능, 초기 제작 공수 높음	제작비 ÷ 예상 판매량 + 플랫폼 수수료 + 마진
실시간 강의(온 · 오프라인)	즉각 피드백 가능, 인원 제한 있음	시간당 강의료 × 세션 수 + 자료 제작비
전자책 · 워크북형	제작 공수 적고 진입 쉬움	제작 시간 × 단가 + 수수료 + 홍보비

라이브 강의를 촬영해 VOD로 전환하거나, 워크북을 전자책으로 요약하면 하나의 콘텐츠가 세 가지 상품으로 확장됩니다.

✨ 신뢰를 가격으로 바꾸는 구조 만들기

디자인의 가치는 결과물보다 그 결과가 만들어지는 과정의 신뢰에서 정해집니다. 고객은 얼마나 예쁜가보다 얼마나 믿을 수 있는가를 먼저 봅니다. 따라서 가격을 높인다는 건 단순히 금액을 올리는 일이 아니라, 납득 가능한 이유의 구조를 설계하는 일이에요.

가격에 대한 태도 원칙

내가 내 일의 가치를 어떻게 정의하느냐에 따라, 고객이 느끼는 신뢰의 무게가 달라집니다. 아래의 원칙은 단가를 높이는 데 필요한 실무적 자세를 정리한 거예요. 이 원칙들은 가격 협상뿐 아니라, 고객과 장기적인 관계를 유지하는 데도 큰 힘이 됩니다.

원칙	설명	적용하기
자존감	내 가치에 확신을 가지기	내가 내 작업의 가치를 믿지 않으면, 고객도 믿지 않는다는 걸 숙지
전문성	선택과 집중	모든 걸 하려 하기보다 신뢰받는 한 분야를 구축
협업	신뢰 중심의 대화	결과보다 대화가 편한 사람이 단가를 높일 수 있음
시간 관리	일정 명확화	시간을 관리하면 일정이 선명해지고, 단가가 올라감
브랜딩	제안서 · 후기	가격표보다 검색 결과가 내 브랜드의 첫인상으로 기억됨

일관성으로 신뢰 쌓기

단가 인상은 일관성에서 시작됩니다. 같은 퀄리티라도 매번 일정하게, 약속된 속도로, 신뢰감 있게 납품하는 사람이 결국 더 높은 단가를 제시할 수 있습니다.

신뢰를 키우는 3가지 습관

1. **기준 세우기**: 나의 기준을 단단히 세워야 남도 존중합니다.
2. **성과 확장하기**: 하나의 결과물을 템플릿·워크숍·강의로 발전시키세요.
3. **후기 · 포트폴리오 공개하기**: 기록은 가장 강력한 설득 도구입니다.

가격을 높이는 3단계 구조

이제 태도와 습관을 구체적인 구조로 전환해 봅시다. 고객이 납득할 수 있는 근거의 구조를 갖추면, 설득하지 않아도 단가가 자연스럽게 높아집니다.

단계	핵심 포인트	실천 방법
표준화	반복 제안을 자동화	캔바 Docs로 견적 템플릿 생성
가시화	작업 범위 · 수정 횟수 · 납기일 명확히	문서화하면 협상보다 신뢰가 높아짐
기록화	프로젝트 후 리뷰 · 성과 아카이브	후기는 다음 제안의 가장 강력한 증거로 활용 가능

결과는 물론 과정까지 신뢰받는 사람이 결국 더 높은 가격을 제시할 수 있습니다.

지속 가능한 성장을 위한 첫걸음

지속 가능한 수익화는 꾸준히 이어 갈 수 있는 구조가 뒷받침되어야 합니다. AI, Pro 요소, 저작권, 플랫폼 의존도 등 크리에이터가 놓치기 쉬운 위험 요소를 미리 점검하고, 신뢰와 루틴으로 성장의 흐름을 유지해야 합니다. 이번 레슨에서는 수익화를 꾸준히 이어갈 수 있는 나만의 시스템을 만드는 방법을 살펴볼게요.

✨ 꾸준함을 시스템으로 만드는 법

한 번의 성공보다, 매번 일정한 품질로 약속을 지켜내는 일관성이 진짜 경쟁력입니다. 결국 성장의 핵심은 꾸준함을 시스템으로 만드는 힘, 그리고 그 시스템을 통해 쌓이는 신뢰의 구조예요.

일관성은 브랜드의 자산이 된다

고객의 신뢰는 약속을 지키는 일관성에서 쌓입니다. 그러기 위해서는 한 번에 몰아서 작업하기보다 루틴으로 일관되게 작업하는 것이 더 좋습니다. 매일 정해진 시간에 작업하고, 주 1회 작업 과정과 결과를 기록하는 습관을 가져 보세요. 꾸준하고 일관된 작업 리듬이 내 브랜드를 단단하게 지켜 줍니다.

리스크는 시스템으로 관리한다

작업할 때 예상되는 리스크와 해결책을 미리 정리해 둡니다. 이 목록은 실제 상황에서 당황하지 않고 빠르게 리스크를 해결할 수 있는 든든한 가이드라인이 되어 줍니다.

구분	주요 리스크	해결 방향
내적 루틴 리스크	과도한 욕심, 시간 관리 실패, 번아웃	목표를 '1일 1작업', '주 1포트폴리오'처럼 작게 설정
외적 운영 리스크	가격 책정 오류, 고객 트러블, 세금 · 법적 이슈	계약서 · 견적서 표준화, 수정 규정 명시, 저작권 체크리스트 활용
구조적 리스크	한 플랫폼에만 의존	다양한 마켓 플랫폼과 SNS 등 다중 채널로 분산 운영

리스크는 없앨 수 없지만, 관리할 수는 있습니다. 시스템화된 프로세스는 감정의 기복이나 외부 환경에도 흔들리지 않는 안정성을 만들어 줍니다.

✨ 신뢰를 지키는 기본 원칙

수익화의 지속력은 신뢰에서 비롯됩니다. 그 신뢰의 핵심에는 저작권, 창작 윤리, 그리고 일관된 품질 유지가 있어요. 특히 창작자로서 오래 작업을 이어가기 원한다면, 작업물의 독창성을 위해 꾸준히 노력하고 배워야 합니다.

저작권과 독창성, 신뢰의 기초

캔바의 Free 또는 Pro 요소를 그대로 재판매하는 것은 금지되어 있으며, 반드시 직접 편집·배치·조합하여 새로운 창작물로 만들어야 합니다. AI로 생성한 이미지 역시 완성본이 아니라 초안으로 다루고, 편집과 구성으로 창작자의 의도를 더해야 비로소 상업적 가치를 갖게 됩니다.

이 원칙을 지키는 일은 단순한 규칙 준수가 아니라, 장기적으로 나의 포트폴리오 신뢰도를 높이는 전략이에요.

체크포인트 **저작권 리스크 관리 3원칙**

저작권에 대해서 크게 기억해야 할 점을 3가지 원칙으로 정리했어요. 더 자세한 내용은 챕터 01에서 다루었으니 꼭 체크해 보세요.

① **요소 사용권 명시:** 사용한 폰트 · 이미지 · AI 요소의 상업 이용 여부를 반드시 확인해야 합니다.

② **AI 생성물 가공:** 단순 복제 대신 편집 · 재해석 후 재판매 해야 합니다.

③ **이미지 권리 확인:** 제3자 얼굴 · 브랜드 · 상표 포함 시 상업 이용이 금지됩니다.

✨ 루틴으로 성장하는 구조 만들기

지속적인 성장은 반복적인 작업 리듬에서 나옵니다. 또한 포트폴리오는 단순히 결과물의 목록이 아니라 내 브랜드의 성장 과정을 보여 주는 지표이기도 합니다.

아직 고객 프로젝트가 없어도 괜찮습니다. 가상의 고객을 설정해 디자인 프로젝트를 수행하고, 왜 이렇게 디자인했는지를 함께 기록해 포트폴리오를 만들어 보세요. 지인이나 소규모 브랜드를 대상으로 저가 프로젝트를 진행하고 후기를 모아 실전 포트폴리오를 쌓는 것도 좋은 방법입니다.

꾸준함을 유지하는 3단 루틴

① 매주 한 작품 완성해서 SNS에 업로드하기

② 온라인 마켓 플레이스에 템플릿 상품 등록하기

③ 캔바 폴더에 테마별로 정리 및 태깅하기

이렇게 작은 루틴들로 쌓인 결과물은 시간이 지나 브랜드 자산으로 남습니다.

지속 가능한 구조로 성장하기

자동화 도구는 속도를 높여 주지만, 그 도구를 꾸준히 다루는 사람의 리듬이 결국 브랜드를 지탱합니다. 오늘 한 개의 디자인을 만들고 기록하는 그 습관이, 내일의 브랜드와 수익 구조를 단단하게 만들어 줍니다. 꾸준함은 재능보다 강력한 시스템입니다. 일관성이 브랜드의 신뢰를, 그리고 그 신뢰가 결국 지속 가능한 수익을 만들어 냅니다.

CHAPTER 05 완주를 축하합니다!

이제 캔바 디자인을 수익으로 연결하는 구체적인 방법을 모두 배웠어요. 디자인 실력만큼이나 중요한 건 실행이에요. 완벽하지 않아도 괜찮습니다. 디자인 수익화는 단번에 큰 수익을 얻기보다는, 내가 좋아하는 분야를 꾸준히 탐색하며 브랜딩 자산을 쌓는 여정입니다. 거창한 도약보다 작은 반복에서 탄탄해지는 것이죠. 이번 챕터에서 배운 것을 토대로 지금 당장 할 수 있는 작은 것부터 시작해 보세요.

CHAPTER 05 완주 체크리스트

- ☐ 퍼널-4단계 흐름을 내 상품/채널에 대입해 보았어요.
- ☐ 템플릿 또는 그래픽 요소를 1종 이상 등록했어요.
- ☐ 외주 프로세스(견적-계약-수정 규정) 서식을 캔바 Docs로 만들었어요.
- ☐ POD 또는 전자책/강의 중 하나를 파일럿으로 출시했어요.
- ☐ 가격 기준표(서비스 · 디지털 · 강의)를 마련하고 최초 견적을 발행했어요.
- ☐ 저작권/요소 사용권 체크리스트로 리스크를 점검했어요.

CHAPTER 06 예고 | 브랜딩으로 차별화하기

수익화의 기초를 다졌으니 이제는 나다움으로 설득력을 키우고 지속 가능한 브랜드를 만들 시간이에요! 다음 챕터에서는 나다움이 곧 경쟁력이라는 점을 깨닫고, 나만의 디자인 아이덴티티를 찾고 일관성 있는 비주얼 시스템을 구축하는 방법을 함께 배워 봐요!

그럼, **CHAPTER 06 브랜딩으로 차별화하기에서**에서 만나요!

Canva

LESSON 01　브랜딩, 디자이너의 생존 전략

LESSON 02　나만의 브랜드 정체성 찾고 정리하기

LESSON 03　내 브랜드의 비주얼 시스템 만들기

LESSON 04　브랜드를 말하는 웹 포트폴리오 만들기

LESSON 05　팬을 부르는 스토리텔링과 채널 운영 전략

LESSON 06　나답게 오래 가는 브랜드 로드맵

CHAPTER

06

브랜딩으로 차별화하기

Canva

대체되지 않는 '나'라는 브랜드로 기억되는 법

나를 정의하는 질문에서 출발해 브랜드 정체성, 비주얼 시스템, 웹 포트폴리오와 SNS 전략까지. 실전 브랜딩 여정을 따라가며 자신만의 차별화 포인트를 찾아봅니다.

이전 챕터에서는 디자인을 수익으로 연결하는 여러 가지 방법을 살펴봤습니다. 캔바로 수익을 올릴 준비는 끝났지만, 실력만으론 차별화하기는 어렵습니다. 나만의 브랜드를 갖춰야 고객이 먼저 찾아옵니다.

저가 경쟁에 빠지지 않고, 고객이 '나'를 찾아오게 만들고 내 디자인의 팬이 되게 만드는 힘은 바로 '브랜드'에서 나옵니다. 브랜딩은 규모에 상관없이 모든 크리에이터에게 필수 전략입니다. 이름, 스타일, 무드, 메시지가 쌓여 '나만의 브랜드'가 됩니다.

이번 챕터에서는 디자인의 기술적인 부분을 넘어, 나만의 정체성을 발견해, 고객에게 일관되게 보여 주며, 유지하는 방법을 배웁니다. '이 사람의 디자인이라면 믿고 사고 싶다'고 떠올려지는 디자이너로 성장하는 것. 그것이 바로 브랜딩의 힘입니다.

배울 내용

LESSON 01 브랜딩, 디자이너의 생존 전략 브랜딩의 개념과 중요성을 이해하고, 1인 크리에이터가 왜 가격 경쟁이 아닌 가치 경쟁을 해야 하는지 배웁니다. '나에게 브랜딩이 정말 필요한가?'라는 질문에 스스로 답하며, 브랜딩 여정을 시작할 동기를 얻게 될 거예요.

LESSON 02 나만의 브랜드 정체성 찾고 정리하기 막연한 '나다움'을 구체적인 디자인 언어로 번역하는 방법을 배웁니다. 나의 강점과 취향을 탐색하고, 캔바 Docs로 브랜드 선언문을 정리해 볼 거예요. 캔바 화이트보드로 무드보드를 만들어 브랜드의 방향성을 시각화합니다.

LESSON 03 내 브랜드의 비주얼 시스템 만들기 무드보드에서 얻은 영감을 바탕으로 일관성 있는 로고, 컬러, 폰트를 결정합니다. 캔바의 브랜드 키트를 완성하여 모든 디자인에 자동으로 적용할 수 있는 시스템을 만들 거예요.

LESSON 04 브랜드를 말하는 웹 포트폴리오 만들기 단순한 작품 모음을 넘어, 나의 디자인 정체성과 철학을 담은 포트폴리오를 만듭니다. 캔바 웹사이트 기능을 활용해 스토리가 있는 포트폴리오를 완성할 수 있어요.

LESSON 05 팬을 부르는 스토리텔링과 채널 운영 전략 단순한 구매자가 아닌, 나를 응원하는 팬을 끌어당기는 스토리텔링 기법을 익히고 SNS 채널에서 활용할 수 있는 콘텐츠로 만드는 방법을 배웁니다.

LESSON 06 나답게 오래 가는 브랜드 로드맵 이 레슨은 '미래 참고 가이드'라고 할 수 있어요. 나의 브랜드를 꾸준히 성장시키는 방법을 찾고, 나답게 오래 가는 법을 배웁니다.

왜 이런 구성인가요?

"나는 전공자도 아니고 유명하지도 않은데, 브랜딩이 정말 필요할까?" 초보 디자이너나 1인 크리에이터들이 가장 많이하는 질문입니다. 하지만 오히려 작게 시작하는 단계일수록 나만의 고유한 경험과 취향이 강력한 차별화 무기가 되어 줍니다. 또한 완벽함보다는 '나다움'을 일관되게 보여주는 것, 그것이 여러분의 디자인을 저가 경쟁의 늪에서 구해 줄 생존 전략이 될 거예요.

이번 챕터는 내 브랜드를 구체적인 결과물로 표현하는 과정에 집중합니다. 캔바가 제공하는 강력한 브랜딩 도구들을 활용해 내 안의 막연한 생각들을 구체적인 비주얼과 시스템으로 구축하는 법을 배우게 됩니다.

브랜딩의 필요성 이해하기(Why) → 정체성 찾기(What) → 비주얼로 구현하기(How) → 포트폴리오만들기(Result) → 스토리를 SNS 콘텐츠로 전달하기(Action) → 지속 가능한 성장 그려 보기(Future)

이러한 흐름을 따라가다 보면, 고객이 먼저 찾아오는 '브랜드 오너'로 성장하게 될 거예요.

실습 자료는 아래 웹사이트에서 확인할 수 있어요.
https://sijae.my.canva.site/creator-lab

브랜딩, 디자이너의 생존 전략

브랜딩은 성공한 후에 하는 게 아니라, 성공하기 위해 하는 겁니다. 특히 혼자 일하는 1인 디자이너에게는 더욱 절실해요. 이 레슨을 마치면 '나에게 브랜딩이 왜 필요한가?'라는 질문에 스스로 답할 수 있을 거예요.

브랜드와 브랜딩, 뭐가 다를까?

브랜드(brand)와 브랜딩(branding), 이 둘은 비슷하게 들리지만 다른 개념입니다.

브랜드(brand)는 결과입니다. 사람들의 마음속에 형성된 이미지, 느낌, 신뢰의 총합입니다. "애플" 하면 떠오르는 미니멀함, "나이키" 하면 느껴지는 도전정신, 그게 바로 브랜드예요.

브랜딩(branding)은 과정입니다. 그 이미지를 의도적으로 만들고 관리하는 모든 활동이죠. 로고를 만들고, 색을 정하고, 스토리를 전하고, 일관되게 보여 주는 것. 브랜딩을 통해 브랜드가 만들어지는 거예요.

쉽게 말하면, **브랜드는 '나는 누구인가'이고, 브랜딩은 '나를 어떻게 보여 줄 것인가'예요.** 결국 브랜딩은 자기 인식과 표현 전략이 결합된 창의적 과정인 것이죠.

▲ 나이키의 브랜드와 브랜딩 1 *

▲ 나이키의 브랜드와 브랜딩 2 **

*, ** 이미지 출처: www.nike.com

▲ 애플의 브랜드와 브랜딩 1 *

▲ 애플의 브랜드와 브랜딩 2 **

✨ 브랜딩은 '로고'가 아닌 '인식'

브랜딩의 본질은 로고나 색상을 넘어 '어떻게 기억될 것인가'라는 인식의 문제입니다. 즉, 수많은 브랜드 사이에서 내 브랜드를 각인시키는 차별화 전략이자, 고객이 나를 선택하게 만드는 강력한 힘입니다.

스타벅스를 떠올려 보세요. 수많은 카페 중 우리가 스타벅스를 기억하는 이유는 무엇일까요? 초록색 로고, 특유의 분위기, 그리고 스타벅스만의 '경험'이 다른 곳과 확실히 다르기 때문입니다.

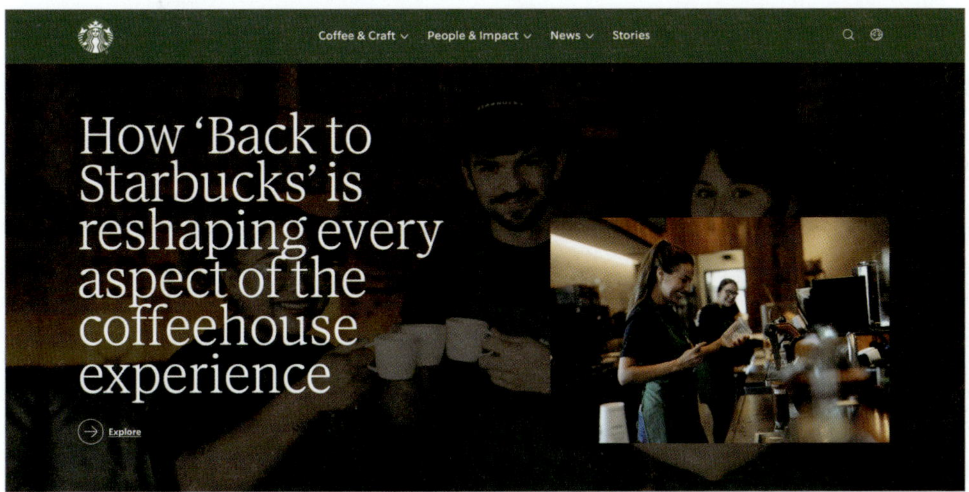

▲ 스타벅스의 브랜드 차별화 ***

*, ** 이미지 출처: www.nike.com

*** 이미지 출처: www.starbucks.com

디자이너도 마찬가지입니다. 단순히 '디자인 잘하는 사람'에 머물러서는 안됩니다. 나만의 스타일과 메시지로 기억되는 것, 그것이 바로 브랜딩입니다.

브랜딩은 대기업만 하는 것이 아닙니다. 막대한 광고비를 쓸 수 없는 1인 크리에이터일수록, 유일한 자산인 '나 자신'을 더 전략적으로 차별화해야 합니다. 나만의 브랜드를 갖추는 것, 그것이 가장 똑똑한 생존 전략입니다.

✨ 브랜딩 없이 시작한다면?

브랜딩이라는 명확한 기준 없이 무작정 시작하면 다음과 같은 한계에 부딪힙니다.

1. 실력이 좋아도 기억되지 않는다

열심히 작업물을 올려도 연락이 오지 않는다면, 고객의 머릿속에 다른 디자이너와 구분되어 '각인'되지 않았기 때문입니다. 시장에는 이미 디자인 잘하는 사람이 넘쳐납니다. 차별화된 인상을 남기지 못하면 선택의 순간에 결코 떠오를 수 없습니다.

2. 가격으로만 평가받는다

나만의 브랜드 가치가 모호하면 고객은 '가격'이라는 잣대로만 나를 판단합니다. 수많은 작업자 사이에서 견적 비교 대상이 되고, 결국 더 싼 곳으로 떠나는 고객을 잡지 못하게 됩니다. 브랜딩은 저가 경쟁의 늪에서 벗어나 내 가치를 제대로 인정받게 해주는 유일한 무기입니다.

3. 기준이 없어 쉽게 지치고 흔들린다

자기만의 브랜드 철학이 없으면 트렌드가 바뀔 때마다, 혹은 다른 사람의 성과를 볼 때마다 불안해집니다. "이 스타일이 맞나?" 고민하며 방향을 잃고 표류하다 결국 지쳐서 포기하게 됩니다. 브랜딩은 나답게 오래 갈 수 있도록 중심을 잡아 주는 나침반과 같습니다.

✨ 브랜딩이 되면 뭐가 달라질까?

앞에서 브랜딩의 개념과 필요성에 대해서 알아봤는데요. 그렇다면 브랜딩이 되어 있으면 뭐가 달라질까요?

1. 고객이 먼저 찾아온다

브랜딩이 없으면 끊임없이 고객을 찾아다니며 영업하고 자신을 증명해야 합니다. 하지만 나만의 차별화된 스타일이 구축되어 있다면 고객이 먼저 나를 발견하고 찾아옵니다.

예를 들어, 미니멀한 디자인을 선호하는 고객이 일관된 포트폴리오를 유지해 온 나를 발견한다면 "바로 이 사람이다!"라고 확신하며 연락하게 됩니다. 이렇게 찾아온 고객은 이미 내 스타일의 팬이기에 별도의 설득 과정이 필요 없습니다.

광고나 영업 없이도 내 브랜드의 명확한 색깔만으로 고객을 끌어당기는 힘, 이것이 바로 인바운드 마케팅(Inbound Marketing)이자 지속 가능한 비즈니스의 시작입니다.

2. 가격이 아닌 가치로 선택받는다

브랜딩이 없는 디자이너는 가격 흥정에 매달려야 하지만, 자신만의 색깔이 뚜렷한 디자이너는 '대체 불가능한 가치'를 제안하며 선택받습니다.

고객이 "반드시 이 사람이어야 한다"고 느끼는 순간, 가격은 더이상 1순위 고려 대상이 아닙니다. 고객은 차별화된 스타일에 기꺼이 정당한 비용을 지불합니다. 결국 높은 수익을 올리는 것은 결과일 뿐, 본질은 가격 비교의 늪에서 벗어나 나만의 가치로 인정받는 데 있습니다. 흔한 상품은 가격으로 비교당하지만, 고유한 브랜드는 가격을 넘어 가치로 평가받고 선택됩니다.

3. 지속 가능한 성장이 가능하다

브랜딩의 진정한 가치는 일회성 프로젝트를 넘어 지속 가능한 성장을 가능하게 한다는 점에 있습니다.

단순한 의뢰인은 작업이 끝나면 떠나지만, 브랜딩이 견고하면 고객은 내 브랜드의 '팬'이 됩니다. 팬이 된 고객은 나의 다음 작업을 기대하며 자발적으로 입소문을 내고, 새로운 프로젝트가 생길 때마다 나를 다시 찾습니다.

이러한 팬덤은 새로운 고객을 불러오고, 그들이 다시 팬이 되는 선순환 구조를 만듭니다. 나만의 고유한 스타일과 가치가 확실하다면 의뢰가 끊이지 않는 안정적인 수익 구조를 구축할 수 있습니다. 이것이 바로 브랜딩이 만드는 장기적이고 강력한 비즈니스의 힘입니다.

✨ 브랜딩, 지금 시작해야 하는 이유

브랜딩은 하루아침에 완성되지 않습니다. 사람들이 내 브랜드를 인식하고 신뢰를 쌓기까지는 절대적인 시간이 필요합니다. 지금 시작한다면 6개월 후에는 나를 기억하는 사람이 생기고, 1년 후에는 든든한 팬이 생길 것입니다. 하지만 지금 시작하지 않는다면 1년 후에도 여전히 '수많은 디자이너 중 한 명'으로 남게 됩니다.

또한, 브랜딩은 초기 방향 설정이 핵심입니다. 처음부터 일관된 메시지와 스타일로 포트폴리오를 쌓아가면 시간이 흐를수록 브랜드의 가치는 복리로 커집니다. 반면 방향 없이 작업물을 늘리다 나중에 브랜딩을 하려면, 뒤섞인 작업들을 정리하느라 훨씬 더 많은 비용과 시간을 소모하게 됩니다.

매일 새로운 디자이너가 쏟아지는 시장에서 지금 바로 나만의 포지션을 선점하세요. 완벽한 로고나 색상보다 중요한 것은 '나만의 생각과 가치'를 일관되게 쌓아가는 것입니다. 그것이 바로 시간이 지날수록 강력해지는 디자이너의 생존력입니다.

실전 TIP **시작이 어려운 당신에게**

1. 완벽보다 '나다운 반복'이 우선입니다.

완벽한 콘셉트를 찾기보다 내가 꾸준히 지속할 수 있는 톤앤매너를 정해 보세요. 브랜딩은 완성된 결과물이 아니라 최적의 방향을 찾아가는 과정입니다.

2.남의 정답이 아닌 나의 자산을 믿으세요

타인의 브랜딩은 참고일 뿐입니다. 누구도 복제할 수 없는 나만의 경험과 취향이 가장 강력한 차별화 무기임을 기억하세요.

3. 작은 일관성부터 시스템화하세요.

작은 일관성들이 모여 비로소 하나의 브랜드가 됩니다.

- 모든 채널의 프로필 이미지 통일하기
- 나만의 일관된 인사말 사용하기
- 피드의 핵심 색감 톤 유지하기

나만의 브랜드 정체성 찾고 정리하기

레슨 01에서 우리는 브랜딩이 단순한 감각의 문제가 아니라 시스템으로 관리되는 과정이라는 걸 살펴 봤어요. 이제 그 시스템의 중심인 나의 브랜드 정체성을 구체적으로 정의해 볼 차례입니다. 브랜딩의 출발점은 '나는 누구인가?'에 대한 답이에요. 이번 레슨에서는 브랜드의 철학과 미션, 말투와 분위기를 정리해 캔바의 브랜드 가이드라인의 '소개'와 '보이스' 항목에 들어갈 초안을 만들어 볼 거예요.

브랜드 정체성은 왜 중요할까?

브랜딩은 '나는 누구인가?'라는 정체성을 찾는 질문에서 시작됩니다. 브랜드 정체성이 모호하면 방향을 잃기 쉽고, 결국 지치게 됩니다. 예를 들어 '로고, 포스터, 웹 디자인 다 가능해요.'라고 말하는 디자이너보다 '감성과 메시지를 시각화하는 브랜드 디자이너예요.'라고 말하는 디자이너가 훨씬 신뢰를 줍니다.

Everything for everyone is nothing for anyone.
모두를 위한 것은 결국 누구를 위한 것도 아니다.

내가 누구인지 발견하고 내 브랜드의 정체성을 정의한다는 것은 내 일을 어떻게 바라보고, 어떤 가치를 전하고 싶은지를 명확히 하는 일입니다. 이 기준이 생기면, 단순히 '디자인을 만들어 주는 사람'을 넘어 '브랜드를 함께 설계하는 파트너'로 성장할 수 있습니다. 한마디로 브랜드 정체성은 내 브랜드가 오래도록 단단하게 살아남을 수 있게 해주는 뿌리와도 같습니다.

글로 쓰는 브랜드의 나침반, 브랜드 선언문

브랜드 선언문은 '나는 누구이고, 누구를 위해, 어떤 가치를 전하는 사람인가?'를 한 문장으로 정리한 것입니다. 이 문장은 브랜드의 방향성을 알려주는 나침반 역할을 합니다. 디자인을 하거나, 고객과 소통하거나, 새로운 시도를 할 때마다 '이게 정말 나다운 것인가?'를 점검하게 도와줍니다.

또한 이 선언문은 '나다움'이 담긴 말로 정리된 브랜드 철학이기에 **이후에 브랜드 비주얼 시스템을 구축할 때 로고 · 컬러 · 폰트 선택에서 의미와 메시지의 기준이 됩니다.**

예를 들어, 선언문에서 느껴지는 분위기를 기반으로 톤에 맞는 폰트를 선택할 수 있고, 선언문에서 핵심 문장이나 말의 리듬, 어조 키워드를 추출해 브랜드 보이스로 삼을 수 있죠.

✨ 브랜드 선언문을 완성하는 4단계

브랜드 선언문은 한 번에 뚝딱 만들어지지 않습니다. **① 탐색 → ② 압축 → ③ 구체화 → ④ 완성**의 4단계를 거치며 완성됩니다. 형식보다는 진정성이 중요합니다. 완벽한 문장보다 '이게 나답다'고 느껴지는 문장을 완성하는 게 목표예요. 각 단계의 핵심 질문에 답하다 보면, 내가 어떤 사람이며 어떤 가치를 전달하고자 하는지 자연스럽게 드러납니다.

1단계. 탐색하기 - 나는 어떤 디자이너인가?

- 먼저 스스로에게 물어보세요.
- 디자인할 때 언제 가장 즐거운가?
- 사람들이 나를 찾는 이유는 무엇인가?
- 내가 디자인에서 가장 중요하게 여기는 원칙은?

이 질문들을 통해 내가 추구하는 가치와 표현의 패턴을 발견할 수 있습니다. 정답보다 반복해서 나타나는 스타일과 방향성을 찾아보세요. 그것이 바로 '나다움'의 씨앗이에요.

2단계. 압축하기 - 나를 표현하는 키워드 3개 찾기

탐색 결과에서 나타나는 공통된 감각과 인상을 세 단어로 정리해 보세요. 이 단어들은 앞으로 브랜드의 스타일, 말투, 색을 결정하는 기준이 됩니다.
예: 따뜻한/미니멀한/신뢰감 있는

3단계. 구체화하기 - 나는 누구와 일하는가?

이제 나의 디자인이 진짜 닿아야 할 사람을 상상해 봅니다. 그 사람이 바로 나의 **핵심 고객**이에요.

- 어떤 사람과 일할 때 가장 즐거웠나요?
- 그 사람이 나와 일하면 어떤 변화를 경험할까요?

핵심 고객을 구체적으로 떠올릴수록, 나의 메시지와 브랜드의 방향이 명확해집니다.

4단계. 정리하기 - 한 문장으로 정의하기

이제 지금까지의 답을 한 문장으로 압축합니다.

- 나는 [핵심 고객]을 위한 [스타일 키워드] 디자이너입니다.
- [차별화 포인트] 때문에 고객들은 나를 선택합니다.

이 문장은 브랜드의 슬로건이자, 앞으로의 모든 디자인 의사 결정 기준이 됩니다.

다음은 위의 4단계 과정을 실제 선언문으로 정리한 예시입니다. 자신의 답변을 넣어 자연스럽게 변주해 보세요. 또한 브랜드 선언문을 작성할 때에는 이렇게 해보세요.

- 꾸미는 표현보다 본질에 집중합니다.
- 키워드 3개는 문장 속 형용사로 자연스럽게 녹여 보세요.
- 완벽하게 쓰려 하지 말고, 나중에 계속 다듬어도 됩니다.
- 말할 때 자연스러운 문장이 가장 강력한 브랜드 언어입니다.

단계	핵심 질문	예시
1단계. 탐색하기	나는 어떤 디자이너인가?	'고객의 이야기를 듣고 정리하는 걸 좋아해요.' '복잡한 걸 명확하게 만드는 게 제 강점이에요.'
2단계. 압축하기	나를 표현하는 3가지 키워드	따뜻한 · 명료한 · 신뢰감 있는
3단계. 구체화하기	나는 누구와 일하는가?	처음 브랜드를 만드는 1인 창업자. 나만의 브랜드를 만들고 싶지만 어디서 시작할지 모르는 사람
4단계. 정리하기	한 문장으로 정의하기	나는 처음 브랜드를 만드는 사람을 위한 따뜻하고 명료한 디자이너입니다. 고객의 이야기를 정리해 시각화하기 때문에 나를 선택합니다.

브랜드 선언문 실습안의 각 칸에 나만의 답을 넣어 브랜드 선언문을 완성해 보세요.

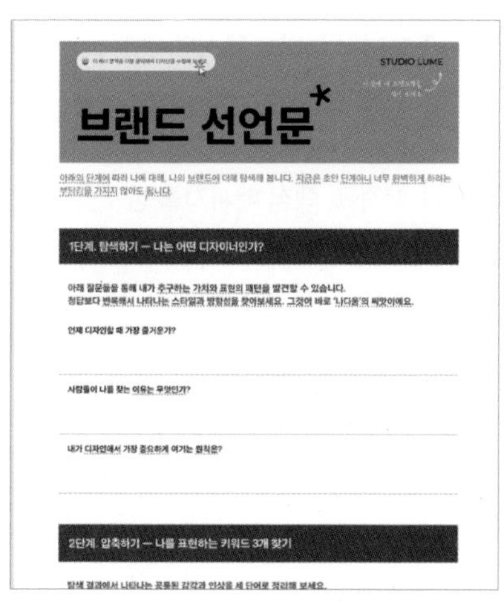

STUDIO LUME

브랜드 선언문*

아래의 단계에 따라 나에 대해, 나의 브랜드에 대해 탐색해 봅니다. 지금은 초안 단계이니 너무 완벽하게 하려는 부담감을 가지지 않아도 됩니다.

1단계. 탐색하기 — 나는 어떤 디자이너인가?

아래 질문들을 통해 내가 추구하는 가치와 표현의 패턴을 발견할 수 있습니다.
정답보다 반복해서 나타나는 스타일과 방향성을 찾아보세요. 그것이 바로 '나다움'의 씨앗이에요.

언제 디자인할 때 가장 즐거운가?

사람들이 나를 찾는 이유는 무엇인가?

내가 디자인에서 가장 중요하게 여기는 원칙은?

2단계. 압축하기 — 나를 표현하는 키워드 3개 찾기

탐색 결과에서 나타나는 공통된 감각과 인상을 세 단어로 정리해 보세요.

▲ 나만의 브랜드 선언문 작성

더 알아보기 Docs 기능 간단히 짚어 보기

캔바 Docs는 문서를 더 명확하고 보기 좋게 정리할 수 있는 비주얼 문서 도구입니다. 아래 기능 몇 가지만 알아 두어도 가독성 좋고 일관된 브랜드 문서를 쉽게 완성할 수 있습니다.

문서 작성에 도움이 되는 핵심 기능

① [Magic Write] – 문장 초안 만들기 & 다듬기

브랜드 핵심 문장, 설명 문구, 가이드라인 표기 등을 빠르게 정리할 때 유용합니다. “좀 더 명확하게”, “친근한 어조로”, “짧게 요약해줘” 같은 프롬프트를 활용해 문장을 다듬어 보세요. [/] 키를 누르거나 [+] 아이콘을 클릭하면 빠른 작업 창이 열리고, 드롭다운 메뉴에서 [Magic Write]를 클릭해 시작하세요.

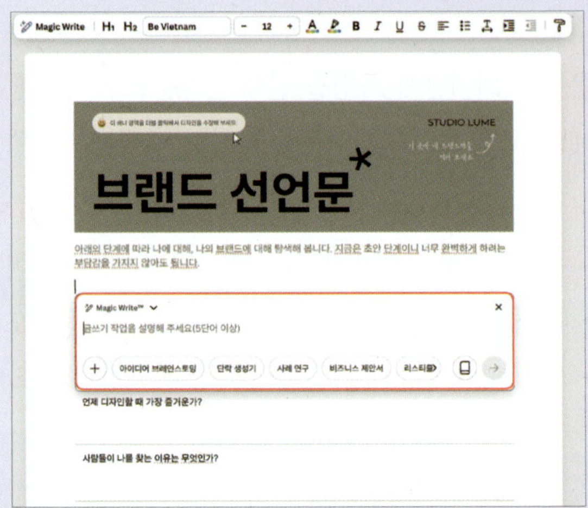

② [Magic Switch] – 다양한 형식으로 자동 변환

가이드라인 문서를 프레젠테이션·블로그·웹페이지 등으로 즉시 변환할 수 있어요. 브랜드 소개 자료나 고객 제안서 제작에도 활용 가능합니다. [Magic Switch] – [변환]을 선택 후 사용해 보세요.

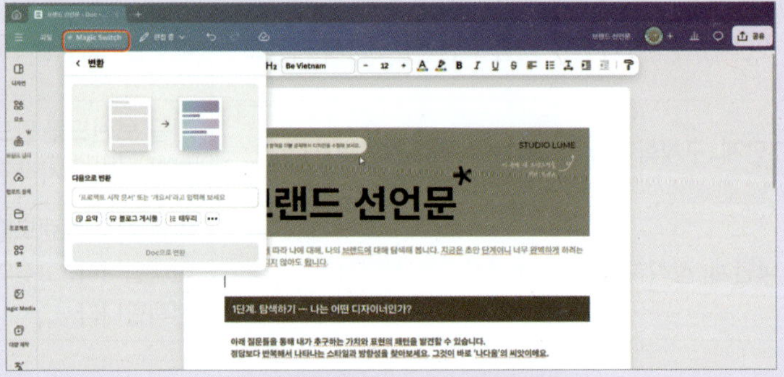

③ 에디터 툴바 – 텍스트 구조 잡기

글꼴·정렬·하이라이트·단락·들여쓰기·내어쓰기 등 기본 서식 기능으로 문서 전체의 리듬과 정보 구조가 선명해져요. 핵심 메시지를 강조할 때 특히 유용합니다.

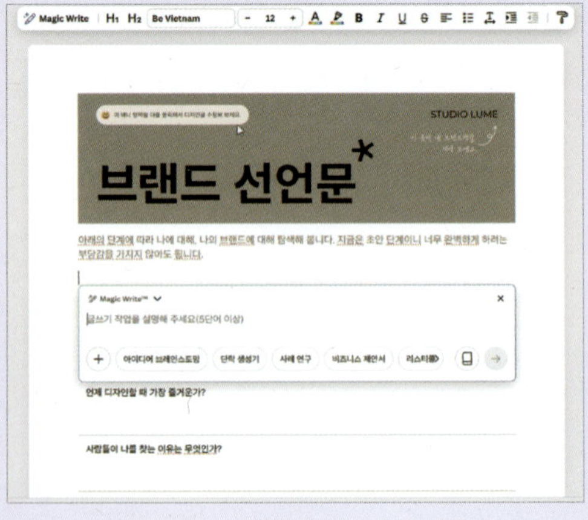

4 빠른 작업 – 필수 블록을 즉시 삽입

Magic Write 기능부터 텍스트 스타일(굵게 · 하이라이트 · 들여쓰기), 인용문 · 구분선 · 리스트 · 체크리스트, 표 · 차트, 디자인 블록 삽입 등 자주 쓰는 편집 기능을 바로 실행할 수 있어 편리합니다. 가이드라인의 구성 요소를 깔끔하게 구분하는 데 적합합니다. / 키를 누르거나 + 아이콘을 클릭하면 빠른 작업 창이 열립니다.

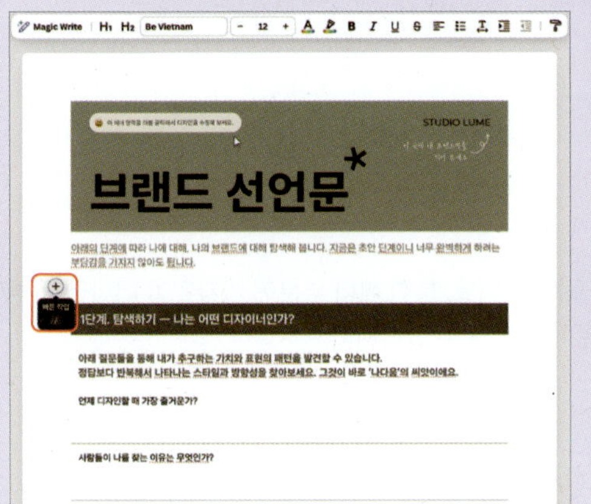

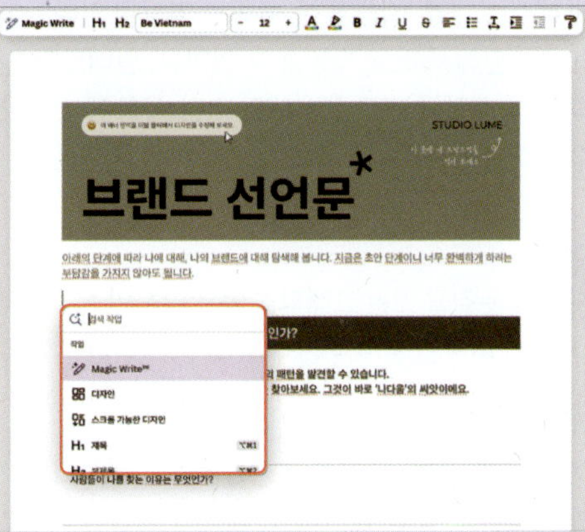

5 브랜드 센터 연동 – 시각적 통일성 유지의 핵심

브랜드 로고, 색상, 글꼴 등 주요 브랜드 자산을 작업 영역에 불러와 바로 사용할 수 있어요. 브랜드 정체성을 시각과 언어로 일관되게 표현할 수 있게 도와주는 요긴한 기능이에요.

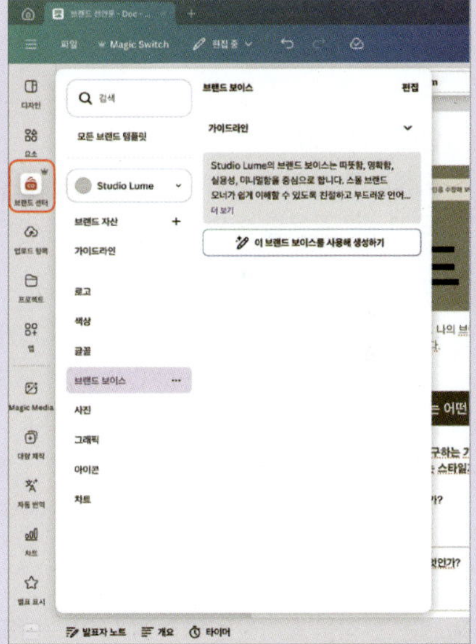

문서를 더 풍부하게 만들어 주는 빠른 작업

필요한 도구들을 빠르게 활용할 수 있는 만능 기능인 빠른 작업. / 키를 누르거나 + 아이콘을 클릭하면 빠른 작업 창이 열립니다.

1 검색으로 빠르게 멀티미디어 삽입

이미지, 동영상, 그래픽, 차트 등의 그래픽 요소는 물론, 내 프로젝트에 있는 자료들을 검색 작업 창에서 검색해서 바로 *임베드(Embed)할 수 있어서 편리해요. 다양한 시각 자료를 하나의 문서에 자유롭게 추가해 보여 줄 수 있어 브랜드 메시지에 감성과 설득력을 더할 수 있습니다.

*임베드란, 다른 소스(예: 유튜브 영상, 구글 지도, 다른 캔바 디자인 등)의 콘텐츠를 내 디자인이나 문서 안에 직접 삽입해서 보여 주는 기능이에요. 쉽게 말해, 외부의 미디어나 디자인을 복사해서 붙여 넣는 것이 아니라, 원본과 연결된 상태로 내 문서 안에서 바로 볼 수 있게 해주는 거죠. 예를 들어, 유튜브 영상을 임베드하면, Docs 안에서 바로 재생할 수 있어요. 임베드한 원본 파일이 수정될 경우 문서에도 수정 사항이 자동으로 업데이트돼요.

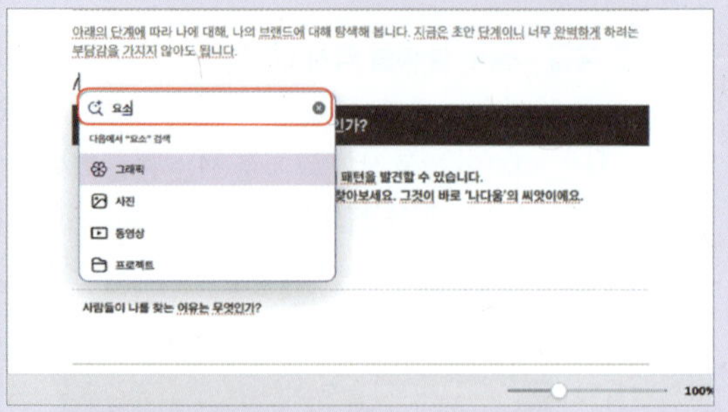

2 디자인

문서 내에 눈길을 끄는 그래픽을 담은 디자인 블록을 넣을 수 있어요. 특히 헤더 부분에 디자인을 더하면 지루하지 않죠. 추가한 디자인 블록을 선택 후 두 번 클릭하면 자유롭게 편집할 수 있습니다.

3 스크롤 가능한 디자인

문서 내에 애니메이션 효과가 적용되는 인터랙티브 스크롤 디자인을 넣을 수 있어요. 내용의 흐름을 자연스럽게 보여 줄 수 있고, 독자의 관심을 유도하기 좋아요. 최대 20 페이지까지 확장 가능한 구성으로 심층 콘텐츠 제작에 유용합니다.

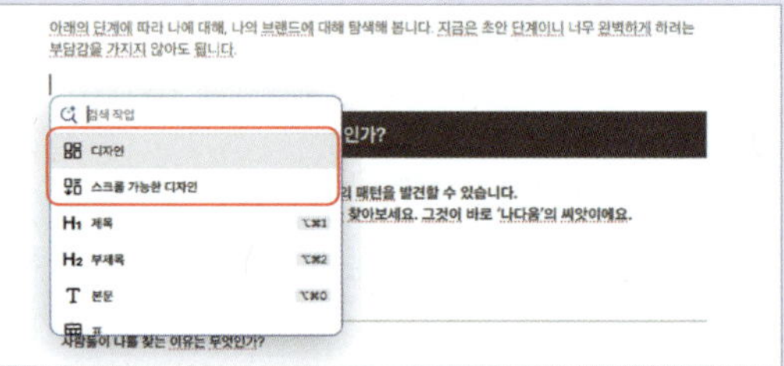

4 인터랙티브 요소

드롭다운, 체크리스트, 링크 버튼 등을 삽입해 문서 내에서 즉각적인 상호 작용을 가능하게 하며, 활용도 높은 브랜드 자료로 활용할 수 있습니다.

5 문서 요소

하이라이트 블록, 날짜, 인용문, 표 등 다양한 구성 요소로 문서 구조를 체계적으로 만들고, 주요 문장이나 핵심 키워드를 돋보이게 해 줄 수 있습니다.

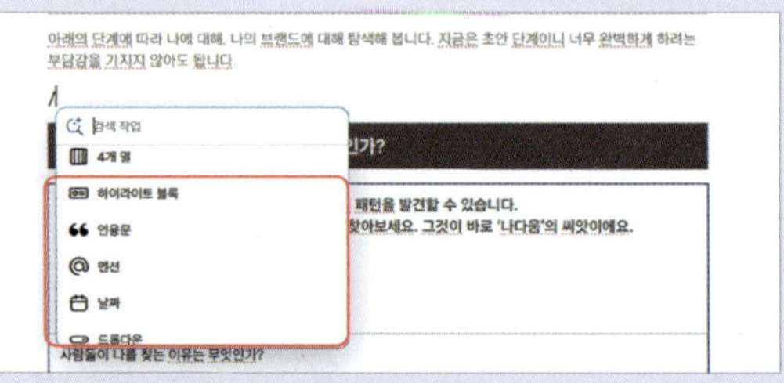

Docs는 '문장을 정리하는 공간'을 넘어 브랜드 전체의 말투 · 톤 · 구조를 명확히 보여 주는 시각적 문서 도구입니다. 레이아웃을 어렵게 생각하지 말고, 핵심 문장을 중심으로 블록을 쌓아 가보세요.

✨ 브랜드의 스타일 가이드, 브랜드 무드보드

브랜드 선언문에 정의한 나의 정체성을 시각적으로 구현해 볼 시간입니다. 브랜드 무드보드는 나의 철학, 취향, 라이프스타일을 이미지·색상·폰트로 정리한 보드입니다. 선언문이 브랜드의 언어라면, 무드보드는 그 언어를 눈에 보이게 해주는 시각적인 지도예요. 무드보드는 비주얼 시스템에서 색 · 형태 · 질감의 시각적 기준이 됩니다.

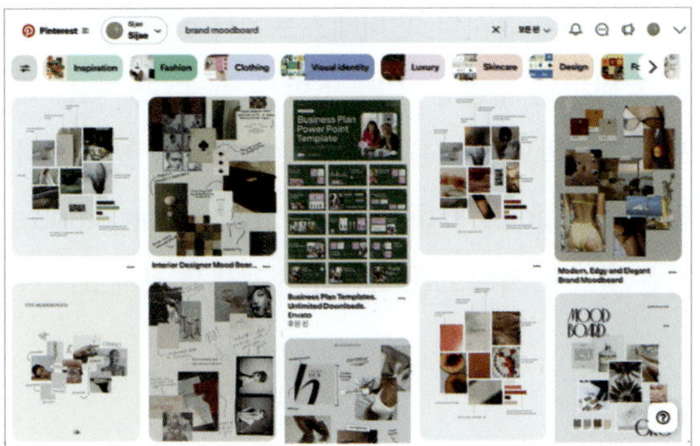

▲ 검색어 'brand moodboard'의 검색 결과 *

✨ 브랜드 무드보드의 핵심 요소

무드보드를 만들 때에는 아래 3가지 요소를 중심으로 수집합니다. 이 핵심 요소가 모두 모이면, 나의 브랜드가 어떤 느낌인지 자연스럽게 드러납니다.

1. 컨셉 이미지: 브랜드의 인상을 표현하는 사진

내 브랜드 키워드를 시각적으로 표현해 주는 사진들을 찾아 봅시다. 그래픽 디자인 영역에만 국한하지 말고 여러 카테고리의 이미지들을 두루 살펴보세요. 영화의 한 장면, 감각적인 인테리어, 아름다운 자연 풍경, 오래된 고전 소설 책 등 다양한 이미지에서 영감을 받을 수 있어요. 그리고 내 브랜드에 어울리는 질감과 패턴도 찾아 보세요. 거친 종이 질감, 부드러운 패브릭, 손그림 질감, 기하학 패턴 등 끌리는 질감과 패턴을 모아 두면 이후에 그래픽 모티브로 발전시킬 수 있습니다.

▲ 검색어 'nature'의 검색 결과 * *

▲ 검색어 'fabric concept image'의 검색 결과 * * *

*, ** 출처: Pinterest

*** 출처: Pinterest

2. 컬러 조합: 내 브랜드의 색상 팔레트

내 브랜드를 잘 보여 줄 수 있는 단일 컬러나 컬러 조합을 모아 봅시다. 핀터레스트에서 color palette를 검색하면 수많은 컬러 조합을 볼 수 있어요. 내 브랜드 키워드와 어울리는 컬러 팔레트를 찾고 싶다면 warm color palette, minimal color palette 같은 식으로 키워드를 조합해서 검색해 보세요.

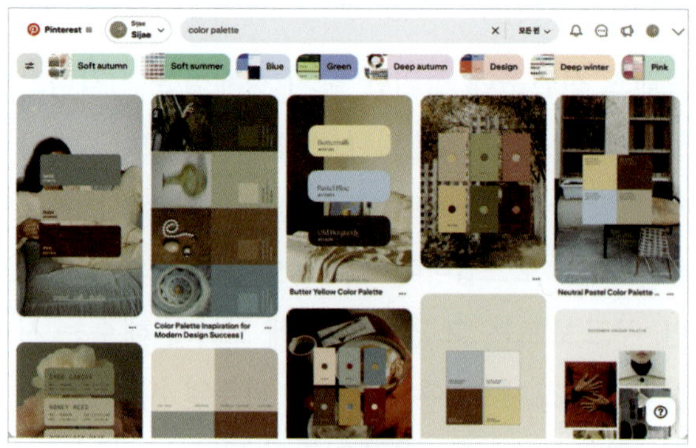

▲ 검색어 'color palette'의 검색 결과 *

3. 폰트 스타일: 브랜드의 어조와 어울리는 타이포그래피

마음에 드는 타이포그래피 이미지를 수집해 봅시다. 정확한 폰트 이름을 몰라도 괜찮습니다. 내 브랜드의 분위기를 담은 타이포그래피 이미지를 모아도 충분해요. 손글씨 느낌인지, 깔끔한 고딕체인지, 클래식한 명조체인지 등 선택한 폰트의 성격이 곧 브랜드 보이스가 됩니다.

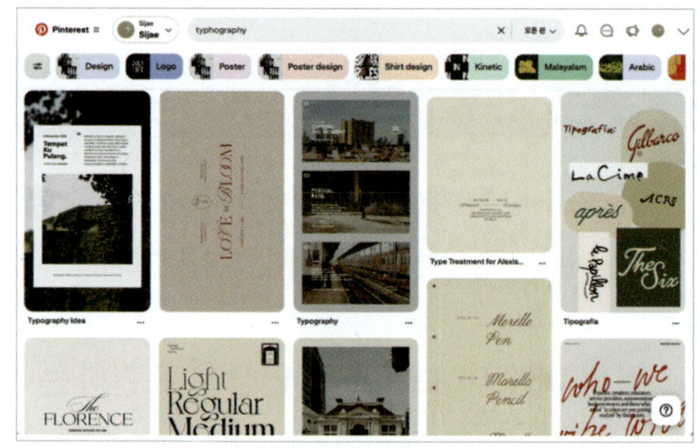

▲ 검색어 'typhography'의 검색 결과 * *

체크포인트 **무드보드에 디자인 이미지를 수집하지 않는 이유**

좋아하는 로고, 포스터, 웹사이트 등 끌리는 그래픽 디자인에서도 충분히 영감을 받을 수 있습니다. 하지만 디자인 이미지를 그대로 무드보드에 넣으면 타인의 디자인에 끌려가기 쉬워요. 따라서 브랜드 정체성을 세우는 무드보드를 만들 때에는 디자인 이미지를 수집하는 건 추천하지 않습니다.

내 브랜드 키워드와 비슷한 감성을 가진 디자인를 발견했다면, 그 디자인 이미지(예: 로고, 포스터, 인스타그램 게시물 디자인)를 그대로 무드보드에 넣기보다는 그 디자인에서 느껴지는 분위기나 감각을 표현할 수 있는 자연물, 인테리어, 제품 등의 이미지를 찾아 보세요. 그러면 누군가에게 영향을 받은 정체성이 아닌, 원본으로서의 내 브랜드 정체성을 찾는 데에 훨씬 큰 도움이 됩니다.

*, * * 출처: Pinterest

✨ 브랜드 무드보드를 완성하는 4단계

무드보드는 단순히 예쁘고 감성적인 이미지 모음이 아니라, **나의 브랜드 정체성을 눈에 보이게 만드는 시각적 지도이자 스타일 가이드 입니다.** 캔바 검색 창에서 '무드보드 화이트 보드'로 검색해 마음에 드는 템플릿으로 작업을 시작하면 훨씬 수월할 거예요. 자료 웹사이트에 있는 실습안 템플릿도 사용해 보세요.

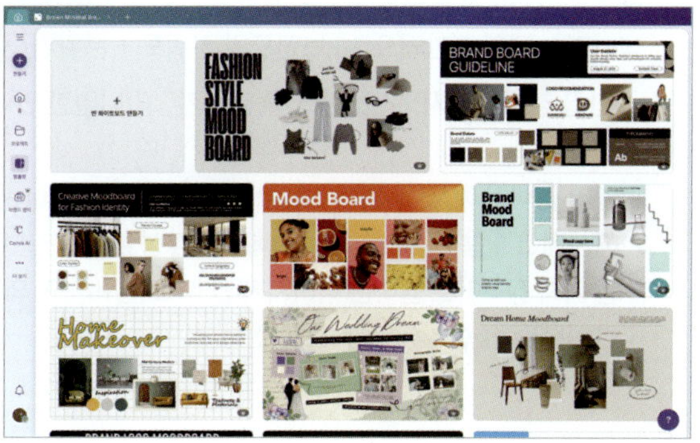

▲ 검색어 'brand moodboard', 카테고리 '화이트보드'의 검색 결과

1단계. 영감 이미지 모으기

SNS, 이미지 소스 사이트 또는 캔바에서 내 브랜드 키워드로 이미지를 검색해 모아 보세요.

- 컨셉 이미지(분위기/질감/패턴)를 15~20장 모아 보세요.
- 컬러 조합을 4~6개 모아 보세요.
- 폰트 스타일을 3~5개 모아 보세요.

처음부터 너무 완벽한 이미지를 찾으려 하지 않아도 됩니다. 처음에는 좋다는 느낌만으로도 충분합니다. 화이트보드에 비슷한 이미지끼리 자유롭게 배치하며 감각의 흐름을 만들어 보세요.

실전 TIP 효과적인 이미지 탐색 노하우

이미지 자료는 어디서 찾을까?

1. 핀터레스트(Pinterest)

영감을 얻기 좋은 대표 플랫폼입니다. 내 브랜드 키워드를 중심으로 검색해 마음에 드는 이미지를 폴더에 저장하세요. 핀터레스트는 내가 저장한 이미지를 기반으로 비슷한 이미지를 자동 추천해 줘서 탐색이 편리합니다.

2. 인스타그램(Instagram)

해시태그를 활용하면 감각적인 이미지를 손쉽게 찾을 수 있습니다. 특히 스타일이 좋은 인플루언서의 UGC 게시물은 트렌드와 감성을 동시에 파악하기에 좋습니다.

3. 언스플래시(Unsplash)/펙셀(Pexels)

무료로 고화질 사진을 찾을 수 있는 사이트입니다. 자연, 인테리어, 질감 등 브랜드 무드보드에 활용하기 좋은 이미지가 많고, 캔바의 요소 탭에서도 검색해서 바로 불러올 수 있어 별도의 다운로드 과정이 필요 없습니다.

이미지 검색 노하우

무드보드 이미지를 찾을 때는 키워드 조합이 중요해요. 브랜드 키워드만 검색하면 너무 추상적이고, 구체적인 사물만 검색하면 느낌이 제한돼요. 내 브랜드의 키워드 + 분위기/공간/소재를 조합해서 검색해 보세요.

- **한글 검색어 예시:** '따뜻한 조명 분위기', '미니멀한 인테리어', '자연스럽게 반짝이는 물의 질감', '베이지톤의 린넨 패브릭'
- **영어 검색어 예시:** 'warm aesthetic, 'earthy texture', 'cozy interior', 'minimal space'
- **해시태그 활용 (Instagram):** #베이지감성 #따뜻한분위기 #미니멀인테리어 #colorpalette #moodboard
- 한 가지 검색어로 원하는 이미지가 안 나오면, 비슷한 의미의 다른 단어로 바꿔서 검색해 보세요. '따뜻한' 대신 '아늑한', '포근한', 'cozy', 'warm' 등으로요.

2단계. 공통점 찾아내기

화이트보드에 모은 이미지를 전체적으로 살펴보며 반복되는 컬러, 형태, 분위기를 관찰해 봅니다.

관찰 포인트

- 어떤 색이 자주 보이는가?
- 둥근 형태 vs 각진 형태 중 어떤 게 많은가?
- 따뜻함, 차가움 등 분위기는 어떠한가?
- 여백이 많은가, 가득 차 있는가?

캔바의 스티커 메모 기능을 활용해 발견한 공통점을 이미지 옆에 바로 기록해 두세요.

예:

- 베이지톤+브라운톤 반복
- 손글씨 폰트
- 둥근 형태와 여백 많은 레이아웃

3단계. 핵심 이미지로 정리하기

이제 가장 나다운 분위기를 보여 주는 이미지 10~15개만 남깁니다. 예쁘지만 나와 맞지 않거나, 중복되는 이미지는 과감히 삭제합니다. 너무 많은 이미지는 오히려 방향을 흐립니다. 핵심만 남긴 무드보드가 훨씬 명확하고 사용하기 쉬워요.

정리 기준

- 2단계에서 찾은 공통 요소와 일치하는가?
- 브랜드 키워드를 잘 표현하는가?
- 보았을 때 '나의 감정'이 느껴지는가?

4단계. 무드보드 점검하기

이제 마지막 단계입니다. 무드보드에 정리한 이미지들이 브랜드 정체성 선언문에 정리한 단어, 문장과 자연스럽게 어우러지는지 찬찬히 살펴보세요.

- 선언문의 문장과 무드보드의 이미지에서 같은 톤과 스타일이 느껴지는가?
- 내 브랜드 키워드와 무드보드의 시각 요소가 자연스럽게 연결되는가?

이 두 질문에 "YES"라고 답할 수 있다면, 내 브랜드는 비로소 막연함을 벗고 이미지로 구체화된 거예요.

이렇게 완성된 무드보드는 나의 브랜드 스타일을 시각적으로 한눈에 보여 주는 지도가 됩니다. '이 스타일이 내 브랜드에 맞을까?' 고민될 때마다 무드 보드가 방향을 잡아 줄 거예요.

> 선언문과 무드보드는 지금 상태로 완성본이 아니라 진행 중인 기록이자 탐색의 도구예요. 지금은 부담 가지지 말고 초안 버전으로 작성하고, 다음 레슨에서 비주얼 시스템과 브랜드 키트를 완성할 때 보완해도 됩니다.

더 알아보기 **화이트보드 기능 간단히 짚어 보기**

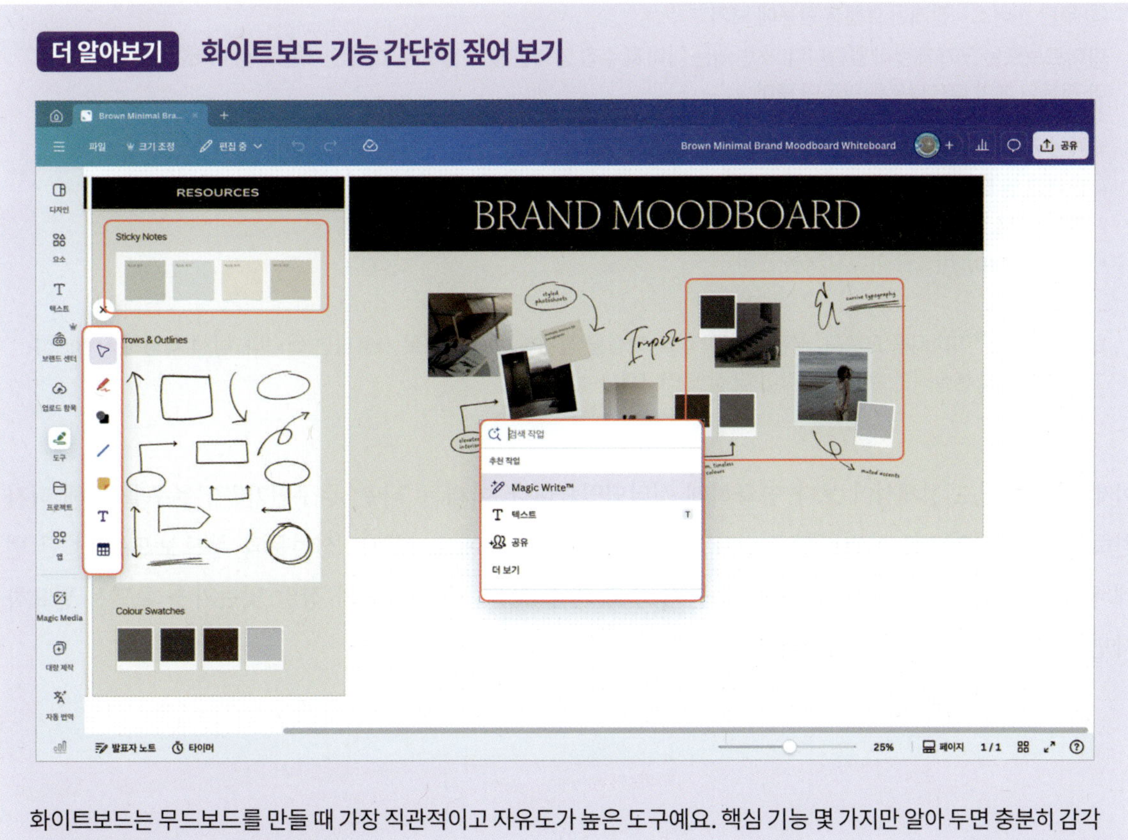

화이트보드는 무드보드를 만들 때 가장 직관적이고 자유도가 높은 도구예요. 핵심 기능 몇 가지만 알아 두면 충분히 감각적인 무드보드를 완성할 수 있습니다.

① 빠른 작업– 필요한 요소를 즉시 불러오기

화이트보드에서 [/] 키를 누르면 이미지 · 텍스트 · 모양 · 스티커노트 등 자주 쓰는 기능을 바로 추가할 수 있어요. 이미지 수집–배치–정리 단계가 훨씬 빨라지고 흐름이 끊기지 않습니다.

② 스티커 메모 – 관찰한 패턴을 바로 기록하기

이미지를 충분히 붙였다면 반복되는 색 · 질감 · 형태를 스티커 메모로 작성해 두세요. 나중에 핵심 이미지를 압축할 때 기준점이 됩니다. 예: '베이지 톤 반복', '라운드형 많음', '여백 넉넉함'

③ 그리기 도구 – 흐름 · 구조 잡기

화이트보드의 펜 · 형광펜 기능으로 다음과 같이 사용할 수 있어요.

- 분위기 흐름에 선을 긋기
- 이미지 그룹을 둘러 표시하기
- 키워드를 빠르게 스케치하기

이와 같이 펜과 형광펜의 기능을 적절하게 사용하면 정리 과정에서 '느낌의 결'을 구조적으로 파악하는 데 도움됩니다.

④ 멀티미디어 삽입 – 자료를 한 보드에 통합하기

핀터레스트, 언스플래의 이미지, 직접 찍은 사진, 브랜드 참고 이미지까지 한 화면 안에 모두 모을 수 있어요. 특히 캔바 요소 검색으로 바로 이미지를 첨부하면 다운로드 없이 작업이 이어져 더 효율적이에요.

⑤ 무한 캔버스 – 전개된 흐름을 한눈에 보기

화이트보드는 크기 제한이 없습니다. 초반에는 이미지 수집 영역을 넓게 펼쳐 두고, 후반에는 핵심 이미지만 가운데로 모아 정돈된 메인 무드보드를 만들면 좋아요.

+ 기본 기능은 이렇게 간단히만 인지해도 충분해요

- **드래그 앤 드롭**: 이미지를 빠르게 가져오는 데 적합
- **확대 · 축소**: 전체 톤 vs. 세부 톤 비교
- **그룹(Group)**: 비슷한 이미지 묶음 관리

화이트보드는 '이미지를 모으고, 패턴을 발견하고, 핵심을 정제하는 공간'으로 사용하면 됩니다. 탐색 과정이 자연스럽고 가벼울수록 본질적인 브랜드 감각이 더 잘 드러나요.

이제 나의 브랜드 정체성이 보다 명확하게 정리되었습니다. 이제는 '나는 누구인가?', '누구를 위해 디자인하는가?', '무엇으로 차별화할 것인가?'에 답할 수 있을 거예요. 브랜드 선언문과 무드보드는 단 한 번에 완성되지 않습니다. 눈에 띄는 곳에 붙여 두고 자주 보고, 내 브랜드와 정말 맞는가를 보면서 필요하다면 주기적으로 수정해서 업데이트해 주세요.

일관성 있는 브랜드 비주얼 시스템 만들기

이번 레슨에서는 정체성 선언문과 무드보드를 토대로 브랜드의 시각적 체계를 만들 차례입니다. 브랜드의 철학과 분위기를 시각적으로 일관되게 정리하기 위해 캔바의 브랜드 센터를 활용해 브랜드 비주얼 시스템을 구축해 봅니다.

이 레슨에서 다루는 브랜드 센터는 유료(Canva Pro 👑) 기능이에요. 무료 사용자는 30일 무료 체험을 통해 브랜드 센터의 모든 기능을 사용해 볼 수 있습니다. 무료 체험이 종료된 이후에도 계속 사용하려면 Pro로 업그레이드해야 해요. 단, 브랜드 시스템을 이해하고 구성하는 과정 자체는 무료 버전에서도 충분히 연습할 수 있으니 걱정하지 않아도 됩니다.

✨ 비주얼 아이덴티티와 비주얼 시스템 이해하기

비주얼 아이덴티티(Visual Identity)

비주얼 아이덴티티는 브랜드의 철학과 태도를 시각적으로 드러내는 표현 언어입니다. 로고, 컬러, 폰트, 이미지 등 시각적으로 브랜드를 표현하는 모든 요소를 말해요. 즉, 브랜드가 세상에 어떻게 보이고 싶은가를 구체적인 형태로 담은 것이죠.

비주얼 시스템(Visual System)

비주얼 시스템은 비주얼 아이덴티티 요소들이 일관성 있게 사용될 수 있도록 정리한 규칙과 구조를 의미해요. 느낌에 따라 매번 스타일이 달라지지 않고, 정해 둔 기준으로 브랜드가 일관된 인상을 꾸준하게 재현하도록 돕는 시스템이에요.

- **비주얼 아이덴티티**: 브랜드의 시각적 자산들
- **비주얼 시스템**: 이 자산들을 일관되게 유지시켜 주는 구조

캔바 브랜드 센터, 비주얼 시스템을 관리해 주는 파트너

캔바의 브랜드 센터는 비주얼 아이덴티티, 비주얼 시스템과 아주 밀접하게 연결되어 있어요.

- **브랜드 센터**: 브랜드 자산(로고, 컬러, 폰트, 이미지 등)과 브랜드 템플릿, 가이드라인을 한 곳에서 볼 수 있는 공간이에요.
- **브랜드 키트**: 브랜드별로 선택해 브랜드의 비주얼 아이덴티티 요소(로고, 컬러 팔레트, 폰트, 이미지 등)를 업로드하고 정리할 수 있습니다.
- **브랜드 가이드라인**: 브랜드의 톤앤매너, 사용 규칙, Dos & Don'ts 등 브랜드가 일관되게 보이고 들릴 수 있도록 안내하는 설명을 추가할 수 있어요.

이렇게 브랜드 센터를 통해 내 브랜드의 스타일을 구조를 갖춰 쉽게 정리하고 시각적 일관성을 유지할 수 있습니다. 시각적 일관성은 고객에게 내 브랜드에 대한 기억을 강화하고 신뢰를 쌓을 수 있게 해줍니다.

✦ 비주얼 시스템의 핵심요소

선언문은 브랜드의 철학을 담은 문서이고, 무드보드는 브랜드의 분위기를 시각화한 지도예요. 선언문(언어의 기준)과 무드보드(시각의 기준)에서 키워드·색·형태·질감을 추출해 6가지 요소로 정리합니다. 이 정리는 이후 캔바 브랜드 센터에 비주얼 시스템을 구축하는 데 토대가 됩니다.

핵심 요소	설명	추출 기준
로고	브랜드의 얼굴. 텍스트 · 심볼형 로고를 등록해 어디서나 동일한 인상 유지	브랜드명, 핵심 메시지를 바탕으로 워드마크 제작
컬러 팔레트	브랜드를 대표하는 주조색 · 보조색 · 포인트색 구성	무드보드의 주요 색상 · 톤 추출
폰트	제목 · 본문 · 캡션 등 글꼴 계층 구조 설정	선언문의 분위기나 보이스에서 느껴지는 톤에 맞는 폰트 선택

브랜드 보이스	브랜드의 말투 · 표현 방식 · 커뮤니케이션 톤 정리	선언문에서 추출한 핵심 문장, 말의 리듬, 어조 키워드
이미지 스타일	사진이나 일러스트의 톤과 분위기 설정	무드보드의 대표 이미지 톤
그래픽 요소	반복적으로 사용하는 시각적 장식과 시각화 방식	무드보드에서 반복된 형태 · 선 스타일 · 패턴 · 차트 색감 등 시각적 리듬

한 번에 완벽하게 완성할 필요는 없습니다. 시스템은 처음부터 완성되는 것이 아니라 기존 자료 속에서 패턴을 발견하고 정제하는 과정이에요. 선언문(언어의 기준)과 무드보드(시각의 기준)를 나란히 두고 반복되는 요소들을 찾아보세요.

핵심 요소 추출 예시

- **'진정성 있는 따뜻한' 브랜드 선언문이라면 → 보이스:** 부드럽고 공감형 문체/폰트: 둥근 산세리프/색상: 베이지 · 브라운 톤/사진: 자연광/그래픽: 라운드형 패턴
- **'명료하고 미니멀한 전문가형' 브랜드라면 → 보이스:** 단정하고 명확한 톤/폰트: 세리프/색상: 모노톤/그래픽: 선형 아이콘, 얇은 차트

✨ 캔바 브랜드 센터에 비주얼 시스템 구축하기

이제 브랜드 비주얼 시스템을 실제로 구현할 차례입니다. 캔바의 브랜드 센터는 브랜드의 모든 시각 자산을 관리하고, 일관성을 유지하도록 돕는 허브이자 시스템이에요.

로고, 색상, 폰트뿐 아니라 브랜드 스토리, 템플릿, 가이드라인까지 한 곳에서 관리할 수 있습니다. 또한 캔바 에디터 화면에서 정리된 브랜드 자산을 바로 불러와서 사용할 수 있으니 정말 편리해요. 이 공간을 잘 세팅해 두면, 누가 작업하더라도 언제든 일관된 브랜드 인상을 유지할 수 있죠.

브랜드 센터의 구성 개요

구분	핵심 기능	주요 역할
브랜드 센터	브랜드 전체 자산 관리 허브	브랜드별 운영 · 전환
모든 브랜드 템플릿	템플릿 모음 공간	디자인 일관성 유지
브랜드 키트	로고 · 컬러 · 폰트 · 보이스 · 관리	시각 언어 기준 세팅
브랜드 자산	이미지 · 그래픽 · 차트 · 아이콘	시각 자료 중앙 관리
가이드라인	브랜드 문서 · 철학 · 스타일	브랜드북 완성 및 공유

캔바 브랜드 센터 둘러보기

이제 실제 캔바 화면에서 각 메뉴의 위치와 사용 흐름을 짚어 볼게요.

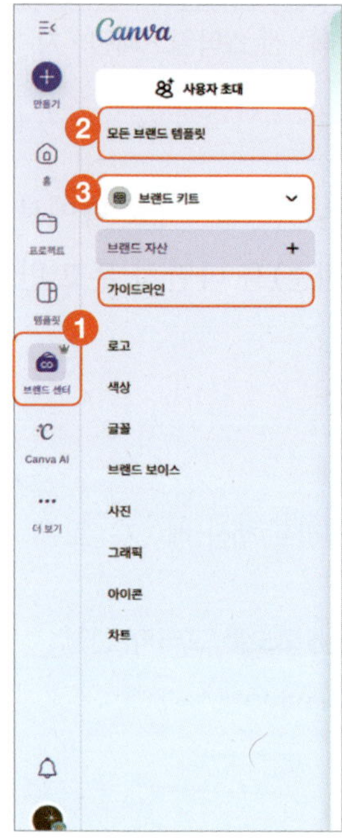

❶ **브랜드 센터**: 브랜드 관련 자산을 모두 관리하는 핵심 허브예요. 브랜드 키트, 템플릿, 자산, 가이드라인을 한 곳에서 확인하고 관리할 수 있습니다. 캔바 홈 화면은 물론, 에디터 화면에서도 바로 접근할 수 있어요.

❷ **모든 브랜드 템플릿**: 브랜드별로 만든 디자인 템플릿을 모아 두는 공간입니다. 자주 제작하는 디자인 포맷을 브랜드 템플릿으로 저장해 두면 누가 작업하더라도 규격과 톤이 자동으로 맞춰집니다. 여러 브랜드 키트를 운영 중이라면 드롭다운 메뉴에서 원하는 브랜드를 선택해 모아 볼 수 있고, 폴더나 태그를 활용하면 더 체계적으로 정리할 수 있습니다. 홈 화면은 물론 에디터 화면의 [공유] 옵션에서도 브랜드 템플릿으로 저장할 수 있어요.

> 자주 사용하는 콘텐츠 포맷(예: 인스타그램 카드뉴스, 섬네일)을 브랜드 템플릿으로 저장해 두세요.
> 브랜드 템플릿은 디자인의 기준점이 됩니다.

❸ **브랜드 키트**: [브랜드] 탭에서 브랜드별로 브랜드 키트를 만들고 관리할 수 있습니다. 드롭다운 메뉴를 통해 여러 브랜드 키트 간에 쉽게 전환하여 각 브랜드와 관련된 모든 자산(브랜드 키트, 브랜드 템플릿 등)을 한눈에 볼 수 있어요. 또한 브랜드 관리 기능으로 협업 시 팀원들의 브랜드 색상·폰트·로고 변경 권한을 제한해 일관성을 유지할 수 있습니다.

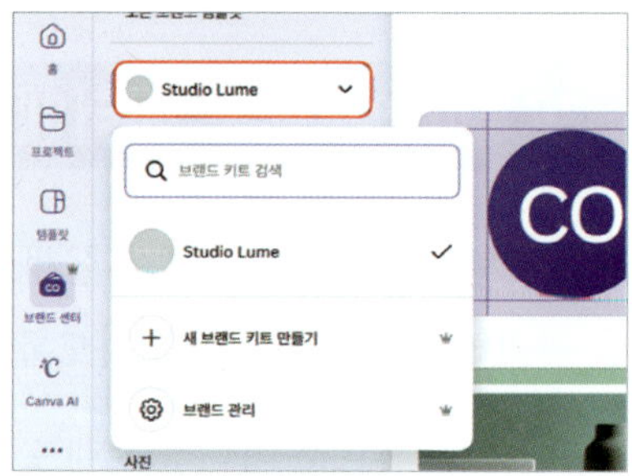

▲ 브랜드 키트 세부 화면

실전 TIP **브랜드 키트 연결해 Canva AI로 디자인 생성하기**

Canva AI 창에서 브랜드 키트를 연결 해 프롬프트를 입력해 브랜드 스타일이 반영된 디자인을 빠르게 생성할 수 있습니다. 새로운 채팅 창이 열리면서 Canva AI가 디자인을 생성해 줍니다.

❶ 검색 창 상단의 [Canva AI]를 선택하고, 프롬프트를 입력한 후, [+] 버튼을 클릭합니다.

❷ 드롭다운 메뉴에서 [브랜드 키트 적용]을 클릭하고, 원하는 브랜드 키트를 선택해 연결합니다.

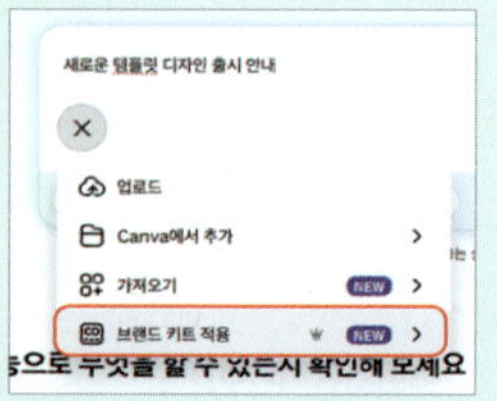

❸ 검색창 하단에서 원하는 디자인 포맷을 선택하고, [제출하기] 버튼을 클릭합니다.

▲ 디자인 포맷 선택

❹ 생성된 디자인은 에디터에서 자유롭게 편집 가능합니다.

▲ 생성된 디자인 결과물

❹ **브랜드 자산:** 이미지, 그래픽, 차트, 아이콘 등 브랜드의 시각 자료를 관리하는 메뉴예요. 카테고리별로 브랜드 자산을 정리하고 가이드라인 항목에 간단한 설명을 덧붙여 두면, 필요할 때 빠르게 찾아 바로 적용할 수 있습니다.

또한 브랜드 자산에는 브랜드 키트 빌더에 웹사이트 주소을 입력하면, 캔바가 로고, 색상, 폰트, 브랜드 보이스 등 브랜드 자산을 자동으로 추출해 줘서 브랜드 키트를 빠르게 세팅할 수 있어요. 브랜드 자산을 한 번에 모아 정리할 때 사용하기 좋은 자동화 기능이에요. 초보 단계에서는 타 브랜드 분석용으로, 나의 브랜드 자산이 쌓인 뒤에는 빠르게 정리할 때 활용하기 유용합니다.

▲ 브랜드 키트 빌더 부분

⑤ **가이드라인 :** 브랜드의 철학과 시각 자산의 사용 규칙을 문서로 정리하는 공간입니다. 가이드라인 추가하기 버튼을 클릭하면 브랜드 가이드라인 설정 창이 나타납니다. Docs 형식으로, 소개·보이스·포토그래피·그래픽·아이콘 등 항목별로 채워 넣으면 언어와 시각이 통합된 브랜드 가이드라인이 완성됩니다. 이 문서는 한 번 세팅하고 끝나는 게 아니라, 시즌이나 프로젝트가 바뀔 때마다 업데이트하며 최신 버전으로 유지하는 것이 중요합니다.

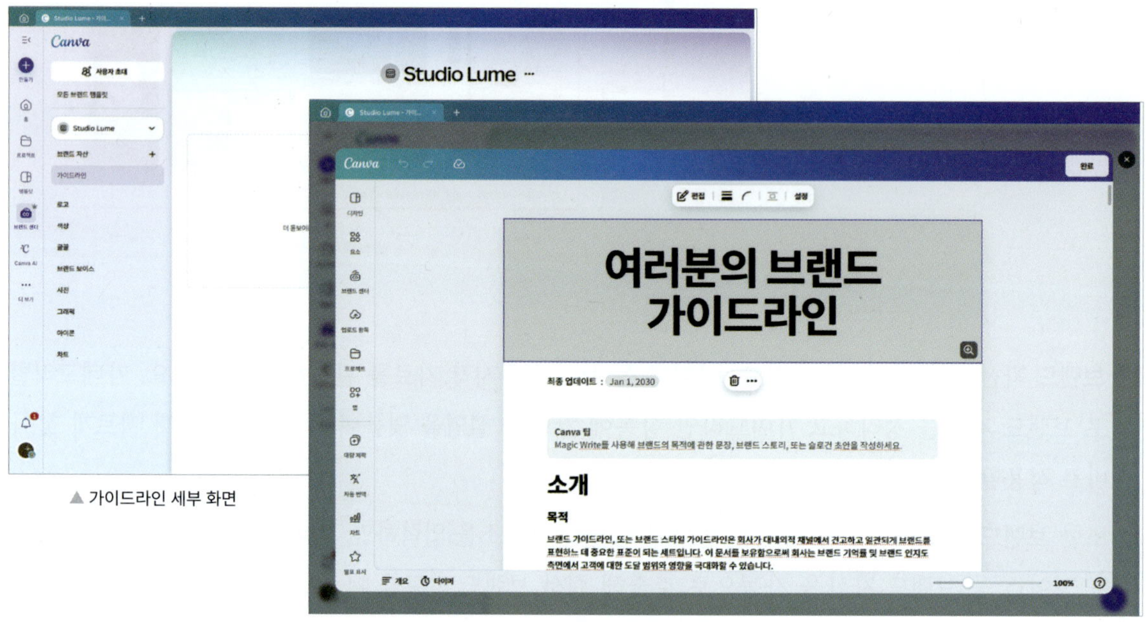

▲ 가이드라인 세부 화면

▲ [가이드라인 추가하기] 버튼을 클릭하면 나타나는 브랜드 가이드라인 문서의 화면

레슨 03에서 만든 비주얼 시스템의 핵심 요소를 브랜드 센터에 꼭 업데이트해 두세요. 브랜드의 시각적 일관성을 유지하며 효율적으로 브랜드 콘텐츠를 디자인하는 데 든든한 자산이 되어 줄 거예요.

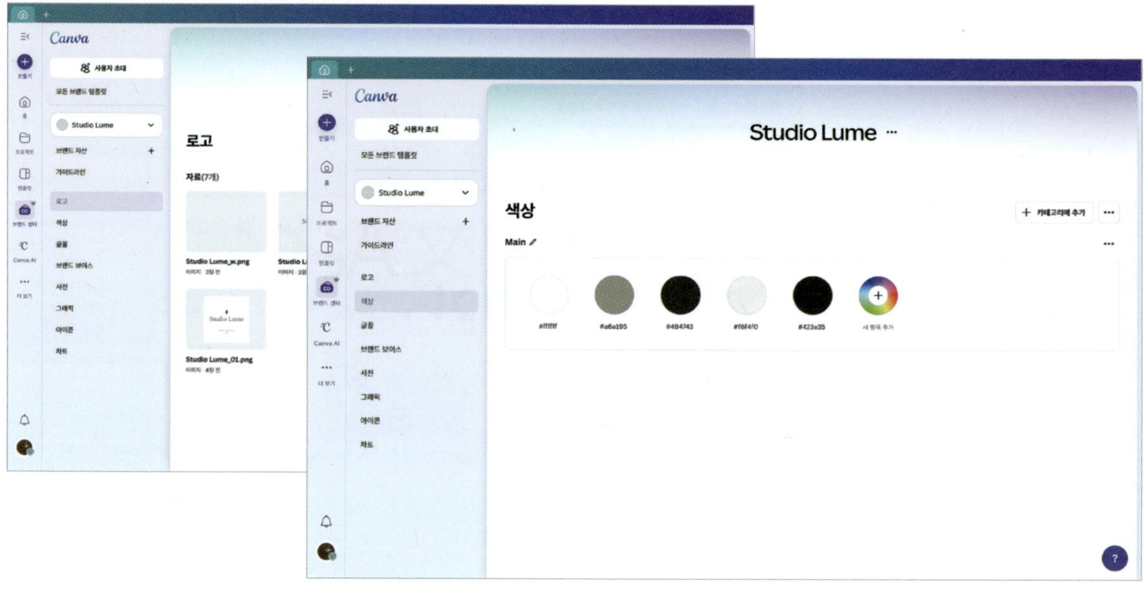

▲ 로고와 로고와 색상 정하기

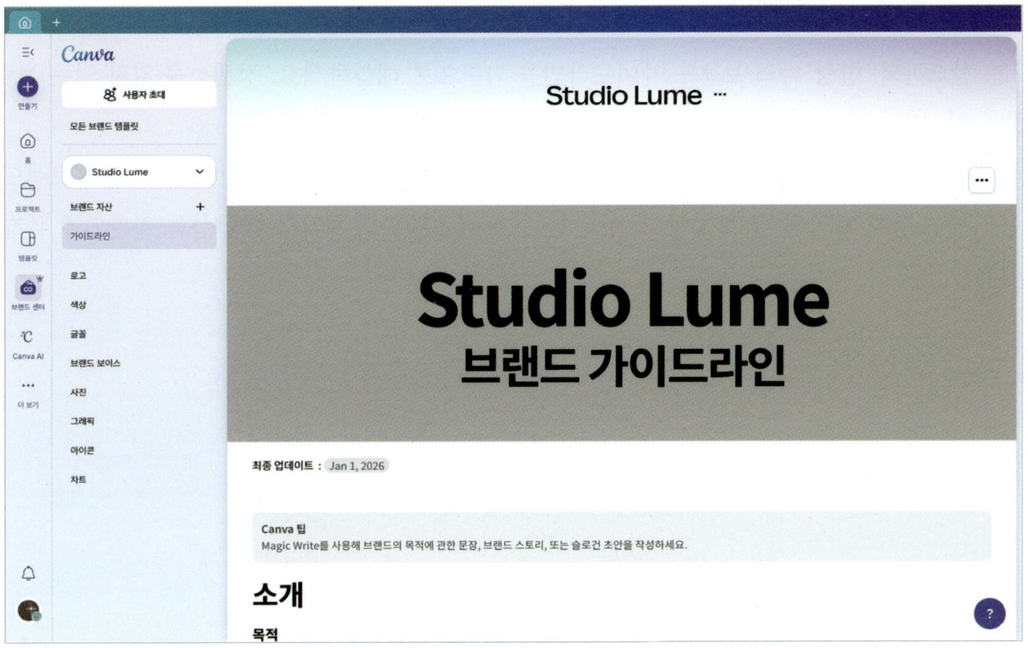

▲ 실습용 가상의 브랜드 내용으로 세팅된 브랜드 센터

✨ 브랜드 비주얼을 일관되게 유지하는 노하우

비주얼 시스템을 만들었다고 끝이 아니에요. 실제로 사용하면서 유지하는 게 중요합니다. 꾸준히 사용하며 유지·보완하는 과정이 진짜 브랜딩입니다.

지속적인 습관으로 만들기

새 디자인을 시작할 때마다 캔바에 등록해 둔 브랜드 가이드라인을 먼저 확인하세요. 처음엔 낯설지만 몇 번 반복하면 금세 익숙해지고, 3개월이면 자연스럽게 습관이 자리잡습니다.

체크리스트로 확인하기

디자인을 완성한 뒤에도 브랜드 가이드라인을 기준으로 컬러·폰트·로고를 일관되게 사용했는지 체크하세요. 간단한 체크 습관만으로도 시각적 일관성이 눈에 띄게 달라집니다.

주기적으로 비주얼 시스템 업데이트하기

실제로 사용하면서 과하거나 모호한 규칙이 있다면 한 번에 하나씩 조정하고, 6개월마다 전체 점검 시간을 가지세요. 단, 브랜드의 핵심 톤과 컬러는 유지하도록 합니다.

트렌드보다 정체성을 지키기

트렌드는 참고하되, 항상 나의 브랜드 가이드라인을 기준으로 해석하세요. 정체성을 잃지 않는 브랜드가 결국 오래 갑니다.

브랜딩의 본질은 단순히 예쁜 디자인이 아니라 시각적 일관성을 유지하는 것입니다. 캔바의 브랜드 센터를 활용하면 느낌에 따라 방황하지 않고, 단단한 구조로 브랜드의 시각적 방향성을 일관되게 유지할 수 있습니다.

브랜드를 말하는 웹 포트폴리오 만들기

레슨 03에서 완성한 브랜드 키트를 기반으로, 이번에는 브랜드의 철학과 방향을 시각적으로 전달하는 웹 포트폴리오를 만들어 봅니다. 포트폴리오는 단순히 작업물의 모음이 아니라, 나의 브랜드 스토리를 시각적으로 표현할 수 있는 무대입니다.

✨ 브랜드 스토리의 집합체, 포트폴리오

포트폴리오는 단순히 잘 만든 결과물이 아니라, **나는 어떻게 생각하는가를 보여 주는 무대**예요. 즉, 포트폴리오는 나의 디자인 철학과 사고방식이 녹아 있는 시각적 스토리 보드입니다.

예를 들어 같은 로고 디자인이라도, 각자의 사고 방식에 따라 전혀 다른 결과물이 나옵니다.

- 문제를 발견하는 디자이너
- 분위기와 철학을 시각화하는 디자이너
- 구조적으로 전략을 짜는 디자이너 등

웹 포트폴리오는 이런 사고의 흐름과 브랜드 감각을 웹 페이지 상에 자연스럽게 보여 줄 수 있는 도구예요. 웹페이지의 전개 순서 자체가 내 브랜드의 이야기 구조를 드러내 줍니다.

포트폴리오를 브랜드 스토리의 집합체로 만드는 3가지 원칙

① 작업 선택 기준 명확히 하기

포트폴리오에 넣을 프로젝트 작업물은 단순히 잘 만든 것보다 나의 브랜드를 대표할 수 있는 것을 고르세요. 내 브랜드 키트의 컬러·폰트·로고와 자연스럽게 분위기가 이어지는 프로젝트면 더 좋습니다.

② 스토리가 흐르는 구조로 구성하기

각 프로젝트는 일차원적인 이미지 나열이 아니라 문제 → 해결 → 결과의 흐름으로 구성해 주세요. 이를 통해 디자인 잘 하는 사람을 넘어서 문제를 해결하는 디자인 파트너라는 걸 보여 줄 수 있습니다.

③ 스크롤 하나로 스토리 완성하기

웹 포트폴리오는 방문자가 페이지를 이탈하지 않게 한 번의 스크롤로 브랜드 스토리가 이어지는 게 좋아요. 소개 → 작업물 → 후기 → 연락의 자연스러운 흐름으로 브랜드의 이야기 구조를 보여 주면 됩니다.

실전 TIP **초보자를 위한 포트폴리오 구축 노하우**

아직 포트폴리오에 올릴 작품이 없다고 상심하지 마세요. 포트폴리오는 '나는 이런 문제를 이렇게 해결할 수 있어요'라고 보여 주는 증거이기도 합니다. 따라서 초보자라 아직 클라이언트 작업이 없더라도 전략적으로 포트폴리오를 구축할 수 있어요.

① **가상 프로젝트 만들기:** 실제 클라이언트가 없어도 괜찮아요. 가상의 브랜드나 상황을 설정하고 '왜 이렇게 디자인했는지'를 담아 가상 프로젝트를 작업해 보세요.

② **다양성과 전문성 사이의 균형:** 초기에는 다양한 스타일을 시도해 보되 점차 자신만의 강점 영역을 찾아 좁혀 가세요.

③ **비포/애프터 비교:** 완성작만 보여 주는 게 아니라 초기 아이디어와 작업 과정을 함께 보여 주면 신뢰도가 높아집니다.

④ **케이스 스터디 형식 활용:** 각 프로젝트를 목표-컨셉-도구-결과 형식으로 정리하면 전문성을 강조할 수 있어요.

웹 포트폴리오 구조 선택하기

캔바에서 웹 포트폴리오를 만들 때는 원페이지(One Page)와 멀티페이지(Multi Page) 두 가지 방식 중 하나를 선택할 수 있습니다. 웹 포트폴리오로 두 방식 모두 가능하지만 목적과 콘텐츠 양에 따라 적합한 구조가 다릅니다.

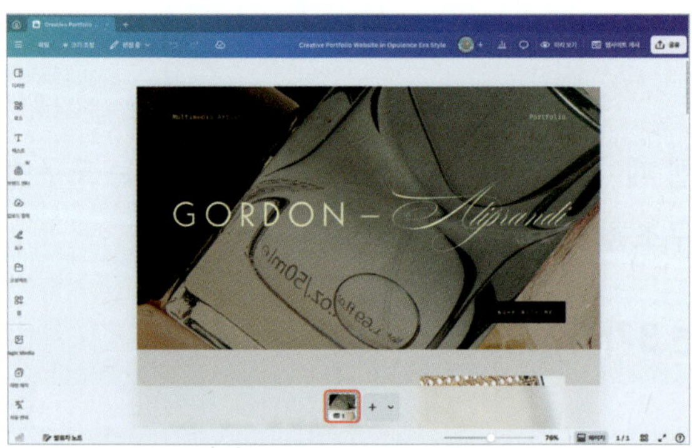

▲ 에디터 화면의 원페이지 웹사이트

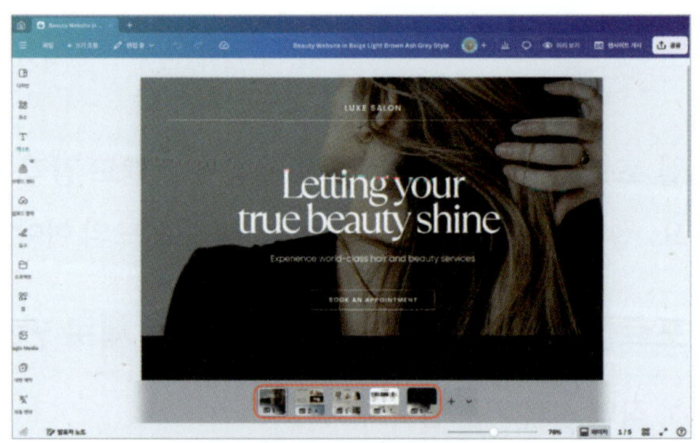

▲ 에디터 화면의 멀티페이지 웹사이트

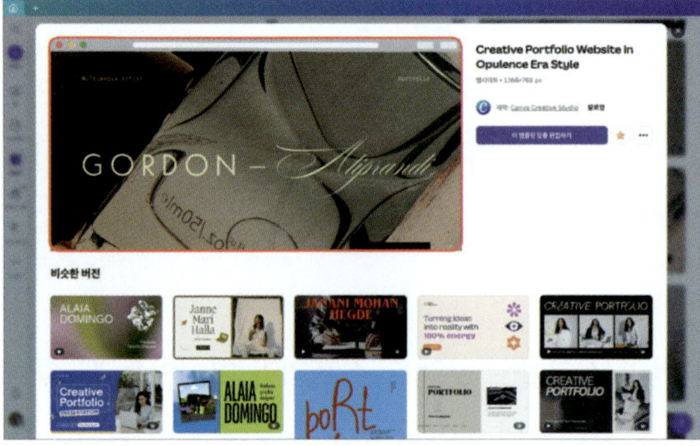

▲ 템플릿 미리보기 창의 원페이지 웹사이트

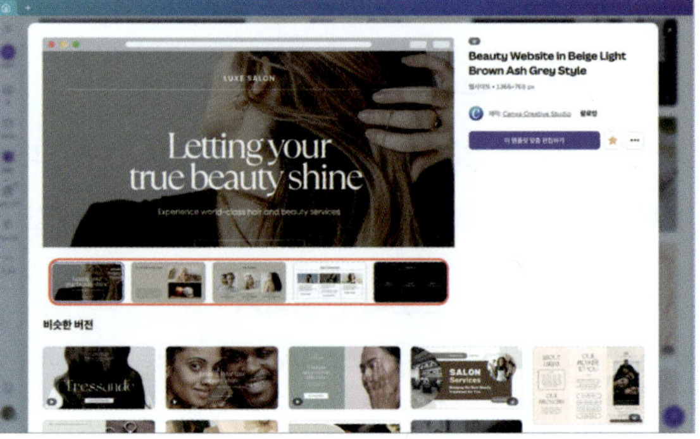

▲ 템플릿 미리보기 창의 멀티페이지 웹사이트

구분	원페이지(One Page)	멀티페이지(Multi Page)
특징	모든 내용을 하나의 스크롤 흐름 안에서 보여 줌	주제별로 구분된 여러 페이지로 구성
장점	• 브랜드 스토리를 한눈에 전달하기 쉬움 • 시각적 일관성이 높음 • 제작이 간단함	• 프로젝트가 많을 때 정리와 탐색이 용이함 • 각 카테고리별로 깊이 있는 설명 가능
단점	• 콘텐츠가 많으면 스크롤이 길어짐 • 정보 구분이 모호해질 수 있음	• 유지보수가 다소 복잡함 • 브랜드 일관성을 페이지마다 신경 써야 함
추천 상황	• 브랜드를 막 시작한 단계 • 작업물이 3~5개 이하 • 나의 브랜드를 한눈에 보여 주고 싶을 때	• 프로젝트가 6개 이상 • 분야별로 구분된 작업이 있을 때 • 홈페이지형 확장을 고려할 때

- 원페이지는 브랜드의 서사와 감각을 끊기지 않는 흐름으로 보여 주기에 적합
- 멀티페이지는 정보량이 많거나 카테고리 구분이 필요한 경우에 유리

이번 레슨에서는 브랜드 운영를 이제 막 시작하는 초보자 단계에 맞춰 원페이지 방식으로 설명합니다. 이 방식은 하나의 원페이지 웹사이트 안에 포트폴리오 내용을 여러 섹션(Section)으로 연결해 구성하는 방법입니다. 시각적 일관성을 유지하면서도 제작이 간단해 초보자에게 가장 실용적인 구조입니다.

체크포인트 **페이지와 섹션의 차이 이해하기**

캔바 웹사이트 디자인에서는 페이지(Page)와 섹션(Section)의 역할이 다릅니다. 페이지는 큰 틀, 섹션은 그 안의 블록 — 원페이지 구조에선 섹션 설계가 곧 스토리 설계예요.

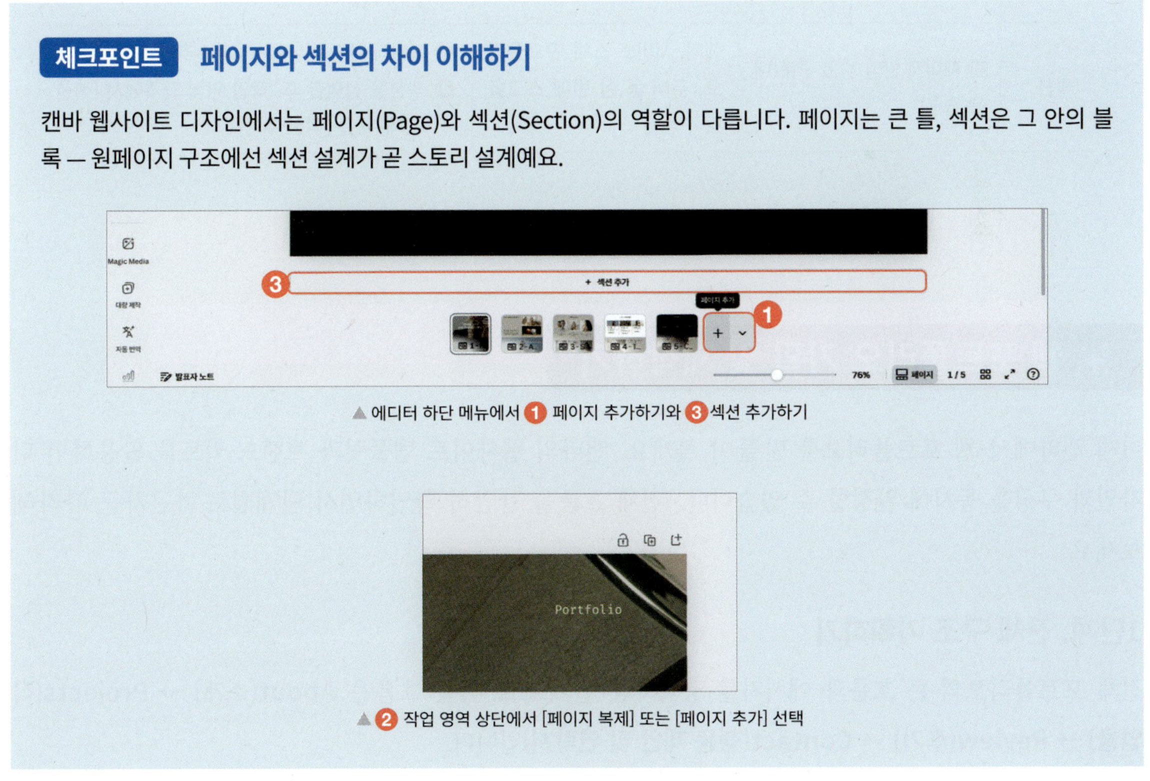

▲ 에디터 하단 메뉴에서 ❶ 페이지 추가하기와 ❸ 섹션 추가하기

▲ ❷ 작업 영역 상단에서 [페이지 복제] 또는 [페이지 추가] 선택

▲ ④ 섹션을 선택한 후, 작업 영역 좌측에서 [섹션 복제] 또는 [섹션 추가] 선택

구분	역할	예시	추가 방법
페이지	웹사이트의 큰 단위(스크롤 가능한 별도 화면)	홈, 소개, 문의 등 별도의 메뉴처럼 구성됨	① 에디터 하단 메뉴에서 [페이지 추가] ② 작업 영역 상단에서 [페이지 복제] 또는 [페이지 추가]
섹션	한 페이지 안의 작은 구분(내용 블록)	헤더, 서비스 소개, 포트폴리오, 푸터 등 한 번에 스크롤로 구성됨	③ 에디터 하단 메뉴에서 [섹션 추가] ④ 섹션을 선택한 후, 작업 영역 좌측에서 [섹션 복제] 또는 [섹션 추가]

✨ 웹 포트폴리오 기획 및 제작하기

이제 캔바에서 웹 포트폴리오를 만들어 볼게요. 캔바의 웹사이트 템플릿과 브랜드 키트를 활용하면 디자인과 구성을 동시에 완성할 수 있습니다. 전체 흐름을 간단히 확인하면서 단계별로 차근차근 따라해 보세요.

1단계. 전체 구조 기획하기

전체 포트폴리오의 큰 흐름과 메시지를 정리하는 단계예요. 기본 흐름은 **About(소개) → Projects(작업물) → Review(후기) → Contact(행동 제안 및 연락처)**입니다.

캔바 화이트보드나 Docs로 아이디어를 시각화하며 섹션별 핵심 메시지를 정리해 보세요.

섹션	주요 내용	핵심 메시지	브랜드 키트 요소
About	나의 가치관, 전문 영역	나의 브랜드 정체성 전달	로고, 컬러, 메인 폰트
Projects	대표 프로젝트	Problem → Solution → Result 흐름	컬러, 그래픽 모티프
Review	후기 · 피드백	브랜드 신뢰도 강화	포인트 컬러, 인용부 디자인
Contact	문의, SNS, CTA	행동 유도 메시지	버튼 컬러 · 폰트

> 각 페이지의 핵심 메시지를 깔끔하게 한두 문장으로 표현해 보세요. 브랜드 정체성 선언문과 브랜드 가이드라인에 정리한 브랜드 보이스를 참고하면 보다 쉽게 작성할 수 있을 거예요.

2단계. 템플릿 선택 및 브랜드 키트 적용하기

브랜드 스타일에 맞는 템플릿을 선택하고, 브랜드 키트를 적용해 전체 레이아웃에 일관된 톤앤매너를 세팅하는 단계예요.

캔바의 웹사이트 템플릿을 선택해 에디터에서 엽니다. 사이드 패널 - ❶ [브랜드 센터] 탭을 클릭하고, ❷ [브랜드] 탭의 드롭다운 메뉴에서 원하는 브랜드 키트를 선택합니다. ❸ 브랜드 자산의 각 항목을 클릭하면 디자인에 즉시 반영되어 브랜드 일관성이 자동으로 세팅됩니다. ❹ 1단계에서 기획한 내용을 각 섹션에 배치하고 다듬습니다.

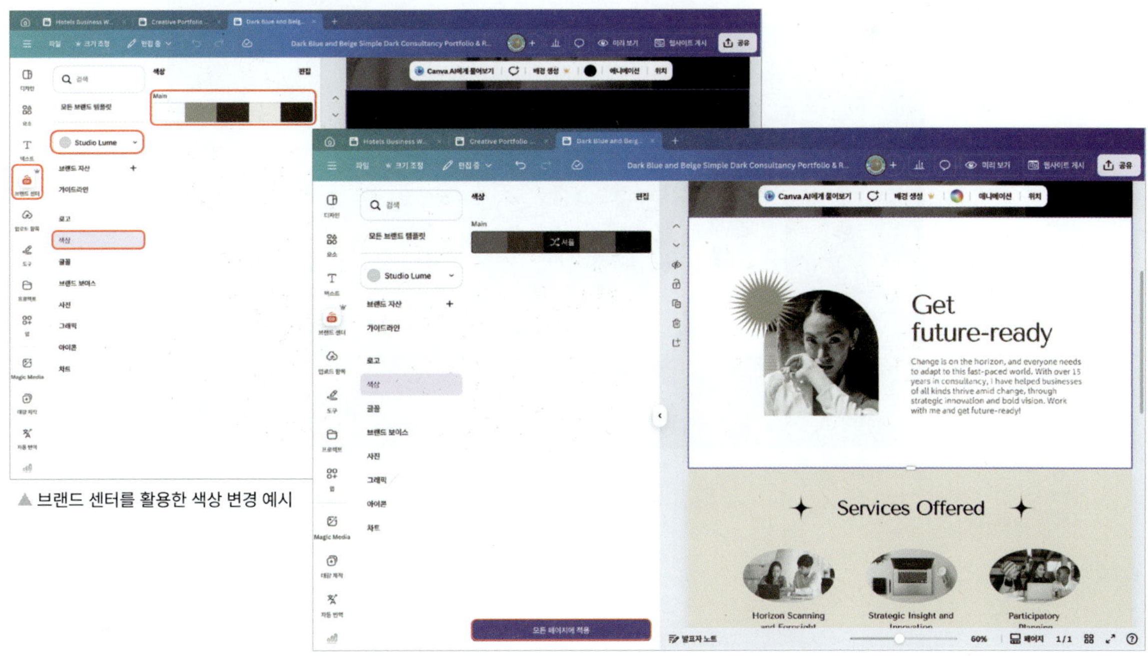

▲ 브랜드 센터를 활용한 색상 변경 예시

▲ [모든 페이지에 적용] 버튼 클릭

위의 과정으로 진행하면, 모든 페이지에 일관성 있게 반영되며, 빠르게 수정할 수 있어요.

- 처음부터 전체 레이아웃을 완벽하게 만들기보다, 핵심 콘텐츠를 우선 배치하고 세부 디자인을 점진적으로 다듬습니다.
- 첫 화면 3초 안에 이름과 한 줄 소개가 보이도록 설계하세요.
- 핵심 컬러는 1~2가지, 보조 색은 강조용으로만 사용합니다.
- 버튼 터치 영역을 충분한 (44px 이상) 크기로 디자인해 눈에 잘 띄도록 합니다.
- 색상 대비 비율이 높아 가독성이 유지되도록 합니다.

3단계. About & Contact 섹션 구성하기

이제 브랜드 소개 섹션과 연락처, 행동 제안 섹션을 완성해 봅시다.

About은 브랜드의 첫 인상이에요. 한 줄 소개, 브랜드 철학, 전문 영역을 명확히 보여 주되, 여백과 문체에서 브랜드의 톤을 전달합니다.

Contact은 다음 행동을 제안하는 섹션이에요. 단순 연락처가 아니라, 브랜드 경험을 이어 주는 문장으로 마무리합니다. 방문자가 실제 행동을 취할 수 있도록 CTA(Call To Action, 행동 제안) 버튼을 배치합니다.

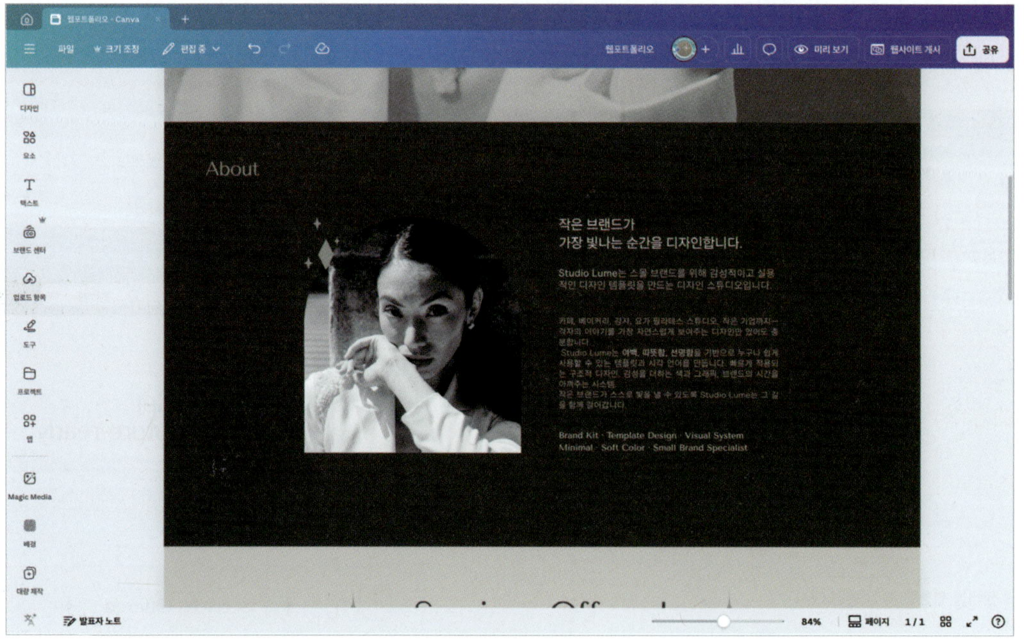

▲ About 섹션 예시

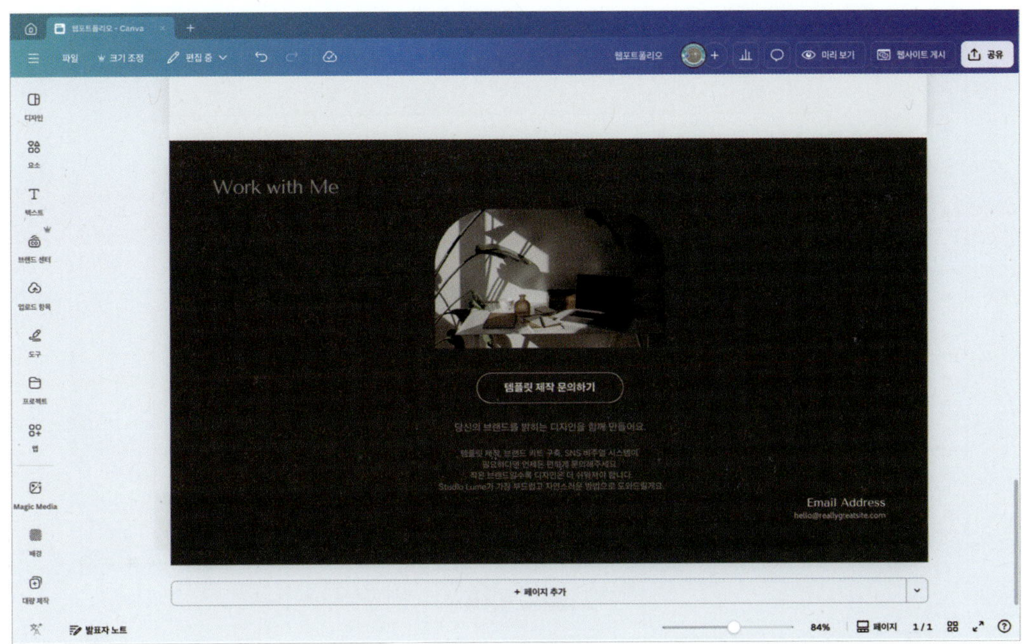

▲ Contact 섹션 예시

About 문구를 작성할 때에는 한눈에 이 사람은 이런 스타일이구나 하고 내 브랜드를 이해할 수 있도록 구성합니다. 마치 명함을 건네듯이 말이죠.

<예시>

- 소규모 브랜드를 위한 감각적 비주얼 스토리 디자이너입니다.

Contact 문구를 작성할 때에는 CTA(Call To Action, 행동 제안) 문구는 짧고 명확하게, 바로 행동하고 싶게 안내해야 해요.

<예시>

- 함께 브랜드의 다음 장을 만들어가고 싶다면, 아래 버튼을 눌러 주세요.
- **프로젝트 의뢰:** 함께 브랜드의 다음 장을 만들어가고 싶다면, 프로젝트 의뢰 버튼을 클릭하세요.
- **더 많은 작업 보기:** 다른 프로젝트 사례도 보고 싶다면, 전체 포트폴리오 페이지로 이동하세요.
- **SNS 바로가기:** 최신 작업물과 소식을 확인하고 싶다면, SNS 팔로우를 눌러 주세요.

4단계. Review 섹션 만들기

방문자의 신뢰도를 높여 주는 핵심 공간이에요. 고객의 짧은 피드백, 별점, 스크린샷 등을 정리해 내 작업이 실제로 어떤 가치를 주었는지 보여 줍니다. 고객 후기·협업 피드백·결과 수치를 카드형으로 구성하면 방문자에게 더욱 와닿습니다.

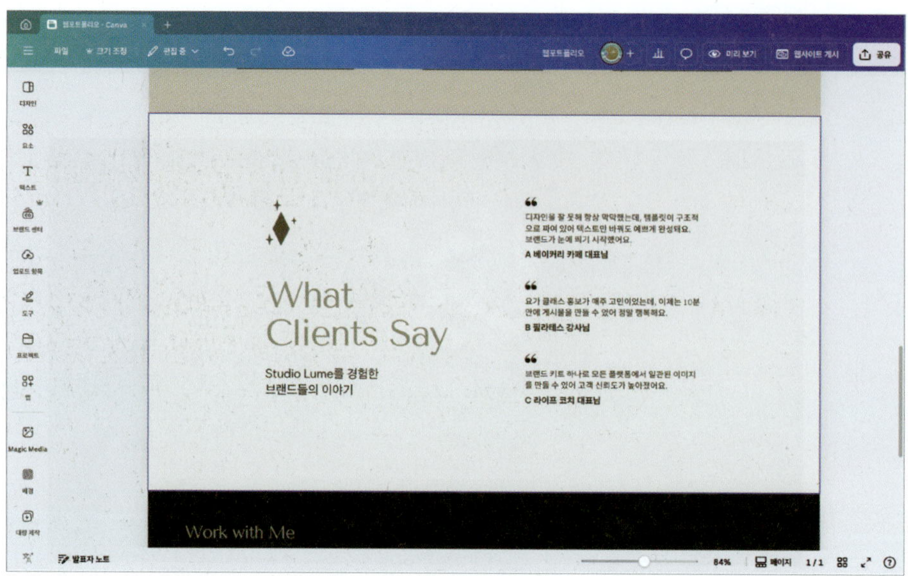

▲ Review 섹션 예시

문구 작성 팁

- 클라이언트 후기, 프로젝트 피드백, 사용자 경험 중 인상 깊은 사례를 정리합니다.
- 각 후기는 브랜드 철학이나 작업 방식과 연결해서 스토리화해도 좋아요.
- 인용문 형식(“ ”), 별점, 이름(또는 익명 처리) 등 시각적 요소를 활용해 짧고 임팩트 있게 구성하세요.
- 후기 텍스트 옆에 작은 ‘별점’ 또는 ‘추천 아이콘’을 넣으면 신뢰도가 높아집니다.
- 후기 카드 템플릿은 모든 브랜드 템플릿에 저장해 두면 재사용하기 쉽습니다.
- 마지막 부분에 “여러분의 브랜드 이야기도 함께 만들어 가고 싶어요.” 같은 문장을 사용해 Contact 페이지로 자연스럽게 이어 가도 좋아요.

5단계. Projects 섹션 만들기

핵심 프로젝트의 작업물을 소개하며 나의 문제 해결 능력을 명확히 보여 주는 공간이에요.

각 프로젝트를 **문제(Problem) → 해결(Solution) → 결과(Result)** 구조로 소개합니다.

① **문제(Problem)**: 프로젝트 시작 배경, 해결할 문제 작성하기

② **해결(Solution)**: 문제를 해결한 과정과 접근 방법 작성하기

③ **결과(Result)**: 프로젝트 결과, 고객 반응, 배운 점 작성하기

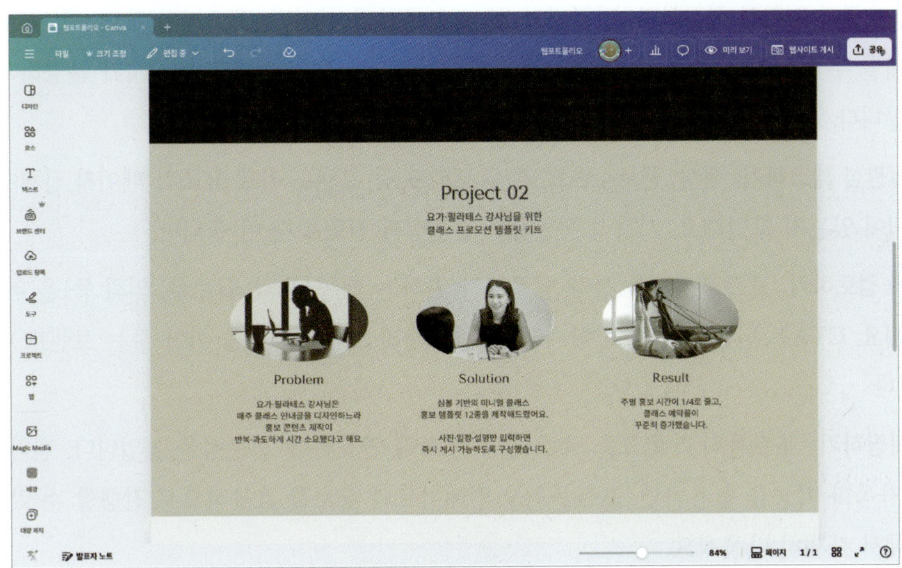

▲ 프로젝트 섹션 예시

문구 작성 팁

- 각 프로젝트마다 브랜드 철학과 연결해 설명하면 신뢰도와 스토리 전달력이 높아집니다.
- 방문자가 브랜드 스토리를 이해하도록, **단순 이미지 나열이 아닌 '왜 이렇게 디자인했는지'**를 설명하세요. 또한 '나의 역할과 기여도'를 구체적으로 표현하면 신뢰도가 높아져요.
- 섹션 구분, 스크롤 연결, 버튼 링크 등 캔바의 기능을 활용해 보세요.

작성 예시

프로젝트명	문제(Problem)	해결(Solution)	결과(Result)
SNS 브랜딩 콘텐츠 제작	신생 브랜드의 SNS 콘텐츠 시각 정체성이 부족함	브랜드 키트와 맞춤 템플릿을 적용하여 통일된 시각 디자인 제작	팔로워 참여율 35% 증가, 브랜드 인지도 향상
온라인 강의 홍보 자료 리뉴얼	기존 홍보 이미지가 정보 전달력은 높으나 시각적 매력이 부족함	핵심 메시지를 중심으로 레이아웃 단순화, 컬러 대비 개선	클릭률 1.8배 상승, 수강 문의 증가
기업 소개 프레젠테이션 디자인	내부 제작 PPT가 일관성 없이 비전 전달력이 떨어짐	슬라이드 구조 재정비, 기업 핵심 가치 중심의 시각 스토리텔링 적용	발표 후 투자 미팅 긍정 반응 획득

6단계. 점검하기

전체 흐름 점검하기 포트폴리오 완성도와 브랜드 일관성을 점검할 차례예요.

① **스토리의 흐름과 명확성 점검하기**: 방문자가 첫 스크롤부터 마지막 CTA까지 자연스럽게 브랜드 스토리를 이해할 수 있는지 점검해요. 각 프로젝트 페이지에서 브랜드 철학과 메시지가 분명하게 드러나는지 확인합니다.

② **브랜드 일관성 체크하기**: 색상, 폰트, 로고, 시각 모티프 등 브랜드 키트 요소가 페이지 전체에서 일관되게 적용되어 있는지 확인해요. 시각적 통일감은 전문성과 신뢰를 높여 줍니다.

③ **CTA 효과 검토하기**: 포트폴리오를 통해 방문자가 원하는 행동(문의, 팔로우, 의뢰 등)을 취할 수 있는지 확인해요. CTA는 단순한 버튼이 아니라, 방문자에게 브랜드 경험을 이어 주는 브랜드 메시지의 연장선입니다.

④ **홍보와 확장하기**: 포트폴리오 링크를 SNS 멀티 링크와 연동하여 접근성을 높입니다. 캔바 콘텐츠 플래너 등 자동화 기능을 활용하면, 포트폴리오 업데이트와 홍보를 효율적으로 진행할 수 있어요. 이 기능은 뒤에서 자세히 다룰게요.

⑤ **링크 상태 확인하기**: 외부 링크 또는 섹션 간 링크로 연결한 부분이 제대로 작동하는지 확인합니다.

미리보기 점검하기 미리보기 기능은 실제로 웹사이트가 어떻게 보일지 바로 확인할 수 있는 아주 편리한 도구예요. 실제로 공개하기 전에 오류나 디자인 문제를 미리 발견하고 수정할 수 있어요.

모든 섹션이 완성되면, **상단 메뉴** ❶ **[미리보기]**에서 웹사이트가 데스크톱과 모바일 화면에서 각각 어떻게 보이는지 확인합니다.

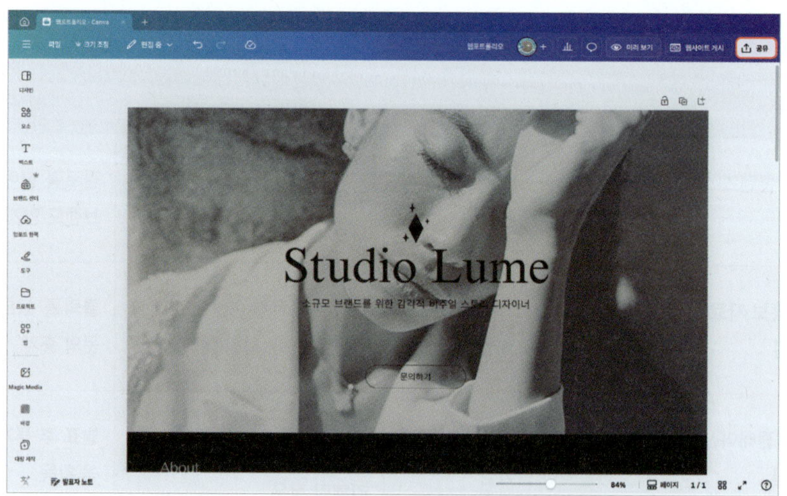

▲ 미리보기 페이지

❷ **[모바일에서 크기 조정]**을 선택하면 자동으로 모바일 화면 크기에 맞춘 반응형 웹사이트가 됩니다. ❸ **[탐색 메뉴 포함]**을 선택하면 웹사이트 상단에 탐색 메뉴(네비게이션 바)가 표시됩니다. 이 메뉴를 통해 방문자가 사이트 내 여러 페이지나 섹션을 쉽게 이동할 수 있도록 도와줍니다. 탐색 메뉴를 사용하려면

각 페이지에 제목이 있어야 합니다. 오른쪽 하단의 ❹ **[전체 화면]** 아이콘을 클릭하면 전체 화면으로 미리 볼 수 있습니다.

▲ 데스크톱 화면 미리보기

❺ 데스크톱과 모바일 아이콘을 클릭해 각 화면에서 어떻게 보이는지도 확인하세요.

▲ 모바일 화면 미리보기

7단계. 웹사이트 게시하기

웹사이트 게시 기능을 사용하면, 직접 만든 웹사이트를 한 번에 온라인에 공개할 수 있어요. 웹사이트 게시 기능에서 만날 수 있는 주요 항목들을 살펴볼게요.

01 웹사이트 게시 시작하기

상단 메뉴에서 ❶ **[웹사이트 게시]** 버튼을 클릭하면, 게시할 웹사이트에 대한 여러 가지 설정을 할 수 있습니다. 처음 웹사이트를 게시할 때는 웹도메인을 설정할 수 있어요. ❷ 맞춤 도메인 사용을 클릭하고 팝업 설정창에서 원하는 도메인 주소를 입력합니다(이미 구매한 도메인이 있다면, 바로 캔바에 연결할 수도 있어요).

▲ ❶ 상단 메뉴에서 [웹사이트 게시] 버튼 클릭 후 화면

캔바에서는 무료 사용자가 무료 웹 도메인(기본 도메인 + 서브패스 포함)으로 최대 5개까지 웹사이트를 게시할 수 있어요. 하지만 Pro 구독자인 경우, 무료 도메인으로 게시할 수 있는 웹사이트 수에는 제한이 없어, 원하는 만큼 웹사이트를 만들고 게시할 수 있습니다. 또한, Pro 구독자는 최대 5개의 기존 도메인(보유 중인 도메인)도 연결할 수 있답니다.

사이트 주소 관리 방법

이미 게시한 웹사이트의 주소도 위와 같은 방법으로 언제든지 수정할 수 있어요. Pro 구독자는 자신의 도메인을 연결하거나, 여러 개의 기존 도메인을 관리할 수 있습니다. 도메인 연결 및 관리는 [홈 화면] – [프로필] – [설정] – [웹 도메인]에서 설정할 수 있어요.

02 사이트 설명 설정하기

❶ [설정]을 클릭한 후, [사이트] 탭에서 사이트의 ❷ [파비콘], ❸ [제목], ❹ [비밀번호 보호], [탐색메뉴 노출 여부], [검색 엔진 노출 제한], [소셜미디어 노출 여부] 등을 설정할 수 있습니다. 게시 후에는 언제든지 설정을 변경하거나, 다시 게시해 최신 상태로 유지할 수 있습니다.

- **파비콘 추가**: [브라우저] 탭에 표시될 작은 아이콘을 JPG 또는 PNG 파일(180×180~280×280px)로 업로드할 수 있습니다.
- **사이트 제목**: [브라우저] 탭에 표시될 사이트 제목을 설정할 수 있어요.
- **검색 엔진 노출**: 구글 등 기타 검색 엔진에 사이트가 노출되지 않도록 설정할 수 있어, 비공개 사이트 운영에 유용합니다.
- **비밀번호 보호**: 사이트에 비밀번호를 설정해 허가된 사람만 접근할 수 있도록 할 수 있습니다.

- **탐색 메뉴**: 웹사이트 상단에 탐색 메뉴(네비게이션 바)가 표시됩니다.
- **모바일에서 크기 조정**: 사이트가 반응형으로 조정되어 모바일 화면에 맞게 사이트 디자인을 자동으로 조정해 줍니다.
- **소셜미디어 링크 미리보기**: 웹사이트 링크를 소셜미디어에 공유할 때 미리보기 이미지로 노출됩니다.

▲ 사이트 설명 설정 페이지

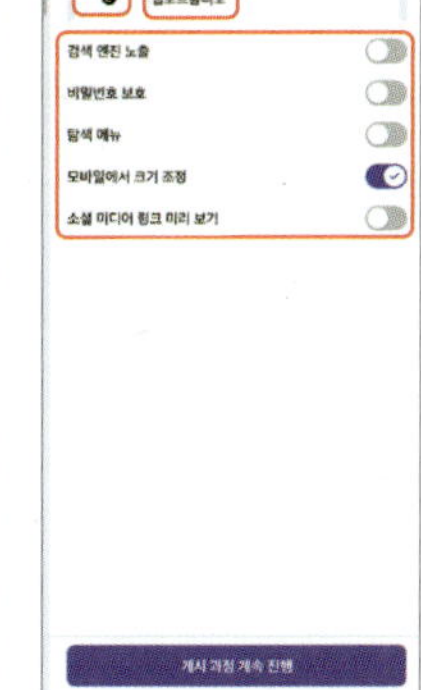

▲ 사이트 설정 화면

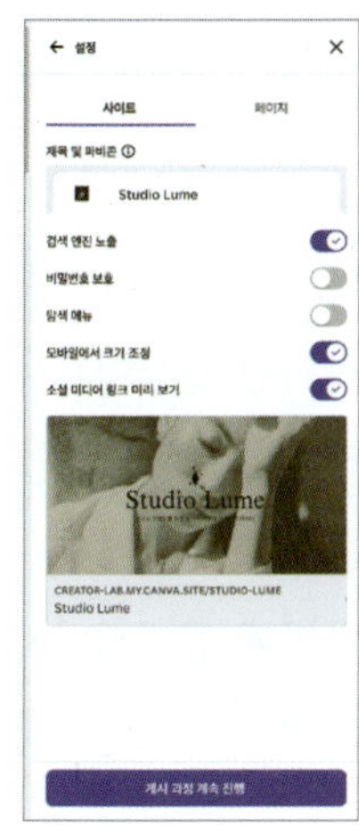

▲ 사이트 설정 내용을 입력 완료한 화면

03 사이트 페이지 설정하기

❶ 이번에는 [페이지] 탭을 선택하고 ❷ [세부 정보 생성] 버튼을 클릭하면 ❸ 웹페이지에 어울리는 설명을 자동으로 생성해 줍니다. ❹ 모든 설정을 완료했다면, [게시 과정 계속 진행] 버튼을 클릭합니다.

페이지 맞춤 설정하기

❸ [설정]을 클릭한 후 **[페이지]** 탭을 클릭하면 각 페이지를 고유한 URL과 SEO로 설정할 수 있습니다.

맞춤화하려는 각 페이지에 대해 다음 항목들을 설정할 수 있어요.

- **페이지 제목**: [브라우저] 탭, 검색 결과에 표시되며 탐색 메뉴 제목에 사용되는 내용이에요.
- **맞춤 URL 경로**: 멀티 페이지 웹사이트의 경우는 각 페이지마다 'about-us' 또는 'contact'와 같은 URL 경로를 설정할 수 있습니다.
- **페이지 설명**: 해당 페이지에 대한 요약이나 설명을 적어(150~160자 권장) 검색 엔진에 노출할 수 있어요.

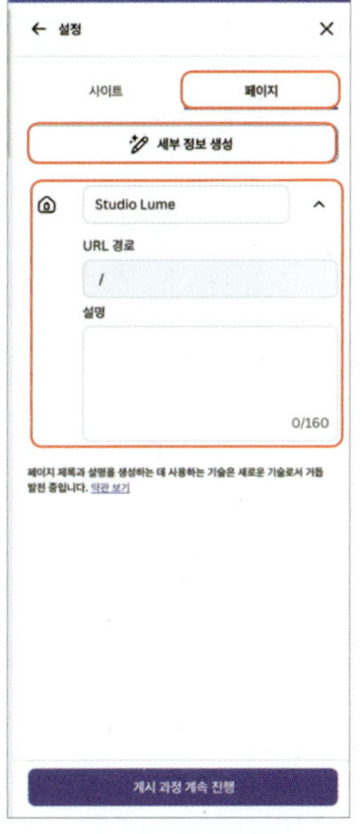

▲ 페이지 설정 화면

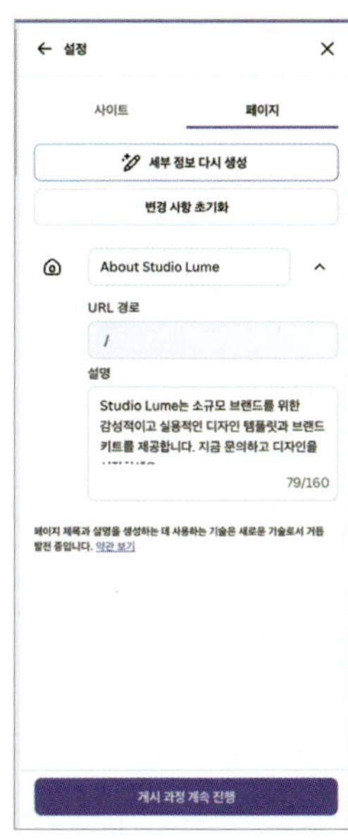

▲ ❹ 페이지 내용을 입력 완료한 화면

04 사이트 주소 설정하기

모든 설정을 마쳤다면, 사이트 주소를 설정할 차례입니다. ❶ 사이트 주소(URL) 옆의 [연필] 아이콘을 클릭하면 웹사이트 주소의 뒷부분(슬러그)을 직접 입력해 더 기억하기 쉽고 깔끔한 URL을 만들 수 있어요. ❷ 하단의 **[게시]** 버튼을 클릭하면 ❸ 웹사이트가 온라인에 공개됩니다. 설정한 내용이 잘 반영됐는지 실제 웹사이트에서 확인하세요.

▲ ❶ 사이트 주소(URL) 옆의 [연필 아이콘]을 클릭

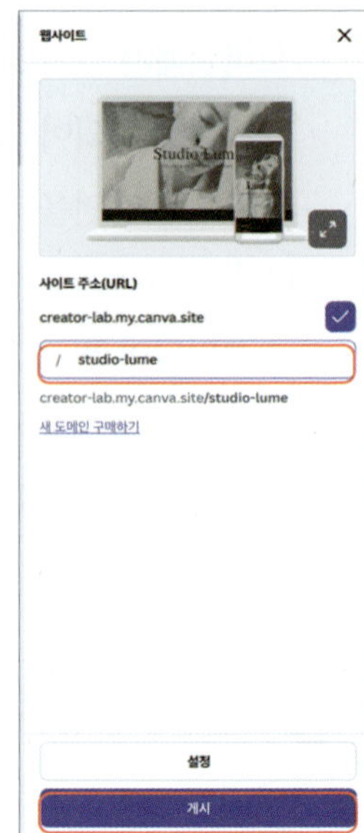

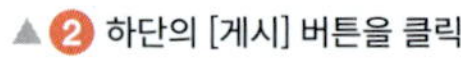
▲ ❷ 하단의 [게시] 버튼을 클릭

▲ 게시 완료된 웹사이트 화면

- 웹사이트 완성 후 1~2일 지나서 다시 확인하면, 미처 발견하지 못한 불일치나 메시지 누락을 바로잡을 수 있습니다.
- SNS 프로필이나 멀티 링크에 포트폴리오 링크를 추가해 노출을 늘려 보세요.

팬을 부르는 스토리텔링과 채널 운영 전략

브랜드의 스토리는 혼자 존재하지 않습니다. 그 이야기가 누군가에게 닿을 때 비로소 브랜드는 생명력을 갖게 됩니다. 이번 레슨에서는 나의 정체성을 사람들과 연결하는 방법, 즉 '스토리로 관계를 만드는 기술'을 배워 볼 거예요.

앞의 레슨에서는 브랜드 정체성을 정의하고 정리하는 작업을 했습니다. 그 작업이 내면의 나를 명확히 하고 디자인 방향과 톤을 정해 시각적 나침반을 만드는 과정이었다면, 이제는 그 정체성을 외부와 소통하는 단계로 확장해야 해요.

SNS는 브랜드 스토리를 전달할 수 있는 강력한 통로입니다. 단순히 내 계정의 팔로워 수를 늘리는 것을 넘어서 브랜드의 가치와 이야기에 공감하며 팬과 함께 성장하는 팬과 관계를 형성하는 것이 목표예요.

- **팔로워**: 계정을 구독하는 사람. 내 브랜드에 관심은 있지만 관계가 깊지 않을 수 있어요.
- **팬**: 브랜드의 가치와 철학에 공감하고, 나의 콘텐츠를 기다리며 소통하는 사람들입니다.

이번 레슨에서는 브랜드 스토리를 팬이 공감할 수 있는 SNS 콘텐츠로 전환하고, 팬과 지속적으로 연결될 수 있는 채널 전략까지 함께 다룹니다.

✨ 스토리텔링의 핵심 원칙 3가지

1. 프로세스(Process) – 과정을 보여 주기

완성작보다 만드는 과정을 공유하는 것이 팬과 공감을 만드는 강력한 방법이에요. 예를 들어, 시안 단계에서 고민한 흔적, 색상을 선택한 이유, 실패한 시도를 솔직하게 보여 주는 것이죠. 팬은 완벽함보다 진솔함에 끌립니다. 실패와 시도 과정을 공유하는 것이 신뢰를 만들어 줘요.

SNS 콘텐츠 형식으로는 인스타그램 릴스로 브이로그를 보여 주거나, 인스타그램 하이라이트로 제작 과정을 정리해 보여 줄 수 있어요.

2. 인사이트(Insight) – 생각을 나누기

"오늘은 디자인 작업하면서 '결함도 힘이 될 수 있다는 생각을 했어요."처럼 일상에서 발견한 철학이나 작업 관련 깨달음을 공유해 보세요. 작업 중 떠오른 아이디어, 고객과의 대화에서 얻은 통찰도 모두 이야기 소재가 됩니다. 팬은 완벽한 결과보다 생각과 철학이 담긴 이야기에 더 공감합니다. SNS 콘텐츠 형식으로는 네이버 블로그 글, 인스타그램 카드뉴스 게시물 등이 좋아요.

3. 아이덴티티(Identity) – 정체성을 반복하기

정리해 둔 브랜드 정체성을 다양한 방식으로 일관되게 표현해 보세요. 톤앤매너, 컬러, 메시지, 슬로건 등을 꾸준히 반복하면 팔로워가 브랜드를 자연스럽게 인식하고 기억하게 됩니다.

인스타그램 피드 그리드, 핀터레스트 무드보드, 유튜브 인트로/아웃트로 등으로 구현할 수 있어요.

> 완벽한 이야기보다 진솔한 이야기가 팬과 공감을 만드는 힘이에요.

✨ 콘텐츠 유형과 채널별 전략

콘텐츠 유형 3가지

브랜드 스토리를 SNS 콘텐츠로 만드는 방법은 크게 세 가지로 나눌 수 있습니다.

유형	설명	예시
WHAT	교육/정보형	디자인 팁, 툴 사용법, 작업 전후 비교
WHY	공감/철학형	브랜드 철학, 가치관, 디자인 관점 공유
HOW	여정/비전형	프로젝트 과정, 협업 후기, 다음 목표

WHAT 콘텐츠는 신뢰를, WHY 콘텐츠는 공감을, HOW 콘텐츠는 관계를 강화해 줍니다. 이 세 가지 유형을 균형 있게 조합하면 브랜드 스토리를 다양한 깊이로 전달할 수 있어요.

SNS 채널별 전략

각 SNS 채널은 팬과의 관계를 형성하는 방식과 스토리 전달 포인트가 다릅니다. 같은 브랜드 스토리라도 채널 특성에 맞춰 변주하면 효과적이에요.

채널	핵심 포인트	추천 콘텐츠 유형	예시
인스타그램	시각 중심, 감각적 포맷	과정, 정체성/WHAT · WHY	릴스, 카드뉴스
유튜브/숏츠 플랫폼	내레이션 중심, 진정성 강조	인사이트, 정체성/HOW	브이로그, 프로젝트 후기
블로그/브런치	깊이 있는 생각과 전문성	인사이트/WHY	디자인 철학, 후기
핀터레스트/비핸스	작품 아카이브, 무드 강화	과정/WHAT	무드보드, 작업 전후 비교
링크드인	커리어 중심 스토리	정체성/HOW	프로젝트 소개, 협업 스토리

모든 SNS 채널을 다 운영할 필요는 없어요.
① 리소스(시간 · 에너지)
② 콘텐츠 형태(글 · 영상 · 이미지)
③ 주요 독자층
이 세 가지 기준으로 우선순위를 정하세요. 채널을 줄이는 것도 전략이에요.

SNS 콘텐츠 예시

브랜드 스토리를 SNS 콘텐츠로 만드는 방법은 크게 세 가지로 나눌 수 있습니다.

유형	채널	콘텐츠 예시 문장
WHAT	인스타그램	"오늘 디자인한 명함 시안, 컬러 선택 고민 과정을 공유해요. 여러분은 어떤 컬러가 더 마음에 드시나요?"
WHY	블로그/인스타그램	"이번 프로젝트를 진행하며 '간결함이 힘이다'라는 생각을 다시 한번 느꼈어요. 작은 디테일이 전체 경험을 바꾼다는 점을 공유하고 싶어요."
HOW	유튜브	"지난 한 달간 진행한 브랜드 리뉴얼 과정과 결과를 영상으로 정리했어요. 실패와 수정 과정도 솔직하게 보여드릴게요."

게시물 끝에는 질문, 투표, 댓글 유도 등으로 대화를 이어 가면 좋아요. 핵심은 즉각적인 반응보다 지속적인 대화를 이끌어내는 것이에요.

✨ 한 달 콘텐츠 캘린더 만드는 노하우

팬과의 소통을 체계화하고 꾸준히 브랜드 메시지를 전달하려면 한 달 단위로 콘텐츠를 계획하는 것이 효과적이에요. 또한 각 콘텐츠를 만들 때에는 브랜드 키트와 브랜드 템플릿을, 콘텐츠를 게시할 때에는 콘텐츠 플래너를 활용하면 일관성을 유지하며 쉽고 빠르게 제작할 수 있습니다.

1단계. 한 달 목표 설정하기

먼저 한 달 동안 달성하고 싶은 큰 목표를 정합니다. 목표를 정하면 콘텐츠 유형과 메시지 톤을 결정할 때 기준이 되어 한 달 동안 올릴 콘텐츠의 방향이 흔들리지 않을 수 있어요.

아래 목표 예시들도 참고하세요.

- 브랜드 인지도 높이기
- 포트폴리오 노출
- 팬과의 관계 강화
- 특정 프로젝트나 상품 홍보

2단계. 콘텐츠 유형과 비율 정하기

브랜드의 이야기를 다양하게 표현하면 팬과의 접점이 넓어질 수 있어요. 일반적으로 권장하는 비율은 다음과 같습니다.

유형	비율	목적	이유
WHAT (정보 · 교육형)	50%	브랜드 신뢰 형성	팔로워가 브랜드를 처음 접할 때 이해와 신뢰가 먼저 필요합니다. 구체적 정보가 많을수록 전문성을 전달하기 좋아요.
WHY (공감 · 철학형)	25%	감정적 연결	정보만으로는 팬의 마음을 끌 수 없습니다. 공감 콘텐츠는 감정적 연결을 만들어 팔로워가 팬으로 전환될 수 있도록 해보세요.
HOW (여정 · 비전형)	25%	관계 강화	팬이 브랜드 여정 속에 참여하는 느낌을 줄 수 있어요. 반복적 메시지로 브랜드를 각인시킬 수 있습니다.

이 비율은 어디까지나 권장이니 브랜드 성격과 채널 특성, 팬 반응에 따라 비율을 유연하게 조정하세요. 예를 들어 블로그는 긴 글 위주로 WHY를 늘리고, 인스타그램은 시각적 WHAT을 늘릴 수 있습니다.

3단계. 주차별 테마 정하기

한 달을 4주 기준으로 나누고, 주차별 테마를 설정하면 한 달 전체의 콘텐츠가 연결된 이야기처럼 흐름이 잡히게 돼요.

주차	테마	콘텐츠 유형 예시
1주차	브랜드 철학 소개	WHY: 브랜드 가치, 철학, 일상 속 깨달음 공유
2주차	작업 과정 공유	WHAT: 시안 고민, 컬러 선택 과정, 제작 과정 공개
3주차	프로젝트 후기	HOW: 전후 비교, 협업 과정, 실패와 배움
4주차	회고 및 다음 목표	WHY · HOW: 팬과 소통, 다음 달 계획 안내, 피드백 공유

4단계. 게시 스케줄 계획하기

꾸준한 소통을 위해 주 2~3회 업로드를 권장합니다. 요일과 시간을 미리 정해 일정한 스케줄로 게시물을 업로드하면 팬이 게시물을 기대하게 되거든요.

한 주 내에서는 콘텐츠 유형을 섞어 균형 있게 구성하면 좋습니다. 예를 들어, 주 초에는 WHAT(정보), 중간에는 WHY(철학/공감), 주말에는 HOW(과정/비전) 콘텐츠를 올릴 수 있겠죠.

5단계. 캔바로 시각화하기

캔바의 도구를 활용하면 기획과 제작을 동시에 진행할 수 있습니다.

① **Docs/화이트보드**: 캔바 AI의 도움도 받아 콘텐츠 아이디어를 다듬을 수 있고, 콘텐츠 아이디어, 문구, 주제를 한눈에 보며 쉽고 효율적으로 관리할 수 있어요.

② **브랜드 키트**: 로고, 색상, 폰트를 등록해 모든 디자인에 일관성을 유지할 수 있어요.

③ **브랜드 템플릿**: 자주 사용하는 디자인 포맷(카드, 섬네일 등)을 브랜드 템플릿으로 저장해 사용하면 작업 시간을 효율적으로 단축할 수 있습니다.

④ **콘텐츠 플래너**: SNS 계정을 연동하면 원하는 일시에 콘텐츠를 예약 게시할 수 있어요. 시스템으로 자동화해 꾸준함을 유지할 수 있습니다. 콘텐츠 플래너에 대한 내용은 다음 챕터에서 더 자세히 다룰게요.

> 모든 게시물을 한 번에 완벽하게 만들 필요는 없습니다. 중요한 것은 꾸준함과 진정성입니다.
> 완벽한 것보다, 계획 → 제작 → 반응 점검 → 개선의 리듬을 유지하는 것이 핵심입니다.

✨ 이야기의 힘으로 관계 이어 가기

사사키 아타루의 에세이 『취미는 독서』에서 저자는 팬과의 관계에 대해 이렇게 말합니다.

"팬은 만드는 것이 아니라, 어디선가 이미 기다리고 있는 사람을 발견하는 과정이다"

또한 사토 나오유키의 『팬 베이스』에서도 같은 맥락으로 말합니다. 팬은 단순히 만들어 내는 존재가 아니라, 고객과 브랜드가 서로 만나 공감하고 신뢰를 쌓는 관계라고요.

콘텐츠를 발행하고 SNS 채널을 운영하는 건 단순히 내 이야기를 좋아해 줄 소비자를 찾는 게 아니에요. 이야기할 만한 가치가 있는 진심 어린 브랜드를 만들어 가는 과정입니다. 그러니 나다움을 담아 꾸준히 기록하고 대화하며, 콘텐츠의 리듬을 이어 가 보세요. 브랜드는 이야기의 힘으로 성장하고 지속됩니다.

나답게 오래 가는 브랜드 로드맵

앞에서 우리는 브랜드의 정체성을 세우고, 팬과 연결하는 방법을 배웠습니다. 이제 그 브랜드를 지속 가능한 시스템으로 운영할 차례예요. 브랜딩은 일회성 프로젝트가 아니라 꾸준히 작동하는 구조가 되어야 합니다. 이번 레슨에서는 소진되지 않고, 오래도록 유지되는 브랜드를 만들기 위한 현실적인 운영 방법을 살펴봅니다.

✨ 브랜딩은 완성이 아닌 여정

보통 브랜딩을 '브랜드를 만드는 것'으로 생각하지만, 진짜 시작은 브랜드를 만든 이후부터입니다. 로고와 컨셉을 정한 순간부터 브랜드는 '꾸준히 관리해야 할 생명체'가 됩니다. 완벽하게 만드는 것보다, 일관성을 유지하는 것이 더 큰 신뢰를 주죠. 물론 시간이 흐르며 모습이 조금씩 바뀌는 것은 자연스러운 일이며, 변화 안에서 내 브랜드만의 리듬을 찾아가는 것이 중요합니다.

브랜딩의 본질은 화려한 시작보다 지속적인 관리와 세심한 조정의 반복에 있습니다. 3개월에 한 번 정도는 현재 브랜드를 점검해 보세요. 톤, 문체, 색상, 문구가 여전히 나답다면 그대로 유지하고, 그렇지 않다면 필요한 부분만 가볍게 수정해도 충분합니다. 이런 작은 손길이 브랜드 운영의 기본입니다.

브랜드 점검 루틴을 만들어 보세요

- 분기마다 포트폴리오나 SNS 피드에서 톤과 메시지의 일관성을 확인하기
- 사용 중인 폰트, 컬러, 표현 방식 중 불필요한 요소 정리하기
- 기존 틀의 유지와 정비에 시간 투자하기

✨ 꾸준함은 구조에서 나온다

꾸준함은 단순한 의지가 아니라, 시스템과 구조에서 나옵니다. 감정 기복에 흔들리지 않도록 준비된 틀을 만드는 게 핵심입니다. 열정은 출발을 돕지만, 시스템이 지속성을 만든다는 걸 기억해야 해요. 하루 단

위의 촘촘한 계획보다는 '계속 할 수 있는 방식'을 만드는 게 현실적이에요. 잠시 쉬었다가도 다시 돌아와 자연스럽게 다시 이어 갈 수 있다면, 그것도 꾸준함의 한 형태인 것이죠.

브랜딩도 마찬가지예요. 매번 새로 디자인하기보다, 미리 정리된 기본 틀을 만들어 두면 작업 피로가 줄고, 퀄리티는 일정하게 유지됩니다.

- 캔바 브랜드 키트에 로고·컬러·폰트를 등록해 두면 디자인 일관성을 자동으로 유지할 수 있습니다.
- 콘텐츠 플래너로 주간 게시 일정을 미리 설정하면 '무엇을 올릴지' 고민하는 시간을 줄일 수 있습니다.

꾸준함은 노력보다 준비된 구조에서 시작됩니다. 시스템이 자리를 잡으면, 감정 기복에 흔들리지 않고 브랜드는 더 오래, 더 일정하게 자라게 될 거예요.

효율적인 꾸준함 시스템 만들기

- 자주 사용하는 문구, 사진, 레이아웃을 캔바 브랜드 템플릿으로 저장해 두기
- 브랜드 관련 작업을 매주 같은 요일과 시간에 배치해 습관화하기
- 월 1회 콘텐츠 전체 흐름을 점검하고, 다음 달 계획을 미리 세워 두기

✨ 번아웃 없이 오래가기

브랜딩은 단기적 몰입보다 지속 가능한 리듬으로 에너지를 관리하는 마라톤과 같습니다. 짧은 시간에 몰아붙이면 성과는 빠르게 오지만, 금세 피로가 따라옵니다. 열정이 식는 게 문제가 아니라, 지속할 힘을 관리하지 못하는 게 문제인 것이죠.

지속 가능한 브랜딩은 열심히만 하는 것이 아니라, 자신만의 리듬으로 에너지를 관리하는 데서 나옵니다. 작은 휴식이 더 길게 갈 수 있는 힘이 되어 주고, 창의력과 영감 역시 그 안에서 다시 솟아나게 됩니다.

회복 루틴 실천하기

- 일주일에 하루 또는 하루 중 일정 시간을 정해 SNS·업무에서 완전히 벗어나기
- 하루 1시간 산책, 독서, 기록 등으로 생각과 마음을 회복하는 시간 갖기
- 피로가 느껴질 땐 억지로 몰두하지 않고, 잠깐 멈춰 영감을 재충전하기

✨ 관계가 브랜드의 힘이 된다

브랜드는 사람과의 신뢰로 유지됩니다. 진심을 담은 지속적인 소통과 작은 교류가 신뢰를 쌓습니다. 멋진 디자인이나 문구보다 오래 남는 것은 브랜드를 믿어주는 사람들의 경험입니다.

많은 이들에게 보여지는 것보다는, 소수라도 진심으로 지지해 주는 이들과 깊이 연결되는 것이 훨씬 의미가 있지요. 1,000명의 관람객보다 10명의 지지자가 브랜드를 더 튼튼하게 만들어 줍니다. 신뢰는 한 번의 이벤트로 생기지 않고, 꾸준한 소통과 작은 교류 속에서 쌓입니다.

브랜드를 처음 만들 때는 혼자 시작하지만, 이후의 성장은 다른 사람과의 관계를 이어 가는 과정입니다. 신뢰는 쌓는 데는 시간이 걸리지만, 한 번 쌓이면 쉽게 무너지지 않습니다.

관계 관리 루틴

- 한 달에 한 번 주요 고객이나 팔로워에게 감사 메시지 보내기
- 마음에 남는 피드백을 모아 '브랜드 칭찬 노트'로 저장하기
- 협업 제안이 올 때 '이 관계가 내 브랜드 방향과 맞는가?'를 꼼꼼히 점검하기

✨ 다음 단계를 위한 현실적 로드맵

브랜딩을 하다 보면 '이제 뭘 해야 하지?'라는 질문이 생길 수 있어요. 모든 브랜드가 같은 속도로 성장할 필요는 없습니다. 성장은 속도보다 방향의 문제이고 확장은 새로운 기회를, 심화는 기존 강점을 더욱 단단히 다지는 과정을 의미합니다.

새로운 단계로 나아가기 전, 지금 가진 자원을 점검하세요. 시간, 기술, 에너지가 충분한지 살피고, 가능 범위 안에서 조금씩 넓혀가는 것이 오래가는 성장의 비결입니다.

현실적인 1년 로드맵 만들기

- 하고 싶은 일, 할 수 있는 일, 해야 할 일을 구분하기
- 세 가지가 만나는 곳에서 당장의 목표를 설정하기
- 계획은 단기(3개월), 중기(1년)로 나누고, 필요할 때마다 유연하게 조정하기

✨ 나답게 오래가는 힘

오래가는 브랜드는 외형보다 내면의 습관이 단단합니다. 트렌드를 좇기보다는 자신만의 방식으로 꾸준히 이어 가는 브랜드가 더 큰 신뢰를 얻기 마련이죠. 브랜딩의 본질은 '지속 가능한 나다움'에 있습니다. 무엇을 하든 '나는 왜 이 일을 하는가?'라는 질문으로 방향을 점검해 보세요.

나답게 오래가기 위해 점검할 것

- 지금의 브랜드가 내 가치관을 여전히 반영하고 있는가?
- 반복되는 일상에서 지치고 있다면 줄일 수 있는 것은 무엇인가?
- 내가 반드시 지키고 싶은 핵심 원칙 하나는 무엇인가?

브랜딩은 완벽을 향해 달리는 경주가 아니라, 나를 잃지 않고 꾸준히 이어 가는 기술입니다. 잠시 속도를 늦출 수 있지만, 방향만 잃지 않으면 브랜드는 계속 성장합니다. 다음 챕터에서는 이런 '지속 가능한 리듬'을 AI와 자동화 시스템으로 확장하는 방법을 배웁니다. 반복되는 업무를 효율화 하여, 브랜드가 스스로 굴러가는 구조를 만들어 봅시다.

CHAPTER 06 완주를 축하합니다!

수익화를 넘어 지속 가능한 성장을 위한 브랜딩 여정을 끝까지 해내셨어요. 정말 수고 많으셨습니다! 이제 여러분은 캔바를 단순히 '도구'로 사용하는 것을 넘어, '나만의 가치'를 담아내는 '디자이너'이자 '창업가'가 되었습니다. 여기까지의 여정을 통해 쌓아온 지식과 경험은 여러분의 가장 강력한 무기가 될 거예요.

CHAPTER 06 완주 체크리스트

- ☐ 브랜딩의 개념과 중요성을 이해하고, 나만의 브랜드를 만들 동기를 얻었어요.
- ☐ 캔바의 브랜드 센터를 활용해 로고, 컬러, 폰트를 정리해 브랜드 일관성을 구축했어요.
- ☐ 캔바의 Docs와 화이트보드로 막연한 아이디어를 구체적인 컨셉으로 시각화할 수 있어요.
- ☐ 캔바 웹사이트 기능으로 나의 전문성을 담은 포트폴리오를 완성했어요.
- ☐ 내 브랜드에 맞는 한 달 콘텐츠 게시 계획을 세웠어요.
- ☐ 지속 가능한 브랜드 운영을 위해 나만의 루틴과 점검 습관을 세웠어요.

✨ CHAPTER 07 예고 | 캔바 AI로 생산성 향상 시키기

이제 나를 브랜딩하는 방법을 알았으니, 마지막 단계는 생산성 높이기입니다. 다음 챕터에서는 반복되는 작업을 캔바의 AI 기능으로 해결하고, 비즈니스 리포트를 자동으로 생성하는 등 운영의 효율을 높이는 워크플로우를 만드는 방법을 배워 볼 거예요.

그럼, **CHAPTER 07 캔바 AI로 생산성 향상 시키기**에서 만나요!

LESSON 01 콘텐츠 플래너로 예약 · 자동 게시하기

LESSON 02 시트(Sheets)로 콘텐츠 데이터베이스 만들기

LESSON 03 대량 제작(Bulk Create)으로 콘텐츠 대량 생성하기

LESSON 04 Magic Chart와 Magic Insight로 시각화하기

LESSON 05 고객과 연결되는 이메일 뉴스레터 시스템 만들기

LESSON 06 AI 루틴으로 일상 업무 최적화하기

CHAPTER

07

캔바 AI로 생산성 향상시키기

Canva

AI로 완성하는 효율적이고 지속 가능한 워크플로우

AI를 활용해 콘텐츠 제작부터 운영, 분석까지
자동화하는 방법을 배워 봅시다. 캔바의 최신 기능으로
브랜드 운영을 더 빠르고 효율적으로 관리할 수 있어요.

지난 챕터에서 우리는 나만의 브랜드를 정의하고, 그 철학을 시각 언어로 정리하는 법을 배웠습니다. 이제 브랜드의 의미를 넘어 지속성으로 넘어갈 차례예요.

디자인은 한 번의 완성보다, 꾸준히 이어 가는 힘이 더 중요합니다. 하지만 크리에이터의 하루는 생각보다 복잡하지요. 콘텐츠 기획, 디자인 제작, 게시물 관리, 데이터 확인, 구독자 소통까지 모두 혼자 해야 한다면 금세 지쳐 버리겠죠.

이번 챕터에서는 AI를 나 대신 일하게 만드는 루틴 설계법을 다룹니다. 창작의 감각을 해치지 않으면서, 운영의 효율을 높이는 워크플로우를 만들어 볼 거예요.

이번 챕터의 중심 축은 시트(Sheets)입니다. 시트는 데이터를 담는 표를 넘어, 아이디어 생성·대량 제작·성과 분석을 모두 연결하는 콘텐츠 운영의 허브로 진화했습니다.

배울 내용

LESSON 01 콘텐츠 플래너로 예약 · 자동 게시하기 캔바의 콘텐츠 플래너를 활용해 여러 SNS 계정을 한 번에 관리하고, 게시물을 예약·자동 발행하는 시스템을 구축해 봅니다. "오늘 뭐 올리지?" 대신 "이번 달엔 어떤 메시지를 전할까?"에 집중할 수 있죠.

LESSON 02 시트(Sheets)로 콘텐츠 데이터베이스 만들기 콘텐츠 아이디어와 문구를 정리하고 관리하는 기반을 다집니다. Magic Write와 빈 셀 채우기 기능을 이용해 아이디어, 제목, 해시태그, 문구를 자동 생성하면서 브랜드 콘텐츠 운영의 원재료를 체계화합니다.

LESSON 03 대량 제작(Bulk Create)으로 콘텐츠 대량 생성하기 레슨 02에서 만든 시트를 활용해 다수의 디자인을 한 번에 제작합니다. 시트 데이터를 템플릿과 연결하면, 수십 개의 게시물을 단 몇 분 만에 완성할 수 있죠. SNS 시리즈 콘텐츠나 이벤트 홍보 이미지처럼 반복이 많은 작업일수록AI의 대량 제작 기능이 강력하게 빛납니다.

LESSON 04 Magic Chart와 Magic Insight로 시각화하기 게시한 콘텐츠의 성과를 눈으로 확인하는 법을 배웁니다. 캔바 시트 안에서 매직 차트와 매직 인사이트를 활용해 데이터를 자동으로 그래프로 만들고, 조회수나 반응률의 패턴을 분석합니다. AI가 보여 주는 수치 안에서 '무엇이 잘 작동하고 있는지'를 직관적으로 파악할 수 있습니다.

LESSON 05 고객과 연결되는 이메일 뉴스레터 시스템 만들기 브랜드 구독자와의 관계를 꾸준히 유지하는 루틴을 만듭니다. 캔바 템플릿으로 뉴스레터를 디자인하고, 이메일 서비스를 활용해 발행해 봅니다.

LESSON 06 AI 루틴으로 일상 업무 최적화하기 자동화를 '작동하는 루틴'으로 굳히는 방법을 배워 봅니다. 반복 업무를 정리하고, Docs로 루틴 점검표를 만드는 노하우도 체크해 볼게요. 이를 통해 시스템을 안정화하고 흐름이 굴러가는 구조로 전환합니다.

왜 이런 구성인가요?

챕터 03에서 Canva AI 창의성을 확장하는 방식으로 활용했다면, 이번 챕터에서는 AI를 **꾸준히 실행되고 관리되도록 돕는 생산성의 도구**로 다룹니다.

또한 챕터 06이 브랜드의 철학과 스토리를 세우는 과정이었다면, 이번 챕터에서는 그 브랜드가 **지속적으로 작동하고 유지될 수 있는 실행 구조**를 다룹니다.

AI의 가치는 단순히 빠른 속도에 있지 않습니다. **꾸준함을 가능하게 하는 효율성**에 있습니다. 이번 챕터는 AI를 통해 나의 브랜드를 더 빠르고, 더 안정적으로, 그리고 더 오래 이어갈 수 있는 지속 가능한 워크플로우로 만드는 데 초점을 맞추고 있어요.

실습 자료는 아래 웹사이트에서 확인할 수 있어요.
https://sijae.my.canva.site/creator-lab

콘텐츠 플래너로 예약 · 자동 게시하기 Pro

콘텐츠 운영은 꾸준히 올릴 수 있는 구조를 만들어야 지속성이 생깁니다. 이번 레슨에서는 콘텐츠 플래너로 게시 루틴을 수동에서 시스템으로 전환하여 매일 고민할 필요 없이 월간 흐름에 집중하는 방법을 배웁니다.

콘텐츠 플래너는 Canva Pro 요금제에서 제공되며, 소셜 미디어 게시물 예약, 콘텐츠 일정 관리소셜 미디어 게시물 예약, 콘텐츠 일정 관리, 팀 협업 등 다양한 기능을 활용할 수 있습니다.

✦ 콘텐츠 플래너의 장점과 구조 살펴보기

콘텐츠 플래너는 캘린더 기반의 SNS 콘텐츠 일정 관리 도구예요. 한 화면에서 제작-예약-발행 일정을 모두 관리할 수 있어요.

특히 아래 세 가지 장점이 실무에서 큰 도움이 됩니다.

① **한 달 단위로 콘텐츠 흐름을 시각화**: 월간 캘린더로 살펴보면 주제·톤앤매너·게시 리듬이 한눈에 보입니다. 즉흥적 업로드에서 벗어나 내 브랜드의 이야기 구조를 만들 수 있어요.

② **중복 작업 최소화**: 여러 채널에 같은 콘텐츠를 반복 업로드할 필요 없이 한 번에 예약할 수 있어요.

③ **자동 실행되는 게시 루틴**: 게시 일정을 예약해 두면 자동 실행되므로, 바쁜 날에도 콘텐츠 업로드가 멈추지 않아요.

콘텐츠 플래너는 단순히 시간을 절약하는 도구가 아니라, 브랜드 메시지의 흐름을 관리해 주는 스케줄 시스템입니다.

콘텐츠 플래너 구조 살펴보기

콘텐츠 플래너의 화면 구성은 다음과 같습니다.

❶ **달력 헤더**: 이 영역은 달력 뷰를 원하는 달 또는 오늘로 빠르게 이동할 때 사용하는 부분이에요.

❷ **콘텐츠 플래너 공유**: 팀 협업 기능으로 팀원들과 함께 콘텐츠 일정을 관리하고, 권한에 따라 팀원이 게시물 편집이나 예약을 할 수 있어요.

❸ **+새 항목 추가**: 클릭하면 게시할 콘텐츠나 이벤트를 만들 수 있습니다.

❹ **보기 옵션**: 원하는 옵션을 선택해서 볼 수 있는 기능입니다.

❺ **즐겁게 배우기(학습 메뉴)**: 콘텐츠 플래너의 핵심 기능에 빠르게 접근할 수 있는 버튼과 이번 달의 인기 이벤트가 표시됩니다. 핵심 기능을 익힐 수 있는 캔바 디자인 스쿨로 바로 이동할 수도 있어요.

❻ **달력 뷰**: 월별로 콘텐츠 일정을 볼 수 있어요. 각 날짜 칸에 이벤트나 예약된 게시물이 표시됩니다. 이벤트와 예약 게시물 카드는 드래그 앤 드롭으로 자유롭게 다른 날짜로 이동할 수 있습니다.

❼ **게시물 카드**: 캘린더에 추가된 일정과 디자인이 카드 형태로 나타나고, 클릭하면 미리보기, 수정, 삭제, 일정 수정, 디자인 만들기 등이 가능해요.

계정 연결과 게시 예약하기

01 콘텐츠 플래너 열기 홈 화면 사이드 패널에서 ❶ **[더보기]**를 클릭한 뒤 목록에서 ❷ **[콘텐츠 플래너]**를 클릭해 화면을 엽니다.

02 새 이벤트 및 게시물 추가하기 ❶ **[+ 새 항목 추가]**를 클릭하고 ❷ [이벤트]를 선택하면 새 일정 설정 창이 열립니다. ❸ [게시]를 선택하면 새 게시물 창이 열립니다.

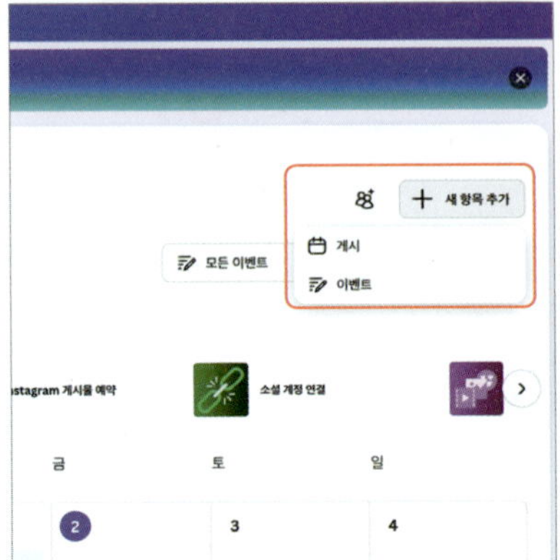

03 새 게시물 창의 화면 오른쪽에는 ❶ **[게시 예약 설정]**이, 화면 왼쪽에는 ❷ **[최근 작업물과 내 프로젝트]**와 ❸ **[템플릿]**이 표시됩니다.

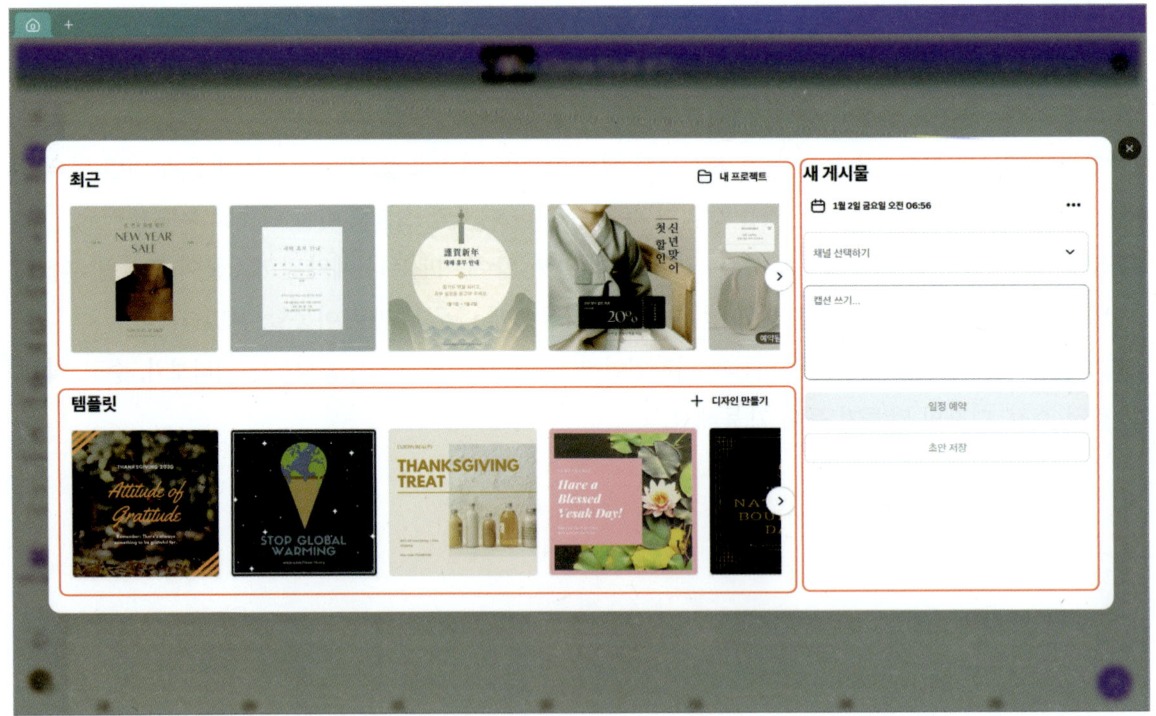

04 **빠르게 새 이벤트 및 게시물 추가하기** 이 과정을 달력 뷰에서도 동일하게 작업할 수 있어요. ❶ 날짜 영역을 클릭하면 이벤트(새 일정)를, ❷ [+] 버튼을 클릭하면 새 게시물을 추가할 수 있어요.

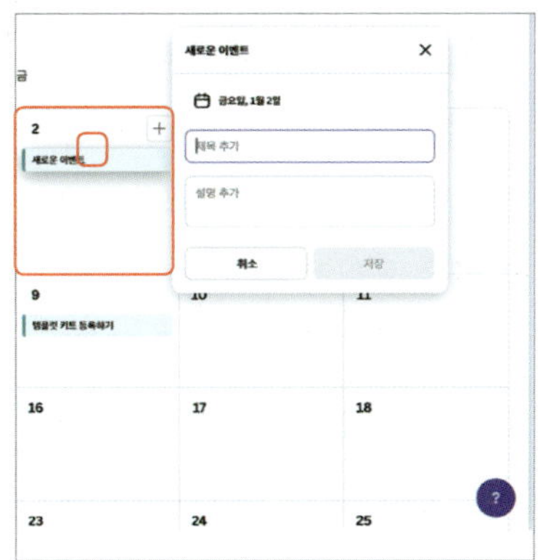

05 **게시할 디자인 선택하기** ❶ [내 프로젝트]를 클릭해 ❷ [내 프로젝트] 폴더 안에 있는 작업물 중에 디자인을 선택할 수 있어요. ❸ [최근 디자인] 목록에서 특정 디자인을 선택해 클릭하면, ❹ [디자인 미리보기] 창이 열립니다. (이때, ❺ [템플릿] 영역에서 디자인을 선택할 경우에는 ❻ 에디터 화면이 열리고, ❼ [+ 디자인 만들기]를 선택하면, ❽ [디자인 포맷 선택] 창이 열리고 원하는 포맷을 선택해 새로운 디자인을 시작할 수 있습니다.)

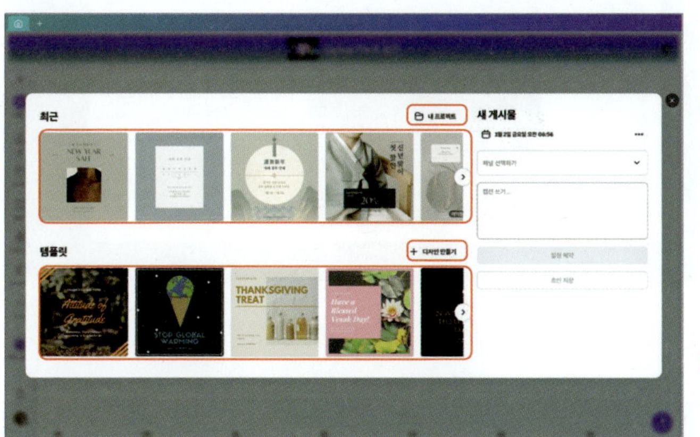

▲ 내 프로젝트 → 폴더 안에 있는

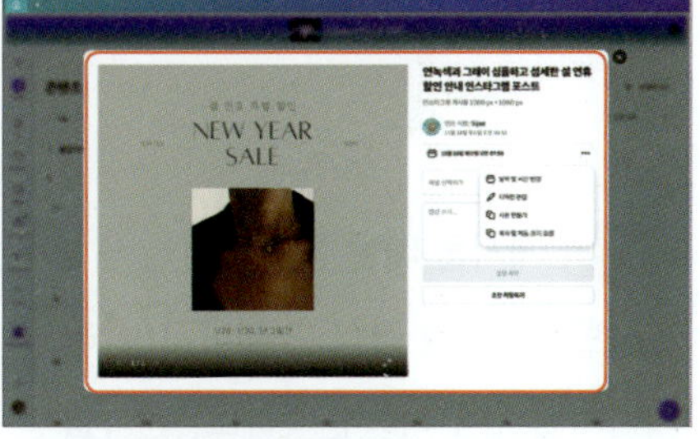

▲ 최근 디자인 → 디자인 미리보기 창

▲ [템플릿] → 에디터 화면

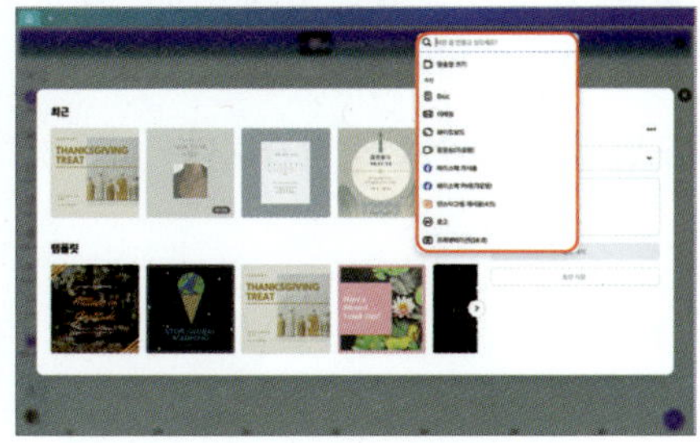

▲ +디자인 만들기 → 디자인 포맷 선택 창

06 예약 일정 설정하기

선택한 디자인의 ❶ **[미리보기]**를 확인하고, ❷ **[날짜와 시간 영역]**을 클릭해 예약 일정을 설정합니다. ❸ **[…](게시물 작업)** 버튼을 클릭해 [날짜 및 시간 변경]과 [디자인 편집], [사본 만들기], [복사 및 자동 크기 조정]을 할 수 있습니다.

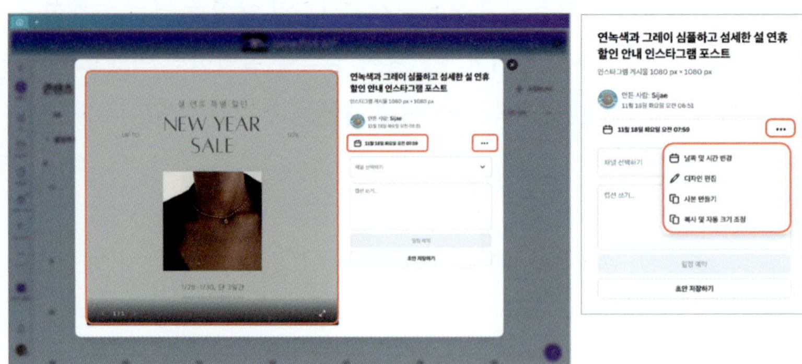

07 게시할 채널 설정하기

❶ **채널 드롭다운 메뉴에서 [채널]을 선택**합니다. 이때, ❷ **[+ 채널 선택하기]**를 클릭해 새로운 SNS(인스타그램, 페이스북, 링크드인 등) 계정을 연결할 수도 있어요.

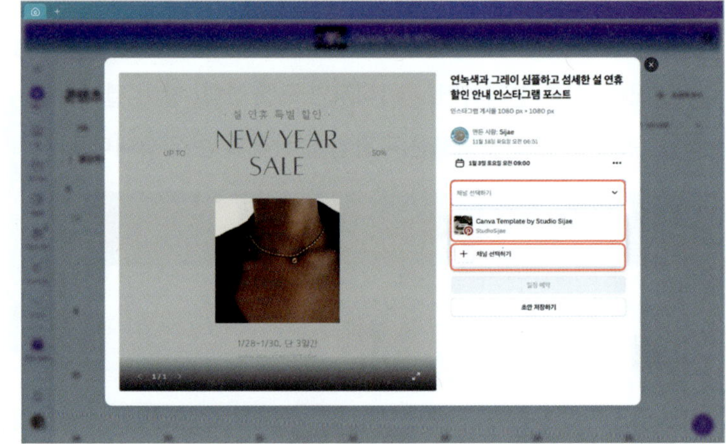

08 게시물 내용 작성하기

게시할 ❶ **파일 형식**과 **페이지**(여러 페이지일 경우)를 선택하고, ❷ **[캡션 쓰기]** 영역에 캡션과 해시태그 등 본문 내용을 작성하고, ❸ 사용자가 도달할 링크 주소를 적습니다.

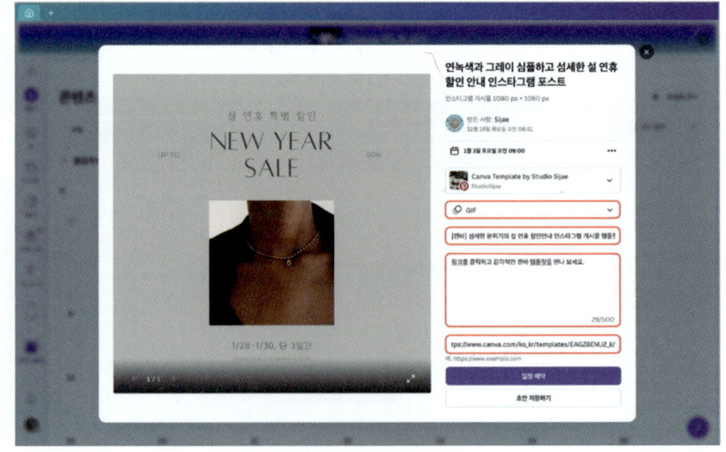

09 게시 예약 및 초안 저장하기

❶ **[일정 예약]**을 클릭해 게시 예약을 하거나 ❷ **[초안 저장하기]**를 클릭해 임시 저장합니다.

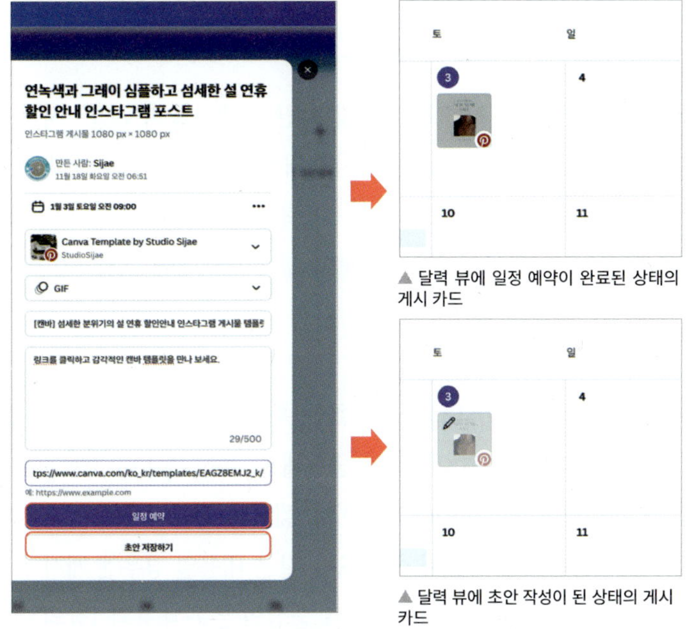

▲ 달력 뷰에 일정 예약이 완료된 상태의 게시 카드

▲ 달력 뷰에 초안 작성이 된 상태의 게시 카드

- 게시 예약 전 미리보기로 이미지 비율, 캡션 줄 바꿈, 링크 표시 여부를 꼭 확인하세요.
- SNS 채널에 따라 선택할 수 있는 글자 수나 도달 링크 선택 옵션이 조금씩 달라지니 꼭 확인하세요.
- 또한, 게시할 디자인의 종류에 따라 선택할 수 있는 파일 형식과 페이지 수가 달라집니다.

콘텐츠 게시 최적 포인트 찾기

각 SNS 플랫폼에서 제공하는 인사이트(Insights) 기능을 활용해 보세요. 내 팔로워가 실제로 활발하게 활동하는 요일과 시간대를 주기적으로 확인해 직접 게시 타이밍을 찾고 최적화할 수 있어요. 단, 플랫폼에 따라 프로페셔널이나 비즈니스 계정으로 설정되어 있어야 인사이트 대시보드 서비스가 제공됩니다.

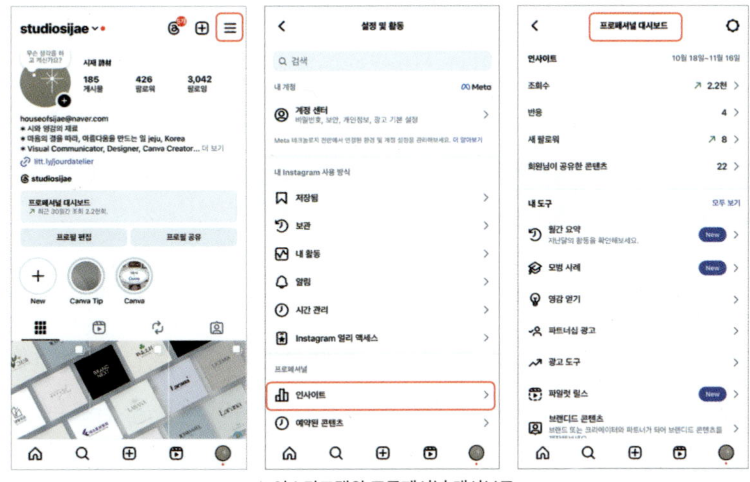

▲ 인스타그램의 프로페셔널 대시보드

콘텐츠 게시 최적 시기를 찾아내는 실행 루틴

아래 루틴으로 2~3주간 테스트 해보기를 권장합니다.

① SNS 플랫폼 인사이트에서 상위 반응 게시물의 요일 · 시간을 확인하고 기록합니다.
② 같은 주제 · 형식으로 다른 시간대에 게시물을 업로드하여 실험해 보세요.
③ 게시물의 도달 · 저장 · 댓글 · 클릭률 등 핵심 지표를 비교해 봅니다.
④ 반응이 가장 안정적인 2~3개의 코어 시간대에 고정적으로 콘텐츠 플래너에 게시 일정을 예약합니다.

채널별 최적화 노하우

- **인스타그램(Instagram)**: 짧은 훅이 있는 릴스나 이미지 형식이 효과적이에요. 첫 3초의 임팩트나 게시물의 미리보기 이미지가 중요해요. 우선 인스타그램 계정을 비즈니스로 전환하는 것을 잊지 마세요.
- **페이스북(Facebook)**: 이미지+짧은 설명이나 링크형 게시물 형식이 적합해요. 같은 게시물을 너무 자주 반복하면 노출이 줄어드니, 같은 내용일 경우엔 게시 간격을 넉넉하게 합니다.
- **링크드인(LinkedIn)**: 텍스트 중심의 본문 내용과 1장의 이미지 또는 슬라이드 형식이 좋아요. 신뢰감이 중요한 플랫폼이므로 지나치게 광고처럼 보이는 구성보다는 단정한 이미지를 전달하는 게 좋습니다.
- **X(구 트위터)**: 짧은 문장과 1장의 이미지 형식을 추천해요. 해시태그는 1~2개만 사용하는 편이 더 깔끔하게 보입니다.
- **핀터레스트(Pinterest)**: 검색 노출 중심의 플랫폼이기 때문에 실시간 반응보다는 꾸준한 업로드와 키워드 구성이 더 중요해요. 세로 비율의 선명한 이미지와 명확한 주제로 무드 보드를 구성해 클릭률을 높입니다.

여기서 제시한 평균값은 어디까지나 참고용이며, 최종 결정은 '내 팔로워 데이터'가 기준이에요.

✨ 콘텐츠 운영 흐름 설계하기

월간 콘텐츠 운영 계획 세우기

월간 단위로 주제를 나누면 운영이 훨씬 수월해요. 우선 주차별 테마를 먼저 배치해 보세요. 이번 달의 콘텐츠 주제 흐름을 한눈에 확인하고 주간 단위의 리듬을 만드는 것이 핵심입니다.

주차	테마	예시 콘텐츠	목표
1주차	브랜드 철학	디자인 가치관, 브랜드 키워드	신뢰 형성
2주차	작업 비하인드	툴 팁, 제작 노트	전문성 강화

3주차	후기 & 협업	고객 후기, 파트너 소개	사회적 증거
4주차	개인 브랜딩	영감/루틴, 일상 기록	친밀감 형성

콘텐츠 운영 요령

- 주차별 톤앤매너는 통일하고, 형식(이미지 · 릴스 · 스토리)은 다양하게 구성하는 게 좋아요.
- 월말에 플랫폼 별 인사이트로 성과를 체크하고 다음 달 게시 시간과 형식을 조정합니다.

반응이 약한 요일과 시간은 과감히 제외하고 코어 타임만 남겨 보세요.

주간 콘텐츠 운영 계획 세우기

아래 내용을 활용해 이번 주에 게시할 1~2개의 콘텐츠를 구상해 보세요. 주제와 채널, 게시 요일과 시간을 정하는 것만으로도 콘텐츠를 즉흥적 게시에서 계획적 운영으로 바꿀 수 있습니다.

항목	작성 가이드	나의 설정
연결 채널	인스타그램, 페이스북, X, 링크드인 중 선택	
게시 요일 패턴	예: 수요일 오전 9시, 토요일 오후 8시로 설정	
게시물 주제	예: 브랜드 철학, 작업 비하인드 등	
인사이트 메모	반응이 좋았던 요일 · 시간을 기록	
코어 시간대	다음 달에도 유지하고 싶은 시간대를 표시	
예약 주기	1주 · 2주 단위 중 자신에게 맞는 주기를 선택	
체크리스트	☐ 캡션 검수 ☐ 해시태그 정리 ☐ 미리보기 확인	

이번 레슨에서 만든 콘텐츠 운영 계획은 단순히 게시 예약 계획이 아닙니다. 내 브랜드의 이야기가 일정한 흐름으로 이어지게 하는 구조를 만든 거예요. 콘텐츠 플래너가 게시 루틴을 지켜 주는 동안, 여러분은 브랜드의 메시지와 방향성에 더욱 집중할 수 있습니다. 지속성은 기술이 아니라 리듬입니다. 지금 세운 계획이 콘텐츠 운영 리듬을 만드는 첫걸음이 되어 줄 거예요.

시트(Sheets)로 콘텐츠 데이터베이스 만들기

아이디어 관리가 소홀해지면 콘텐츠 운영의 흐름도 쉽게 끊어집니다. 이번 레슨에서는 캔바 시트(Sheets)로 콘텐츠 기획을 구조화하고, 대량 제작의 기반이 되는 데이터베이스를 만드는 법을 배웁니다.

콘텐츠 데이터 구조의 필요성

콘텐츠 운영이 어려워지는 가장 큰 이유는 아이디어가 흩어지기 때문이에요. 아이디어가 메모 앱, 사진첩, 책 인용문, 작업 노트 등 다양한 곳에 쌓여 있으면 저장만 되고 운영으로 이어지지 못합니다. 지속적으로 콘텐츠를 만들기 위해서는 아이디어가 흐르는 단 하나의 중심 축, 즉 콘텐츠 데이터 구조가 필요합니다.

캔바의 시트(Sheets)는 콘텐츠 운영에 최적화된 표 기반 도구예요. 기획-제작-분석까지 한 화면에서 이어지며, 다음 레슨에서 다룰 대량 제작(Bulk Create)·매직 차트(Magic Chart)·매직 인사이트(Magic Insight) 역시 이 데이터 구조 위에서 작동합니다.

이제 시트를 활용해 브랜드 콘텐츠의 기반을 하나씩 만들어 볼게요.

시트로 완성하는 콘텐츠 운영 관리 구조

1. 콘텐츠 아이디어 정리하기

브랜드 스토리, 제품 소개, 작업 비하인드, 고객 후기 등이 한 화면에 정리되면 '오늘 뭐 올리지?'가 아니라 '어떤 아이디어를 꺼내 쓸까?'로 질문이 바뀝니다. 시트에 아이디어가 모인 순간, 콘텐츠 운영은 지속 가능한 구조가 됩니다.

2. 데이터 구조 설계하기

콘텐츠를 반복적으로 만들려면 먼저 틀이 필요해요. 카테고리 · 주제 · 문구 · 해시태그 · 이미지 · 진행 상황처럼 필요한 열(column)을 미리 구성해 두면 이후 자동 제작과 운영 단계도 자연스럽게 이어집니다.

3. AI로 문구 · 아이디어 확장하기

시트에서는 'Magic Write'와 '빈 셀 채우기'를 활용해 문구, 설명, 아이디어를 빠르게 생성하고 보완할 수 있어요. 여기서 중요한 점은 콘텐츠의 '질'을 높이는 단계라는 것. 데이터 품질이 좋아야 자동 생성 콘텐츠도 자연스럽게 완성됩니다.

4. 콘텐츠 운영 상태 관리하기

드롭다운과 체크박스를 활용하면 아이디어 → 초안 작성 → 디자인 완성 → 예약 완료 같은 콘텐츠 진행 단계를 한눈에 볼 수 있어요. 시트가 단순한 저장 공간이 아니라 콘텐츠 운영의 실제 프로세스를 관리하는 도구가 되는 순간입니다.

5. 데이터베이스 만들기

콘텐츠 운영은 기획 → 제작 → 발행 → 분석으로 이어지는 순환 구조예요. 이 흐름이 끊기지 않으려면 공통으로 참고할 기준 데이터가 필요합니다. 시트에 정리한 정보는 아이디어, 제작 입력값, 게시용 문구, 분석 기준 등 전 과정에서 다시 활용돼요. 즉, 지금 만드는 데이터베이스 시트는 전체 운영을 안정적으로 이어주는 출발점입니다.

✨ 시트(Sheets)의 기본 구조 살펴보기

시트는 콘텐츠 아이디어를 표로 정리할 수 있는 스프레드시트 도구예요. 기본 입력 기능은 물론, 디자인 도구와 AI 기능까지 한 화면에서 사용할 수 있다는 점이 큰 장점입니다. 혼자 콘텐츠 기획과 제작을 모두 소화해야 하는 1인 크리에이터에게 특히 유용합니다.

시트에서는 ❶ 에디터 툴 바와 ❷[요소] 탭, ❸ [작업] 메뉴를 중심으로 대부분의 기능에 접근할 수 있습니다.

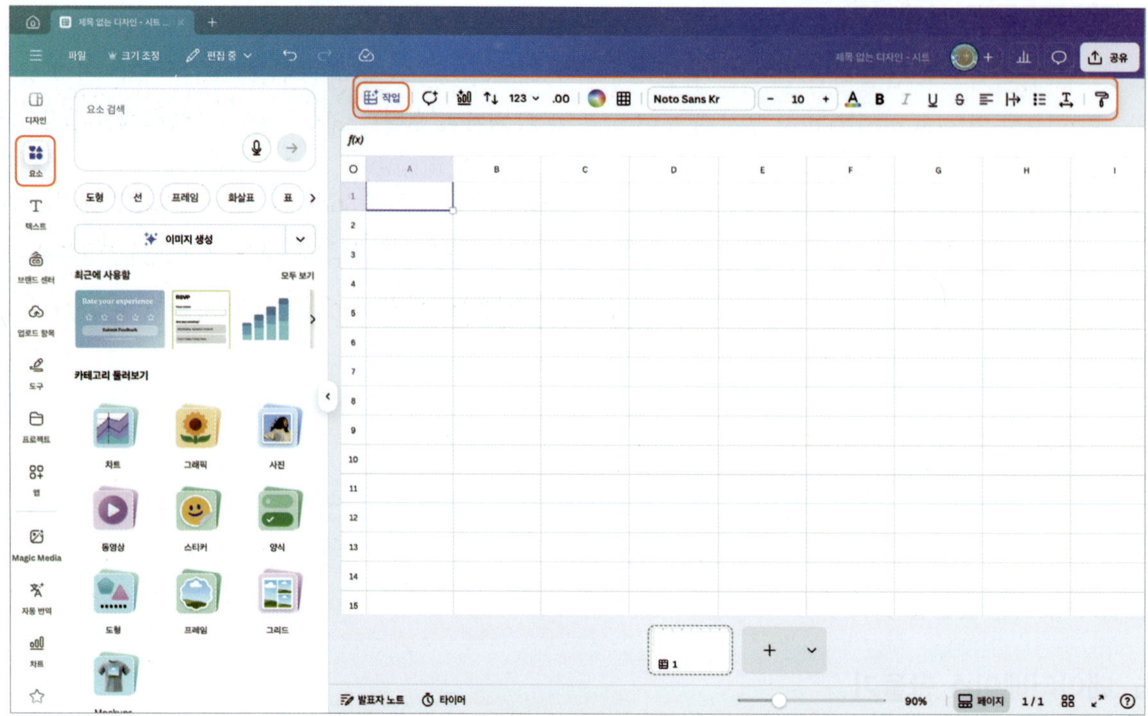

시트의 핵심 구성 요소는 다음 네 가지로 정리할 수 있어요. 이 4가지 요소만 이해해도 시트를 아이디어 정리 → 데이터 구조화 → 대량 제작·분석에 활용하는 흐름으로 자연스럽게 사용할 수 있습니다.

① **셀(Cell)**: 모든 데이터의 최소 단위예요. 텍스트 · 숫자 · 날짜 · 링크·이미지 등 다양한 정보를 입력할 수 있어, 콘텐츠 아이디어를 체계적으로 기록하는 기본 공간이 됩니다.

② **차트·그래프**: 입력한 데이터를 시각적으로 표현해 주는 기능입니다. Magic Chart나 Magic Insight와의 연계는 다음 레슨에서 살펴볼게요.

③ **서식·디자인 도구**: 색상 · 폰트 · 테두리 · 정렬 등 시트를 보기 좋게 정리하는 요소예요. 많은 데이터를 다룰 때 가독성을 높여 주고, 항목별 구분을 명확하게 해 콘텐츠 흐름을 관리하기 쉽습니다.

④ **AI 기능**: Magic Write, 빈 셀 채우기 등 AI 도구를 통해 문구를 자동 생성하거나, 빠진 정보를 보완하고, 데이터를 읽어내는 데 활용할 수 있어요. 이 기능들은 시트를 단순 기록 공간이 아니라 스마트한 콘텐츠 운영 도구로 만들어 줍니다. 대량 제작(Bulk Create), Magic Chart, Magic Insight는 다음 레슨에서 다룰 거예요.

다음은 캔바 템플릿을 제작 · 판매하는 1인 크리에이터의 콘텐츠 관리용 시트 예시입니다. 이렇게 구조를 잡아 두면, 하나의 시트가 콘텐츠 기획 노트이자 아카이브 역할을 합니다.

예시: 브랜드 콘텐츠 관리 현황 시트

카테고리	주제	콘텐츠 아이디어	문구	해시태그	이미지	진행 상황
브랜드 스토리	브랜드 역사	캔바 템플릿을 디자인하고 판매하게 된 계기 소개	"혼자 시작한 작은 디자인, 이제 많은 분들의 작업을 돕고 있습니다."	#1인디자인브랜드 #캔바템플릿 #브랜드성장	창립 초기 작업 공간 사진	진행 중
제품 소개	신제품 출시	새롭게 출시한 캔바 템플릿 주요 기능 설명	"지금, 내 작업을 더 빠르게! 새로운 캔바 템플릿을 만나 보세요."	#캔바신제품 #디자인템플릿 #신상템플릿	신제품 템플릿 미리보기 이미지	완료
활용 팁	디자인 활용법	템플릿을 다양한 용도로 응용하는 방법 안내	"이렇게 활용하면 내 브랜드가 더 돋보여요!"	#캔바활용팁 #마케팅디자인 #템플릿활용법	템플릿 적용 예시 이미지	아이디어 단계
고객 후기	사용자 리뷰	실제 고객의 만족 후기 공유	"1인 디자이너라 시간이 없었는데, 이 템플릿 덕분에 작업이 훨씬 쉬워졌어요!"	#캔바후기 #템플릿추천 #고객리뷰	고객이 실제로 사용한 결과물 사진	진행 중
마케팅 콘텐츠	프로모션 이벤트	캔바 템플릿 할인 행사 안내	"단독 특가! 나만의 디자인을 더 저렴하게 만들어 보세요."	#캔바프로모션 #할인템플릿 #특가이벤트	할인 프로모션 배너	완료
Q&A	자주 묻는 질문	캔바 템플릿 관련 궁금증 해소 및 답변 제공	"궁금했던 점, 지금 바로 해결하세요! 캔바 템플릿 Q&A"	#캔바FAQ #템플릿질문 #초보가이드	고객 문의에 답변하는 캡처 이미지	아이디어 단계

이제 이 예시를 만드는 과정을 따라가며 시트를 활용해 봅시다.

브랜드 콘텐츠 시트 구조 유지하기

처음에 만든 시트 구조(예: 콘텐츠 아이디어/문구/이미지/진행상황)는 대량 제작(Bulk Create)에서도 그대로 사용됩니다. 새 데이터나 시트를 추가할 때 동일한 형식을 유지하면 언제든 템플릿에 쉽게 연결할 수 있어요. 예를 들어 같은 구조로 콘텐츠 카테고리를 '브랜드 스토리', '제품 소개', '활용 팁' 등 다양하게 시트를 만들어 추가해 보세요.

시트 구조를 브랜드의 표준 데이터 양식으로 정리해 두면 이후 콘텐츠 제작 속도를 크게 단축시킬 수 있답니다.

✨ 캔바로 콘텐츠 데이터 베이스 만들기

콘텐츠 운영의 핵심은 '데이터가 한눈에 보이는 구조'를 갖추는 것입니다. 그래서 이번 레슨에서는 시트(Sheets)를 활용해 내 브랜드에 꼭 맞는 데이터베이스를 직접 설계하는 방법을 배워볼 거예요.

이번 레슨의 목적은 나만의 콘텐츠 구조를 직접 만들어 보고 운영에 맞게 설계해 보는 거예요. 그래서 템플릿을 사용하는 대신, 새 시트에서 표를 만들어 가며 차근차근 데이터베이스를 완성하는 방식으로 진행합니다.

1. 표 생성과 Magic Write, 빈 셀 채우기로 데이터 자동 작성하기

시트 안에서 에디터 툴 바의 [작업] 메뉴에서 표 생성과 Magic Write를 실행하면 프롬프트에 따라 표 구조와 셀 내용이 자동으로 생성됩니다.

실제로 앞의 예시 시트는 아래의 프롬프트를 입력해 표 생성 도구로 구성하고, Magic Write로 문구를 다듬어 완성한 내용이에요.

- **표 생성 프롬프트**: '캔바 템플릿을 디자인해서 판매하고 있는 1인 디자이너 브랜드를 위한 브랜드 콘텐츠 관리 현황 시트를 만들어 줘. 열 구성은 카테고리/주제/콘텐츠 아이디어/문구/ 해시태그/이미지/진행 상황, 행 구성은 브랜드 스토리/제품 소개/활용 팁/고객 후기/마케팅 콘텐츠'
- **Magic Write 프롬프트**: '각 셀에 관련 해시태그 3개씩 제안해 줘.' '좀더 친근한 어조로 내용을 수정해 줘.'

이처럼 프롬프트를 구체적으로 작성할수록 생성 결과의 완성도가 좋아져요. 생성된 문구는 수정하거나 재생성 할 수 있고, 브랜드의 톤앤매너에 맞게 다듬으면 됩니다.

01 새 시트 열고 표 생성하기 홈 화면에서 **[시트]**를 클릭해 새 작업 페이지를 엽니다. 셀 하나를 선택한 후 에디터 툴 바의 **[작업]** 메뉴 또는 **키보드의 / 키**를 누르고 목록에서 ❶ **[표 생성]**을 클릭하면 ❷ **입력창**이 나타납니다.

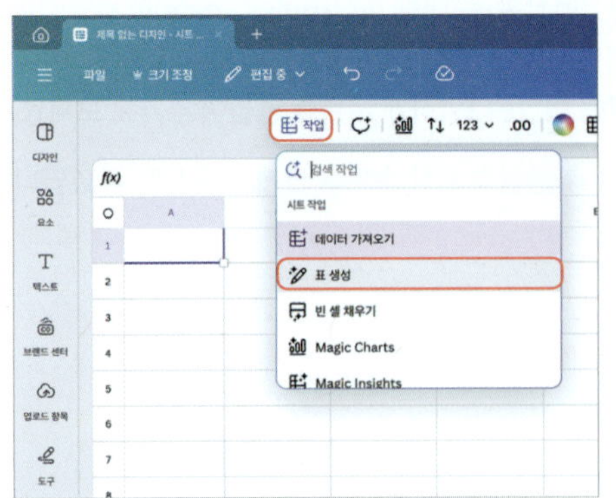

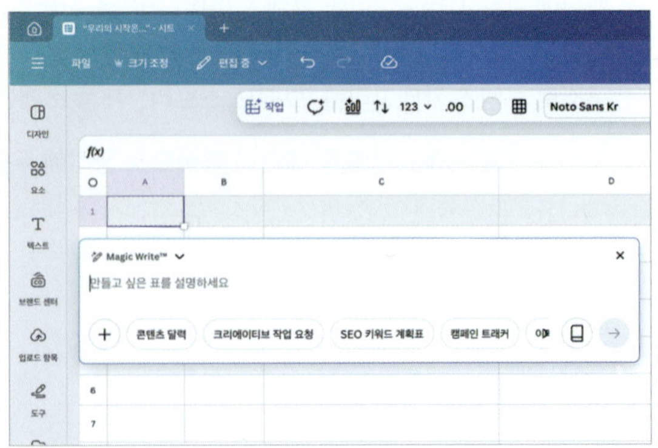

02 ❶ **Magic Write 입력창**에 **프롬프트를 입력**하고 ❷ [→](제출하기) 버튼을 클릭하면 ❸ Canva AI가 생성을 시작합니다.

> **프롬프트 예시:**
> '캔바 템플릿으로 디자인 수익화를 하고 있는 1인 디자이너 브랜드를 위한 브랜드 콘텐츠 관리 현황 시트를 만들어줘.
> 열 구성은 카테고리/주제/콘텐츠 아이디어/문구/해시태그/이미지/진행상황
> 행 구성은 브랜드 스토리/제품 소개/활용 팁/고객 후기/마케팅 콘텐츠'

03 생성 결과가 나오면 ❶ **[비슷한 버전]** 또는 **[이대로도 좋지만...]** 버튼을 클릭해 내용을 재생성하거나, 원하는 구성이 완성됐다면 ❷ **[삽입] 버튼**을 클릭합니다.

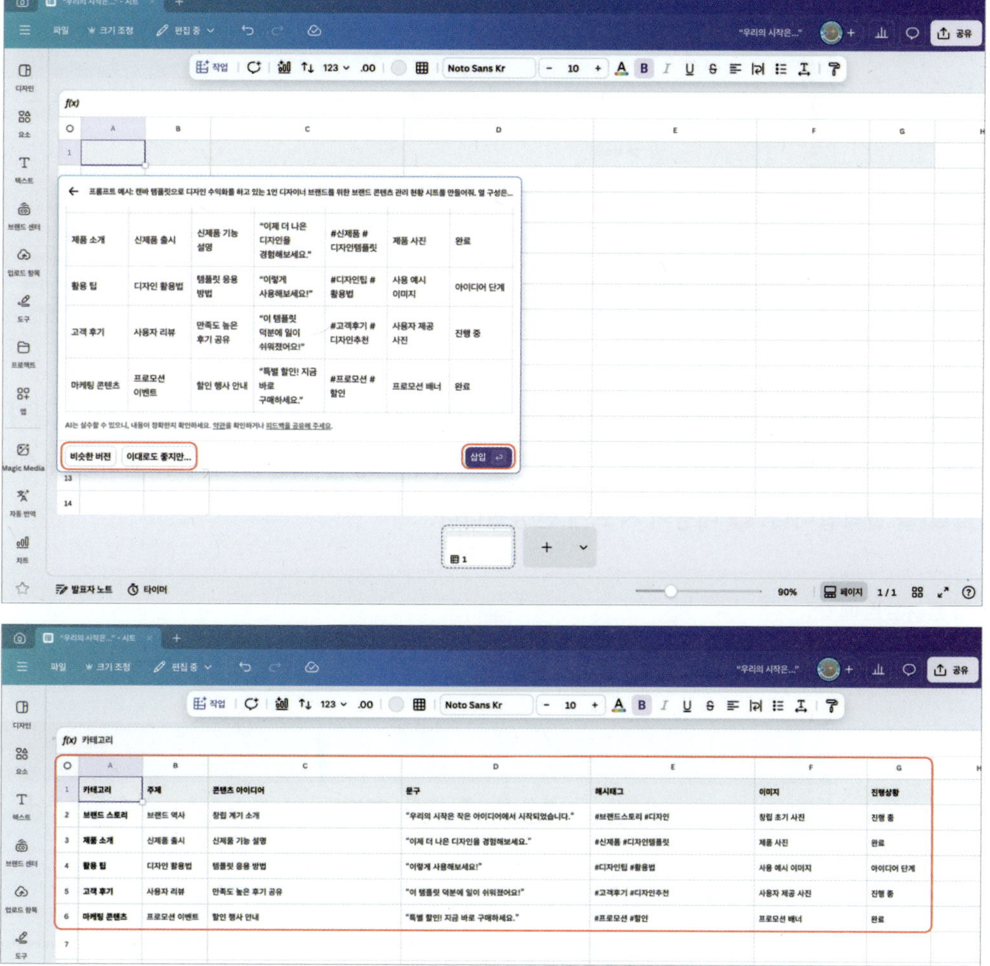

▲ 생성된 표로 채워진 시트

더 알아보기 **시트에 외부 데이터를 가져오는 방법**

이미 작성된 데이터나 CSV 또는 XLSX 파일이 있다면 다음과 같은 방법으로 데이터를 입력할 수 있어요.

① 시트에서 원하는 셀을 클릭해 텍스트나 숫자를 입력하거나 붙여 넣을 수 있어요.
② 여러 셀에 한 번에 데이터를 붙여 넣고 싶다면, 외부에서 복사한 데이터를 원하는 위치에 Ctrl + V로 붙여 넣을 수 있어요.
③ 이미 만들어 둔 CSV 또는 XLSX 파일이 있다면, 에디터 툴 바 [작업] 메뉴에서 [데이터 가져오기]를 선택해 파일을 업로드하면 시트에 자동으로 데이터가 입력돼요.

이렇게 다양한 방법으로 데이터를 쉽게 입력할 수 있어요.

04 **Magic Write로 문구 자동 생성하기** 문구를 새로 생성하거나 수정, 보완하고 싶은 ❶ 셀을 드래그해서 선택합니다. 이때 선택된 셀은 보라색 선으로 표시됩니다. 에디터 툴 바의 [작업] 메뉴 또는 **키보드의 / 키**를 누르고 목록에서 ❷ [Magic Write]를 클릭합니다.

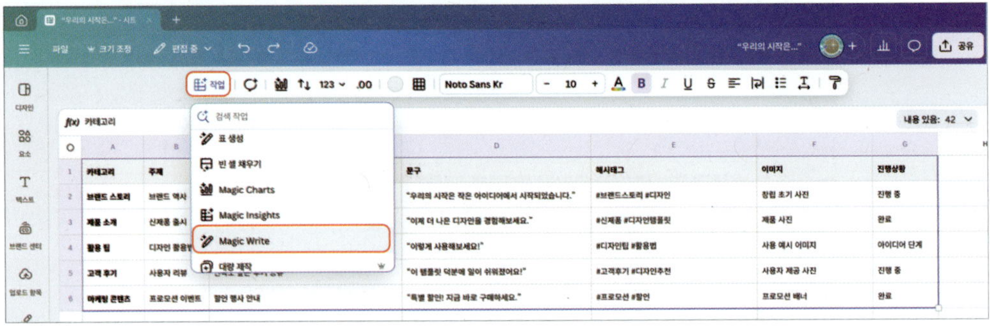

05 ❶ **입력창에 프롬프트를 입력**하고 [↑](제출하기) 버튼을 클릭합니다. 생성 결과가 나오면 ❷ [비슷한 버전] 또는 [이대로도 좋지만...] 버튼을 클릭해 내용을 재생성 하거나, 원하는 구성이 완성되면 ❸ [삽입]을 클릭합니다. ❹ 내용이 시트에 반영됩니다.

프롬프트 예시:
'캔바 템플릿을 디자인해서 판매하고 있는 1인 디자이너 브랜드를 위한 내용인지 체크하고 내용 수정해줘.'

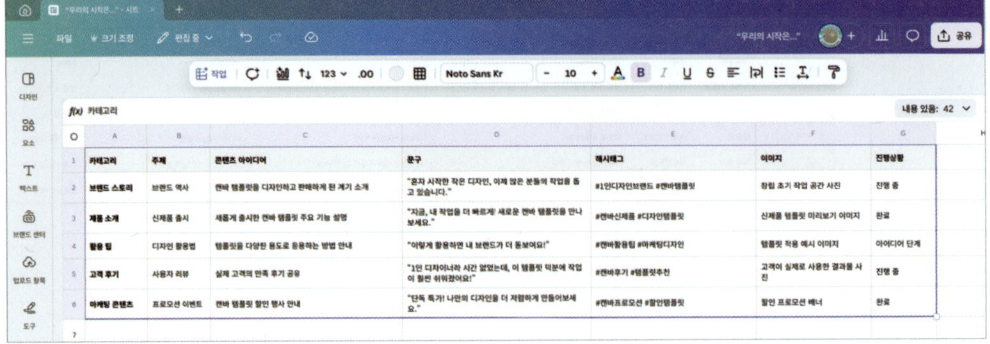

▲ 생성 결과가 삽입된 시트 화면

06 내용을 더 보완하고 싶다면

내용을 더 보완하고 싶은 셀을 선택하고 위와 같은 방법으로 ❶ Magic Write를 활용해 내용을 수정해 보세요.

> **프롬프트 예시:**
> '각 셀마다 해시태그를 관련 있는 걸로 3개 제안해줘.'

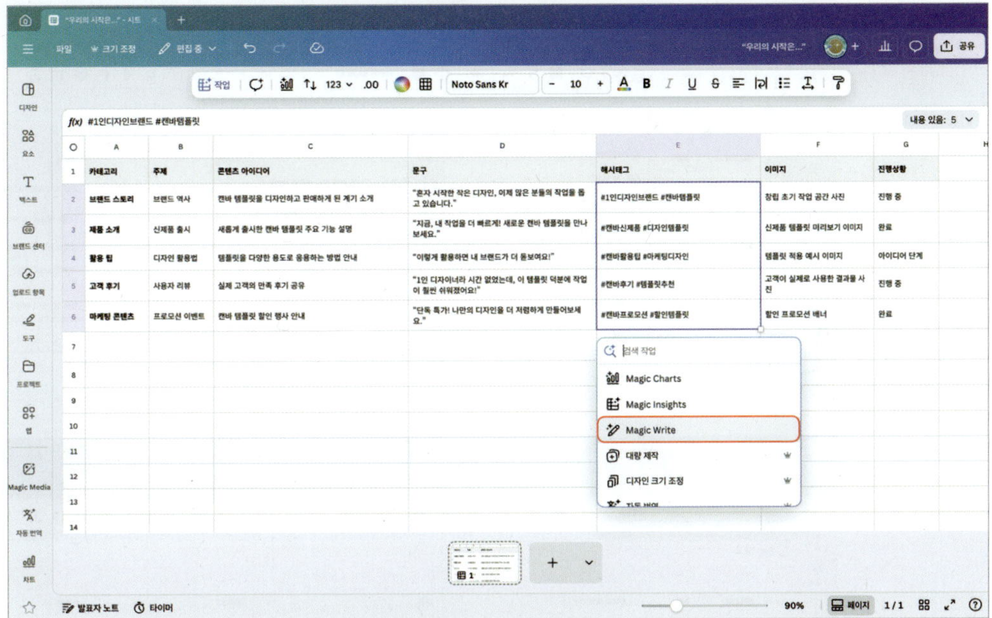

카테고리	주제	콘텐츠 아이디어	문구	해시태그	이미지	진행상황
브랜드 스토리	브랜드 역사	캔바 템플릿을 디자인하고 판매하게 된 계기 소개	"혼자 시작한 작은 디자인, 이제 많은 분들의 작업을 돕고 있습니다."	#1인디자인브랜드 #캔바템플릿	창립 초기 작업 공간 사진	진행 중
제품 소개	신제품 출시	새롭게 출시한 캔바 템플릿 주요 기능 설명	"지금, 내 작업을 더 빠르게! 새로운 캔바 템플릿을 만나보세요."	#캔바신제품 #디자인템플릿	신제품 템플릿 미리보기 이미지	완료
활용 팁	디자인 활용법	템플릿을 다양한 용도로 응용하는 방법 안내	"이렇게 활용하면 내 브랜드가 더 돋보여요!"	#캔바활용팁 #마케팅디자인	템플릿 적용 예시 이미지	아이디어 단계
고객 후기	사용자 리뷰	실제 고객의 만족 후기 공유	"1인 디자이너라 시간 없었는데, 이 템플릿 덕분에 작업이 훨씬 쉬워졌어요!"	#캔바후기 #템플릿추천	고객이 실제로 사용한 결과물 사진	진행 중
마케팅 콘텐츠	프로모션 이벤트	캔바 템플릿 할인 행사 안내	"단독 특가! 나만의 디자인을 더 저렴하게 만들어보세요."	#캔바프로모션 #할인템플릿	할인 프로모션 배너	완료

▲ 입력창에 프롬프트를 입력 중인 화면

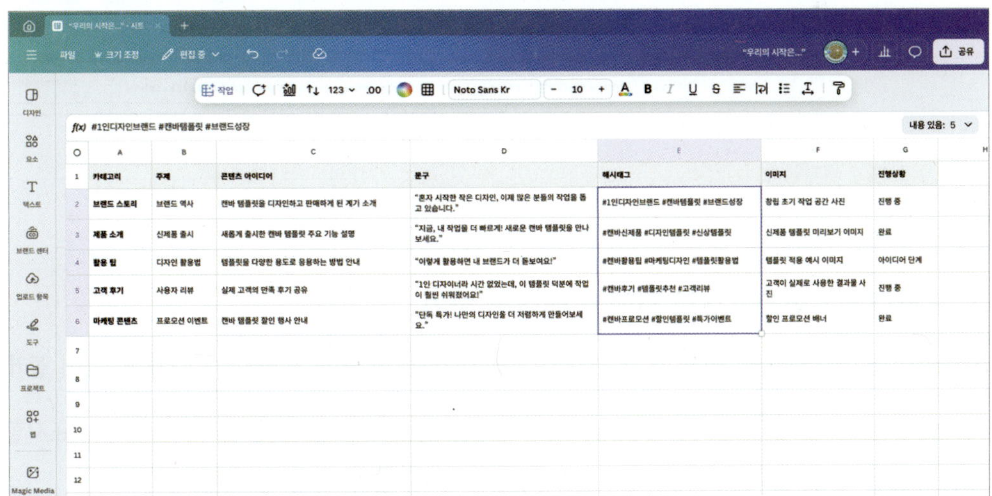

카테고리	주제	콘텐츠 아이디어	문구	해시태그	이미지	진행상황
브랜드 스토리	브랜드 역사	캔바 템플릿을 디자인하고 판매하게 된 계기 소개	"혼자 시작한 작은 디자인, 이제 많은 분들의 작업을 돕고 있습니다."	#1인디자인브랜드 #캔바템플릿 #브랜드성장	창립 초기 작업 공간 사진	진행 중
제품 소개	신제품 출시	새롭게 출시한 캔바 템플릿 주요 기능 설명	"지금, 내 작업을 더 빠르게! 새로운 캔바 템플릿을 만나보세요."	#캔바신제품 #디자인템플릿 #신상템플릿	신제품 템플릿 미리보기 이미지	완료
활용 팁	디자인 활용법	템플릿을 다양한 용도로 응용하는 방법 안내	"이렇게 활용하면 내 브랜드가 더 돋보여요!"	#캔바활용팁 #마케팅디자인 #템플릿활용법	템플릿 적용 예시 이미지	아이디어 단계
고객 후기	사용자 리뷰	실제 고객의 만족 후기 공유	"1인 디자이너라 시간 없었는데, 이 템플릿 덕분에 작업이 훨씬 쉬워졌어요!"	#캔바후기 #템플릿추천 #고객리뷰	고객이 실제로 사용한 결과물 사진	진행 중
마케팅 콘텐츠	프로모션 이벤트	캔바 템플릿 할인 행사 안내	"단독 특가! 나만의 디자인을 더 저렴하게 만들어보세요."	#캔바프로모션 #할인템플릿 #특가이벤트	할인 프로모션 배너	완료

07 빈 셀 채우기로 아이디어 보완하기 ❶ 비어 있는 셀을 드래그해서 선택하고 **[작업]** 메뉴 또는 **키보드 /키**를 누르고 목록에서 ❷ **[빈 셀 채우기]** 기능을 클릭해 보세요. AI가 주변 내용을 참고해 ❸ 빠진 부분을 자연스럽게 채워줍니다. 이 기능을 이용하면 짧은 시간 안에 콘텐츠 아이디어 시트를 빠르게 채울 수 있답니다. 마찬가지로 생성 결과가 나온 후에도 **[비슷한 버전]** 또는 **[이대로도 좋지만...]** 버튼을 클릭해 내용을 재생성 할 수 있고, 원하는 구성이 완성되면 **[삽입]**을 클릭합니다.

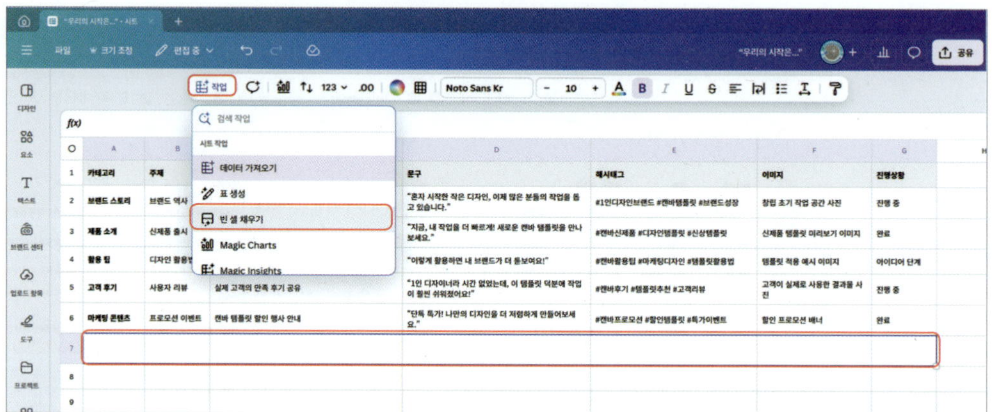

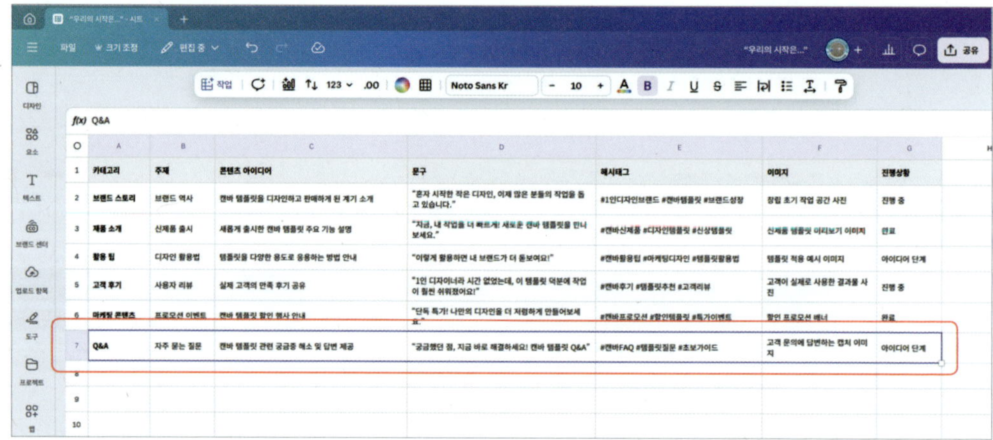

▲ 생성 내용 삽입 완료 화면

2. 드롭다운 · 체크박스로 진행 상태 관리하기

아이디어를 정리했다면, 이제 각 콘텐츠의 진행 상태를 한눈에 확인할 수 있게 만들어 볼게요.

시트에서는 셀 안에 드롭다운 메뉴나 체크박스를 삽입해 작업 현황을 직관적으로 표시할 수 있습니다. 드롭다운은 '상태 관리용', '체크박스는 '확인용'으로 구분해 사용해 보세요.

이 기능을 활용하면 '아이디어 구상 중 → 디자인 완료 → 게시 완료' 같은 단계를 쉽게 구분할 수 있고, 시트를 콘텐츠 제작 일정표처럼 관리할 수 있어요.

01 **드롭다운 메뉴 만들기** 드롭다운 메뉴 기능을 적용할 셀들을 ❶ **드래그해서 선택**한 후, 에디터 툴 바의 **[작업]** 메뉴에서 ❷ **[드롭다운]**을 클릭합니다.

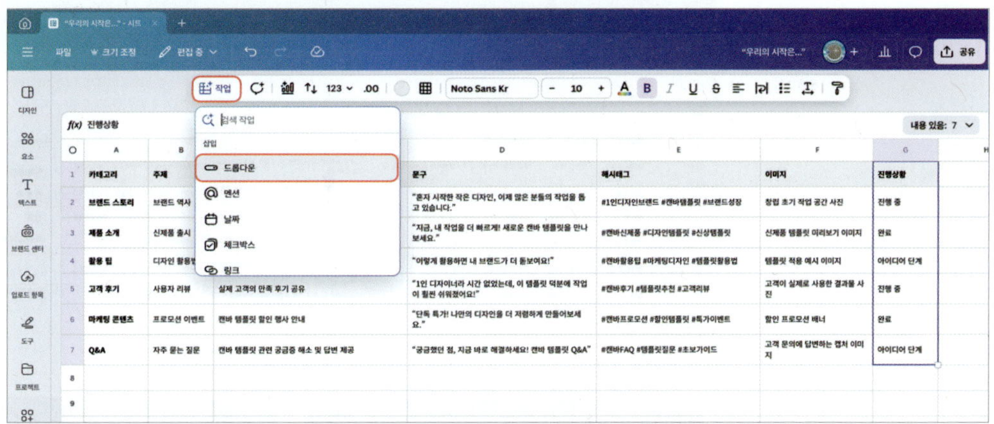

02 옵션 창에서 ❶ **[+드롭다운 만들기]**를 클릭하면 ❷ 시트의 내용이 반영된 드롭다운 메뉴가 만들어집니다. ❸ **[사전 설정 드롭다운]**에서 옵션을 선택해서 만들 수도 있습니다.

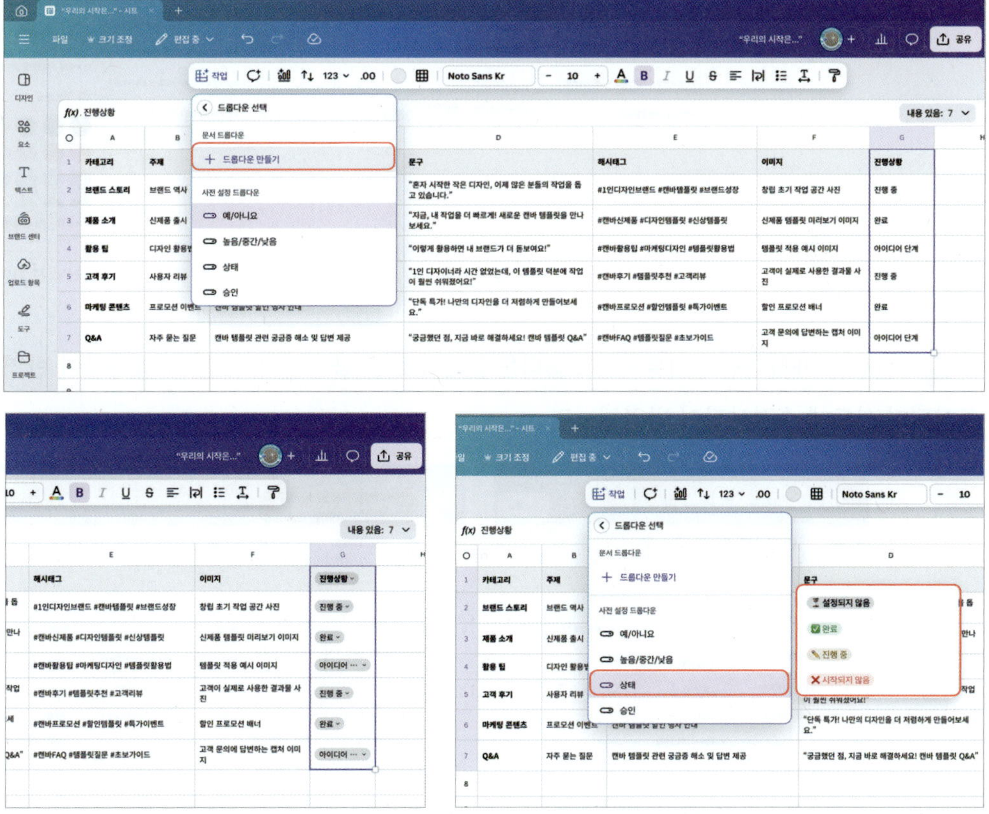

▲ 드롭다운 메뉴가 반영된 시트 ▲ 사전설정 드롭다운 옵션 선택화면

03 드롭다운 메뉴 수정하기

❶ 드롭다운 메뉴 셀을 선택하면 설정 창이 열립니다. ❷ 각 메뉴에 마우스 포인터를 올리면 명칭과 컬러를 변경할 수 있고, ❸ 새 옵션도 추가할 수 있어요.

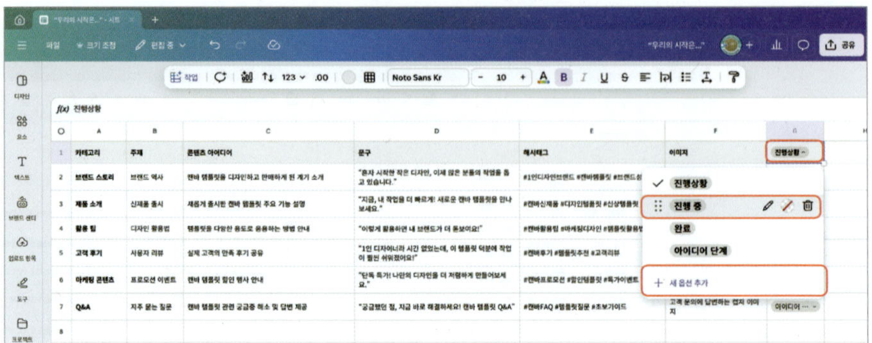

▲ 드롭다운 메뉴 설정 창

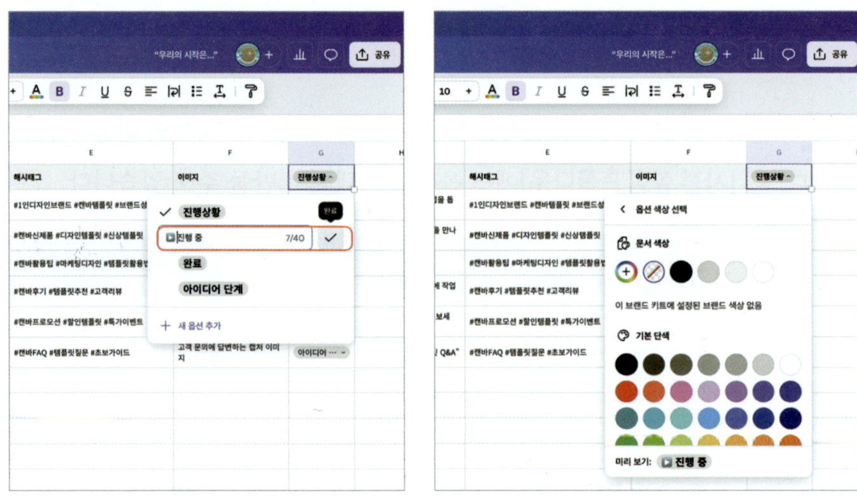

▲ 명칭 수정 화면　　▲ 컬러 수정 화면

04 설정을 마쳤다면

❶ **[유사한 드롭다운 업데이트]**를 클릭합니다. ❷ 수정사항이 반영됐다는 알림이 표시되며 시트에 수정사항이 반영됩니다.

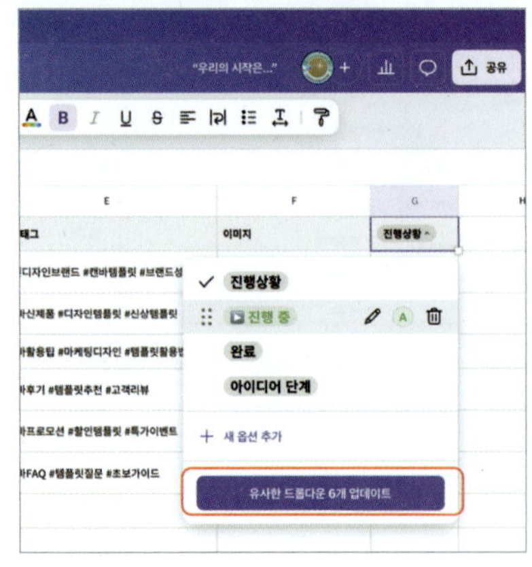

▲ 업데이트 버튼 화면

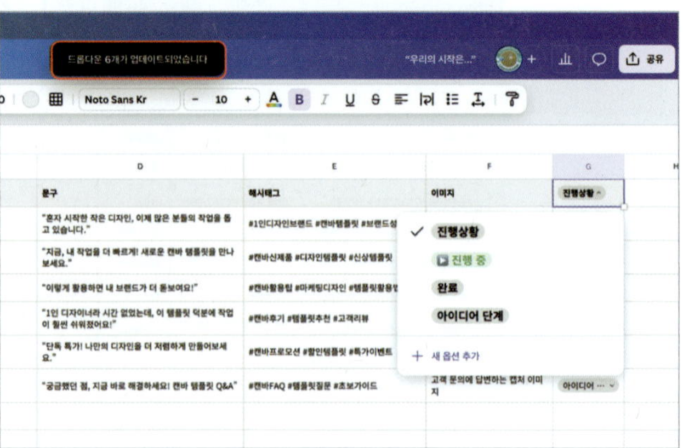

▲ 업데이트 완료 화면

05 다른 메뉴들도 수정해서 드롭다운 메뉴가 더욱 눈에 잘 띄게 설정해 보세요. 마찬가지로 모든 수정이 끝난 후에는 ❶ **[유사한 드롭다운 업데이트]**를 클릭합니다. ❷ 수정사항이 반영됐다는 알림이 표시되며 시트에 수정사항이 반영됩니다.

3. 완성된 시트 저장하기

상단 메뉴의 ❶ **파일명** 란에 원하는 파일명(예: 브랜드 콘텐츠 관리 현황 시트)을 입력하고, **[파일]** 메뉴 ❷ **[이동]**에서 원하는 프로젝트에 **이동 및 저장**해 폴더 정리까지 마무리합니다.

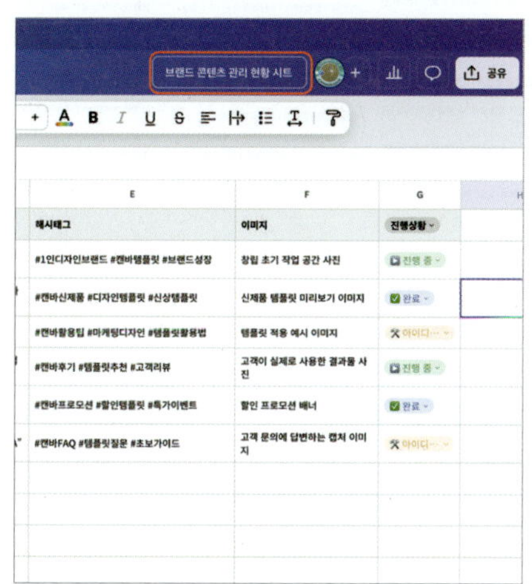

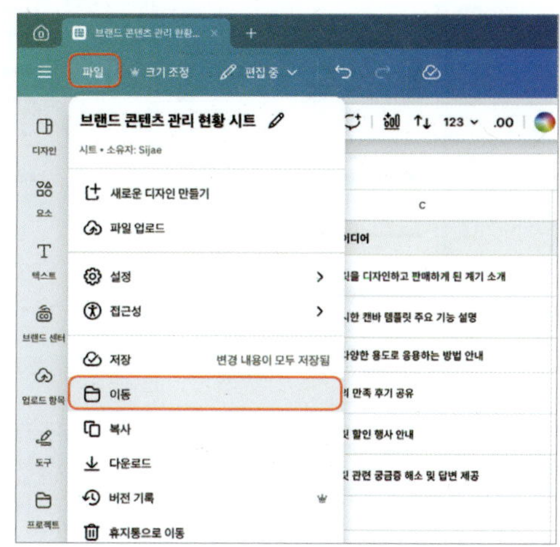

시트(Sheets)는 콘텐츠 아이디어를 정리하고 관리할 수 있는 실용적인 도구예요. 시트 하나만 제대로 만들어도 콘텐츠 제작이 훨씬 빠르고 일관성 있게 진행됩니다. AI가 자동으로 문구를 채워주는 동안, 우리는 어떤 메시지를 전할 지에 집중할 수 있어요.

꾸준한 지속성은 잘 준비된 시스템에서 시작됩니다. 지금 만든 이 시트가 그 시작점이 될 거예요. 다음 레슨에서는 이 데이터베이스를 대량 제작(Bulk Create) 기능과 연결해 한 번에 여러 디자인을 자동으로 생성하는 방법을 배워 봅시다.

더 알아보기 **템플릿으로 시트 스타일 빠르게 완성하기**

데이터 테이블을 모두 채운 뒤, 시트를 더 깔끔한 레이아웃이나 브랜드 스타일에 맞는 형태로 정리하고 싶을 때 템플릿을 활용하면 큰 도움이 돼요. 특히 프레젠테이션에서 시트를 보여 주거나, 팀/고객에게 공유할 때 훨씬 전문적인 인상을 줄 수 있습니다.

1. 직접 템플릿을 찾고 싶다면 — [디자인] 탭의 템플릿 둘러보기

- 이미 잘 만들어진 기본 레이아웃을 빠르게 적용하고 싶을 때
- 복잡한 기능보다는 깔끔한 표 · 리스트 · 현황표가 필요할 때

템플릿 예시

- 캠페인 트래커(Campaign Tracker), 프로젝트 관리 시트
- To-do 목록, 일정표

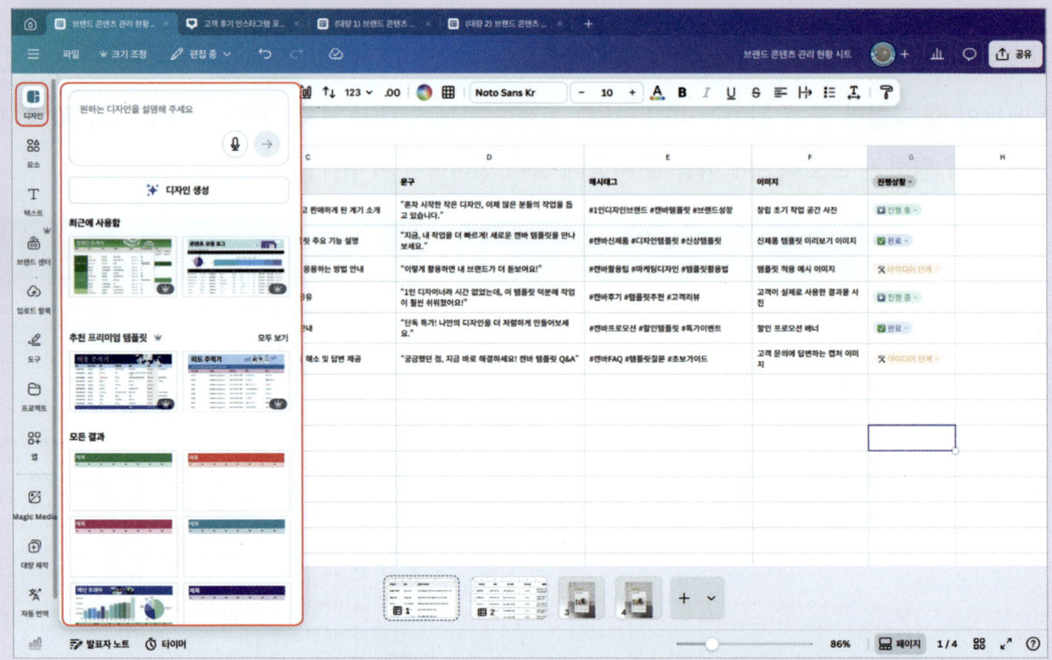

▲ [디자인] 탭을 클릭했을 때의 패널 화면

2. 조금 더 맞춤형 템플릿을 추천받고 싶다면 — [디자인] 탭 → [디자인 생성]

디자인 생성은 프롬프트를 입력하면, 그 조건에 맞는 기존 템플릿을 모아서 추천해 주는 기능이에요. AI가 새 템플릿을 직접 생성하는 기능은 아니지만, 원하는 구조에 가까운 템플릿을 더 빨리 찾는 데 아주 유용합니다.

- 행/열 구성이 어느 정도 정해져 있을 때
- 일반 템플릿보다 내 상황에 맞는 구조를 찾고 싶을 때
- 브랜드 스타일에 어울리는 깔끔한 시트 레이아웃이 필요할 때

예시 프롬프트

- 캔바 템플릿으로 디자인 수익화를 하고 있는 1인 디자이너 브랜드를 위한 브랜드 콘텐츠 관리 현황 시트를 만들어줘. 열은 다음의 내용으로 구성해 줘.
- 카테고리 / 주제 / 콘텐츠 아이디어 / 문구 / 해시태그 / 이미지 / 진행상황 행 구성은 브랜드 스토리 / 제품 소개 / 활용 팁 / 고객 후기 / 마케팅 콘텐츠

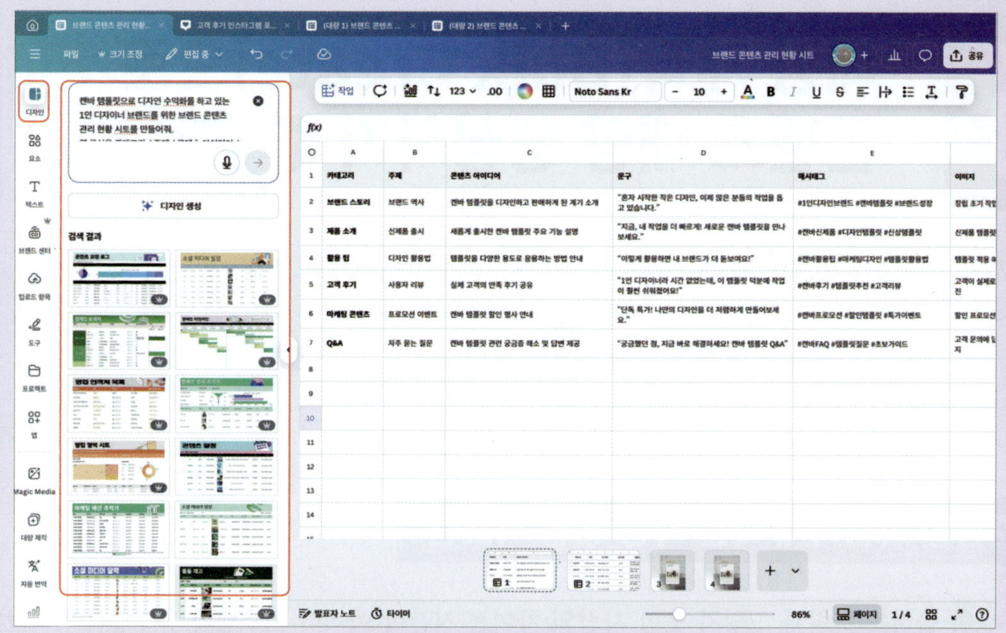

▲ 프롬프트를 입력했을 때의 검색 결과 패널 화면

※ 반드시 기억해야 할 점

템플릿 적용과 디자인 생성 둘 다 템플릿을 페이지 전체에 적용하는 방식입니다. 그래서 기존 시트 페이지에 바로 적용하면 작성해 둔 데이터 위에 덮어 씌워져요. 따라서 가장 안전한 사용 방법은 다음과 같습니다.

선택한 템플릿을 새 페이지에 적용 → 필요한 표 부분만 선택해서 복사 → 원래 시트의 원하는 위치에 붙여 넣기

그리고 혹시 템플릿이 기존 내용을 덮어도 걱정하지 마세요. 상단 메뉴의 실행 취소와 상단 메뉴 [파일] 탭의 버전 기록 👑 으로 시트 내용을 얼마든지 복원할 수 있어요.

아래는 템플릿을 선택했을 때 나타나는 팝업 창입니다. 여기서 [새 페이지로 추가]를 선택합니다.

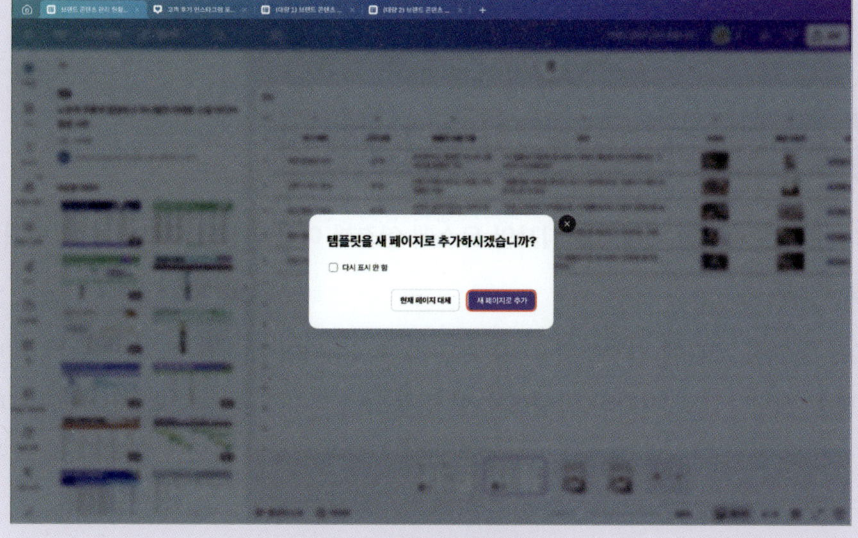

▲ 적용 페이지 선택화면

대량 제작(Bulk Create)으로 콘텐츠 대량 생성하기 Pro

반복 디자인을 하나씩 만들다 보면 시간보다 에너지가 먼저 소진돼요. 이번 레슨에서는 시트(Sheets)에 정리한 데이터를 템플릿과 연결해, 여러 디자인을 한 번에 자동 생성하는 대량 제작(Bulk Create) 기능을 실무 흐름에 맞게 활용해 봅니다.

✨ 꾸준함을 가능하게 하는 자동 생성 시스템

콘텐츠를 꾸준히 올리는 사람과 그렇지 못한 사람의 차이는 시간이 아니라 시스템의 유무입니다. 매번 디자인을 새로 만들다 보면 금세 지치고, 아이디어보다 반복 작업에 더 많은 에너지를 쓰게 되죠. 이럴 때 필요한 기능이 바로 대량 제작(Bulk Create)입니다.

레슨에서는 시트의 데이터(카테고리·콘텐츠 아이디어·문구·이미지)를 템플릿과 연결해 여러 버전의 디자인을 한 번에 자동 생성해 볼 거예요.

> 대량 제작(Bulk Create)은 Canva Pro 요금제에서 제공되며, 데스크톱 환경에서만 사용 가능합니다.

✨ 대량 제작(Bulk Create)의 개념과 작동 원리

대량 제작(Bulk Create)은 **시트의 데이터를 디자인 요소에 연결해 여러 버전의 디자인을 한 번에 자동으로 만들어 주는 기능**이에요.

명함, 인증서, 이름표, 마케팅 크리에이티브(광고, 프로모션, 소셜미디어 게시물, 배너, 전단지, 이벤트 홍보물 등 마케팅에 활용되는 다양한 디자인 콘텐츠)처럼 반복되는 디자인을 빠르고 효율적으로 대량 제작할 수 있습니다. 브랜드 콘텐츠나 팀 프로젝트처럼 **일관된 형식이 필요한 작업**을 관리할 때도 특히 유용해요.

엑셀, CSV, 또는 캔바 시트에서 데이터를 불러와 텍스트나 이미지를 디자인에 연결하면, 각 행(row)마다 새로운 디자인이 자동으로 생성됩니다.

예를 들어, '신상 출시 카드', '후기 카드', '프로모션 배너' 같은 데이터에 대량 제작 기능을 활용하면 **동일한 구조의 디자인을 여러 버전으로 생성**할 수 있어요. 이렇게 하면 브랜드 계정의 게시물 톤앤매너를 일정하게 유지하면서도 제작 및 게시 속도를 획기적으로 높일 수 있습니다.

즉, 템플릿은 미리 준비된 틀이고, 시트는 미리 준비된 내용이죠. 이 두 요소가 연결되면 콘텐츠 생산 속도는 비약적으로 빨라집니다. 반복적인 작업은 시스템이 대신 처리하고, 우리는 메시지와 디자인의 방향에 집중할 수 있죠.

※ 대량 제작 기능을 활용할 때 기억해야 할 점

- 시트의 각 행마다 한 개의 디자인이 자동 생성돼요.
- 대량 제작 기능은 한 요소에 하나의 셀 내용을 일대일로 연결할 수 있어요.
- 텍스트, 이미지, 차트 등 다양한 요소에 데이터를 연결할 수 있어요.
- 최대 300행, 150열까지 지원돼요.
- 이미지는 셀에 직접 업로드(붙여 넣기 또는 드래그)해야 하며, 이미지에 URL 첨부 기능은 지원하지 않아요.

대량 제작(Bulk Create) 실행 경로

대량 제작은 두 가지 방식으로 실행할 수 있습니다.

1. 시트(Sheets)에서 시작하기

- 에디터 화면 에디터 툴 바의 [작업] → [대량 제작]으로 시작합니다.
- 시트의 각 행마다 새로운 디자인이 생성되고, 생성된 디자인들의 링크가 시트에 새 열로 자동 추가돼 한눈에 관리할 수 있습니다.

2. 템플릿에서 시작하기

- 에디터 화면 사이드 패널의 [앱] → [대량 제작]에서 시작합니다.
- 템플릿을 선택해 여러 디자인을 한 번에 만들 수 있고, 생성된 디자인들은 하나의 파일(예: 프레젠테이션, 소셜미디어 등)에서 여러 페이지로 관리됩니다.

두 방법 모두 결과는 비슷하지만, 이런 차이가 있어요.

- 시트에서 시작하는 방법은 각 디자인을 별도 디자인 파일로 만들 수도 있고, 한 파일에 여러 페이지로 생성하는 방식도 선택할 수 있습니다. 또한 생성된 디자인들을 시트에서 링크로 관리할 수 있습니다.
- 템플릿에서 시작하는 방법은 한 파일 내 여러 페이지로만 생성되고, 시트에 링크가 자동 추가되지 않습니다.

작업 목적에 따라 더 편한 방식을 선택하면 돼요. 우리는 전체 브랜드 콘텐츠를 한 화면에서 관리하는 게 목표이므로 **시트에서 시작하는 방법**으로 설명하겠습니다.

대량 제작으로 자동 생성하기

대량 제작은 반복되는 구조의 형식(예: 리뷰 카드, 인용구 카드, 이벤트 안내문, 쿠폰 코드 등)이 가장 효율적입니다. 아래 예시의 데이터를 템플릿과 연결해 볼게요.

예시 | 브랜드 콘텐츠 관리 현황 시트

카테고리	주제	후기 제목	고객 이름	템플릿 상품 이름	문구	이미지
고객 후기	구매자 피드백	계정 통일감 UP!	김*영	감성적이고 깔끔한 인스타그램 게시물 템플릿 키트	"이 템플릿 덕분에 제 브랜드 계정이 통일감 있게 변했어요. 디자인이 쉬워졌어요!"	
고객 후기	구매자 피드백	전문가 피드 완성	정*은	전문가처럼 보이는 브랜드 피드 템플릿 세트	"템플릿을 바꿨을 뿐인데 피드가 달라졌어요. 브랜드가 훨씬 전문적으로 보여요."	
고객 후기	구매자 피드백	쉽고 빠른 디자인	박*희	초보도 쉽게 만드는 나만의 콘텐츠 디자인 템플릿	"직접 디자인이 어려웠는데, 이 템플릿으로 나만의 콘텐츠를 쉽게 만들었어요."	
고객 후기	구매자 피드백	컬러 맞춤 완성템	신*은	브랜드 컬러 맞춤형 고효율 콘텐츠 템플릿	"브랜드 컬러에 맞게 수정만 했는데 완성도가 다르네요. 진짜 시간 절약템이에요!"	
고객 후기	구매자 피드백	런칭 자신감 충전	박*선	브랜드 런칭을 위한 스타터 템플릿 패키지	"캔바 초보였던 제가 이 템플릿으로 첫 브랜드 런칭을 했어요. 덕분에 자신감이 생겼어요."	

1. 연결할 데이터와 템플릿 준비하기

01 시트와 연결할 템플릿 디자인 준비하기 대량 제작(Bulk Create)으로 연결할 템플릿을 준비해 둡니다. 이때 템플릿에서 대량 제작으로 변경할 요소들을 미리 결정해 두는 게 좋아요. 예시에서는 ❶ 후기 제목, ❷ 고객 이름, ❸ 템플릿 상품 이름, ❹ 문구, ❺ 이미지에 대량 제작 기능을 적용할 거예요.

02 이때, 미리 텍스트 박스의 길이를 정리해 두세요. 대량 제작으로 생성된 문구들이 배치됐을 때, 문구 길이에 따라 텍스트가 자동으로 줄바꿈되어도 문단 모양이 어그러지지 않게 하기 위해서입니다.

▲ 텍스트 박스 길이가 정리된 상태의 줄바꿈 모습

03 시트에 ❶ 새 페이지를 추가해 데이터베이스로 사용할 내용을 준비하고, ❷ 시트의 내용을 확인하여 ❸ 템플릿과 연결할 셀의 내용을 미리 정리해 둡니다.

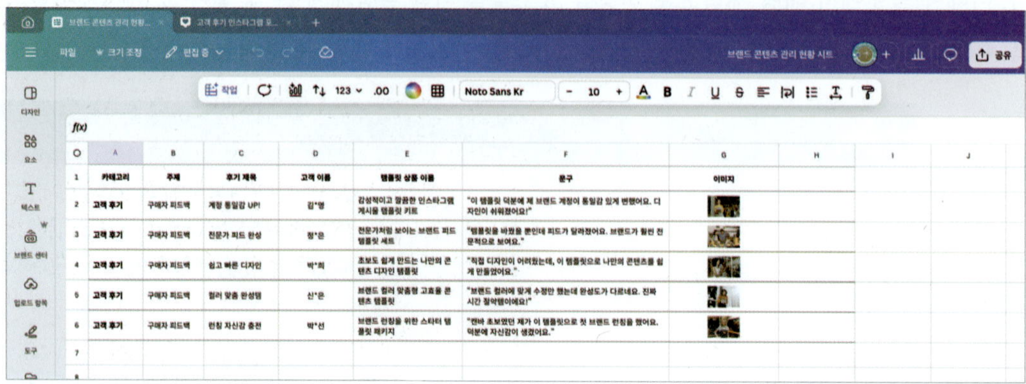

2. 데이터에 연결해 디자인 대량 생성하기

01 **대량 제작 적용할 셀 선택하기** 시트에서 디자인에 적용할 ❶ 셀을 선택합니다. 에디터 툴 바 **[작업]** 메뉴를 클릭하거나 키보드의 / 키를 누른 후, ❷ **[대량 제작]**을 클릭해 설정 패널을 엽니다.

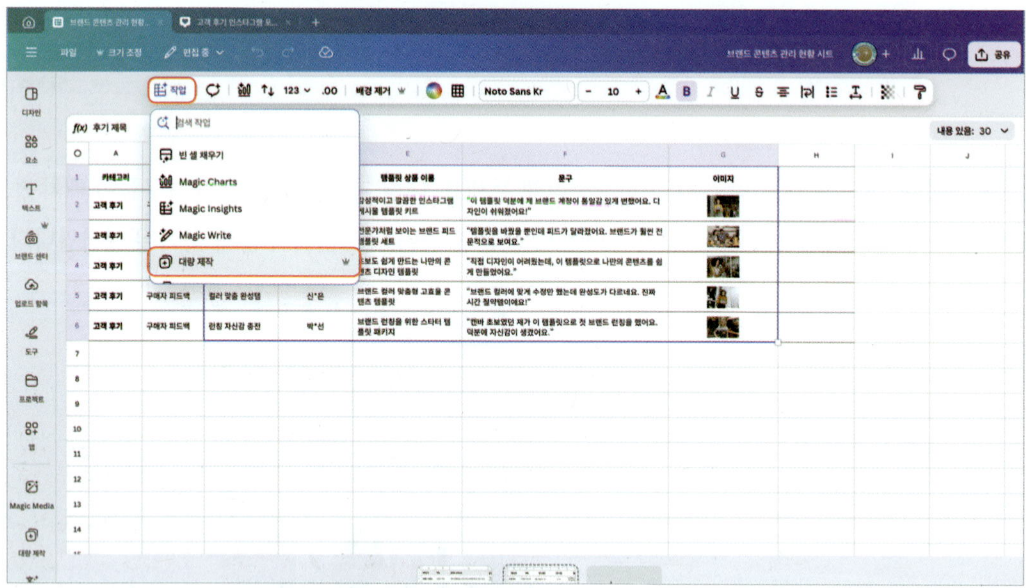

02 대량 제작 연결하기 설정 패널에서 ❶ **선택한 데이터 범위**를 확인하고 ❷ **[계속하기]**를 클릭해 다음 단계로 이동합니다.

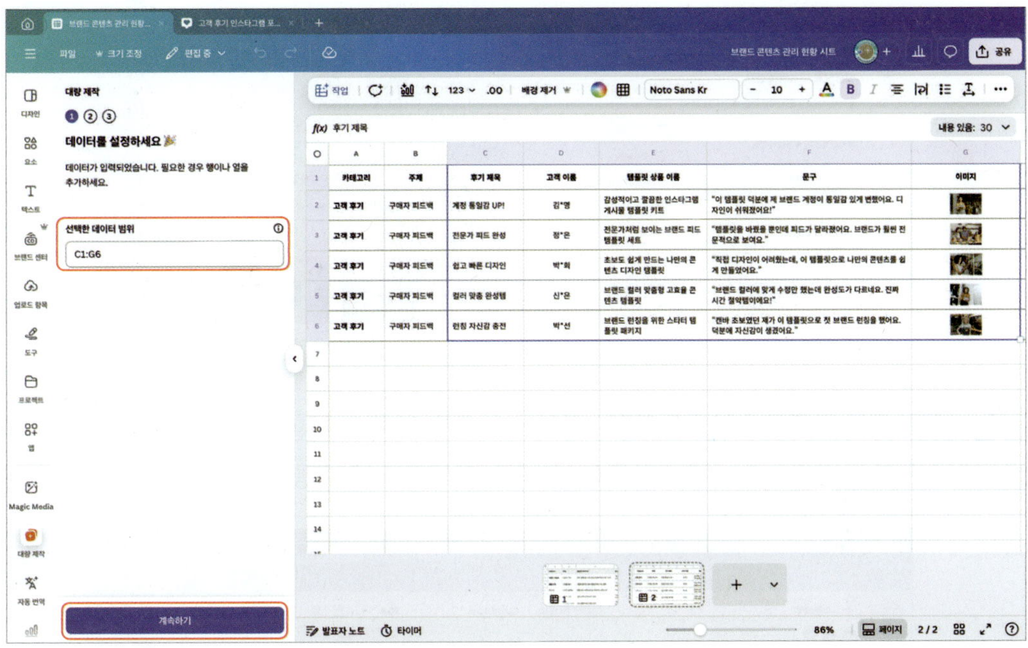

03 템플릿 고르기 설정 패널에서 **시트와 연결할 템플릿을 선택해 클릭합니다.**

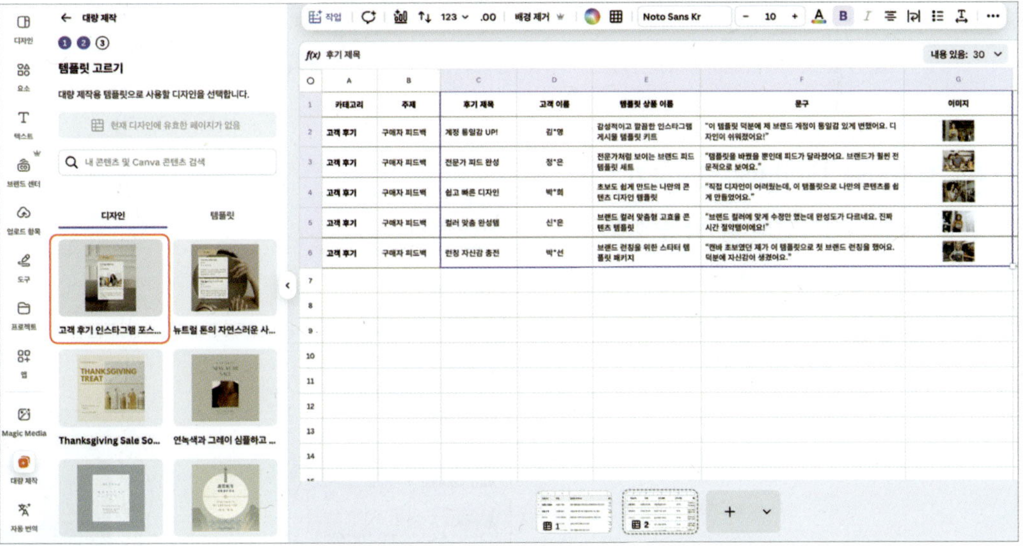

04 템플릿을 데이터에 연결하기 설정 패널에서 ❶ **디자인에 있는 요소**(후기 제목)를 선택한 후, ❷ 에디터 툴 바에서 **[데이터 연결]**을 클릭한 후, ❸ **연결할 데이터 필드 항목**(후기 제목)을 선택합니다.

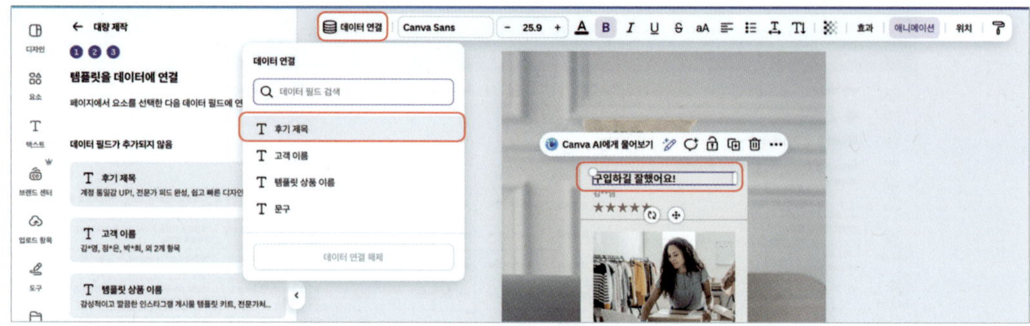

05 대량 제작 연결된 항목 확인하기 연결이 완료된 항목은 ❶ 설정 패널과 ❷ 디자인에 보라색으로 표시됩니다. 같은 방법으로 나머지 항목(고객 이름, 템플릿 상품 이름, 문구,이미지)들을 모두 연결합니다.

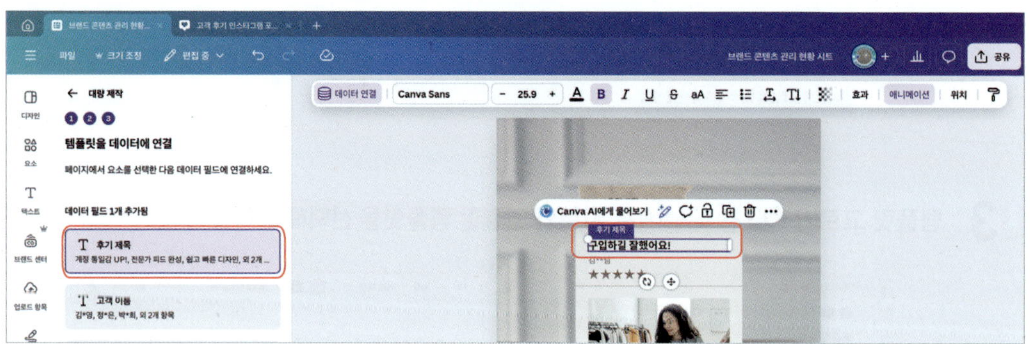

06 템플릿을 데이터에 연결하기 ❶ 설정 패널과 디자인의 각 항목에 **보라색**으로 표시됩니다. 이제 ❷ 설정 패널에서 [고급 옵션]을 클릭합니다.

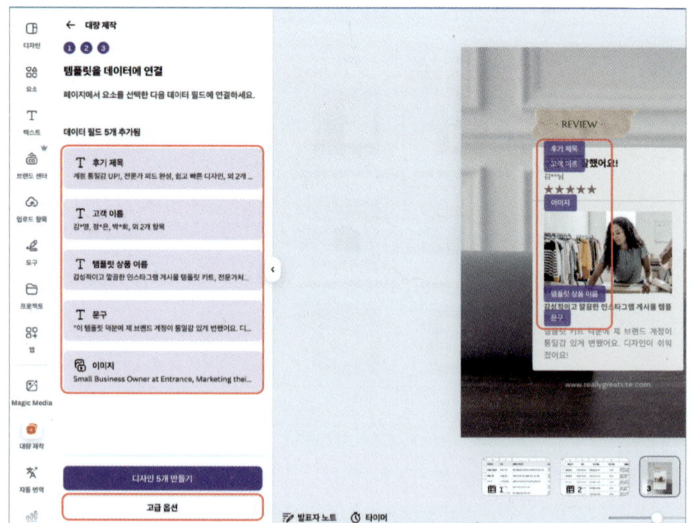

07 고급 옵션 설정하고 디자인 생성하기 고급 옵션에서는 ❶ **결과물을 개별 디자인 여러 개**로 생성할지, **여러 페이지가 있는 1개의 디자인**으로 생성할지 선택하고, ❷ **디자인 이름**을 어떤 형식으로 할지, ❸ **저장 위치**는 어디에 할지 설정할 수 있습니다. 모든 설정을 마치고 ❹ **[디자인 만들기]**를 클릭하면 ❺ **시트의 새로운 열**에 디자인이 생성되기 시작합니다.

> 자신이 관리하기 편한 옵션으로 선택하면 됩니다. 이번 작업은 아래의 옵션으로 설정했어요.
>
> - **결과물:** ❻ 여러 페이지가 있는 1개 디자인: 한 파일 안에 모든 디자인이 들어 있어 같은 종류의 디자인을 관리하기 편해요.
> - **디자인 이름:** ❼ 템플릿 상품 이름 열의 데이터: 데이터에 있는 열 이름 중에 선택했어요. 리뷰 디자인이므로 템플릿 상품 이름으로 정리하면 관리가 편합니다.
> - **저장 위치:** ❽ 브랜드 콘텐츠 관리: 내 프로젝트 안에 미리 만들어 둔 폴더예요. 작업물을 그때그때 정리할 수 있도록 합니다.

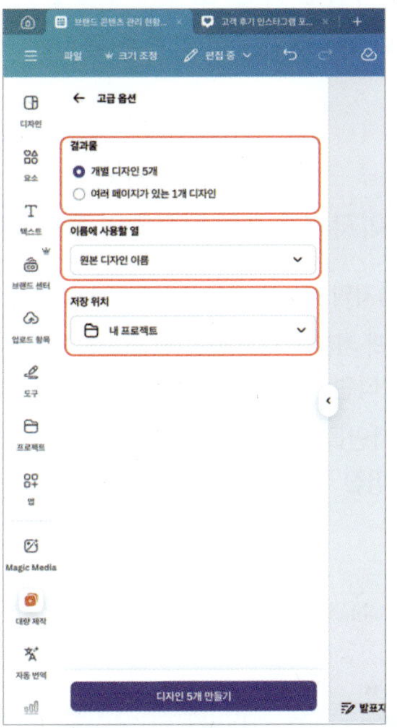

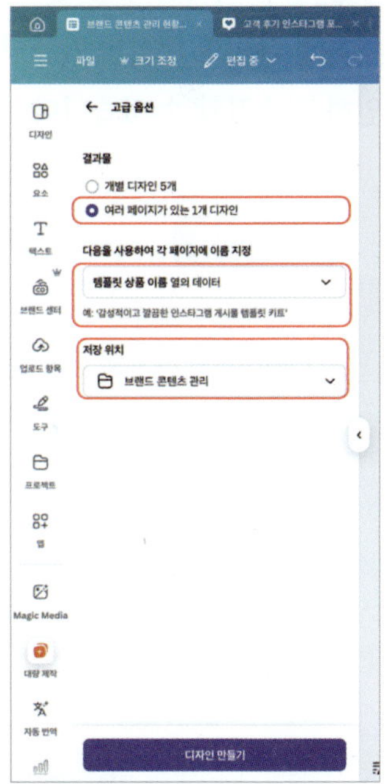

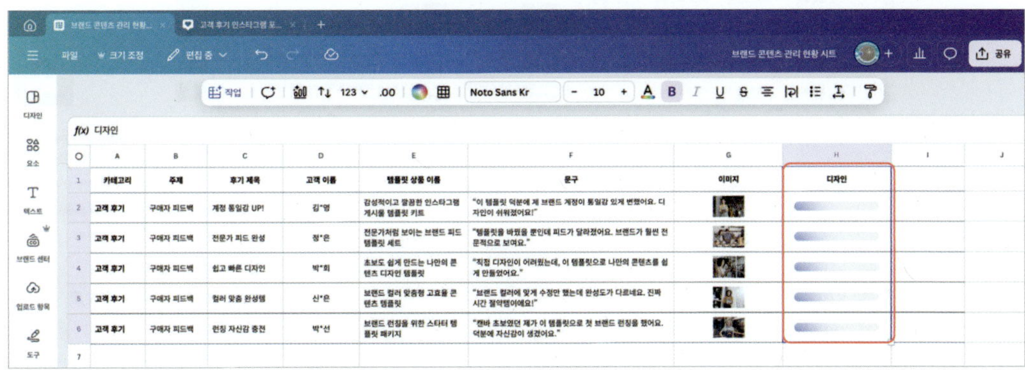

3. 생성 결과 확인하기

01 **생성된 셀 확인하기** 선택한 데이터 셀의 **오른쪽 열(column)**에 **새로운 디자인**이 생성되었습니다.

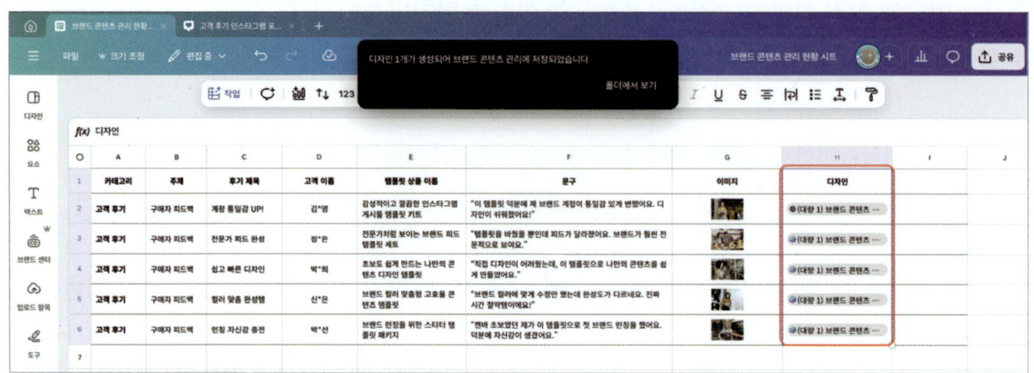

02 각 디자인의 ❶ 링크를 클릭하면 작은 창에 미리보기와 링크가 표시되며 ❷ 연필 모양 아이콘을 클릭하면 간단한 편집이 가능합니다. ❸ 디자인의 링크를 클릭하면 에디터 화면이 열리며, 디자인을 바로 확인하고 수정할 수 있습니다.

체크포인트 **시트 마지막 페이지에 추가된 디자인의 정체는?**

대량 제작을 완료하면, ❹ 시트의 마지막 페이지에 템플릿으로 사용했던 디자인이 추가됩니다.

이 디자인은 대량 제작된 각 결과물의 기본이 되기 때문에, 필요할 때 다시 활용하거나 디자인을 변경할 때 유용하게 쓸 수 있어요. 만약 이 페이지가 필요 없다면, 시트에서 해당 페이지를 삭제해도 대량 제작된 결과물에는 영향이 없어요.

또한 이렇게 새 페이지에 추가된 디자인을 수정해도, 이미 대량 제작으로 생성된 각 디자인에는 변경 사항이 자동으로 반영되지 않아요. 대량 제작으로 만들어진 각 디자인은 템플릿을 기반으로 개별적으로 생성된 것이기 때문이죠.

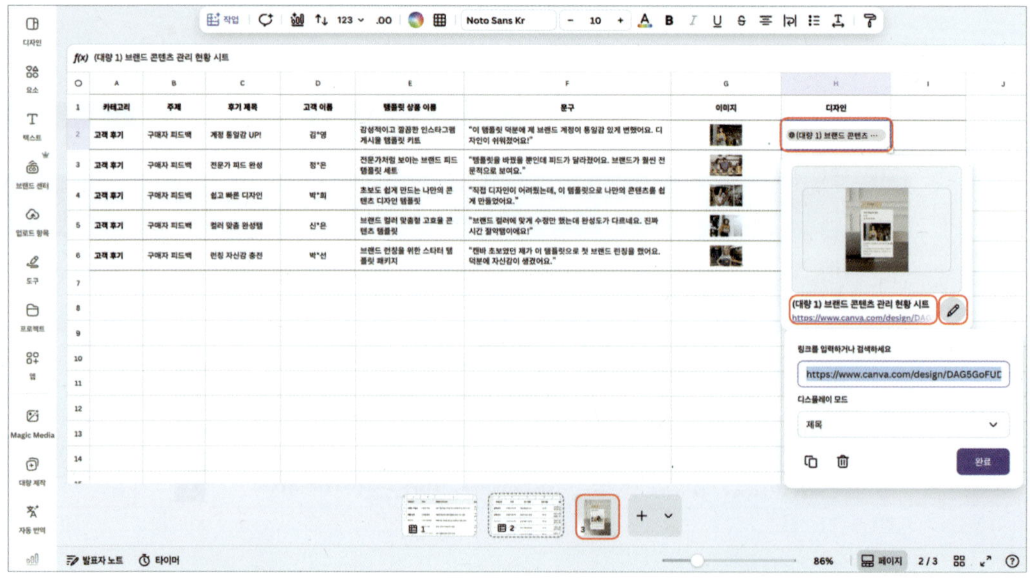

03 에디터에서 디자인 확인하기 시트에서 링크를 클릭해 디자인을 엽니다. 앞서 고급 옵션에서 선택한 대로 ❶ 디자인 파일 1개에 여러 페이지로 생성되고, ❷ 각 페이지마다 설정한 이름으로 입력되어 있습니다.

04 파일 저장 위치 확인하기 또한 생성된 디자인은 내 프로젝트에 폴더로 자동 저장되어 관리가 편합니다. 파일명이나 폴더명을 수정해도 시트와의 연결은 그대로 유지됩니다.

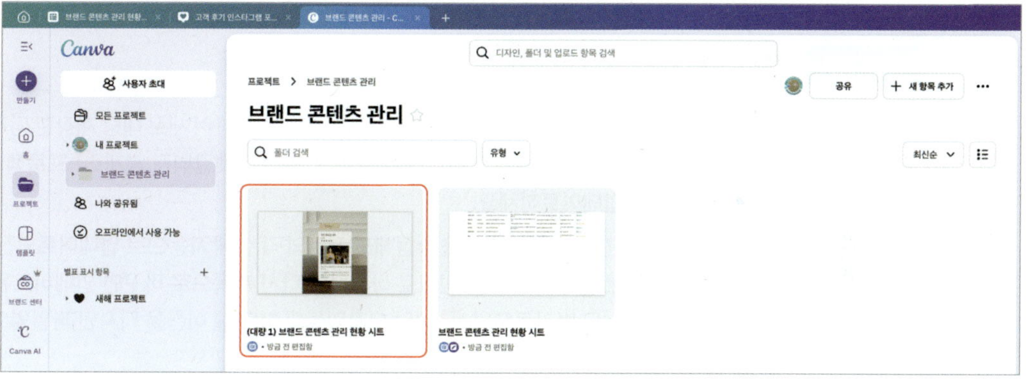

4. 대량 제작 기능 추가로 사용해 보기

이미 대량 제작(Bulk Create) 기능을 사용한 데이터와 템플릿에도 또다시 대량 제작 기능을 사용할 수 있습니다. 하지만 각 디자인과 데이터 간의 연결은 일대일로 한 번씩 가능합니다. 즉, 한번 더 대량 제작(Bulk Create) 기능을 사용해도 기존 디자인이 수정되는 것이 아니라, 새로운 버전의 디자인 파일이 새로 생성되는 것입니다. 기존 디자인이 변경되거나 덮어 쓰이지 않으니 안심하고 활용할 수 있습니다.

아래는 ❶ 배경 이미지 셀을 새로 만들어 추가로 대량 제작한 것입니다. ❷ 새로 추가된 셀까지 모두 선택하여 함께 살펴봤던 동일한 과정으로 다시 한번 대량 제작해 보세요.

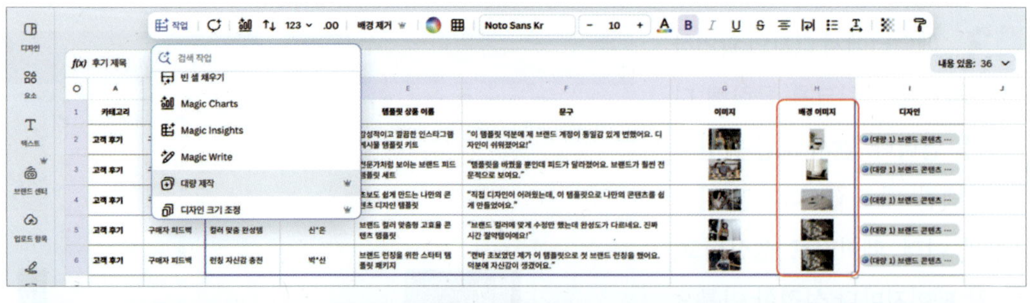

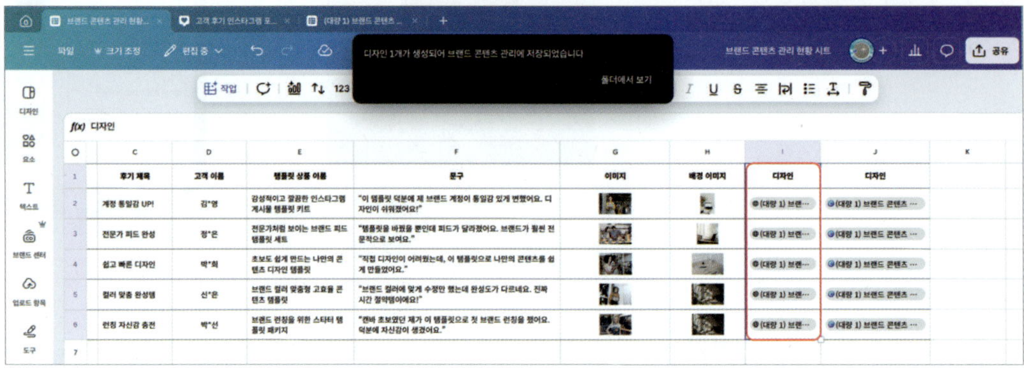

▲ 새로 생성된 디자인들

실전 TIP 생성된 디자인 파일 관리하기

생성된 디자인 파일의 이름은 기본적으로 시트의 이름을 따릅니다. 셀을 추가하여 새로 대량 제작한 디자인 파일의 이름도 마찬가지고요. 그래서 ❶ 생성된 디자인들의 이름이 모두 같아요. 따라서 헷갈리지 않게 ❷ 프로젝트에서 파일명을 수정한 후, 시트에 파일명 정보를 업데이트하세요.

아쉽게도 아직은 내 프로젝트에서 디자인의 파일명을 수정해도 시트의 각 셀에 자동으로 업데이트되진 않아요. 수동으로 각 디자인 셀의 편집 창에서 디스플레이 모드를 링크로 바꿨다가 다시 제목으로 바꾸면 업데이트된 파일명으로 적용되긴 합니다. 하지만 이 과정은 너무 번거로우니 ❸ 해당 디자인들의 헤더 셀 이름을 디자인 파일명으로 바꾸는 방법을 추천합니다.

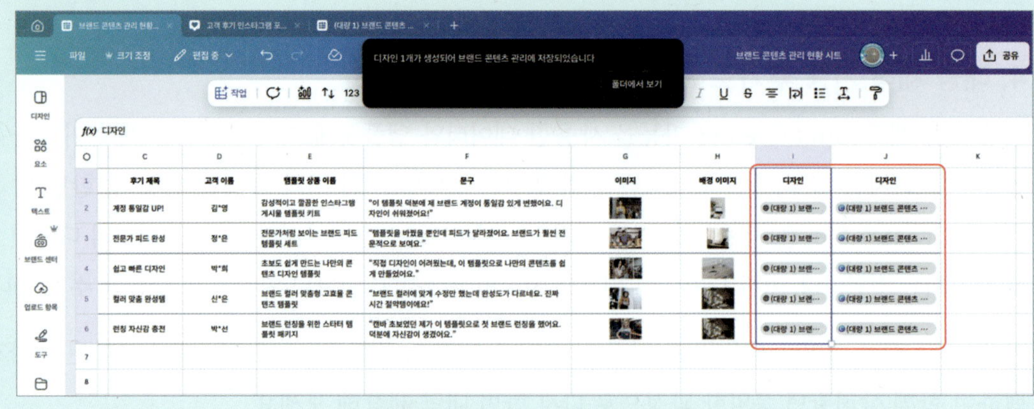

▲ ❶ 새로 생성된 디자인들의 동일한 파일명

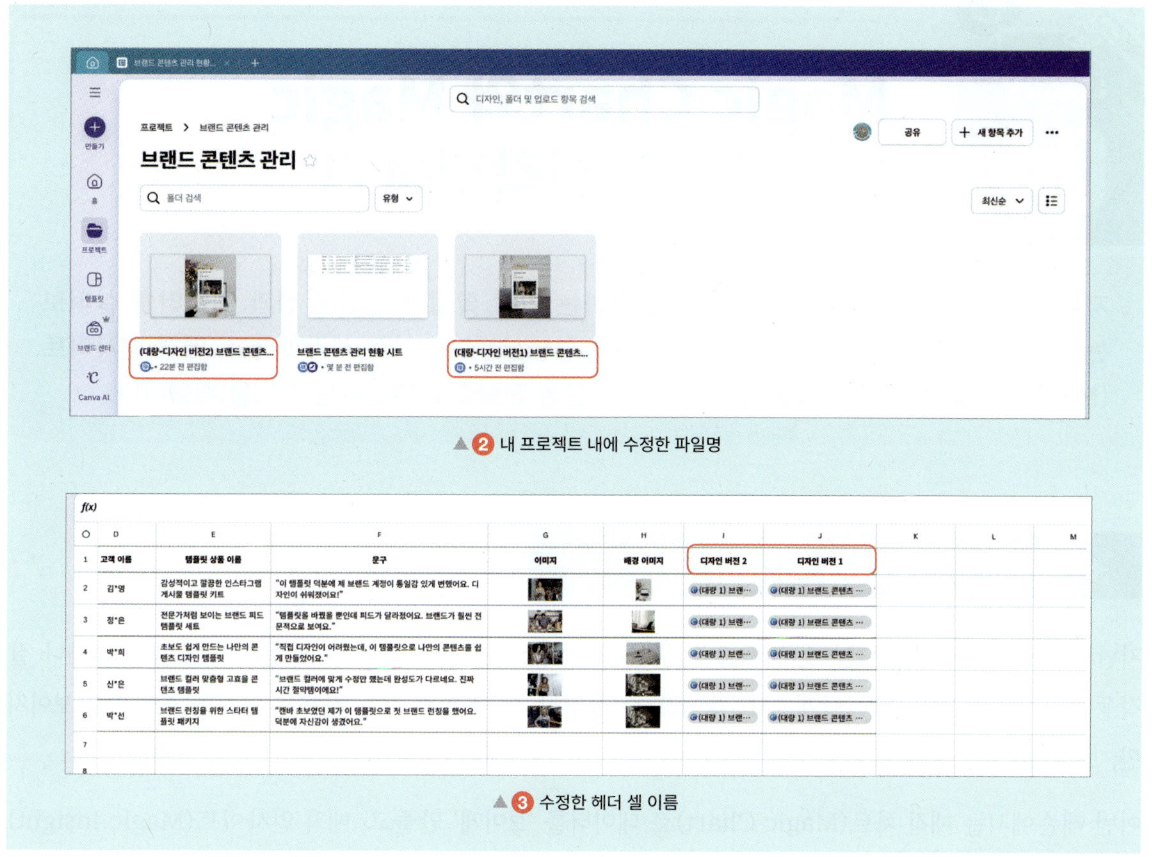

▲ 2 내 프로젝트 내에 수정한 파일명

▲ 3 수정한 헤더 셀 이름

이 모든 과정을 한 번 세팅해 두면, 시트의 데이터만 바꿔도 새로운 시리즈를 즉시 생성할 수 있습니다. 디자인은 그대로 두고 내용만 교체되는 구조—이것이 지속 가능한 콘텐츠 운영의 기반이 됩니다.

대량 제작은 단순히 빨리 만들어 주는 기능이 아니라 **반복 작업을 시스템으로 전환해 시간을 전략으로 바꾸는 도구입니다.** 시트가 아이디어의 기반을 만들었다면, 대량 제작은 그 아이디어를 현실로 빠르게 구현하도록 돕습니다. 이제 반복 작업은 AI가 맡고, 우리는 브랜드의 메시지·톤앤매너·방향성에 집중할 수 있습니다.

자동 생성된 이 콘텐츠들이 실제로 어떤 반응을 얻는지, 다음 레슨에서는 매직 차트(Magic Chart)와 매직 인사이트(Magic Insight)로 직접 분석해 보겠습니다.

Magic Chart와 Magic Insight로 시각화하기

자동 생성된 콘텐츠가 잘 작동하는지 확인하는 가장 확실한 방법은 성과 데이터를 살펴보는 거예요. 이번 레슨에서는 성과를 매직 차트(Magic Chart)로 시각화하고, 매직 인사이트(Magic Insight)로 그 흐름을 분석해 브랜드 운영 전략으로 연결하는 방법을 배웁니다.

데이터는 숫자가 아니라 방향이다

지난 레슨에서 우리는 콘텐츠를 자동으로 생성하는 시스템을 만들었죠. 이제는 이 시스템이 얼마나 잘 작동하고 있는지 확인하는 단계예요. 좋아요 수나 저장 수, 조회수 같은 지표는 단순한 숫자처럼 보이지만, 브랜드가 지금 어디로 가고 있는지를 보여 주는 중요한 신호입니다.

이번 레슨에서는 매직 차트(Magic Chart)로 데이터를 '보이게' 만들고, 매직 인사이트(Magic Insight)로 데이터를 '읽히게' 만드는 과정을 살펴봅니다.

매직 차트(Magic Chart)란?

매직 차트(Magic Chart)는 시트(Sheets)에 입력된 데이터를 클릭 한 번으로 시각화해 주는 기능이에요. 시트의 데이터를 실시간으로 연동해서 다양한 **차트-막대, 원형, 꺾은선 그래프 등**- 로 자동 변환할 수 있습니다. 데이터를 수정하면 차트도 즉시 업데이트되어, 항상 최신 정보가 반영된 시각 자료로 유지됩니다.

복잡한 수식 없이 데이터를 쉽고 빠르게 시각화할 수 있다는 점이 가장 큰 장점이에요.

매직 인사이트(Magic Insight)란?

매직 인사이트는 데이터를 분석해 핵심 흐름을 자동으로 요약해 주는 기능입니다. 매직 차트가 데이터를 보이는 구조로 만들어 준다면, 매직 인사이트는 데이터 속의 의미 · 인사이트 · 패턴을 읽어 주는 역할이죠.

매직 인사이트를 통해 카테고리별 반응 비율, 참여율이 높은 콘텐츠의 공통점, 조회수가 높은 패턴 분석과 데이터 기반 요약 리포트 등이 가능합니다. AI가 직접 데이터를 읽고 정리해 주기 때문에, 리포트를 만드는 시간도 크게 줄어듭니다.

✨ 운영 단계별 시각화 노하우

매직 차트와 매직 인사이트를 함께 활용하면 시각화와 분석을 통해 데이터가 단순한 기록에서 의사 결정 도구로 발전합니다.

브랜드 운영 단계에 따라 아래 세 가지 흐름으로 시각화해 보세요.

- 시작 단계라면 → 계획을 시각화하기
- 운영 중이라면 → 게시 현황을 시각화하기
- 성과가 쌓였다면 → '성과 리포트'로 발전시키기

1. 시작 단계: 계획을 시각화하기

콘텐츠 운영 초기엔 수치보다 방향이 중요해요. 먼저 브랜드가 어떤 콘텐츠에 에너지를 쓸지 시각적으로 정리해 보는 게 좋아요. 이 단계에서는 콘텐츠 카테고리 비율표로 콘텐츠의 기획 구조를 한눈에 볼 수 있도록 합니다.

예시: 월간 콘텐츠 카테고리 비율표

카테고리	콘텐츠 수	비율(%)
브랜드 스토리	8	40%
제품 소개	6	30%
디자인 팁	6	30%

01 데이터로 차트 생성하기 ❶ 데이터 영역을 선택하고 에디터 툴 바 ❷ **[Magic Chart]** 아이콘을 클릭합니다. ❸ AI가 제안하는 차트 중 **[원형]**을 선택하고 ❹ **[차트]**를 클릭해 선택합니다.

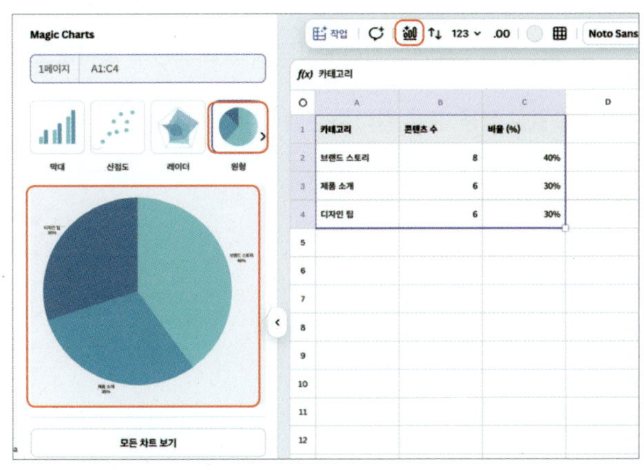

02 생성된 차트 확인하기

❶ 생성된 차트를 클릭하면, ❷ 연결된 데이터는 보라색 점선으로 표시되고, ❸ 차트 패널 **소스** 영역에 연결된 데이터의 시트 정보가 나타납니다.

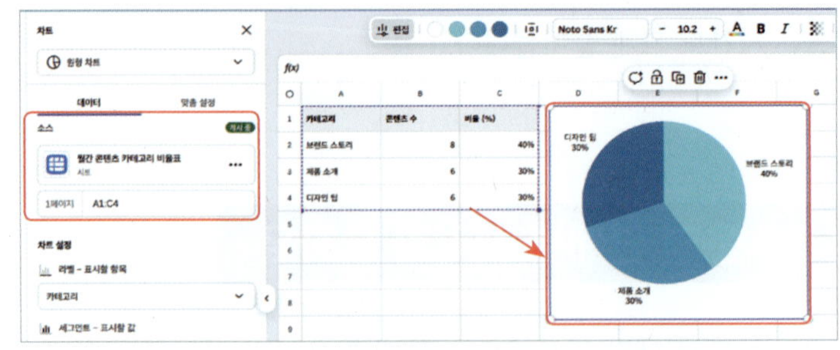

▲ 선택한 차트가 시트에 배치된 모습

03 차트에 브랜드 컬러 적용하기

❶ 시트에 배치된 차트를 클릭해 선택하고 ❷ **[색상]-[브랜드 키트]**에서 브랜드 색상에 맞게 색상을 조정합니다. 브랜드키트에 브랜드명을 설정해 두면 이미지처럼 ❸ 브랜드명으로 표시됩니다.

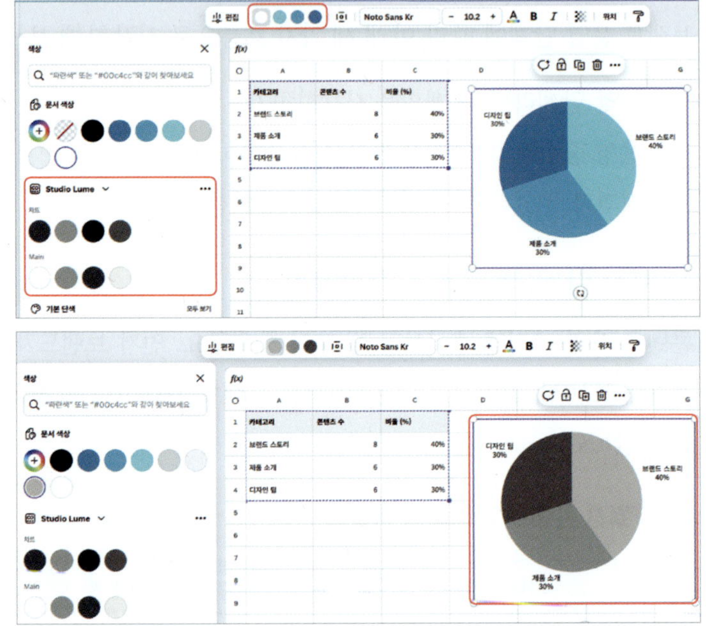

이 차트 하나로 이번 달 콘텐츠 운영 방향성을 한눈에 확인할 수 있어요.

실전 TIP **브랜드 센터로 빠르게 차트 생성하기**

브랜드 키트 – 브랜드 자산 – 차트에 브랜드 차트 컬러를 설정해 두었다면 더 빠르게 차트에 적용할 수 있어요.

❶ **일괄 적용:** 블루 컬러를 선택합니다.

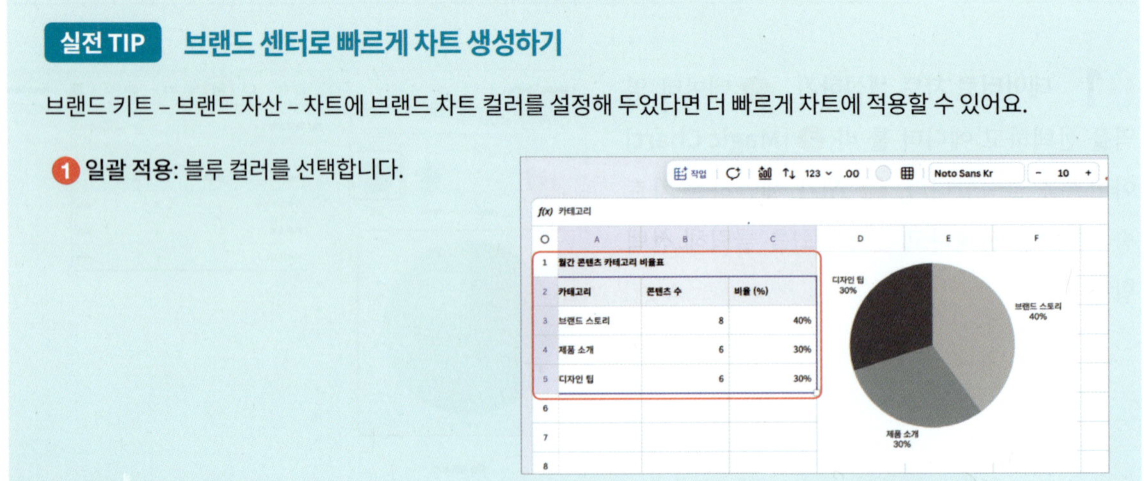

❷ 사이드 패널에서 [브랜드 센터] – 드롭다운 메뉴에서 원하는 브랜드 키트를 선택한 후 ❸ **차트**를 클릭하고, ❹ 원하는 차트 형식을 선택해 클릭합니다.

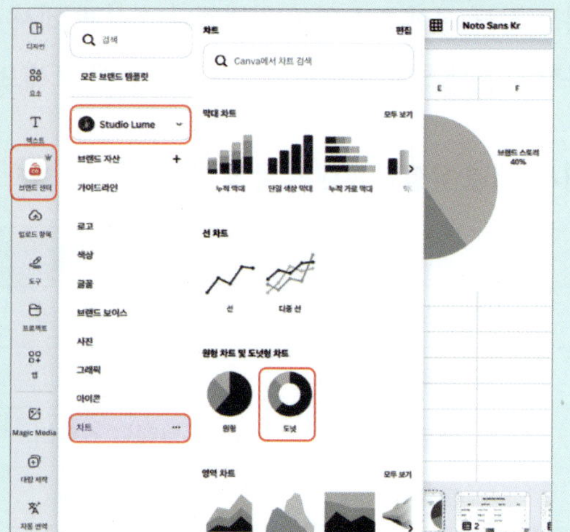

❺ 시트에 적용된 차트를 확인합니다. 이처럼 브랜드 센터를 활용하면 빠르게 브랜드 스타일을 적용해 차트를 완성할 수 있어요.

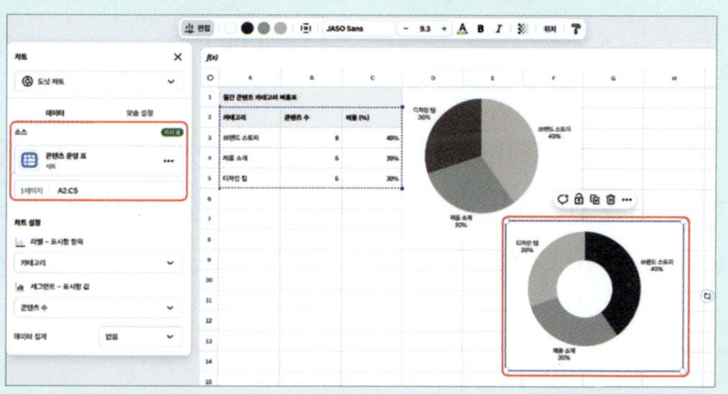

차트 형식 선택하기

데이터를 선택하고 [Magic Charts]를 실행하면 AI가 여러가지 차트 형식을 제안해 줍니다. 여러 가지 차트 형식들 중에 내 데이터에 가장 적합한 형식을 골라 시트에 적용할 수 있어요.

추천 차트 형식

① 원형 차트 → 비율 비교
② 막대 차트 → 항목별 수량 비교
③ 꺾은선 차트 → 월별 변화

이외에도 매직 차트는 누적, 영역, 도넛형 등 다양한 형식도 지원합니다.

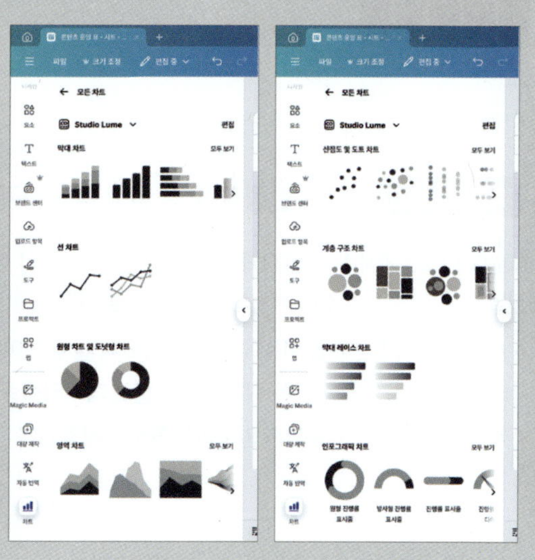

2. 운영 단계: 게시 현황을 시각화하기

어느 정도 콘텐츠 운영이 진행됐다면 실제 게시 현황을 시각화할 차례예요. 내 브랜드가 어느 채널, 어떤 유형의 콘텐츠에 집중하고 있는지 확인해 보세요.

예시: 채널·유형별 콘텐츠 발행 현황표

채널	콘텐츠 유형	발행 기간	수량
인스타그램	브랜드 스토리	9/1-9/15	8
인스타그램	디자인 팁	9/10-9/20	2
블로그	브랜드 스토리	9/5-9/10	3
블로그	제품 소개	9/5-9/20	6
뉴스레터	브랜드 스토리	9/5-9/10	1
뉴스레터	디자인 팁	9/10-9/30	2

위 데이터를 시트(Sheets)에 입력하고 ❶ 데이터를 선택한 후에 ❷ **[Magic Chart]**를 실행하고 ❸ **[막대형 차트]**를 선택해 보세요. ❹ 필요하다면 **[도넛형]** 차트로 바꿔 유형별 비중을 확인할 수도 있어요. ❺ 데이터가 변경되면 차트도 자동 업데이트되는지 꼭 확인하세요.

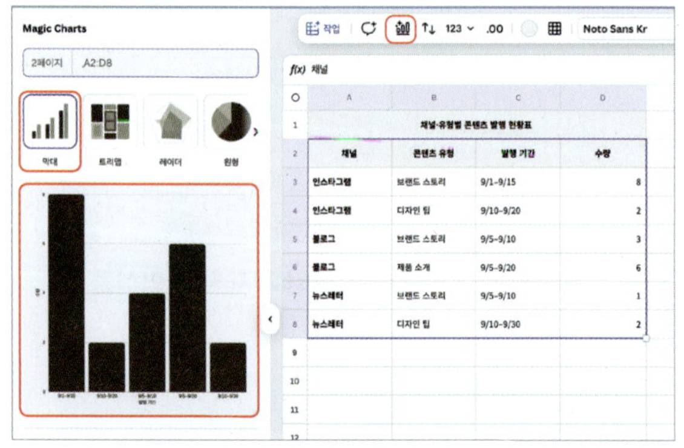

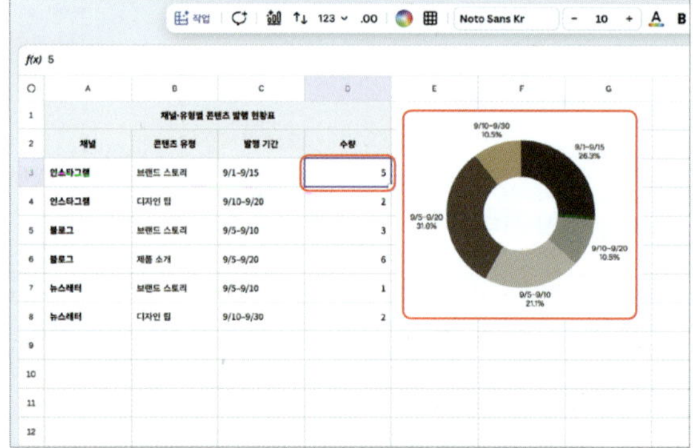

더 알아보기 **차트 설정과 맞춤 설정 활용하기**

Magic Chart에서 차트 설정과 맞춤 설정은 차트를 더 효과적으로 꾸미고, 데이터의 핵심 메시지를 더 쉽고 효과적으로 전달할 수 있게 도와주는 기능이에요. 차트를 선택하고, 에디터 툴 바의 [편집] 도구를 클릭하면 사용할 수 있어요.

- 여러 데이터 포인트를 한눈에 보기 쉽게 요약할 수 있어 복잡한 데이터도 간단하게 분석할 수 있어요.
- 카테고리, 기간, 조회 수 등 원하는 기준별로 데이터를 묶어 비교하거나 트렌드를 쉽게 파악할 수 있어요.
- 차트가 깔끔해지고, 중요한 인사이트를 빠르게 찾을 수 있어 보고서나 프레젠테이션에 활용하기 좋아요.

1. 차트 설정

차트 설정에서 그룹화(데이터 집계)를 하면, 차트의 라벨 영역을 사용해 데이터를 원하는 기준으로 묶을 수 있어요.

- **라벨 - 표시할 항목**: 차트에 표시할 카테고리(예: 월, 제품명 등)를 선택해요.
- **세그먼트 – 표시할 값**: 차트에 보여 줄 수치 데이터를 선택해요.
- **색상 기준**: 데이터에 따라 색상을 다르게 지정할 수 있어요. (막대 차트에서 사용 가능)
- **데이터 집계 기준**: 합계, 평균, 개수 등으로 데이터를 집계할 수 있어요.

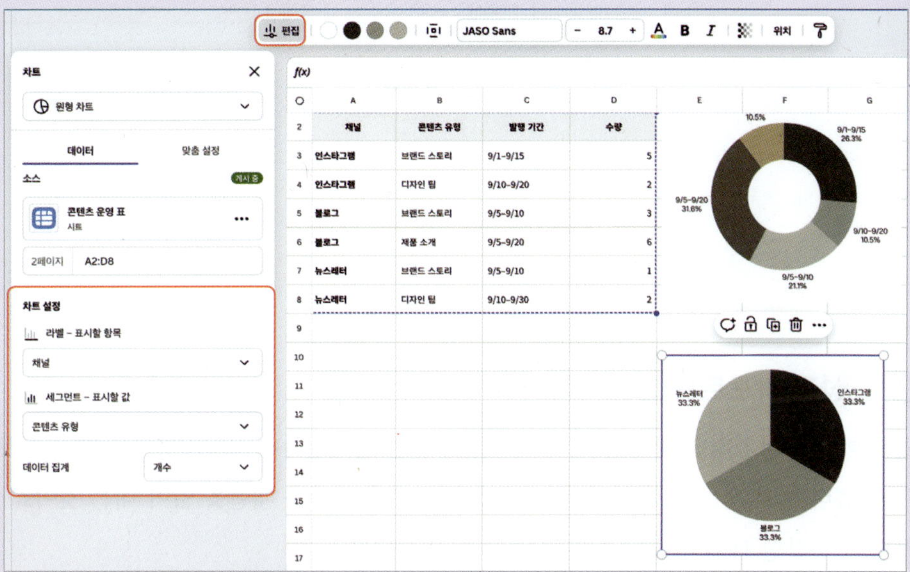

2. 맞춤 설정

① **텍스트**

- 범례, 라벨을 켜거나 끌 수 있고, 백분율과 숫자 중 원하는 방식으로 보여 줄 수 있어요.
- **Stack totals**: 누적형 차트에서 전체 합계를 표시할 수 있어요.
- 차트 제목과 부제목을 입력해 차트 상단에 표시할 수 있어요.

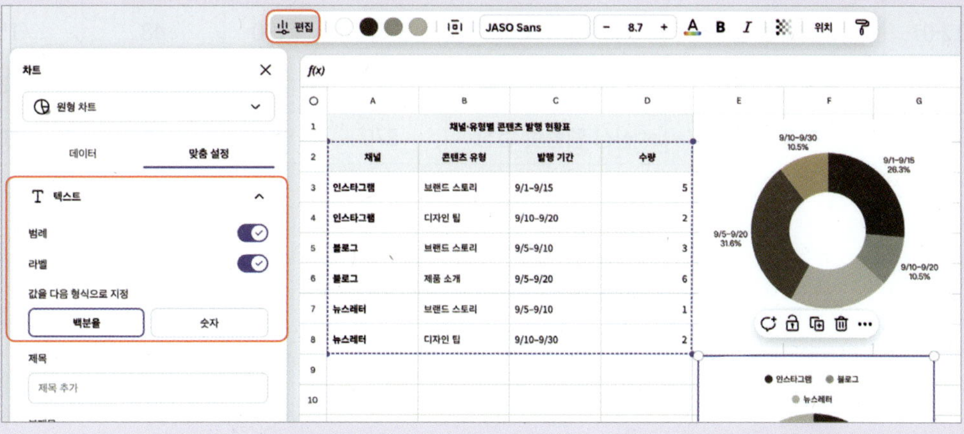

② **필터**: 데이터 분류를 선택해서 버튼이나 슬라이더 등 상호 작용 기능으로 보는 사람이 원하는 데이터만 골라 볼 수 있게 할 수 있어요.

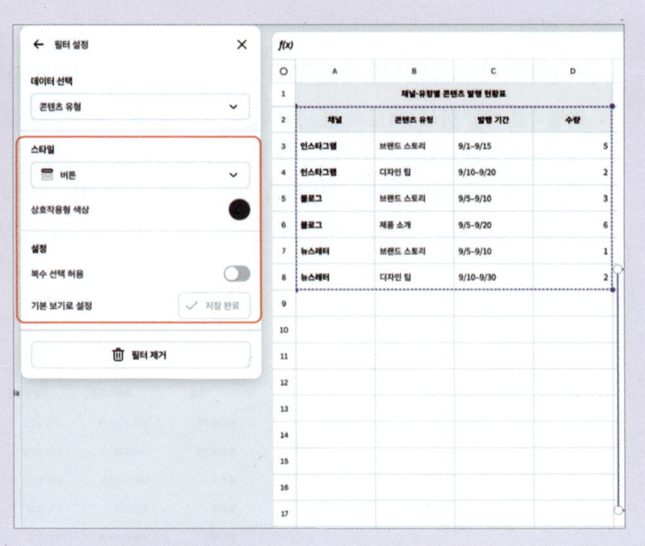

3. 성장 단계: 성과 리포트로 발전시키기

콘텐츠 운영 데이터가 쌓였다면 이제는 해석(Insight)하는 단계입니다. 앞 단계에서 매직 차트로 데이터의 모양을 만들었다면, 이제는 매직 인사이트로 결과에 담긴 의미와 패턴을 읽어 내는 것이죠. 매직 인사이트를 활용하면 복잡한 데이터도 한눈에 파악할 수 있습니다.

예시: 콘텐츠 성과 데이터표

업로드 날짜	카테고리	콘텐츠 제목	조회수	좋아요	저장 수	참여율(%)
2025-12-01	브랜드 스토리	브랜드 시작 이야기	1,240	128	34	12.9
2025-12-03	제품 소개	템플릿 기능 소개	980	87	22	11.1
2025-12-07	디자인 팁	피드 정리 노하우	1,560	190	48	15.3
2025-12-10	브랜드 스토리	디자이너의 하루	1,320	165	36	13.7
2025-12-14	제품 소개	신상 템플릿 런칭	870	74	19	10.1

01 데이터 선택하기 ❶ 데이터를 시트에 입력하고, ❷ 분석할 셀 범위를 마우스로 드래그해 선택합니다. 선택된 셀은 보라색 박스로 표시돼요. ❸ **키보드에서 / 키를 누르고** ❹ **드롭다운 메뉴에서 [Magic Insights]**를 선택하세요.

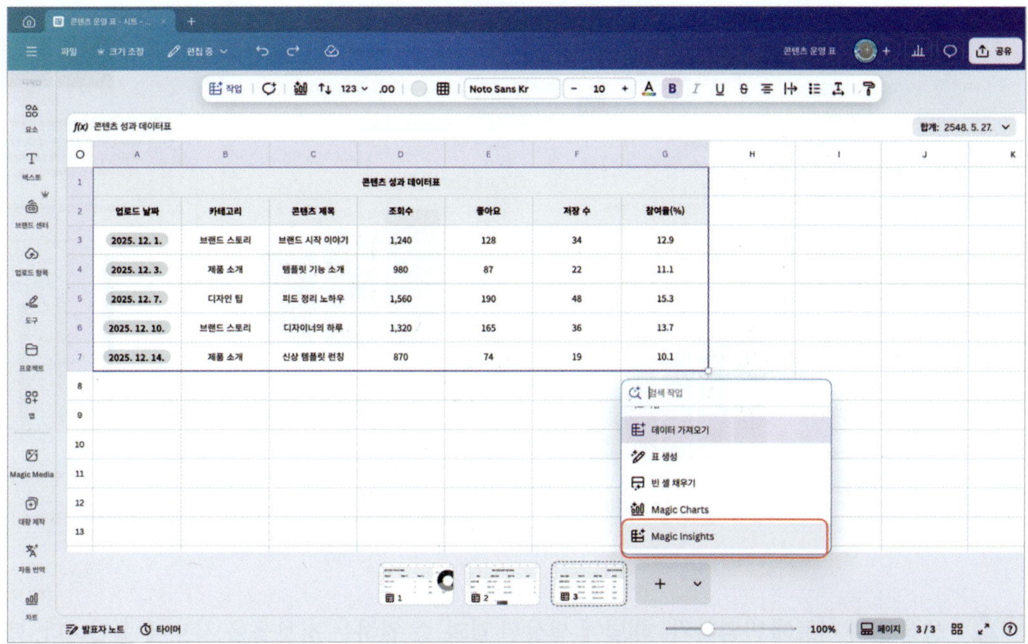

02 Magic Insights 실행하기 ❶ 프롬프트 창에 궁금한 내용을 입력하거나, 아무것도 입력하지 않거나 (전체 요약 인사이트가 생성돼요.) ❷ 하단의 추천 질문을 선택한 후, ❸ **[생성하기→] 버튼**을 클릭합니다.

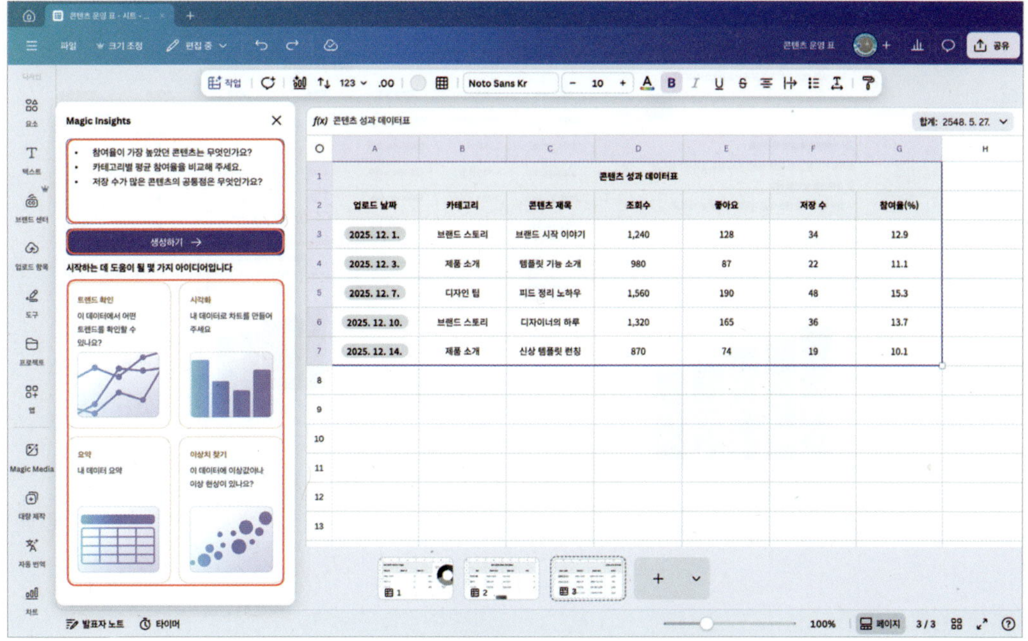

03 생성 결과 확인하기 패널에 데이터 요약, 추천 차트, 수식 등이 자동으로 생성돼요.

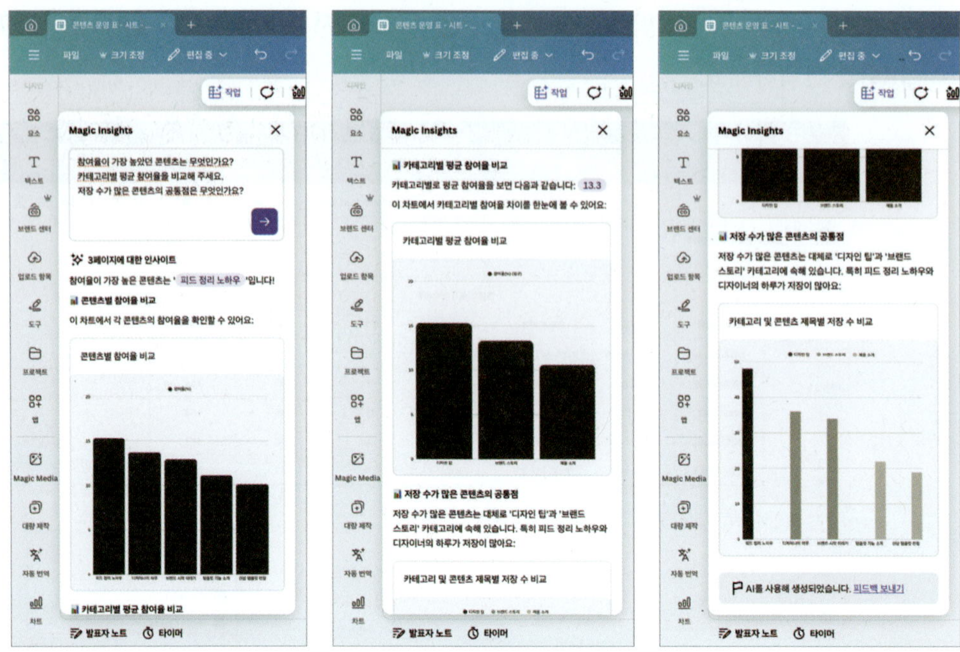

04 생성 결과 시트에 반영하기 패널에 생성된 결과 중 원하는 정보들을 시트에 옮깁니다. 텍스트는 복사해서 붙여 넣으면 되고, 차트는 클릭하면 시트에 배치됩니다.

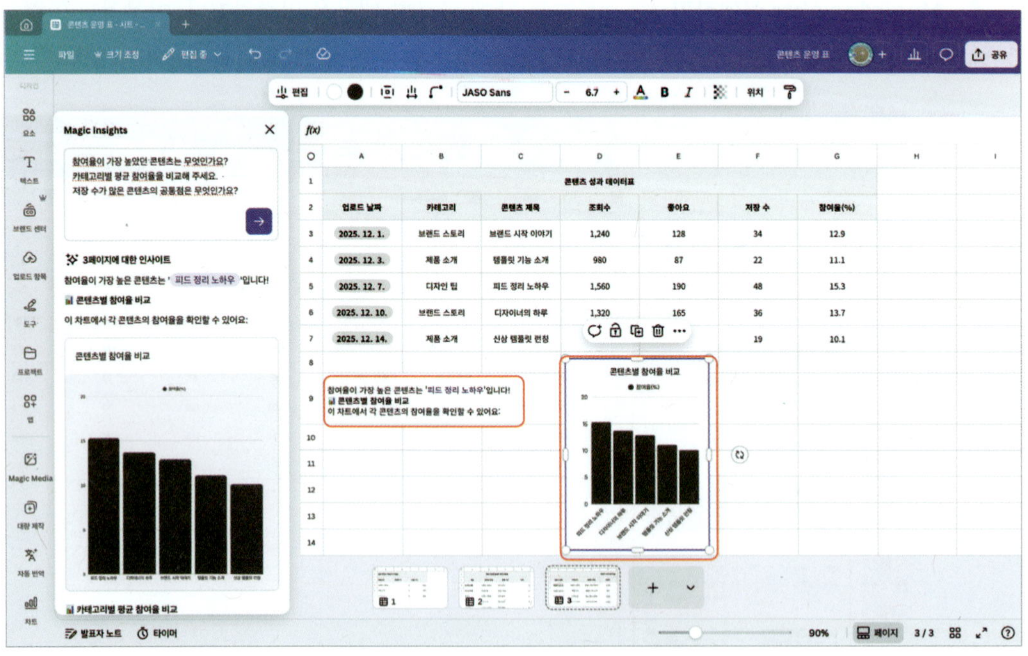

매직 인사이트 프롬프트 추천

분석 창에 궁금한 내용을 프롬프트로 입력하면 AI가 해당 데이터에 맞춰 바로 해석해 줍니다.
예를 들어, 이런 식으로 프롬프트를 입력할 수 있겠죠.

- 참여율이 가장 높았던 콘텐츠는 무엇인가요?
- 카테고리별 평균 참여율을 비교해 주세요.
- 저장 수가 많은 콘텐츠의 공통점은 무엇인가요?

그러면 AI가 시트의 데이터를 기반으로 분석 결과를 보여 줍니다.

실전 TIP 매직 인사이트 활용 팁

꾸준히 콘텐츠를 발행 할 때 가장 중요한 건 효율성입니다. 매번 새로운 콘텐츠를 처음부터 만들려면 시간이 너무 오래 걸리고 효율이 떨어져 지치게 됩니다.

- **결과 요약 바로 활용하기**
  인사이트 결과를 복사해 월간 리포트나 회고 슬라이드에 붙여 넣어 보세요.
- **AI에게 구체적인 분석 요청하기**
  "조회수 1,000회 이상인 게시물의 공통점은?"
  "참여율이 12% 이상인 콘텐츠의 유형은?"
  구체적인 질문일수록 인사이트의 품질이 높아집니다.
- **다음 전략으로 연결하기**
  예를 들어 '디자인 팁' 콘텐츠의 반응이 가장 좋았다면, 다음 달엔 그 주제를 짧은 영상 콘텐츠로 확장해 볼 수 있겠죠.

매직 차트가 데이터를 보이는 구조로 정리해 준다면, 매직 인사이트는 그 안에서 읽히는 의미를 발견하도록 도와줍니다.

캔바 AI가 데이터의 형태와 흐름을 먼저 잡아 주기 때문에 우리는 그 분석 결과를 바탕으로 브랜드의 다음 전략과 방향을 훨씬 수월하게 세울 수 있어요. 이런 과정은 데이터 기반 운영을 자연스럽게 이어 가는 첫 걸음이 됩니다.

고객과 연결되는 이메일 뉴스레터 시스템 만들기

예측 불가능한 SNS 알고리즘 대신, 이메일은 고객에게 가장 안정적으로 도달할 수 있는 소통 창구입니다. 이번 레슨에서는 캔바와 이메일 서비스를 활용해 브랜드와 고객을 꾸준히 이어 갈 수 있는 뉴스레터 시스템을 만들어 봅니다.

✨ 이메일 뉴스레터는 왜 필요할까?

이메일 뉴스레터는 예측 불가능한 온라인 환경 속에서 브랜드와 고객을 연결하는 가장 안정적이고 깊이 있는 통로가 되어 줍니다.

1. 알고리즘을 넘어 고객에게 직접 도달하는 안정성

SNS는 알고리즘이 끊임없이 바뀌며 콘텐츠가 빠르게 주목받지만, 그만큼 쉽게 잊히게 됩니다. 게시물이 잠시 스쳐 지나가는 온라인 세상에서, 이메일 뉴스레터는 고객의 메일함이라는 가장 개인적인 공간에 직접 도달할 수 있는 가장 안정적인 통로가 되어 주죠.

특히 1인 크리에이터나 작은 브랜드에게 뉴스레터는 플랫폼의 변화에 흔들리지 않고 나의 콘텐츠를 직접 전달할 수 있는 주체적인 구조를 만들어 줍니다. 불안정한 알고리즘에 관계를 맡기는 대신, 내가 주도적으로 소통의 채널을 운영하게 되는 거예요.

2. 깊은 관계를 만드는 소통의 장

온라인 비즈니스를 운영하거나 콘텐츠를 만들다 보면, 일방적이고 순간적인 홍보보다 지속적인 관계 유지가 훨씬 중요합니다.

뉴스레터는 단순한 홍보용 메일이 아닙니다. 브랜드의 철학, 톤, 가치관을 꾸준히 전하는 깊은 소통의 채널이 되는 거죠. 우리의 이야기를 깊이 있게 전하고, 구독자와의 관계를 천천히 단단하게 만들어 주면서 장기적인 신뢰를 구축할 수 있습니다.

3. 혼자서도 충분히 가능한 시스템화

뉴스레터 시스템 구축이 처음엔 막막하게 느껴질 수 있습니다. 하지만 이제는 AI가 콘텐츠 문구 작성을 도와주고, 전문적인 이메일 서비스가 자동 발송 시스템을 지원해 주므로 걱정하지 않아도 됩니다.

이러한 자동화 시스템을 활용하면 복잡한 과정 없이 혼자서도 충분히 이메일 뉴스레터 운영을 시스템화하고, 고객과의 관계를 꾸준히 이어갈 수 있답니다.

✨ Magic Write로 이메일 뉴스레터 기획하기

캔바에는 이메일 템플릿이 다양하게 준비돼 있어요. 이메일은 웹사이트보다 정보량이 제한적이므로 간결함이 핵심입니다.

이메일 뉴스레터의 기본 구조

이메일 뉴스레터는 아래의 3단 구성으로 이루어집니다.

① 로고 + 헤드라인
② 핵심 콘텐츠(문장 또는 이미지)
③ 행동 유도 버튼(CTA, Call To Action) 버튼

이메일 뉴스레터 구성의 핵심은 읽히는 구조예요. 아래 3가지를 꼭 체크하세요.

- 이메일 뉴스레터의 가로폭은 600~700px이 가장 안정적인 표준입니다.
- 모바일에서도 자연스럽게 읽히도록 내용 구성의 여백을 충분히 둡니다.
- 한 화면에 핵심 메시지가 들어오도록 내용을 구성하세요.

Magic Write로 뉴스레터 문구 작성하기

뉴스레터 문구를 작성할 때 캔바의 Magic Write 기능을 활용하면 시간을 크게 절약하고 효율성을 높일 수 있습니다.

① Magic Write로 문구 초안 빠르게 완성하기

Magic Write 기능을 활용하면 메일 제목, 인사말, 요약문, 행동 유도 문구(CTA)와 같은 뉴스레터의 기본 문장을 손쉽게 완성할 수 있습니다.

AI가 제시하는 여러 문장 중 마음에 드는 것을 골라 다듬기만 하면 됩니다. 또한 자주 사용하는 문구들을 시트(Sheets)에 정리해 두면, 매주 반복되는 뉴스레터 작성 루틴을 훨씬 수월하게 관리할 수 있어요.

프롬프트 입력 예시:

- '이번 주 브랜드 소식을 따뜻한 톤으로 요약해 줘.'
- '새 구독자에게 보낼 환영 인사 이메일 문구 5개를 제안해 줘.'
- 'CTA 버튼에 쓸 짧고 설득력 있는 문구 10개를 만들어 줘.'

이메일의 전체 구성을 프롬프트로 입력해도 좋습니다. 예시는 아래의 프롬프트로 생성한 뉴스레터 초안 Docs입니다. 본문 내용은 물론 헤더 디자인까지 Canva AI가 제안해 줍니다.

프롬프트 예시:

'스몰 브랜드를 위한 감성적·미니멀 디자인 템플릿 스튜디오입니다. 이 브랜드의 월간 뉴스레터 문구를 다음 구성으 로 따뜻하고 간결한 톤으로 작성해 주세요. 제목, 인삿말, 이달의 템플릿 소개, 제작 비하인드, 스몰 브랜드 디자인 팁, 푸터. 바로 이메일 템플릿에 붙여 넣을 수 있도록 자연스럽게 정리해 주세요.'

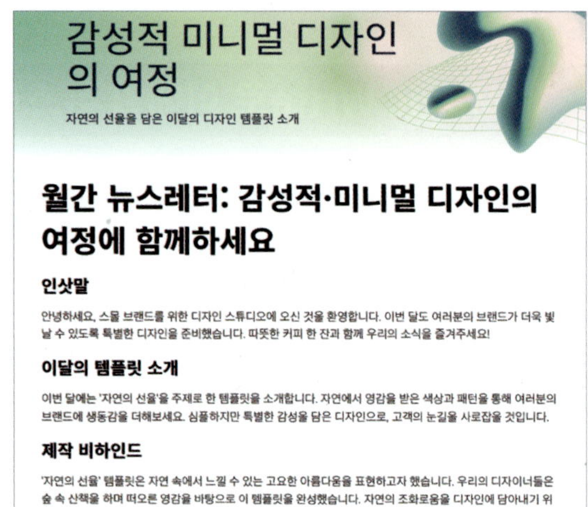

▲ 뉴스레터 초안 예시

② Magic Write에 브랜드 보이스 적용해 완성도 높이기

AI는 문구의 초안 작성 역할을 훌륭하게 수행하지만, 글의 온도에서 브랜드의 성격이 드러나기 때문에 반드시 브랜드의 톤앤매너에 맞게 다듬어 사용해야 합니다.

브랜드 키트에 브랜드 보이스를 미리 설정해 두면, Magic Write가 자동으로 해당 톤과 스타일을 적용하여 일관성 있는 문구를 만들 수 있습니다. 브랜드 보이스 기능은 프레젠테이션, 소셜미디어, 비디오, 프린트, Docs 등에서 사용할 수 있습니다.

홈 화면이나 에디터 화면의 [브랜드 센터] 탭 - [브랜드 보이스]에서 확인 및 편집이 가능합니다.

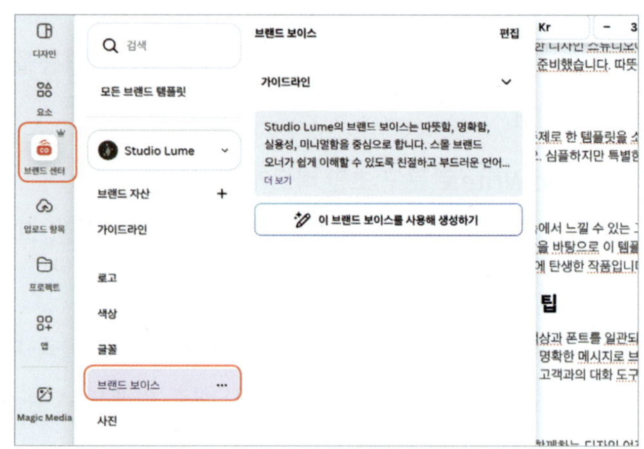

01 문구 선택하기

❶ 브랜드 보이스를 적용할 문구를 드래그해서 선택합니다. ❷ 플로팅 툴 바의 [Magic Write] 아이콘을 클릭하고, ❸ **[어조 변경]**에서 ❹ **[브랜드 보이스 적용하기]**를 클릭합니다.

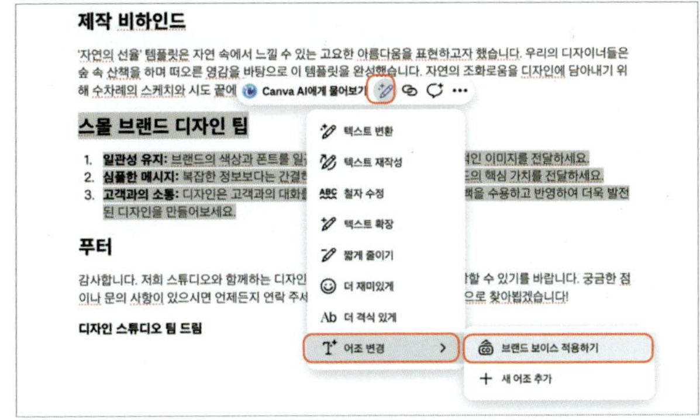

02 브랜드 보이스 적용하기

❶ 수정된 내용을 확인하고 마음에 든다면 **[바꾸기]** 버튼을 클릭해 본문에 적용합니다.

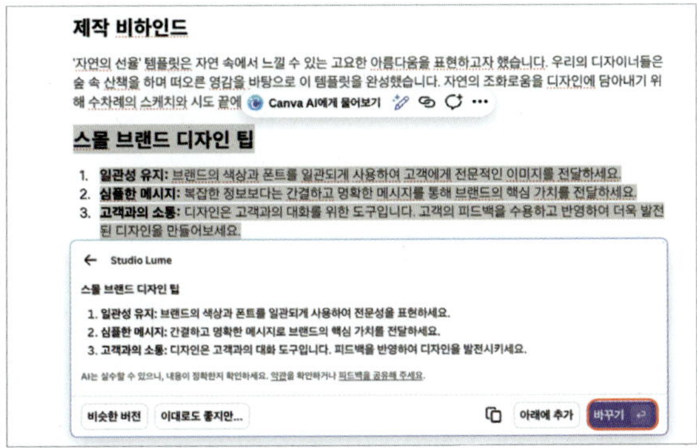

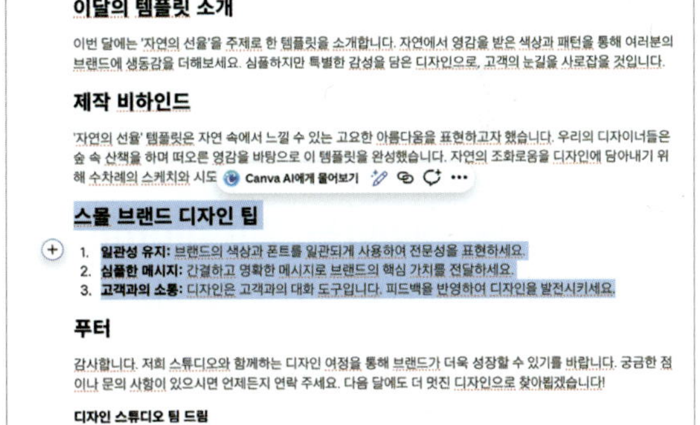

▲ 브랜드 보이스가 적용된 결과

이렇게 브랜드 보이스 기능을 활용하여 더욱 멋지고 일관된 뉴스레터 문구를 완성해 보세요.

- 메일 제목은 35자 이내로 짧게 작성하여 주목도를 높이세요.
- 첫 문장은 친근하고 부드럽게 시작하여 독자의 흥미를 유발하세요.
- 고객의 시간을 존중하는 문장이 브랜드의 신뢰를 만든다는 점을 잊지 마세요.

✨ 캔바 이메일만의 특별한 요소 살펴보기

열, 디자인 블록, 버튼, 하이라이트 블록과 아이콘 블록은 이메일을 쉽게 만들 수 있게 도와주는 요긴한 요소들이에요. [요소] 탭에서 각 요소를 클릭하고 목록에서 원하는 스타일을 선택하거나, 페이지의 빠른 작업 아이콘을 눌러서 직접 만들 수 있어요.

1. 이메일 전용 레이아웃, 열(Columns)

콘텐츠를 보기 좋게 나누고 싶을 때 열을 쓰면 뉴스레터처럼 깔끔해져요. [요소] 탭에서 다양한 레이아웃의 열을 골라 넣으면 쉽게 이메일 디자인을 구성할 수 있어요. 각 열 안에 텍스트, 이미지, 버튼 등을 배치해서 '소개+강조' 구조를 만들 수 있어요. 또한 열 사이 경계를 드래그해서 너비를 조정할 수 있습니다.

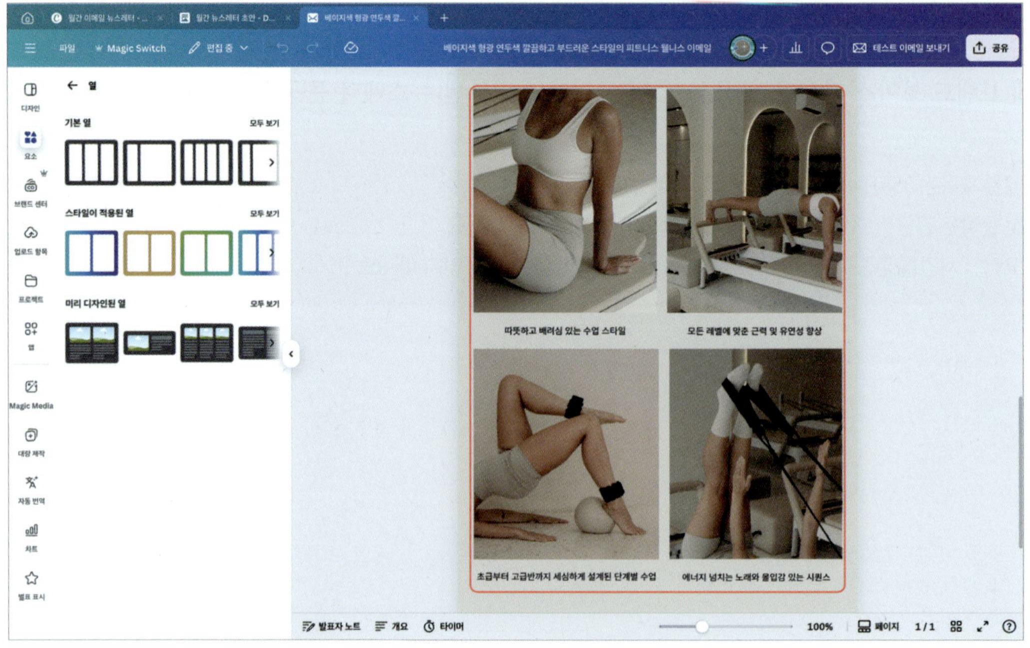

▲ '열'을 이용한 본문 레이아웃

2. 디자인 블록

헤더, 바닥글, 배너 등 자주 쓰는 구조는 블록처럼 본문에 넣어 사용하면 작업 속도가 빨라져요.

① **헤더(Header)**: 이메일의 맨 위 영역이에요. 보통 로고, 브랜드 이름, 메뉴(홈, 소개, 쇼핑 등)가 들어가서 "이 메일이 누구에게서 온 건지"를 보여 주는 브랜드의 얼굴 같은 부분이에요.

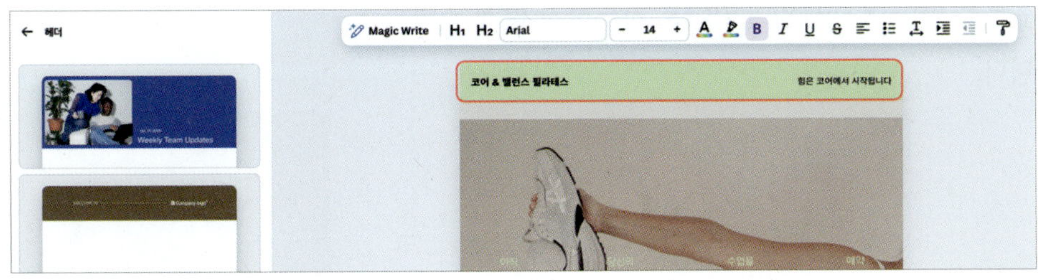

▲ 헤더

② **배너(Banner)**: 메일의 맨 위 영역이에요. 보통 로고, 브랜드 이름, 메뉴(홈, 소개, 쇼핑 등)가 들어가서 "이 메일이 누구에게서 온 건지"를 보여 주는 브랜드의 얼굴 같은 부분이에요.

③ **바닥글(Footer)**: 이메일의 맨아래 영역이에요. 보통 회사 정보, 연락처, 주소, 저작권 문구, 수신 거부/설정 변경 안내 등이 들어가는 부분이에요. 이 메일을 보낸 곳이 어디이고, 궁금하면 어떻게 연락하고, 법적인 정보는 무엇인지를 정리해 두는 구역이라고 보면 돼요.

▲ 바닥글

3. 흐름에 포인트를 주는, 하이라이트 블록과 아이콘 블록

하이라이트와 아이콘 블록은 이메일 안에서 꼭 보게 하고 싶은 메시지를 시각적으로 강조하는 섹션이에요. 스크롤을 내리다 딱 한 번 멈춰서 보게 만드는 포인트라고 생각하면 됩니다. 시각적인 구분을 만들어 이메일이 길어도 지루하지 않게 읽히도록 해줍니다.

▲ 하이라이트 블록(상)과 아이콘 블록(하)

4. 클릭을 유도하는 버튼

이메일을 읽는 사람에게 다음에 해야 할 행동을 분명하게 안내해 주는 'Call-to-action(CTA)' 요소예요. 보통 링크만 거는 것보다 버튼으로 강조하는 게 클릭률과 시선 집중에 훨씬 유리해요. '지금 신청하기', '자세히 보기' 같은 문구를 넣어 눈에 띄게 하는 게 좋아요.

▲ 버튼

✨ 템플릿으로 이메일 뉴스레터 디자인하기

이메일 내용이 준비되었으니 이제 템플릿을 활용해 빠르게 디자인해 볼게요. 템플릿에는 이미 이메일 구조와 구성 요소가 탄탄하게 자리 잡혀 있어서 초보가 활용하기에도 좋아요. 템플릿을 선택할 때에는 내 이메일 뉴스레터 구조와 분위기와 어울리는 템플릿을 고르는 게 중요해요.

1. 템플릿 선택하기

01 ❶ 홈 화면 사이드 패널의 ❷ [템플릿]에서 ❸ 이메일 아이콘을 클릭하고, ❹ 원하는 **템플릿**을 클릭해 에디터를 엽니다. ❺ 에디터가 열리면, 사이드 패널의 [디자인] 탭에서도 템플릿을 검색해 바로 디자인에 적용할 수 있어요.

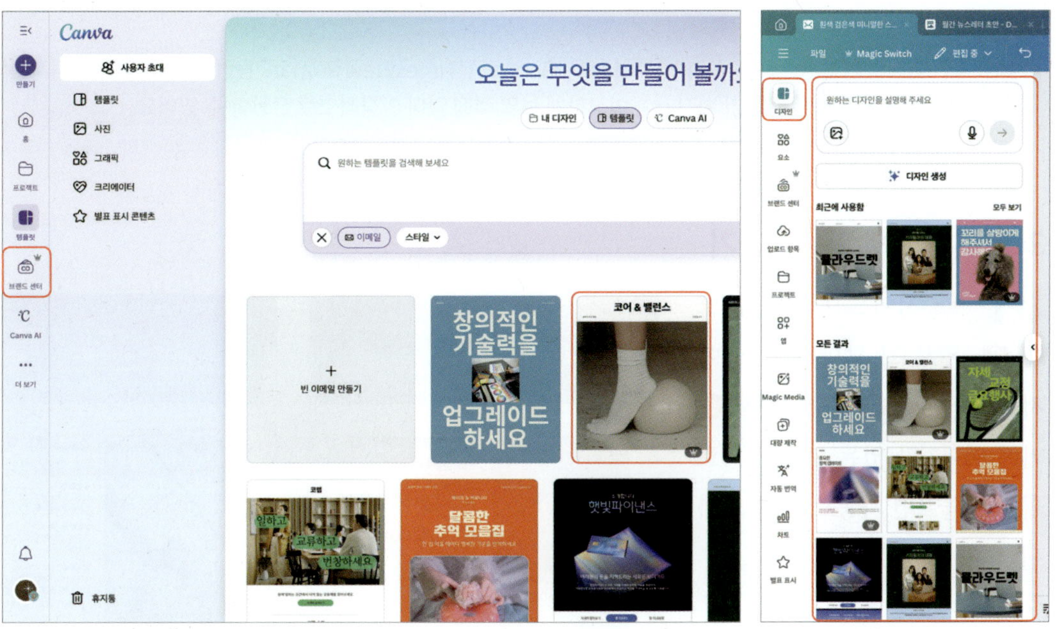

2. 텍스트 수정하기

01 작성해 둔 뉴스레터 초안의 텍스트를 복사해 템플릿의 각 영역에 붙여 넣습니다. 처음에는 우선 내용을 옮기는 데 집중하고, 모두 옮긴 후에 텍스트 크기나 폰트 종류 등을 다듬습니다.

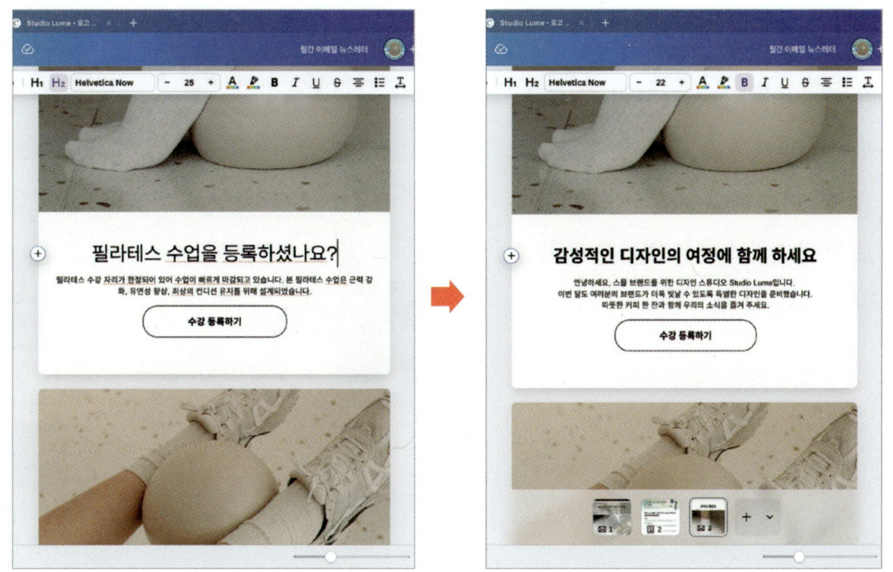

체크포인트 **이메일 안전 폰트 사용하기**

이메일 안전 글꼴은 다양한 이메일 클라이언트(예: Gmail, Outlook, Apple Mail 등)에서 일관되게 잘 보이는 글꼴을 말해요. 이런 글꼴을 사용하면, 받는 사람의 이메일 환경에 상관없이 디자인이 깨지지 않고 예쁘게 유지돼요.

캔바에서 이메일 안전 폰트는 폰트 리스트 상단에 표시된 '이메일에서도 문제없이 표시되는 글꼴'에서 선택할 수 있습니다.

대표적인 이메일 안전 폰트로는 'Arial', 'Verdana', 'Georgia', 'Times New Roman' 등이 있어요. 이메일 디자인에 이메일 안전 폰트를 사용하면, 폰트가 깨지거나 이상하게 보일 걱정 없이 안정적으로 전달할 수 있어요.

3. 이미지 교체 및 수정하기

01 ❶ 사이드 패널에서 또는 ❷ [업로드] 탭에서 ❸ 이미지를 선택하고 ❹ 드래그해서 ❺ 기존 이미지가 있는 프레임 위로 끌어다 놓으면 자동으로 ❻ 교체됩니다.

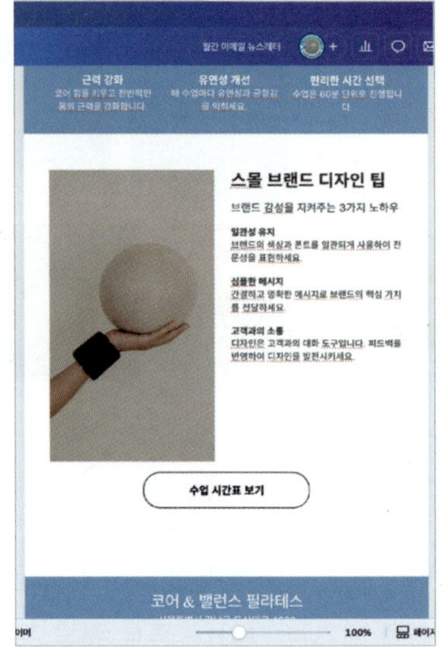

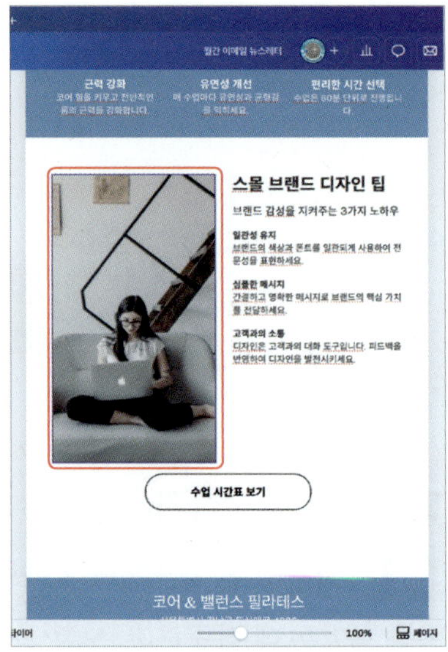

02 **이미지 크롭하기** ❶ 크롭 할 이미지를 선택하면 ❷ 네 모서리에 자르기 핸들이 나타나요. ❸ 이 핸들을 원하는 방향으로 드래그해서 자를 위치를 조정할 수 있습니다.

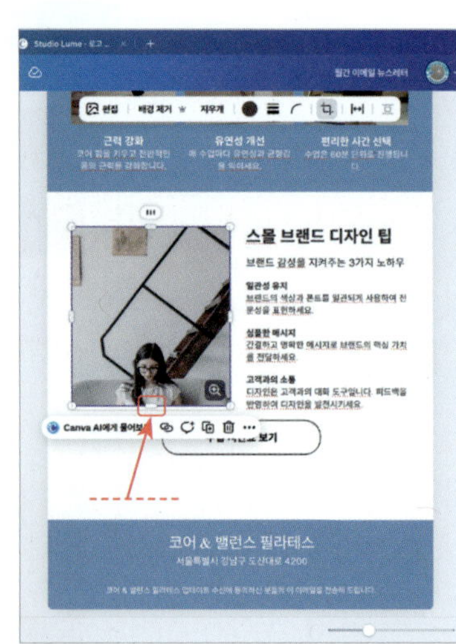

03 **크롭 모드에서 이미지 움직이기** ❶ 이미지를 선택한 채로 ❷ 에디터 툴 바의 크롭 아이콘을 클릭해 크롭 모드로 들어가 원하는 스타일로 배치합니다.

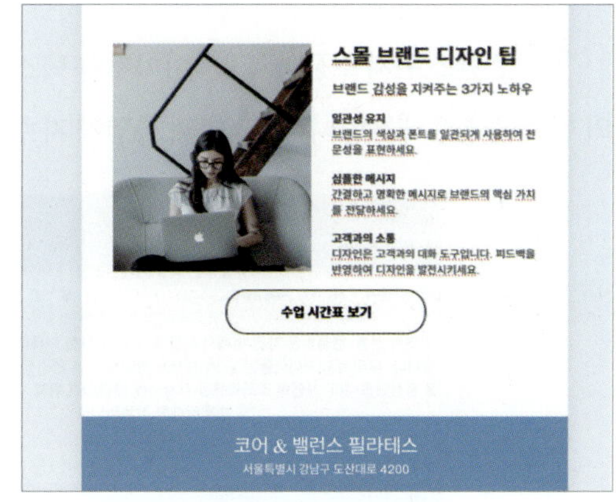

▲ 크롭과 이동이 완료된 이미지

04 동일한 방법으로 다른 텍스트와 이미지들도 모두 수정해 주세요.

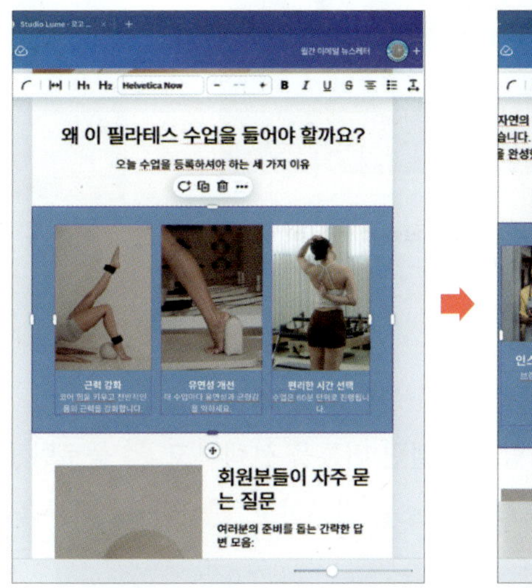

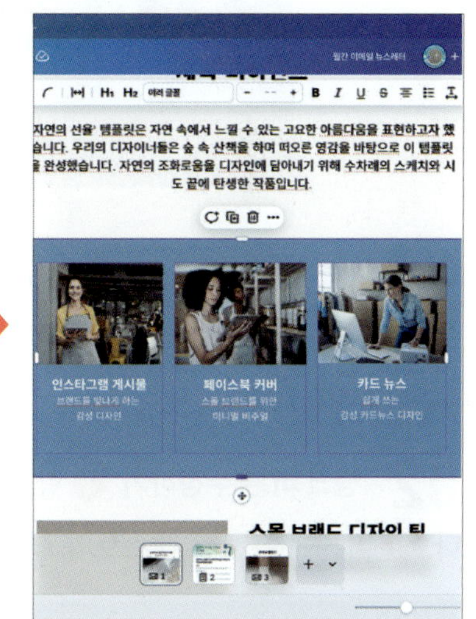

05 **이미지를 본문 너비로 확장하기** ❶ 이미지를 우클릭 또는 선택 후, ❷ 플로팅 툴 바에서 [⋯](더보기) 버튼을 클릭한 후 ❸ 전체 너비로 확장을 클릭합니다.

▲ 본문에 이미지를 삽입한 모습

▲ 이미지가 본문 너비로 확장된 모습

4. 레이아웃 조정하기

01 **컨텐츠 위치 조정하기** ❶ 이미지와 텍스트들을 선택하고 ❷ 원하는 방향으로 드래그하여 디자인 블록의 한가운데로 배치합니다. ❸ 이때 화면에 자주색으로 나타나는 수치를 확인하여 객체간 간격을 맞춰 줍니다.

02 **링크 버튼 수정하기** ❶ 링크가 걸린 버튼을 선택하고 ❷ 플로팅 툴바에서 [링크 편집]을 클릭합니다. ❸ 버튼에 표시될 텍스트와 링크 주소를 입력하고, ❹ [완료] 버튼을 클릭합니다.

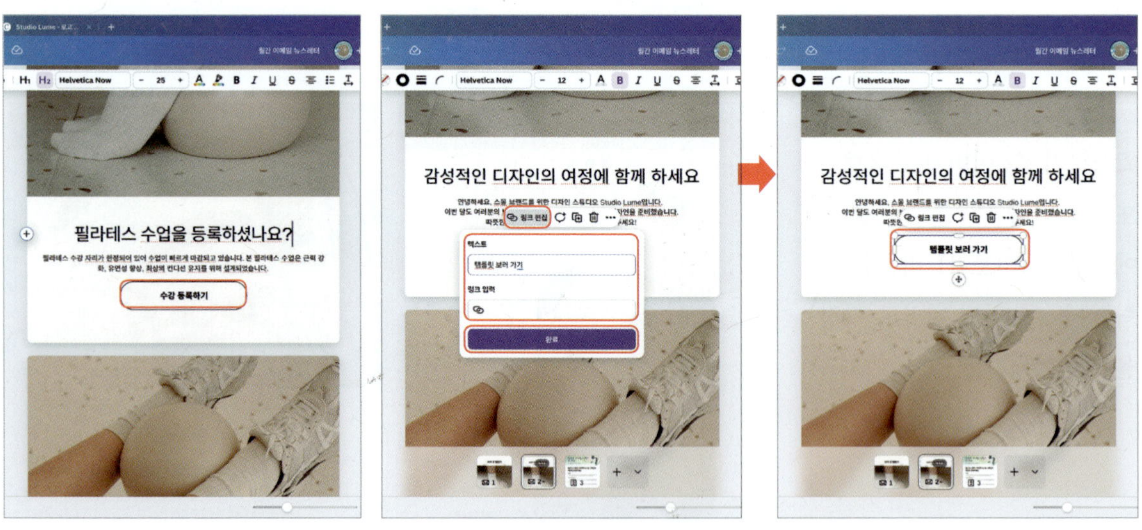

5. 빠른 작업에서 디자인 블록 추가해 만들기

01 **배너 디자인 블록 만들기** 제목 부분을 배너로 만들어 볼게요. ❶ 화면을 클릭한 상태에서 키보드 [/] 키를 눌러 빠른 작업 창을 열고 ❷ 드롭다운 메뉴에서 [디자인]을 클릭하면 디자인 블록 설정 창이 팝업 형태로 나타납니다.

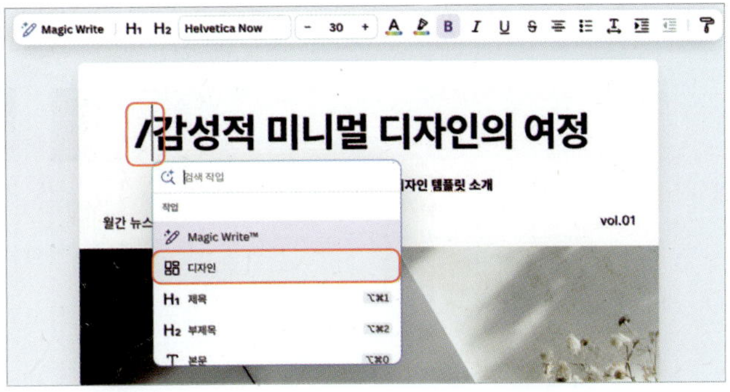

02 팝업으로 열린 디자인 설정 창에서도 기존의 에디터와 마찬가지로 ❶ [디자인] 탭에서 마음에 드는 템플릿을 검색하거나, 선택한 배너를 디자인하거나, 요소와 텍스트를 활용해 직접 디자인할 수 있습니다. ❷ 이미지와 텍스트를 이용해 디자인을 완성하고 ❸ [저장]을 클릭해 배너를 완성합니다.

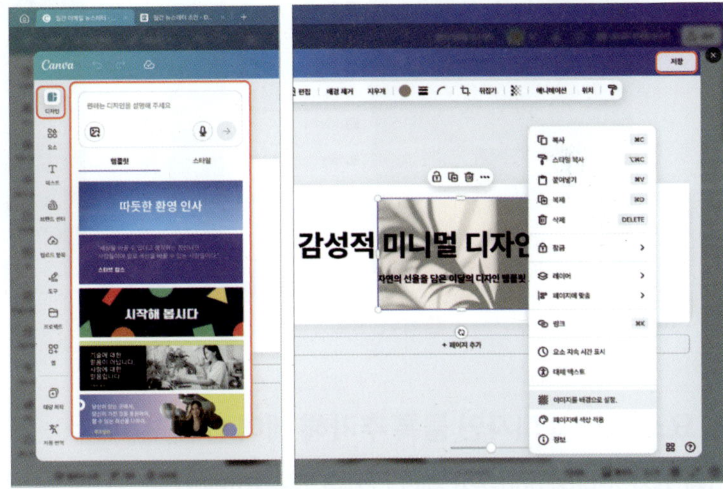

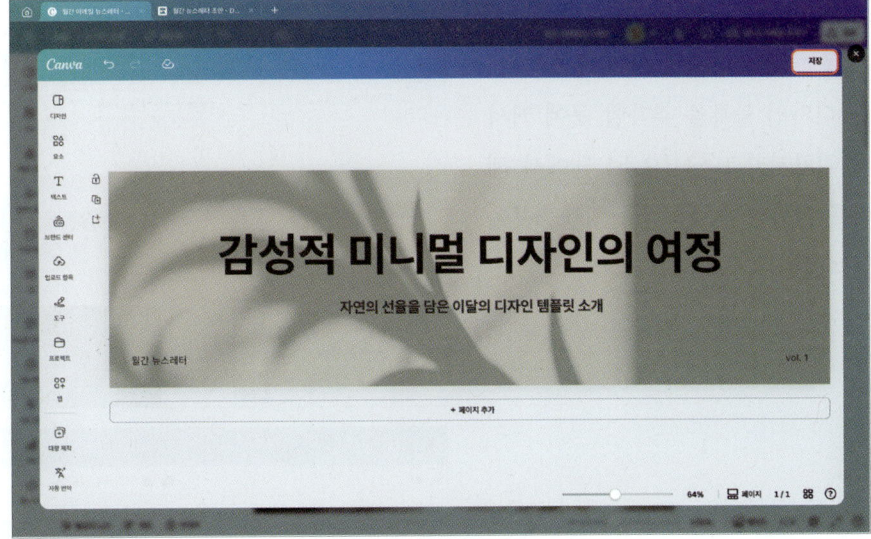

▲ ❸ 완성한 디자인 저장

03 배너 본문 너비로 배치하기 본문에 배치된 ❶ 배너를 우클릭 또는 선택 후, ❷ 플로팅 툴 바에서 [··· (더 보기)] - ❸ [전체 너비로 확장]을 클릭합니다.

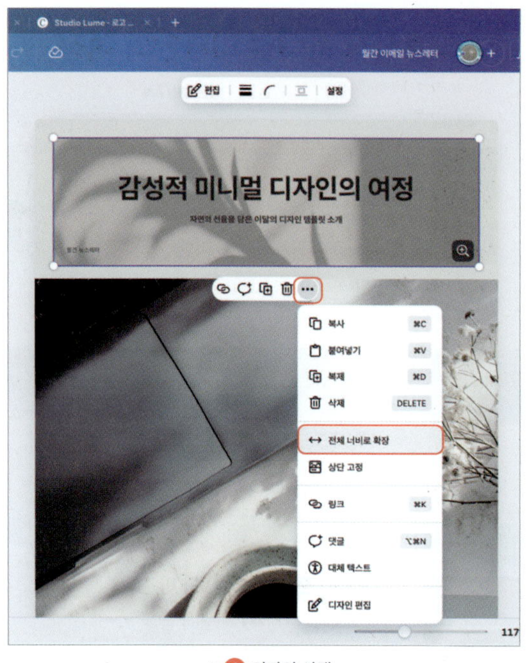

▲ ❶ 디자인 선택

▲ 배너가 본문 너비로 확장된 모습

6. 요소 탭에서 디자인 블록 추가해 헤더 만들기

이제 가장 상단에 머리글인 헤더 디자인을 수정할게요.

01 헤더 디자인 블록 추가하기

❶ 디자인 블록을 추가할 곳에 커서를 위치시키고 ❷ [요소] 탭에서 헤더를 클릭한 후, ❸ 원하는 템플릿을 선택합니다.

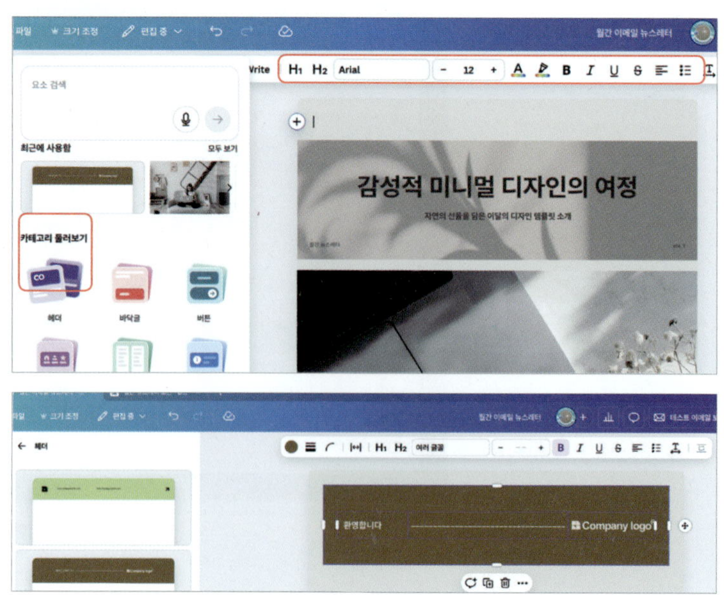

▲ 선택한 헤더 템플릿이 페이지에 삽입된 모습

02 헤더를 전체 너비로 확장 및 상단 고정하기 ❶ 페이지에 삽입된 헤더를 선택하고 ❷ 플로팅 툴 바의 [···](더보기)에서 ❸ [전체 너비로 확장] - ❹ [상단 고정]을 클릭합니다.

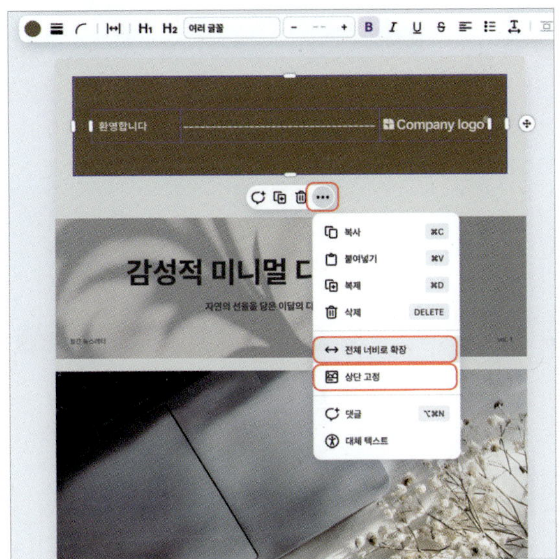

▲ 전체 너비로 확장되고 상단 고정된 헤더

03 헤더 디자인 수정하기 ❶ 헤더를 선택한 후 ❷ 핸들을 잡고 움직여 헤더의 높이를 수정합니다. 이어서 ❸ 플로팅 툴 바를 이용해 ❹ 색상, ❺ 텍스트, ❻ 스트로크 스타일을 수정하고, ❼ [요소] 탭의 브랜드 센터를 활용해 로고를 수정합니다.

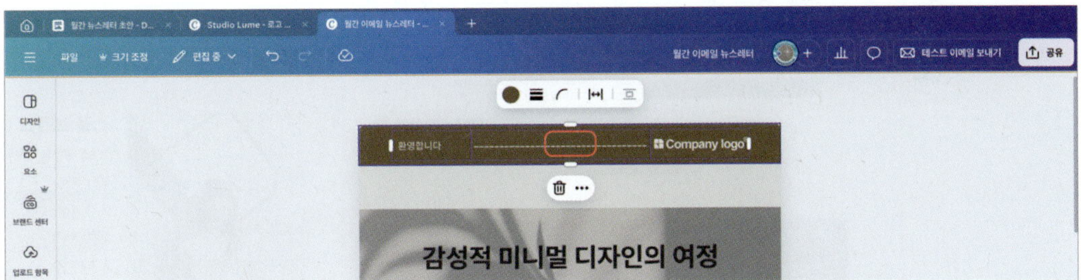

▲ 헤더 높이 수정화면

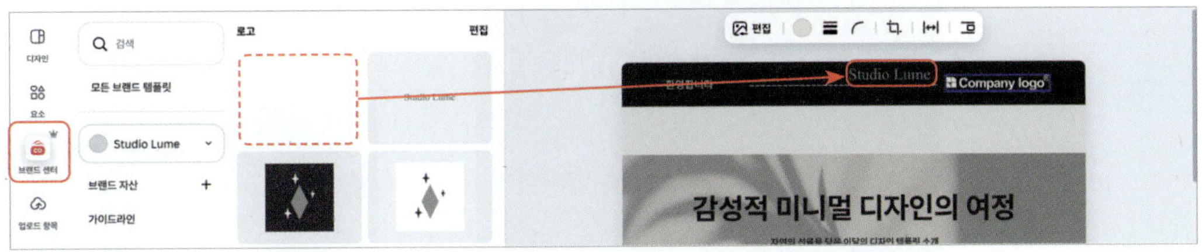

▲ 헤더에 드래그앤드롭으로 로고 대체 중인 화면

▲ 로고 대체 완료된 화면

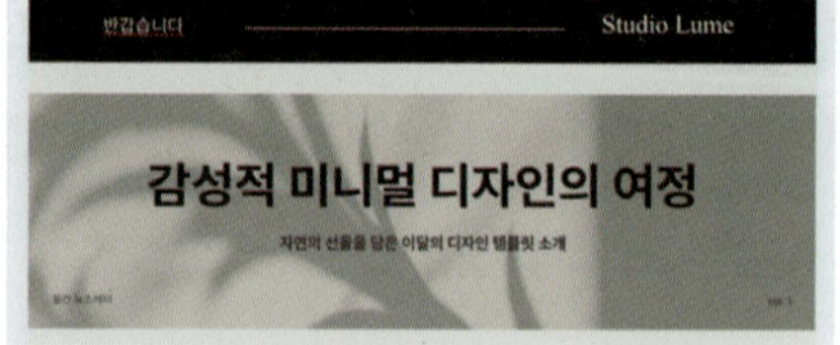

▲ 수정 완료된 헤더 디자인

7. 바닥글 수정하기

이제 가장 하단에 있는 바닥글 디자인을 수정할게요.

01 바닥글 디자인 수정하기

❶ [브랜드 센터]-로고 패널에서 ❷ 원하는 로고를 선택해 본문으로 드래그하여 원하는 위치(보라색 표시)에 놓습니다.

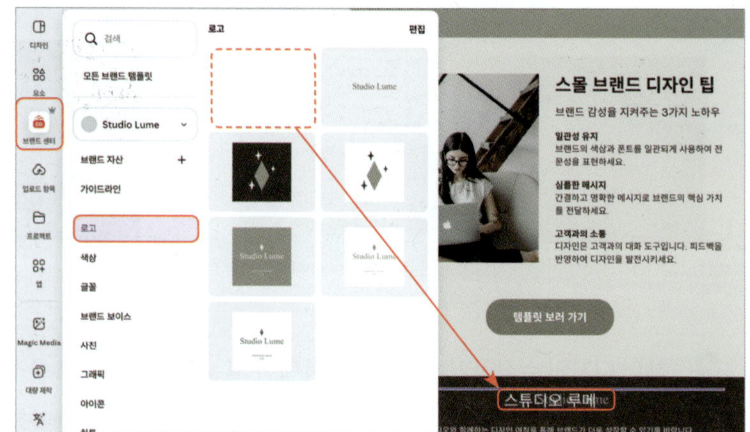

배치된 로고를 선택하고 핸들을 잡고 드래그해 크기를 조정합니다.

▲ 완성된 바닥글

바닥글 디자인 블록 교체하기

바닥글을 새로운 디자인으로 바꾸기 원한다면 이렇게 해보세요.

❶ 바닥글을 선택한 상태에서 ❷ [요소] 탭에서 바닥글을 클릭하고, ❸ 패널에서 원하는 템플릿을 선택하면 바닥글 전체를 한 번에 교체할 수 있어요.

▲ 선택한 템플릿으로 전체 교체된 바닥글 부분

8. 색상 변경하기

01 배경 색상 변경하기 ❶ 작업 영역 모서리를 클릭하고, ❷ 상단에 나타나는 배경 색상 설정 도구를 클릭해 ❸ 색상 패널을 열고 원하는 색상을 클릭해 적용합니다. 이때 브랜드 키트를 미리 설정해 두었다면 색상 표에 ❹ 브랜드 키트의 컬러 팔레트도 표시됩니다.

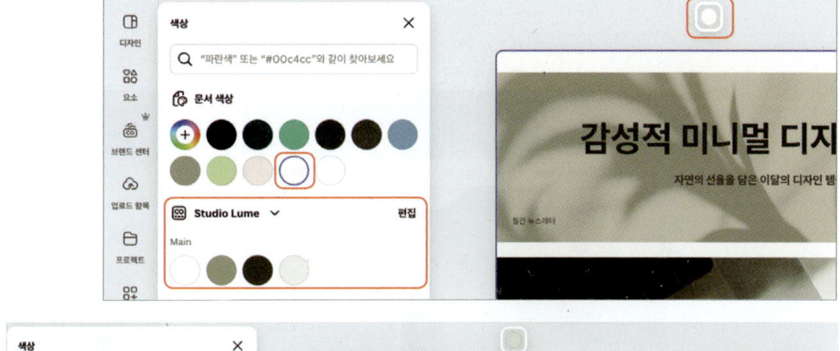

▲ 선택한 색상이 적용된 배경 색상

02 배너와 버튼 색상 변경하기 같은 방법으로 디자인 블럭과 링크 버튼 등의 색상도 브랜드 스타일에 맞게 변경해 줍니다.

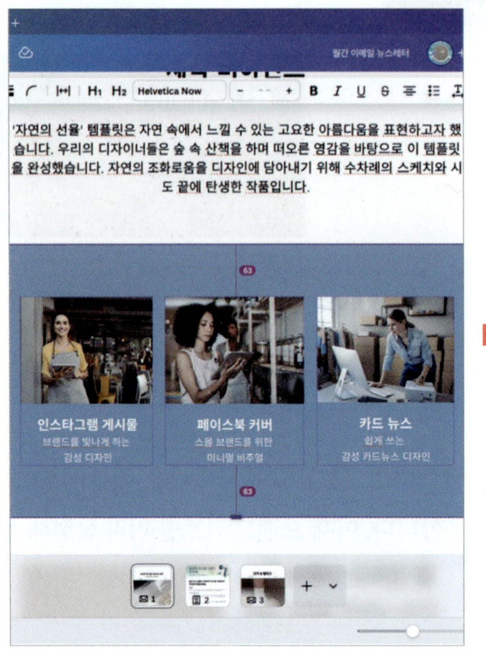

▲ 색상 변경 완료한 배너

▲ 색상 변경 완료한 링크 버튼

9. 테스트 이메일 보내기

01 **캔바에서 테스트 이메일 보내기** 상단 메뉴의 ❶ [테스트 이메일 보내기]를 클릭하고 ❷ 미리보기를 확인한 후, ❸ 제목을 입력하고 ❹ 수신자 메일 주소를 확인하고 ❺ [테스트 이메일 보내기] 버튼을 클릭합니다.

> **수신자 이메일 주소에 대하여**
>
> 테스트 이메일 보내기 기능은, 캔바에서 만든 이메일 디자인이 실제 메일함에서 어떻게 보이는지 확인하기 위한 기능이에요. 따라서 캔바에 로그인된 이메일 주소로만 발송돼요.

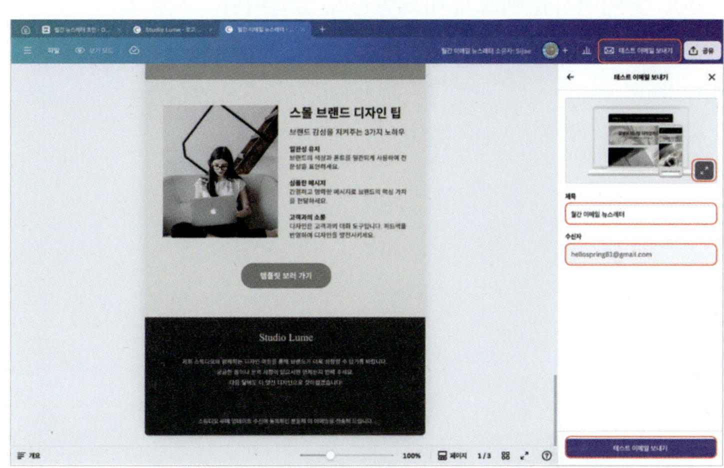

▲ 이메일 발송 완료 메시지

02 **수신한 테스트 메일 확인하기** 메일함에 수신된 실제 이메일이 어떻게 보이는지 꼭 확인합니다. 이때, 모바일 화면과 데스크탑 화면 모두 확인하세요.

▲ 모바일 화면의 이메일

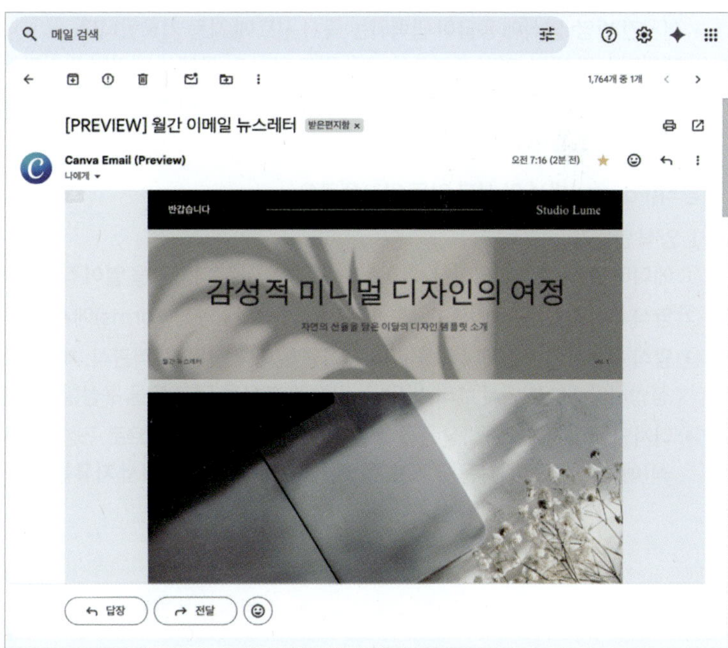

▲ 데스크탑 화면의 이메일

03 **내보내기** ❶ [공유] - ❷ [다운로드]에서 [HTML 및 이미지]로 저장해 외부 이메일 플랫폼에 업로드할 수 있습니다. 또한 ❸ Gmail로 바로 발송할 수도 있어요. ❹ Mailchimp 서비스를 연동해 HTML 및 이미지를 빠르게 내보낼 수도 있습니다.

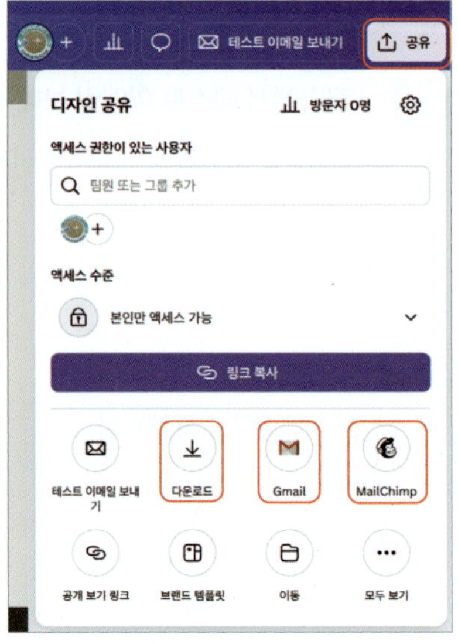

더 알아보기 **양식(Forms)을 활용해 고객과 소통 늘리기**

양식(Forms) 은 설문, 피드백, 신청서, 구독 신청 등을 빠르게 만들 수 있는 데이터 수집 도구예요. 가장 큰 장점은 응답이 시트(Sheets)에 자동으로 기록되어 데이터베이스가 자동 완성된다는 점이에요. 구독자 관리, 이벤트 신청, 고객 조사 등을 모두 캔바 안에서 처리할 수 있어 뉴스레터나 웹사이트 운영 효율에 도움이 됩니다.

양식과 시트 자동 연동의 핵심 포인트

- **실시간 반영:** 양식에 응답이 입력되는 즉시 시트에 자동 기록됩니다.
- **데이터 누락 방지:** 여러 플랫폼을 오갈 필요 없이 한 곳에서 데이터 관리가 가능해요.
- **콘텐츠 선순환:** 양식 내용 데이터 누적 → 콘텐츠 아이디어 수집 → 데이터베이스화 → 콘텐츠 제작 및 뉴스레터 발송의 선순환 흐름이 완성됩니다.

양식(Forms) 생성 및 시트 연동 워크플로우

1. 양식 만들기

① **에디터 열기:** 프레젠테이션·화이트보드·웹사이트 디자인을 열어 작업을 시작합니다.

② **양식 추가하기:** ❶ 사이드 패널 → [요소] 탭 → ❷ 양식(Forms)에서 원하는 양식 템플릿을 선택합니다.

③ **양식 구성하기:** ❸ 에디터 툴 바의 편집을 클릭해 단답형, 객관식, 체크박스 등 필요한 질문 유형을 선택해 질문을 구성합니다. [설정]에서 헤더, 바닥글, 버튼에 표시될 문구 등을 구성할 수 있습니다.

④ **디자인 꾸미기:** 폰트·색상 등을 조절해 브랜드 맞춤형 양식으로 구성해 보세요. 또한 제작한 양식은 다양한 디자인 형식(예: 프레젠테이션, 문서, 시트 등)에서 복사·붙여 넣기해서 자유롭게 사용할 수 있습니다.

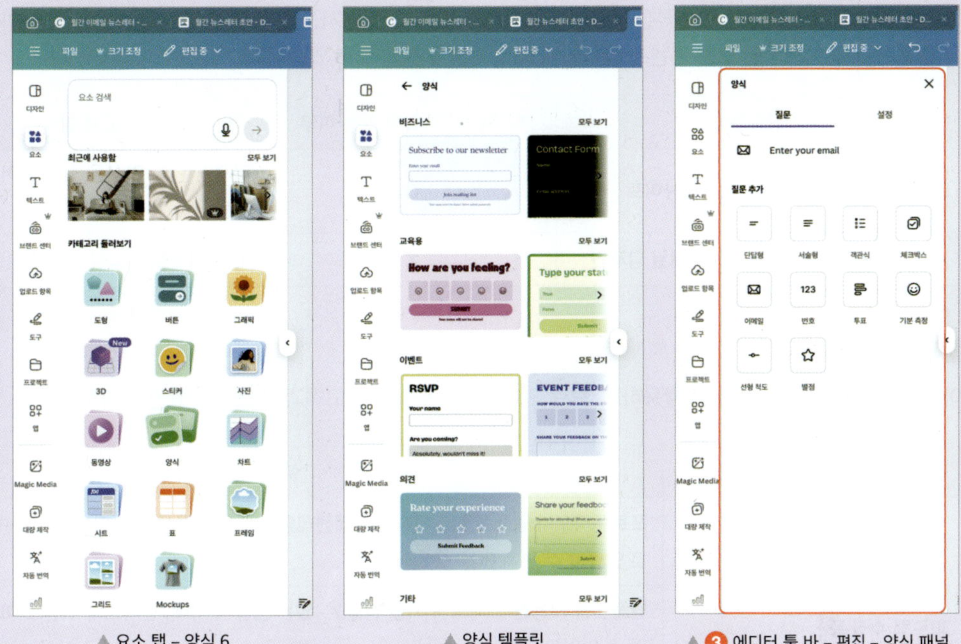

▲ 요소 탭 – 양식 6　　▲ 양식 템플릿　　▲ ③ 에디터 툴 바 – 편집 – 양식 패널

2. 데이터 수집 & 확인

① **공유 및 배포하기:** ① 양식이 포함된 페이지를 클릭한 후 ② 공유를 누른 다음 ③ 엑세스 수준 보기 가능 링크, ④ 웹사이트 게시, 링크 버튼에 연결 등의 방법으로 SNS·웹사이트·이메일에 공유합니다.

② **데이터 자동 기록:** 응답이 들어오면 시트(Sheets)에 항목별로 실시간 저장됩니다. ⑤ 에디터 툴 바의 [답변]을 클릭하면 저장된 응답 데이터를 빠르게 확인할 수 있어요.

③ **응답 활용하기:** 뉴스레터 구독자 목록, 고객 피드백 데이터베이스, 콘텐츠 아이디어 수집용 폼 구축에 활용할 수 있습니다.

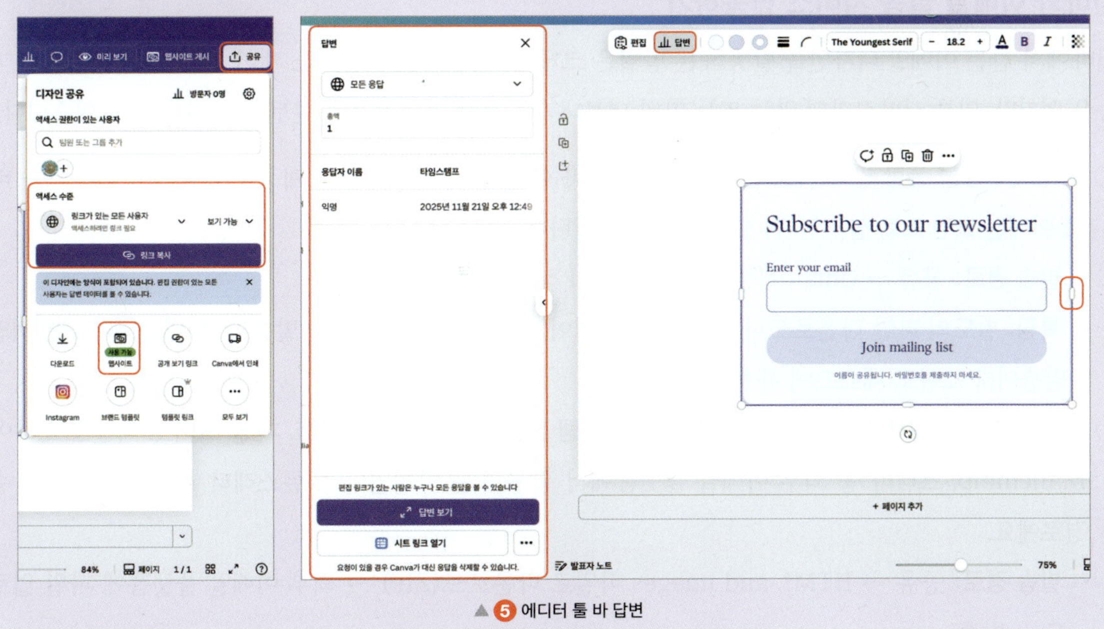

▲ ⑤ 에디터 툴 바 답변

양식은 일부 디자인 형식에서만 직접 삽입이 가능하며, 나머지 포맷에서는 링크 연결 방식으로 활용해야 합니다. 특히 링크 연결 방식을 이용하면 모든 콘텐츠 형식에서 양식 기능을 활용할 수 있습니다.

디자인 형식	디자인 직접 삽입 가능 여부	활용 방식
프레젠테이션 · 화이트보드 · 웹사이트	O	디자인 안에 양식을 직접 넣어 즉시 입력 가능
시트(Sheets) · 문서(Docs) · 이메일 디자인	X	버튼/텍스트에 양식 링크 연결로 이동

활용할 수 있는 예시

이런 방식으로 양식(Forms)을 활용하면, 브랜드 이미지를 강화하고 고객과의 소통도 훨씬 쉬워져요.

활용 예시	설명
포트폴리오 문의 폼	포트폴리오나 템플릿을 소개하는 프레젠테이션에 문의 폼을 삽입해, 관심 있는 고객이 바로 연락할 수 있게 만들 수 있어요.
피드백 수집 폼	템플릿을 사용한 고객의 후기를 받을 수 있는 폼을 추가해, 신뢰도와 브랜드 이미지를 높일 수 있어요.
이벤트/프로모션 신청 폼	한정 할인, 무료 상담 등 이벤트를 진행할 때 신청 폼을 활용해 참여를 유도할 수 있어요.
고객 맞춤 디자인 요청 폼	프레젠테이션 마지막에 맞춤 디자인 요청을 위한 양식을 넣어, 고객이 원하는 스타일, 색상, 용도 등을 직접 입력 받아 효율적으로 소통할 수 있어요.

캔바와 이메일 발송 서비스 연동하기

캔바에서 만든 이메일 디자인을 발송하는 방법은 크게 두 가지로 분류됩니다. 캔바 자체에 이메일 발송 기능은 없지만, 외부 서비스와의 연동 또는 파일 내보내기를 통해 효율적으로 콘텐츠를 배포할 수 있습니다.

① **Gmail 연동을 통한 발송(가장 간편한 방법)**: 캔바 에디터 내에서 Gmail 계정을 연결하여 디자인을 바로 이메일 초안으로 삽입한 뒤 발송하는 방법입니다.

- **발송 경로**: 공유 → Gmail 계정 연동 → Gmail 작성 창에서 바로 발송
- **특징**: 별도의 파일 다운로드나 업로드 과정 없이 가장 빠르게 이메일을 발송할 수 있습니다. 개인적인 발송이나 소규모 테스트에 유용합니다.

② **HTML 파일 내보내기를 통한 발송(대량 및 시스템 발송)**: 디자인을 HTML 파일 형태로 다운로드하여 Mailchimp, 스티비 등 외부 이메일 플랫폼에서 활용하는 방법입니다. 뉴스레터 시스템의 핵심 발송 경로예요.

- **발송 경로**: 공유 → HTML and images 파일로 다운로드(ZIP) → 외부 이메일 플랫폼에 파일 업로드 → 발송

- **특징**: 이메일 주소 목록 관리, 자동화 설정, 발송 통계 확인 등 전문적인 뉴스레터 운영을 위해 사용됩니다.

주요 이메일 발송 서비스

대표적인 이메일 발송 서비스를 강점과 추천 사용자 기준으로 비교해 볼게요.

서비스명	강점	핵심 방향	적합한 경우
메일침프(Mailchimp)	글로벌 표준, 종합 마케팅 기능, 외부 툴 연동 우수	종합 마케팅 & 확장성	이메일 외 CRM, 광고 등 다양한 마케팅 툴 통합 관리가 필요할 때
스티비(Stibee)	국내 환경 최적화, 직관적 UI, 쉬운 사용성, 안정적인 국내 수신율	국내 특화 & 쉬운 시작	한국어로 가장 쉽고 빠르게 뉴스레터를 시작하고, 안정적인 국내 도달률을 원할 때
키트(Kit, 구 ConvertKit)	콘텐츠 크리에이터 특화, 정교한 자동화/태그, 유료 콘텐츠 판매 기능	콘텐츠 수익화 & 관계 자동화	콘텐츠 판매 및 정교한 구독자 여정 자동화를 통해 수익을 창출하고 싶을 때

실전 TIP **이메일 뉴스레터를 수익화 구조로 연결하는 방법**

뉴스레터는 단순히 소식을 전하는 것을 넘어 수익 채널로 활용할 수 있습니다. 이때 어떤 플랫폼을 선택하느냐에 따라 시스템 구축 방식이 달라집니다.

1. 크리에이터 중심 수익화 플랫폼 활용

키트(Kit, 구 ConvertKit)는 처음부터 콘텐츠 크리에이터의 수익화를 위해 설계된 플랫폼이에요. 폼(구독자 모집), 자동화, 그리고 유료 뉴스레터 판매 기능까지 모두 하나의 툴에서 통합적으로 제공하여 효율적인 수익 구조 구축이 가능합니다.

2. 국내 서비스 조합으로 유사 구조 구현

국내에서는 통합 수익화 기능을 갖춘 서비스가 아직 많지 않기에, 여러 툴을 조합하여 유사한 구조를 구현할 수 있어요.

- **구조 조합 예시**: 스티비(Stibee, 뉴스레터 발송) + 노션/구글 폼 (구독자 관리/신청) + 스마트스토어/결제 링크(유료 콘텐츠 판매)

이처럼 국내 서비스인 스티비(Stibee)를 중심으로 다른 외부 툴을 결합하면, 키트가 제공하는 것과 유사한 유료 콘텐츠 및 뉴스레터 수익화 시스템을 만들 수 있습니다.

플랫폼 선택의 결정적 기준

키트(Kit)는 인터페이스 및 고객 지원이 영어 중심이고 국내 결제 시스템 연동이 어려워 초기 진입 장벽이 높다는 어려움이 있습니다. 반면, 정교한 자동화와 유료 뉴스레터 판매를 하나의 플랫폼에서 구현하는 것이 가장 중요한 목표라면, 키트의 영어 장벽을 감수하고서라도 사용하는 가치가 있습니다.

국내 독자(1인 크리에이터)가 언어 장벽 없이 빠르게 시작하고 싶다면 스티비(Stibee)를 중심으로 국내 서비스 조합을 사용하는 것이 초기 진입 난이도를 훨씬 낮출 수 있습니다.

✨ 이메일 발송 자동화 루틴 설계하기

꾸준함은 의지가 아니라 구조에서 나옵니다. 물론 뉴스레터도 마찬가지예요. 반복되는 패턴을 만들어 두면 습관처럼 발행할 수 있는 구조가 됩니다.

기본 루틴을 이렇게 구성해보세요.

① **웰컴 메일**: 구독 감사 + 브랜드 소개 + 첫 선물 또는 추천 콘텐츠

② **정기 뉴스레터**: 브랜드 소식, 노하우, 작업 비하인드, 추천 콘텐츠

③ **프로모션 메일**: 신상품, 이벤트, 시즌 캠페인

이 흐름을 시트(Sheets)에 기록해 두면 발송 일정, 콘텐츠 구성, CTA 흐름까지 손쉽게 관리할 수 있어요.

✨ 성과 확인하기

뉴스레터는 발송만큼 피드백도 중요합니다. 이메일 서비스에서는 기본적으로 열람률(OR), 클릭률(CTR), 구독 해지율 등의 분석 리포트를 제공합니다. 월 1회만 체크해도 충분합니다.

이 데이터를 통해 '어떤 제목이 열렸는가', '어떤 링크가 클릭됐는가'를 알 수 있어요.

만약 성과를 캔바에서 한눈에 보고 싶다면,

- 이메일 플랫폼 서비스의 성과 분석표를 CSV 파일로 다운로드 받아서 캔바 시트에서 Magic Chart로 시각화해 보세요.
- 운영 데이터가 쌓이면 Magic Insight로 '무슨 콘텐츠가 잘 되는가?'도 읽어 낼 수 있어요.

핵심은 데이터를 꾸준히 분석하고 반영하는 루틴을 유지해 성장의 지표를 만드는 것입니다.

- 구독자 정보를 안정적으로 관리하고 싶다면, 이메일 서비스의 구독자 관리 기능을 활용하거나 캔바 폼(Forms)으로 구독 신청을 받아 시트(Sheets)와 자동 연동해 데이터를 관리하는 방식도 추천합니다.

실전 TIP **뉴스레터 구독자를 늘리는 방법 3가지**

① **인스타그램 프로필에 구독 폼 링크 연결하기**: 링크트리 대신 캔바 웹사이트로 연결해도 좋아요.

② **QR 코드 활용하기**: 캔바에서 만든 포스터나 명함, 굿즈에 구독 폼 링크 QR 코드를 삽입해 보세요.

③ **리디자인 메일 발송하기**: 기존 구독자에게 '새로운 모습으로 업데이트 된 뉴스레터' 식의 재참여 메일을 보내보세요.

AI 루틴으로 일상 업무 최적화하기

자동화는 꾸준히 점검하고, 나의 일상 리듬에 맞춰 조정해 줄 때 비로소 지속 가능한 시스템이 됩니다. 이번 레슨에서는 지금까지 만든 AI 시스템을 도구가 아닌 리듬과 습관으로 바꾸는 방법을 정리해 봅니다.

AI 루틴, 왜 필요할까?

AI가 콘텐츠를 만들고, 데이터를 정리하고, 뉴스레터까지 발송해 주는 시대입니다. 하지만 시스템이 아무리 정교해도 작동하지 않으면 아무 소용이 없습니다. AI 루틴은 '자동화 이후의 단계'입니다. 반복되는 업무를 예측 가능한 리듬으로 바꾸는 과정이에요.

- 언제 어떤 작업이 자동으로 실행되는지
- 나는 언제 무엇을 확인해야 하는지

이 두 가지가 정해지면, 일의 흐름이 훨씬 가벼워집니다.

자동화가 효율을 높이는 기술이라면, 루틴은 그 효율이 꾸준히 작동하도록 돕는 구조입니다. 결국 꾸준함은 의지의 문제가 아니라, 패턴 설계의 문제인 거죠.

AI 루틴 vs AI 자동화의 차이

AI 자동화는 특정 작업을 대신 수행하도록 시스템을 세팅하는 것입니다. 예를 들어, '매주 화요일 오전 10시에 인스타그램에 자동 게시하기'가 되겠죠.

AI 루틴은 그런 자동화들을 하루·한 주의 흐름 속에 배치하는 일상의 설계입니다. 예를 들면 '화요일 오전 9시에 콘텐츠를 한 번 점검하고, 오후 4시에 반응 데이터를 확인한다'는 리듬 만들기가 되겠죠.

즉, 자동화는 시스템을 만드는 일이고, 루틴은 그 시스템을 내 일상 안에서 계속 돌아가게 만드는 일입니다. AI가 나를 대신하는 것이 목표가 아니라, AI 덕분에 내가 더 오래, 꾸준히 일할 수 있는 환경을 만드는 것이 루틴의 본질이에요.

더 알아보기 Grow 로 마케팅 자동화 확장하기

Grow는 브랜드가 성장할 때 유용한 고급 확장 옵션으로, 브랜드 운영 초기 단계의 1인 크리에이터에게 필수는 아니에요. 하지만 브랜드 운영 규모가 커지고 마케팅이 확대될 때를 대비해 알아두면 도움이 되는 내용이니 가볍게 짚고 넘어갈게요.

성장 단계에서 유용한 확장 도구

Grow는 마케터, 기업가 및 성장하는 팀을 위해 광고 소재 아이디어 구상, 제작, 게시, 실적 최적화의 전 과정을 캔바 한 곳에서 처리할 수 있도록 설계된 통합 마케팅 시스템입니다. AI 기반 마케팅 자동화 및 성장 도구로 캔바의 강력한 AI 기술을 활용하여 고성능 광고를 빠르고 스마트하게 제작할 수 있도록 지원합니다.

핵심 기능과 이점

Grow 기능을 사용하면 소셜미디어 게시물 예약, 맞춤형 이메일 캠페인 발송, 브랜드 콘텐츠 분석 등 다양한 마케팅 작업을 캔바 안에서 손쉽게 할 수 있어요. 디자인을 만들고 바로 여러 채널에 배포하거나, 성과를 추적하며 효율적으로 마케팅을 관리할 수 있는 것이 큰 장점입니다. 캔바 안에서 광고용 디자인 제작, 콘텐츠 배포, 성과 분석 등 마케팅 자동화를 한 번에 처리할 수 있는 고급 옵션이 됩니다.

사용 요건

Grow의 기능을 활용하려면 Canva Business 요금제로 업그레이드해야 합니다.

홈 화면 사이드 패널의 ❶ [···](더보기) 메뉴에서 ❷ [Grow]를 클릭해 접근할 수 있습니다.

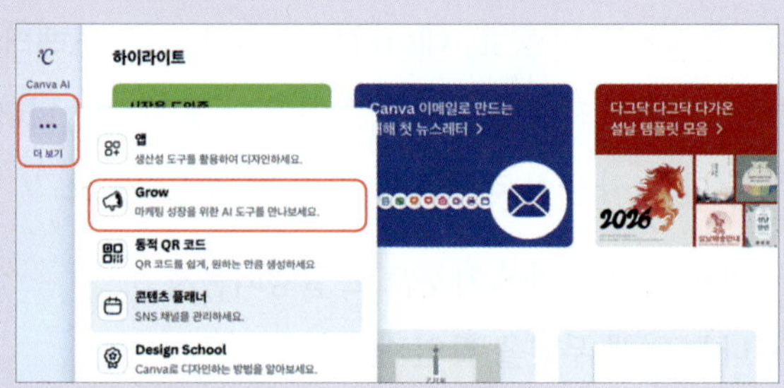

1. 광고 소재 아이디어

실제 고성과를 거둔 광고 소재들의 방대한 라이브러리를 탐색하고 분석할 수 있게 해 주는 기능입니다. 이를 통해 새로운 캠페인에 대한 영감을 얻고, 성공적인 크리에이티브의 요소들을 파악할 수 있어요. 시장에서 어떤 광고가 효과를 보고 있는지를 데이터 기반으로 확인하고, 새로운 디자인 아이디어를 빠르게 얻을 수 있도록 돕습니다.

- **필터링 및 검색**: 업종, 테마, 브랜드 등 다양한 기준으로 필터링하여 관련된 고성과 광고를 집중적으로 살펴볼 수 있어요.
- **분석 및 학습**: 성공적인 광고의 디자인 요소, 메시지 구성, 스타일 등을 분석하여 광고 제작 전략에 반영할 수 있습니다.

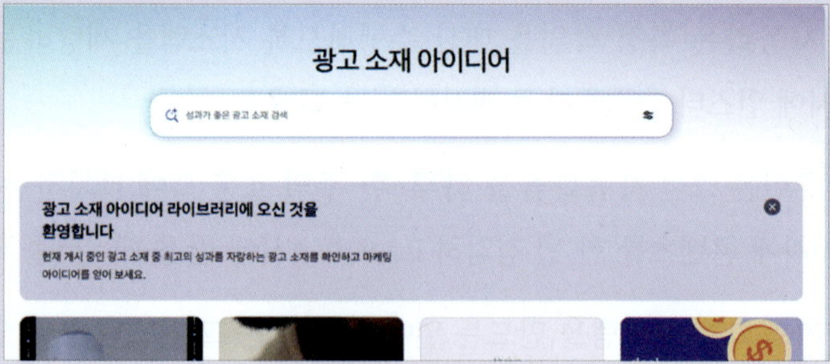

2. 광고 소재 만들기

AI 기반으로 광고 디자인을 자동 생성해 주는 기능으로, 전략 구상과 디자인 제작 사이의 과정을 획기적으로 단축시켜 줍니다. 웹사이트 URL이나 제품 정보를 입력하면, 캔바 AI가 해당 정보를 분석하여 브랜드 일관성을 유지하는 맞춤형 광고 소재를 즉시 생성해 줍니다.

- **URL 및 프롬프트 입력**: 제품 웹사이트 URL과 간단한 광고 목표 프롬프트를 입력합니다.
- **AI 분석 및 생성**: 캔바 AI가 웹사이트를 스캔하여 브랜드 색상, 로고, 제품 이미지, 메시지 등을 자동으로 추출합니다.
- **맞춤형 광고 컨셉 제시**: 다양한 광고 컨셉을 생성해 주며, 이 컨셉들은 바로 캔바 에디터에서 수정하고 최적화할 수 있어요.

3.광고 소재 인사이트

캔바를 통해 게시된 광고 소재의 실시간 성과를 추적하고 분석하는 기능이에요. 캔바를 벗어나지 않고도 마케팅 성과를 확인할 수 있는 피드백 루프를 제공합니다. 광고 캠페인의 실적 데이터를 시각적으로 보여주고, 어떤 정적 광고가 가장 높은 성과를 내고 있는지, 그 이유는 무엇인지를 파악할 수 있도록 돕습니다.

- **성과 보고서**: 게시한 광고 소재별 성과 보고서를 확인하여 효율이 높은 소재와 낮은 소재를 명확히 구분할 수 있습니다.
- **AI 기반 추천**: 실시간 인사이트를 바탕으로 다음에 어떤 유형의 광고 소재를 만들어야 할지에 대한 추천을 받아 캠페인을 최적화할 수 있습니다.
- **연동**: Meta 계정(페이스북, 인스타그램)과 직접 연동하여 광고를 게시하고 성과를 추적할 수 있도록 지원합니다.

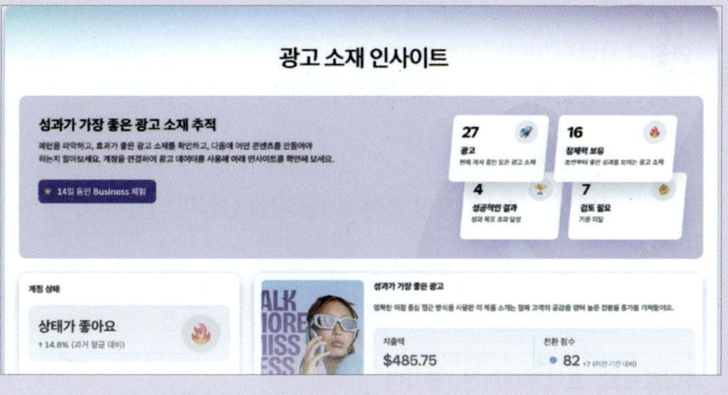

더 알아보기 **Canva Code로 참여율을 높이는 콘텐츠 만드는 방법**

Canva Code는 AI가 퀴즈·계산기·카운트다운·데이터 검색 위젯 같은 참여형(인터랙티브) 콘텐츠를 자동 생성해 주는 프리미엄 기능이에요. 초보자에게 필수 기능은 아니지만, 참여율을 높이고 콘텐츠를 풍부하게 만들고 싶을 때 정말 강력한 확장 도구가 됩니다.

Code는 프리미엄 AI 도구이며, 캔바 요금제 플랜별 사용량 제한이 있습니다.

캔바 코드(Canva Code)로 참여형 콘텐츠 생성 및 시트 연동 워크플로우

캔바 코드(Canva Code)를 활용하여 퀴즈, 계산기, 폼 등 참여형 콘텐츠를 만들고, 입력된 데이터를 시트(Sheets)와 자동 연동하여 체계적으로 관리하는 과정은 다음과 같습니다.

1. 캔바 AI를 통한 코드 콘텐츠 생성

Canva Code를 사용하여 인터랙티브 콘텐츠를 만들고 에디터에서 편집하는 단계입니다.

① **AI 기능 선택**: 홈 화면 검색 및 AI 바에서 Canva AI를 선택합니다.

② **코드 옵션 선택**: 검색 창 하단의 </>Code를 선택합니다.

③ **프롬프트로 콘텐츠 생성 요청**: 만들고 싶은 참여형 콘텐츠(예: '간단한 설문 폼 생성' 또는 '퀴즈 만들기')를 입력하고 화살표 아이콘을 클릭합니다.

④ **디자인 적용 및 수정하기**: AI가 생성한 결과가 나오면 [디자인에 사용]을 클릭해 에디터를 열어 [편집]에서 디자인을 수정할 수 있어요.

⑤ **디자인 게시 및 공유하기**: 생성 결과에서 [게시]를 클릭해 바로 웹 링크를 공유하거나, 에디터 화면의 [공유]에서 웹사이트 또는 공개보기 링크로 공유할 수 있어요.

2. 시트 연동 확인 및 데이터 관리

캔바 코드로 생성된 참여형 콘텐츠는 입력 데이터를 연결된 시트에 자동으로 저장합니다.

① **데이터 저장 확인**: 에디터에서 해당 요소를 클릭하면, 데이터 탭에서 연결된 시트 데이터를 바로 확인할 수 있습니다.

② **실시간 데이터 기록**: 사용자가 입력한 데이터는 시트에 실시간으로 자동 기록됩니다.

이 워크플로우를 통해 퀴즈, 설문, 계산기 등 다양한 참여형 콘텐츠를 만들고, 입력 데이터를 자동으로 시트에 저장하여 콘텐츠 기획 및 운영에 유용하게 관리할 수 있습니다.

유의사항

연결된 시트 데이터는 기본적으로 '읽기 전용'입니다. 시트에서 내용을 직접 수정하더라도 코드로 생성된 콘텐츠에 그 내용이 반영되지는 않으니 유의해야 합니다.

디자인 형식별 활용 방식

참여형 콘텐츠는 일부 디자인 형식에서만 직접 삽입이 가능하며, 나머지 포맷에서는 링크 연결 방식으로 활용해야 합니다.

디자인 형식	양식 삽입 방식	활용 방법
화이트보드, 프레젠테이션, 웹사이트, 문서(Docs)	직접 삽입 가능	디자인 내에 참여형 콘텐츠를 직접 넣어 방문자가 참여할 수 있어요.
시트(Sheets), 이메일 디자인 등	링크 연결 활용	텍스트나 버튼 요소를 만든 뒤, 플로팅 툴 바의 링크 기능을 활용하여 참여형 콘텐츠 링크를 연결합니다.

특히 링크 연결 방식을 활용하면, 디자인 안에서 외부 폼(캔바 양식 또는 구글 폼 등)으로 쉽게 이동할 수 있어 모든 콘텐츠 형식에서 양식 기능을 활용할 수 있습니다.

활용할 수 있는 예시

이런 방식으로 Code를 활용하면 콘텐츠를 더 생동감 있게 만들고, 사용자의 참여를 유도할 수 있어요.

활용 예시	설명
퀴즈/참여 유도 및 소통	웹 포트폴리오에 '나와 어울리는 디자인 스타일은?' 퀴즈를 넣어 방문자와 재미있게 소통하고 관심을 유도할 수 있어요. 콘텐츠 소비를 능동적인 참여로 전환하여 체류 시간을 늘립니다.

활용 예시	설명
정보 및 편의 제공	견적서 템플릿에 실시간 견적 계산기를 삽입하여 입력 값에 따라 자동 계산 결과를 바로 제공할 수 있어요. 고객이 원하는 정보를 즉시 제공하여 서비스 이용 편의성을 극대화할 수 있죠.
브랜드 신뢰도 강화	브랜드 소개 페이지에 '검색 가능한 상품 리스트' 또는 '상품 비교표'를 넣어 고객 스스로 정보를 탐색하고 신뢰도를 높일 수 있어요. 정보를 투명하게 공개하여 전문성과 브랜드 신뢰를 강화할 수 있어요.
신청 및 행동 유도	이벤트/세미나 안내 템플릿에 'D-day 카운트다운' 또는 '참가 신청 폼'을 삽입하여 긴급성을 부여하고 즉각적인 행동을 유도할 수 있어요. 전환율(신청, 등록)을 높이는 직접적인 장치가 됩니다.
피드백 및 개선 사항 수집	자기소개 프레젠테이션에 '나에게 질문하기' Q&A 폼이나 고객 피드백 수집용 '별점 평가 인터랙티브 블록'을 추가해 보세요. 고객과의 지속적인 관계를 만들고 콘텐츠 개선 아이디어를 수집할 수 있습니다.

✨ 나의 일상 업무 구조 점검하기

AI 루틴을 만든다는 건 새로운 업무를 추가하는 일이 아니라, 이미 하고 있는 반복 업무의 구조를 한 번 정리해 보는 것입니다. 먼저 하루·일주일 단위로 반복되는 업무를 나열해 보세요.

- **매일 아침**: 콘텐츠 아이디어를 시트에 기록
- **주 1회**: 자동 게시된 콘텐츠 점검
- **주 1회**: 이메일 뉴스레터 발송
- **월 1회**: Magic Chart/Magic Insight로 성과 차트 확인

이렇게 적어 보면, AI가 대신할 수 있는 구간과 사람이 직접 봐야 하는 구간이 자연스럽게 나뉩니다. 여기서부터 루틴 설계가 시작됩니다.

실전 TIP **AI가 대신할 수 있는 업무인지 확인하는 법**

아래 세 가지 질문으로 한 번 체크해 보세요.

① **반복되는 업무인가요?**: 매일·매주·매월 비슷한 방식으로 처리되는 고정 패턴의 일인지 체크해 보세요.

② **규칙 기반으로 처리 가능한가요?**: 사람의 창의적 판단·감정적 선택이 없이도 기준만 정하면 해결되는 일인지 체크해 보세요.

③ **자동화 후 점검만 하면 충분한가요?**: 과정 전체가 아니라, 결과물만 빠르게 확인해도 문제가 없는지 체크해 보세요.

3개의 질문에 YES가 많을수록 AI에게 맡겨도 안전한 업무입니다. 반복되는 일은 시스템에게 넘기고, 사람만이 할 수 있는 일에 에너지를 쓰세요. 반복·규칙·점검 중심의 구조라면, 자동화로 시간을 크게 절약할 수 있어요.

YES 개수	해석	추천 조치
3개 YES	자동화 1순위	전체 업무를 AI로 돌리고 사람은 점검만
2개 YES	부분 자동화 적합	초안·반복 블록 · 데이터 정리만 자동화
1개 이하	자동화 비추천	사람이 판단해야 하는 핵심 업무

AI 루틴 점검표로 체크하기

이번에는 지금까지 만든 자동화 시스템을 한눈에 보이는 한 장짜리 문서로 정리해 볼 차례예요. 캔바 Docs를 활용하여 간단히 만들고, 필요할 때마다 업데이트하며 관리해도 좋습니다.

항목	내용 예시
오늘의 자동화 업무	콘텐츠 예약 게시, 뉴스레터 발송 확인
수동 점검 포인트	댓글 · DM 확인, 링크 오류 · 이미지 품질 체크
주간 점검 일정	매주 금요일 오전 10시
루틴 피드백 메모	이번 주 자동화 실패 · 지연 원인, 다음 주 개선 아이디어

이 표는 단순한 일정표가 아니라, AI와 내가 함께 일하는 구조를 정리한 문서입니다. Docs에서 AI 루틴 점검표라는 제목으로 문서를 만들고, 위 항목을 자신의 워크플로우에 맞게 수정해 보세요.

처음부터 완벽하게 작성하려고 하지 말고, 지금 실행 중인 루틴만 적어 두는 것으로도 충분합니다. 매일 아침 3분만 이 문서를 확인하는 습관을 들이면 자동화 시스템의 건강 상태를 유지하는 데 큰 도움이 됩니다.

꾸준함을 유지하는 3가지 습관

AI 루틴의 핵심은 세팅뿐만이 아니라 지속적인 유지입니다. 한 번 만든 구조가 계속 잘 작동하려면, 다음 세 가지 습관이 특히 중요해요.

1. 루틴 점검 시간 정하기

자동화도 결국 관리가 필요해요. 매주 같은 요일, 같은 시간에 점검하는 게 좋습니다. 예를 들어 '매주 금요일 오전 10시에는 콘텐츠 현황 + 이메일 발송 + 시트 데이터 점검하기'처럼요.

2. 자동화 실패 지점 기록하기

예상대로 작동하지 않은 상황이 생기면 바로 메모해 둡니다. 예를 들어 '이미지를 잘못 불러옴', '링크 깨짐', '예약 시간이 타임존 때문에 어긋남' 등, 이 메모가 다음 점검 때 가장 실용적인 개선 리스트가 됩니다.

3. 도구보다 리듬을 먼저 세우기

새로운 AI 기능을 계속 찾기보다 지금 이미 있는 시스템이 자연스럽게 굴러가도록 리듬을 만드는 것이 더 중요합니다. 루틴은 기술이 아니라, 내가 계속 할 수 있는 속도로 반복적으로 하는 생활 패턴에 가깝습니다.

실전 TIP **AI가 대신하지 못하는 '10분' 남겨 두기**

모든 걸 자동화할 필요는 없습니다. 매일 10분 정도는 직접 점검해 보세요.

그 10분은 단순한 확인 시간이 아니라, AI가 채워 주지 못하는 것을 사람의 감각으로 보완하는 시간입니다. AI가 놓치기 쉬운 뉘앙스, 댓글과 DM에 담긴 감정의 결, 숫자로는 드러나지 않는 고객 반응의 변화는 여전히 사람의 눈이 가장 잘 알아봅니다.

AI가 작업 효율을 지켜 준다면, 이 10분은 브랜드의 진심과 신뢰를 지켜 주는 시간이 되는 거죠.

완벽한 자동화보다 더 중요한 것은 그 시스템이 매일 작동하도록 만드는 작은 리듬입니다. AI는 단순히 나를 대신하는 존재가 아니라, 내가 지치지 않고 오래 일할 수 있도록 옆에서 밀어주는 도구입니다. 내가 만든 시스템이 더 이상 신기한 기능이 아니라 매일 반복되는 습관과 루틴으로 정착된다면, 그 순간 비로소 AI와 함께 일하는 새로운 리듬을 갖게 된 거예요.

CHAPTER 07 완주를 축하합니다!

이제 여러분은 AI를 단순히 일의 효율이 아닌 브랜드의 지속성을 위해 활용할 수 있게 되었어요. AI는 일을 대신하는 존재뿐만 아니라, 내가 진짜 중요한 일에 집중할 수 있도록 시간을 확보해 주는 파트너입니다.

자동화의 목적은 단순히 일을 줄이는 게 아니라, 더 의미 있는 일에 에너지를 집중할 여백을 만드는 것이에요. 그 여백 같은 시간을 활용해 나의 브랜드는 더 단단해지고, 꾸준히 성장할 수 있을 거예요.

CHAPTER 07 완주 체크리스트

- ☐ 콘텐츠 플래너로 SNS 게시를 자동화했어요.
- ☐ 대량 제작(Bulk Create)으로 반복되는 콘텐츠 디자인을 대량 제작했어요.
- ☐ Magic Chart로 브랜드 데이터를 시각화하고 Magic Insight로 해석해 보았어요.
- ☐ 뉴스레터 자동 발송 시스템을 구축했어요.
- ☐ 나만의 AI 루틴을 설계해 업무 효율을 높였어요.
- ☐ 자동화 속에서도 창의성과 주도성을 잃지 않도록 점검했어요.

✨ 에필로그 예고 | 상상의 시대, 나답게 만들어 가기

여기까지 차근차근 함께해 온 지금, 여러분은 이미 도구도 갖췄고 시스템도 갖춘 창작자가 되었습니다. 이제 남은 것은 자동화의 기술을 넘어, 당신만의 리듬으로 살아 움직이는 브랜드를 만들어가는 일입니다.

마지막 장인 에필로그에서는 잠시 걸음을 멈추고, 지금까지의 여정을 되돌아보며 앞으로 어떤 방향으로 나아갈지 생각해 볼 거예요.

기술은 빠르고 효율적으로 갈 수 있도록 도와주지만, 브랜드를 오래 움직이는 힘은 결국 나다운 것에서 시작됩니다. 상상과 꿈이 창작의 출발점이라는 사실을 다시 한번 떠올리며, 이제 마지막 페이지에서 나만의 다음 단계를 그려 보면 어떨까요?

그럼, **에필로그**에서 만나요!

Canva

추천 책 및 자료

다음은 디자인 작업을 수익으로 확장하고자 하는 초보 1인 크리에이터를 위해, 디자인적 사고 · 기획 · 브랜딩 · 지속성까지 함께 확장해 줄 자료를 선별해 정리한 목록입니다.

각 추천 자료는 오래 곁에 두고 반복해 참고할 수 있는 책과 자료를 중심으로 구성했습니다. 특정 기술이나 트렌드를 따라가기보다, 왜 만들고, 무엇을 선택하며, 어떤 태도로 오래 일할 것인가라는 질문에 답을 더해 주는 데 초점을 두었어요.

각 주제별 목록은 가나다 순으로 정리해, 필요에 따라 부담 없이 찾아볼 수 있도록 구성했습니다.

콘텐츠 기획 · 커뮤니케이션 전략

콘셉트와 메시지를 명확한 언어로 구현하기 위한 사고 훈련

도서	저자	한 줄 소개
그렇게 쓰면 아무도 안 읽습니다	전주경	UX 라이터의 고객과 소통하는 글쓰기 팁
무기가 되는 스토리	도널드 밀러	스토리 기반 브랜드 메시지 설계 노하우
에디토리얼 씽킹	최혜진	이미 있는 것에서 새로움을 창조하는 편집자의 노하우
일 잘하는 사람의 말은 이렇게 시작합니다	아다치 유아	일 잘하는 사람의 사고법과 커뮤니케이션 스킬
컨셉 라이팅	노윤주	컨셉을 팔리는 콘텐츠로 만드는 노하우
컨셉 수업	호소다 다카히로	상품에 의미를 불어넣는 컨셉 설계 비법
한 줄 카피	정규영	고객의 마음을 사로잡은 광고 명카피 아카이브

비즈니스 전략 · 브랜딩

나다움을 지키며 시장과 연결되는 브랜드 구조를 세우는 법

도서	저자	한 줄 소개
HOW TO 팬베이스 팬을 얻는 실천법	사토 나오유키	쉽고 확실하게 배우는 팬베이스 핵심 전략. *절판이지만 저자의 '팬 베이스'도 강력 추천
되는 기획	한다혜	기획자의 감각 기르는 법과 콘텐츠 제작 노하우
사고 싶게 만드는 것들	폴린 브라운	아름다움 그 이상의 영역, 미학 비즈니스
손을 잡는 브랜딩	한지인	세상과 손잡고 건강하게 살아남기에 성공한 브랜딩 프로젝트
스타트 위드 와이	사이먼 시넥	정체성을 세우고 행동을 이끄는 시작점, WHY
의미의 발견	최장순	팔리는 브랜드를 기획하는 방법론

퇴사 후 나를 브랜딩 합니다	커밍쏜	1인 브랜드로 신뢰를 쌓고 자립하기 위한 첫걸음
파타고니아 파도가 칠 때는 서핑을	이본 쉬나드	옳은 것을 선택하고 좋아하는 일을 하며 세계 최고가 된 성공 비결
팔리는 기획 살아남는 브랜드	이주은	팔리는 기획과 살아남는 브랜드를 만드는 생각하는 방식

셀프 브랜딩 · 실무 적용

아이디어를 시각화하여 세상에 내놓고 내 브랜드를 키우는 입문자용 실전 가이드

도서	저자	한 줄 소개
디자인 감각 제대로 키우는 법	가마타 다카시	일상에서 실천하는 디자인 감각 훈련법
디자인 구구단	에이핫	9개의 이론으로 정리한 쉽고 직관적인 디자인 입문서
디자인, 이것만 알면 쉬워져요	요네쿠라 아키오 외	사례로 배우는 실무 중심 핵심 디자인 원리
디자인 컨셉 사전	테오 잉글리스	그래픽 디자인 핵심 테마 82가지 참고서
브랜딩 · 인사이트 · 디자인	터너 더크워스 외	글로벌 브랜드 사례로 배우는 크리에이티브 전략
인스타그램 브랜딩 레시피	김정은	SNS 채널을 성장시키는 비주얼 브랜딩 노하우
회사소개서를 만드는 가장 괜찮은 방법	박창선	브랜드의 메시지를 단단한 기획과 장표로 구현하는 실무 지침 *저자의 다른 책들도 강력 추천

세일즈 · 마케팅 설계

디자인과 콘텐츠를 수익 구조로 연결하기 위한 실전 전략

도서	저자	한 줄 소개
마케팅 설계자	러셀 브런슨	자동 수익을 완성하는 마케팅 설계 노하우
무기가 되는 시스템	도널드 밀러	지속가능한 비즈니스를 위한 시스템 운용 공식
무기가 되는 알고리즘	도널드 밀러	육각형 리더가 되기 위한 커리어 성장 비결
브랜드 설계자	러셀 브런슨	구매 전환율을 높이는 퍼널 설계 노하우
엣시 수익화 실전 매뉴얼	김민아	디지털 파일 상품 판매 실전 가이드
트래픽 설계자	러셀 브런슨	효과적인 유입과 전환 구조 설계 노하우

추천 책 및 자료

시대 · 사회 인사이트

기술과 사회 변화 속에서 창작자의 위치를 이해하기 위한 관점

도서	저자	한 줄 소개
2026 트렌드 노트	박현영 외	한국인의 생활 변화를 관찰해 트렌드 키워드로 정리해 주는 시리즈
AI 마케터가 온다	이승윤	AI 시대에 살아남을 수 있는 마케팅 노하우
경량문명의 탄생	송길영	조직의 시대를 넘어 고유한 이름으로 자립하는 핵개인의 생존 문법
핵개인의 시대		
호명사회		

창작 철학 · 자기 계발

지속 가능한 창작을 위해 필요한 태도와 사고방식에 대한 탐구

도서	저자	한 줄 소개
감성과 지성으로 일한다는 것	야마구치 슈	사고력과 감수성의 균형을 갖춘 비즈니스 노하우
게으른 완벽주의자를 위한 심리학	헤이든 핀치	시작이 어려운 이들을 위한 현실적 조언
나는 어떤 인생을 살고 싶은가	야마구치 슈	커리어, 삶의 방향과 가치를 세우는 인생 전략
뉴 타입의 시대	야마구치 슈	정답 없는 시대를 살아낼 새로운 일의 방식
디자인의 디자인	하라 켄야	무인양품을 만들어낸 디자이너의, 디자인의 본질에 대한 통찰
린치핀	세스 고딘	대체 불가능한 존재로 살아가는 방법
마이너리티 디자인	사와다 도모히로	더 좋은 사회를 만들기 위한 디자인적 사고
마인드셋	캐롤 드웩	한계를 넘어서는 성장형 사고방식의 놀라운 힘
모든 것이 되는 법	에밀리 와프닉	다채로운 재능을 가진 창작자를 위한 정체성 가이드
모든 멋진 일에는 두려움이 따른다	이연	창작 과정에서 마주하는 막막함에 대한 성찰 기록
아름다움을 만드는 일	윌리엄 모리스	노동과 창작을 하나의 가치로 바라보는 미학 고전
임포스터	리사 손	스스로를 의심하는 마음을 넘어 나를 믿게 되는 메타인지
일을 잘한다는 것	야마구치 슈	탁월한 성과로 연결해내는 남다른 일의 공식
타이탄의 도구들	팀 페리스	세계적인 거장들의 삶을 바꾼 강력한 루틴

인생 철학 · 지속성

깊은 성장과 본질을 지키며 오래가기 위한 기준과 태도

도서	저자	한 줄 소개
내가 가진 것을 세상이 원하게 하라	최인아	좋아하는 일을 좋아하는 방식으로 잘 해내며 살아가는 방법
실패를 통과하는 일	박소령	실패를 끝까지 통과해내는 과정 속에서 얻은 단단한 성찰
일의 감각	조수용	오래 가는 사람의 일하는 방식과 감각
하버드 인생학 특강	클레이튼 M. 크리스텐슨	개인, 가정, 가치를 세우는 후회없는 삶의 가치 기준

채널 · 매체 · 플랫폼

1인 크리에이터이자 기업가에게 영감과 인사이트를 주는 자료

분류	추천 채널 / 매체	한 줄 소개
유튜브 채널	앤드 스튜디오(@AND_studio), 캔바 공식(@canva), 캔바 코리아(@canvakorea), EO Korea(@eo_korea), 폴인(@folin_co), MoTV(@MoTVshow), 드로우앤드류(@drawandrew), 무빙워터(@무빙워터), 요즘 것들의 사생활(@yozmsa), 이연(@이연LEEYEON)	창작자의 태도, 일하는 방식에 대한 다양한 인사이트를 주는 채널
웹진 및 매거진	노트폴리오(이하 인스타그램 @notefolio), 디자인 나침반(@designcompass), 디자인 나스(@designnas_official), 롱블랙(@longblack.co), 더 유니타스(www.theunitas.net), 유니타스 브랜드 매거진 시리즈	안목을 높여 주는 디자인 큐레이션과 브랜딩 철학을 깊이 있게 다루는 콘텐츠
이메일 뉴스레터	스몰 브랜더, 스티비, 아임웹, 밑미 레터, 엘르 보이스	창작 · 마케팅에 도움이 되는 실전 정보와 레퍼런스 자료
교육 플랫폼	네이버 비즈니스 스쿨, 카카오 비즈니스 세미나	소상공인을 위한 실전 마케팅 강의

에필로그

새로운 상상의 시대, 나답게 만들고 지속하기

캔바 입문부터 기초 조작, 디자인 실습, 그리고 수익화와 자동화까지 — 여기까지 포기하지 않고 끝까지 완주하신 것을 진심으로 축하합니다!

프롤로그에서 우리는 누군가 만들어 둔 틀 속에 들어가기보다, 스스로 원하는 일을 만들어가는 '창직(創職)의 시대'에 대해 이야기했습니다. 전문가만 할 수 있다고 믿었던 디자인이 이제는 모두가 다루어야 할 새로운 '언어'가 되었다는 사실도 확인했지요. AI 시대에는 더 이상 어려운 도구를 붙잡고 밤을 새울 필요가 없습니다. 누구나 쉽게 만들 수 있는 세상이 되었으니까요.

하지만 역설적이게도 이런 때 일수록 '무엇을(What)' 만들어 낼지 상상할 줄 알고, '왜(Why)' 만드는지 아는 사람이 더욱 빛이 납니다. 기술(How)은 어디까지나 우리를 도와줄 뿐, 방향을 정하고 가치를 판단하는 건 결국 사람의 몫이기 때문이죠.

이제 1인 크리에이터로서 새로운 항해를 시작할 여러분께 세 가지 마음가짐을 꼭 당부 드리고 싶어요.

- **나만의 철학과 자기다움을 지키는 용기:** 트렌드는 빠르게 변하고 알고리즘은 흔들리지만, 자신만의 철학을 가진 사람은 쉽게 무너지지 않고 더 오래 갑니다. 'Be the Only, not the Best.' — 남들보다 앞서 가는 '최고(The Best)'가 아니어도 괜찮습니다. 대신 나만의 질문을 붙들고, 자기다움을 지켜 대체 불가능한 '유일한(The Only)' 존재가 되어보세요.
- **배움을 즐기며 지속적인 성장을 이루는 태도:** AI는 지금 이 순간에도 더 똑똑해지고 있습니다. 따라서 중요한 건 모든 기능을 완벽하게 외우는 것이 아니라, 새로운 변화를 기꺼이 받아들이고 즐겁게 배우고 도전하려는 태도입니다.
- **상상력의 힘으로 혁신하는 크리에이티브 마인드셋:** 기술과 도구가 발달할수록 우리는 반복적인 작업에만 매몰되는 대신, 상상력이라는 창작의 본질을 놓치지 말아야 해요. 당연하게 여기던 일상을 낯선 시선으로 바라보고, '왜'라는 질문을 통해 가능성을 그려 보는 연습이 필요한 이유입니다. 캔바의 CEO 멜라니 퍼킨스가 말했듯, 지금 현실이 된 것들도 한때는 누군가의 상상에서 시작된 것이니까요. — 'Everything that is now a reality was once just an imagination.'

이 책에서 살펴본 모든 과정은 사실 각각 따로 떨어진 기술이 아닙니다. 결국 나답게, 좋아하는 일을 오래하기 위한 나만의 구조를 만들어 가는 과정이지요. 이 책의 원고를 집필하면서 제한된 지면에 도움이 될만한 내용을 꾹꾹 눌러 담느라 고민이 많았습니다. 이 책이 한 번 보고 마는 책이 아니라 여러분의 곁에서 상상력을 깨워주고, 여러분의 브랜드가 세상 속에서 오래도록 숨 쉴 수 있게 도와주는 든든한 친구가 되어 주길 바랍니다.

저자협의
인지생략

처음이지만 프로처럼 쓰는 캔바

1판 1쇄 인쇄 2026년 3월 3일
1판 1쇄 발행 2026년 3월 10일

—

지 은 이 정다은(시재)
발 행 인 이미옥
발 행 처 디지털북스
정　　가 30,000원
등 록 일 1999년 9월 3일
등록번호 220-90-18139
주　　소 (04997) 서울 광진구 능동로 281-1 5층 (군자동 1-4, 고려빌딩)
전화번호 (02)447-3157~8
팩스번호 (02)447-3159

—

ISBN 978-89-6088-503-5 (93000)
D-26-02